浙江大学公法与比较法研究所　主办

公法研究

2015 年卷(总第 14 卷)

主编　章剑生

ZHEJIANG UNIVERSITY PRESS
浙江大学出版社

图书在版编目（CIP）数据

公法研究. 2015年卷：总第14卷 / 章剑生主编. —
杭州：浙江大学出版社，2015. 12
ISBN 978-7-308-15418-5

Ⅰ.①公… Ⅱ.①章… Ⅲ.①公法—研究—文集
Ⅳ.①D90－53

中国版本图书馆 CIP 数据核字(2015)第 301944 号

公法研究·2015年卷(总第14卷)

章剑生　　主编

责任编辑	傅百荣	
责任校对	杨利军　陈　园	
封面设计	俞亚彤	
出版发行	浙江大学出版社	
	（杭州市天目山路148号　邮政编码310007）	
	（网址:http://www.zjupress.com）	
排　　版	杭州金旭广告有限公司	
印　　刷	杭州日报报业集团盛元印务有限公司	
开　　本	710mm×960mm　1/16	
印　　张	21	
字　　数	333 千	
版印次	2015 年 12 月第 1 版　2015 年 12 月第 1 次印刷	
书　　号	ISBN 978-7-308-15418-5	
定　　价	56.00 元	

本刊地址:浙江省杭州市西湖区之江路 51 号 1 号楼 312 室,邮政编码:310008
电子邮箱:gfyj2000@zju.edu.cn
网　　站:中国公法网(http://www.chinapublaw.zju.edu.cn/)

目　　录

论行政行为的附款

柯少婷[*]

内容提要 行政行为的附款主要是指行政机关作出的附加于授益行政行为上,起到限制该行为效果的法律既定外事项,包括期限、条件、撤回权保留、负担、负担保留等类型。附款行政行为的构造为"可,但是"。附款尤其适用于授益行为的作出存在事实上或法律上的障碍情形,其法律根据蕴涵在授予裁量权的法律条款中。附款的添加应该与该行政行为的目的有正当、合理的关联,并且应当符合其他裁量规则及正当程序的要求。附款与所附行政行为具有可分性,应容许单独诉请撤销违法的附款。相对人具有请求法院判决撤销违法附款的实体权利。

关键词 附款 容许性 合法性 司法救济

引 言

某地许可了一商城的建设,但未考虑到可能给当地交通的影响。结果该商城的建设给当地交通带来了很大的影响。后来行政机关不得不架设天桥解决这个问题,费时又费力。实践中也常常发生餐厅、歌厅等由于没有安装隔音设备而影响了相邻的休息、正常生活进而导致邻里关系恶化的事情。是否有比事后弥补更好的办法来解决这类问题?例如在许可时,附加对可能产生的损害采取适当措施的义务?我国行政许可法是在依法行政的背景下制定的。其出色的实体、程序规定,充分彰显了法治时代的要求,在行政机关的许可决定上尤其如此。行政许可法规

---

[*] 中国人民大学法学院宪法学与行政法学硕士。

定,行政机关作出许可决定不能附加条件,只能作出许可或者不予许可的决定。这可以防止行政机关进行权钱交易,保护市场的正常秩序。然而,如前面所举的实例的情形,如果不允许给相对人课加一定的负担,就难以完全实现公共利益的保护。因为事后的弥补总是不如事先的规制,不仅会慢一拍,而且还可能产生二次伤害。由此,附款的实践意义毋庸置疑。

在理论上,行政行为大致可分为授益性行政行为和侵益性行政行为,但逻辑上是否还有对相对人既授益又侵益,但总体上是授益的这种双重效果的行政行为存在呢?答案是肯定的,即"可,但是"这种附款行政行为。它不同于以往"可"、"不可"、"部分可、部分不可"的行为模式。从行政行为的效力变动上看,是否仅有成立生效、告知生效以及撤回、撤销失效的这些变动模式呢?能否引进民事行为效力变动理论和制度,例如条件、期限呢?或者能否考虑义务的不履行导致的行政行为效力上的变动这种情形呢?这就涉及行政行为法律效果的一种探讨,也就是附款论。附款问题的研究涉及这些未被认真加以探究的问题。因此,它的理论研究的价值亦不用多说。由此,附款的理论研究和对实务的总结,具有重要的意义。

一、行政行为附款的基本认知

由于附款具有增强行政灵活性的功能,因而它被广泛运用于职业法、建设法所设定的许可、批准等行政实践中。继德国之后,日本、韩国以及我国的台湾地区相继引入附款理论并将其制度化。

(一)行政行为附款的起源与界定

1. 行政行为附款的起源

按照学界通说,行政行为附款的概念最早起源于德国。一般认为,民法学者首先确立民法上附款的概念,其后行政法学者奥特·玛雅(O. Mayer)、科曼(Kormann)等将这个概念继受到行政法体系中,确立了行政法领域的附款理论。[1] 首先,奥特·玛雅在行政法各论的"警察许可"一章提及附款概念,成为现今行政行为附款理论与制度的端倪。[2] 他基于法学的方法,将民法中"条件"概念转换为"附款"概念,并且对部分附款类型作出界定:解除条件是指对许可附加的特别规定,如不遵守该规定,则该许可的效力就消灭;负担是指为防止从事许可可能产生的损害,作为许可的附款对申请人所命令的规定。此外,他认为与民事行为的附款不同,负担是行政行为附款中最重要的类型。

其后,科曼大致继受奥特·玛雅的方法,以民法概念整理行政行为附款的概念,并将其作为公法总论中行政行为论的一环。[3] 他先将附款分为条件和法律效果部分除外两大类。然后把条件分为狭义的条件、期限、撤回权保留及负担。最后又结合民法附款的分类将狭义的条件分为延缓条件和解除条件,把期限分为始期和终期。故实际上,他对民法概念的模仿和对公法的类推适用,比玛雅更为彻底。当然,他并不完全依赖民法概念,因为首先,他认为民法中不存在法律效果部分除外,其次他认为就附款各类型的重要性而言,民法与行政法明显不同:民法中条件最常用而负担却少见;而在行政法领域,负担远比条件来得重要。

其他国家和地区附款概念的提出被认为是继受德国行政法而来。[4] 例如日本,最早提出附款概念的是战前美浓部达吉《日本行政法总论》一书,其中增设"行政行为的附款"一节,指出:"行政行为的附款是指为限制行为效果而对行政行为的内容附加行政权的意思表示。"在类型上,他将附款分为条件、期限、负担、撤回权保留和法律效果的部分除外五种。我国民国时期学者范扬在其《行政法总论》中,将行政行为的附款单列一目置于行政行为一章。[5] 对附款的内涵、种类及其容许性进行了详细的论述。他认为附款主要包括条件、期限、负担和撤回权保留四种,并且认为除了法律

---

〔1〕　期限、条件、撤回权保留等皆来源于民法,参见黄锦堂:《论行政处分之附款》,台湾大学法律研究所硕士学位论文1985年,第17—27页。

〔2〕　参见刘宗德:《行政处分附款法制之研究——通讯传播行政处分附款之合法性论议》,《月旦法学杂志》2011年第196期,第82—83页。

〔3〕　参见刘宗德:《行政处分附款法制之研究》,《月旦法学杂志》第196期,第82—83页。

〔4〕　参见刘宗德:《行政处分附款法制之研究》,《月旦法学杂志》第196期,第83—84页。

〔5〕　参见范扬:《行政法总论》,中国方正出版社2005年版,第172—175页。

特别规定外,附款限于行政机关有裁量权的情形下容许添加。

2.行政行为附款的内涵

德国行政程序法和多数学说并未对附款作出积极定义[6]。原因在于学者们认为将其作开放的特征标示能使附款具有更丰富的内容、更多样的形态。[7] 然而无论是在日本还是我国台湾地区,都有学者尝试进行积极定义。在日本,代表性的观点认为:"行政行为的附款是指为了限制行政行为的效果,在作为本体的行政行为上所加的附带性规定。"[8](观点一)这一观点旨在强调附款的附属性和限制性的特征。然而,亦有观点认为附款的实质不在于其附属性的特征,而在于它是法律既定事项外的附加,与行政行为的主处理内容由法律直接规定不同。[9](观点二)民国时期学者范扬认为"行政行为附款,是指对行政行为的内容,所附加的意思表示,用以限制其行为的效果"[10];"法规直接规定对行为效果一般所加的限制,不得称为附款"[11]。(观点三)台湾地区有学者认为:"'行政处分附款者',即添加于行政处分'主要规制',用以补充或限制该主要规制之'附加规定'。"[12](观点四)由此可见,对附款的积极定义主要从两方面进行:其一为附款内容的作用;其二为附款的地位(或者本质)。所有的观点在第一方面上均无不同,而在第二方面上,则具有差异:观点一、三、四均倾向于认为附款的本质属性在于其附属性;观点二则认为附款与主处理内容的本质差异在于它是法律既定外事项,而主处理内容是法律既定事项。笔者赞同第

---

〔6〕 参见德国《联邦行政程序法》第 36 条:……行政行为,可不受前项规定的影响,依合义务裁量,附加下列各附款:规定授益或侵益行政行为时日开始、终止或在一定期间有效的(期限);规定授益或侵益行政行为的发生或消灭系于将来不确定的事实的(条件);保留行政行为的撤回权;规定受益人作为或不作为的(负担);保留事后添加、变更或补充负担的(负担保留)。学说上参见德国行政法学者毛雷尔、沃尔夫等的相关著述。

〔7〕 参见刘宗德:《行政处分附款法制之研究》,《月旦法学杂志》第 196 期,第 85 页。

〔8〕 〔日〕南博方:《行政法》,杨建顺译,中国人民大学出版社 2009 年版,第 46 页。

〔9〕 参见〔日〕盐野宏:《行政法总论》,杨建顺译,北京大学出版社 2008 年版,第 120 页。

〔10〕 范扬:《行政法总论》,中国方正出版社 2005 年版,第 172 页。

〔11〕 原因在于:行政行为的附款与行为内容的主要部分,同为行政机关的意思表示。参见范扬:《行政法总论》,中国方正出版社 2005 年版,第 172 页。此种观点与现代行政行为的概念不同,行政行为是法律执行行为,故不同于民事的意思表示行为,其效果的发生并不以行政机关的意志为决定。

〔12〕 陈敏:《行政法总论》,自刊行,2009 年第 6 版,第 509 页。

二种观点,因为将附属性作为其本质特征无法体现它的特色,更无法体现其存在的价值,相反,法律既定外的事项这一具有内涵性的规定能体现附款的功能、价值以及研究的必要。

由此,行政行为的附款具有三个方面的内涵[13]:其一,附款的内容的作用在于限制主处理行为的效力以及效果。从这方面来看,附款相当于广义的条件,即行政行为作出以及生效的条件。其二,附款的内容来源体现了行政的裁量性,也即行政机关根据个案事实补充法律要件的属性,即"与由法令具体规定的行政处理的内容相对应的行政处理中所包含的法令之外的内容"[14]。其三,附款的产生及运用是比例原则的要求。在没有附款手段的国家,行政裁量权行使结果无非允许和拒绝(部分允许也可归入两者)两种。然而,如果容许附款的运用,有时既可以避免行政程序的浪费,也可以达到行政目的,取得双赢的结果。这三点内涵是统一的、无法分割的。第一点和第三点的内容涉及的是附款的形式内涵;第二点涉及的是附款的实质内涵。

而针对何谓"法律既定外事项"的问题则必须首先明确何谓"法律既定事项"。盐野宏教授指出:"在行政行为中不承认效果裁量(特别是选择裁量、形成裁量)的情况下,行政行为的附款确实与法律既定事项外的范围相等。与此相对,在承认形成裁量的情况下,该裁量权行使的结果,归根结底是法律既定事项外规范。"[15]所以"法律既定事项"应该是指法律直接明确规定的事项。这一点从字面解释的角度也可为同样的理解:"既定"即已经确定,其相反意思即非既定,也就是非已经确定,而非已经确定的事项并不等同于法无涉及事项或者法外事项,其中还有一部分是法律事项以内但非

---

〔13〕 国内有学者将附款的特征概括为行政性、裁量性、附属性。参见黄新波:《行政行为的附款初探》,载于刘茂林主编:《公法评论》(第三卷),北京大学出版社 2005 年版,第 233—235 页;喻少如:《论行政行为的附款》,《理论界》2007 年第 11 期,第 57—58 页。笔者认为行政性和裁量性是统一的,没有必要区分二属性;附属性则不是其本质特征。其本质特征在于裁量的合比例行使或者说状况适合性。而其基本内涵则为法律既定外事项,也就是裁量权行使下行政机关的补充规定。

〔14〕 参见〔日〕盐野宏:《行政法总论》,杨建顺译,北京大学出版社 2008 年版,第 120 页。其他类似的观点如附款,是根据行政机关的意思而附条款,所以与法律直接规定其内容的法定附款不同。参见〔日〕室井力主编:《日本现代行政法》,中国政法大学出版社 1995 年版,第 115 页。

〔15〕 〔日〕盐野宏:《行政法总论》,杨建顺译,北京大学出版社 2008 年版,第 120 页。

法律所明定的,所以在依法行政的原则下,附款的内容即法定授权下的未明定事项。由此界定,附款是指附加于授益性行政行为上的,起到限制作用的法授权下的法律既定外事项,其目的是使裁量权的行使更加符合比例原则。

3. 行政行为附款的类型

行政行为的附款,在法制上通常有期限、条件、撤回权保留、负担及负担保留五种。[16] 学说上亦基本以这五种作为行政行为附款的基本类型。期限、一般条件、撤回权保留等类型侧重于对授益性行为的效果在时间方面的限制;负担、假条件、负担保留、处分外负担则附加了法律既定事项外的相对独立的义务性规定。

首先,作为行政行为附款的期限,是指决定授益行政行为效力的发生或者终止或者存续的将来的、确定发生的事实。它可分为始期、终期、期间。[17] 通说认为,期限可以是一特定的日子,也可以是一开始不确定,但确定会到来的日子,例如人的死亡。

其次,条件是指决定行政行为效力的发生或者终止的将来的、不确定发生的特定事实。条件可分为延缓条件和解除条件。[18] 条件与期限的不同,在于特定事实的发生必须是不确定的。在实践中,常见的例子有:以当日天晴为许可室外集会生效的条件。[19] 条件不同于行政允诺中的附条件。"行政允诺是指行政机关承诺在一定期限到来或者一定的条件成就时作出的一定行为的单方意思表示行为。"[20]因此允诺中的条件影响行政机关是否作出相关的行为,而并不直接决定行政行为的效力。

---

〔16〕 参见德国《联邦行政程序法》、台湾地区"行政程序法"的规定,如台湾地区"行政程序法"第93条规定:"……前项所称的附款如下:一、期限;二、条件;三、负担;四、行政行为的撤回权保留;五、负担的事后附加或变更的保留……"澳门特别行政区行政程序法则只规定了三种。《澳门特别行政区程序法》第111条规定:"行政行为可附加条件、期限或负担,附加的条件、期限或负担不得违反法律或不得违背行政行为所拟达成的目的。"

〔17〕 参见〔德〕哈特穆特・毛雷尔:《行政法学总论》,高家伟译,法律出版社2000年版,第317页。李建良:《行政处分附款之基本概念》,《月旦法学杂志》1998年第42期,第25页。

〔18〕 参见李建良:《行政处分附款之基本概念》,《月旦法学杂志》1998年第42期,第25页。

〔19〕 参见黄锦堂:《论行政处分之附款》,台湾大学法律研究所硕士学位论文1985年,第22页。

〔20〕 马生安:《行政行为研究——宪政下的行政行为基本理论》,山东人民出版社2008年版,第248页。

再次,撤回权保留,是指行政机关在作出行政行为时保留撤回权。[21]撤回有时是有条件的,有时是无条件的;可能是指定期限的,也可能是没有指定期限(随时)。例如附撤回保留或者见习期的公务员法律关系。当然,"保留的具体内容需要通过个案的解释予以明确"[22]。

此外,"负担是实务上最常见的附款类型,指作成授益行为的同时,令课予相对人一定作为或不作为义务"[23],例如:核发建造执照,附有应修筑挡土墙的负担[24];核准建筑执照,但要求申请人负担社区开发经费[25];道路占用许可时命令缴纳一定数额的占用费[26],但"附加的内容如果只是重复法律原已明白规定的义务内容,借以提醒其不得违反相关法律规定,就不是这里所称的负担,因为既然义务的产生直接出自于法律规定,而非因该附加规定的缘故相对人才应守法,就不难知悉这种附加规定本身并不直接发生法律效果,从而不是负担,充其量只是一种'假负担'而已"[27]。负担保留,是指附加在授益性行政行为上,保留日后附加作为、不作为或者容忍义务的附款类型。

最后,处分外负担,又称准负担附款(切结书或者承诺书),是指相对人于行政机关作出决定前,自愿作出的承诺中承诺履行的作为、不作为或者容忍的义务。它的作用在于使行政机关基于该承诺给予许可。处分外负担一般先于行政机关许可作出,而且由相对人自愿作出(附款为行政机关单方行为),在形式上也与行政决定分开,存在于另外的文件。但一方面与其说处分外负担是相对人自愿作出的,不如说它是相对人为了获得行政许可而"被迫"作出的(行政机关也把此处分外的负担的存否视为其裁量的重

---

〔21〕 参见〔德〕汉斯·J.沃尔夫、奥托·巴霍夫、罗尔夫·施托贝尔:《行政法》(第二卷),高家伟译,商务印书馆 2002 年版,第 55 页。

〔22〕 〔德〕汉斯·J.沃尔夫、奥托·巴霍夫、罗尔夫·施托贝尔:《行政法》(第二卷),高家伟译,商务印书馆 2002 年版,第 55 页。

〔23〕 许宗力:《行政处分》,载于翁岳生编:《行政法》(上),中国法制出版社 2009 年版,第 700 页。

〔24〕 参见陈敏:《行政法总论》,自刊行,2009 年第 6 版,第 515 页。

〔25〕 参见吴庚:《行政法之理论与实用》,中国人民大学出版社 2005 年版,第 231 页。

〔26〕 参见〔日〕盐野宏:《行政法总论》,杨建顺译,北京大学出版社 2008 年版,第 122 页。

〔27〕 许宗力:《行政处分》,载于翁岳生编:《行政法》(上),中国法制出版社 2009 年版,第 700—701 页。

要因素之一），所以，抛开形式而论，实质上处分外的负担仍然属于广义的条件。

（二）行政行为附款的性质与功能

1.附款行政行为的构造

由于负担行政行为对相对人不利，所以其能够添加的附款类型仅限于对相对人有利的终期或者解除条件，而这些类型的作用其实又可通过行政机关事后以新的决定方式来实现，故附款在负担性行为中的运用并不具有特别的意义。相反，授益性行政行为对相对人来说是利益的获取，但对第三人或者公共利益来说意味着损害发生的可能性。故如果行政机关欲作出的授益性行政行为可能产生损害，也就是说在作出时存在事实上或者法律上的障碍时，附款的运用（特别是负担）就显得非常必要。因此，附款（特别是不利附款）主要运用于授益性行政行为（包括对第三人产生负担效果的行为）。

进而，结合以上对附款的界定，即对行政行为的法律既定事项外的限制，附款行政行为的构造就该为"可，但是"（Nein→Ja, aber）[28]，逗号前为对授益的同意，逗号后为对该同意的限制，附款行政行为为二者的结合。换句话说附款行政行为为附条件行政行为，有两层含义，其一附款行为为一肯定的行政决定，其二此肯定的决定的存在以条件的达成为前提，条件的达成情况影响该肯定的行政决定的存续和效力。例如附延缓条件行政行为，行政行为已经作出，但是在条件成就前，不生效力；条件成就后，即生效力，符合"可，但是"的构造。这就与无附款的行政行为不同，因为后者行政机关要么作出"可"的决定，要么作出"不可"的决定，要么是二者的结合即"部分可，部分不可"。

2.行政行为附款的性质

附款行政行为的构造的探讨使我们从形式上认识了附款行政行为的特点，而实质上，这种构造的行为的内部存在怎样的关系又是另一个重要

---

〔28〕 参见黄锦堂：《论行政处分之附款》，台湾大学法律研究所硕士学位论文 1985 年，第1页。

的问题。首先,添加附款的行为与行政决定行为性质为何? 其次,附款与所附行政行为的关系,是整体与部分的关系,还是独立的关系,或者根据不同类型的附款而有不同的关系? 再次,根据对相对人的效果,附款在内容上是侵益还是授益?

对第一个问题,添加附款的行为可以分为是否添加,添加何种类型以及何内容等方面。由此附款行为其实是法律效果方面的裁量行为。由于附款的构造为"可,但是",如果主处理的作出没有裁量余地,则行政机关无权作出"但是"的决定。由此,附款裁量行为必须以主处理存在裁量为前提,主裁量权的行使影响附款裁量的行使。另一方面,附款裁量的行使也能影响主行政处理的作出与否,例如本来可以拒绝的授益行为通过附款而予以许可,即通过附款裁量影响主行政处理的裁量。所以二者关系一方面是相对可分的,特别是在附款的类型以及内容的选择上;另一方面二者的裁量又是统一的,特别是统一于同一个根据规范。二者皆是行政机关完整的裁量过程的一部分。

对第二个问题,存在三种学说:一行政行为说、负担独立行政行为说和二行政行为说。一行政行为说认为附款为行政行为不可分的组成部分,它不构成独立的行政行为(也有观点认为附款行政行为为一综合行政行为)。[29] "此说有悠久的历史,根深蒂固于行政法学中,附款中的'附'即言简意赅地道出了该说的精神。"主要理由如下[30]:其一,在形式上以一个决定的方式作出,无论是行政机关还是相对人均不将其作为两个行政决定;其二,二行政行为说、负担独立行政行为说均无法成立;其三,在二行政行为说和负担独立行政行为说下,相对人对附款独立撤销的问题均可在一行政行为说下得到解决。负担独立行政行为说则可分为以下两种论证思路:负担具有独立的规制内容,因此为一独立的行政行为;从负担与所附行政行为的宽松的联结来看,负担为一独立的行政行为。二行政行为说则认为

---

〔29〕 参见黄锦堂:《论行政处分之附款》,台湾大学法律研究所硕士学位论文 1985 年,第 8 页。

〔30〕 参见黄锦堂:《论行政处分之附款》,台湾大学法律研究所硕士学位论文 1985 年,第 9—10 页。

不管是负担还是条件、期限等与所附行为为两个行政行为。[31] 对此,笔者大致赞同一行政行为说[32],主要理由在于:是否是行政行为与是否为独立的行政行为应为不同的概念,行政行为的构成要素包括主体、内容、客体,只要符合即可构成行政行为,而要构成一个独立的行政行为则要独立生效,负担虽然满足行政行为的构成要素,但是负担的生效以主处理的生效为前提,因此无法构成一独立的行政处理,更无法与主处理行为构成主从行政行为关系。[33] 负担以外的附款也同理,不构成独立的行政行为。因此负担独立行为说和二行政行为说均不成立。

对第三个问题,行政行为附款是限制授益行政行为效果的附属性规定,因此对相对人来说明显是侵益性的。[34] 但另一方面,附款又可能换来了授益行政行为,因为"附款尤其适用于本来可以拒绝的授益行政行为,从禁止过度的要求中可以推断,为了避免驳回的后果,有必要对许可施加附款"[35]。故行政行为附款对相对人来说既具有侵益性,又具有授益性,当然最直接的性质是侵益性。

3. 行政行为附款的功能

附款是限制授益行政行为效果的附带性规定,其内容既侵益又授益,附款行政行为的构造为"可,但是",故附款的实体意义在于与所附行政行为一起调整相对人利益、行政机关所代表的公共利益、行政机关的利益以及特定第三人的利益。例如授予某项目的许可,但附加设立相关防止环境污染的设备的负担,为一调整私人利益和环境保护利益的附款行政行为。从形式上或者说从工具价值的角度来看,行政行为附款是一种微观的控制

---

〔31〕 我国有观点将附条件行政行为(附款行政行为)认定为主从结合的行政行为,而且认为主行政行为无效的,从行政行为也一概无效;从行政行为无效的,主行政行为未必无效。附款的效力因主行政行为的无效或者被撤销而无效,但附款的无效、被撤销或者撤回,并不导致主行政行为的无效、被撤销或者撤回。参见胡桂芳:《无条件行政行为与附条件行政行为》,载于胡建淼主编:《行政行为基本范畴研究》,浙江大学出版社 2005 年版,第 341 页。

〔32〕 对于附款是否与所附行政行为不可分,笔者并不赞同,详见后文可分性部分的探讨。

〔33〕 参见王麟:《行政附款行为属性三论》,《法律科学》2011 年第 4 期,第 120 页。

〔34〕 参见黄锦堂:《论行政处分之附款》,台湾大学法律研究所硕士学位论文 1985 年,第 7 页。

〔35〕 〔德〕汉斯・J. 沃尔夫、奥托・巴霍夫、罗尔夫・施托贝尔:《行政法》(第二卷),高家伟译,商务印书馆 2002 年版,第 59 页。

手段，"附款为行政行为的作出提供了多种多样的选择而不是简单地驳回或者撤销"[36]；"有助于行政行为适应灵活、细致、多变、复杂的社会生活，贯彻完美、透明和高效行政的观念"[37]；"附款的作用，使得授益行为决定时的两难转为两全其美"[38]。

但是，附款也具有一些负面价值。其一，从微观上看，如果所添加的附款不符合比例原则、平等原则等的要求，则极容易对相对人的权利造成损害；从宏观上看，作为替代拒绝决定的折中式手段，极易给人以附款是授益行为的对价的感觉，客观上也确实容易发生权钱交易，损害法律的权威。其二，在有效性上，有些附款如负担会增加行政机关的追踪管制责任[39]，而且即便如此，附款作为排除行政机关所顾虑的事实或者法律上的障碍的手段客观上能否有效达成该目的也是一个问题。

二、行政行为附款的容许性与界限

容许性问题与界限问题紧密联系，对容许性的探讨是探讨其界限的前提，然而二者又相对可分：前者侧重于从附加的余地进行即从行政机关权限的角度进行探讨；后者侧重于对这种权限如何行使这一问题进行深入剖析。附款添加的容许性与界限涉及依法行政、基本人权的保障以及裁量权的行使等重大问题。

（一）添加附款的容许性

将附款的问题作为法律既定事项外规范来考虑时，附款的容许性"就是完全在该行政行为的根据法中，是否允许行政行为规定法律所规定的事

---

〔36〕〔德〕汉斯·J.沃尔夫、奥托·巴霍夫、罗尔夫·施托贝尔：《行政法》（第二卷），高家伟译，商务印书馆 2002 年版，第 54 页。相同的观点参见〔德〕哈特穆特·毛雷尔：《行政法学总论》，高家伟译，法律出版社 2000 年版，第 315 页。

〔37〕〔德〕汉斯·J.沃尔夫、奥托·巴霍夫、罗尔夫·施托贝尔：《行政法》（第二卷），高家伟译，商务印书馆 2002 年版，第 54 页。类似的观点参见〔德〕哈特穆特·毛雷尔：《行政法学总论》，高家伟译，法律出版社 2000 年版，第 315 页。

〔38〕黄锦堂：《论行政处分之附款》，台湾大学法律研究所硕士学位论文 1985 年，第 1 页。

〔39〕参见刘宗德：《行政处分附款法制之研究——通讯传播行政处分附款之合法性论议》，《月旦法学杂志》2011 年第 196 期，第 14 页。

项以外规范的解释问题"[40]。如果单行法明文授权,则行政机关可以根据个案的情形,作出相关的附款。例如在环境保护领域,根据我国《环境影响评价法》第 26 条,审批机关对审批项目存在的可能损害环境的情形可以提出必要的建议和措施。基于此建议和措施并不直接影响行为效力,且具有独立的规制内容,所以应属"负担"。又如,根据我国《反垄断法》第 29 条,作出不予禁止的垄断决定,作出机关可以附加一定的条件,以减少合并可能产生的影响。虽然法律用语为"条件",但是实际应为"负担"。[41] 反之,如果没有法律的明文授权,那么能否添加附款? 一般认为,在裁量行为的情况下,可以附加附款的情况较多。但通常并不是当然地可以附加附款。

1. 不得添加附款的行政行为

虽然不得添加附款的行政行为在法制上并没有明文的规定,但是学说上争议比较少,德国和日本的学说最后也殊途同归。首先,在德国,自构建了附款理论体系以来被认为不得添加附款的行政行为的类型一般包括[42]:确认性行政行为(如各种资格的确认等)、设定身份的行政行为(如

---

〔40〕 〔日〕盐野宏:《行政法总论》,杨建顺译,北京大学出版社 2008 年版,第 123 页。

〔41〕 根据《反垄断法》、《经营者集中审查办法》、《关于实施经营者集中资产或业务剥离的暂行规定》的规定,商务部对经营者集中的处理的完整过程包括:Step1,初步审查(第 9 条)→Step2,进一步审查→Step3,意见提出与反馈(第 10 条)→Step4,条件的提出与修改(第 11、12、13 条)→Step5,附条件行政决定的作出与公布(第 14 条;《反垄断法》第 30 条)→Step6,对义务履行的监督(第 15 条)→Step7,对义务违反的责令改正(第 15 条)→Step8,(对资产剥离义务的强制执行《关于实施经营者集中资产或业务剥离的暂行规定》)→Step9,不改正的,按照《反垄断法》的规定处理(《反垄断法》第 48 条撤回与罚款)

强制执行方式之代履行的规定:"松下公司和三洋公司应在本次经营者集中完成日之后 6 个月内完成上述消除影响措施。如在该期限内未能实施完毕,可再延长 6 个月,但事前必须取得商务部批准。如果集中双方在该延长期内仍未能完成前述消除影响措施,则商务部有权指定独立受托人将前述拟剥离业务转让给独立第三方。"——《关于附条件批准松下公司收购三洋公司反垄断审查决定的公告》(商务部公告 2009 年第 82 号)。可见,实践中附条件的运用还比较规范:步骤 3、4 是关于相对人参与权的规定,其中第 11 条以列举的方式规定了可以附加的条件,均与经营者实施集中可能产生的损害相关;步骤 8 是针对资产剥离负担的强制执行的方式,为代履行的执行方式,但未见执行罚和直接强制等方式的规定;步骤 9 是对负担不履行最后导致行为被撤回的适用情形,包括制裁手段的运用,为比例原则的体现。

〔42〕 参见〔德〕哈特穆特·毛雷尔:《行政法学总论》,高家伟译,法律出版社 2000 年版,第 323 页。亦参见黄锦堂:《论行政处分之附款》,台湾大学法律研究所硕士学位论文 1985 年,第 19 页。

赋予国籍等)及形成权利的行政行为(如给付社会保险养老金行为等)。此类行政行为往往多样且与广泛的法效果相结合而构成法律身份或者地位的基础,如果这种基础的确定性被暴露于附款所引起的不确定性,则会影响并牵动以此行政行为为基础的广泛法效果,最终大幅度损害法律安定性。[43]

其次,在日本,学说上亦从法的安定性的观点出发,认为不得对设定身份的行政行为及形成权利的行政行为附加附款。[44]而对于确认性行为,过去从附款的传统定义出发认为附款是对主要意思表示附加的次要意思表示,所以可以附加附款的行为限于以意思表示为其因素的行为,而如确认、公证、通知及受理等所谓的准法律行为性行政行为,性质上则不能附加附款[45],其后随着法律行为和准法律行为的区分遭到质疑,该理由也受到批判[46]。但是,也有观点认为之所以不允许对确认性行为附加附款,是因为对该行为附加附款有侵害平等权或精神自由等权利的嫌疑,而且有行政机关附加与主要行政行为不相应的负担的危险。[47]

笔者基本赞同以上的归纳,只不过认为在这些行为中仍有附始期和延缓条件的余地,甚至有附负担的余地。因为前两者未达成前,行政行为并未生效,一旦成就行政行为即生效并不会处于不确定性中,也不会影响与之结合的广泛的法效果的行为;而在形成权利的行为中,未尝不能附负担,因为此类行为并不一定会与广泛的法效果相结合,即便结合,附加不直接影响行政行为效力的负担(可通过强制执行或者制裁等方式实现),也不会对以其为基础的行为的法律效果产生很大的影响,例如在行政给付中规定它的特殊用途等。

---

〔43〕 转引自刘宗德:《行政处分附款法制之研究——通讯传播行政处分附款之合法性论议》,《月旦法学杂志》2011 年第 196 期,第 96 页。

〔44〕 参见〔日〕盐野宏:《行政法总论》,杨建顺译,北京大学出版社 2008 年版,第 123 页。

〔45〕 参见杨建顺:《日本行政法通论》,中国法制出版社 1998 年版,第 372 页。

〔46〕 参见〔日〕室井力编:《日本现代行政法》,吴微译,中国政法大学出版社 1995 年版,第 117 页。

〔47〕 转引自刘宗德:《行政处分附款法制之研究——通讯传播行政处分附款之合法性论议》,《月旦法学杂志》2011 第 196 期,第 96 页。

2.可以添加附款的行政行为

（1）裁量行为

除了以上讨论的相关行政行为外，通说认为如果行政机关有裁量权，就有添加附款的容许性。法制上也是如此规定的，如德国行政程序法和台湾地区"行政程序法"的规定。此处的容许性即等于行政机关的裁量权，并不是相对人的请求权。那么具有裁量权的行政行为大致有什么性质呢？附加类型是否有差异以及有何差异？

首先，对侵益性行政行为来说，通说认为虽也有可能附加如期限、解除条件的附款，但可以附加的附款的情况及种类，本质上仍然受到较大的限制。而"这种结果应该是由立法行文的角度所导致的，而非立法政策的选择"[48]。笔者认为，因为行政机关在是否作出侵益性行政行为时往往没有决定裁量，而只有选择裁量，所以不应容许行政机关以不利的附款来免除侵益行为的作出。以行政处罚为例，如果相对人的行为符合处罚的构成要件，那么行政机关就必须给予处罚；如果相对人的行为不符合处罚的构成要件，那么行政机关就不能给予处罚。所以其实针对处罚行为，行政机关一般没有决定裁量权，而只有选择裁量权。如果行政机关以对不利附款来免除相对人的责任承担，那么就可能构成滥用职权。

其次，在授益行政行为的附款添加上，行政机关原则上具有自己判断的空间。理由在于：附款的作用，通常在于排除作成授益行为的障碍或者确保法律目的的达成[49]；而这种障碍的产生是裁量权行使的结果。以行政许可为例，它的存在是为了事先审查相对人的资质、条件或者能力等方面是否能够符合经营或者投资的需要，能否保证安全、环保、稳定等国家所需维持的秩序，但是一方面，这些因素往往都具有模糊性、专业性，且依赖于行政机关对个案的考量，另一方面，相对人的条件未必能够全部符合行政机关所要求的条件，因而在行政机关看来，授益行为的作出就可能存在法律上或者事实上的障碍。对此，行政机关无论是拒绝还是许可，都不是

---

[48]　刘宗德：《行政处分附款法制之研究——通讯传播行政处分附款之合法性论议》，《月旦法学杂志》2011年第196期，第98页。

[49]　参见〔德〕汉斯·J.沃尔夫、奥托·巴霍夫、罗尔夫·施托贝尔：《行政法》（第二卷），高家伟译，商务印书馆2002年版，第59页。

最好的决定方式,因为无论哪种决定都有一方的利益不能得到满足。此时,就需要折中的办法,即作一构造为"可,但是"的附款行政行为。可见,授益行为添加附款的容许性在于附款能够解决授益行为作出存在的障碍,实现裁量的最优化行使,而这种障碍的产生是裁量权行使的结果。而从相对人角度来说,为排除其行为可能给他人带来的不利影响而添加不利附款也是公平的。

综上所述,在裁量领域,附款的容许性因侵益性行为和授益性行为性质的不同而有所差异。前者主要对相对人课予不利益,而不影响第三方的利益,所以无须对相对人再课加其他的不利益(当然对于有利的附加是可以允许的);后者主要对相对人授予一定的利益,但是相对人基于该授益而作出的行为可能对他人产生不利益,因而需要对相对人作出一定的附加限制。此种限制只要不违反裁量规则一般应当被允许,这也是利益均衡的体现。

(2)羁束行为

通说认为,除了法律上明文授权可以附加附款的以外,羁束行为无论是侵益性行政行为还是授益性行政行为都不允许附加附款。例外的情形是为确保行政行为法定要件的履行而附加的附款。在法制上如德国行政程序法的规定"为确保行政行为法定要件的满足时,可添加附款"和台湾地区"行政程序法"的规定"无裁量权的,以法律有明文规定或者为确保行政行为法定要件的履行而以该要件为附款内容为限,才可为之"。

德国学说认为根据行政程序法规定的目的来看,此时的行政机关不得附加解除条件、终期及撤回权保留,只允许附加延缓条件、始期或者负担。[50] 日本学说则作重要法定要件与非重要法定要件的区分,进而采取不同的处理方式:如果欠缺的法定要件不重要,而且如以该要件的欠缺为理由拒绝申请不合理时,才可以对羁束行为附加附款;而如果欠缺的法定要件重要,则原则上应认为行政机关仅可以附加延缓条件,以防止法定要

---

〔50〕 台湾地区亦有此见解,参见黄锦堂:《论行政处分之附款》,台湾大学法律研究所硕士学位论文1985年,第111—112页。

件满足前行政行为已生效的弊端。[51] 对日本学说,台湾地区有不同意见,即"条件或负担等附款并不能取代重要的法定要件,在欠缺作出决定所必须具备的基本构成要素时,行政机关应作成驳回申请的处分,不可以附款为确保而做出肯定的决定"[52]。

笔者认为,附款行政行为的构造一般是"可,但是",因而需要行政机关具有可或非可的自由权,而这就是决定裁量,而所谓羁束即行政机关只能在可和非可间选择其一,合法的决定是唯一的,所以对羁束行为,行政机关一般不能附加附款。至于是否可以以法定要件的确保而为附款,前述学说的重要或非重要的要件本身就具有不确定性,如果任由行政机关自己判断,则不免会损害法律的权威。而且如台湾地区的规定,附款的内容为该欠缺的法定要件,从法的目的来看,一般应附延缓条件,以免出现要件未满足时行为已经生效的弊端。所以从行政机关方面来看,其在附款的类型上没有选择余地,在附款内容上也没有裁量权,只是严格按照法律的要求进行,所以与其说是附款,不如说只是名称为附款,本质上并非附款,因为法律状况的指示不属于附款。当然,在实践中,完全的羁束行政也不多,故一般的羁束行为行政机关仍可以判断法定要件的重要性层次,并作出相应要件所要求的附款内容。只是,往往是出于对特别重要的法益的保护,法律才会不赋予行政机关相应的裁量权而作较强的规制,所以在此种情形下,行政机关对决定的作出应该慎重,尽量减少通过附加附款的方式作出原本应予否定的肯定决定。

(二)添加附款的界限

即便可以附款,也存在一定的界限。这是因为附款"或多或少会给行政行为相对人的地位带来不利,并且,还可能因为附款的规定方法而使得作为本体的行政行为失去意义,因此,不能容许无限制地承认附款"[53]。在法制上,德国行政程序法和台湾地区"行政程序法"皆有相关规定,两者

---

[51] 转引自刘宗德:《行政处分附款法制之研究》,《月旦法学杂志》2011 年第 196 期,第 97 页。

[52] 刘宗德:《行政处分附款法制之研究》,《月旦法学杂志》2011 年第 196 期,第 97—98 页。

[53] 〔日〕南博方:《行政法》,杨建顺译,中国人民大学出版社 2009 年版,第 48 页。

共同的规则是不得抵触行政行为的目的以及符合其他一般法律原则。学说上亦是对此二者的展开。

1.符合行政行为的目的

无论是德国,还是我国台湾地区和澳门特别行政区,都将合目的原则予以立法化,一定程度上说明目的限制在附款的添加中的重要性。[54] 不过,德国程序法、澳门特区行政程序法与台湾地区的"程序法"的规定均略有不同:德国法规定"附款不得与行政行为的目的相抵触",澳门特别行政区规定为"不得违反法律或不得违背行政行为所拟达成的目的",台湾地区则为"不得违背行政行为的目的,并应与行政行为的目的具有正当合理的关联"。原因大概在于这项原则非常抽象,因而有将其进一步解释使其更加具有可操作性的必要。因而,并不是说德国和我国澳门特别行政区的目的原则不包含台湾地区所规定的"应与行政行为的目的具有正当合理的关联"的内涵,而应解释为当然包括这种含义。[55]

(1)对"目的"的抽象理解

附款的添加不得违背行政行为的目的。一般来说,"违背"即违反[56],它的反面即"符合",因此,关于目的原则的一般性的含义,即可转换为:附款的添加应符合行政行为的目的。然而,行政行为的目的是单指对行政行为的作出具有决定意义的某一法律规定的规范目的还是也包括任何合法的目的?学说上认为,这关涉到目的限制的存废,因而非常重要。[57] 对此,德国的通说认为,结合其行政程序法关于裁量权行使应符合授权的目的的规定来看,应该以前一种学说为准,即行政行为的目的抽象上来看应该以作出该行政行为的也就是具有决定意义的那一法律规定的规范目的

---

〔54〕 三者的立法中均无比例原则和平等原则的规定。对这种规定的理解一方面在于立法对合目的原则的重视程度较高;另一方面并不意味着比例原则和平等原则不适用于此处。"'行政程序法'第九十四条虽只规定:'前条之附款,不得违背行政处分之目的,并应与该处分之目的具有正当合理之关连。'而不及于平等与比例原则等之限制,这或许是立法上的疏漏,但既然其一样具有行政一般原理原则的定位,行政机关自无免于受拘束之理。"参见许宗力:《行政处分》,载于翁岳生编:《行政法》,中国法制出版社 2009 年版,第 707 页。

〔55〕 不当联结禁止原则为德国法上的一般法律原则。

〔56〕 中国社会科学院语言研究所词典编辑室编:《现代汉语词典》,商务印书馆 1999 年版,第 1308 页。

〔57〕 黄锦堂:《论行政处分之附款》,台湾大学法律研究所硕士学位论文 1985 年,第 116 页。

为准。[58] 举个以缴清罚款为条件换发驾驶执照的行为的例子来说,缴纳罚款虽然也是处罚法所要求的目的,却不是据以作出行政行为的法律规定的规范目的,即审查相对人的资质、条件是否有更新,是否会发生不符合资质的情形的目的,因而这种附加有违合目的性原则的要求。[59]

(2)对"合目的"的具体判断

上述抽象的理解有助于分析非常明显的违反合目的性原则的添加行为,然而却不能广泛地适用于一般情形的判断。因而,探讨具体的判断标准非常重要。学说上的研究经历了从对目的的具体化判断到对目的的客观化的过程,具有精细化的趋势。[60]

首先,以附款的作出与行政行为的作出之间是否存在因果关系来判断是否合目的。(观点一)该学说认为,由于目的关联具有多义、不明确性,是否符合行政行为的目的可能存在多重甚至对立的解释,所以,不应直接从目的关联的角度进行判断,而应该看附款与行政行为之间是否存在因果联结。这一学说,能够避免直接进行目的关联判断的主观性的弊端,因而较为可行。然而,怎样才算具有因果关系,正如刑法、民法领域中因果关系问题一般,也是一个难以说清楚的问题。因而,这一学说,又进一步发展为拒绝事由的排除或者同意事由的具备说,也就是说,附款必须能够去除行政机关不愿意作出授益行政行为的障碍或者创设同意的理由。例如许可经营,考虑到相对人的活动可能产生噪音污染等因而本来不予作出,然而,如果附加相对人应安装防噪声设备的负担,进而作出许可,则该附款由于能够排除行政机关作出该授益行为时的障碍,因而就符合目的限制的要求(附款的作出与行政行为的作出即具有因果关系)。

其次,以权限范围来判断附款是否符合行政行为的目的。(观点二)这种学说来源于"不当联结禁止"的理解。不当联结禁止,虽未被直接规定到

---

[58] 参见黄锦堂:《论行政处分之附款》,台湾大学法律研究所硕士学位论文 1985 年,第 116 页。相同的观点参见陈敏:"如以附款达成非行政处分目的之其他目的,纵然该其他目的本身亦具有意义,但该目的并不在附款所根据实体规定之授权内,仍构成裁量之瑕疵。"陈敏:《行政法总论》,自刊行,2009 年第 6 版,第 526 页。

[59] 参见李惠宗:《行政法要义》,元照出版公司 2007 年第 3 版,第 337 页。

[60] 参见黄锦堂:《论行政处分之附款》,台湾大学法律研究所硕士学位论文 1985 年,第 117—123 页。

德国行政程序法关于附款的添加应遵守的原则里，但它作为一般法律原则，如上所述应与此处的目的判断作统一理解。进而，对不当联结禁止的理解就有助于目的限制的判断。在德国，不当禁止联结一词，在行政法上指的是行政程序法所规定的：对待给付依全部情况应相当，且与行政机关的契约上的义务有实质上的关联的存在。而契约的义务是指行政机关的公职务。故对待给付应与行政机关的公职务有实质关联性。这也就是不当联结禁止的准确含义，它不是指应与行政机关的职务无关，也不是指不得用行政机关的职务进行讨价还价，将其商业化运用，而是本质上对待给付应与其公职务有关。附款的运用与对待给付同理，也可以借鉴公职务（权限范围）来判断合目的与否（特别是在负担与假条件之处）。以建筑公司申请核发新完工建筑物的使用执照，行政机关在核发执照时，添加以缴清所欠的地价税为延缓条件为例，追缴税款为税务机关的权限范围，而非建筑机关的管辖范围，故这种附加违反了合目的性原则。[61] 此种判断标准，清晰且可操作性较强。但是也存在一定的问题，即行政机关的权限有时候存在一定的模糊性。故实际上，合目的与否，在权限判断上，仍存在例外的情形。例如法律为达成特定的行政目的，规定一行政机关为行政行为时，应一并考虑另一行政机关权限内的事务。这种情形下，就不能单纯考虑在一般情形下权限的划分与目的的判断的对应关系了。[62] 又如，有时候法律没有明确地规定行政机关作出决定时应该考虑另一行政机关的权限内的事务，但从法的精神来看，具有整体保护的取向。此时，如果行政机关出于这种考虑而添加附款，就难以说其不合目的的要求。

(3)本文观点

合目的原则的要求，之所以特别受重视，原因在于无论是在添加与否、添加的种类还是添加的具体内容上均是裁量权的行使，而且容易发生不当联结。此外，行政系实现公共利益这一根本目的的积极作用者，因而，其目的正当与否非常关键。合目的性原则不仅具有引导行政机关合法行使职权的价值，更具有引导其合理行使职权的价值。当然，尊重行政机关的判

---

〔61〕　参见陈敏：《行政法总论》，自刊行，2009 年第 6 版，第 526 页。

〔62〕　参见陈敏：《行政法总论》，自刊行，2009 年第 6 版，第 526 页。

断权,是行政法控权的界限,换句话说,附款的添加是否会因为不合行政行为的目的而变得违法以及何时构成违法是本处探讨该原则的目的。

就合目的性的直接判断来说,首先,如果所添加的附款将导致对行政行为的目的的根本违背,即构成对合目的性原则的违反。"附款是一种可以更快速达到行政目的的手段,但假如附款的结果,使行政处分失其本质目的,则为行政裁量之滥用","一般而言,属管制行政之事项,在管制手段上的裁量,必须有合乎公益的论理,始得合乎行政处分的目的"。[63] 也就是说,附款的目的必须符合公共利益,如果行政机关出于自己的利益或者私人的利益而添加附款,则构成对合目的性原则的违反。其次,如果所添加的附款虽然合乎法律目的,也符合公益的要求,但不是直接决定行政行为作出的法律规定的目的,则也可能违反合目的性原则。这一点已由上文分析过。再次,如果所添加的附款虽然合乎行政行为作出的根据法的目的,然而,却不符合作出该行政行为的个别根据,也就是在单行法内部出现整体目的和个别目的的冲突,也可能导致目的不合法。最后,在行政行为作出的个别目的中,也可能存在主要目的和次要目的的差别,因而,附款的添加可能虽然不违反次要目的的要求,但违反了主要目的的要求,这种情形下,也可能导致目的不合法。所以,就目的的直接判断来说,一般指附款的添加目的应该符合作为行政行为作出的直接根据的法律规定的主要目的。然而,这种判断思路有其无法克服的弊端,即主观、多义且模糊。[64]直接的目的判断,不仅要先确定法律的目的,确定行政行为的目的,还要确定附款的添加目的。法律有时会规定所要达到的目的,但有时其规定却非常模糊,甚至没有规定。探究它的目的,必须根据立法的记录和各种情况,甚至判断权力本身的性质,进而确定合法的目的。对行政行为的目的的判断也是如此,法院的审理依赖书面资料,因而一般应看行政行为的载体上是否有相关的记录,如果没有,则必须依赖于一系列标志进行判断。

就因果关系的判断来看,它能够避免目的直接判断说的多义和模糊,

---

〔63〕 李惠宗:《行政法要义》,元照出版公司 2007 年第 3 版,第 337 页。

〔64〕 目的判断为法国越权之诉"权力滥用"的基本内容,该类型诉讼由于在确定法律目的和行政行为目的方面,存在很多困难,很难查清行政机关的意图,而处于衰退的过程中。参见王名扬:《法国行政法》,北京大学出版社 2007 年版,第 547—548 页。

较为客观和明确。特别是将其进一步具体化为对拒绝事由的排除和同意事由的具备，如果附款的添加能够达到上述目的，则合法，行政机关的证明责任就容易实现，法院也可以直接从行政决定的理由中判断附款添加的目的。然而，拒绝事由和同意事由也不能是随意的、主观的，也应该有其客观的标准。"藉权限范围以判断附款是否合于上述'拒绝事由的排除或者同意事由的完成'可谓最为精密。"[65]也就是说，将因果关系说中的拒绝事由的排除或者同意事由的完成和权限范围的判断相结合，就可以完成对附款是否合乎目的的判断。也就是分两步：第一步，行政机关添加附款必须是为了排除其作出行政行为存在的拒绝事由或者为了完成同意事由，二者之间必须存在因果关系；第二步，行政机关的拒绝事由和同意事由的内容并不是随意设定的，必须属于它权限范围内的事务，这就避免了因果关系说的不足。与目的直接判断说相比，权限范围主要从组织法的角度予以规范，如果组织法的规范相当完善且合理的话，则权限判断规则就比较容易；反之，也无法充分发挥其作用。此外，组织规范与根据规范不同，即便属于行政机关的权限范围的添加附款，仍有可能违反根据规范中的目的，故权限判断说也有其不足之处。

综上所述，三种思路均有其合理性，也存在不足之处。单纯的目的判断说，容易陷入主观的判断无法自拔，因果关系和权限判断说也可能陷入主观甚至无法判断的情形，但更多的是二者对行政实践的环境要求较高，即在行政法治特别是组织法比较完善的国家或者地区能够得到较好的实施，而且权限并不完全等于行政行为的目的，至多能够类推适用。所以，本文认为，不能遵循单一的判断思路，而应该结合三种思路，即以目的的直接判断为原则或者说取向，以因果关系或者说权限判断说为具体判断方法，综合判断附款的添加是否合乎行政行为的目的。

2.符合比例原则与平等原则

比例原则有三个子原则，包括合目的原则、必要性原则和狭义比例原则，行政机关在添加附款时，以及选择添加种类时应该结合个案情形考虑

---

〔65〕　黄锦堂：《论行政处分之附款》，台湾大学法律研究所硕士学位论文1985年，第123页。

此三个子原则,择优选择。[66] 而一般情况下,就附始期、附延缓条件、负担来讲,负担属影响较小的附款种类,因为它不直接影响行政行为的效力,其次是附始期,因为是确定发生的事实,只不过发生的时间不确定,最后才是附延缓条件,其具有不确定性,而且直接影响行为的效力;就附终期、附解除条件、撤回权保留、负担来讲,同理负担最小,因为其不履行,仍须通过强制执行,之后才可以撤回主行政行为,其次是附终期,因其是确定性最强的,相对人可以预见,最后是附解除条件和撤回权保留,因为二者都使行政行为的效力处于日后不知何时会消灭的不确定状态中,对相对人的预见性具有很大的破坏性。而就负担与负担保留来讲,两者则只是时间点的差异。负担本身,也应该考虑各种手段的侵益性大小,选择侵害最小的负担。就狭义比例原则来说,应注意的是附款添加给相对人的不利应小于其维护的公益,当然也不能超过该附款行政行为给相对人的利益。

平等原则要求是相同情形相同处理,禁止歧视和差别对待,如果构成合理的差别,则需要区别对待,但是应该给予说明。就附款来说,行政机关应遵守此原则,对相同的情形,相同处理,并在一定的积累之后,将其成文化,可以制成裁量基准并公布,当然在裁量基准的适用上,也会存在差别待遇的情况,其处理仍如前所述。此外,行使裁量权应该考虑该考虑的事项,排除不相关的因素,而且判断过程亦应合理。[67]

3.遵循正当程序原则

除了上述附款裁量基准的制定并公布,以及合理差别对待的理由说明等程序限制外,一般的程序要求也适用于附款。首先,关于形式要件。附款乃附加于行政行为的处理,是行政机关单独作出的,涉及相对人权利义务的公权行为。因此,原则上必须以书面决定作出,而且要与所附行政行为一起。这一方面为行政行为提供载体,另一方面,也有利于相对人的救济。

其次,关于相对人的参与权。行政行为的附款的功能是状况适合性,即能用于排除行政机关作成相应行政行为时存在的法律或者事实上的障

---

[66] 合目的性原则已由第1.部分着重论述。

[67] 参见张正钊、胡锦光主编:《行政法与行政诉讼法》,中国人民大学出版社 2009 年第 4 版,第 26 页。

碍,促成行为的及时作成,节省时间,提高效率,调整私人利益和公益。虽然最后作成的可能是授益决定,但附款总体上是侵益性的,故就相对人来说,其效果相当于打了折扣。授益性行为,虽不等同于依申请行政行为,但大部分授益行为为依申请行为,相对人可以争取,亦可放弃,这也是大部分权利的特征,故如果欲获得该授益须接受添加附款,则相对人可以放弃该利益而拒绝相应的不利益,与其日后相对人不接受该行政行为,不如事前听取相对人的意见陈述。因此,在附款的添加与否以及种类选择上,行政机关应该给予相对人陈述意见的权利,如果相对人不同意,而且理由充分,则行政机关有必要重新审慎考虑其决定。对相对人的意见不采纳时要书面说明添加附款的理由。因为这样一方面督促行政主体进行审慎考虑,另一方面有利于起诉时为相对人提供相应的证据。

三、行政行为附款违法的司法救济

"无救济则无权利",除了事先的程序乃至实体规制外,为相对人提供事后救济途径也非常必要。相对人自然可以运用行政复议的方式提起救济以得到相对满意的结果,因而本文不作探讨。然而在行政诉讼上,受司法审查有限性的制约,违法附款能否单独提起撤销诉讼以及审判机关能否单独撤销该违法附款就成为一个争议较大的问题。

(一)附款诉讼的诉讼标的的判断

1.负担独立撤销说

此说又称依类型判断说。其内容大概为:附款能否独立争讼,因附款的种类而异,对负担不服,可以提起撤销之诉,对其他种类附款不服,则只能提起课予义务诉讼(在我国无该类型诉讼,因此只能诉请全部撤销)。[68]

首先,负担与所附行政行为可分。理由在于:没有负担,行政行为可以生效且存在;没有行政行为,负担也有自己的规制意义,因此,两者可分。

---

〔68〕　参见〔德〕哈特穆特·毛雷尔:《行政法学总论》,高家伟译,法律出版社 2000 年版,第324 页。

其次,期限、条件等附款则与所附行政行为不可分。理由在于:这些附款类型都直接限制所附行政行为的效力,比如解除条件成就,所附行政行为失效,因此,这些类型的附款如果与所附行政行为分离,就不具有独立的规制意义。

2. 依主处理行为的性质说

按照毛雷尔、黄锦堂、陈敏的介绍,依主处理行为的性质说的内容是附款与所附行政行为是否可分取决于所附行政行为是羁束行为还是裁量行为,在后者的情形下,附款与所附行政行为不可分;[69]按照盛子龙、刘宗德的介绍,该说的主张者包括毛雷尔、陈敏以及许宗力等,在区分羁束和裁量的情形下,并不是所有裁量的情形下均不可分,只有在行政机关如知道附款违法而将为其他决定时,附款与所附行政行为才不可分,因而原则上附款与所附行政行为可分。[70] 基于两种归纳方式判断可分性的标准主要在于主行政行为的性质即羁束或者裁量的这种质上的相同,笔者认为可以统一把握,即如果所附行政行为为裁量行为,则单独撤销附款,可能会侵害行政机关的裁量权,因而不能容许单独诉请及判决撤销。

3. 依附款与所附行政行为的关系说

此说又称剩余行政行为合法说、客观说,与前两说的不同之处在于其主张从附款与所附行政行为的关系来看,具体来讲根据两层关系即客观上的可分性和法律上的可分性(其决定作用)来判断相对人可否单独对附款诉请撤销。根据盛子龙对该说的整理[71],客观说认为:

第一,附款与所附行政行为客观上具有可分性。该说认为附款与所附行政行为是否可分,关键不在于附款的性质,而在于附款与所附行政行为之间的关联。由于即使没有附加附款,行政机关也可以作成行政行为,所

---

〔69〕 参见〔德〕哈特穆特·毛雷尔:《行政法学总论》,高家伟译,法律出版社 2000 年版,第 324 页;黄锦堂:《论行政处分之附款》,台湾大学法律研究所硕士学位论文 1985 年,第 177 页;陈敏:《行政法总论》,自刊行,2009 年第 6 版,第 529 页。

〔70〕 参见盛子龙:《行政处分附款之行政争讼》,《中原财经法学》2001 年第 6 期,第 5 页;刘宗德:《行政处分附款法制之研究——通讯传播行政处分附款之合法性论议》,《月旦法学杂志》2011 年第 196 期,第 106 页;〔德〕哈特穆特·毛雷尔:《行政法学总论》,高家伟译,法律出版社 2000 年版,第 327—328 页;陈敏:《行政法总论》,自刊行,2009 年第 6 版,第 529—530 页;许宗力:《行政处分》,载于翁岳生编:《行政法》(上),中国法制出版社 2009 年版,第 707—708 页。

〔71〕 参见盛子龙:《行政处分附款之行政争讼》,《中原财经法学》2001 年第 6 期,第 7—8 页。

以所有的附款客观上均具有可分性,也因此原则上不论何种附款,相对人都可以提起撤销诉讼。第二,附款能否独立诉请撤销还须看剩余行政行为能否在不变更原有规制内容下有意义且合法地存续——即法律上应具有可分性。

4. 所有附款与所附行政行为均可分说

（1）客观形式说

该说为学者劳宾格（Laubinger）所主张,认为首先应该改变从实体上判断为从形式上、外观上来判断,如果撤销违法附款剩余部分能拥有作为独立行政行为的成分,也就是具有存续能力时,附款与所附行政行为就具有可分性,从而可以单独诉请撤销。[72] 其次,不论附款的类型如何,在附款撤销后,剩余的行政行为仍然可以以行政行为的形态继续存在,所以所有的附款与所附行政行为均具有可分性。由此决定,相对人可以对附款单独诉请撤销,法院也应作单独撤销附款的判决。[73] 至于附款被独立撤销后,所附行政行为的命运如何,则视行政机关可否依照行政程序法的规定进行撤销或者撤回而定。[74]

（2）延缓条件例外说

此说为学者胡芬（Hufen）提出。该学说认为[75]:第一,解决问题至关重要的是对诉讼目的的考虑。在附款授益行为中,对相对人来说,其所祈求的诉讼目的首先在于解除该附款,也就是请求撤销附款,因而,最合相对人意愿的应该是单独诉请撤销附款这种形式,而不是课予义务之诉或者全部撤销诉讼。第二,就附款（特别是条件与期限等被认为"非独立"的附款类型）的独立撤销而言,重要的仅仅取决于能否将不利的附款与所附行政行为相分离,同时又不影响该行政行为本身在附款被撤销后的继续存在。

---

〔72〕 参见黄锦堂整理部分,黄锦堂:《论行政处分之附款》,台湾大学法律研究所硕士学位论文 1985 年,第 178—181 页。

〔73〕 参见盛子龙整理部分,盛子龙:《行政处分附款之行政争讼》,《中原财经法学》2001 年第 6 期,第 9 页。

〔74〕 参见黄锦堂整理部分,黄锦堂:《论行政处分之附款》,台湾大学法律研究所硕士学位论文 1985 年,第 178—181 页。

〔75〕 参见〔德〕弗里德赫尔穆·胡芬:《行政诉讼法》,莫光华译,法律出版社 2003 年版,第 234—235 页、第 236 页、第 236—237 页小字部分、第 241 页。

就各类型来说,在许可附带期限或者解除条件或者负担、负担保留时,没有该附款,许可仍可不受影响地继续存在,而这种存在正好也符合相对人的诉讼目的。然而,在延缓条件时,结论就完全不同了。因为如果将延缓条件撤销,则所附行政行为就会因此归于无效(不生效),所以不应当允许单独对延缓条件提起撤销诉讼。第三,除延缓条件不得单独诉请撤销外,其余的撤销诉讼都是适当的。对撤销后剩余行政行为的合法性以及行政裁量的保护问题,可以通过行政机关事后的撤销、撤回决定或者另作一合法的附款来解决。

5.德国判决的变化

早期德国的实务采取传统通说即类型说。其后经历了多次转变。其中一次重要的转变在于它强调统一的裁量基础,认为,如果行政行为和负担基于行政机关的一个统一的裁量实施,附款的撤销是不允许的。[76] 有一个案例:案中原告外国人请求居留,被告行政机关许可,但附加不得独立从事营利行为的规定,原告因此起诉。法院一方面认为该附款的性质为负担,另一方面却认为只能提起课予义务诉讼,理由在于:该案中许可决定与不独立营业的负担,两者不可分地结合着,在意义关联上,二者已组成单一的决定,从而不可独立撤销该负担。[77] 这就从类型说转向了主行政处理的性质说了。然而,联邦行政法院在1982年的判决中推翻了自己原来的观点,认为在裁量行为中,相对人也可以单独诉请撤销该负担,理由在于:行政机关在该负担被撤销后,仍可以类推行政程序法的规定,将该授益行为撤回,因此行政机关的裁量余地自始至终没有受到损害。[78]

联邦行政法院的第二次重要转变是如果附款被撤销之后,剩余的行政行为是违法的,就不能单独撤销附款。[79] 可以看出此判决使得实务的见

---

〔76〕 参见〔德〕弗里德赫尔穆·胡芬:《行政诉讼法》,莫光华译,法律出版社2003年版,第239页。

〔77〕 参见黄锦堂:《论行政处分之附款》,台湾大学法律研究所硕士学位论文1985年,第173页。

〔78〕 参见黄锦堂:《论行政处分之附款》,台湾大学法律研究所硕士学位论文1985年,第177页。

〔79〕 参见〔德〕弗里德赫尔穆·胡芬:《行政诉讼法》,莫光华译,法律出版社2003年版,第240页。

解出现支持客观说的状况。不过,近来联邦行政法院又扬弃了该见解,它首先肯定负担可以独立于授益行为之外被独立诉请撤销,其次认为除非可以自始明显地看出剩余的行政行为无法有意义且合法的存续,否则负担撤销后剩余的行政行为能否可以有意义且合法地存续是诉有无理由的问题,不是原告诉请撤销负担诉讼合法性的问题。[80]

6. 争议问题的研究

(1)起诉条件与胜诉条件不宜混淆——对第二、三种学说的否定

按照德日以及如今我国台湾地区的"行政诉讼法",应该区分诉的合法性与有无理由这两个问题,前者为程序性审查层面,后者为实体审查层面。我国大陆虽无诉的有无理由的区分,然而也存在起诉要件和胜诉条件的区分,前者是对起诉要件的程序性审查,后者则有赖于通过实体问题的审理最终做出是否具有实体上的请求权的判决,因此两种体制实际上并没有本质差异。基于论述的方便以及尊重他国体制现状,以下涉及德国以及我国台湾地区的学说的表述时仍采用其诉的合法和有无理由这一分析路径,在此说明。

通过以上的介绍,我们可以发现继传统的通说之后,羁束、裁量以及剩余行政行为的合法性始终是附款是否可分的重要问题点。因为在本质上这个问题涉及司法权与行政权的界限,又涉及依法行政这一基本原则。然而,正如德国联邦行政法院第一次重大转变之后对裁量说的否定一样,司法权是否会侵害裁量余地,是诉之有无理由的问题,而不是诉的合法性问题。对客观说的批判也基于同样的思路,即剩余行政行为是否合法,并不是诉的合法性的问题中所应解决的问题,故也不应成为诉合法的要件。于是,作为单独诉撤销附款的诉讼合法性问题上,其可分性渐渐明朗起来。其中蕴涵的理论依据在于[81]:虽然现代法治国家以提供人民有效的权利保障为其宗旨,但是为避免人民滥用诉讼制度,促进诉讼资源有效率地利用,必须设定过滤性要件即诉的合法性要件。但是对这一要件的设定与解释,仅仅是程序面上的审查,与诉有无理由的实体审理不同。有关在撤销

─────────────

〔80〕 参见盛子龙:《行政处分附款之行政争讼》,《中原财经法学》2001 年第 6 期,第 13 页。

〔81〕 参见盛子龙:《行政处分附款之行政争讼》,《中原财经法学》2001 年第 6 期,第 15 页。对于其是否成为诉有无理由的真正问题,详见后文独立可撤销性部分。

之后剩余的行政行为能否合法存续或者在裁量决定后,剩余的行政行为是否仍合乎行政机关的意思的问题,因为它往往涉及相关实体法律的适用与事实的认定,所以充其量将其纳入诉有无理由的审理,否则要求法院在程序面上作上述审查,将使诉的合法性要件的审查负荷超载。

(2)附款类型说优势与不足——对第一种学说的排除

排除了第二、三两种学说之后,剩下的就属此说了,或者莫不如说其余的学说都是在对此说的批判中展开论述的。本说支配德日达数十年之久,迄今仍不乏奉行者,其道理在于:简单明了,符合法的安定性,当事人依附款种类以决定如何(全体或者单就附款)争讼,在行政法发展较晚、人民对行政法的认识尚属陌生的我国,本说有介绍的必要。[82] 然而如上所述,附款与所附行政行为是否可分,先验地依赖于附款的类型是否是负担,具有其不正当性[83]:

首先,由客观形式观察,不论附款的种类如何,其与所附行政行为均具有可分性。因为附款本来就是附加在主行政处理上的规定,即使在附款撤销后,剩余的行政行为客观上仍然是一个独立存在的规制。这一点决定了附款与所附行政行为并非是先验地结合在一起的。[84]

其次,与事后附款相比无实质上的差异,也具有可分性。根据德国法院法的规定,行政复议机关审理后就已成立的行政行为附加一新的附款,已构成在原行政行为外附加的"额外的独立的不利",相对人可以独立诉请撤销;反之,如果原行政机关在作出行政行为时即附加附款,二者反而不可分,那从相对人的角度来看,这种区别对待缺乏具有说服力的理由。行政机关的事后附款也是如此。虽然可以说事后附款由于时间点的不同,而构成了另一个行政行为,然而,这种附加的容许性本身就说明附款与所附行

---

〔82〕 参见黄锦堂:《论行政处分之附款》,台湾大学法律研究所硕士学位论文 1985 年,第175 页。

〔83〕 参见盛子龙:《行政处分附款之行政争讼》,《中原财经法学》2001 年第 6 期,第 16—17 页。

〔84〕 参见黄锦堂:《论行政处分之附款》,台湾大学法律研究所硕士学位论文 1985 年,第174 页。此处如果要进一步指出类型说不能成立的地方还有一处即考虑是否可分,因为相对人针对的是附款的独立撤销,故应考虑剩余行政行为是否可以继续存在且具有独立的规制意义,而不是考虑附款与所附行为分离后是否具有独立的规制意义,因为附款才是撤销的对象。

政行为之间客观上是可分的。

这两点理由正好也可从客观和主观的角度来看,首先,客观上并不只有负担附款与行政行为可分;其次,主观上对于相对人来说都是一种不利益,从权利保障的角度来看,此种区别对待无说服力。

(3)对形式说的补充——本文观点

第一,应然上,在单独诉请撤销中,探讨附款与所附行政行为可分性,应着重于附款撤销后,剩余行政行为是否还能够以行政行为的形式存续,无须考虑附款与所附行政行为分离后附款是否能够具备独立规制意义。理由在于:首先,附款离不开所附行政行为,考虑附款与所附行政行为分离后的意义实无必要。如前文所述,附款是附加于授益行政行为的起限制作用的法律既定外事项,包括条件、期限、负担、负担保留以及撤回权保留等。附款的存在、变更以及消灭总是围绕着所附的行政行为。附款与所附行政行为作为一个裁量权行使下的结果而无论是连结还是系随地存在于一个行政决定中,附款也是在相对人主张或者欲主张该授益行为之后才能对相对人发生作用的。其次,附款撤销后,剩余行政行为可否独立以行政行为的方式存在才是可分性探讨的重点。虽然相对人主张单独撤销附款,然而,如果剩余的行政行为无法以行政行为的方式继续存在或者存在没有意义,则法院应不容许单独撤销,或者驳回或者变更诉讼标的全部撤销,这对于相对人来说是不利的,因此从诉讼经济以及对相对人的保护的角度来看,应该探讨这种单向的可分性。

第二,实然上,附款与所附行政行为具有单向的可分性——撤销附款后行政行为仍可独立存在。具体说来,表现在三点:其一,可分性的标准是起诉条件上的,仅限于程序性层面的审查标准,因此对于附款撤销后剩余行政行为是否合法,是否符合行政机关裁量的意旨,甚至是否继续有效(即胡芬考虑的效力问题)都不是此处应予以判断和能够判断的问题,故只应从形式上进行判断。其二,先验与事实上,行政行为本身可以附加附款,也可不附加附款,因此附款对于行政行为来说只是可以附加,并非不可分离的组成部分,这从附款与内容本身乃至内容的限制本身的对比即可发现,后者的撤销会使行政行为内容不完整从而不能具备行政行为的所有要素。正如学者所说:"附款作为附带的处理或者附带的处理部分,附款与主要处理可以容易分开。这也是附款与对处理内容的限制的区别,后者不能笼统地而只能根据案件的具体情况予以分开。"[85]其三,作为对比验证,附款的附加可以是行为作出时,也可以在事后进行,因此行政行为并不是离开附款就无法以其本身的内容发生规制作用的。

(二)附款诉讼判决类型的选择

1. 单独撤销的判决

(1)剩余行政行为合法且不损害行政机关裁量权说

此学说为学者申克(Schenke)所主张,认为如果附款撤销后,剩余行政行为不能合法存续,则法院应以无理由(在我国则应驳回或者全部撤销)驳回原告单独撤销的请求。此外主行政处理属于裁量决定时,如果法院无法确定行政机关即使在无附款的情况下仍有作成该授益行政行为的意思,则应以无理由驳回原告诉讼。其基本观点有二[86]:在第一种情形,基于法治国的原则,原告在实体法上并不享有一个请求法院制造违法状态的请求权。在第二种情形,基于权力分立的原则,法院不得逾越法律授予行政机关裁量权,所以实体法上原告自然没有请求法院单独撤销附款的权利。

此学说遭到了各方面的批判。[87] 各种批判主要包括以下观点:其一,从诉讼标的的角度看剩余的行政行为的合法性问题和裁量权是否被损害的问题不是诉讼标的,因此均无关法院是否得单独作出撤销附款的判决。[88] 其二,不管诉讼技术的层面如何,法院能否单独撤销附款关键在于相对人有无实体上单独撤销附款的请求权。[89] 从法治国的角度看,在附款违法后剩余行政行为也违法的情形,剩余行政行为的违法状态在行为作

---

〔85〕 参见〔德〕哈特穆特·毛雷尔:《行政法学总论》,高家伟译,法律出版社 2000 年版,第 326—328 页。

〔86〕 参见盛子龙:《行政处分附款之行政争讼》,《中原财经法学》2001 年第 6 期,第 9 页。

〔87〕 劳宾格、黄锦堂、盛子龙等学者均有不同的见解。参见盛子龙:《行政处分附款之行政争讼》,《中原财经法学》2001 年第 6 期,第 9、21—25 页。黄锦堂:《论行政处分之附款》,台湾大学法律研究所硕士学位论文 1985 年,第 181—183 页。

〔88〕 此为劳宾格所持,参见盛子龙:《行政处分附款之行政争讼》,《中原财经法学》2001 年第 6 期,第 10 页。

〔89〕 参见盛子龙:《行政处分附款之行政争讼》,《中原财经法学》2001 年第 6 期,第 22、24 页。

出时就已经存在,并不是由法院的判决所制造的,因此与相对人是否有请求法院制造违法状态的请求权无关,因此也不能以此来否认相对人的请求权。法院对裁量权的审查也只是消极层面的审查,而不是积极的干预,因此无所谓损害裁量的问题。其三,无论是考虑实体请求权的有无还是考虑诉讼标的的适当与否,关键问题都在于解决撤销后剩余行政行为的合法性以及裁量权保护的实现。[90] 其中,尤以裁量权保护最有争议。一种观点认为:是否要加进行政机关无裁量余地说,是一个价值判断的问题,而不是对错问题。我们不应该偏离合法性这一行政法的基本架构,其本来表述为"……端视我们是否'相信',为了改正少的、已合法的结果而应该偏离行政法的'基本架构'"。[91] 另一种观点认为:如果附款被撤销后的情形,不符合行政机关的意愿,它可以通过撤回该行政行为,或者作出一个合法的附款,以实现其目标。[92]

(2)本文观点

第一,附款能否被撤销视附款是否具有行政行为的特征、是否违法以及是否侵害相对人的权利而定。相对人提起行政诉讼是为了保护权利,法院的首要目的也在于实现对权利的救济。在行政诉讼中,法院通过审查行为是否违法以及行为是否构成对相对人的侵害来作出相应的判决。因此,附款能否被撤销也依赖是否满足此两点要求。具体说来,虽然附款是主行政处理的附加规定,但附款并不是没有行为特征的。附款是行政机关单方,针对外部的特定事件,能够发生直接的法效果即决定行政行为的效力或者相对人的行为的权力性作用,因此附款具有行政行为单方性、外部性、具体性、法效性以及权力性等特征,是法院审判的对象。进而,附款是否违法以及是否对相对人产生侵害有其判断的标准和依据[93]。因此违法附款的撤销在实体上是可能的。

第二,附款能否被单独撤销视附款的合法性与所附行政行为的合法性

---

〔90〕 参见盛子龙、胡芬、黄锦堂著作。

〔91〕 参见黄锦堂:《论行政处分之附款》,台湾大学法律研究所硕士学位论文 1985 年,第 182 页。

〔92〕 〔德〕弗里德赫尔穆·胡芬:《行政诉讼法》,莫光华译,法律出版社 2003 年版,第 239 页。

〔93〕 参见本文第二部分相关内容。

能否区别判断而定。本文不赞成单纯从诉讼标的的角度来考虑能否单独撤销，因为这确实涉及相对人在实体上是否存在单独撤销请求权的问题。在实体法上请求权的存在与否才是能否胜诉的关键。而这请求权的存在与否又有赖于二者在法律上是否可分。学说上有三种观点[94]：其一，当附款构成整个决定的重要因素时，附款的瑕疵也导致整个行政行为具有瑕疵；其二，附款的瑕疵与行政行为的瑕疵应独立判断；其三，附款的瑕疵直接导致整个行政行为的瑕疵。笔者赞同第二种观点，即附款是行政机关附加的限制授益行政行为的法律既定外事项，因此附款的瑕疵与整个行政行为的瑕疵应该分别判断。[95] 就附款的过程来看更为清晰：在裁量行为中，行政机关作出许可或否决的决定都是合法的，附款的附加、附加的种类、附加的内容根据其合法性的判断规则即可判断，而且附款的违法并不导致所附行政行为的违法。在羁束行为中，附款与否及种类受到较大的限制，其合法性相对容易判断，虽然决定的合法性依赖于附款的附加与否以及种类是否正确，然而并不是添加附款的瑕疵导致该行为的瑕疵，而是其本身就存在瑕疵（即在构成要件上不满足作许可决定）或者说附款的瑕疵没能弥补其决定的瑕疵，使其仍然存在瑕疵。

第三，虽然附款能否独立撤销与剩余行政行为的合法性以及裁量意旨无关，然而，该问题确实是附款独立撤销诉讼中面临的需要加以解决的重要问题。其一，关于剩余行政行为违法的问题，正如上述第二所述，剩余行政行为违法的情形通常在于羁束行政行为中，行政机关无裁量权却以附款行政行为的方式作出许可决定，破坏了依法行政的原则。对此，如果是对第三人具有效力的授益行政行为，则第三人可以提起诉讼请求法院撤销该决定；如果是纯粹对相对人授益的行政行为，则可以建议行政机关或者其上级有权机关根据撤销权予以撤销或者事后作一合法的附款，对瑕疵进行补正或者违法转换。其二，关于附款撤销后剩余的行政行为不符合行政机关裁量的意思的问题。行政机关通过撤回该行政行为，或者作出一个合法

---

〔94〕　参见〔日〕室井力编：《日本现代行政法》，吴微译，中国政法大学出版社 1995 年版，第118 页。

〔95〕　参见〔日〕室井力编：《日本现代行政法》，吴微译，中国政法大学出版社 1995 年版，第118 页。

的附款,以实现其目标。但是必须考虑行政相对人的信赖保护问题。

2.其他判决类型的运用

如上所述,违法附款一般可以被独立撤销,以达到原告的诉讼目的,以及监督行政机关依法行政的目的。不过并不是违法附款都必须也都能够予以撤销,在我国的判决体系下还有确认判决和变更判决的适用余地。

首先,2014 年《行政诉讼法》第 74 条第 1 款第 1 项规定了特别的确认判决即"行政行为依法应当撤销,但撤销会给国家利益、社会公共利益造成重大损害的","人民法院判决确认违法,但不撤销行政行为"。根据第 76 条规定,人民法院"可以同时判决责令被告采取补救措施;给原告造成损失的,依法判决被告承担赔偿责任"。这种判决一方面可以保障公共利益的实现,另一方面也可以让相对人通过确认违法的判决获取实体上的赔偿,以达到相同的效果。在附款的审判上也是如此,如果附款的附加、附款种类的选择以及附款内容上构成了对法律原则、法律精神以及具体根据法的违反从而具有违法性并且侵害了相对人的合法权益,但是由于公共利益的需要撤销并不容许,此时人民法院即可作确认附款违法的判决,相对人可以据此请求行政赔偿。

其次,我国《行政诉讼法》第 77 条第 1 款规定了变更判决,即"行政处罚明显不当,或者其他行政行为涉及对款额的确定、认定确有错误的,人民法院可以判决变更"。但是变更判决的适用是较为严格的,这是司法权与行政权应有的界限所要求的。然而,在附款诉讼中,如果在种类上具有违法性,那么是否容许法院在一定的条件下予以变更,以免除撤销之后行政行为即使合法但却不合理或者说行政行为可能对第三人产生损害的这种后果呢?笔者认为,在附加条件过于严苛的情形下例如假条件、撤回权保留,未尝不可以考虑将其变更为对相对人干预较小的负担附款。当然不可反过来将负担变更为条件附款。

【推荐人与推荐理由】

行政行为的附款是行政行为理论的重要领域之一,行政行为理论本就缺乏足够的研究,而其附款论更是少之又少。在此情景下,该文的研究难度可想而知。这种难度首先是理论上的。没有扎实的法学功底,很难问津行政行为理论。其次是中国化的难度。过去认为附款研究的最大难度是无法在中国找到现实的例子。作者广泛收集相关研究成果和实践材料,严格遵循学术规范,作出有益的深入探讨。

该文突出重点,着重研究附款的构造与功能、容许性与界限、救济三个方面的内容。该文分析了附款"可,但是"的基本构造,由此为把握附款的功能、适用条件等奠定了基础。该文研究了附款的容许性和合法性问题。容许性是可否添加附款的问题,合法性是在添加附款时的界限问题。该文还对学界较少涉猎的附款救济问题展开研究。该文探讨了附款可分性的认定、审查方式和判决方式等,有力地推进了国内的附款救济研究。

——推荐人:王贵松(中国人民大学法学院副教授)

Abstract:The additional clauses of administrative action mainly refer to the extra-legal items attached to the interests-conferring administrative action, including time limits, conditions, reserving the rights of withdrawal, burdens, burden retentions and so forth. These items are intended to restrict the effects of the interests-conferring administrative action. Usually, the conditional administrative actions contain the word "but". Attached conditions are particularly suitable when there're some legal or factual impediments resulting from the interests-conferring administrative actions. The legal basis of attached conditions are involved in the articles granting discretions. The attached conditions should be related to the purpose of that administrative action properly and reasonably. Meanwhile, the attached conditions should conform to requirements of other discretional rules and due processes. The attached conditions can be divided from the original administrative action. Therefore, suing to withdraw the illegal conditions must be allowed. Administrative counterparts have substantive rights to ask the court to cancel the illegal attached conditions.

Key words:attached conditions; permissibility; legality; judicial relief

(责任编辑:徐 建)

美国行政规制的"使用者付费"制度

朱小川[*]

内容提要 在美国,"使用者付费"是指由使用者支付费用,即"谁使用谁付费"。从行政规制的角度来看,"使用者付费"是指行政规制机构就其提供的特定产品或者特定服务向特定受益人所收取的费用。其功能在于减轻政府部门的财政负担,提高政府部门的工作绩效,促进相对人对收费的认同。行政规制中设定"使用者付费"的法律依据包括《独立办公室拨款法案》《统一预算协调法案》及其他单行法律,在设定收费标准时,应考虑公正因素、效率因素、收入充足性因素及实施成本因素。

实施"使用者付费"制度时,需考虑收费的时机、收费水平的调整、收费的减免、收费的管理。需对"使用者付费"制度的运行进行监督。这包括国会的监督、白宫管理与预算办公室(OMB)的监督及行政收费部门的自我监督,最重要的是法院的司法审查。司法审查的要点有三:其一,要判定行政征收的费用是税还是"使用者付费";其二,判定行政规制收费权是否合宪、合法;其三,要去判定是否存在特定的受益人,其是否存在"特定利益"。

在我国现行的金融监管收费制度中,存在收费依据不足、收费标准不清、收费管理不明、收费监督不力等问题,借鉴美国的制度经验,应调整金融监管收费依据,明确收费标准,统一监管收费管理,明确监管收费用途,完善对监管收费的监督。

关键词 使用者付费 行政规制 美国行政法 行政收费

---

* 天津市国土资源和房屋管理局执法监察总队工作人员,南开大学法学硕士(2012届)。

一、美国行政规制中"使用者付费"的制度概况

(一)"使用者付费"的历史沿革

"使用者付费"在美国由来已久。以美国国会 1952 年颁布的《独立办公室拨款法案》(*Independent Offices Appropriations Act*,简称为 IOAA)[1]以及 1985 年的《统一预算协调法案》(*The Consolidated Omnibus Budget Reconciliation Act*,简称为 COBRA)[2]为依据,可将使用者付费制度的发展历程分为如下三个阶段。

1. 20 世纪 50 年代以前

自美国建国以来,联邦政府、州政府以及地方政府一直就其提供的产品和服务进行收费。例如,联邦政府就其提供的邮政服务进行收费,州政府以及地方政府就使用公共码头、拦河闸及类似设施进行收费。[3]

美国政府一直存在这样一种信念,应通过"使用者付费"来补偿特定设施的维护成本。罗斯福总统于 1941 年向国会递交的预算咨文就印证了这一点,其在预算咨文中陈述到:

我一直相信,政府向公民提供许多设施,而提供这些设施的成本,至少部分应当由使用它们的人承担。例如我认为,就公园、国家森林、历史博物馆等而言,政府应当向使用这些设施的人收取少量费用。上述费用已经开征……另外一个例子就是,为了维护疏浚航道、浮标、灯塔、救护站等,政府每年得支付五千万美元。如果我们的河流、航道、港湾以及海岸的使用者支付部分费用的话,那看起来将是合理的。[4]

在二战以后,政府收取"使用者费用"的冲动不断扩张,不管哪个政府

---

〔1〕　31 U. S. C. §9701.

〔2〕　H. R. 3128.

〔3〕　GAO,*The Congress Should Consider Exploring Opportunities to Expand and Improve the Application of User Charges by Federal Agencies*(March,1980),http://www.gao.gov/assets/130/129150.pdf,2015 年 2 月 28 日最后访问。

〔4〕　*The Budget of the United States Government for the Fiscal Year Ending June 30,*1941,xiii.

部门在制定预算计划时,都迫切要求对"使用者"科处费用,以支持政府项目。[5]

2.20 世纪 50 年代至 20 世纪 80 年代

"使用者付费"的制度化肇始于国会于 1952 年制定的《独立办公室拨款法案》。该法案在"使用者付费"发展历史上具有里程碑意义。在该法案制定之前,政府部门只有在获得国会特别授权之后,才能收取费用;该法案则对政府部门进行了宽泛的授权,即允许政府部门通过制定行政规章,就其提供的产品和服务进行收费。例如,联邦通信委员会通过制定规章,向广播许可申请者收取文件归档费,海岸保卫队通过制定规章,向商船船员收取许可费。

3.20 世纪 80 年代以后

如果说 1952 年的《独立办公室拨款法案》是"使用者付费"立法史的一个拐点的话,那么国会于 1985 年通过的《统一预算协调法案》则是其另一个拐点。[6]该法案或允许部分政府部门开征"使用者付费",例如授权环保署针对氡研究项目收取费用,或允许部分政府部门增加"使用者付费",例如授权核能规制委员会向获许可者增加年度费用。该法案对"使用者付费"的影响集中在两方面:一方面,该法案将费用的设定与政府部门的运转成本挂钩,从而与政府部门提供特定产品或服务的成本脱钩;[7]另一方面,该法案允许政府部门在行政规制活动受益者存在争议的情况下,为行政规制成本收取费用。[8]

(二)"使用者付费"的概念和类型

使用者付费,是指由使用者支付费用,即"谁使用谁付费"。无论是美国学者的相关论文,还是政府部门的相关报告,对"使用者付费"这一概念

---

〔5〕 CBO, *The Growth of Federal User Charges: An Update*, October 1995, http://www.cbo. gov/publication/14950(2015 年 2 月 28 日最后访问)。

〔6〕 CBO, *The Growth of Federal User Charges*, 19(August 1993).

〔7〕 例如,1985 年的《统一预算协调法案》授权核管理委员会向获许可的人收取占其运转成本三分之一(33%)的费用。

〔8〕 例如,1985 年的《统一预算协调法案》授权交通部收取费用以弥补其在管道安全项目方面所支付的全部成本,但是该项目的受益者究竟是特定公民,还是全体公众,则存在争议。

都有所界定。[9]

1."使用者付费"的概念

(1)对"使用者付费"的界定

对"使用者付费"的界定,可以参考美国学者的相关论文以及政府部门的相关报告。在论文中有学者指出,"使用者付费"是指政府部门对某类产品或者某类服务的定价,而该类产品或服务的分配由政府部门控制。[10]这一概念具备两个核心要素:其一,政府能够控制某类产品或者服务的分配;其二,政府对提供的该类产品或者服务进行定价。在政府研究报告中有政府部门提出,"使用者付费"与一些自愿交易或者请求相关,而该交易或者请求涉及政府提供的产品或者服务,例如申请者向公共机构提出一项请求,请求允许其从事法律职业,建造房屋,或者经营广播电台,因此要缴纳相关费用。[11]

综上所述,可以将"使用者付费"界定为政府机关就其提供的特定产品或者特定服务向特定受益人所收取的费用。

(2)与税收的区别

在美国政府收入的主要来源有二:一是税收,二是使用者付费。作为支持政府开支的主要手段,税收是通过强制方式予以征收的,不需要与特定利益存在直接联系,而这种特定利益源于政府提供的产品或者服务。[12]

结合上述概念阐释,可以看出税收与"使用者付费"主要存在如下区别:其一,税收针对所有公民,而"使用者付费"只针对特定的受益公民;其二,税收具有强制性,公民没有选择的权利,而"使用者付费"具有自愿性,购买政府产品或者服务的选择权决定了支付费用的选择权;其三,税收不

---

〔9〕 例子可参见 Clayton P. Gillette & Thomas D. Hopkins, *Federal User Fees: A Legal and Economic Analysis*, 67 B. U. L. Rev. 795 (1987); Hugh D. Spitzer, *Taxes vs. Fees: A Curious Confusion*, 38 Gonz. L. Rev. 335 (2002—2003); GAO, *Federal User Fees-A Design Guide*, 4 (May 2008).

〔10〕 Clayton P. Gillette, Thomas D. Hopkins, *Federal User Fees: A Legal and Economic Analysis*, 67 B. U. L. Rev. 800 (1987).

〔11〕 GAO, *Federal User Fees-A Design Guide*, 4(May 2008).

〔12〕 David N. Hyman, *Public Finance: A Contemporary Application of Theory to Policy*, 2011, http://nurjatiwidodo. lecture. ub. ac. id/files/2012/09/Public_Finance-David-N-Hyman. pdf, 2015 年 2 月 3 日最后访问。

需要与特定利益存在直接联系,而"使用者付费"需要与特定利益存在直接联系,给产品或服务的接受者带来特定利益,是收取"使用者付费"的前提。

2."使用者付费"的类型

"使用者付费"的分类并不甚明晰,各种分类方法之间存在一定分歧,这些分歧主要体现在分类标准、类别名称以及概念外延上。择其两种典型分类来看:

分类一,将"使用者付费"分为如下几类:第一类是商品收费(commodity charges),是指由于消费政府产品或服务而被收取的费用,例如水费、电费以及采暖费;第二类是负担补偿费(burden offset charges),是指由于利用公共资源(产生消极外部性)而被收取的费用,例如污水处理费、垃圾处理费以及雨水处理费;第三类是检查与处理费(inspection and processing fees),实际上是指"规制收费",即由于要求政府给予特别关注或者特别规制而收取的费用,例如建房许可费、执业许可费以及房屋登记费;第四类是特别捐税(special assessments),是指由于公共设施的改进使特定的财产所有者实现财产增值而收取的费用,例如政府部门因公园建设或者地铁建设而向周边公众收取的费用。[13]

分类二,将"使用者付费"分为如下几类:第一类是用者付费(user fees),是指个体因自愿消费政府提供的产品或者服务而缴纳的费用,例如特许权使用费(royalties)、高速公路通行费、保险费[14]以及放牧费;第二类是规制收费(regulatory fees),是指以政府规制特定业务或者活动的权力为依据所收取的费用,例如司法服务费、领事签证费、登记费、备案费以及许可费;第三类是以受益人为基础的税(beneficiary-based taxes),是指因利用政府提供的产品或者服务而被征缴的税收,例如燃油税、轮胎税以及公路车辆税;[15]第四类是以责任为基础的税(liability-based taxes),是指

―――――――――――

〔13〕 Hugh D. Spitzer, *Taxes vs. Fees: A Curious Confusion*, 38 Gonz. L. Rev. 343-351 (2002-2003).

〔14〕 如补充医疗保险、针对老兵的健康保险、针对联邦雇员的人寿保险以及联邦农作物保险。

〔15〕 以受益人为基础的税,既具有费的特征,又具有税的特征。说具有费的特征,是因为该税与政府提供的产品或者服务有关系(有时这种关系较为松散);说具有税的特征,是因为该税在全国是统一的。以责任为基础的税,也具有上述特征。

为了减轻危害或者补偿损害而征收的税收,例如原油税、原料税、采煤税以及疫苗税。[16]

(三)"使用者付费"的范围和功能

"使用者付费"作为联邦政府收入的来源之一,有其特定适用范围,也有其特定功能。本部分将围绕"受益者支付"原则来界定"使用者付费"的适用范围,并从实证的角度对"使用者付费"的功能予以解析。

1."使用者付费"的范围

在公共经济学中,可以依据社会产品所具有的竞争性[17]和排他性[18]将其分为三类:第一类是私人物品,所谓私人物品是指那些在消费上具有竞争性和排他性的物品,例如冰箱、洗衣机等;第二类是公共物品,所谓公共物品是指那些既没有竞争性,也没有排他性的产品,例如国防等;第三类是准公共物品,所谓准公共物品是指具有竞争性而没有排他性,或者具有排他性而无竞争性的物品,或者只是具有有限的排他性和有限的竞争性的物品,例如高速公路、草原等。[19]

在美国"使用者付费"针对的是政府提供的特定物品或者特定服务(准公共产品),而不是政府提供的所有物品或者所有服务。那么政府提供的哪些产品,或者哪些服务,适用"使用者付费"? 一般来说,只有那些给"可确认的受益人(identifiable beneficiary)""特定利益(special benefit)"的产品或者服务,才能适用"使用者付费"。这就是所谓的"受益者支付"原则。

依据上述原则,如果政府提供的某种产品或者服务主要使公众受益(例如国防),那么提供该种产品或者服务的成本就应由税收予以承担;如果政府提供的某种产品或者服务主要使特定使用者受益,那么提供该种产品或者服务的成本就应由"使用者付费"予以承担;如果政府提供的某种产

---

〔16〕　CBO,*The Growth of Federal User Charges*,3-7(August 1993).

〔17〕　所谓竞争性是指某个人对某种产品的使用会减少其他人对该产品的使用,当这种产品的消费者在边际上增加时,其成本并不发生变化,这种产品则属非竞争性的产品。

〔18〕　所谓排他性是指某种产品的使用或消费可以被禁止,反之,在技术上不能禁止他人消费,或者禁止成本过高的产品,则不具有排他性的特征。

〔19〕　赵全厚:《论公共收费》,经济科学出版社 2007 年版,第 13—14 页。

品或者服务使公众与特定使用者同时受益,那么提供该种产品或者服务的成本就应由税收与"使用者付费"同时予以承担。如图1所示:

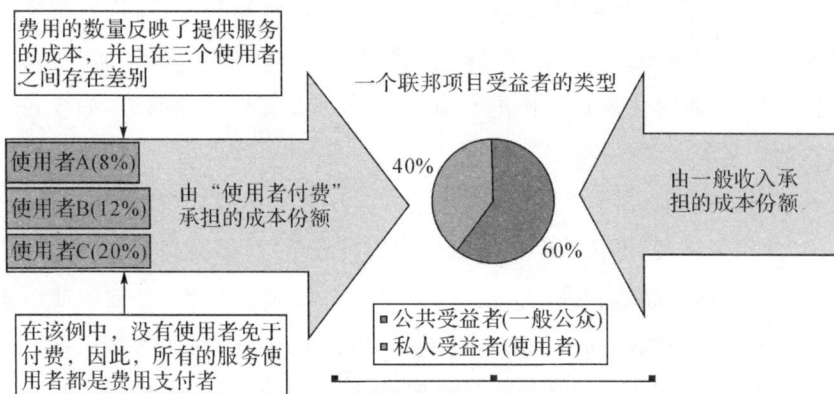

图1　公众与特定受益者同时受益情况下的成本分配

　　尽管依据"受益者支付"原则能有效地分配相关成本,但是政府提供的产品或者服务的受益者及其受益程度,并不总是明晰,这就产生了"受益者支付"原则的适用难题。例如美国农业部的食品安全检查服务不仅使肉类企业以及禽类企业受益,而且使一般公众受益。一方面,该检查服务提高了消费者对肉禽类产品的安全信心,同时肉类企业以及禽类企业也可以刊登广告,声称其产品通过质检,以提高其产品的感知质量;[20]另一方面,该检查服务通过阻止肉禽类产品所携带的传染病的扩散,使一般公众受益。但很难将一般公众的健康受益程度予以量化,相应地,也很难将"使用者付费"以及税收承担的成本份额予以量化。[21]

　　2."使用者付费"的功能

　　从功能角度来理解"使用者付费",即解析"使用者付费"在美国社会中所发挥的作用。概言之,"使用者付费"具有如下三重功能。

　　(1)减轻政府部门的财政负担

　　政府部门在提供产品或者服务时需要支付相应成本,其支出的成本必

─────────────────

　　〔20〕　感知质量(perceived quality),是指顾客按照自己对产品的使用目的和需求状况,综合分析市场上各种经由正式或非正式途径获得的相关信息,从而对一种产品或服务所做的抽象的主观的评价。

　　〔21〕　GAO,*Federal User Fees-A Design Guide*,12 (May 2008).

须通过特定途径予以补偿。一般而言，对于政府部门提供的，给特定人带来特定利益的产品或者服务，应通过"使用者付费"来补偿其成本。[22] 利用"使用者付费"进行补偿，意味着税收这种补偿机制被替代，也就意味着政府部门财政负担的减轻。实际上自 20 世纪 80 年代以来，伴随"使用者付费"在联邦预算中所占比例不断增长，其收入总额也不断攀升，如今每年已达数千亿美元。[23]

（2）提高政府部门的工作绩效

"使用者付费"不仅减轻了政府部门的财政负担，还提高了政府部门的工作绩效。以药品监管领域为例证，美国在 1992 年制定了《处方药使用者付费法案》(*The Prescription Drug User Fee Act*)，[24]并且每五年更新一次该法案，该法案给美国食品药品管理局(Food and Drug Administration)增加了一项收入，即由制药者支付的"使用者付费"，包括申请审评费、设施费以及产品费。上述费用必须用来补充，而不是替代财政拨款，并且只能用于药品审评。[25]

在药品监管领域，"使用者付费"在提高政府工作绩效方面主要发挥了如下作用：一是增加人员配置，聘请高技能的科学家，同时增加设施以改善办公环境；二是缩短新药上市申请(new drug application)/生物制品许可申请(biologics license application)的审评时间，并减少拖延现象；三是让消费者更早地获得新药，从而提高药品的可及性。[26]

"使用者付费"对食品药品管理局工作绩效的提高可以参考如下数据图（见图 2）：

---

[22]　美国管理与预算办公室的 A—11 号以及 A—25 号公告规定，政府部门在确定提供产品或者服务的全部成本时，应当将所有的直接成本与间接成本囊括在内，具体包括以下几个方面：人力成本（如薪水、医疗保险费用、退休金等）、物力成本、原料及供应成本、保险费用、差旅费用、管理及监管成本、研究费用、标准及规章制定成本、费用征收成本和估算成本等。

[23]　参见苏苗罕：《美国联邦政府行政收费的法律规范研究》，《行政法学研究》2013 年第 4 期。

[24]　21 U. S. C. 379g.

[25]　CRS, *The Prescription Drug User Fee Act* (*PDUFA*)： *Background and Issues for PDUFA* Ⅳ *Reauthorization*(July 12, 2007)，p. 1.

[26]　同上注，pp. 10—11.

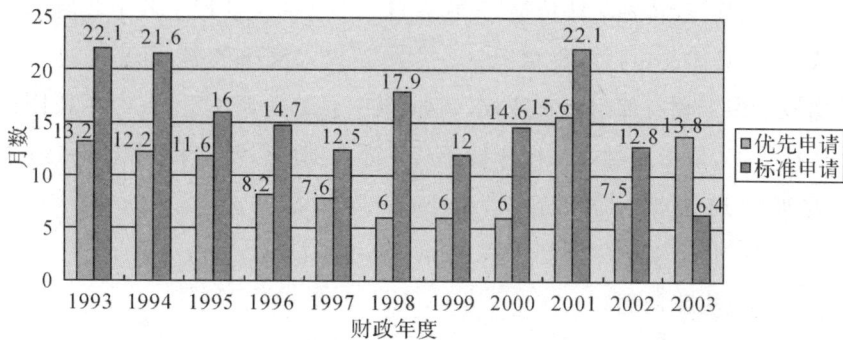

图 2　新药上市申请以及生物制品许可申请的平均批准时间

（3）促进相对人对收费的认同

与税收相比，"使用者付费"更能获得相对人的认同。原因在于：一方面，政府部门收取"使用者付费"的前提是其向特定人提供了特定的产品或者服务，而这些产品或者服务给特定人带来了特定的利益；[27]另一方面，在费用审评或者调整的过程中，政府部门会邀请费用支付者以及其他利害关系人参与进来，这就提高了过程的透明性，使缴费者以及其他利害关系人确信收费是公平的、准确的，并确保所缴纳费用的确用于指定项目及活动中。[28]

二、"使用者付费"的设定

"使用者付费"是对他人财产权的一种剥夺。借助"使用者付费"剥夺他人财产权，必须有相应的法律依据，并且考虑多重因素。

（一）设定"使用者付费"的依据

政府部门收取"使用者付费"的依据分为两类。其一，一般法律依据，即通过一部法律文件授予所有政府部门以收费权，主要指《独立办公室拨

---

〔27〕　例如，美国核能规制委员会向核能相关企业收取费用的前提，在于其给核能相关企业颁发了特定许可，这些核能企业获得许可后，从事相应活动，给自己带来了经济利益。

〔28〕　例如，美国《移民检查费用法》（*The Immigration Inspection Fees Statute*）规定司法部长（Attorney General）建立一个咨询委员会，该委员会的成员由受收费影响的人所组成，这些人可以就检查服务的履行以及收费水平提出意见。

款法案》。其二,特别法律依据,是指通过一部法律文件授予若干政府部门以收费权,具体又包括两种情况:(1)集中授权式法律依据,是指通过一部法律授予多个政府部门以收费权,例如《统一预算协调法案》;(2)单独授权式法律依据,是指通过一部法律授予某一政府部门以收费权,如《国家航空航天管理局法案》(*National Aeronautics and Space Administration Act*)[29]和《水资源开发法案》(*Water Resources Development Act*)[30]。

1. 一般法律依据

为了应对不断扩张的行政支出,美国国会于1952年制定了《独立办公室拨款法案》。该法案规定,通过制定政府规章,政府部门可以向受益人收取费用,并将收取的费用用于弥补其提供特定产品或者特定服务的成本。[31] 该法案第48条3a款规定:

国会认为,任何工作、服务、信息、出版物(publication)、报告、文件、利益、特权……或者同等价值的东西,或者公用设施,如果由任何联邦行政机关(包括1945年《政府公司控制法案》[*The Government Corporation Control Act*]所界定的政府全资拥有的公司)履行、供应(furnished)……给任何人(包括团体、协会、组织、合伙、公司或者产业界),那么联邦行政机关在该工作、服务、信息等方面就应当最大程度上实现自给自足(self-sustaining)。同时,每一联邦行政机关的负责人有权通过规章设定费用、要价或者价格(对于隶属执行分支的机构,其规章应当尽可能可行,并服从总统制定的政策)。费用、要价或者价格的设定要公平、公正,并且考虑如下因素:(1)给政府带来的直接成本与间接成本;(2)给接受者带来的价值;(3)所服务的公共政策或者利益;(4)其他相关因素……

尽管《独立办公室拨款法案》在使用者付费制度构建历史上意义重

---

[29] 42 U.S.C. § 2460. 该法案授予美国航空航天管理局向使用航天飞机发送私人卫星的公司收取费用,以弥补部分发射成本。

[30] 42 U.S.C. § 1962d−20. 该法案授予美国海关(U.S. Customs and Border Protection)以及陆兵工程兵部队(U.S. Army Corps of Engineers)针对船客以及商业货物收取港湾维护费(Harbor Maintain Fee)。

[31] 事实上依据《独立办公室拨款法案》,已有几十个联邦行政机关及执行部门制定了收费方案。例如,国务院、国防部、内政部、司法部、空军部、劳工部、证券交易委员会、联邦通信委员会、核能规制委员会、移民归化局、环境保护局、联邦航空局、林务局、公共卫生署等。

大,但是由于该法案采取开放式的立法方式,其在费用设定方面存在诸多模糊与冲突之处。这些模糊与冲突之处主要表现为:其一,针对一项服务所设定的费用应当使该项服务实现完全的自给自足,这未必是公正的;[32]其二,以政府所承担的直接成本与间接成本为依据来收取服务费用,并不一定等于该服务给接受者所带来的利益价值;其三,公共政策或利益的要求可能使得所收取的费用高于或低于相关成本或者相关利益价值。[33]

2. 特别法律依据[34]

《独立办公室拨款法案》是授权收取"使用者付费"的一般法律依据,此外,很多其他法律也授权政府部门收取"使用者付费"。[35] 这些法律依据可以分为两类:

(1)集中授权式法律依据

集中授权式法律依据主要是指 1985 年的《统一预算协调法案》及其一系列修正案。该法案及其一系列修正案对诸多政府部门进行了授权,或允许政府部门开征新的费用,或允许政府部门增加已有的费用。[36]该法案的转折意义在于其将收取的费用与政府部门的运转成本联系起来。例如1985 年的《统一预算协调法案》规定,核能规制委员会可以向获许可者收

---

〔32〕 CBO, *The Growth of Federal User Charges*, 17(August 1993).

〔33〕 在 1959 年,美国管理与预算办公室发布了一份公告,该公告为《独立办公室拨款法案》的实施提供了指引。该公告强调,只有在向可确认的受益人提供特定利益的情况下,联邦政府部门才能评定"使用者付费"。同时该公告将"特定利益"界定为高于一般公众所获得的利益。在 1993 年,美国管理与预算办公室发布了一个修订公告。该公告规定的修订指引,不仅适用于依据《独立办公室拨款法案》所设定的费用,也适用于依据其他法规所设定的费用。同时,该公告还规定,当针对一种产品、一种资源或者一种服务出现大量竞争性请求时,行政机关应当通过商业手段(如竞标、拍卖等)来确定其市场价。

〔34〕 特别法律依据与一般法律依据的区分标准是适用范围。特别法律依据,是指对特定主体、特定事项有效,或者在特定区域、特定时间有效的法;而一般法律依据,是指对一般主体、一般事项,或者在一般时间、一般空间有效的法。

〔35〕 Clayton P. Gillette, Thomas D. Hopkins, *Federal User Fees: A Legal and Economic Analysis*, 67 B. U. L. Rev. 840 (1987).

〔36〕 《统一预算协调法案》及其一系列修正案主要对如下机关进行了授权,包括交通部、商业部、农业部、国家海关、海岸警卫队、联邦能源管理委员会、核能规制委员会、联邦通信委员会、国家海洋和大气管理局、国家标准局、国家税务局、国家公园管理局、联邦应急管理局、旅行与旅游管理局、环保署、专利与商标办公室。

取费用,费用总额约占该委员会在任一财政年度运转成本的三分之一。这就意味着国会背离了《独立办公室拨款法案》中的技术要求。[37] 行政机关无须再去适用这样的技术要求,行政机关可免于去证明产品或者服务给特定人带来了特定利益,也免于在可确认的受益人之间分配成本。这减少了规制收费制度的实施难度和实施成本。

当然《统一预算协调法案》的做法也引起了巨大争议。争议焦点在于:第一,这种做法不利于揭示政府提供的产品或者服务的真实价值,使得产品或者服务的提供不能达到合理水平;第二,有学者认为,这种做法使其规定的收费成为一种收入增长措施,表面上看是"使用者付费",实质上却是一种再分配税;[38]第三,这会产生"交叉补贴"问题,乃至引起缴费者的担心与抱怨。

(2)单独授权式法律依据

与集中授权式法律依据相对应的是单独授权式法律依据。一般而言,单独授权式法律只授予某一政府部门针对某一特定活动收取"使用者付费"的权力。这也将费用的征收与特定活动的直接受益者联系起来。[39]

事实上单独授权式法律有很多,例如《水土保持法案》(*The Land and Water Conservation Act*)[40]规定,内政部可以就野营地以及进入国家公园的车辆收取日常费用;《美国谷物标准法案》(*United States Grain Standards Act*)[41]规定,农业部可以向谷物企业收回检查服务以及称重服务的成本;《农业检疫检查费用法案》(*The Agriculture Quarantine Inspection Act*)[42]规定,农业部有权设定并收取费用,以收回其提供农业

---

〔37〕 这里的技术要求是指《独立办公室拨款法案》所规定的,政府部门在设定"使用者付费"时应当考虑的因素,包括给政府部门带来的直接成本与间接成本,给接受者带来的价值,所服务的公共政策或者利益以及其他相关因素。

〔38〕 Clayton P. Gillette, Thomas D. Hopkins, *Federal User Fees: A Legal and Economic Analysis*, 67 B. U. L. Rev. 843(1987).

〔39〕 当然,并非所有的单独授权式法律都将费用的征收与特定活动的直接受益者联系起来。例如:《联邦土地政策与管理法案》(*Federal Land Policy and Management Act*)规定,内政部可以收回环境影响报告书的评估成本。事实上该评估服务是否给申请者带来利益,则仍存在疑问。

〔40〕 16 U. S. C. § 460/—6a (1983).

〔41〕 7 U. S. C. § 79(j)(1980)(Supp. 1987).

〔42〕 21 U. S. C. § 136a(a)(1).

检疫检查服务的成本。

(二)设定"使用者付费"时的考量因素

在今天的美国,随着联邦财政赤字的扩大,政策制定者对设定"使用者付费"的兴趣日趋浓厚,并期望将"使用者付费"作为资助现存服务或者未来服务的重要手段之一。[43] 但是由于"使用者付费"的征收涉及被征收对象的财产权,因此政策制定者在设定"使用者付费"时必须考虑如下四个因素,即公正因素、效率因素、收入充足性因素(revenue adequacy)以及实施成本因素(administrative burden),并对这些因素加以相互权衡。

上述四个因素互相作用,并且相互之间会产生冲突,因此在设计费用时,政策制定者必须对这些因素进行权衡。在不同的政策制定者眼中,每个因素的权重可能有所差异,这取决于他们对不同因素的评估。政策制定者在设计费用时,不能仅仅关注某一因素的积极方面或者消极方面,而是要对每一因素的权重进行衡量,对收费进行整体的制度设计。[44]

1. 公正因素

罗尔斯认为,公正是社会制度的首要价值,就如真理是思想体系的首要价值一样。[45] 从"使用者付费"制度的设计理念来看,衡量公正与否存在两个相对的原则:一是"受益者支付"原则,即"谁受益,谁付费","受益多少,付费多少";二是"能力支付"原则,即"能力强多付费,能力弱少付费"。如何协调这两个原则,成为"使用者付费"设计的一个难题。

"受益者支付"原则是衡量付费设计公正与否的首要标准。原因在于依据"受益者支付"原则设定费用,能促使使用者依据成本与受益来调整对

---

〔43〕 事实上根据管理与预算办公室的数据,从 1999 财政年度到 2007 财政年度,"使用者付费"的总额从 1380 亿美元增长到了 2330 亿美元,其增长比例为 69%。即使考虑通货膨胀因素,其增长比例也能达到 39%。在这段时期内,"使用者付费"的征收总额占联邦总开支的比例从 6.4% 上升到 6.7%。

〔44〕 GAO, *Federal User Fees-Substantive Reviews Needed to Align Port — Related Fees with the Programs They Support*, 3 (February 2008).

〔45〕 〔美〕罗尔斯:《正义论》,何怀宏等译,中国社会科学出版社 1988 年版,第 3 页。

服务的需求,从而提高经济效率。[46] 但是,严格遵守"受益者支付"原则并不总是明智的:首先,一个项目的受益者并不总是明确的,这就导致了"受益者支付"原则的适用难题;[47] 其次,一个项目也许有特定的政策目标,严格遵守"受益者支付"原则不利于特定政策目标的实现;[48] 最后,严格遵守"受益者支付"原则也忽视了不同群体的支付能力,从而导致一种新的不公。[49]

基于上述理由,费用的设计还应考虑使用者的支付能力。事实上当支付能力较强者比支付能力较弱者支付的费用更高时,这也就意味着"能力支付"原则得到了运用。[50] 当然,"能力支付"原则的适用也会产生新的问题,一是造成了交叉补贴问题[51],二是与"受益者支付"原则存在冲突。[52]

2.效率因素

从使用者付费的设计理念来看,效率有着特殊的含义,其主要指通过要求可确认的受益者为产品或者服务支付对价,"使用者付费"能控制受益者对产品或者服务的请求,同时揭示产品或者服务的真正价值。[53] 进一

――――――――――

〔46〕 例如,如果食品药品管理局的处方药申请费用过高,那么新药的研发就会受阻;相反,如果食品药品管理局的处方药申请费用过低,那么该局的资源以及费用会被过度使用。在付费是自愿的情况下,以产品或者服务总成本为基础的"使用者付费"能发挥市场机制的作用,从而确保产品或者服务产生的利益至少等于其消耗的成本。

〔47〕 例如,国家公园管理局的员工报告说,他们并不愿意针对农场主提高放牧费,部分原因在于放牧不仅使农场主受益,而且使公园本身受益,例如控制虫害。

〔48〕 例如,"罕见病药物(orphan drugs)"的研发能够带来潜在利益。但是由于市场需求过低,制药公司不愿意对该药的研发进行投资,因此这样的药物应免于食品药品管理局的处方药申请费,以鼓励此类药物的研发。

〔49〕 GAO, *Federal User Fees-Fee Design Characteristics and Trade-offs Illustrated by USCIS'S Immigration and Naturalization Fees*, 7(March, 2010).

〔50〕 前提是支付能力较强者与支付能力较弱者接受了同样的服务,并且该服务给他们带来了同等的利益,否则,难以表明"支付能力"原则得到了运用。

〔51〕 例如,商业船只与私人船只都要接受农业检疫检查,但是私人船只不需要缴纳农业检疫检查费用。然而,私人船只的检查成本也包含在向商业船只征收的农业检疫检查费用中。因此,商业船只就支付了私人船只的检查成本。这就导致了使用者之间的交叉补贴问题。

〔52〕 对于依据"能力支付"原则所导致的问题将在下文"费用的调整"部分予以详细讨论。

〔53〕 事实上如果服务的受益者支付的费用低于该服务的供应成本,那么它们会增加对该项服务的需求,从而造成需求过度;相反,如果服务的受益者支付的费用高于该项服务的供应成本,那么它们会减少对该项服务的需求,从而造成需求过弱。上述两种情况都不利于效率的最终实现。

步的,在此,受益者对产品或者服务的请求能否得到合理控制,关键在于受益者所支付的费用是否与其产生的成本相一致。

成本分配是受益者支付费用的前提。成本分配需要做到以下两点:一是确定产品或服务总成本;二是确定产品或服务总成本在不同使用者之间的分配数额。[54] 为此政府部门必须进行如下权衡:一是以平均成本为基础来计算费率还是以边际成本[55]为基础来计算费率? 二是以特定受益者为对象来收取特定使用者费用(a user-specific fee)还是以全体受益者为对象来收取平均费用(a system wide fee)?[56] 如何进行上述权衡,对于政府部门做出最终的收费决定具有至关重要的意义。

3.实施成本因素

政府部门在收取"使用者付费"的过程中会产生一定的成本,也即实施成本。[57] 一般而言,政府部门的如下行为会产生实施成本:其一,在设定费用以及调整费用时,政府部门必须记录并积累及时、可靠的成本信息,这就产生了信息收集成本;其二,在确定费用减免对象时,政府部门必须确定何人是合适的减免对象,这就产生了对象区分成本;[58]其三,在确定收费上限(fee caps)时,政府部门必须计算出何时费用达到了上限,这就产生了计算成本或跟踪成本。[59]

由于上述成本与政府部门提供产品或者服务的过程息息相关,因此政府部门可以将这些成本纳入"使用者付费"的范围内。但对于费用支付者而言,上述成本支出并不能使其直接受益,从而影响其对该成本的认同。

---

〔54〕　GAO, *Federal User Fees: A Design Guide*, 13(May 2008).

〔55〕　在经济学和金融学中,边际成本是指每一单位新增生产的产品(或者购买的产品)带来的总成本的增量。这个概念表明每一单位的产品的成本与总产品量有关。

〔56〕　在权衡特定使用者费用与平均费用时,政府部门需要考虑如下三个要素:其一,项目的目的,是促进特定政策目标实现,还是实现经济效益最大化;其二,费用的数量,相对于使用者承担的其他成本,是较大还是较小;其三,不同使用者之间费用变化的幅度,是过大还是过小。

〔57〕　在此,实施成本主要包括两个方面:一是费用征收与执行成本(the cost of collection and enforcement);二是守法成本(compliance burden)。

〔58〕　GAO, *Federal User Fees: Fee Design Characteristics and Trade-offs Illustrated by USCIS'S Immigration and Naturalization Fees*,9 (March, 2010).

〔59〕　例如,当商业船只到达口岸时,美国海关每次通常向商业船只的运营者收取 437 美元的检查费用,但是,在任一年度内,针对同一运营者,该项费用的总额不能超过 5955 美元。这就意味着,美国海关必须确定何时某一商业船只达到了费用上限,从而无须再次缴纳相关费用。

借此,政府部门在设定付费时,必须考虑其实施成本,并尽量降低实施成本。[60]

4.收入充足性因素

在"使用者付费"的制度设计中,收入充足性主要是指政府部门所征收的费用弥补预期成本份额的程度。其包含两个层面的含义:其一,随着时间的推移,收取的费用能否与项目成本保持一致;其二,经济活动的短期波动以及其他因素如何影响费用征收水平,这种影响是否危及政府部门收入的稳定性。[61]

鉴于上述影响,政府部门在设定付费时,必须采取相应措施,以应对项目成本变动以及经济活动波动带来的消极影响。一般来说,政府部门可采取如下措施:其一,定期检查并调整费用,从而确保费用水平的适度性;[62]其二,设置储备金(reserve),从而避免费用短期急剧下降带来的冲击。

三、"使用者付费"制度的实施

制度的生命在于运行,制度的运行是一个从制度的设定到实施的过程。在美国"使用者付费"制度实施过程中,需重点关注以下环节:一是收费的时机;二是收费的调整;三是收费的减免;四是收费的管理。

(一)收费的时机

政府部门在收取"使用者付费"时,有三个时间点可供选择:一是在提供产品或者服务之前,例如商用卡车的所有者或者经营者在进入美国国境

---

〔60〕 例如,美国的港口维护费用由美国陆军工程兵部队用于支付港口运营及维护成本,但是该费用事实上由美国海关负责征收;原因在于就进口产品征收其他费用方面,美国海关有相关的行政架构(administrative structures)。

〔61〕 例如,"9·11"恐怖袭击发生后,美国国际旅游客运出现了急剧下降,与其相伴的是,(特定的)农业检疫检查"使用者付费"的征收总额也出现了急剧下滑。

〔62〕 例如,美国管理与预算办公室的 A－25 号公告规定,任何行政机关,如果依据《独立办公室拨款法案》设定"使用者付费",都应当每两年检查一次费用。

之前得支付相关费用；[63]二是在提供产品或者服务之时，例如参观者在进入国家公园时得支付相关费用；三是在提供产品或者服务之后，例如船舶所有者在接受船舶超时（overtime）检查服务之后，须依据账单缴纳相关费用。[64]

通常情况下，对于政府部门而言，在提供产品或者服务之时收取费用能够有效降低收费成本。[65]但这并不意味着，在所有情况下，在提供产品或者服务之时收取费用，都能确保降低收费成本。例如美国海关通常在提供检查服务时，收取商业船只海关检查费用，但商业船只以支票的方式缴纳此费用，这就意味着费用的支付不是自动的，海关还要进行后续查证工作。海关因此可考虑其他两种收费时间点的可行性，并对这三种收费时间点进行权衡与比较。

鉴于上述考虑，政府部门在设定"使用者付费"的收费时机时，必须从成本—收益的角度对各个收费时间点进行权衡与比较，从而做出最终的选择。[66]

（二）收费的调整

随着时间的推移，对付费费率具有决定影响的成本因素也不断处于变

---

〔63〕　在美国，商用卡车每次入境时，得支付 5.25 美元的农业检疫检查费用。但是，商用卡车的所有者或者经营者可以预先支付年度内所有的农业检疫检查费用，同时获得一个卡车收发器（transponder）（该收发器囊括年度内所有的入境权）。这种做法使得美国海关得以在检查卡车后对驾驶者予以放行，而不需要花时间去征收费用。

〔64〕　管理与预算办公室的 A—25 号指导规定，费用应当在提供产品或者服务之前或者之时予以征收，除非拨款以及权力（authority）在提供可补偿性的服务（reimbursable service）之前被给予。

〔65〕　原因在于当行政机关选择现场收取费用，而不是选择开出账单，等待付费，该机关在追踪相对人付费与否方面的工作负荷就变少了，这就意味着降低了收费的实施成本。

〔66〕　实际上政府部门在确定"使用者付费"的收取时间点时，还需要考虑其他因素。典型的例子就是美国环保署就"制造前的通知（premanufacture notices）"进行审评并收取费用时所遇到的困境。对于美国环保署来说，可供选择的收费时间点有两个：其一，在提供审评服务之前，这种做法能确保费用的支付，从而提高环保署的收入，但是其也会导致制造者规避"制造前的通知"，限制他们对相关物质的研究，从而影响到科技创新；其二，在收到生产开始通知时，这种做法减少了对科技创新的阻力，但是这会导致政府部门收入的减少，甚至是锐减。此外，环保署也考虑了另外一种收费方法，即将"使用者付费"分为两部分（a two—part user fee）：一部分是一次性的申请费，针对新农药登记申请的处理成本；另一部分是年度费用，针对的是科技审评（science review）的成本。

化之中。如果成本因素发生变动,而付费保持不变,那么付费水平最终可能高于或低于相关成本,从而造成收费部门对使用者收费过高或者过低的现象,以致引起公平、效率以及收入充足性的争议。[67] 因此政府部门应当定期检查并调整收费水平。根据《首席财务官法案》(*The Chief Financial Officers Act*)[68]以及管理与预算办公室的Ａ－25号公告,具有"使用者付费"收取权的政府部门应当每两年检查并调整一次费用。

由于付费调整涉及多方利益,因此付费调整必须综合考虑诸多因素,这些因素包括:第一,费用调整权力归属哪个主体,是属于立法机关还是行政机关;[69]第二,费用调整频率如何控制,是定期调整抑或随机调整;第三,费用调整机制采取何种形式,是由行政机关专断决定,还是由利害关系人参与费用调整过程。[70]

(三)收费的减免

不同的付费者具有不同的支付能力,这促使政府部门在收费时不能采取"一刀切"政策,而需要对付费者进行合理区分。对于支付能力较弱的付费者,政府部门可以对其实施费用减免。[71] 但是费用减免不是一个简单的问题,其涉及费用减免的标准如何确定,费用减免的对象如何确定,费用减免的幅度如何确定等。

---

[67]　GAO, *Federal User Fees: A Design Guide*, 33 (May 2008).

[68]　31 U. S. C. § 902(a)(8).

[69]　费用调整权力归属不同主体将带来不同影响。如果费用调整权力归属行政机关,那么费用会定期得到更新,但是这会引起费用支付者的担心——行政机关具有人为扩大成本,从而增加收入的动机;如果费用的调整权力归属立法机关,那么行政机关增加收入的动机将被抑制,但是这也会阻碍费用的定期更新。这部分将在对"使用者付费"的监督这一章节详细讨论。

[70]　所谓利害关系人参与是指,政府部门在作出调整收费水平决定之前,将收费调整计划提前通知以使用者为代表的利害关系人,并通过相关程序让利害关系人参与到费用调整的过程中。例如通过援引"谁使用,谁发言(user pays, user says)"原则,美国联邦航空局服务的使用者声称,如果"使用者付费"被采纳,那么使用者应当有更多机会参与联邦航空局的运作。当然,引进利害关系人的参与也可能导致"规制俘获(regulatory capture)"问题。这些内容都将在对"使用者付费"的监督这一部分详细讨论。

[71]　事实上在美国,很多政府部门都针对特定对象实施费用减免政策。例如,美国公民与移民归化局(United States Citizenship and Immigration Services)对于难民(refugees)或者寻求庇护(asylum)的申请者免收移民与归化费用。当然这些难民与寻求庇护的申请者必须符合特定的标准,包括家庭收入、年龄、残疾等因素。

虽然收费的减免有助于减轻特定付费者的负担,甚至促进特定政策目标的实现,[72]但这种做法也存在一些弊端:一方面,要么通过收费,要么通过税收,来补偿向费用减免者提供服务的成本,[73]无论通过哪种机制,都会产生交叉补贴;另一方面,费用减免标准的确定以及费用减免对象的确定,会给政府部门带来额外的负担,从而增加成本。[74]

因此,政府部门在实施费用减免政策时,不仅得考虑该政策的积极效果,如促进特定政策目标的实现,还得考虑该政策的消极效果,如产生交叉补贴问题。只有在充分考虑不同效果的前提下,政府部门才能制定出行之有效的费用减免政策。

(四)收费的管理

"使用者付费"效率目标的实现不仅与收费水平相关,还与收费管理方式相关。收费的管理方式影响政府活动的主动性,进而影响其工作效率。[75]收费的管理方式有二:第一种是纳入一般资金账户,与一般预算收入同步管理;第二种是纳入专项资金账户,实行专款专用。收费的管理方式很大程度上取决于法律授权的形式。一般而言,对于依据《独立办公室拨款法案》授权所设定的收费,其收入必须纳入财政部的一般资金账户,这种管理方式与税收收入的管理类似;对于依据特定法律授权所设定的收费,其收入通常纳入专项资金账户,例如循环资金账户(a revolving fund)、特定资金账户(a special fund)。

无论将收费纳入一般资金账户,还是纳入专项资金账户,其均存在争

---

〔72〕 美国《食品、药品和化妆品法》第736条(d)款规定:由于申请人可用的资源有限或者其他情形,审评费用成为研发的重要障碍时,食品药品管理局局长可以对申请人实施费用减免。很显然,食品药品管理局的这种做法有助于药品研发,而药品研发的成功不仅能给申请者带来利益,还能给公众带来利益(主要指治疗特定疾病的利益)。

〔73〕 例如根据法律,对于因费用减免而减少的收入,美国公民与移民归化局可以通过增加其他付费者的费用予以填补。实际上根据美国公民与移民归化局2007年的费用审评报告,因费用减免而给其他付费者(非减免者)增加的负担为申请费平均数的15%。

〔74〕 GAO, *Federal User Fees: Additional Analyses and Timely Reviews Could Improve Immigration and Naturalization User Fee Design and USCIS Operations*, 12(January 2009).

〔75〕 Clayton P. Gillette, Thomas D. Hopkins, *Federal User Fees: A Legal and Economic Analysis*, 67 B. U. L. Rev. 863 (1987).

议。将收费纳入一般资金账户,其优点在于增加整个政府的财政收入,减少财政赤字;缺点在于不能有效提高相应产品或服务的数量和质量,招致费用缴纳者的反对。[76] 将收费纳入专项资金账户,优点在于提高服务的数量和质量,使得费用缴纳者更好地理解此制度安排;缺点在于将行政部门与国会以及收费对象的财政关系复杂化,可能使得国会不愿去增加行政部门的预算,缴费对象也会质疑自己所缴纳的费用究竟是满足特定规制活动之需,还是仅仅为了弥补财政上的缺口。[77]

上述观点都是站在政府的立场上,或者考虑将政府部门预算最大化,或者考虑如何将政府部门面临的收费阻力最小化。需引进他方的参与,搭建更广泛的平台,来确定收费管理方式,不能仅仅由政府部门自身来确定收费管理的方式。[78]

四、对"使用者付费"的监督

权力应受监督。对拥有"使用者付费"收取权的政府部门而言,也存在滥用收费权的倾向。[79] 可将美国针对政府部门收费权的监督分为四类:第一类是立法监督,即国会进行的监督;第二类是行政监督,包括管理与预算办公室的"专门监督"及收费部门的"自我监督";第三类是利害关系人监督,主要是费用支付者的监督;第四类是司法审查,司法审查是最重要、最有效的监督手段。

---

〔76〕 美国食品药品管理局在 1985 年 8 月的规章制定建议中提出:"使用者付费"的收入应当纳入一般资金而不是专项资金。该建议引起了费用支付者的强烈反对,其中一位反对者指出,如果依照这个建议的话,美国食品药品管理局将不会从使用者付费中受益,那么来自于"使用者付费"的收入与未来新药审批程序的改进将没有相关性。

〔77〕 正如联邦通信委员会指出的,如果行政机关通过"使用者付费"能够实现自给自足的话,那么国会则不愿意增加预算。紧接着,企业会质疑费用反映了行政机关的预算需要,而不是监管成本的需要,就像驾驶者质疑法官开出罚单的行为,因为该法官的薪水取决于罚款收入。

〔78〕 Clayton P. Gillette, Thomas D. Hopkins, *Federal User Fees: A Legal and Economic Analysis*, 67 B. U. L. Rev. 868(1987).

〔79〕 政府部门滥用收费权有多种表现,包括:(1)以"收费"为名,行"征税"之实;(2)故意夸大本部门提供产品或者服务的成本,从而征收超额费用;(3)违背法律授权,改变费用收入的预期目的。

(一)立法监督

在美国,国会作为权力分立体系中的重要一支,拥有立法权、预算权、建议修宪权、监督政府权、弹劾权等职权。[80] 基于立法权、预算权以及监督政府权,国会可以对行政收费行为实施有效的监督。

国会对行政收费的监督主要有以下几种途径:第一,通过立法决定是否授予政府部门以收取"使用者付费"的权力;第二,通过立法决定付费收入的管理,是纳入一般资金,还是纳入专项资金;第三,通过立法决定付费收入的用途,是用于与费用相关的特定活动,还是用于与费用相关的所有活动;第四,通过立法决定费用调整权力的归属,是属于国会,还是属于政府部门自身。

国会可以选择不同方式对行政收费进行监督,监督方式不同,给行政部门以及收费带来的影响也不同,如国会选择将收取费用用于特定活动,有利于加强其对政府部门的监控;[81] 而选择用于所有活动,则有利于增加政府部门的灵活性。[82] 鉴于上述原因,国会在选择对行政部门的监督方式时须持审慎态度,务求在国会的监督以及行政部门的灵活性之间保持平衡。[83]

(二)行政监督

行政监督也即行政系统内监督,或由管理与预算办公室负责,这被称为"专门监督";或由收费部门自己负责,这被称为"自我监督"。

1. 管理与预算办公室的"专门监督"

管理与预算办公室(Office of Management and Budget),作为美国政

---

[80] 参见王名扬:《美国行政法》,中国法制出版社 2005 年版,第 122—123 页。

[81] 例如就海关检查费用而言,美国海关作为收费部门,只能将收费用于抵消一系列(由国会拨款支持的)有限的、优先的活动。

[82] 例如就农业检疫检查费用而言,美国海关、公民与移民服务局作为收费部门,可将其收入用于弥补提供农业检疫检查的成本以及与实施收费相关的成本。

[83] GAO, *Federal User Fees: A Design Guide*, 26 (May 2008).

治与行政生活中独一无二的机构，[84]其职责为：第一，协助总统准备年度预算并提交国会；第二，提出立法建议；第三，监督总统创议的实施，旨在提高行政机构的行政和财务管理水平；四是拨付或者"分配"预算专款给各部门和机构。[85]

作为预算的编制与执行部门，管理与预算办公室通过评估和限制政府提供服务的成本，对收费部门施加强有力的约束。其对收费部门施加约束的方式主要是发布公告，公告内容涉及以下几方面：其一，提供了"特定利益"的判断标准，并将其作为收费部门收取费用的前提；其二，明确了成本计算的考虑因素，并让收费部门予以遵守；其三，规定收费部门必须就收费情况向管理与预算办公室提供年度报告；其四，要求收费部门每两年进行一次费用审评，并提出费用调整的建议。

2.收费部门的"自我监督"

法律规定的费用调整途径有两种：一种是由国会通过制定法律来调整收费；另一种是收费部门自身通过制定规章，来调整收费。[86] 由收费部门进行费用调整，则存在"自我监督"。收费部门的"自我监督"主要是指其信息公开义务。履行信息公开义务意味着收费部门必须公布与"使用者付费"相关的政府信息，从而产生"作茧自缚"的效应。

根据美国《联邦行政程序法》的规定，[87]当收费部门有权通过制定规章的方式调整费用时，其应当收集大量的关于近期项目成本、远期项目成本以及费用收取情况的信息，并在《联邦登记》（*Federal Register*）的通告中公之于众。[88] 此外，收费部门要求利害关系人对拟议规章进行评论，从而为利害关系人参与费用调整过程提供机会。

---

〔84〕 管理与预算办公室全部由职业公务员构成。不管总统的党派性质如何变化，他们一般保持稳定，因此他们能够利用自己长期的知识积累以及参与联邦政府活动及项目的经验为总统提出建议和帮助。

〔85〕 参见〔美〕雪莉·琳内·汤姆金著：《透视美国管理与预算局——总统预算局内的政治与过程》，苟燕楠译，上海财经大学出版社2009年版，第1—2页。

〔86〕 GAO, *Federal User Fees: A Design Guide*, 33(May 2008).

〔87〕 5 U.S.C. §553(b)(c).

〔88〕 例如，美国公民与移民服务局在联邦登记中向公众通告了预计安排的费用调整计划。该通告提供了两方面的信息：一是该机关项目工作量的信息；二是该机关确定项目成本方法的信息。

(三)利害关系人监督

"使用者付费"作为特定群体接受政府产品或者服务所支付的对价,不仅关乎政府的收入,还涉及费用支付者以及其他利害关系人的权益。[89]因此在付费设定以及调整过程中,政府部门应当致力于将程序透明化,并让利害关系人参与到程序中。[90]

实际上在美国,政府部门在费用审评以及调整过程中,已经为利害关系人的参与提供了机会。提供参与机会的途径包括两种:一种途径是政府部门在《联邦登记》上将费用调整的相关信息公开,并要求利害关系人对此进行评论;另一种途径是政府部门设定咨询委员会(advisory committee),该咨询委员会的成员包括政府部门的代表、费用缴纳者的代表以及其他利害关系人的代表。[91]

收费程序透明化有利于费用设计的合理化,并促进利害关系人及公众对收费项目的理解与接受,但这种做法可能过分干预政府部门的收费决策,甚至造成国会与利害关系人的冲突。有美国学者指出,在利害关系人参与过程中,费用支付者代表可能对政府部门的收费决策施加决定性影响,造成政府部门"被俘获",进而影响政府部门的独立性。[92]因此政府部门在实施收费程序透明化的过程中,必须权衡多元利益的多元诉求。

---

〔89〕　经济活动有时具有外部性,经济活动的外部性是指经济主体的经济活动对他人和社会造成的非市场化的影响。分为正外部性和负外部性。正外部性是某个经济行为个体的活动使他人或社会受益,而受益者无须花费代价;负外部性是某个经济行为个体的活动使他人或社会受损,而造成外部不经济的人却没有为此承担成本。同样地,政府部门在向特定群体提供产品或者服务的过程中,也会产生外部性。例如,行政监管活动,有可能不仅被规制对象受益,也使公众受益。

〔90〕　例如,《处方药使用者付费法案》要求美国食品药品管理局与利害关系人(包括消费者代表、病人代表、医疗服务提供组织代表以及药品和生物制剂企业代表)进行合作,为食品药品管理局的处方药审评制定出绩效目标。

〔91〕　例如,与移民检查费用相关的法律规定,司法部长应当设定一个咨询委员会(其成员由受费用影响的主体所组成),该咨询委员会可以就检查服务的绩效以及费用水平,向政府部门提供建议。

〔92〕　当然也存在着一些成立并管理咨询委员会的实践。这些实践包括:(1)从公众那里获得委员会成员的提名;(2)利用明确界定的程序去收集并审评与委员会潜在成员相关的信息,如潜在的利益冲突信息、观点信息;(3)通过一个有组织的面试预先考察(prescreen)未来的委员会成员。

(四)司法审查

司法审查,是指法院审查国会制定的法律是否符合宪法,以及行政机关的行为是否符合宪法及法律。[93] 司法审查在约束政府部门行为以及限制行政权力扩张方面发挥着重要的作用。就本质而言,政府部门收取"使用者付费"的行为是行政权力的体现,理应接受司法审查。因政府部门收取"使用者付费"行为而引起的法律争讼也并不鲜见。相关争议点主要集中在三个方面:一是税收与"使用者付费"的区分;二是收费权的授予;三是特定利益的认定。

1. 税收与"使用者付费"的区分

在美国,税收与"使用者付费"都是政府收入的来源,但它们在征收对象、征收目标以及适用法律上,都存在显著差别。多年来,各级法院的判例都适用一定标准对二者加以区分。这些判例包括:

(1)Packet Company 案(1877)[94]

1877 年的 Packet Company v. Keokuk 案涉及的核心问题是 Keokuk 市根据船舶吨位所收取的码头使用费,是否构成一项违宪的税收,是否违反禁止州评定吨位税的命令。在该案中,尽管 Keokuk 市的收费以船舶吨位为基础,但是该收费仅以补偿因建造和维护码头而负担的成本利息为限。基于此,最高法院探析了该收费的本质,并断定:船舶经营者在政府负责建造并维护的码头上装货与卸货,这就意味着船舶经营者接受了一项服务,针对提供的服务所收取的费用不构成一项税收。最高法院判决的理由在于税收是凭借主权所征收的,而服务费或财产使用费是凭借所有权所收取的。[95]

(2)National Cable Television Association 案(1974)[96]

20 世纪 60 年代,预算署(管理与预算办公室的前身)和国会都催促联邦通信委员会(FCC)增加收费,以为该委员会的活动提供经费支持,这样

---

[93] 王名扬:《美国行政法》,中国法制出版社 2005 年版,第 561 页。

[94] Packet Company v. Keokuk, 95 U. S. 80 (1877).

[95] Packet Company v. Keokuk, 95 U. S. 84—85 (1877).

[96] National Cable Television Association v. United States, 415 U. S. 336 (1974).

纳税人就无须承担相关成本了,从而避免了交叉补贴问题。在此压力下,联邦通信委员会于 1970 年公布了一项新的收费计划,该计划旨在向获许可者收取规制费用,以弥补规制活动的成本。获许可者对该收费计划表示了强烈不满,并因此提起诉讼,直至上诉到最高法院。

在 National Cable Television Association v. United States 案中,最高法院推翻了第五巡回法院的判决,并且认定联邦通信委员会适用于公用电线电视系统的收费计划无效。最高法院在判决中对税收与"使用者付费"的性质进行了剖析并且指出:

征税是一项立法职能。作为唯一的征税机关,国会可以独断专行,忽视政府给予纳税人的利益,并且仅仅依据支付能力、财产或者收入进行课税。但是费用依附于自愿行为,例如一项请求,要求公共机构允许某一申请者从事律师职业、医生职业,或者建造房屋,或者经营广播电台。提供这些服务的公共机构通常会收取费用。[97]

(3)Covell 案(1995)[98]

1995 年的 Covell v. City of Seattle 案的争点在于,西雅图市街道公用事业收费是否构成一项违宪征收的财产税。尽管在该收费究竟是税收,还是"使用者付费"的问题上,华盛顿地区法院内部存在分歧,但是在如何区分税收与"使用者付费"所需考虑的因素方面,法院内部存在共识:

政府部门征收的费用属于税收,还是属于规制收费,取决于该法院在先前判例中所确定的三个因素。首先,主要目的……是为了实现需支付金钱的所欲的公共利益,抑或是……在于规制? 其次,所收取的金钱……是否只用于认可的规制目的? 最后,所收取的费用与付费者所接受的服务是否存在直接联系,或者所收取的费用与付费者所产生的负担是否存在直接联系?[99]

从以上的案例中可以看出,联邦各级法院都试图采取一定的标准来区分税收与"使用者付费"。虽然这些标准之间存在差异,但总体而言,区分标准呈现出成熟化、精细化的趋势。

---

〔97〕　National Cable Television Association v. United States, 415 U. S. 340 (1974).

〔98〕　Covell v. City of Seattle, 127 Wash. 2d 874 (1995).

〔99〕　Covell v. City of Seattle, 127 Wash. 2d 879 (1995).

2.收费权的授予

根据《美利坚合众国宪法》的规定,国会保留征税权,并且在未经国会的同意下,任何州不得对进出口货物征收进口税或者间接税,不得征收船舶吨位税。[100] 虽然国会不会转让基本的立法职能,但是国会可以将执行立法政策的权力授予政府部门,前提是其制定了充分的标准,以约束政府部门的行为,并且法院可以据此判定政府部门是否遵循了议会的立法政策。[101]

根据宪法对立法权的列举,法院一直认为收费区别于直接税、间接税、进口税与货物税。针对"使用者付费"涉及的授权理论问题,联邦法院在一系列案例中展开了探讨。

(1)Aeronautical Radio,Inc. 案(1964)[102]

在 Aeronautical Radio,Inc. v. United State 案中,原告主张《独立办公室拨款法案》第五部分的规定,相当于是立法权的授出,是违宪的,第七巡回法院否决了原告的主张,并且支持联邦通信委员会的收费方案。在判决意见中法院推断,《独立办公室拨款法案》第五部分的公平和公正标准,考虑到给政府带来的直接成本与间接成本,给缴费者带来的价值,以及所服务的公共政策或者利益,这足以满足宪法授权理论的要求。[103] 最后法院指出,联邦通信委员会的收费方案与国会的立法政策相一致,而且上诉者并未能证明收费是任意的,未能证明联邦通信委员会超越了授权范围或忽视了立法政策的导引。

---

[100] 《美利坚合众国宪法》第1条第8款第1项规定"国会拥有下列权力:规定和征收直接税、间接税、进口税与货物税,以偿付国债、提供合众国共同防御与公共福利,但所有间接税、进口税与货物税应全国统一",第1条第10款第2项规定"无论何州,不经国会同意,不得对进出口货物征收进口税或间接税,但为执行该州检查法令所绝对必要者不在此限。任何一州对进出口货物征得的一切间接税和进口税的净所得额应充合众国国库之用,所有这类法律都应由国会负责修订与控制",第1条第10款第3项规定"无论何州,未经国会同意,不得征收船舶吨位税……"。

[101] 这实际上涉及授权理论。该理论认为,国会将权力授予独立机构或者政府部门,必须制定足够具体的标准,以确保可以对行政行为进行司法审查,并且确保基本政策决定由代表机构(国会)所做出。该理论在 20 世纪 30 年代达到顶峰,当时在 Panama Ref. Co. v. Ryan 以及 Schechter Poultry Corp. v. United States 案中,法院宣布《国家工业复兴法案》部分条款无效。

[102]   Aeronautical Radio,Inc. v. United States,335 F. 2d 304 (7th Cir. 1964).

[103]   Aeronautical Radio,Inc. v. United States,335 F. 2d 313,315 (7th Cir. 1964).

(2)National Cable Television Association 案(1974)

在 National Cable Television Association v. United States 案中,联邦通信委员会以规制活动的全部成本为依据,收取相关规制费用,并且该委员会实施规制活动的目的,在于保护广播公司所从事广播活动中的公共利益。最高法院指出只有联邦通信委员会收取的该项费用与使受规制者直接受益的服务相关,该委员会依据《独立办公室拨款法案》所享受的收费权力才会得到支持;然而该委员会旨在收回规制成本的费用,实质上要求广播公司为向公众提供的保护性服务支付费用。[104] 在作出判决的过程中,最高法院将《独立办公室拨款法案》第五部分规定的授权解读为对收费的授权,而非对征税的授权,因此刻意避免了涉及宪法层面的立法权转让问题。[105]

(3)Skinner 案(1989)[106]

在 1989 年的 Skinner v. Mid-America Pipeline Company 案中,交通部部长根据 1985 年的《统一预算协调法案》制定了收费计划,以收回交通部实施《管道安全法案》[107]所付出的成本。中美管道公司认为管道安全规制使公众受益,因此该费用本质上属于税收,并且授权设定该费用的法律条款违宪地将国会的征税权授予行政机关。但最高法院一致判决中美管道公司败诉,并指出尽管根据宪法征税权由国会保留,但国会可以将征税权授出,前提是其制定了充分的标准以指导行政机关运用该权力。最高法院在判决中阐述道:

根据§7005条款,交通部部长不能向不受《管道安全法案》约束的公司收费……交通部部长不能将收取的资金用于实施《管道安全法案》之外的目的……交通部部长不能逐案设定费用……交通部部长不能运用除立方英里、英里或者收入之外的标准……此外,无论什么情况下,交通部部长都无权扩大实施《管道安全法案》的预算……我们毫不怀疑地认为,国会给

---

[104]　National Cable Television Association v. United States, 415 U. S. 341 (1974).

[105]　National Cable Television Association v. United States, 415 U. S. 342 (1974).

[106]　Skinner v. Mid-America Pipeline Company, 490 U. S. 212 (1989).

[107]　《管道安全法案》包括《有毒液体管道安全法案》(*Hazardous Liquid Pipeline Safety Act*)和《天然气管道安全法案》(*Natural Gas Pipeline Safety Act*)。

交通部部长评定管道安全"使用者付费"所设定的多重限制,符合我们之前阐明的宪法授权理论的要求。[108]

纵观以上案例,针对授出征税权所产生的宪法问题,联邦法院的态度经历了从巧妙回避到积极应对的过程,并最终判定只要制定了充分的标准,国会就可以将征税权授出,这为国会以后制定相关授权法律提供了清晰的导引。

3. 特定利益的认定

根据管理与预算办公室 1959 年发布的 A-25 号公告,政府部门只有在向可确认的受益人提供"特定利益"的情况下才能收取"使用者付费"。如果不能将"使用者付费"与"特定利益"联系起来,政府部门就不能要求付费。但"利益"概念本身就十分模糊,更不要提"特定利益"这个更加复杂的概念了。为了界定"特定利益",联邦法院在判例中提出了尝试性的界定标准,较为可行的标准包括两个:一是请求行为标准(request action standard);二是单一行为对象标准(discrete action standard)。[109] 上述两个标准在联邦法院的诸多案例中都有所体现,较为典型的案例包括:

(1)National Cable Television Association 案(1974)(请求行为标准)

所谓请求行为标准,是指当服务接受者主动请求政府部门提供服务时,政府部门可以向服务接受者收取费用,以弥补行政规制活动的成本。[110] 在 National Cable Television Association v. United States 案中,最高法院在解释《独立办公室拨款法案》第 48 条第 3a 款时,清晰地阐明了这一标准并指出:当申请者自愿提出一项请求,如要求公共机构允许某一申请者从事律师职业、医生职业,或允许其建造房屋或经营广播电台,提供这

---

〔108〕 Skinner v. Mid-America Pipeline Company, 490 U. S. 219-220 (1989).

〔109〕 除此之外,还存在常识方法(common sense approach)。所谓常识方法,是指通过逐案(case-by-case)比较行政机关行为所带来的公共受益(public benefit)与个人受益(individual benefit)以确定"特定利益"存在与否。但是常识方法未能提供一个适当的标准,通过该标准法院可以将授予特定利益的服务与造福公众的服务区分开来。因此,常识方法并不能作为判定"特定利益"的有效途径。

〔110〕 *The Assessment of Fees by Federal Agencies For services to Individuals*, 94 Harv. L. Rev. 444(1980—1981).

些服务的公共机构通常会收取费用。根据最高法院的解释,如果行政相对人没有提出申请服务的请求,那么根据请求标准,提供服务的政府部门就不能收取相关费用。

(2)Federal Power Commission 案(1974)(单一行为对象标准)[111]

所谓单一行为对象标准,其更关注政府部门提供服务的性质,而不是关注相应的收益如何,也不是关注是否有申请人提出申请。是指只有政府部门提供的服务具有在该政府部门与服务接受者之间存在一对一互动(one-to-one action)的特征,有可确证的单一受益人时,政府部门才能通过行政收费收回提供服务的成本。[112] 在 1974 年的 Federal Power Commission v. New England Co. 案中,最高法院支持了哥伦比亚特区巡回法院的判决,认为联邦动力委员会针对天然气管道公司以及电力公司的收费计划无效。最高法院在判决书的推理中指出:

如果我们将该法案(《独立办公室拨款法案》——作者注)解释为仅包括收费,而不包括税收……正如我们在国家有线电视协会案中所持的观点一样……那么收费以申请为前提,或者由一个公司提起,或者由一群公司提起申请。管理与预算办公室在 1959 年发布了一个解释该法案的公告。该公告规定,一项合理的收费"应当针对每个可确认的接受者,这些接受者从每一可衡量单位或者数量的政府服务或者财产中获得特定利益"……[113]

根据最高法院的推理,只有在一个可衡量单位的服务对应一个可确认的服务接受者的情况下,才能确定特定利益的存在,只有在特定利益存在的情况下,政府部门才可以通过收费,来收回提供服务的成本。最高法院的推理强调了服务接受者与政府部门之间一对一的互动关系,这构成了对应标准的核心要件。

由以上案例可以看出,联邦最高法院在确定"特定利益"时既采用了请求行为标准,也采用了单一行为对象标准,但这两个标准都没有被强制规

---

[111]　Federal Power Commission v. New England Power Co. , 415 U. S. 345 (1974).

[112]　*The Assessment of Fees by Federal Agencies For services to Individuals* , 94 Harv. L. Rev. 444 (1980—1981).

[113]　Federal Power Commission v. New England Power Co. , 415 U. S. 349 (1974).

定适用。因此对于确定"特定利益"应采用哪一标准,还有待司法实践的进一步积累,有待最高法院的进一步认定。

五、结语与启示

使用者付费制度在美国运转相当成功。从付费的设定到付费的实施,再到对付费的监督,可以说每个环节都渗透着法治观念,兼顾了政府部门的实际情况,更包含着对付费者的关怀。

把视角转向中国,近些年来围绕行政收费的争议不断。焦点之一就是以银监会等为代表的金融监管机构的监管收费问题。随着我国金融分业监管进程的推进,各金融行业对应的监管部门普遍采取征收监管费的模式。从长远趋势和国际惯例来看,监管部门收取监管费能强化监管当局和被监管机构的监管成本和监管效率观念,形成监管者与被监管者之间的良性互动关系,并且实行监管费符合国际上的通行做法。但由于我国金融监管收费刚刚起步,其在实施过程中还存在诸多缺陷与不足。因此借鉴美国行政规制中的使用者付费制度,对我国相关制度的建设与完善或有裨益。

(一)中国现有的金融监管收费制度状况

从制度层面来看,我国的金融监管收费肇始于财政部和国家发改委(原国家计委)出台的《财政部、国家计委关于收取证券、期货市场监管费的通知》(财综字〔1995〕146号),该通知授权证监会征收监管费。随后,根据国家发改委和财政部出台的相关通知,保监会与银监会分别于1999年和2004年开征监管费。尽管实施金融监管收费有助于实现有效的金融监管,并且符合国际惯例,但是由于该收费在我国刚刚起步,其引起的争议仍然不断。尤其是在银行监管领域,缘于银监会高额的监管收费,[114]不少专

---

〔114〕 根据银监会向董正伟律师的信息公开答复函,2004年至2010年7年间银监会共向商业银行收取机构监管费57.74亿元,业务监管费327.95亿元,共计385.69亿元。

业人士从多角度提出了批评意见。[115] 我国的金融监管收费主要存在以下几方面的问题。

1. 收费依据不足

我国行政收费的设定方式大致有两种：一种是以法律、法规、规章等明文规定的方式设定，二是通过规章以下的规范性文件进行设定，后者主要指有权部门通过行使行政收费审批权限的形式予以设定。[116] 从我国现行实践来看，以法律设定的金融监管收费项目并不多，大部分收费项目是由规章以外的行政规范性文件予以设定。

行政法学法律保留理论认为，宪法关于人民基本权利限制等专属立法事项，必须由立法机关通过法律规定，行政机关不得代为规定，行政机关实施任何行政行为都必须有法律授权，否则其合法性将受到质疑。就我国金融监管机构征收的监管费来看，其在本质上是对监管对象财产权的剥夺，因此该费的设定应当归属法律保留范围。然而事实上在我国金融监管机构主要依据财政部和国家发改委发布的函或者通知来征收监管费，[117]这些函或通知属于行政规范性文件，效力层级较低。金融监管机构以规范性文件为依据收取监管费，不符合法律保留理论的要求，无助于行政相对人权益的保障。

---

[115]　例如著名律师董正伟提出，既然最终银监会收缴的监管费都要划入财政，为何不直接从这些国有银行上交国家财政的利润中增加？ 任何人为地增加成本的行为最终都将促使银行将成本转嫁于消费者身上；清华大学教授李稻葵指出，对银行监管是政府的职责，应由财政出钱，因为"银行监管代表的是政府对整个经济活动的利益进行监管"；国务院发展研究中心金融研究所副所长巴曙松则称，监管收费的主要合法性，还应是提高监管的效率，在实施收费监管之后，监管成本的上升需要有监管收益的提高，还应当有监督监管机构的监管收益的相应机制。

[116]　有关部门的一项初步统计显示，截至 2007 年 7 月，全国涉及行政收费的各类法律规定总共约 7600 件，其中严格意义上的法律文件仅 30 多件，行政法规、规章有 400 件左右，余下的 7100 多件则都是被俗称为"红头文件"的部门和地方规范性文件。

[117]　以银监会为例，这些函或通知包括《财政部、国家发改委关于同意收取银行业机构监管费和业务监管费的复函》(财综〔2004〕35 号)、《国家发展改革委、财政部关于银行业机构机关费和业务监管费收费标准的通知》(发改价格〔2004〕1663 号)、《财政部、国家发改委关于同意继续收取银行业监管费的通知》(财综〔2007〕66 号)、《国家发展改革委、财政部关于银行业机构机关费和业务监管费收费标准等有关问题的通知》(发改价格〔2007〕3626 号)、《财政部关于重新发布银监会行政事业性收费项目的通知》(财综〔2010〕60 号)、《财政部、国家发改委关于重新发布银行业监管收费项目的通知》(财综〔2013〕106 号)以及《关于重新核定银行业监管收费标准及有关问题的通知》(发改价格〔2014〕168 号)。

2. 收费标准不清

行政监管收费的设计应秉承三个重要的原则,即公平原则、效率原则和合法原则。[118] 在规费设计中,对公平原则和效率原则具有决定意义的就是成本的分配,原因在于成本的分配关乎监管收费标准的确定。[119] 在我国金融监管机构收取监管费的标准主要是一些金融参数,例如证监会的监管费按注册资本加业务收入的双基数予以提取,而银监会采取资产规模和实收资本的双基数模式,保监会则采取保费收入(自留部分)的单基数模式。

从规费设计的一般理念来看,监管费用收费标准的确定主要考虑两个因素:一是政府向监管对象提供监管服务的成本;二是政府监管服务给监管对象所带来的收益。然而我国金融监管机构确定收费标准考虑的要么是监管对象的存量,主要指资产总额;要么是监管对象的流量,主要指业务收入。实际上无论是监管对象的存量,还是监管对象的流量,都不能正确反映监管服务的成本及相应收益。这造成我国金融监管收费总额不公,争议不断。

3. 收费管理不明

所谓收费管理,实际上是指收费的流向问题。一般来说,收费存在两种流向,一是流向一般资金,纳入预算内管理,二是流向专项资金,实施预算外管理。从我国金融监管收费的实践看,两种管理途径是兼而有之,如:银监会的监管收费收入纳入中央财政预算,实施预算内管理;[120] 证监会、保监会的监管收费收入则是纳入中央财政专户,实施预算外管理。[121]

根据财政部于 2010 年发布的《关于将按预算外资金管理的收入纳入

---

[118] 参见宋华琳、李鸧:《中国药品监管收费制度及其改革》,《宏观质量研究》2013 年第 1 卷第 2 期。

[119] 我国《行政事业性收费项目审批管理暂行办法》第 3 条规定,行政事业性收费是指国家机关、事业单位、代行政府职能的社会团体及其他组织根据法律、行政法规、地方性法规等有关规定,依照国务院规定程序批准,在向公民、法人提供特定服务的过程中,按照成本补偿和非营利性原则向特定服务对象收取的费用。这实际上规定了监管收费的成本补偿原则。

[120] 参见《财政部、国家发改委关于同意收取银行业机构监管费和业务监管费的复函》(财综〔2004〕35 号)。

[121] 参见《财政部、国家计委关于收取证券、期货市场监管费的通知》(财综〔1995〕146 号)与《财政部、国家计委关于同意继续收取保险业务监管费的复函》(财综〔2001〕86 号)。

预算管理的通知》（财预〔2010〕88号）的规定，从2011年1月1日起，将按预算外资金管理的收入（不含教育收费）全部纳入预算管理。该规定将证券业监管收入、银行业监管收入以及保险业监管收入全部纳入预算，实现了金融监管收入的流向统一，但金融监管收费的用途未被明确规定，因此这样的监管收费可能无助于监管机构费用来源的保障，无助于监管绩效的改善。这需要制度设计者的进一步反思。[122]

4.收费监督不力

有权利必有救济，金融监管主体征收监管费实质上是剥夺监管对象财产权的行为，因此针对金融监管收费行为有必要建立相应的监督机制，以保障监管对象的财产权益。总体来看，我国对金融监管主体的收费行为主要有以下两种监督方式：一是由全国人大及其常委会以审查预算方式进行的立法监督，二是由财政部、国家发改委以审批收费的方式进行的行政监督。

我国在金融监管收费领域存在相应监督机制，但这种机制尚不完善，主要体现在以下几个方面：首先，自我监督不足，金融监管部门信息公开不充分，收费情况、收费管理、收费用途不明；其次，缺乏利害关系人的参与，金融监管收费的设定与调整程序不透明，未给利害关系人的参与提供有效途径；最后，司法审查缺位，基于行政诉讼受案范围的限制，作为金融监管收费依据的法律文件很难直接纳入司法审查范围。[123]

（二）美国"使用者付费"制度对中国的镜鉴意义

1.调整金融监管收费依据

纵观美国的收费实践可以发现，"使用者付费"项目的设定都严格遵行

---

〔122〕 在我国部分法律中，为特定收费收入规定了特定用途，例如《渔业法》第28条规定："县级以上人民政府渔业行政管理部门可以向受益的单位和个人征收渔业资源增殖保护费，专门用于增殖和保护渔业资源。"

〔123〕 根据新修改的《行政诉讼法》（2015年5月1日起施行）第五十三条的规定，公民、法人或者其他组织认为行政行为所依据的国务院部门和地方人民政府及其部门制定的规范性文件不合法，在对行政行为提起诉讼时，可以一并请求对该规范性文件进行审查。前款规定的规范性文件不含规章。根据《行政诉讼法》第六十四条的规定，人民法院在审理行政案件中，经审查认为本法第五十三条规定的规范性文件不合法的，不作为认定行政行为合法的依据，并向指定机关提出处理建议。

法定原则。具体表现为,"使用者付费"项目要么由议会直接通过法律设定,要么由议会授权政府部门以政府规章形式设定。因此建议我国调整金融监管收费依据,可考虑三种调整路径:一是制定《金融监管收费法》,对各金融监管部门的监管收费予以统一规定;二是完善现有的《证券法》《保险法》以及《商业银行法》,对各金融监管部门的监管收费分别予以规定;三是由全国人大或其常委会授权国务院对金融监管收费加以规定,并同时明确授权的目的、范围和期限。[120]

2. 明确金融监管收费标准

根据美国"使用者付费"制度设计的一般理念,政府部门在设定收费标准时必须兼顾两个原则:一是"受益者支付原则",即"谁受益,谁付费","受益多少,付费多少";二是"能力支付原则",即"能力强者多付费,能力弱者少付费"。为此建议我国金融监管部门采取如下措施:首先,根据监管服务给监管对象带来的收益不同,对其收取不同的监管费用,避免监管费用与监管成本、监管所致获益相背离,以体现"受益多少,付费多少"的原则;其次,根据监管对象支付能力的不同,对特定的监管对象实施收费减免政策;最后,规定实施收费减免政策的成本由税收收入予以承担,以避免在不同的监管对象之间产生交叉补贴。

3. 统一金融监管收费管理,明确监管收费用途

基于增强监管机构独立性以及促进监管对象理解的考虑,美国法律一般规定将"使用者付费"收入纳入专项资金,实行专款专用。借鉴美国的相关经验,并考虑我国的特殊国情,建议改变我国金融监管收费管理现状,并采取如下改进措施:一是统一各金融监管部门的收费管理措施,以避免不同的收费管理措施所带来的制度成本;二是在所有金融监管收入纳入中央财政的基础上,分行业设立金融监管收入财政专户,明确规定监管收费专款专用,监管收费的用途应以改进监管机构的服务为限,并由审计部门依法实施审计监督。

4. 完善金融监管收费监督机制

在美国,对"使用者付费"具有完善的监督机制,这种监督机制由两部

---

[120]   参见《立法法》第八条、第九条、第十条。

分组成:一是内部监督机制,包括专门监督与自我监督;二是外部监督机制,包括国会监督、利害关系人监督以及司法审查。并考虑我国金融监管收费存在的弊端,建议采取如下完善措施:其一,要增强自我监督,让金融监管部门定期公开金融监管收费的数额和去向等信息;其二,要重视利害关系人监督,建立收费协商机制,让利害关系人充分参与到金融监管收费的设定和调整过程中;其三,要引入司法审查,将金融监管收费的法律依据纳入司法审查范围。[125]

【推荐人及推荐理由】

行政监管收费是政府筹集资金所普遍采纳的方法,是进行行政管理,向公众提供公共服务时弥补所占用社会资源的重要手段。当行政规制机构提供的服务或物品有可确证的受益及可确证的受益人时,受益人应为其获得的服务或物品支付相应的对价。这体现了行政规制中的"使用者付费"原理,是指行政机关就其提供的特定产品或者特定服务向特定受益人收取一定的费用。

我国目前较少从"使用者付费"角度讨论行政收费制度的设定及其改革。《中华人民共和国价格法》第47条第1款规定"国家行政机关的收费,应当依法进行,严格控制收费项目,限定收费范围、标准"。行政法学界更多关注对行政收费的控制,关于对"滥收费"的监督和制约,但较少关注收费与行政规制机构自主性、收费与可确证受益的关联、收费与行政规制任务的实现等问题。因此,美国行政规制中的"使用者付费"制度的成败得失,就更值得我国研究者关注。

基于此,本文作者朱小川迎难而上,以第一手资料为基础,在阅读美国立法原文、判例全文、政府官方文件、研究报告、法律刊物论文基础上,梳理了美国行政规制中"使用者付费"制度的历史源流,分析了其概念范围和实际功能。并在行政法学的理路下,对美国行政规制中"使用者付费"的法律

---

[125]　新修订的《行政诉讼法》(2015年5月1日起施行)并未将法律、法规和规章纳入司法审查范围,规章之外的行政规范性文件也未直接纳入司法审查范围,只有在个案中,有可能对金融监管收费的规范性文件进行附带司法审查。因此,引入司法审查,将金融监管收费的法律依据直接纳入司法审查范围,可谓前途也长。

依据,收费标准设定时考虑的因素等加以探研。文章对美国"使用者付费"的司法审查要点进行了探研,指出要分析特定征收是费还是税,分析行政收费权的来源,判定是否存在特定的受益人及特定的利益。

本文推进了中文世界对美国行政规制中"使用者付费"制度的理解,尽管此主题在美国行政法教科书并不多见,但却是美国行政规制实践中非常重要、非常有特色的制度。本文尽可能以国人能理解的逻辑结构及行文表达,对此进行了梳理,是一篇较为优秀的美国行政法研究作品。同时文章也提出了对中国金融监管收费制度改革的建议,如调整监管收费依据,明确收费标准,统一监管收费管理,明确监管收费用途,完善对监管收费的监督等。这些洞见对我国行政收费研究及行政收费制度改革都有借鉴和启示意义。

——推荐人:宋华琳(南京大学法学院教授,博士生导师)

Abstract:In America, just as its name implies, user fee stands for fees paid by users, namely "who uses, who pays". From the standpoint of administrative regulation, user fee means that administrative agency can charge identifiable beneficiaries for the specific product or service provided by itself. User fees can be designed to reduce the burden on taxpayers, improve government performance, and enhance the understanding of private parties on administrative fee. Many federal statutes impose user charges, but two have had particularly far-reaching effects on federal policy and practice. They are Title V of the Independent Offices Appropriation Act of 1952 (IOAA) and the Consolidated Budget Reconciliation Act of 1985. When designing user fee regimes, it should consider the factors including economic efficiency, equity, revenue adequacy, and administrative burden of the fee.

When implementing user fee regimes, it should consider the timing of collecting fees, the adjustment of fees, the waiver of fees, and the management of fees. The Congress, Office of Management and Budget and administrative agencies themselves can supervise the operation of user fees. But the most important mechanism is judicial review. The main point lies: Firstly, distinguish tax from user fee; Secondly, to assess the constitutionality and legality of user fee; thirdly, to identify whether exists identifiable beneficiary or identifiable benefit.

In China, as to current financial regulatory fee system, it is often lack of lawful delegation, with no clear fee collecting criteria, the dispose and usage of collecting fees is unclear, it also lacks of effective monitoring mechanism to user fees. In the future, we should specify legal requirement for user fees, clarify corresponding criteria, strength expense management, and carry out effective judicial review of user fees.

Key words: user fees, administration regulation, U. S. administrative law, administrative fee

（责任编辑:徐　建）

后凯洛时代作为征收理由的
"公用"判断标准

——以州法院的判决为线索

刘玉姿[*]

内容提要　联邦最高法院于 2005 年作出的凯洛诉新伦敦市案判决,无论在政治层面,还是在司法层面,都导致了广泛的反制运动,成为美国征收理论发展中具有里程碑意义的判例。本文主要以凯洛案后州法院判决的典型征收案件为线索,考察了州法院对待凯洛式征收的态度,并试图对这种司法回应作出解释,以期对中国的征收理论及实践有所启示。导言部分阐述了讨论后凯洛时代公用判断标准的必要性。凯洛案判决在美国引起了前所未有的冲击,也为中国学术界普遍关注。凯洛案及由之延伸的征收案件对商业开发目的的讨论,对于解决中国征收发展中普遍存在的公共利益与商业开发之间的冲突有重要意义。第一部分介绍了凯洛案的基本案情、判决的主要内容及其导致的立法回应。联邦最高法院通过凯洛案确立了公用判断上极端遵从的司法审查路径,肯认纯粹以商业开发为目的的征收符合公用标准,并强调法院对幌子征收的审查。立法层面就此掀起了广泛反制,但事实上并未为公民财产权提供更好的保护,对凯洛式征收的反制仍然仰赖司法之手。第二部分描绘了后凯洛时代公用判断上的州法院图景。通过将州法院的征收判决类型化为直接否定凯洛式征收、限制凯洛式征收、普遍反制凯洛式征收的例外,本部分总结了后凯洛时代州法院在对待公用问题上的特点。第三部分结合前文所描述的州法院征收案件,对后凯洛时代的幌子征收问题作了详细阐述,并初步讨论了凯洛案判决以及理论上现有的幌子征收识别标准。第四部分分析了凯洛案之州司法回

---

[*]　厦门大学法学院宪法学与行政法学专业博士研究生,本文为其硕士学位论文。

应的特点——衰败区征收与以商业开发为目的的征收之间的纠葛,以州法院典型案件中的"衰败"与"商业开发"之间的关系为线索,回顾了两者关系在司法及政治层面上的变迁。第五部分试图从分权原则和新司法联邦主义两个角度对后凯洛时代州法院的公用判断图景作一解释。分权原则影响了法院对司法遵从路径的选择,而新司法联邦主义则强调州法院可以通过解释州宪法为私有财产者提供更有力的保护。结语部分考察了后凯洛时代公用判断标准对中国的启示。公共利益作为对征收权的限制无法从理论上彻底理清,法院应当承担起判断公共利益的责任,而商业开发是否可以作为征收的目的之一,应当参酌社会发展的需要,结合具体案件作出判断。

关键词　凯洛案　商业开发　司法遵从

导言:为什么讨论后凯洛时代的公用判断标准

2005 年,联邦最高法院作出的凯洛诉新伦敦市案[1](Kelo v. City of New London)判决采纳了司法权极端遵从立法判断的路径,在尊重议会的公用认定前提下,肯定了纯粹以商业开发为目的的征收符合联邦宪法第五修正案的征收条款。[2] 理论界及实务界普遍认为凯洛案的极端遵从路径实质上放弃了司法作为公民财产权保护之最后屏障的地位,直接触及美国宪政的核心价值。正因此,凯洛案在美国法律史上引起了前所未有的冲击[3],导致民众以及不同政治阵营的强烈反制。民意测验表明,超过 80% 的民众极力反对凯洛案。[4] 而凯洛案后的短短几年内,已有 44 个州以宪

---

〔1〕 Kelo v. City of New London,545 U. S. 469 (2005).

〔2〕 凯洛案法律意见所用为"economic development",在探究相关案例的过程,发现该词与我国意义上的商业开发别无二致,本文统一翻译为商业开发。

〔3〕 最近的可比判例,如联邦最高法院 1972 年判决的 Furman v. Georgia(408 U. S. 238),宣告当时存在的所有死刑法律无效,引导致 1972—1976 年,约 35 个州及联邦政府制定了新的死刑法规。又如马萨诸塞州最高法院 2003 年判决的 Goodridge v. Department of Public Health (798 N. E. 2d 941),根据州宪法批准了同性婚姻,导致 2003—2008 年,约 30 个州制定了禁止同性婚姻的宪法修正案。而如下文所述,凯洛案引起了 44 个州以宪法修正案或立法改革方式的反制。可见,这两个案件都没有产生像凯洛案这样如此广泛的冲击。

〔4〕 See Ilya Somin, The Limits of Backlash:Assessing the Political Response to Kelo, 93 Minn. L. Rev. 2100 (2008—2009).该文指出,根据 Zogby 与 Saint Index 所作的民意调查,无论是按地域还是按其他分类,对凯洛案的不支持度基本保持在 80% 左右。

法修正案或立法改革的形式展开对凯洛案的广泛反制，诸多州法院也纷纷在征收案件中立场鲜明地反对凯洛案判决，举国上下怨声载道，凯洛案反制运动高潮迭起。

凯洛案判决在美国征收发展中具有里程碑意义，许多学者直接以"后凯洛时代"（Post-Kelo Era）冠名此后的征收发展。[5] 凯洛案判决的里程碑意义不仅体现在征收权与财产权长期纠结之后，财产权地位的显著降低；[6]也体现在公用概念经历了由狭义的"公众使用"（used by the public）和"公共所有"（public ownership）到广义的"公共目的"（public purpose）或"公共利益"（public benefit），进一步被虚置，正如奥康纳法官（Justice O'Connor）在凯洛案反对意见中所警示的，多数意见认可纯粹的商业开发为一项合宪公用，这意味着任何财产都可能因征收机构认为没有做到最优利用或利用不足而被认定为为商业开发所必需。后凯洛时代以各州立法与司法层面上对凯洛式征收的反制为特点，使得凯洛案判决本身的意义在各州立法与司法实践中不断延伸，理论上对凯洛案判决的讨论也逐渐走向细致化，凯洛案判决所涉及的各种要素，如综合规划、联邦主义、幌子征收等，也成为理论界的研究焦点，学术著作纷繁迭出。[7]

根据联邦宪法第五修正案和第十四修正案的规定，一项合宪的征收必

---

[5] 凯洛案后的相关讨论文章中，类似的用语还有"Post-Kelo World"或"after Kelo"。如 George Lefcoe，Redevelopment Takings after Kelo：What's Blight Got to Do With It？，17 S. Cal. Rev. L. & Soc. Just. 803(2007—2008)；Richard A. Epstein，Public Use In a Post-Kelo World，17 Sup. Ct. Econ. Rev. 151 (2009)；Lynn E. Blais，Urban Revitalization in the Post-Kelo Era，34 Fordham Urb. L. J. 657 (2007). 实质上，普遍认为凯洛案判决对公用判断标准的发展有着深刻的影响，甚至发生了前所未有的变化。详见下文分析。

[6] See Janet Thompson Jackson，What Is Property？Property Is Theft：the Lack of Social Justice in U. S. Eminent Domain Law，84 St. John's L. Rev. 63 (2010).

[7] 代表性文章如 Nicole Stelle Garnett，Planning as Public Use？，34 Ecology L. Q. 443 (2007)；Daniel B. Kelly，Pretextual Takings：Of Private Developers，Local Governments，and Impermissible Favoritism，17 Sup. Ct. Econ. Rev. 173 (2009)；Robert Ellickson，Federalism and Kelo：A Question for Richard Epstein，44 TULSA L. Rev. 751 (2009)；Christopher W. Smart，Legislative and Judicial Reactions to Kelo：Eminent Domain's Continuing Role in Redevelopment，22 Prob. & Prop. 60 (2008)；David Schultz，Economic Development and Eminent Domain after Kelo：Property Rights and "Public Use" Under State Constitutions，11 Alb. L. Envtl. Outlook 41 (2006—2007).

须符合以下三个条件:(1)该项征收是为了公用(public use);(2)该项征收已经支付给财产所有者公平补偿(just compensation);(3)征收符合正当程序原则。本文着重讨论的即是征收之公用要件,这一术语与中国法上作为征收权行使的限制条件的"公共利益"在内涵和外延上可以通约。公用作为一个不确定法律概念,联邦最高法院承认其因应社会需要的变化而变化,并通过几个世纪以来的判例确立了一系列较为成熟的判断标准。在不动产征收理论上,考察美国法的判例及规定历来就是中国学界的研究路径之一,尤其在"公用"问题上,更是时刻关注美国法之演变,著述颇多。[8] 凯洛案不仅在美国引起了举国轰动,也在中国掀起了一阵讨论狂潮。

　　反观中国征收领域,国内由于不动产征收导致的各种纠纷俨然已经上升为一种不容忽视的社会现象。在"暴力拆迁"、"拆迁自焚"、"官商勾结"等词语为中国的城市化进程打下深刻烙印的同时,土地征收作为一种百试不爽的城市发展和"旧城改造"手段,已经成为扰公民安宁、乱社会秩序的罪魁祸首。[9] 据统计,当今土地征收实例中,70%～80%属于商业开发,[10] 由开发商主导的城市建设日益普遍,商业开发愈来愈成为城市房屋与土地征收的主要形式。然而,须注意的是,此一征收形式下商业利益与公共

　　〔8〕 代表性著作及译著:冯桂:《美国财产法——经典判例与理论研究》,人民法院出版社2010版;章彦英:《土地征收救济机制研究:以美国为参照系》,法律出版社2011版;〔美〕理查德·A.艾珀斯坦:《征收:私人财产和征用权》,李昊、刘刚、翟小波译,中国人民大学出版社2011年版;邢益精:《宪法征收条款中公共利益要件之界定》,浙江大学出版社2008年版;薛源编著:《美国财产法》,对外经济贸易大学出版社2006年版;薛源编著:《美国财产法案例选评》,对外经济贸易大学出版社2006年版;张千帆:《"公共利益"困境与出路:美国公用征收条款的宪法解释及其对征收权的启示》,《中国法学》2005年第5期;姚佐莲:《公用征收中的公共利益标准——美国判例的发展演变》,《环球法律评论》2006年第1期;冯桂:《"公共利益"的作用与局限——对美国不动产征收判例法的观察和思考》,《华东政法大学学报》2009年第2期;刘连泰:《将征收的不动产用于商业开发是否违宪——对美国相关判例的考察》,《法商研究》2009年第2期;林彦、姚佐莲:《美国土地征收中公共用途的司法判定——财产权地位降格背景下的思考兼对我国的启示》,《交大法学》2010年第1期。

　　〔9〕 这主要体现为近年来征收导致的暴力事件频频发生,如搜狐新闻:《湖南嘉禾县政府:谁影响发展 我影响他一辈子》,http://news.sohu.com/2004/05/08/17/news220041782.shtml,访问日期:2012年6月1日;凤凰网:《政府暴力拆迁 唐福珍自焚身亡》,http://finance.ifeng.com/opinion/fengping/18.shtml,访问日期:2012年6月1日;百度百科:《"9·10"江西宜黄拆迁自焚事件》,http://baike.baidu.com/view/4352567.htm,访问日期:2012年6月1日。

　　〔10〕 参加冯雪梅:《城市商业拆迁法律问题研究》,吉林大学2011届硕士学位论文。

利益盘根错节,事实上难以完全区分,部分政府或开发商难免打着公共利益的幌子,以商业开发的形式,追逐商业利益。此外,实务中,寻求司法救济的征收案件多集中在征收补偿和征收程序问题上,法院本身也基本上对公共利益问题缄默不言。[11] 一方面不动产征收导致的冲突要求理清公共利益问题,另一方面司法审查对公共利益问题几无涉足,这形成了鲜明对比。

公共利益判断的关键在于:(1)由谁来确定公共利益;(2)如何确定公共利益。长期以来,学界关于"公共利益"的讨论卷帙浩繁,但分歧也层出不穷,理论上仍未达成普遍共识。诉诸规范,中国征收之公共利益要件的规范依据演变以 2011 年 1 月 19 日颁布实施的《国有土地上房屋征收与补偿条例》(以下简称"《征收补偿条例》")为转捩点。《征收补偿条例》颁布实施之前,关于征收之"公共利益"限制的相关规范均未对"公共利益"作明确且具体的规定,或流于狭隘,或失之概括;[12]尤其备受诟病之处在于没有区分公共利益与商业利益,房屋征收中公私不分。[13] 然而,"千呼万唤始出来"的《征收补偿条例》似乎并未如愿解决公共利益与商业利益的纠葛。《征收补偿条例》第八条首次以列举结合兜底条款的方式相对具体地规定了作为征收限制理由的"公共利益"。该条开门见山地指出,所谓公共利益的需要限定于"保障国家安全、促进国民经济和社会发展",尽管有学者认为"'国民经济'不可简单地等同于具体的商业开发项目,而主要是指对经济发展起基础性作用、支持性作用的公共经济发展,如基础设施建设、公共事业建设等";[14]但就备受争议的

---

〔11〕 在北大法宝上,截至 2012 年 4 月,以"土地征收"为标题,共查找到相关行政案件 7 篇;以"房屋拆迁"为关键词,共查找到相关行政案件 466 篇,法院在讨论这些案件时多是针对补偿与程序方面,鲜见关于公共利益问题的。

〔12〕 主要体现于《宪法》第 10 条第 2 款、第 13 条第 3 款、《土地管理法》第 4 条第 2 款、第 58 条第 1 款、《城镇国有土地使用权出让和转让暂行条例》第 42 条以及《物权法》第 42 条及已经废止的《城市房屋拆迁管理条例》第 3 条中。

〔13〕 参见石佑启:《论城市房屋拆迁与私有财产权保护》,《中南财经政法大学研究生学报》2006 年第 6 期。

〔14〕 王锡锌编著:《〈国有土地上房屋征收与补偿条例〉专家解读与法律适用》,中国法制出版社 2011 年版,第 42 页。此外,《征收补偿条例》通过之前,北大学者就新拆迁条例再次上书,指出"保障国家安全、促进国民经济和社会发展"作为公共利益的限定笼统宽泛,应当增排他性条款:以商业开发为内容的征收不得认定为公共利益的需要。参见 MSN 中国:《北大学者就新拆迁条例再上书,强调公共利益》,http://msn.ent.ynet.com/view.jsp?oid=757225238&pageno=1,访问日期:2012 年 6 月 6 日。

"旧城改造"而言,就有学者指出:"旧城区改建征收房屋的相关土地可以用于工业、商业、旅游、娱乐、办公等,不能因此而否认符合法定条件的旧城区改建征收房屋是为了公共利益的需要……一方面应严格限定相应的征收条件、程序和补偿安置……另一方面不应过分限制征收房屋相关土地的使用,从而实现土地的高效利用,促进经济社会效益的最大化。相关用地只要符合有关法律法规、规划等规定即可,不对用途作特别限制。"[15]此外,兜底条款的存在也为"公共利益"界定提供了很大的回旋空间。由此可见,《征收补偿条例》中公共利益条款的适用仍然需要复杂的法律解释作业;商业开发与公共利益的关系事实上并未愈辩愈明,反而因为社会经济需要的不断发展而纠葛益深。

凯洛案判决对商业开发作为一项公共目的的肯定,实际上触及国内现阶段征收矛盾的核心——商业开发能否作为征收所追求的目标。目前,学者的讨论多侧重于讨论凯洛案本身,间或结合其他典型征收判例,描画美国法上是如何通过具体个案生成不断成熟的公用判断标准,[16]少有对凯洛案判决所造成的冲击,尤其是司法冲击的审视。[17]众所周知,探讨美国征收中的公用判断标准,绝不是通过一个判例就可以窥得全貌,对某一判决的由来及发展的研究尤其重要。于此,探讨后凯洛时代公用判断标准的意义呼之欲出。

---

〔15〕 于宏伟主编:《〈国有土地上房屋征收与补偿条例〉焦点问题解析》,法律出版社 2011 版,第 77 页。

〔16〕 代表性的文章有:王静:《美国财产征收中的公共利益——从柯罗诉新伦敦市政府案说起》,《国家行政学院学报》2010 年第 3 期;前引〔8〕,刘连泰文;汪庆华:《土地征收、公共使用与公平补偿——评 Kelo v. City of New London 一案的判决》,《北大法律评论》2007 年第 8 期;林来梵、陈丹:《城市房屋拆迁中的公共利益界定——中美"钉子户"案件的比较》,《法学》2007 年第 8 期;钱天国:《"公共使用"与"公共利益"的法律解读——从美国新伦敦市征收案谈起》,《浙江社会科学》2006 年第 6 期;耿利航:《如何界定公共利益——美国联邦最高法院"凯洛诉新伦敦市案"的剖析和启示》,载《法学杂志》2007 年第 2 期。

〔17〕 关注凯洛案所造成冲击的文章可查的仅有两篇,也仅是对立法冲击的介绍:韩锐:《凯洛案后美国土地征收立法新动向》,载《广西政法管理干部学院学报》2012 年第 1 期;前引〔8〕,冯桂书,第 294 页以下。

一、凯洛案判决

(一)凯洛案的基本情况

新伦敦市坐落于康涅狄格州东南部,泰晤士河与长岛海湾的交汇处。由于数十年的经济衰退,该市于 1990 年被州政府认定为"贫困市"。1996 年,联邦政府关闭了位于新伦敦市宝特朗布尔区的海军水下作战中心。该中心曾经带来 1500 多个就业岗位,这对于新伦敦市来说,更是雪上加霜。1998 年,这种经济低迷的现象达至顶峰,失业率几乎是康涅狄格州的两倍,人口也锐减至 24000 人,是 1920 年以来的最低谷。

经济上严重受挫的新伦敦市决定通过开发宝特朗布尔区来实现城市复兴,授权新伦敦市开发公司(New London Development Corp. /NLDC)制定相应的开发规划。1998 年 2 月,辉瑞制药公司(Pitzer)宣布将在宝特朗布尔区附近建造 3 亿美元的研究设施,揭开了新伦敦市经济复兴的序幕。NLDC 打算抓住辉瑞公司进驻所带来的商机,除了促进就业与税收外,也想打造滨水及公园休闲娱乐胜地,进一步提升城市魅力。2000 年 1 月,市议会批准了开发规划,并授权 NLDC 负责规划的实施——有权购买所需财产或以新伦敦市的名义征收财产。NLDC 以协商方式成功购买了宝特朗布尔区的大部分不动产,但与凯洛等 9 名上诉人商谈未果,遂于 2000 年 11 月启动了征收程序。

凯洛等上诉人在宝特朗布尔区共拥有 15 处房产,全部位于开发规划范围内。他们长期居住于此,有着无法衡量的深厚感情;而经年累月的财产维护,也使他们付出了巨大的成本。上诉人主张他们的财产并未被宣告衰败,也没有处于不良状态,仅仅是因为碰巧处于开发区域而被征收,这违背了联邦宪法第五修正案的公用限制。2000 年 12 月,凯洛等人诉至新伦敦市高等法院。新伦敦市高等法院作出永久禁制令(A Permanent Restraining Order),仅禁止征收部分财产,并否决了其他财产的救济。诉讼双方均上诉至康涅狄格州最高法院。2004 年 3 月,康涅狄格州最高法院完全支持了新伦敦市的拟议征收,肯定商业开发可以作为一项有效公用。此后,联邦最高法院批准了调卷令,维持了康涅狄格州最高法院的判决。

然而,事实上,新伦敦市并未因为开发规划得到支持,走上经济腾飞之路。联邦最高法院凯洛案判决作出后的三年内,曾经房屋林立而后被夷为平地的土地仍然处于闲置状态,没有任何人指明或引导土地的开发;[18]在NLDC开发规划中扮演关键角色的辉瑞制药公司也于2009年11月宣告关闭其在新伦敦市的全球研发中心。[19] 喧嚣一时的新伦敦市经济复兴似乎最终以悲剧落幕。

(二)凯洛案的裁判逻辑

2005年6月,联邦最高法院以5∶4的微弱优势作出了凯洛案判决,史蒂文斯法官(Justice Stevens)执笔多数意见,肯尼迪法官(Justice Kennedy)持协同意见,奥康纳法官、伦奎斯特法官(Justice Rehnquist)、斯卡利亚法官(Justice Scalia)和托马斯(Justice Thomas)法官持反对意见,其中奥康纳法官与托马斯法官提交了反对意见书。奥康纳法官反对意见的核心在于指责多数意见采用极端遵从的司法审查路径无限扩大了公用内涵,严重危及财产权保护;托马斯法官反对意见强调应当采纳狭义的公用含义——公众使用或公共所有,关注弱势群体的利益保护。反对意见的主张实质上正是凯洛案后反制狂潮的理论根据所在,而各州法院所作出的征收判决多有体现,本文将不再单独详述反对意见的内容。

1.纯粹商业开发构成一项公用

多数意见认为随着社会需要的不断发展及日益多元,"公用"内涵也不断演变,19世纪中期以来为司法公认的"公共使用"标准因其褊狭及不切实际已日渐式微,自19世纪末期,当法院着手将第五修正案适用于各州时,公用开始更宽泛且更自然地被解释为"公共目的"。在以伯尔曼诉帕克案(Berman v. Parker)和夏威夷住房管理局诉米德基夫案(Hawaii

---

〔18〕　Richard A. Epstein, Public Use In a Post-Kelo World, supra note 5.

〔19〕　See Amanda Minor, From New London to New Directions in Eminent Domain Law: Kelo and the Future Exercise of Eminent Domain by the Federal Government, 22 GMUCRLJ. 177 (2012).

Housing Authority v. Midkiff)为代表的以往先例中,[20]联邦最高法院广泛地考察了纯粹的经济因素对征收的影响,支持了便利农业及采矿业发展的征收,支持了衰败区(Blight Areas)的重建以及以打破土地垄断为目的的征收,[21]因为这些都有利于国家福利或者公共目的。"促进商业开发是一项传统且长久公认的政府功能,区别商业开发与我们所认可的其他公共目的并无原则性的方法……显然毫无理由将商业开发排除在我们对公共目的的传统宽泛理解之外"。[22]

多数意见进一步指出,在以商业开发为目的的征收中,一方面,政府所追求公共目的的实现与个别私主体的收益通常相辅相成;另一方面,通过私人开发商,而非公共机构,可能会更好地实现公用,征收的合宪性是否会因以商业开发为目的而被削弱成为一个重要问题。多数意见立场鲜明,公用判断的关键在于目的,而非手段;如果政府主观上是为了公共利益,客观上带来私人受益,则征收行为合宪,反之,征收行为违宪。然而,征收者很可能会打着商业开发的幌子,行为私人牟利之实,公民的财产也极可能因为政府认为他人能够更有效地加以利用而被征收,于此,审慎的综合开发规划成为必需的前提,"……一对一的财产转让并不在一个综合的开发规划之内。综合的开发规划是从总体上考虑问题:如果不在一个综合的开发规划内,显然不能将一个公民的财产转让给另一个人……将一个公民的财产强迫转让给另一个公民并不能从总体上带来经济复苏"[23]。新伦敦市并未以清除衰败为正当化征收的理由,然而,在案记录表明其制定了"深思熟虑的"综合开发规划,目的在于通过创造临时或永久的就业,显著增加税收,鼓励新经济活动及最大化滨水区的公共使用而复兴地方经济,显然系争征收符合第五修正案的公用条款。

2.极端遵从的司法审查路径

多数意见强调公用内涵因地域需要的不同而有差别,历来的判例也具

---

〔20〕 Berman v. Parker, 348 U. S. 26 (1954); Hawaii Housing Authority v. Midkiff, 467 U. S. 229(1984).

〔21〕 衰败区重建是美国一种重要的征收方式,有着悠久历史,与中国的"旧城改造"基本类似。本文将在第三部分对此作重点论述。

〔22〕 Kelo, 545 U. S. at 484－485.

〔23〕 Kelo, 545 U. S. at 487.

有浓厚的联邦主义色彩,因此应当高度尊重立法机关及州法院关于地方公共需要的判断,明智地避免僵化且干涉性的司法审查,在判断征收权应为何种公用而行使上给予立法机关宽泛的裁量空间。多数意见认为,法院仅须审查征收的目的是否合法,预期的公共利益是否事实上将会实现并非法院的审查范围,因为当立法机关的目的是合法的,手段是非理性的时,关于征收理论的经验主义讨论在联邦法院是无法实现的,而且这样很可能会阻碍征收或开发规划的实现。据此,联邦最高法院支持在公用问题上遵从立法判断,除考察征收机构是否存在审慎制定的综合规划外,拒绝揣测开发规划的效用,也拒绝对需要何种土地来执行项目进行审查,"监督界限选择以及审查特定项目区的规模,这并非法院的事务。一旦决定了公共目的问题,被征收土地的数量及特征,实现整体规划所需的特定地块,都依赖于立法机关的裁量"[24]。

3. 不允许的偏袒——幌子征收

肯尼迪法官认同以商业开发为目的的征收可以作为一项公用,不同之处在于,多数意见在审查公用上适用了合理基础标准(rational basis standard)[25],而其主张以商业开发为目的的征收作为一种狭隘的征收策略,应当适用更为严格的司法审查标准。由此,肯尼迪法官着重考虑了征收以商业开发为目的可能是幌子的情形,指出当征收以商业开发为目的,由私主体实施,或有私主体受益,即可能存在"不允许的偏袒"(impermissible favoritism)时,法院必须查明所谓的公共目的——城市的经济利益——是否仅仅附带于开发规划中的私人利益,也即是否存在幌子征收(pretextual taking)。

随后,肯尼迪法官从以下几个方面着手对凯洛案征收是否存在幌子问题展开了分析:(1)经济利益是否显著;(2)受益人的身份在开发规划制定

---

〔24〕 Kelo, 545 U.S. at 489.

〔25〕 合理基础标准最初是法律平等原则问题适用的最低层次的司法审查标准,即只要立法者的分类与法律目的之间有某种可能的联系存在,能够达到法律的目的,就已经具备合理的分类基础,满足了法律平等保护原则的要求。详见王名扬:《美国行政法》,中国法制出版社2005年版,第107页。具体到征收之公用判断上,可以表述为,只要征收合理地关联于可能的公共目的,就符合第五修正案的公用条款而应被支持。详见 Hawaii Housing Authority v. Midkiff, 467 U.S. 229(1984).

前是否已经确知,是否存在事先确定受益人的情况;(3)征收者是否遵循了复杂的程序,这可以便利法院审查征收的目的;(4)是否存在综合开发规划。如果一项征收中,财产转让极为可疑,规划或征收程序容易被滥用,或者所谓的利益微不足道或不合情理,法院应当推定系争征收存在"不允许的偏袒",属于幌子征收。[26]

幌子征收也是多数意见所认可的合宪征收的例外——如果系争征收为了公用仅仅是幌子(mere pretext),实质上是为了私人利益,则征收违宪。执笔多数意见的史蒂文斯法官也提出了三项识别幌子的标准,虽与肯尼迪法官有所重合且不那么全面,这里仍一道指出:(1)是否存在审慎制定的综合规划;(2)征收受益人的身份是否在规划采纳前已经知道;[27](3)一对一的财产转让是否超出了整体开发规划的界限。[28]

(三)凯洛案的立法回应[29]

凯洛案支持了以商业开发为目的的征收,尽管并不与先例相左,但仍然引起了广泛的、史无前例的公众愤怒,这种愤怒跨越不同的派系、意识形态、种族、性别。[30] 如此一边倒的态度很大程度上源于公民对于财产权保护的担忧,正如奥康纳法官所言,根据凯洛案,任何政府认为未作充分利用的财产都可能难逃征收的命运。[31] 因应公众对凯洛案的敌意,立法机关

---

〔26〕　Kelo, 545 U. S. at 492. See also Michael Paul Wilt, Intermediate Scrutiny For Economic Development Takings: Proposing a New Test Based on Justice Kennedy's Kelo Concurrence, 31 T. Jefferson L. Rev. 43 (2008). 该文作者也对肯尼迪法官的协同意见作了如是分析。

〔27〕　Kelo, 545 U. S. at 478.

〔28〕　Kelo, 545 U. S. at 487.

〔29〕　本部分仅仅简述了凯洛案所导致的立法回应,以此作为讨论凯洛案之州法院回应的背景,也突出了讨论凯洛案之司法回应的重要意义。详情可查阅一下文章:Ilya Somin, The Limits of Backlash: Assessing the Political Response to Kelo, supra note 4; Aaher Alavi, Kelo Six Years Later: State Responses, Ramifications, and Solutions for the Future, 31 B. C. Third World L. J. 311 (2011); Marc Mihaly, Turner Smith, Kelo's Trail: A Survey of State and Federal Legislative and Judicial Activity Five Years Later, 38 Ecology L. Q. 703 (2011); Christopher W. Smart, Legislative and Judicial Reactions to Kelo: Eminent Domain's Continuing Role in Redevelopment, supra note 7; 前引〔8〕,冯桂书,第 294 页以下。

〔30〕　See Ilya Somin, The Limits of Backlash: Assessing the Political Response to Kelo, supra note 4.

〔31〕　Kelo, 545 U. S. at 494.

迅速展开立法反制凯洛式征收。

1. 联邦层面的立法回应

2005 年,美国国会众议院以 376 票对 38 票的压倒多数通过了《私有财产权保护法案(2005)》(*Private Property Rights Protection Act of* 2005)。[32] 该法案禁止州或州的下级行政机关在接受联邦商业开发基金期间的任何财政年度内,为商业开发或间接为商业开发而强制征收或者委托他人强制征收财产。随后,2005 年 11 月 30 日制定的债券修正案也禁止使用法案所分配的资金来支持主要使私主体获益的商业开发征收。[33] 更夸张的是,2006 年 7 月 23 日,布什总统发布了一项意在禁止凯洛式征收的行政命令,[34]该行政命令指出,保护美国人的财产权是美国的政策,联邦政府对私有财产的征收应限于仅为公用,且支付公平补偿,以及以公众受益为目的,而非仅仅为了促进私主体获得所有权或使用被征收的财产获益。然而,总的来说,《私有财产权保护法案(2005)》以限制联邦商业开发资助的方式来限制凯洛式征收,除了高度依赖联邦资助的地方,作用相当有限,更何况尚未经国会通过;债券修正案所禁止的联邦资助很少会涉及征收项目;而从行政法令的表达方式来看,并未排除以商业开发为目的的征收。

2. 州层面的立法回应

凯洛案后,已有 44 个州制定了新的法律,以限制像凯洛案那样的"商业开发"项目,[35]这些后凯洛立法改革可以分为三类:(1)以宽泛界定的"衰败"作为以商业开发为目的的私人征收的限制;(2)以狭隘界定的"衰败"作为以商业开发为目的的私人征收的限制;(3)完全禁止以商业开发为目的的私人征收。[36] 但总的趋势是大多数州选择以"衰败"界定来限制凯洛式征收。尽管面临着跨越各种差异且史无前例的公众愤怒,大多数州采

---

〔32〕　H. R. 4128,109th Cong. (2005)(enacted).

〔33〕　Act of Nov. 30, 2005,Pub. L. No. 109-115,§ 726,119 Stat. 2396, 2494-2495(2005).

〔34〕　Exec. Order No. 13, 406, 71 Fed. Reg. 36,973(June 23,2006).

〔35〕　Castle coalition, http://www. castlecoalition. org/legislative center, 2013-02-16. 该网站系统跟踪了凯洛案后各州的立法回应,并在其他部分讨论了拟议或已经通过的联邦立法。

〔36〕　See Amanda W. Goodin, Rejecting the Return to Blight in Post-Kelo State Legislation, 82 New York University Law Review 177(2007). 第(1)类如弗吉尼亚州、南卡罗莱纳州、加利福尼亚州、纽约州等;第(2)类如宾夕法尼亚州、艾奥瓦州、明尼苏达州等;第(3)类如佛罗里达州、佐治亚州、印第安纳州等,中文资料参见前引〔16〕,韩锐文。

取第一种立法方式,部分州还混淆了衰败区征收与以商业开发为目的的征收,这使得以商业开发为目的的征收在衰败区征收中获得了新的容身之所。这些改革中有许多是在凯洛案后的几周内通过,作为政治上的应急手段,仅仅具象征意味,并没有为财产所有者提供更有力的保护。[37]

小结

凯洛式征收的特点在于纯粹以商业开发为目的和极端遵从的司法审查路径,从而掀开了美国法律史上最为激烈的公用讨论。所谓以商业开发为目的的征收,指政府仅以"商业开发"的可能性作为正当理由,运用征收权征收私人财产并随后转移给一个新的私人所有者。该类征收一般是为了促进地方经济,增加就业或增加税收,[38]而拟征财产则通常被认为商业开发不充分或利用不足。极端遵从的司法审查路径,实质意味着在公用问题上,司法权几乎完全拱手于立法判断,法院只审查议会是否合理地制定了综合规划,而不问综合规划的制定是否符合公用要求。由此,反制凯洛式征收的最好方法似乎非积极立法莫属。有学者就认为凯洛案导致的大规模立法回应表明立法创制能够保护财产所有者,而司法干涉可能是不必要的,[39]这也与传统观点相吻合。传统观点认为民主政治程序能够保护多数公共意见所支持的权利,而不需要司法审查提供附加保护。然而,检视凯洛案后的立法回应,显然多数立法在保护私有财产权上力不从心,广泛的政治漠视(political ignorance)也可能使得后凯洛改革无所建树。[40]

凯洛案也同样导致了一定的司法回应,与立法回应的普遍无效不同,

---

〔37〕　Ilya Somin 以是否为财产所有者提供了更有意义的保护为标准,将后凯洛改革法区分为有效和无效两种,并指出大多数后凯洛改革归于无效,它们要么采纳了极端宽泛的衰败界定,任何财产都可以因此认定为衰败;要么混淆了衰败区征收与以商业开发为目的的征收;要么将本州主要地区如人口最为稠密的地区排除在衰败限制之外;要么本州根本不存在以商业开发为目的的征收史。截至 2009 年年初,36 个州制定的后凯洛改革法中,22 个州本质上是象征性的,基本没有为财产所有者提供保护,16 个州采纳了宽泛的包罗万象的衰败界定。

〔38〕　See Ilya Somin, Saul Levmore, Eminent Domain after Kelo, 11 Engage: J. Federalist Soc'yPrac. Groups. 5 (2010).

〔39〕　See Richard A. Posner, The Supreme Court, 2004 Term-Foreword: A Political Court, 119 Harv. L. REv. 32 (2005).

〔40〕　See Ilya Somin, The Limits of Backlash: Assessing the Political Response to Kelo, supra note 4.

除了纽约州的两个判决外,其为私有财产提供了更有力的保护:三个州的最高法院已经直接否定纯粹以商业开发为目的的征收,认为其违背了州宪法的公用限制,并拒绝以凯洛案为指引;多数州即使尚未完全否定凯洛式征收,但也施加了不同程度的限制,如广泛考量潜伏于凯洛案之下的衰败区征收;不少联邦及州法院也广泛诉诸凯洛式征收的例外——幌子征收。[41] 这说明司法权在公用问题上仍然扮演着重要的角色,财产权的保护很大程度上还得仰赖司法之手。

二、后凯洛时代的公用问题

当凯洛案引起广泛的立法回应时,州法院对凯洛案的讨论也在慢慢展开。以系争征收与凯洛式征收之间的差异程度和对待凯洛式征收的态度为标准,本部分在类型化相关征收案件的同时,着重考察后凯洛时代,州法院是如何对待凯洛式征收,并发展公用判断标准的。[42]

(一)直接反对凯洛式征收的案件

凯洛案后,俄亥俄州最高法院在诺伍德诉霍奈尔案(City of Norwood v. Horney)、俄克拉荷马州最高法院在马斯科吉县委员会诉罗沃瑞案(Bd. of County Comm's v. Lowery)中直接论及是否允许以商业开发为目的的征收,并旗帜鲜明地裁决本州宪法禁止此类征收。[43] 诺伍德案涉及一个财政亏空、社区衰败的城市为实现复兴而征收其所认定的衰败区土地;罗沃瑞案涉及私人企业为修建专用水道而征收通行地役权。两案中,征收机构均主张系争征收是为了商业开发,合宪。此外,在本森诉南达科他州案

---

〔41〕　See Ilya Somin, The Judicial Reaction to Kelo, 4 Alb. Gov'tL. Rev. 1 (2011).

〔42〕　案例来源:主要是运用 Lexis 上的 Sheperdize 方法,共查找到相关州法院案例 185 篇(截至 2012 年 2 月),同时参考了以下文章:Ilya Somin, The Judicial Reaction to Kelo, supra note 41; Aaher Alavi, Kelo Six Years Later: State Responses, Ramifications, and Solutions for the Future, supra note 29; Marc Mihaly, Turner Smith, Kelo's Trail: A Survey of State and Federal Legislative and Judicial Activity Five Years Later, supra note 29.

〔43〕　City of Norwood v. Horney, 853 N. E. 2d 1115 (2006); Bd. of County Comm's v. Lowery, 136 P. 3d 639 (2006).

(Benson v. State of South Dakota)中,虽未涉及以商业开发为目的的征收这一问题,南达科他州最高法院仍然明确否定了凯洛案的公用解释。[44]

1.纯粹商业开发不构成一项公用

与凯洛案多数意见相似,俄亥俄州最高法院亦承认公用内涵并非一成不变,随着社会需要的多元化,特别是城市复兴与开发的需要,清除衰败,促进商业开发出现于公用的概念框架之内,部分法院甚至已经认可商业开发本身可以构成一项充分的公用。随后,俄亥俄州最高法院笔锋一转,指出尽管经济因素可以作为征收私有财产的考量因素之一,但从韦恩县诉哈斯考克案(Wayne Cty. v. Hathcock)来看,[45]纯粹的经济因素考虑并不构成一项充分的公用;与此类似,尽管史蒂文斯法官认为,在伯曼诉帕克案(Berman v. Parker)中,[46]随之而来的衰败区重建是清除衰败区的关键补充,但衰败区重建即征收将会为社区及政府带来经济利益,并不构成一项充分的公用。否则,任何私有财产都会因为政府认为他人能够更好地使用而面临被征收的危险。[47] "征收是公共利益最后诉诸的权力,它'并不仅仅是囊中羞涩的城市改善经济状况的工具。'"[48]从而直接否定了纯粹商业开发作为一项有效公用的可能性。

俄克拉荷马州最高法院指出政府为了商业开发目的而征收必须有明确的法律授权,必须以"有利于所有者而不利于征收者的方式"来严格解释州宪法的征收条款。根据州宪法第 2 章第 23 条及相关先例,[49]除非为了清除衰败这一法定目的,城市并不享有为了经济重建而征收财产的不受限制的裁量权,"在不构成衰败的情况下,将财产从一个私主体转

---

[44]　Benson v. State, 710 N. W. 2d 131 (2006).该案中,南达科他州最高法院指出,比起联邦宪法,州宪法为私有财产提供了更多的保护,只有"公共使用"标准才能使"公用"作为一种限制而有效力,这必然排除凯洛式以商业开发为目的的征收,因为在此类征收中,获得拟征私有财产的私人开发商没有法律义务提供公众使用。

[45]　Wayne Cty. v. Hathcock, 684 N. W. 2d 765 (2004).

[46]　Berman, 348 U. S. 26 (1954).

[47]　City of Norwood, 853 N. E. 2d, at 1135-1136.

[48]　Id., p. 1141.

[49]　俄克拉荷马州宪法第 2 章第 23 条规定:"无论是否有补偿,任何私有财产都不得因私用而征收或破坏……"该条款同时规定了例外情形,即普通法地役权,但必须具有必要性且是为了修建以农业、开矿或卫生为目的的通道。OKLA. CONST. art. 2,§ 23.结合 27 O. S. § 5,俄克拉荷马州最高法院认为州宪法为私有财产提供了比联邦宪法更有力的保护。

移给另一个私主体,以促进可能的商业开发或提高社区作为一项目的,必须服从于保护并保持个人基本的私有财产所有权这一更高的宪法义务"。[50] 据此,纯粹以商业开发为目的的征收显然为州宪法所排除,而如将商业开发纳入"公用"范围,将会混淆"公共"与"私人"的界限,使州宪法对征收的公用限制归于无效。[51] 这一分析路径与奥康纳法官的反对意见相类似。

2.公用判断作为一项司法活动

公用判断不仅涉及立法权与司法权之间的分工,还会进一步影响征收权与财产权之间的紧张关系,司法审查强度的设定因之极为重要。俄亥俄州最高法院认为界定征收权的范围是一项司法活动,法院应当扮演裁断者的角色,谨慎地审查州的行为并给予必要限制,以确保立法机关不超越权限,征收权不作不正当或恶意之用。极端遵从立法机关关于何者构成充分公用的判断,会使得公用标准形同虚设,也违背了限制征收权行使的立法意图。征收一个私主体的私有财产转让给另一个私主体,涉及个人基本权利问题,司法机关应当提高对征收权行使的审查标准,以有利于被征收人的方式解释公用要求。

相比之下,俄克拉荷马州最高法院则无须经过如此复杂的理论阐释。俄克拉荷马州宪法第 2 章第 24 条明确规定:"未经公平补偿,私有财产不得因为公用而征收或被破坏……在所有为了公用或私用而征收私有财产的案件中,用途、性质的裁定应当是一个司法问题……征收机构不得征收或破坏私有财产,除非征收或破坏对于实现合法的公共目的是必要的。"[52]

3.模糊无效原则在公用判断中的适用[53]

值得一提的是,在诺伍德案中,俄亥俄州最高法院根据模糊无效原则(void-for-vagueness doctrine)认定诺伍德市法典所设定的"日益恶化地

---

[50]　Lowery, 136 P. 3d, at 650-651.

[51]　Id. , p. 652.

[52]　OKLA. CONST. art. 2, § 24.

[53]　关于模糊无效原则的经典表述:一部法律因为模糊而无效,如果它无法就被禁止行为提供公平告知,或者缺乏标准以至于允许歧视执行。United States v. Williams, 128 S. Ct. 1830 (2008). 1845.

区"(deteriorating areas)这一征收标准因为模糊而无效。[54] 州最高法院认为模糊无效原则的核心在于法律必须给予公民充分的告知,以使普通公民能够合理调整自己的活动并依法而为。尽管该原则在刑事领域更为熟知,但"鉴于征收权必然使政府侵犯个人权利以获得、占有或保存财产,而且充分的告知是模糊无效原则的核心,该原则在征收案件中是有用的"[55]。当一个法院根据模糊无效原则审查征收法规或管制时,它应当对涉及第一修正案或其他宪法基本权利的法规或管制提高审查标准。

小结

俄亥俄州、俄克拉荷马州最高法院虽然反复强调其判决基于本州宪法,[56]也有学者以"联邦主义"为解释理由,指出各州在公用问题上有自由裁量的权力,[57]但通观法律意见书,显然三个州均在一般意义上直接否定了凯洛式征收,不仅肯定地认为公用判断作为一项司法活动,法院没有义务完全遵从立法判断,指出涉及经济开发问题或公民基本权利的征收案件应当提高审查标准,同时,也明确否决了纯粹以商业开发为目的的征收构成一项公用。

然而,就模糊无效原则而言,俄亥俄州最高法院的分析似乎有所偏颇。其对模糊无效原则的一般意义分析,实质上意味着含有诸如"公用"、"衰

---

〔54〕 诺伍德法典第 163 章对"日益恶化地区"作了界定,即不是一个贫民窟、衰败或恶化区,不论主要为已建造还是对外开放,因为土地用途不兼容、用途不一致、停车处不足、街道布局错误、地块荒废、社区及公共设施不足、所有权多样性、税务拖欠、新住宅区及社区人口密度不相称的增加、住宅及商业出租的高成交率、建筑修理不足,或上述因素相结合,不利于公共健康、安全、道德及公共福利,且将会退化,或处于退化为衰败区的危险中。俄亥俄州最高法院对这一具体界定作了分析,指出相关用语如"土地用途不兼容、所有权多样性"等极为含糊,无法为公民提供公平告知。

〔55〕 City of Norwood, 853 N. E. 2d, at 1142-1143.

〔56〕 俄亥俄州最高法院强调州宪法并不受制于联邦最高法院对联邦宪法的解释,也无联邦最高法院所发展的征收条款的宽度, City of Norwood, 853 N. E. 2d, at 1136;俄克拉荷马州强调其判决基于本州宪法与联邦宪法不同的规定, Lowery, 136 P. 3d 639(2006).

〔57〕 See Robert Ellickson, Federalism and Kelo: A Question for Richard Epstein, supra note 7; Rick Hills, How Federalism Inevitably Trumps Takings Doctrine-And a Good Thing, too., http://prawfsblawg. blogs. com/prawfsblawg/2010/06/how-federalism-inevitably-trumps-takings-doctrine-1. html, 2012-06-05; Ilya Somin, Federalism and Judicial Enforcement of Constitutional Property Rights, http://volokh. com/2010/06/20/federalism-and-judicial-enforcement-of-constitutional-property-rights, 2012-06-05; Ilya Somin, Federalism and Property Rights, 2011 U. Chi. Legal F. 53(2011).

败"这样的不确定法律概念的法规都可能因模糊而无效。美国法上,模糊无效原则的表述始于 1891 年联邦最高法院判决的美国诉布鲁阿案(United States v. Brewer)[58]——"创设刑事罪的法律应当明确,以使受制于刑罚的人都能知道他们应该避免何种行为"[59]。早期的模糊无效案件一般多与经济管制、刑事法律有关,而自 1948 年的温特斯诉纽约案(Winters v. New York),[60]也适用于涉及宪法权利的案件,但仍然停留在刑事法律领域。模糊无效原则一般适用于禁止性规定,强调公平告知和防止恣意执行,[61]即一部法规应具有明确性和可理解性,以使普通智力水平的公民能够理解,从而在"合法与违法之间做出选择",并防止执行的恣意性及歧视性。[62]据此,以关于衰败区征收的立法为例,这是立法机关对自己征收权力的自愿限制,作为征收权行使的指引,与刑事法律这样的禁止性规定不同,即使存在模糊问题,也不会危及模糊无效原则的目的。反之,如将模糊无效原则适用于衰败区征收法规,不仅难以援引衰败因素作为征收衰败区内非衰败财产的正当理由,从而限制城市更新或重建项目;而且,一旦适用于征收权,大量的诉讼当事人将会对其他土地用途管制提出模糊质疑,如分区、健康法典以及美观控制;法院的判决也将会引导城市彻底减少衰败界定并纯粹依赖"公用"这一更模糊的概念,对衰败区征收的司法审查标准也会因此被迫降低。[63]诚然,以"衰败"这样具有高度延展性的术语作为征收私有财产的正当理由,会在一定程度上危及财产权,但由上述

---

〔58〕　United States v. Brewer, 139 U. S. 278(1891).

〔59〕　Id. , p228.

〔60〕　Winters v. New York, 333 U. S. 507, 509-510(1948). "限制第一修正案所保护的自由表达的法律无法就何种行为会被惩罚给予公平告知,且包含阻碍表达的禁止性规定,侵犯了刑事被告人的正当程序权利。"

〔61〕　See Andrew E. Goldsmith, The Void-For-Vagueness Doctrine in the Supreme Court, Revisited, 30 Am. J. Crim. L. 279(2003).该文中,还指出模糊无效原则有利于保障分权原则,避免实质上逾越立法授权,并创设上诉标准,辅助上诉审查——模糊的法规以两种方式妨害了上诉审查:首先,这种法规没有给上诉法院提供标准。其次,模糊法规允许初审法院作出模糊裁定,因此,没有为上诉法院提供审判记录。

〔62〕　See Patricia Rrapi, LA MAUVAISE QUALITÉ DE LA LOI: Vagueness Doctrine at The French Constitutional Council, 37 Hastings Const. L. Q. 23(2010).

〔63〕　See Sarah Sparks, Deteriorated vs. Deteriorating: The Void-for-Vagueness Doctrine and Blight Takings Norwood V. Horney, 75 U. Cin. L. Rev. 1769(2007).

分析来看,显然利大于弊,俄亥俄州最高法院难免有点杞人忧天。

(二)限制凯洛式征收的案件

考虑到联邦宪法及其解释所具有的最高效力,更多的州法院没有明确否定以凯洛案为指引,但仍然以或明或暗的方式对凯洛式征收作出了限制。近来,罗德岛最高法院在罗德岛商业开发公司诉帕克英公司案(R. I. Econ. Dev. Corp. v. Parking Corp, LP.)中否定了对临时地役权的征收;[64]马里兰州上诉法院在巴尔的摩市长诉福尔萨马基案(Mayor of Baltimore City v. Valsamaki)中否定了巴尔的摩市的重建征收。[65] 上述两案均涉及快速征收。[66] 新泽西州最高法院在葛林森房地产开发公司诉保罗斯伯勒镇案(Gallenthin Realty Development, Inc. v. Borough of Paulsboro)中,[67]对作为征收之正当理由的"衰败"作了限制性解释。

1. 快速征收:法院更乐于介入公用判断

罗德岛最高法院认为,尽管征收对于促进公用的必要性及便利性纯粹是一个法院不得介入的立法问题,但征收是否构成公用是一个司法问题。何者构成公用必然会随着社会需要及政府职能范围的变化而变化,但法院仍有义务查明征收机构是否超越征收权授权,恣意、反复无常或恶意地征收私有财产,况且联邦最高法院在凯洛案中也仍然强调必须有审慎制定的综合规划,征收者负有诚信且尽职调查的责任。也就是说,尽管我们应当尊重征收机构的征收宣告以及征收的立法依据,但这些都远非决定性的。公用判断必须从个案的特定事实及情况出发,相应立法的主要目的必须是公共的,必须是用来"保护公共健康、安全及福利",而是否附带私人利益则可在所不问。[68] 由此,罗德岛最高法院全面审查了系争征收的方式、动机,最终判定征收的实际目的在于以折扣价格获得私有财产,违宪。

马里兰州上诉法院指出拟征私有财产的未来用途是公用还是私用完

---

[64]　R. I. Econ. Dev. Corp. v. Parking Corp, LP. , 892 A. 2d 87(2006).

[65]　Mayor of Baltimore City v. Valsamaki, 916 A. 2d 324(2007).

[66]　快速征收是指为了公用,政府不需先提起征收诉讼,就可以即刻占有私有财产,只要估算的补偿金额已经交存法院或支付给被征收者。Black's Law Dictionary 310(8th ed. 2004).

[67]　Gallenthin Realty Development, Inc v. Borough of Paulsboro, 924 A. 2d 447(2007).

[68]　R. I. Econ. Dev. Corp, 892 A. 2d, at 104.

全是一个司法问题。根据州宪法及相关规定[69]，商业开发构成一项公用，议会可以授权巴尔的摩市为了商业开发而行使快速征收权，但前提在于必须提交申请且承担证明征收之必要性的举证责任，同时，法院必须审查公共利益是否具有即刻性，以至于必须行使快速征收权。因此，与凯洛案所涉及的一般征收相比，在具体的快速征收（quick-take condemnation）案件中，征收机构仅宣告以商业开发为目的，存在审慎制定的综合规划，远远不够，还必须证明公用的即刻性。[70]

2. 衰败区征收：通过界定"衰败"来限制以商业开发为目的的征收

葛林森案涉及对衰败区财产的征收，其争议焦点在于保罗斯伯勒镇对作为征收依据的《地方住房与重建法》第 5 条 e 项的解释是否合宪；[71]上诉人葛林森的财产是否符合认定"为重建必需"的法定标准；系争征收是否违背了新泽西州宪法第 8 章第 3 条第 1 款（衰败区条款）。[72] 新泽西州上诉法院均持否定态度。

（1）经济上利用不足不构成衰败

根据新泽西州宪法的规定，以开发或重建为目的的征收仅适用于衰败区。新泽西州最高法院指出无论对衰败的界定，还是对《地方住房与重建法》

---

〔69〕 马里兰州宪法 Article XI-B，§1 规定："根据公共地方方法，马里兰州议会可以授权并委托巴尔的摩市市长及市议会：（a）征收……各种土地及财产……为了开发或重建……"

马里兰州宪法 Article III，§40A 规定议会可以授予巴尔的摩市快速征收权，即："……当该财产坐落于巴尔的摩市且本州或巴尔的摩市市长及其议会需要时，议会可以规定州或者巴尔的摩市市长及其议会一旦支付给所有者公平补偿，就可以立即征收财产。"

巴尔的摩市公共地方法律法典 §21-16 规定了快速征收的一般情况，a 款规定的是"即刻征收申请"：为了任何所谓的公共目的而征收任何财产，无论何时，根据《马里兰公共通则》不动产章第 12 部分或者由巴尔的摩市议会及市长启动征收程序时，巴尔的摩市议会及市长可同时或在此后的任何时间提出申请，并发誓这对于该市即刻占有或即刻获得系争财产的所有权，或者其他理由是必要的。也就是说，议会授予巴尔的摩市快速征收权的限制条件在于只有当必要性是"即刻"时，才可以行使该权力。

〔70〕 Valsamaki, 916 A. 2d, at 356.

〔71〕 e 项规定，允许城市将土地归类为"重建必需"，如果认定：不动产的产权，所有权多元的状况或者其他状况导致该地越来越缺乏或完全缺乏恰当的利用，使得可能对于促进及服务于公共健康，安全及福利的有用或有价值的土地处于停滞发展或没有充分效益的状况。

〔72〕 新泽西州宪法第 8 章第 3 条第 1 款规定：清理，重新规划，开发或重建衰败区是一项公共目的和公用，据此，可以征收或收购私有财产。城市，公营或私人公司经法律授权可以实施这样的清理，重新规划，开发或重建；以及以此为目的或用途的修缮，或者整体或部分在有限的时间内可以免于征税……用途，所有权，管理及修缮的控制应由法律规制。

第 5 条 e 项的解释都必须遵循两个前提:(1)应当确认文本内在的根本目的;(2)推定议会根据宪法而行为,并意图法规以合宪的方式运行。[73] 最高法院指出"衰败区条款"的本意在于清理贫民窟,也承认"衰败"的内涵因为社区重建兴起与发展而变迁,并逐渐具有其现代面向。然而,尽管如此,"衰败"内涵并未超越其文义——"恶化或停滞发展对周边财产造成不利影响"。[74] 而后,法院指出从体系解释的角度看,e 项仅适用于因产权问题,所有权多元或其他类似状况而停滞发展的财产。被上诉人保罗斯伯勒镇将 e 项解释为允许重建任何可能有助于且服务于公共福利但"停滞发展或没有充分效益"的财产,这意味着任何经济上利用不足的财产都可能被征收,与新泽西州宪法背道而驰。反观葛林森的财产,仍有正在使用的铁路线,具有湿地价值的大片休憩用地,还有芦苇收割带来的收益,这些都证明系争财产并非停滞发展,充其量只是利用不足而没有充分的效益,尚不足以构成导致征收的正当理由。[75] 此外,该院还肯认了如果为更大的重建区必需,可以征收非衰败地区。

(2)合宪推定与实质性证据标准作为司法审查的边界

衰败区条款既是对州重建机构的授权,也是限制,尽管毫无疑问,其将议会的征收权扩展至以开发或重建为目的,但"司法机关是宪法上制度性委托的最终裁断者,以保障人民的委托得到尊重和执行"[76]。新泽西州最高法院强调只有事实认定和立法事实才需要被遵从,法律问题应当被重新审查。由此,正如上文所述,法律解释的前提之一在于"推定议会根据宪法而行为,并意图法规以合宪的方式运行",最高法院在尊重立法规定的同时,重新审查了关于衰败区征收的相关规定,根据宪法限制性地解释了作为征收之正当理由的"衰败",并指出,城市的重建认定不能仅仅依赖一家之言,只有满足实质性证据标准(substantial evidence standard)才能得到法院的尊重。[77] 即法院要求征收机构提供一定数量与法定标准相关的证据,不仅包括所适用的法定标准,还包括支持认定标准的事实依据,这就迫

---

〔73〕 Borough of Paulsboro, 924 A. 2d, at 456-457.

〔74〕 Id. at 458-459。

〔75〕 Id. at 463-465.

〔76〕 Id. at 456.

〔77〕 Id. at 465.

使征收机构在宣告财产衰败而应被重建前进行有意义的研究和调查。[78]

小结

上列快速征收案件中,罗德岛最高法院和马里兰州上诉法院均强调了凯洛案的指导意义,特别是在综合规划问题上,均认为系争案件不涉及凯洛案那样的综合规划,其判决与凯洛案相一致。然而,事实上,罗德岛最高法院对征收方式、征收动机的审查,已经完全背离了凯洛案——法院不应事后猜测规划功效及征收的必要性,[79]显然采取了更少遵从性的路径。马里兰州上诉法院的判决更是如此,尤其与凯洛案相似之处在于,系争案件亦涉及城市复兴规划,其对规划之下征收必要性的审查,凸显了一种司法积极介入的姿态。不过,尤其需要注意的是,快速征收与一般征收不同,由于征收程序的简化,一般无暇对强制征收可能带来的影响作谨慎的规划及评估,极易产生幌子征收的现象,使得公民的私有财产权更易遭受侵害。[80]

显而易见的是,虽然新泽西州宪法否定了纯粹以经济开发为目的的征收,但该类征收却在衰败区征收中获得了新生。凯洛案前,议会宽泛的衰败界定以及法院的极端遵从路径,使得征收权的适用极为容易;凯洛案后,像其他州一样,新泽西州立法者及法官被要求重新评价本州的征收立场,议会制定了新的改革法案,而法院也开始限制对征收的宽泛授权。可以说,葛林森案在一定程度上恢复了衰败区条款的活力,而且强化了法院逐渐限缩征收权

---

〔78〕　参见王名扬:《美国行政法》,中国法制出版社 2005 年版,第 676 页以下。实质证据标准作为司法审查标准侧重强调证据的合理性,即一个合理的人可能接受作为一个结论的正当的支持。何海波在《美国行政法上的实质证据标准——一个关于司法审查权力关系的考察》一文中也指出,实质证据标准要求,"一旦法院经过对案件记录的全面考虑(包括相反证据),认为委员会认定的事实缺乏实质性证据的支持,法院有权撤销委员会的裁决"。See also Martina A. Hotvet, Substantial Evidence Review: Adequacy of the Deliberative Process, 68 NOV N. Y. St. B. J. 24 (1996). 该文指出,实质证据标准作为司法审查标准,要求法院必须考量正反两方面的所有证据,并追问相关裁定是否是充分审议程序的产物。而在联邦行政程序法制定以前,法院只要在行政机关的记录中发现有任何实质性的证据,就肯定行政机关的事实认定,而不顾其他同时存在的相反证据,只有在极端情况下,法院认为行政机关滥用权力时,才会否定其事实认定。

〔79〕　Kelo, 545 U. S. at 488-489.

〔80〕　See Ilya Somin, The Judicial Reaction to Kelo, supra note 41, at 14.

行使这一发展趋势。[81] 葛林森案强调法院独立审查法律问题以及对法律的解释，从而否认了经济上利用不足作为征收之正当理由的可能性。[82] 缺憾在于，新泽西州最高法院肯定了如果非衰败区对于更大的区域重建来说是必需的话，亦可以被征收，这无形之中又扩大了衰败区征收的范围。[83]

此外，新泽西州最高法院强调商业开发目的的征收以衰败为合宪前提，这与凯洛案判决有着很大不同。凯洛案认为以商业开发为目的的征收之合宪性前提为存在审慎制定的综合规划，[84] 这在一定程度上有利于促使政府在征收前制定综合规划，方便对幌子征收的司法审查，促进商业开发项目的成功。[85] 然而，事实上，这意味着"联邦最高法院至少在联邦宪法问题上，否决了关于征收的任何整体标准，如'衰败'要件。相反，至少在根据'谨慎考量'的重建规划而推进征收的地方，联邦最高法院认为司法机关应遵从立法审议得出的判断"，[86] 财产所有者实质并未从这一增加的程序保障中获益。有学者指出，公用判断所依赖的综合规划仅仅是一个装饰而已，"事实上，重建规划不可靠且不能强制性执行，仅是装饰而已。他们根本不需要遵循它"[87]；只是徒然地增加了公用理论的复杂性，法院根本无法从经验主义的角度对综合规划进行有意义的审查，"它不应该试图纠正它无法准确判断的政治程序"。[88] 更何况，政府只要获得拟征土地的所

---

[81]　See Chester Ostrowski, A "Blighted Area" of the Law: Why Eminent Domain Legislation is still Necessary in New Jersey after Gallenthin, 39 Seton Hall L. Rev. 225 (2009).

[82]　See Hon. James R. Zazzali, Jonathan L. Marshfield, Providing Meaningful Judicial Review of Municipal Revelopment Designations: Redevelopment in New Jersey before and after Gallenthin Realty Development, INC. v. Borough of Paulsboro, 40 Rutgers L. J. 451 (2009).

[83]　See Ilya Somin, The Judicial Reaction to Kelo, supra note 41. 该文认为葛林森案确认了若对于更大衰败区的重建必要，非衰败区也可以被征收，但并未对此展开详细论述，这无疑在一定程度上又为征收权的行使打开了一个缺口。

[84]　这也是凯洛案判决与以往先例不同之处，以往先例中，法院几乎自动推定议会征收决定有效。如伯尔曼案与米德基夫案强调，只要征收合理地关联于可能的公共目的，就是合宪的，从未考虑综合规划对于司法遵从程度的影响。

[85]　See Nicole Stelle Garnett, Planning as Public Use? supra note 7.

[86]　Clayton P. Gillette, Kelo and the Local Political Process, 34 Hofstra L. Rev. 13, 17 (2005—2006).

[87]　George Lefcoe, Redevelopment Takings after Kelo: What's Blight Got to Do With It?, supra note 5, at 806.

[88]　Brandon Simmons, Kelo's Planning Mandate: Replacing Clarity with Complication, 43 Real Prop. Tr. & Est. L. J. 139 (2008—2009).

有权,如何处置完全取决于政府的意愿。然而,由此,并不能断言衰败前提要比综合规划前提更能为财产所有者提供有力的保护,因为,在以衰败为前提的情况下,以商业开发为目的的征收仍然受制于法院对于议会之衰败认定的遵从程度,以及法院对衰败概念的解释。

(三)普遍否定凯洛式征收的例外——纽约州的两个判决

联邦最高法院的凯洛案判决也不乏激进的追随者,州法院判决一片否定趋势的例外在于纽约州近来的两个案件——戈尔茨坦诉纽约州商业开发公司案(Matter of Goldstein v. New York State Urban Dev. Corp.)和考尔诉纽约州商业开发公司案(Matter of Kaur v. New York State Urban Dev. Corp.)。[89] 考尔案发生于纽约州上诉法院判决戈尔茨坦案不久,完全遵从了戈尔茨坦案判决。

戈尔茨坦案中,纽约州商业开发公司为了便利私人开发商 FCRC(Forest City Ratner Companies)的开发项目,[90] 认定上诉人财产处于"标准以下且不卫生"(substandard and unsanitary)状况,即衰败,从而裁定征收;考尔案中,纽约州商业开发公司为便利哥伦比亚大学的校园扩张,认定系争财产处于"标准以下且不卫生"状况,亦裁定征收。两案均涉及对衰败区的广泛调研(blight studies),这成为财产所有者质疑征收具有恶意、为幌子的源泉。最终,纽约州上诉法院肯定了系争征收,[91]不仅支持极端宽泛的衰败界定具有宪法上的有效性,而且也支持了凯洛案在公用问题上的高度遵从路径。

---

〔89〕 Matter of Goldstein v. New York State Urban Dev. Corp., 921 N. E. 2d 164 (2009);Matter of Kaur v. New York State Urban Dev. Corp., 933 N. E. 2d 721 (2010).

〔90〕 该项目即 Atlantic Yards project,项目第一阶段将建造 Nets 专用的体育场及各种辅助设施——主要是大幅度重新配置并翻新范德尔比特厂的铁路设施并升级原先的地铁运输中心。第二阶段,将建造大量高层建筑及大约 8 英亩的开放式、公众可用的观景处。项目拟建的 16 座高楼将用于商业及居住目的,其中三分之一以上提供给中低收入者。

〔91〕 纽约州的法院系统比较特别,Supreme Court 是初审法庭,通常翻译为"审判法庭",而不是我们通常意义上理解的最高法院;Appellate Division of Supreme Court 则是上诉法庭,New York Court of Appeals 才是纽约州的最高法院。参见周琼:《参观纽约 Supreme Court》,http://law. hust. edu. cn/Law2008/ShowArticle. asp? ArticleID=6728,访问日期:2012 年 6 月 10 日;黄长营:《纽约州法院系统》,http://old. chinacourt. org/html/article/200403/26/109143. shtml,访问日期:2014 年 7 月 9 日。

1.利用不足——衰败的现代标准

纽约州上诉法院在戈尔茨坦案中肯定了商业开发不充分即利用不足(Underutilization)可以作为认定衰败的充分理由,同时,征收机构的衰败认定依赖开发商支付的调研并不影响征收的合宪性。[92] 尽管上诉人的财产并未演变至城市贫民窟这一严重可怕境地,但历史地来看,城市复兴首先是清除"标准以下且不卫生"即贫民窟状况的努力,这种状况危及公共健康及福利,予以清除,本身就构成一项宪法上的公用,然而,随着城市复兴及社会需要的发展,符合复兴条件的地区不再限于"贫民窟",除此之外,商业开发不充分及停滞也会危害公众,这足以认定存在充分的公用。[93]

随之判决的考尔案中,纽约州商业开发公司以一系列衰败调研为支撑,认定系争财产"危及环境、利用不足、建筑违章",[94]即衰败。上诉人认为开发商哥伦比亚大学干预了衰败调研的展开并制造了主要的衰败,系争征收存在"不允许的偏袒",是恶意的,应被宣告无效。纽约州上诉法院因循了戈尔茨坦案判决,并指出衰败是一个弹性概念,没有固定且一体适用的界定,[95]从而,认定哥伦比亚大学的校园扩张属于一项合宪的土地用途改善项目和民政项目,支持了纽约州商业开发公司的征收裁定。

2.合理的意见分歧作为司法审查的边界

在司法权与立法权关系上,考尔案完全因循了戈尔茨坦案判决。纽约州上诉法院指出一项事务是否服务于公共目的系议会的权限,尤其"在城市复兴背景下,任何对征收权这一主权性权力的限制都应被界定为议会而非法院的事务。恰当地重新界定主权范围并不是简单地遵循私有财产不容侵犯,甚至阻滞不容抗拒的公共需要,而是重新衡量公益与私益,重新评估城市复兴的需要以及公共事业这一过时的城市复兴手段,这并不适合法院而应该恰当地交予政府的决策机构"[96]。"宪法广泛授权政府为了重

---

〔92〕 Matter of Goldstein, 921 N. E. 2d, at 172.

〔93〕 Id. at 171-172.

〔94〕 Matter of Kaur v. New York State Urban Dev. Corp. ,933 N. E. 2d 721, 726 (2010).

〔95〕 Id. at 732.

〔96〕 Matter of Goldstein, 921 N. E. 2d, at 173.

建,可以征收并清理标准以下和不卫生的地区。这样就恰如其分地免除了司法机关干涉这一行为的理由。"〔97〕只有当就一个地区是否衰败不存在合理的意见分歧(Reasonable Difference of Opinion)时,即当有显著证据证明立法委任机构的衰败认定或公用认定不合理且毫无依据时,法院才能介入公用判断,并以自己的观点取而代之。

小结

　　戈尔茨坦案与考尔案的共同特点在于:(1)极为宽泛的衰败界定;(2)可能垄断的衰败调研;(3)用于正当化系争征收的"衰败"事实上可能是由拟议征收的受益人引起。纽约州上诉法院沿袭了凯洛案极端遵从的司法审查路径,但却完全忽视了凯洛式征收的例外情形——"不允许的偏袒"或幌子征收,浅尝辄止式的审查置财产所有者的幌子征收质疑于不顾。这导致"衰败"这一不确定概念被更模糊且明显更不利于财产权保护的概念——商业开发不充分或利用不足代替,实质上,衰败区征收名存实亡,以商业开发为目的的征收暗度陈仓,获得了更大的生存空间。纽约州的这两个判决似乎比凯洛案走得更远。〔98〕然而,颇有意思的是,史密斯法官在戈尔茨坦案反对意见中指出在案记录表明清除衰败从来都不是系争项目的真实目的,其最初目的在于商业开发——增加就业、税收并引入职业篮球队,而且上诉人的财产也并未衰败,"清除衰败"仅仅是商业开发的借口而已;〔99〕而考尔案诉至州上诉法院之前,州最高法院上诉庭以凯洛案判决中的"不允许的偏袒"为依据,也强调征收机构必须证明征收的公共目的性,

---

〔97〕　Matter of Kaur, 933 N. E. 2d, at 730.

〔98〕　See Ilya Somin, Let There be Blight: Blight Condemnations in New York after Goldstein and Kaur, 38 Fordham Urb. L. J. 1193 (2011). 该文犀利地指出:"这两个判决的结果是,事实上在纽约州没有对衰败区征收的任何宪法限制……" See also Justin B. Kamen, A Standardless Standard: Howa Misapplication of Kelo Enabled Columbia University to Benefit from Eminent Domain Abuse, 77 Brook. L. Rev. 1217 (2012); Paula Franzese, Reclaiming the Promise of the Judicial Branch: Toward a More Meaningful Standard of Judicial Review as Applied to New York Eminent Domain Law, 38 Fordham Urb. L. J. 1091 (2011). 两文直接称纽约州的"衰败"标准为"a standardless standard"。

〔99〕　Matter of Goldstein, 921 N. E. 2d, at 186.

法院应提高审查强度并关注各种可能造成不允许偏袒的因素。[100]

在对纽约州的两个判决全面分析后，一个引人注目的问题也逐渐明了。纽约州的两个判决与新泽西州的葛林森案均涉及衰败区征收；两州都有着关于商业开发限制的基本相似的规范表述，[101]仅允许以衰败区征收为前提的商业开发，但却得出了截然相反的判决结果。究其原因，新泽西州最高法院将衰败区条款解释为对立法授权重建征收施加了可行的司法限制，强调征收应有实质证据的支持，在司法审查程度上，这比纽约州所采纳的"合理的意见分歧"标准要深入得多——前者，法院持一种积极审查的态度；后者，法院则居于一种自动推定合宪的被动立场。新泽西州最高法院对"衰败"的谨慎解释也与纽约州上诉法院形成鲜明对比，后者一味地遵从立法判断，使得"衰败"概念与商业开发目的日渐混同。

综观前文论述，后凯洛时代征收案件的特点悄然浮现。与立法回应相似，一个尤为突出的特征为衰败区征收逐渐成为以商业开发为目的征收的掩护，清除衰败这一公认的公共目的与商业开发之间的纠葛趋于扑朔迷离。同时，幌子征收问题也逐渐在州法院判决中显现，但从上述案例来看，似乎并未得到更为具体有效的执行，下文将结合其他案例，对此加以着重论述。多数州法院采取了一种更少遵从性的司法审查路径，为财产所有者提供了更强有力的保护，这实际上并未与凯洛案判决背道而驰——史蒂文斯法官在多数意见中表示：凯洛案判决"并不禁止任何州对征收权的行使施加进一步的限制"。[102] 相较而言，凯洛案后的州法院回应与各州的立法回应相比，在范围和程度上似乎都逊色不少，但当立法回应偃旗息鼓、无人问津之时，法院和法官仍将在公用问题上继续扮演重要的角色。

---

[100] 纽约州最高法院上诉庭的判决核心在于：(1)系争征收存在"不允许的偏袒"，违背征收条款；(2)衰败调研必须独立展开，利用不足不能作为认定衰败的充分因素；(3)私立校园扩张不是一项民政目的，违背了纽约州宪法。关于两审判决的比较分析可参见：Chad Olsen, Examining the Public Use Doctrine and Whether Expanding a Private University is a Public Use, 25 BYU Journal of Public Law 169 (2011).

[101] N. J. Const. art. VIII, § 3, para. 1; N. Y. Const. art. XVIII, § 1.

[102] Kelo, 545 U. S. at 490.

三、凯洛式征收的例外——幌子征收

长期以来,征收理论都认可两种明确但对立的观点:主权者不能为了转移财产给另一个私主体,而征收一个私主体的财产,即使支付公平补偿;然而,如果是为了公用,那么这类征收就是合宪的。凯洛案之后,似乎应该再附加一层例外,如果所谓"公用"仅仅是转移财产给特定私人或使特定私人获益的幌子,那么这类征收仍然为宪法所禁止。本部分通过追溯幌子征收问题的发展,结合近来关于幌子征收的相关理论,试对识别标准作一探讨。

(一)征收中幌子问题的提出

联邦最高法院对于幌子征收问题的关注始于 1848 年的西江桥公司诉迪克斯案(West River Bridge Corp. v. Dix)。[103] 西江桥公司于 1795 年根据佛蒙特州的法律授权修建了横跨西江的大桥,并被授予 100 年的收费特权。此后,地方政府意图在大桥上修建免费的高速公路,遂启动了征收。联邦最高法院审理了本案,并支持了系争征收,多数意见指出,征收通行费用的特权与不动产权一样受制于征收权,系争征收不因违反合同而违宪。在该案协同意见中,麦克莱恩法官(Justice McLean)法官认为政府的征收必须是善意的,不能征收个人财产转移给另一个私人,征收的公共目的必须是真实的而非伪装的;[104] 伍德伯里法官(Justice Woodbury)质疑征收的合宪性——即使财产被用于或许有效的公共目的——如果征收动机是恶意的或幌子:

"最后,我不认为即使这项特权,作为财产,可以在不违反合同的情况下被征收,除非手段是诚实的、善意的,而且确实要求所有权,毕竟,如前所述,考虑到财产的地方性和特质,为了该目的而征收才是恰当的。……尽管我认同就大多数情况和目的而言,一州的公共机构是该问题的最佳判断

[103]　West River Bridge Co. v. Dix, 47 U. S. 507 (1848).

[104]　Id. at 537.

者,司法机关仅能裁断法律是否合宪,议会的行为一般是为了公众,然而,我不认为:如果从整个程序表面来看——法律、官员的报告及法院的行为——显然,目的是不合法的,违法意图被掩饰,或者整个程序只不过是'幌子',则法院的责任要求我们对此给予支持。"[105]

尽管伍德伯里法官认同议会一般是公用的最佳判断者,其仍指出如果征收动机显然是恶意或所谓公用仅仅是幌子的情况下,法院应当作更深入的审查。幌子征收问题由此开始进入司法视野。

然而,令人意外的是,从西江桥公司案到凯洛案的 150 多年间,对幌子征收问题的关注始终处于休眠状态,只在其他形式中有所体现。西江桥公司案后,幌子问题在征收案件中再次出现源于政府对其行为后果而非行为动机的否认——政府对私有财产用途的不当干涉构成需补偿的征收——这是管制征收理论的先兆。如在帕姆伯里诉格林湾公司案(Pumpelly v. Green Bay Corp.)中,[106]联邦最高法院指出政府虽然没有宣告征收,但其允许第三人修建大坝的行为完全剥夺并摧毁了系争财产的所有价值及用途,导致了与征收同样的影响,实质上,政府打着公共利益的幌子严重干涉了私人利益。

联邦最高法院的凯洛案判决使得幌子问题又回归到典型征收领域,推动了幌子征收理论及实践的迅速发展。其经典的表述为,主权者不能征收私有财产,如果所谓公共目的仅仅是幌子,而实质目的在于为特定私人谋利。[107]

(二)幌子征收的识别

凯洛案判决中,多数意见和肯尼迪法官的协同意见均对幌子征收作了不同程度的讨论,后者更是提出了一系列较为有益的识别标准。凯洛案判决明晰了联邦最高法院对幌子征收问题的禁止态度,为各州及下级联邦法院提供了一定的指引。州法院在征收案件审理中更加广泛地考量系争征收的幌子性,以为财产所有者提供更有效的保护。尽管各州法院尚未形成

---

[105] Id. at 548.

[106] Pumpelly v. Green Bay Co., 80 U. S. 166, 177(1871).

[107] Kelo, 545 U. S. at 478.

统一的适用标准,但统观相关判例,亦能窥探一二。

事实上,关于幌子征收问题的讨论基本在凯洛案判决之后才渐次展开,[108]可以说凯洛案判决搭建了幌子征收讨论的舞台。目前,相关的文献中值得一提的是,丹尼尔·B. 凯利(Daniel B. Kelly)教授通过分析凯洛案前后的征收判例识别出了四项较为可行的标准:(1)预期公共利益的重要性;(2)规划程序的广泛性;(3)征收的私人受益人身份事先是否知道;(4)征收机构的主观意图。[109] 如上文所述,这实际上与肯尼迪法官对凯洛案是否存在"不允许的偏袒"的讨论所暗含的相关标准不谋而合。

1. 预期公共利益的重要性

以商业开发为目的征收的一个重要特点在于征收机构所宣称的公共利益不是现时、当下的,而是可能发生在未来的。正因为公共利益未来是否可能发生完全是一个经验问题,凯洛案法院自觉地规避了这一问题,而只讨论所宣称的公共利益本身是否合宪。然而,肯尼迪法官却在协同意见中作了颇有意义的分析,指出凯洛案所涉综合规划中的利益并非小事,否则如果所谓的利益是琐碎的或不合情理的话,那么就足以推定系争征收存在不允许的偏袒。

预期公共利益的重要性或可表述为:政府征收私人财产转移给另一个私主体时,如果公共利益仅仅附带于私人利益,或者公共利益的取得具有偶然性,那么"幌子"抗辩很容易成功。[110] 弗兰科诉国家资本复兴公司(Franco v. Nat'l Capital Revitalization Corp.)案中,[111]基于肯尼迪法官对公共利益重要性的强调,哥伦比亚地区上诉法院认为凯洛案判决为私有财产所有者以幌子征收抗辩提供了依据,财产最终转移给私人开发的征收中,如果公共利益仅具有附带性,私人利益才是实质上的征收目的,那么征

---

[108] 查阅相关文献后,发现凯洛案前提及幌子征收问题的案件主要为 99 Cents Only Stores v. Lancaster Redevelopment Agency, 237 F. Supp. 2d 1123 (2001); Armendariz v. Penman, 75 F. 3d 1311 (9th Cir. 1996); Aaron v. Target Corp. , 269 F. Supp. 2d 1162 (E. D. Mo. 2003); Cottonwood Christian Ctr v. Cypress Redev. Agency, 218 F. Supp. 2d 1203 (C. D. Cal. 2002).这些案例都强调法院应当审查征收者的动机。相关的文献则寥若晨星。

[109] See Daniel B. Kelly, Pretextual Takings: Of Private Developers, Local Governments, and Impermissible Favoritism, supra note 7.

[110] See Ilya Somin, The Judicial Reaction to Kelo, supra note 41.

[111] Franco v. Nat'l Capital Revitalization Corp. , 930 A 2d 160 (2007).

收应被宣告无效。

2. 规划程序的广泛性

美国征收历史的发展有一个极为显著的特点,即征收与城市规划并驾齐驱,成为推动城市化进程的两柄利剑,披荆斩棘——既削弱了财产权这一阻碍,又相互辅助成为彼此的支撑。这一特点尤其体现于以衰败区征收为主要手段的战后城市更新运动时期。[112] 是否存在综合规划一度成为判断系争征收是否符合公用的形式要件之一,而凯洛案判决多数意见也未能免俗,是否存在审慎制定的综合规划成为司法权介入立法判断的唯一面向,也是判断系争征收之公用宣告是否仅为幌子的主要依据。通过考察综合规划是否经过充分的审议,规划程序是否存在广泛参与,亦可以对征收的幌子性作一判断。

福尔萨马基案和罗德岛商业开发公司案中,两州法院都强调了整体发展规划的重要性——缺乏广泛规划意味着征收。[113] 在米德尔顿镇诉斯通地产(Middletown Township v. Lands of Stone)案中,宾夕法尼亚州最高法院更是指出:"一个经过审慎开发并有着恰当范围的规划足以证明一个合法的目的事实上推动了系争征收。"[114]

3. 征收的受益人是否事先确定

奥康纳法官在凯洛案反对意见中将征收类型化为:(1)主权者可以将私人财产转化为公共所有;(2)主权者可以转移私有财产给私主体,通常为让公众使用财产的公共承运人(common carrier);(3)在特定情况下,征收也可以为一定的公共目的,即使财产随后用于私用。[115] 幌子征收往往出现于第(3)种类型中。这是因为拟征财产最终转移给私人的征收中,征收机构很容易受到有权势的开发商的影响,尤其在由私人开发商幕后推动或操纵的征收中。在这种情况下,征收的受益人是否是特定的私人,是否征收或规划前就已经知道,在判断幌子征收上,就显得极为重要。

---

[112] See Wendell E. Pritchett, The "Public Menace" of Blight: Urban Renewal and the Private Uses Of Eminent Domain, 21 Yale L. &Pol'y Rev. 1 (2003).

[113] Valsamaki, 916 A. 2d, at 352-353; R. I. Econ. Dev. Corp. , 892 A. 2d,at 104.

[114] Middletown Township v. Lands of Stone, 939 A. 2d. 331, 338 (Pa. 2007).

[115] Kelo, 545 U. S. at 497-498.

可以说,正是因为一些征收中存在着明显特定的私人受益主体,才最终导致了私有财产所有者与征收机构对簿公堂。以考尔案为例,上诉人曾在诉讼过程中提出幌子质疑,但纽约州上诉法院似乎视若无物。然而,从考尔案本身所涉征收的发展过程来看,自始至终,哥伦比亚大学都扮演了相当重要的角色,这包括纽约州商业开发公司为证明系争征收正当性而开展的各项调研由哥伦比亚大学提供经费支持,所采用的调研公司曾经为哥伦比亚大学服务,等等。正是基于此,纽约州最高法院上诉庭认为系争征收存在不允许的偏袒。处于舆论漩涡的凯洛案判决也曾一再指出,私人获益者的身份直到开发规划被采纳后才确定,这成为多数意见支持新伦敦市征收、肯尼迪法官支持多数意见的重要理由。

4. 征收机构的主观意图

征收机构的主观意图似乎是一个罗生门式的识别标准。历来的判例中,"联邦最高法院常常热衷于强调动机与司法判断无关,从而规避其对立法动机的审视。然而,事实上,动机确实有莫大的关系"[116]。从幌子征收的缘起来看,自始就与征收机构的主观意图有着千丝万缕的联系,甚至最初这作为判断是否存在幌子征收的主要依据。对征收机构主观意图的考察强调系争征收应不是出于恶意,征收机构的主要且真实意图是使公众获益。

凯洛案判决曾经着重探讨了这一问题:当政府征收土地的行为使某个私人获益时,征收行为的合宪性是否会受到削弱?多数意见的回答似乎与对征收机构主观意图的考量有着异曲同工之妙。如前文所述,当政府主观上为了公共利益,客观上带来私人受益,则征收行为合宪;如果政府主观上为了私人利益,仅仅产生客观上附带的公共利益,则征收行为违宪。[117]

考尔案中,纽约州最高法院上诉庭的判决考量了纽约州商业开发公司与哥伦比亚大学的历史渊源,以及哥伦比亚大学在地区衰败中的主要作用,指出系争征收是恶意的,很可能是两者串通合谋的产物。在米德尔顿镇诉斯通地产(Middletown Township v. Lands of Stone)案中,哥伦比亚

---

〔116〕　Lynn E. Blais, The Problem with Pretext, 38 Fordham Urb. L. J. 963, 975 (2011).

〔117〕　前引〔8〕,刘连泰文。该文对联邦最高法院的这一基本立场作了详细分析。

特区上诉法院也强调了主观意图标准,认为法院必须寻求"征收背后的真实或根本意图……真实的意图必须是使公众成为主要的获益者"[118]。

然而,尽管通过理论与判例的论述识别出了判断幌子征收的四项标准,但是否能够有效地运用到具体的案件中似乎还有待于法院对司法审查强度的考量。正如凯洛案中,多数意见虽然强调审慎制定的综合规划的重要性,极端遵从立法判断的路径使其审查也仅限于形式上是否存在,而几乎不考虑规划程序本身是否事实上经过充分审议或公众充分参与。考尔案中,上诉人虽然强烈质疑征收的动机是恶意的,但纽约州上诉法院亦是依托极端遵从路径,巧妙地规避了幌子征收问题。此外,凯洛案判决多数意见重申了伯尔曼案所确立的一项原则:"一旦确认项目符合公共目的,执行项目的手段由议会且仅由议会决定。"[119]这一目的审查路径很可能会便利幌子征收的展开,因为征收机构必然会宣告系争征收是为了公用,而非纯粹为了私用。于此,法院介入幌子征收审查的边界或者说提高司法审查标准的边界也是一个有待解决的问题。

四、衰败区征收与以商业开发为目的征收的纠葛
——推荐人:凯洛案之州法院回应的特点

衰败区征收是指以清除衰败(blight eradication/clearance)为目的的征收。"blight"一词起源于园艺学,指一种袭击植物的小的、几乎看不见的昆虫;17世纪,该词进入常用语,指"神秘或不可见起源的有害影响"[120];后随着19世纪晚期和20世纪早期城市化和工业化的推进,由城市更新拥护者引入到征收领域,被用来指一种足以摧毁城市的疾病,逐渐与城市衰落同义。[121] 一般而言,考量某地区是否构成衰败主要从以下因素入手:(1)财产所有者可以控制的结构状况,如防火、通风、卫生设施缺乏等;

---

[118]   Middletown Township v. Lands of Stone,939 A. 2d,at 337.

[119]   Berman,348 U. S.,at 28.

[120]   George Lefcoe,Redevelopment Takings after Kelo:What's Blight Got to Do with It?,supra note 5.

[121]   City of Norwood,853 N. E. 2d,at 1134.

(2)财产所有者无法控制的状况,如规划不当、交通拥挤、土地用途不兼容等;(3)财产的地方性状况,如建筑物寿命、所有权问题;(4)经济因素,如高业务空置率、过多成人业务、财产贬值或价值停滞、利用不足等。[122] 衰败认定强调上述因素单独或相互结合危及社区的健康、安全、道德与福利。衰败认定对经济因素的自始考虑,成为衰败区征收与以商业开发为目的的征收关系暧昧的土壤。

(一)衰败区征收与以商业开发为目的征收之错综复杂的关系

1.衰败认定作为以商业开发为目的的征收的前提

凯洛案判决反对意见中,奥康纳法官指出多数意见错误地解读了伯尔曼案、米德基夫案与凯洛案的关系。两个先例强调征收前的财产状况已经确定危害社区的健康、安全、道德和福利状况;相反,凯洛案中征收机构并未宣告上诉人住宅处于不良状态或衰败,已经危及社区健康。[123] 征收以清除现有危害符合第五修正案的公用要求,即征收本身就符合公用,征收后是否私用则无关紧要,这实质上认同了社区衰败前提下的商业开发。

又,正如上文所述,纽约州宪法与新泽西州宪法同样以衰败作为以商业开发为目的征收的前提。而凯洛案之立法回应的突出特点就在于以商业开发为目的的征收隐匿于衰败区征收中,仍然如影随形地影响着城市发展与财产权保护。

商业开发目的的追逐须以衰败认定为前提,这突出反映了政府本身的矛盾心理——实现城市复兴的渴望与对财产权地位或公众愤怒的诚惶诚恐,当然也不排除偷梁换柱,以商业开发假公济私的恶意和腐败,这一点在纽约州上诉法院判决的戈尔茨坦案和考尔案中表现得淋漓尽致。通过衰败认定来限制以商业开发为目的的征收,形式上或许限制了商业开发项目的范围,实质上则仍然依赖于立法规定与法院审查,最终难免又归结到由谁来界定"衰败"和"如何界定衰败"这两个问题上,因为合宪地解释"衰败"

---

[122]　See Judge Harold L. Lowenstein, Redevelopment Condemnations: a Blight or a Blessing upon the Land?, 74 Mo. L. Rev. 301, 311-312 (2009); Hudson Hayes Luce, The Meaning of Blight: a Survey of Statutory and Case Law, 35 Real Prop. Prob &. Tr. J. 389 (2000−2001).

[123]　Kelo, 545 U. S. at 500-502.

与解释"公用"一样棘手,商业开发本身很可能突破衰败认定所设置的重重包围,成为征收的实质且唯一目的。

2.商业开发不充分在衰败认定中的地位

新泽西州最高法院拒绝将商业开发不充分(经济上利用不足)作为认定社区衰败的因素;而纽约州的两个判决则直接肯认商业开发不充分构成认定社区衰败的充分理由。商业开发不充分在衰败认定中的地位与"衰败"内涵的不断演变有着深刻的联系。如纽约州上诉法院在戈尔茨坦案中指出,随着城市状况的复杂性逐渐被更好地理解,符合复兴条件的地区由贫民窟、衰败区等严重危及社区健康、安全的地区逐渐扩张至那些商业开发不充分及停滞而危害公众的地区,尽管某地区并未陷入极端可怕的贫民窟境地,但根据衰败的现代标准,也足以认定衰败。在葛林森案中,新泽西州最高法院则指出,虽然衰败概念随着社会需要的多元化而不断演变,但仍然没有背离其基本的含义,即"恶化或停滞发展对周边的财产造成不利影响",[124]未最大化利用财产不构成衰败认定的充分因素。

商业开发不充分在衰败认定中的地位,单独是否足以认定衰败,直接影响了清除衰败目的与商业开发目的之间的主次关系。以纽约州的判决为例,有学者直接指出:"由于经济利用不足而认定财产衰败等同于为了商业开发目的而征收财产。征收机构可能不会说拟征土地将会作更好的用途,而可能会说因为拟征土地没有作可能的最好或最有效之用,它是衰败的,应当为了城市复兴而被征收。"[125]"开发不充分作为界定衰败的因素之一,抹杀了拯救衰败区与商业开发之间的区别,这强加了一种未经授权的政策,要求所有财产所有者最大化地利用其财产。"[126]

由是观之,政府使商业开发不充分在衰败认定中占有一席之地,似乎完全是为了假借清除衰败之名,暗中降格财产权的地位。然而,目前,立法及司法上,衰败认定对经济因素,尤其是利用不足因素的考量,必然不是横

---

〔124〕　详见本文第二部分关于"限制凯洛式征收的案件"的分析。

〔125〕　Kaitlyn L. Piper, New York's Fight over Blight: the Role of Economic Underutilization in Kaur, 37 Fordham Urb. L. J. 1149,1166 (2010).

〔126〕　Norman Siegel, Steven Hyman, The Trouble with Eminent Domain in New York, 4 Alb. Gov't L. Rev. 77, 86 (2011).

空出世,因噎废食般地否定商业开发不充分或经济因素在衰败认定中的作用未尝是最佳路径。正如联邦最高法院所阐明的,"公用"或"衰败"是一个弹性概念,没有固定或一体适用的标准,它会因应城市发展及社会需要日渐多元的情势而不断演变。[127] 由此,追溯清除衰败目的与商业开发目的之间关系演变或许可以给出一个较为满意的答案。

(二)清除衰败与商业开发作为征收目的的关系回溯

1. 司法层面:由清除衰败到商业开发的公用内涵演变

1954 年的伯尔曼案中,联邦最高法院支持了一项重建征收,不仅打开了征收非衰败财产的潘多拉之盒,也意味着商业开发作为征收正当理由走到台前。该案中,哥伦比亚特区土地开发署(District of Columbia Redevelopment Land Agency)计划土地征收后,一部分用于公共设施的建设,一部分用于商业开发,以便从总体上改变社区破败的景象。上诉人伯尔曼在征收机构认定的衰败区内拥有一家百货商店,其主张百货商店没有衰败,并未危及社区的安全、健康,实际上,系争征收为了私人目的,与联邦宪法第五修正案的公用条款相悖。联邦最高法院最终肯定了商业利益可以作为实现公共利益的途径,同时,指出征收应当根据整体规划考量,不能零敲碎打地展开,至此,出于重建需要,征收机构可以征收衰败区内非衰败财产,重建区的认定以必要性为前提,不受衰败程度的限制。伯尔曼案为全国范围内的城市更新项目扩张奠定了基础,对各州产生了深刻的影响,[128]以至现在,如新泽西州近来判决的葛林森案就未加任何分析地肯认,如果某地对于更大的区域重建来说是必需的话,即使其并不衰败,也可以被征收。

伯尔曼案中,清除衰败的目的与商业开发目的之间存在主客关系,清

---

〔127〕　Berman,348 U. S.,at 33-34.

〔128〕　See Ashley J. Fuhrmeister, In the Name of Economic Development: Reviving "Public Use" as a Limitation on the Eminent Domain Power in the Wake of Kelo V. City of New London, 54 DRAKELR. 171 (2005). 该文深入分析了伯尔曼案的影响,主要体现在两个方面:(1)因为伯尔曼案认同了更新贫民窟和衰败财产的征收,"衰败"立法迅速扩张,完全包含了一般工薪和中等收入社区,超出了伯尔曼案所界定的危及健康、安全的财产,他们被征收仅仅是因为与地方政府合谋的私人开发商为了自己的项目而需要这些财产;(2)政府不再伪装宣告某区为衰败,而是轻率地拓展伯尔曼案的理论,宣称商业开发是运用征收权的新手段。

除衰败本身就构成了一项公用,而商业开发因素与征收非衰败财产之间的关系似乎并没有那么的紧密,或者甚至无关紧要。真正以商业开发作为征收的唯一目的的先例为 1981 年的波兰城社区议会诉底特律市案(Poletown Neighborhood Council v. City of Detroit)。[129]

20 世纪 70 年代和 80 年代之间,底特律市陷入了严重的经济萧条期,失业率超过 18%,急需经济复兴。此时,通用公司想在底特律市修建一座新工厂,这不啻为一根救命稻草。新工厂的修建将会带来 6000 多个就业岗位,但需以征收 500 英亩土地和环境污染为代价。底特律市议会最终批准了系争征收。在随后的诉讼中,密歇根州最高法院予以支持,其认为:"征收因社会环境的不同而不同,在经济萧条时期,创造工业园区以缓解失业和财政窘迫,这一公共利益占主导地位,而通用公司所获得的私人利益则是附带的。"[130] 由此,一项商业开发原则诞生:当税收、就业及其他经济刺激因素可能会增加时,非衰败财产可以为了私人用途而被合法地征收。[131] 波兰城案虽然为 2004 年的韦恩县诉哈斯考克案所推翻,但其作为肯认征收作为商业开发工具的第一案,影响了此后的征收案件,具有重要意义。[132] 2004 年,康涅狄格州最高法院的凯洛案判决认定商业开发足以构成一项合宪公用,很大程度上基于伯尔曼案判决和波兰城案判决。[133]

2004 年,密歇根州最高法院在韦恩县诉哈斯考克案中推翻了波兰城案判决,认为根据州宪法,纯粹商业开发不构成一项充分公用。然而,饶有趣味的是,随后 2005 年,联邦最高法院即在凯洛案中再一次肯定了纯粹商业开发作为一项充分公用的正当性。凯洛案中,新伦敦市并未宣告上诉人的财产衰败,或处于不良状态,仅仅是因为经济复兴的需要而启动了征收。

---

〔129〕 Poletown Neighborhood Council v. City of Detroit, 304 N. W. 2d 455 (1981).

〔130〕 Id. at 459.

〔131〕 See Ashley J. Fuhrmeister, In the Name of Economic Development: Reviving "Public Use" as a Limitation on the Eminent Domain Power in the Wake of Kelo V. City of New London, supra note 128.

〔132〕 See Richard A. Epstein, Takings: Private Property and the Power of Eminent Domain 179－180 (Harvard University Press 1985); Kelo v. City of New London, 843 A. 2d 500, 528 (Conn. 2004); Shelley A. Bolland, Real Property, 41 Wayne L. Rev. 1120 (1995).

〔133〕 Kelo v. City of New London, 843 A. 2d 500, 531 (Conn. 2004).

征收领域,商业开发目的的合宪性虽然为联邦最高法院所确认,但各州却存在很大的分歧,如上文所引州法院案件,有的州予以承认,有的州则不然。[134] 由此,至少在联邦法院层面上,以商业开发为目的的征收挣脱了对清除衰败这一传统公用的依赖,自立山头。

2. 政治层面:城市更新运动导致的衰败概念漂移

诺伍德案中,俄亥俄州最高法院也回顾了"衰败"概念的发展过程,指出 20 世纪初,随着城市更新运动(urban renewal movement)的发展,征收权与警察权在促进公共健康面向上日渐趋同,清除贫民窟、衰败地区等危及社区健康与福利的状况被普遍接受为一项合宪的公用;通过一系列判例的发展,"衰败"概念日益成为征收涉及公共健康问题的土地的不二法门,为了城市重建而征收衰败区也日益被纳入公用的含义射程内,"公用"概念几乎被不受限制地扩张,进而一些法院认可商业开发也是一项充分的公用。[135]

城市更新,又称城市重建,主要是指对城市的衰败地区进行重新规划,通过保护、修缮、拆迁或重建,来改变城市中产业和人口的地域分布,并使城市的物质环境现代化,从而满足经济和社会的需求。[136] 20 世纪初期,经济发展所带来的城市产业构成及其布局的调整改变了城市空间结构,城市郊区日益繁荣的同时,内城则走向衰败。随着城市化进程中新移民浪潮的冲击及战前经济萧条导致的建筑业停滞,这种衰败日益严重,加剧了住房短缺。这迫使联邦政府把复兴内城、解决住房短缺作为推动经济增长和城市发展的首要问题来处理,城市更新运动由此兴起。

城市更新运动开始于 1949 年的《联邦住房法》(Federal Housing Act),[137] 正式结束于 1973 年,主要目的在于拆除不合标准的住房,振兴城

---

[134] 凯洛案后,11 个州完全禁止了以商业开发为目的的征收。See Ilya Somin & Jonathan H. Adler, The Green Costs of Kelo: Economic Development Takings and Environmental Protection, 84 Wash. U. L. Rev. 623 (2006); David A. Dana, Reframing Eminent Domain: Unsupported Advocacy, Ambiguous Economics, and the Case for a New Public Use Test, 32 Vt. L. Rev. 129 (2007).

[135] City of Norwood, 853 N. E. 2d, at 1134-1136.

[136] 参见李艳玲:《美国城市更新运动与内城改造》,上海大学出版社 2004 年版,第 2 页。

[137] Pub. L. No. 171, 63 Stat. 413 (1949).

市经济,建造好的房屋,减少实际生活中的隔离。城市更新过程中,地方机构,或者通过其所建立的商业开发公司,利用联邦巨额资金资助,清理并重建城市的大面积区域。[138] 同时,"衰败"术语的引入及发展,为城市规划及土地征收提供了正当理由:"衰败"一词栩栩如生地刻画了一幅城市末日的惨景,这使得城市更新逐渐获得政治及司法上的认可,"清除衰败"也被广泛接受为征收的正当理由。[139] 征收权的宽泛适用成为实现城市更新的主要手段。城市更新运动中,公用概念逐渐完成了由清除衰败到商业开发的漂移,日渐式微。

(1)城市更新运动初期——以清理贫民窟或衰败区为主要目的

自 1949 年《联邦住房法》颁布,到 1954 年住房法(1954 Housing Act)的颁布,[140]城市更新运动逐步展开。城市更新运动初期以征收并清理贫民窟、衰败区和住宅重建为主要任务,但由于联邦资助很少到位,私人开发商并不积极参与,呈现出拆迁大于建设的特点。

根据 1949 年的《联邦住房法》,为了解决严重的住房短缺问题,改善美国人民的住房条件和居住环境,联邦政府可以授权地方政府使用征收权来集中成片土地以获得衰败的私有地产,经过规划和清理后将土地卖给决定计划重建的公、私机构,用于大规模的公共基础设施建设、住房建设和其他城市建设,从而改造城市中心区。由此可见,征收权的行使以广泛的城市规划为前提,以清理贫民窟、衰败区为手段,最终是为了转让拟征土地,建设住宅。

(2)城市更新运动高潮——更新重点转向以商业开发为主

联邦政府吸取城市更新初期的经验教训,颁布了 1954 年住房法。根据该法,地方机构将住宅建设与内城的全面更新改造结合起来,由以往的单一清理重建变为清理重建与修缮并举,使更新改造区域由贫民窟扩大为整个城市,同时,联邦住宅拨款的 10% 可以用于非住宅建设,以鼓励城市

---

[138]　参见〔美〕约翰·M.利维:《现代城市规划》,张景秋等译,中国人民大学出版社 2003 年版,第 183 页。

[139]　See Wendell E. Pritchett, The "Public Menace" of Blight: Urban Renewal and the Private Uses of Eminent Domain, supra note 112.

[140]　U. S. Congress, United States Code: Congressional and Administration News Volume 1 Laws.

商业开发。私人开发商因此大受吸引,纷纷投入城市更新的浪潮中。截至1966年综合城市示范法的颁布,十余年间,城市更新运动达到了前所未有的规模,重心不断转移,非住宅建设的比例不断加大,联邦政府给予非住宅建设的资助比例也由1954年住房法规定的10%,逐渐扩张至1965年的35%。商业开发日益取代清理衰败与建设低收入住宅,成为城市更新运动的主要目的。

然而,这一时期的城市更新运动仍然存在很大的问题。种族隔离造成基础设施、教育和就业及税收等方面的分布不均,加剧了城市贫困和衰败现象;郊区化的势头并未减弱;政府与私人开发商特别是垄断资本合谋的商业开发严重损害了大批低收入居民的利益。联邦与地方政府陷入两难困境:解决低收入阶层住宅问题与内城商业开发之间常常顾此失彼。[141]

(3)城市更新运动尾声——城市综合治理的兴起

从1954年到1966年,低收入阶层的状况以及城市中心区的贫困并未因城市更新运动的如火如荼而根除,反而导致了更大的衰败,种族矛盾、失业等社会问题也日益尖锐。为此,1966年国会颁布了《示范城市和都市开发法》(Demonstration Cities and Metropolitan Development Act),[142]城市更新运动的中心由以大规模商业开发为主进入以城市综合治理为主的新阶段,城市更新再次向贫困宣战,与扩大城市就业机会、教育机会相结合。然而,最终由于目标含混与资金严重脱节而收效不显,于1973年结束。[143]

(4)城市更新运动的影响——被日益架空的"衰败"概念

随着联邦层面城市更新运动逐渐销声匿迹,"衰败"概念本身也完成了由清理并建造住宅到商业开发的漂移。然而,各州的重建法规以及狄更斯式的"衰败"描述却被保留下来,更为重要的是,"衰败"被移植进入新的法律。20世纪70年代以后,与住宅无关的衰败界定以及地方机构在解释衰败上的自由裁量权,伴随着联邦层面城市更新的倾塌和各州税收增值信贷

---

〔141〕 前引〔136〕,李艳玲书,第132页。

〔142〕 Demonstration Cities and Metropolitan Development Act,42 U. S. C. 3301(1966).

〔143〕 前引〔136〕,李艳玲书,第137页。

法(tax increment financing statute/TIF)的大量出现而爆发。[144]

　　TIF 通常要求认定"衰败",然而事实上,"衰败"概念的认定早已名不副实,逐渐沦落为纯粹商业开发目的的幌子。[145] 大多数税收增值信贷法加入了"商业开发"条款,基本上允许地方政府将缓慢的经济增长或危及未来经济的衰败纳入衰败界定。[146] 政府界定衰败时对经济因素的考量——是否有充分的效益、是否做到最优利用,以及对城市复兴的渴望,很容易受到私人开发商,特别是有权势的利益集团的控制,从而俘获征收程序,这为商业开发实质突破衰败限制创造了条件。如果说,联邦层面的城市更新运动时期,商业开发仍然在一定程度上受制于住房建设这一最终目的,那么税收增值信贷法时代,商业开发似乎已经完全脱离了民生项目这一光环,成为推动政府征收私有财产、追逐商业利益的主要手段,"衰败"概念日益被架空。

---

　　[144] See Colin Gordon, Blighting the Way: Urban Renewal, Economic Development, and the Elusive Definition of Blight, 31 Fordham Urb. L. J. 305 (2005). 税收增值信贷是重建政策的产物,是政府通过提供信贷来刺激商业开发的一种方式。较为典型的是由政府发行公债向土地开发或其他费用较高的产业提供资金,然后用从这些产业的开发中产生的或增加的财产税来偿还债务。实质上是,政府以未来的税收收入资助重建,以吸引并刺激私人开发商加入城市重建。See Judge Harold L. Lowenstein, Redevelopment Condemnations: a Blight or a Blessing upon the Land?, 74 Mo. L. Rev. 301, 311−312 (2009); George Lefcoe, After Kelo, Curbing Opportunistic TIF-Driven Economic Development: Forgoing Ineffectual Blight Tests: Empowering Property Owners and School Districts, 83 Tul. L. Rev. 45 (2008—2009).

　　[145] 如 1997 年,在德·佩雷斯的圣路易斯郊区,地方官员宣告一处繁荣的商业区衰败,因为它"太小且只有很少主力店",而且更具体地说,因为它没有诺德斯特龙商店。衰败认定为 3 亿美元的税收增值信贷交易铺平了道路,税收增值信贷交易用于吸引高端零售商及其他新租户。See Josh Reinert, Tax Increment Financing in Missouri: Is It Time for Blight and But-for to Go?, 45 St. Louis U. L. J. 1019 (2001); 又如 99 Cents Only Stores v. Lancaster Redevelopment Agency, 237 F. Supp. 2d 1123, 1125-1129 (C. D. Cal. 2001),20 世纪 80 年代中期左右,在加利福尼亚州兰开斯特,地方开发商运用一项衰败认定以及附随的税收补贴来开发新的商业街,包括好市多、沃马特以及 99 美分这样的主力商店。当 1998 年,好市多威胁搬迁时,兰开斯特官员依靠古老的"衰败"认定转而运用征收权获得 99 美分商店财产——目的在于直接转让给好市多。

　　[146] 如在密苏里州,1982 年 TIF 法规建议运用 TIF 法律阻止商业、工业或制造业转移入其他州,以增加就业,或稳定或提高城市税基。Mo. Rev. Stat. § 99.805(3)、(5) (1982) (amended 1986,1991 and 1997)。在阿拉斯加州,2002 年的修订将"能够实质上提高财产价值的地区"纳入符合 TIF 的界定。Alaska Stat. § 29.47.460 (Michie 2003)。在佐治亚州,2001 年修订的 TIF 法规将先前开发的土地纳入,这些地区的现存状况远不需重建。Ga. Code Ann. § 36-44-3(7)(F) (2002)。在弗吉尼亚州,"衰败"一词完全被 1990 年的州 TIF 法抛弃,将抵制衰败的公共目的扩展至促进"商业及繁荣"。详情参见 Colin Gordon, Blighting the Way: Urban Renewal, Economic Development, and the Elusive Definition of Blight, supra note 144.

小结

由是来看,"衰败"认定对经济因素的考量属历史必然,正如众多法院所认可的,"衰败"内涵随着社会需要的多元及城市化的发展不断演变,一系列的城市发展因素导致了"衰败"与"商业开发"之间的纠缠不清。通过上文的梳理,两者关系的脉络在司法层面与政治层面上逐渐清晰。衰败区征收的目的由清除衰败到清除衰败与商业开发目的并存,再到商业开发成为实质唯一目的。"衰败"内涵的漂移或者说实质上公用条款日渐式微,与城市更新运动有着极为密切的联系。城市更新运动重塑城市图景的同时,也重塑了公用的内涵。

清除衰败被公认为一项合宪公用的同时,随着城市化进程的推进以及地方政府对经济发展渴求的日益不计代价,遭受了毫无限制的扩张,由关注民生的住房建设到追求税收增长、就业扩大、经济腾飞的商业开发,后者一步一步地突破"衰败"认定的限制。私人开发商对征收前后的介入渐趋广泛,而地方政府对私人开发商的依赖也日益深刻。法院对衰败之立法判断的高度遵从,地方政府认定地区衰败的权力几乎不受限制,进一步造就了城市重建的大范围扩张,实际上纯粹以商业开发为目的的征收再也不是"犹抱琵琶半遮面",早已堂而皇之地成为主要的征收类型。曾经意在限制征收权使用的"衰败"一词,逐渐成为对财产权保护颇具"公共威胁"(public menace)的术语。[147]

五、分权原则和新司法联邦主义
——凯洛案之州法院回应的可能解释

公用判断的两个基本问题在于:"由谁来界定公用"和"如何界定公用"。进一步来讲,"由谁来界定公用"主要指立法权与司法权在公用判断上的分工;而"如何界定公用"直接关系到征收的范围,也即私有财产权容许被合法侵犯的程度。而"如何界定公用"本身又取决于公用界定主体所

---

〔147〕　Wendell E. Pritchett, The "Public Menace" of Blight: Urban Renewal and the Private Uses Of Eminent Domain, supra note 112. 该文对"衰败"语境下,城市复兴与征收权的日渐私用作了极为深刻的论述。

承担的经济社会职能。[148] 由联邦层面到州层面，法院对这两个问题的不同回答将导致不同的判决结果。而且，联邦最高法院之凯洛案判决对各州的影响事实上也取决于州法院对待这两个问题的态度，不能由联邦最高法院对联邦宪法的解释具有最高效力而简单地导出这一结论：州法院相似案件的判决会与凯洛案保持一致性。因为根据新司法联邦主义理论（the new judicial federalism），[149]联邦宪法对私有财产权的保护仅仅是最低标准，而非最高标准，[150]州法院本身基于本州宪法可能会为财产所有者提供更有力的保护。

（一）分权原则——公用判断上司法遵从路径的选择

公用问题作为一个平衡性的问题，直接触及征收权与财产权之间存在的天然紧张关系，一方面作为对征收权的限制，另一方面作为财产权退让的正当理由。有学者从征收权的主权属性出发，指出："主权属性决定了征用权在本质上是绝对的、至高的、不受限制的，立法者只能就'公用'作概括性规定，其具体判断标准留待行政机关在个案中确定，司法机关惟在出现纠纷之时才予介入，因而其也是一个法官在各种冲突的法益之间进行判断、取舍和平衡的问题。"[151]这一观点在凯洛案以及前述案件中都有所体

---

　　[148]　前引[8]，林彦、姚佐莲文。该文直接指出凯洛案多数意见的实质就是立法主权，正因为此导致了财产权地位的降格。可见立法主权（界定主体）成为影响公用问题的关键。

　　[149]　也有认为"新司法联邦主义"实质上指的是司法联邦主义（Judicial Federalism）的某一特定方面。一般地，司法联邦主义有三个方面的含义：第一，是对联邦法院与州法院的结构性描述；第二，与政治领域强调州的地位与作用相对应，在司法领域也强调州法院的地位和作用；第三，尤其强调州法院在保护个人自由和权利方面相对于联邦法院的特殊作用（更开明）。由此可见，新司法联邦主义实际上指的是第三种含义。See Michael E. Solimine, James L. Walker, Respecting State Courts: the Evitability of Judicial Federalism 4-5 (Greenwood Press 1999). 转引自任东来、胡晓进：《在宪政舞台上——美国联邦最高法院的历史轨迹》，中国法制出版社 2007 年版，第442页。

　　[150]　See Lynda J. Oswald, The Role of Deference in Judicial Review of Public Use Determinations, 39 B. C. Envtl. Aff. L. Rev. 243 (2012).

　　[151]　参见郑贤君：《"公共利益"的界定是一个宪法分权问题——从 Eminent Domain 的主权属性说起》，载《法学论坛》2005 年第 1 期。需说明：(1)该文没有区分征收权与征用权，英文表述均为"Eminent Domain"；(2)在美国，不动产征收一般由议会立法并授权专门设立的征收机构如新伦敦市的 NLDC 具体实施，因而征收之司法审查上主要涉及立法权与司法权之间的关系。

现。[152] 然而,肯定立法权与司法权在公用判断上由一般而具体的分工并未解决个案审查中,法院应当如何对待议会作出的一般判断这一问题——是选择极端遵从的司法审查路径,还是给予议会判断一定的尊重,同时考量个案因素而独立地作出司法判断?

1. 公用判断上司法遵从路径的变迁

承上所述,一般而言,征收案件中,征收的必要性,即系争征收对于促进拟议公用是否必要,由议会决定,而特定的用途是否为公用则由法院判断;只有当议会存在明显的自由裁量权滥用或者法律明确规定法院可以做出裁定时,法院才会介入征收的必要性判断。然而,征收的必要性判断与公用判断并非完全界分的,概念上的相互竞合使得司法机关的角色不甚明确,直接影响了司法审查的遵从程度。[153]

公用判断上的遵从性路径也是不断演变的。以联邦层面为例,早期的判决事实上强调公用判断属于司法问题,而非立法问题。在 1896 年的佛布鲁克灌溉区诉布兰德利案(Fallbrook Irrigation District v. Bradley)中,联邦最高法院指出公用之立法判断不具有终局性,公用是一个法官"必须依据宪法来判断"的问题。[154] 1908 年,在海尔斯顿诉丹维尔和西部铁路公司案(Hairston v. Danville & Western Railway Corp.)中,联邦最高法院又进一步指出"所有法院似乎都认同的唯一原则为用途的本质,是公共的,还是私人的,最终是司法问题"[155]。此后,联邦最高法院开始逐渐偏离公用判断属于司法问题的路径。1923 年,在林奇公司诉洛杉矶郡案(Rindge Corp. v. County of Los Angeles)中,联邦最高法院指出,尽管公用是一个司法问题,但"该问题的判断受到地方条件的影响,而且在执行第十四修正案的时候,本院也应当注意到这些条件的多元性,并对州法院的判断给予最大尊重"[156]。1938 年,在美国诉凯若提商品公司案(United States v.

---

[152]　如前文所述,无论是凯洛案,还是所举其他案例都强调议会在一般意义上界定公用,法院则在具体案件中做出判断,事实上都没有否定公用判断作为一个司法问题而存在。

[153]　See Robert C. Bird & Lynda J. Oswald, Necessity as a Check on State Eminent Domain Poxuer, 12 U. PA. J. CONST. L. 99, 113-118 (2009).

[154]　Fallbrook Irrigation District v. Bradley, 164 U. S. 112, 159 (1896).

[155]　Hairston v. Danville & Western Railway Co., 208 U. S. 598, 606 (1908).

[156]　Rindge Co. v. County of Los Angeles, 262 U. S. 700, 705-706 (1923).

Carotene Products Corp.)中,联邦最高法院指出,与财产权相比,诸如言论自由和宗教自由这样的个人基本权利应当受到更高程度的正当程序审查,尽管妨碍个人基本权利的政府行为可能受到高度审查(中度或严格),但经济立法应被推定为有效,且只能根据粗略的合理基础标准来审查。[157]这一判决被解读为减少了征收领域对财产权的保护,随之,在 1946 年的美国田纳西流域管理局诉韦尔奇案(United States ex rel. Tennessee Valley Authority v. Welch)中,联邦最高法院指出:"我们认为判断何种类型的征收是为了公用属于议会职能,被授权征收的机构可以在其权限范围内最大限度地实施征收。"[158]这种极富遵从性的语言,奠定了随后法院裁决征收案件的基调。1954 年的伯尔曼案中,道格拉斯法官指出,议会已经宣告的公共利益几乎就是终局性的,司法机关在公用判断上的角色极为有限。1984 年的米德基夫案中,联邦最高法院强调,只要征收合理地关联于可能的公共目的,就应当被支持。及至凯洛案,联邦最高法院的司法遵从路径达到高潮,[159]法院只需审查议会是否合理地考虑了公用问题,而不需要审查特定用途是否属于公用。

　　一个法院在多大程度上采纳公用判断属于司法问题这一立场影响了征收所受到司法审查的程度,后者又影响了给予议会裁定的遵从程度及征收免于质疑的可能性,并进一步关系到征收权与个人财产权之间的紧张关系。以联邦层面司法遵从路径的演变为参照,反观凯洛案后州法院的判决,清晰地呈现出司法遵从程度与个人财产权保护程度之间的密切联系。无论是诺伍德案、马斯科吉县委员会案,还是巴尔的摩市市长案和罗德岛商业开发公司案,都表明了公用判断属于司法问题的立场,通过审查拟征土地的用途是否符合公用,甚至征收是否一定为特定的公用,从而为个人财产权提供了更有力的保护。

---

[157]　United States v. Carotene Products Co. ,304 U. S. 144, 152-153 152 n 4 (1938).

[158]　United States ex rel. Tennessee Valley Authority v. Welch, 327 U. S. 546, 551-552 (1946).

[159]　关于公用判断上司法遵从程度的演变,可以参见 Lynda J. Oswald, The Role of Deference in Judicial Review of Public Use Determinations, supra note 150.

2. 分权原则对司法遵从路径的影响

征收权作为政府固有的主权性权力，是政治需要的产物。议会往往寄希望于通过征收权的行使实现一定的经济社会发展目标，城市更新运动的发展就是一个很好的例证。而要平衡征收权与个人财产权之间的张力，就需要法院在具体个案中通过司法审查来实现。如上所述，法院给予议会司法遵从的程度影响了司法审查的程度。公用判断作为一个宪法分权问题，议会与法院之间的角色划分密切关联于司法遵从程度的选择。司法遵从的概念与分权原则紧密相连。

确立分权原则的初衷在于保障公民的基本权利与自由免于政府权力的滥用。美国的分权体制之下，司法权针对立法权的相应角色为：法院有权解释宪法，并拒绝适用违反宪法的立法规定。[160] 由此引发出的司法审查正当性质疑成为一个历久弥新的话题。一般认为议会代表了人民的意志，通过严格程序制定的法律，法院不应当随意地行使宣告立法无效的权力。正如上文关于公用判断上司法遵从路径变迁的分析，议会与法院之间的恰当平衡也渗透进征收案件的分析中。而推及经济管制领域，早在1876 年的穆恩诉伊利诺伊州案（Munn v. Illinois）中，联邦最高法院就指出，保护公民权利免于议会对经济管制的可能滥用的方式是"选票，而非法院"。[161] 有学者也强调法院不介入议会领域的重要性，公用审查应当适用合理基础标准，并指出问题"不在于拟征财产的用途是否为公用，而在于议会是否可能合理地考量了它的公共性"[162]。这似乎与伯尔曼案以来极端遵从的司法审查路径相吻合。

与之相反，在诺伍德案中，俄亥俄州最高法院阐明根据分权原则，每一个政府分支都享有独立的权力，任一分支都不能将自己的权力放弃给其他分支；具体征收案件中，公用问题属于司法问题，一旦法院获得某一案件的管辖权，就可以作任何合理的必要于司法判断的审查，这是法院固有的权

---

[160]　参见〔美〕汉密尔顿、杰伊、麦迪逊：《联邦党人文集——关于美国宪法的论述》，程逢如、在汉、舒逊译，商务印书馆 1980 版，第 390—396 页；Marbury v. Madison，5 U. S. 137 (1803).

[161]　Munn v. Illinois，94 U. S. 113，134 (1876).

[162]　See Robert C. Bird & Lynda J. Oswald，Necessity as a Check on State Eminent Domain Poxuer，supra note 153.

力。因此,尽管应当尊重议会关于公用的判断,但包含司法遵从性的审查并非肤浅的审查,法院仍然应当根据公用条款宣告存在不允许偏袒的幌子征收无效,否则的话,不仅公用条款形同虚设,分权原则也将被违反。[163]显然,俄亥俄州最高法院侧重于强调司法审查过程中,"法院的独立性是关键的,尤其当征收权授予给另一个机构,或者预期公用依赖于私人机构时。在这些案件中,法院必须确保严格解释授权,并以有利于财产所有者的方式解决征收的正当性问题"[164]。

根据分权原则,立法分支与司法分支相互独立,其权力的行使都必须严格限制在宪法规定的范围内,任一分支都不得如此强势以至于危及公民权利与自由。法院本身负有解释宪法并审查立法是否合宪的责任,议会的公用界定是否合宪当然也在法院的责任范围内。正如新泽西州最高法院判决的葛林森案,在审查议会的公用界定是否符合宪法时,法院一般采纳法律合宪性推定的原则,这是司法权尊重立法判断的体现,然而法院仍然有权以合宪的方式解释具体的法律,以判断特定用途是否为公用。诚然法院在解释法律的时候不得实质上形成新的立法,不得轻易以自己的判断代替立法裁定,[165]但如果直接退守到凯洛案中法院自动推定立法判断有效而只考虑议会是否合理地考虑了公用问题,即是否存在审慎制定的综合规划,则无异于法院直接放弃了对公用问题的独立判断,事实上造成了立法权被动地侵犯司法权的状况,严重违背了分权原则。公民财产权在极端遵从性司法审查路径下危在旦夕,几乎时刻面临着政府裁定其未作充分开发而应被征收的命运,这全然悖于分权原则保障公民自由与权利的初衷。

(二)新司法联邦主义在征收案件中的适用——州法院的角色扩张

1. 何为新司法联邦主义

一般认为,新司法联邦主义的提出肇始于布伦南法官(William J. Brennan,

---

[163] City of Norwood, 853 N. E. 2d, at 1137.

[164] Id. at 1138.

[165] Jeremy P. Hopkins, Elisabeth M. Hopkins, Separation of Powers: a Forgotten Protection in the Context of Eminent Domain and the Natural Gas Act, 16 Regent U. L. Rev. 371 (2003—2004).

Jr.）于 1977 年发表在《哈佛法律评论》上的一篇题为"State Constitutions and the Protection of Individual Rights"的文章。[166] 在这篇文章中，布伦南法官回顾了美国法律史上联邦法律地位的发展，考虑到联邦法院在保护个人权利上的趋于保守，号召各州法院通过独立解释本州宪法而为公民提供更有力的保护：

"州宪法，也是个人自由的摇篮，它所提供的保护通常也超出了联邦最高法院对联邦法律的解释。使得联邦法律遥遥领先的法律革命不应允许抑制州法律独立的保护力量——因为，如果没有它，就无法保障个人自由的完全实现。"[167]

布伦南法官指出联邦宪法第十四修正案的通过，极大地扩张了州法院对于联邦法律的适用，以至于涉及公民权利与自由的州案件，州法院往往直接诉诸联邦宪法，州宪法在一段时期内被束之高阁。联邦宪法设定的最低标准，在许多州高于州宪法的最高标准。在这一情况下，与相似的联邦条款相比，州宪法几乎没有为公民提供更多的保护，并逐渐开始丧失在州法院案件中的重要性。然而，20 世纪 70 年代以来，由于伯格（Burger）法院在保护个人自由上的退却以及逐渐收缩运用联邦诉讼来反抗州行为的范围，[168] 越来越多的州法院将本州宪法解释为比联邦法律为个人权利及自由提供了更多的保护，即使两者措辞基本相似。州宪法东山再起，成为公民权利与自由保护的重要依据。布伦南法官强调联邦主义的一个优点在

---

[166]　William J. Brennan，Jr.．State Constitutions and the Protection of Individual Rights，90 Harv. L. Rev. 489 (1977).

[167]　Id. at 491.

[168]　Id. at 495-498. 伯格法院时期(1969—1986)，如根据平等保护条款，1972 年的 Weber v. Aetna Cas. & Sur. Co. (406 U. S. 164)案中，联邦最高法院认为让非法出生者承担特别负担的法律是合宪的，1974 年的 Geduldig v. Aiello(417 U. S. 484)案中，联邦最高法院认为给予这个社会半数以上成员较少保护的法律是可允许的，因为他们对怀孕期的医疗条件极为敏感；根据正当程序条款，1974 年的 Arnett v. Kennedy(416 U. S. 134)案中，联邦最高法院认为任期内的公共雇员在被解雇前只享有政府认为恰当的权利；1976 年的 Paul v. Davis(424 U. S. 693)案中，联邦最高法院认为未经审判或定罪而被警察认定犯罪的个人不享有名誉权，没有知情权等。此外，公民所享有的第一修正案权利在这一时期所受到的保护也受到了不同程度的弱化，如 1976 年的 Hudgens v. NLRB(424 U. S. 507)案中，联邦最高法院认为，第一修正案不保护私人所有的具有公共性的场所的言论自由，如私人所有的购物中心；1976 年的 United States v. Miller(96 S. Ct. 1619)案中，联邦法院允许政府在未告知或未经同意的情况下获得个人的银行记录。

于为公民权利提供双重保护，当联邦层面的保护被削弱时，州层面就应该予以弥补，否则将与联邦主义背道而驰。[169]

新司法联邦主义的核心在于州法院有权通过解释本州宪法来为公民权利与自由提供更多的保护。由此，要真正实现新司法联邦主义，前提在于州法院的判决必须完全依赖本州法律，一旦涉及联邦法律，联邦法院就会获得案件的司法管辖权。[170] 1983 年，联邦最高法院在密歇根州诉龙案（Michigan v. Long）中采纳了"明确声明规则"（plain statement），即若表明州法院的判决基于充分且独立的州立场，联邦最高法院将不会干涉。[171] 然而，新司法联邦主义的发展并非一帆风顺，20 世纪 80 年代，遭遇了前所未有的冲击，学术界、政府官员、法官在各种论坛上表示反对超过联邦最低标准的州判决。[172] 有些州直接以宪法修正案的形式否定为公民权利提供更多保护的州法院解释，要求州法院严格按照联邦最高法院的解释来作出判决，而一些州则希望发展一系列的标准来限制州法院的解释，在符合一定标准的情况下，允许州法院作出为公民权利提供更多保护的解释。[173] 新司法联邦主义的支持者与反对者的争议点集中体现于联邦至上与州主

---

[169]　Id. at 503.

[170]　前引[149]，任东来、胡晓进书，第 442 页。

[171]　Michigan v. Long. 463 U. S. 1032 (1983). "明确声明规则"指如果州法院在判决中未明确声明引用联邦法律只是作为参考，联邦最高法院将假定州法院的判决是建立在联邦法律基础上的，因此它可以拥有案件的管辖权。

[172]　Robert F. Williams, Introduction: The Third Stage of the New Judicial Federalism, 59 NYUANSAL 211 (2003). 该文论述了新司法联邦主义的不同发展阶段：第一阶段——"Thrill of Discovery"；第二阶段——"Backlash"；第三个阶段——"The long hard task"，可能的第四个阶段——"State and Federal Constitutional Dialogue"。

[173]　这反映了两种不同的解释路径，第一种情况下，州宪法分析开始且结束于联邦最高法官就相似条款的解释，学理上称为"因循"路径（Lockstep Approach）；第二种情况下，在给定案件中，州法院首先求助于联邦宪法，而且只有当联邦法律没有提供救济时才转向州宪法来裁定一项具体的标准——举例来说，特定的州历史或州的经验——是否能正当化对联邦先例的背离，学理上称为"标准"路径（Criteria Approach）。此外，还存在第三种路径："首位"路径（Primacy Approach），即宪法分析开始于州宪法文本，要求州法院像联邦最高法院考虑联邦宪法一样，将之视为对于州公民具有特别且重要的意义，并运用熟知的宪法解释工具来判断特定事实下州宪法的含义，联邦判例法仅用来作为描绘州宪法文本所呈现问题的指引，这与联邦最高法院创设的"明确声明规则"异曲同工。See Lawrence Friedman, The Constitutional Value of Dialogue and the New Judicial Federalism, 28 Hastings Const. L. Q. 93 (2000).

权之间的龃龉。[174]

尽管新司法联邦主义遭受了很大质疑,但自20世纪70年代以来,州法院已经裁决了成百上千的涉及州宪法的案件,州法院在保护公民权利与自由中的作用越来越重要。截至目前,最为刻薄的冲击也基本已偃旗息鼓。[175] 近来,斯卡利亚法官(Justice Scalia)在一个几乎全体一致的联邦最高法院判决中指出,"各州当然能够将自己的宪法解释为与联邦宪法相比,对警察行为施加了更为严格的限制"。[176] 这充分说明联邦最高法院对新司法联邦主义的肯认。有学者指出新司法联邦主义一方面产生于公民自由领域,多与刑事案件有关;另一方面产生于个人权利领域,而就当下激烈的财产权讨论而言,新司法联邦主义可能会提出这一问题:比起联邦宪法第五修正案所授予的,州是否应当赋予财产权及经济权利更高的保护。[177] 某种程度上,凯洛案似乎作出了回应。

2. 后凯洛时代新司法联邦主义的体现

凯洛案判决确认了纯粹以商业开发为目的的征收的合宪性,这成为引发众怒的根源。有学者简洁明了地指出与以往的先例相比,其难以有效保护公民财产权,显然是一种倒退,[178] 而"商业开发因含义极为宽泛、程序不透明、见效时间问题而容易被利益集团控制;私人也没有法律上的义务来承担所许诺的未来经济利益,以及征收成本等问题而应被禁止"。[179] 或许是为了弥补以商业开发为目的的征收可能带来的财产权危险,史蒂文斯法官同

---

[174] See Shirley S. Abrahamson, State Constitutional Law, New Judicial Federalism, and the Rehnquist Court, 51 Clev. St. L. Rev. 339 (2004).

[175] Id.

[176] Virginia v. Moore, 553 U. S. 164 (2008), 170-171. In Moore, the Supreme Court Considered Whether a Police Officer Violated the Fourth Amendment by Making an Arrest Based on Probable Cause but in Violation of State Law. The court concluded that the search was reasonable under the Fourth Amendment because litigants had brought the claim on federal grounds (not state constitutional grounds) and state law did not alter the Fourth Amendment.

[177] See Shirley S. Abrahamson, State Constitutional Law, New Judicial Federalism, and the Rehnquist Court, supra note 174.

[178] See Julia D. Mahoney, Kelo's Legacy: Eminent Domain and the Future of Property Rights, 2005 Sup. Ct. Rev. 103 (2005).

[179] See Ilya Somin, The Case against Economic Development Takings, 1 NYUJLL 949 (2005).

时态度明了地指出："我们强调我们的法律意见书并不妨碍任何州对征收权的行使施加进一步的限制。事实上,许多州对'公用'要求的限制比联邦基线更严格。"[180]这实际上意味着联邦最高法院对新司法联邦主义在征收领域发挥作用的肯认:州法院不受制于联邦最高法院基于联邦背景或根据联邦宪法作出的关于公用的判决,也不受制于极端遵从性的司法审查路径。联邦最高法院向财产所有者关闭联邦法院大门的同时,又欣然地指出州法院的大门仍然敞开。这样一来,一方面由于征收案件多发生于州层面,另一方面由于凯洛案基本置财产权于不顾的极端遵从路径,征收诉讼之联邦法院路径变得日益狭窄,财产所有者能够转向州法院、州宪法及州法规的路径,以寻求对私有财产的更有力保护。[181]

如前文所述,凯洛案后许多州法院重新考量了以商业开发为目的的征收,多数法院作出了否定性的回应,或者直接拒绝以凯洛案为指引,或者予以适当限制。俄亥俄州最高法院在诺伍德案中强调,俄亥俄州宪法公用条款的含义"不受制于联邦最高法院对联邦宪法公用条款范围的认定……州宪法征收条款不拥有联邦最高法院在米德基夫案中所解释的联邦宪法的宽度……",[182]即俄亥俄州宪法对征收作了更为严格的限制,为财产所有者提供了更有力的保护。俄克拉荷马州最高法院一再重申针对征收权,本州宪法与联邦宪法相比有着更进一步的限制,基于本州宪法作出了马斯科吉县委员会案判决。[183] 虽然判决结果迥异,新泽西州最高法院和纽约州上诉法院同样根据本州宪法及判例,只允许衰败区征收前提下的商业开发目的。这说明凯洛案后,州法院至少都试图通过解释本州宪法来限制以商业开发为目的的征收,州法院可以采取更进一步的限制来保护公民财产权免于征收权的滥用。

然而,州法院能够采用更高的审查标准并根据州法律给予财产所有者更大的保护,是一个需要不断重申的原则。前文所涉及案件中,马里

[180] Kelo, 545 U.S. at 490.

[181] See Lynda J. Oswald, The Role of Deference in Judicial Review of Public Use Determinations, supra note 150.

[182] City of Norwood, 853 N.E. 2d, at 1136-1137.

[183] Lowery, 136 P. 3d, at 645-646.

兰州上诉法院和罗德岛最高法院虽然均强调凯洛案所涉及的综合规划的重要性,但却否认系争案件与综合规划有关,在显然更多地介入立法判断的同时,否认采取了与凯洛案相左的路径。尽管,事实上,巴尔的摩市市长案与罗德岛商业开发公司案均涉及综合规划问题,尤其前者,有着与凯洛案相似的城市复兴规划。这种自相矛盾的案件审理态度,反映了部分州法院在联邦至上原则与新司法联邦主义之间的挣扎,而只要注意到史蒂文斯法官在凯洛案判决多数意见中所重申的观点,就完全可以避免这种纠结。不过,这或许也反映了不同州法院对待新司法联邦主义的态度差异。

凯洛案似乎表明联邦最高法院逐步在联邦层面弱化了对私有财产权的保护,这使得诉诸州法律而寻求更有力的保护对私有财产者有着更大的吸引力。私有财产神圣不可侵犯作为一个支撑美国宪政的重要原则,构成了其他公民自由与权利得以保全的有力支撑。凯洛式征收对以商业开发为目的征收的肯认陷财产权于水深火热之中,在联邦体制双重保护之下,由州法院来填补这一缺漏,巩固宪政基础,显得毋庸置疑。后凯洛时代,州法院的普遍否定性回应恰恰给出了证明。

结语:后凯洛时代之公用判断对中国的启示

诚如本文导言所述,中国目前正处于迅速城市化的进程中,大规模、大范围的城市建设弥漫全国,尤其是旧城改造、保障性安居工程以及基础设施建设等。征收权的行使成为推动城市化进程的主要手段,也成为引发各种社会矛盾的导火索。城市建设过程中,各种利益集团,尤其是房产开发商的涌入,撩拨着不动产所有者的权利神经,搅乱了正常的征收秩序。商业开发是为了开发商的利益,还是为了经济发展这一政府所谓的公共利益?这样的疑问充斥于各种暴力拆迁、各种抵制征收的纠纷中。令人遗憾的是,征收实践的纷繁复杂却没有促成国内征收理论的应时解决。长期以来,学界关于"公共利益"的讨论虽可谓卷帙浩繁,但理论上仍未达成普遍的共识。就公共利益与商业开发的关系问题而言,部分学者认为应当严格区分公益需要征收与商业需要征收,前者属于行政法律关系,后者属于私法关系；[184]部分学者指出公共利益并不一定是非商业性的利益，[185]商业开发也可以成为不动产征收的正当性依据；[186]也有持中的观点区分了不同情况下商业开发与公共利益的关系，主张"以消除贫民窟为目的的商业开发可以纳入作为征收理由的公共利益范围之内；而除此之外的商业开发则应当被排除在外"[187]。某种程度上，征收诉讼中公共利益要件司法审查的缺乏造成了这种未达共识、各执一端的情况，这也使得盲目地否定或完全肯定征收中的商业开发目的难免有急躁冒进之嫌。同样经历着城市化洗礼的美国对于中国，尤其在征收领域有着重要的借鉴意义。

首先，作为征收之限制的公共利益与商业开发并非势不两立。如前文所分析，与理论上对商业开发弊端的忧心忡忡相比，政治上追逐经济发展的趋势在城市重建过程中似乎已经势不可挡，出于城市发展的需要，尽管各州通过立法与司法积极反制凯洛式征收，但商业开发本身仍然在一系列的征收中占有一席之地——商业开发在衰败区征收中获得重生，甚至成为衰败区征收的唯一目的。从州法院近来判决的征收案件来看，通过将非议重重的商业开发限定于衰败地区，新泽西州最高法院和纽约州上诉法院都允许系争征收中商业开发目的的存在。纵观美国城市更新运动的发展历程，商业开发也首先作为"清除衰败"这一公用的辅助而存在，此后逐渐成为推动城市就业、税收增加、经济发展的主要手段，城市更新本身由以解决住房问题为主，逐渐演变为追求城市经济复兴。

---

[184]　如梁慧星教授指出国家征收必须为了公共利益，商业利益绝对不行，参见新京报：《人大代表建议废除拆迁条例》，http://finance.qq.com/a/20091211/000327.htm，访问日期：2012年6月1日；费安玲教授认为征收只能以公共利益为直接目的，排除任何商事性质的利益，参见费安玲：《对不动产征收的私法思考》，《政法论坛》2003年第1期；孙宪忠：《论城市房屋拆迁中的物权问题》，http://www.civillaw.com.cn/article/default.asp?id=52665，访问日期：2012年6月1日。上述观点多是从私法角度出发，将商业利益需要的拆迁视为私法关系，公益需要的征收为公法关系，实质上，在"公共利益"这一不确定法律概念难以具体辨明，且又深受社会需要变迁影响的背景下，这种将商业利益与公共利益完全对立且剥离的观点诚值质疑。

[185]　参见张薇、张雪萍：《关于公共利益的重新考量——土地征收问题中对美国法的几点借鉴》，《河北理工大学学报（社会科学版）》2008年第4期；王小岭：《论我国征收制度中的公共利益认定》，《中共云南省委党校学报》2007年第4期。

[186]　前引[8]，刘连泰文。

[187]　参见程铁锁：《作为财产征收理由的公共利益之限制解释》，厦门大学2008届硕士学位论文。

其次,公共利益概念的不确定特质意味着任何纯粹理论上的建构由于脱离社会发展的实际,难免空中楼阁,意义不大。美国法上的情形告诉我们,征收权作为政治需要的产物,承载着一定的社会经济发展目标,而作为征收权限制的公用本身也是一个历时性的概念,随着社会需要的日益多元而不断变化,在不同的历史时期,面对不同的社会发展需要,公用本身可能会生发出多元的内涵,征收所采用的手段以及实现公用的手段也可能不一样。商业开发是否能够纳入公用的含义射程内,作为公用实现的手段而存在,应该放在一定的经济社会发展背景之下,置于具体的个案当中。凯洛式征收虽然遭到了强烈的反制,但就凯洛案本身而言,以商业开发为目的的征收似乎已经成为解救新伦敦市于经济急剧衰退的唯一良方,大部分公众对于商业开发也并无强烈的抵触情绪;同样,以伯尔曼案为代表的衰败区征收中,由于社区衰败,商业开发肯定要比不开发的情形要好,因而法院也予以认可。

再次,公共利益与商业开发关系的理清还有待于法院通过具体的案例予以辨明,以为征收实践以及征收矛盾的解决提供凭借。凯洛案本身引起了极为广泛的立法与司法回应,然而立法层面的反制事实上几乎归于无效,无法为财产权提供更有力的保护,而司法层面虽然没有立法反制来得汹涌澎湃,但却事实上更有效地保护了公民的财产利益,这意味着法院在促进征收的合法、正当展开上有着举足轻重的地位。从后凯洛时代各州的征收判决来看,在存在公用争议的情况下,法院不应被动地采纳征收机构的公用判断,而应该结合案件本身的情况,综合考虑各种因素,以判断特定的用途是否为了公用。观诸国内征收,纯粹理论的角度似乎无法拨开公共利益与商业开发之间的重重迷雾,《征收补偿条例》虽然以概括结合具体列举的方式对公共利益作了界定,但显然也存在诸多漏洞,这仍然有赖于法院结合个案予以厘定。[188]

---

[188] 《中华人民共和国行政诉讼法》第 11 条规定:"人民法院受理公民、法人和其他组织对下列具体行政行为不服提起的诉讼……(八)认为行政机关侵犯其他人身权、财产权的。"据此,行政征收行为属于行政诉讼的受案范围。尽管征收问题显然属于行政诉讼的受案范围,但事实上不仅是法院极少问津征收的公共利益问题,令人奇怪的是,被征收者提起的诉讼中似乎也很少涉及这一问题,即使存在征收所为何种利益的分歧,似乎也更经常诉诸个人抵抗。

由此，在处于飞速城市化阶段的中国，问题的重心似乎并不在于单纯的争论是否应当严格划清公共利益与商业开发的界限，而在于如何在具体个案当中，区辨政府对经济发展这一公共利益的追求与私人开发商对于商业利益的期待，如何协调好征收过程中所涉及的这两种利益追求，莫让私人开发商的利益喧宾夺主。以旧城改造为例，这与美国的衰败区征收极为相似。旧城改造中，私人开发商介入被征收财产的建设，承担部分城市建设成本，推动居住条件改善、就业和税收增加，已成为一种普遍的手段，没有必要也不应全然地、片面地予以否定。关键的问题在于如何防止具有一定政治影响力的私人开发商俘获征收程序——政府与私人开发商合谋打着公用的幌子，行为私人牟利之实。此时，根据美国法上的经验，法院应当通过考察具体的征收程序、项目规划以及公共利益的重要性、征收意图等，识别是否存在幌子征收。中国的《征收补偿条例》也为这种司法审查提供了依据，如第 3 条强调了征收与补偿应当遵循决策民主、程序正当、结果公开的原则，第 9 条强调综合规划的重要性，强调规划制定中的公众参与等。

【推荐人及推荐理由】

作为征收要件的公共利益与商业开发利益之间纠葛甚深，中外皆然。美国联邦最高法院于 2005 年作出的凯洛诉新伦敦市案判决，在肯定商业开发可以作为征收目的的同时，正式宣告"公用"（public use）标准走向虚无。一石激起千层浪，凯洛案判决不仅在美国司法、政治领域引起强烈反制，也为我国学术界广泛关注。《后凯洛时代作为征收理由的"公用"判断标准——以州法院的判决为线索》一文从凯洛案的裁判逻辑出发，以州法院的征收判决为线索，系统梳理了凯洛案的司法回应。根据该文论述，凯洛案的司法回应特点有三：（1）法院对立法判断的遵从态度影响了对公用要件的认定；（2）衰败区征收与以商业开发为目的的征收相互纠葛，前者成为后者合宪的掩护；（3）幌子征收渐受推崇，成为法院识别公用的最新方法。以此为基点，作者不仅理清了公用判断上立法与司法、清除衰败与商业开发之间的纠葛变迁，而且从分权原则与新司法联邦主义的角度对凯洛案本身及其司法回应作出解释。该文选题直指社会热点；融判例分析与比较于一体;结构严谨,语言流畅;资料翔实,论证充分,尤其对凯洛案及其司法回应的把握比较到位,且系统阐明了美国法上公共利益与商业开发利益之间的关系,对中国问题颇有借鉴意义。

——推荐人:刘连泰(厦门大学法学院教授、博士生导师)

Abstract: Kelo v. City of New London, a 2005 case of the Federal Supreme Court, is widely considered as a milestone in the development of eminent domain theory of the USA. Not only in the political area, but also in the judicial field, this case has led and is leading to a widespread reaction. This article traces the typical cases of condemnation in state courts after Kelo, focusing on the attitude of these courts towards Kelo-style takings, and attempting to offer a possible explanation about this judicial response, in order to conclude some useful information for both theory and practice of eminent domain in China. The part of Introduction illustrates the importance of discussing the "public use" standard in Post-Kelo world. The Kelo decision, which brings unprecedented backlash in America, also draws the universal attention of academia in China. The debate of "economic development" purpose in Kelo and its extended cases has great influence on the conflict between "public benefit" and "economic development", which has been perplexing the condemnation of China. Part 1 introduces the details of Kelo, the main content of this decision and the legislative reaction. The Federal Supreme Court established a review approach of extreme judicial deference, recognized pure "economic development" as a due purpose of eminent domain, and also emphasized the judicial review over "pretextual takings". Though there were extensive legislative reactions, in fact, nearly none of them provided meaningful protection for property owners. As a result, the fate of property rights still rests in large part in judicial hands. Part 2 depicts the landscape of "public use" in state courts after Kelo, categorizes the condemnation decisions of state courts into three types: state decisions directly rejecting

Kelo-style takings, state decisions limiting Kelo-style takings, exceptions of extensively countering Kelo-style takings. This part also briefly summarizes the features of the way state courts dealt with "public use" issues after Kelo. Part 3 elaborates the "pretextual taking" problem after Kelo, on the basis of the condemnation cases involved in Part 2, and preliminarily discusses how to identify the "pretextual taking" in Kelo decision and in theory. Part 4 analyzes the feature of judicial response to Kelo——the tension between "Blight taking" and "economic development" taking, and retrospects its evolution in judicial and political field, combining with the relationship of "Blight" and "economic development". Part 5 attempts to give an explanation of the landscape in state courts after Kelo, both through the "Separation of Powers" principle and the "New Judicial Federalism". "Separation of Powers" principle influences the choice of courts towards the judicial deference approach, and the "New Judicial Federalism" stresses on the more meaningful protection state courts can offer to property owners via interpreting state constitutions. The part of Peroration examines the enlightenment of "public use" standard after Kelo to China. "Public benefit", as a limitation to eminent domain, cannot be clearly defined, upon which the court should bear the responsibility. However, whether "economic development" is an due end of condemnation lies in the need of social development, and details of individual case.

Key Words: Kelo; Economic Development; Judicial Deference

（责任编辑：徐　建）

《政府信息公开条例》中
"特殊需要"的解释与适用

——以中华环保联合会案为例

斯　彦[*]

内容提要　《政府信息公开条例》的"特殊需要"条款,在实践中往往被行政机关利用,成为不予公开的理由。这使得信息公开的立法宗旨失去了意义,也无法保障公民的知情权。"特殊需要"的解释与适用应当以信息公开的立法理念为原则——最大限度地保障公开,对于生产、生活、科研等"特殊需要"的解释应当放宽。法院在适用《政府信息公开条例》第十三条的过程中,不能将"特殊需要"作为原告资格要件,而应当作有限度的审查。在现有法律框架内无法得到解决时,可以引进案例指导的方法,以公报案例为契机,逐渐转变观念与思路,实现司法公平与公正。

本文的第一部分对"特殊需要"进行理论梳理,前半部分从规范层面讨论"特殊需要",运用文义解释、体系解释和目的解释手段,对"特殊需要"的含义、适用情形以及在其他法律条文中的表现形式等进行了分析。后半部分总结理论界对于特殊需要相关问题的研究现状,揭示了理论界对于"特殊需要"及其条款的解释与定位并未形成统一意见。

第二部分则转换视角,从典型案例入手,分析论证实务界对解释与适用"特殊需要"的思路的转变。首先,分析该案之前相关案件的裁判逻辑,指出地方法院在对待"特殊需要"的问题上并没有统一,需要权威机构给出指导性意见。然后,对中华环保联合会案的裁判思路进行梳理,总结出最高法院对"特殊需要"的"官方"的、更具指导性的解释意见。最后,根据环保联合会案后出现的几个案例,分析了环保联合会案所没有解决的两个问

---

[*]　浙江大学光华法学院法学硕士(2014届)。

题:特殊需要的审查方向和审查程度。

第三部分主要是与"特殊需要"相关的两个问题,首先是由环保联合会案引发的再思考,从环境信息公开的视角探寻特殊需要的非必要性。则提供了未来解决"特殊需要"相关问题的两条路径。

第四部分是结语,主要是对全文论点的整理和总结。

关键词　信息公开　特殊需要　司法审查

一、引　言

(一)问题的背景

《中华人民共和国政府信息公开条例》[1]明确了两种信息公开的方式,一种是行政机关根据职权主动公开,一种是依申请公开,即被动公开。《条例》第十三条规定的就是依申请公开,如果将条文进行粗略的分割解读,可以认为其中的"公民、法人或者其他组织"为依申请公开的申请人要件,"国务院部门、地方各级人民法院及县级以上地方人民政府部门"是申请对象要件,至于自身的生产、生活、科研等"特殊需要"应当如何解释? 是否也是依申请公开的一个要件呢? 这是本文将要回答的问题。诚然,关于"特殊需要"的解释,学界自有研究,众说纷纭,始终没有形成通说。实践中对"特殊需要"的适用,也各有千秋,未能统一。

直到 2013 年 1 月,《最高人民法院公报》上一则名为"中华环保联合会诉贵州省修文县环保局不履行政府信息公开案"[2]的出现,意味着最高人民法院终于不再沉默,开始面对"特殊需要"在解释和适用中的现状和问题。

本文将环保联合会案作为标志性案例,结合《条例》及其司法解释对"特殊需要"的相关规定,一并参考并分析了实务中相关判决对"特殊需要"之内涵与地位的认定,试图解答并论证以下问题:(一)"特殊需要"应当作

---

〔1〕 下简称《条例》。
〔2〕 下简称"环保联合会案"。

何解释? 它的范围有多大? (二)法院在环保联合会案前后是如何解释与适用"特殊需要"的? (三)"特殊需要"的地位是什么? 它是申请要件抑或原告资格要件吗? 此外,除环保联合会案,本文所参考的案例均来自北大法宝的检索,关键词为"特殊需要"。

(二)环保联合会案的切分

1. 案情的简述

2011 年 10 月,本案原告中华环保联合会向贵州省清镇市人民法院的环保法庭起诉称,贵州好一多乳业公司超标排放工业污水,法院将其作为环境公益诉讼案件予以受理。在审理过程中,由于案件的需要,中华环保联合会向本案被告贵州省贵阳市修文县环境保护局提出信息公开申请,要求向其公开好一多公司的排污许可证、排污口数量和位置、排放污染物种类和数量情况、经环保部门确定的排污费标准、经环保部门监测所反映的情况及处罚情况、环境影响评价文件及批复文件、"三同时"验收文件等有关环境信息。本案被告在收到申请后,认为原告申请公开的信息内容不明确,信息形式要求不具体、不清楚,获取信息的方式不明确,故未答复原告的信息公开申请,也未向其公开所申请的信息。中华环保联合会遂提起政府信息公开不履行之诉。

一审法院经审理支持了原告的诉讼请求,被告不服一审判决提起了上诉,但是在贵阳市中级人民法院的二审审理过程中,又以"环保局向人民、法人及其他组织主动公开政府信息是其义务和责任"为由,申请撤诉,自愿服从一审判决。2013 年 1 月,《最高人民法院公报》收录并登载了本案,并撰写了裁判摘要,其中提到"具有维护公众环境权益和社会监督职责的公益组织,根据其他诉讼案件的特殊需要,可以依法向环保机关申请获取环保信息。在申请内容明确具体且申请公开的信息属于公开范围的情况下,人民法院应当支持"。[3]

2. 问题的提出

根据《条例》第十三条以及《国务院办公厅关于施行〈中华人民共和国

---

〔3〕　中华人民共和国最高人民法院:《最高人民法院公报》2013 年第 1 期。

政府信息公开条例〉若干问题的意见》[4]第十四条的规定,公民、法人和其他组织可以根据自身的生产、生活、科研等特殊需要向有关政府机关申请政府信息公开,而公开义务的机关可以不予提供申请人申请公开的与其生产、生活、科研等特殊需要无关的政府信息。"生产、生活、科研等特殊需要"这一表述颇值得分析,因为这不仅是学界研究信息公开问题所不能绕过的概念,也是实务界在面临信息公开事例和案例时必须处理的一环,由此,这也引出了本文将要讨论的三个问题。

首先,本文要处理的是应当如何解释"特殊需要"的问题。笔者通过查阅《现代汉语词典》,查明"生产"在现代汉语中意指使用工具来创造各种生产资料和生活资料,"生活"则指人或生物为了生存和发展而进行的各种活动,通俗地说就是衣食住行等各方面的活动,最后,"科研"就是科学研究。如果按照一般的文义解释,"生产"和"生活"已经几乎涵盖了人类生存和发展的全部行为和过程了,至少"科研"是可以解释进入生产或生活的范畴的。但是,由于申请主体不限于自然人(条文中表述为"公民")而包括了法人和其他组织,它们的活动当然不限于"生产"与"科研",然而,"生活"的主体仅限定为"人或生物",因此,法人和其他组织为了生存和发展的全部活动并未被"生产、生活、科研"这三个概念周延。接着,当我们进一步讨论到"等"字该如何解读的问题时,就不难发现既然"生产、生活、科研"已经在逻辑上未达成周延的状态,这个"等"字就可以理解为列举未尽,"生产、生活、科研"只是列举的一部分,"特殊需要"在三个语词之外还有更加广泛的含义。下面,让我们回到环保联合会案,本案的审理法院受理了案件,并支持了原告的诉讼请求,这意味着本案原告申请公开的政府信息与其"特殊需要"应当是有联系的。此后最高人民法院的裁判摘要明确了这一点,并将其总结为一种"其他诉讼案件"的"特殊需要"。这似乎是对"特殊需要"的一种补充,或者说是对"等"之后的又一个列举。因为如前所述,推动其他诉讼案件这一需要对环保联合会这个公益组织来说显然不属于自身的生产需要,也不是科研需要。根据"特殊"所修饰的主语的不同,"生产、生活、科研等特殊需要"本身有两种解读:一是"特殊的"生产、生活、科研等需要,

〔4〕 下简称《意见》。

亦即并非所有的生产、生活、科研需要都是"特殊需要",需要界定"特殊"的标准或者将"特殊需要"类型化;二是生产的"特殊需要"、生活的"特殊需要"以及科研的"特殊需要",换句话说一切生产、生活、科研等需要都是"特殊需要"。按此种逻辑,只要申请人具有与其自身相关的信息需求,并可将其归入某类的,就可以依该条获取相关政府信息。[5] 显然,前一种"特殊需要"的范围要比后一种小,那么由此引出的问题是学术界和实务界是如何作出选择的? 在作出选择的背后有什么深层的原因呢?

本文要解决的第二个问题是应如何适用"特殊需要"。"特殊需要"在信息公开申请和信息公开之诉中的地位也是值得探讨的,在不少案件中有行政机关和裁判法院将其视为申请信息公开的资格要件的,也有认为"特殊需要"是信息公开之诉的原告资格要件的,还有将不符合"特殊需要"的信息认定为不属于公开的范围的。总之,"特殊需要"在法律适用中的地位问题尚未在实务界形成统一观点。

最后,回到案件本身,既然环保联合会案揭示了"诉讼需要"也可能是一种"特殊需要",本文的第三个问题就是,这能否意味着对"特殊需要"的解释可以借由个案的判决进行一定程度的扩张。下文就是对上述问题的展开分析。

二、"特殊需要"的学理分析

(一)"特殊需要"的规范分析

1."特殊需要"的含义

"特殊需要"是什么? 它究竟特殊在哪里? 自《条例》公布以来,学界始终未能找到明确的答案。

且不谈《条例》的立法目的是否是保障公众的知情权,《条例》的实施在客观上确实有利于知情权的保护。《条例》不仅在第九至十二条设置了行

---

〔5〕 钱影:《公开,抑或不公开——对〈中华人民共和国政府信息公开条例〉第 13 条的目的论限缩》,《行政法学研究》2009 年第 2 期,第 69 页。

政机关主动公开信息的义务,并列举了具体内容,还在第十三条确认了公众申请信息公开的权利。从主动公开和被动公开的信息的内容来看,主动公开的政府信息,具体表现为行政法规、规章及政策性文件,区域经济和社会发展的规划、统计信息,财政预算和决算报告等涉及公民、法人或者其他组织的切身利益,或者需要社会公众广泛知晓或者参与的,或是反映行政机关职能及机构设置等基本情况的。这些信息主要面向行政区域内的不特定多数人,主要针对的是该行政区域内的较为宏观的事务。而被动公开的信息,往往是具体的、个别的,这类信息绝大多数人都不会也无意知晓,因为它们不会从根本上牵涉到公众的利益,只是个体在个案中为了特定的需要,而希望掌握信息的机关向其公开。此外,再从主动公开和被动公开的功能上看,依申请公开应当是依职权主动公开的补充,依据是《条例》第十三条中“除……外”的表述方式以及《最高人民法院关于审理政府信息公开行政案件若干问题的规定》(下简称《若干规定》)中规定的,当公民、法人或其他组织对行政机关应当主动公开而未公开的行政不作为提起诉讼的,应当先向行政机关进行申请。可见,从制度设置的目的来看,《条例》赋予申请人以政府信息公开请求权主要是在依职权公开出现疏漏或不能满足需求时,信息需求人可以申请公开信息。[6]

回到上文提到的“特殊需要”中“特殊”的两种解读方式的问题,既然主动公开的政府信息内容是从国家、社会以及社区的层面出发,那么它必定不能细致而全方位地触及个体的每一个方面,因此依申请公开制度作为一种补充,应该起到“兜底”的作用,将个体的权利全部兜住,从而不至于使任何一个公民丧失权利救济的机会。因此,将特殊仅理解为对生产、生活和科研的总括性的定语,相对于主动公开的“一般性”更为妥当。实务中,已经有法院在判决中有意无意地采用了后一种解读方式,如在届××诉郑州市物价局政府信息公开案中[7],法院判决认为,原告届××根据自身生活

---

〔6〕 王玉林:《政府信息公开条例立法目的的解读——是保障知情权抑或其他?》,《云南大学学报》(法学版),2010年第3期,第14—19页。

〔7〕 本案案情:原告届××是紫薇苑小区业主,其与2009年4月15日摇中紫薇小区的一套经济适用房,后其怀疑房价畸高,故向被告申请公开该小区用房征地、拆迁、安置费用的原始凭证等有关房价成本的材料。参见《河南省郑州市中级人民法院行政判决书》〔2009〕郑行中字第185号。

需要,可以向被告申请获取相关政府信息。我们注意到在裁判文书中并未提及"特殊需要",而是用自身生活需要取代。同样在"王××诉慈溪市附海镇人民政府不履行政府信息公开法定职责纠纷案"中[8],浙江省慈溪市人民法院认为,原告申请被告公开涉及其承包地的建设用地项目的土地征收补偿、补助费用的发放、使用情况,应认定为基于其自身生产、生活的需要。同样,也没有强调说是"特殊"需要。在这两份判决文书中,法官隐去了"特殊需要"中的"特殊"字样,可以说是一种淡化"特殊"概念的尝试。

综上,笔者认为,我国的政府信息公开条例将信息公开的方式分为行政机关主动公开和依申请公开,在主动公开下才是"一般需要",因为这是法律法规加给公开主体的义务,而既然是义务,那么其所涉信息内容一般是与不特定多数的公众有一定的关系。但是依申请公开的部分,是申请人作为一个特定的个体,具有一个特定的背景,当他要求行政机关公开其本没有义务主动公开的信息时,对于其他不特定多数人来说,这不是一种一般的需要,而是该请求人的需要,即"特殊需要"。

2."特殊需要"的适用条件

接上文所述,"特殊需要"的适用问题仅存在于依申请公开这一方面。而依申请公开信息制度又是"资讯公开法制重心之所在"[9],它对于实现获得政府信息的权利和促进政府信息公开,实现信息公开法的目的有不可替代的作用[10],政府信息获取权利,在不同的文献中也被称作公民信息申请权或政府信息公开请求权,作为一项独立的实体请求权,本意是指任何公民无论基于何种原因,更不论与有关的政府信息是否有利害关系,均可

---

〔8〕 本案案情:原告系某村村民,享有该村集体土地的承包经营权,其向被告提出申请要求复制附海镇向该村征地所涉的征地安置费以及各户青苗补偿费的原始凭证。被告未予同意,并在诉讼中辩称原告所申请的信息与其自身的生产、生活、科研等特殊需要无关,遂不予提供。参见《浙江省慈溪市人民法院行政判决书》〔2010〕甬慈行初字第62号。

〔9〕 法治斌:《迎接资讯公开时代的来临》;杨解君:《行政契约与政府信息公开》,东南大学出版社2002年版,第191页。

〔10〕 张明杰:《开放的政府——政府信息公开法律研究》,中国政法大学出版社2003年版,第172页。

以请求政府向其提供有关的政府信息。[11] 不过，在我国的信息公开法规范中它的范围被《条例》和《意见》中的"特殊需要"条文大大限缩了。通常，信息公开法规定任何人都可以申请获得政府信息，只有行政程序法中规定的信息申请人才须与行政行为有利害关系。因此，通说认为依申请公开信息的权利主体具有无限性，体现在对申请信息的目的没有限制及对于所申请信息是否有利害关系没有限制。

3.《条例》之外的"特殊需要"

行文至此，主要仍是在《条例》的基础上，由文义出发，经由信息公开相关的法律法规体系和信息公开立法目的，对"特殊需要"这一概念进行了解释。但笔者认为这还不够，基于行政法程序性原则中的行政公开原则的要求，加之行政许可法、行政处罚法等各部行政法律都先于《条例》出台，因此严格意义上说，信息公开制度并非仅仅单一地存在于《条例》及其相关司法解释之中，而是分散于多部行政法律法规中。甚至可以说，《条例》以及信息公开制度的形成其实都全部或部分来自各部行政法规范中信息公开制度的总结、整理。这里笔者主要就《行政许可法》和《行政复议法》中信息公开的影子，通过分析相关条文从而能由《条例》的外部寻求解释"特殊需要"的新路径。

一是《行政许可法》第四十条和第六十一条的关于"公众查阅权"规定；二是行政程序中的体现的"卷宗阅览权"的相关法规范。

公众查阅权与卷宗阅览权既有相似方面也有相异之处，两者申请查阅的对象可能是一样的，但是其行使主体、行使时间和行使目的却不尽相同。卷宗阅览权的行使主体一般是行政程序的当事人、利害关系人，行使卷宗阅览权的时间条件一般限定在特定的行政程序之中，其是一种为了与行政机关实现有效对抗的防御性权利，当事人或利害关系人通过案卷阅览，可以在行政主体作出最终决定之前为自己申辩从而维护自己的合法权益。公众查阅权，笔者认为其实质就是政府信息获取的权利，包括主动公开和依申请公开。主动公开的情形譬如《行政许可法》第四十条规定的"行政机

---

〔11〕 许莲丽：《保障公民知情权——政府信息公开诉讼的理论与实践》，中国法制出版社2011年版，第 77 页。

关作出的准予行政许可决定,应当予以公开,公众有权查询"。依申请公开,即公众可以在任何时间(通常是行政程序结束和行政决定作出之后)申请查阅有关材料,其目的往往是监督行政机关职责的履行或是满足自身在社会经济生活中的需求。一般来说,公众查阅权的权利主体为与行政程序并无关系的公众。

　　《行政许可法》第六十一条第二款规定:"行政机关依法对被许可人从事行政许可事项的活动进行监督检查时,应当将监督检查的情况和处理结果予以记录,由监督检查人员签字后归档。公众有权查阅行政机关监督检查记录。"该条款是否意味着,公众请求查阅行政机关监督检查记录的行为属于申请公开政府信息行为?而行政机关若对此予以拒绝是否可依政府信息公开条例提起诉讼?笔者认为这是当然的,首先,行政机关监督检查记录是由政府机关在履行职责过程中制作、收集的政府信息;其次,查阅也是信息公开的一种方式。因此,这里的公众查阅行为可以认为是申请公开政府信息的行为,应当受到《条例》约束。既然如此,那么公众申请查阅监督检查记录就需要符合"特殊需要"的要件了。问题是,《行政许可法》第六十一条之所以规定了"公众查阅监督权",就是将监督行政机关是否切实履行义务的权利赋予公众。公众可以以外部监督的身份监督行政权力的行使,这种思路也是公认的一种有效的外部监督方式。可是,当监督者必须满足符合自身生产、生活和科研等"特殊需要",才能行使监督权利时,监督的力度和广度无疑就被削弱了,并且这与《行政许可法》第六十一条的立法原意相违背。因此,在现有的规范框架内,如果我们不能废除"特殊需要"条款,那么在法律解释上必须保证从监督权和知情权的原则出发,尽可能对"特殊需要"作扩大的目的解释。

　　卷宗阅览权指行政程序中,公民、法人或者其他组织为了主张或维护其利益,参与行政程序,向行政机关申请阅览、抄写、摄影、复制由后者制作、收集的有关材料的权利。从本质上讲,卷宗阅览权与信息公开申请权一样,"都是知情权在行政法中的体现"。[12] 因此也有学者认为,《条例》第

─────────

〔12〕 李大勇:《信息公开与卷宗阅览:界限、机理与模式》,《甘肃政法学院学报》2011年第2期,第95—101页。

十三条可能隐藏着"卷宗阅览权",其从有利于公民事先知情权方面的解释角度,可以将"特殊需要"解释为公民在特定案件中为了陈述、申辩的需要,申请行政机关公开相关信息,这种情形是可以为这里的"特殊需要"所包容的。[13] 2008 年 12 月的袁××与安徽省人民政府不履行政府信息公开法定职责纠纷案[14],也反映了当时法院是受理行政程序相对人的代理人以政府信息公开为由要求查阅案卷信息的,此案最后经过二审并进入实体审理阶段。本案一审法院判决驳回原告诉讼请求的主要理由是,还未审理终结的行政复议案件的相关材料不属于《条例》规定的主动公开的政府信息,且该材料与原告自身生产、生活、科研等"特殊需要"无关联。这也是受理政府信息公开诉讼的一般思路:首先看其是否属于主动公开范围,若答案是否定的,则根据第十三条审查是否符合"特殊需要"。二审法院则补充了一条理由,即上诉人的委托代理人已到被上诉人处查阅复议案件的卷宗并复印了相关材料,获得了上诉人要求公开的信息,也就是说其目的已经达到,故驳回上诉,维持原判。从此案可以发现,法院默认了借由政府信息公开诉讼来达到行使卷宗阅览权的目的的行为,但是却否认了"特殊需要"可以包容卷宗阅览权的诉求,或者说将卷宗阅览权的行使解释为"特殊需要"的一种。

不过,2011 年《若干规定》的发布则拒绝将卷宗阅览纳入政府信息公开之诉,它在第二条规定道:"人民法院不予受理:行政程序中的当事人、利害关系人以政府信息公开名义申请查阅案卷材料,行政机关告知其应当按照相关法律、法规的规定办理的。"最高人民法院此举,正式在卷宗阅览制度与政府信息公开制度之间划了一道明晰的界线,卷宗阅览制度是政府信息公开制度之外的制度,尽管两者同源(都是知情权在行政法上的体现),但是却在行政法的发展进程中,分为两支。卷宗阅览权与信息公开请求权,都是要求公开特定的信息,但是前者的必要条件是请求人为了保护自身在行政程序中的权益。而信息公开制度则不同,请求人提出公开请求时无须以保护自身的权益为前提要件,即使不存在权益保护的必要条件时,

---

〔13〕 章剑生:《知情权及其保障——以〈政府信息公开条例〉为例》,《中国法学》2008 年第 4 期,第 145—156 页。

〔14〕 详细案情可参见《安徽省高级人民法院行政判决书》〔2008〕皖行终字第 0136 号。

国民或市民也可以广泛地行使信息公开请求权。[15]

为什么当事人会利用信息公开制度来达到查阅案卷的目的呢？是否是因为卷宗阅览权的救济出现了问题呢？有人提出，因为信息公开制度中没有利害关系人的限制，也无请求权期限的要求，从这里反而可能寻找到充分灵活使用信息公开制度的有利之处。[16]

其实卷宗阅览制度和信息公开制度还是有本质上的区别的。综合前文所述，主要有：其一，权利主体不同。卷宗阅览权的主体必须与案件有一定关联，其不是案件当事人、代理人就是案件的利害关系人，而信息公开请求权人理论上没有资格限制，不过我国的《条例》第十三条中附加了"特殊需要"的限定。其二，权利存续的时间不同，卷宗阅览请求权的存续期间一般限于特定的行政程序之中，信息公开请求权则不受时间限制。其三，权利的性质不同。卷宗阅览请求权是附属性的程序性权利，信息公开请求权则是一项独立的实体性权利。其四，权利保护的对象不同。卷宗阅览请求权是一项防御性权利，是为了赋予行政程序中的相对人能够对抗行政主体的力量，而信息公开请求权则主要是为了保障国民的知情权。最后，两者的救济方式也并不相同。这也是由其性质所决定的，由于卷宗阅览权并非一项独立的实体权利，因此，当事人只能在对实体权利的争讼中将对卷宗阅览权的损害作为一项理由，而不能单独提起侵犯卷宗阅览权之诉。此外，《行政复议法》第二十三条第二款规定："申请人、第三人可以查阅被申请人提出的书面答复、作出具体行政行为的证据、依据和其他有关材料，除涉及国家秘密、商业秘密或者个人隐私，行政复议机关不得拒绝。"这就意味着，行政复议中的卷宗阅览权是能够保证的，一般不必经过行政复议机关的同意，除非涉及国家秘密、商业机密或者个人隐私权，复议机关不得以种种理由和借口拒绝当事人阅卷。至于信息公开请求权人则可以知情权被侵犯为由向行政机关提起政府信息公开诉讼，但是信息公开申请除了这三个理由外，还有"三安全一稳定"等豁免公开事项，而且行政机关在作出是否公开决定之前往往是要审查的。

---

〔15〕　李广宇：《政府信息公开司法解释读本》，法律出版社 2011 年版，第 25 页。

〔16〕　江必新：《最高人民法院关于审理政府信息公开行政案件若干问题的规定——理解与适用》，中国法制出版社 2011 年版，第 47 页。

但是由于《条例》第十三条规定了"特殊需要"条款和国务院的《意见》的"行政机关对申请人申请公开与本人生产、生活科研等特殊需要无关的政府信息可以不予提供",行政机关往往据此拒绝公开,在现实中造成了申请公开的内容范围和申请公开的主体范围缩小的后果。原本卷宗阅览权和信息公开申请权的公开主体(公开对象)是有区别的,但是现今的趋势是两者的差距越来越小,甚至"并无质的差异"[17]。因此,有学者下了结论:依申请公开信息已经开始转化为行政机关对于行政程序中涉及个案信息的被动公开制度,即通常意义上所讲的卷宗阅览。[18]当原本并行的两个制度出现了趋同的趋势,会使得被同化的制度丧失了原有的作用,当"特殊需要"成为行政机关不愿公开政府信息的挡箭牌,甚至成为限制申请人主体资格的理由时,政府信息公开制度就成为空有一套躯壳却丧失了灵魂的工具。

(二)"特殊需要"的学说梳理

1."特殊需要"与信息公开申请资格

有观点认为,《条例》第十三条的"特殊需要"为申请政府信息公开设置了一道过高的门槛。章剑生教授指出,《条例》第九至十二条规定了政府信息主动公开范围,《条例》第十三条的规定,限制了第九至十二条所规定的政府信息公开范围。它所体现的立法原则实质上是不公开是原则,公开是列举。[19]一些学者将我国的信息公开条例与美国和中国香港特别行政区等境外的立法进行了比较研究后认为,对美国信息自由法而言,政府信息公布是一项普遍性的义务,我国的《条例》则将政府对于申请人公布信息规定为一项特殊服务:只有具备"特殊需要"者才有权申请获取政府信息。[20]

---

〔17〕 李大勇:《信息公开与卷宗阅览:界限、机理与模式》,《甘肃政法学院学报》2011 年第 2 期,第 95—101 页。

〔18〕 李大勇:《信息公开与卷宗阅览:界限、机理与模式》,《甘肃政法学院学报》2011 年第 2 期,第 95—101 页。

〔19〕 章剑生:《知情权及其保障——以〈政府信息公开条例〉为例》,《中国法学》2008 年第 4 期,第 145—156 页。

〔20〕 涂四溢:《政府信息公开条例的价值缺陷》,《行政法学研究》2010 年第 1 期,第 59—67 页。

而香港特别行政区的立法状况是,《守则》[21]中的依申请公开制度是以"知的权利"为基础的,而不是以"知的需要"为基础的。《守则》承认"推定公开"的原则,对申请人不设资格和申请理由的限制。[22] 从世界各国政府信息立法来看,人人享有平等获取政府信息的权利通常是政府信息处理的基本原则之一。政府信息是公共财产和资源,人人享有平等获取的权利。这个原则要求,与特定政府信息有利害关系的当事人有权获取政府信息,与特定政府信息无关的当事人也有权获取政府信息,没有资格的限制。美国的信息自由法有要求说明,但是《澳大利亚信息自由法》只是要求申请信息公开必须是书面的、能够被识别并确定能送达的。《新西兰政府信息法》和《爱尔兰信息自由法》也都没有规定申请人必须具备"特殊需要"之类的条件。《英国信息自由法》则规定了"本法所指的信息申请,是指符合下列条件的请求:以书面形式;说明申请人的姓名和通信地址;并说明所申请的是获取什么信息"。从比较法的视角来看,境外的信息自由法多立足于知情权的保护,一般不会规定申请人必须与其欲获取的信息有特定的联系或是"特殊需要"的,只要拟申请信息并无违反不得公开的禁止性条款就应当公开。由于"特殊需要"一词自身的模糊性和不确定性,也没有形成一个权威的标准,因此无疑给予行政机关一个自由裁量权和拒绝公开的"合法"的理由。

因此,申请公开主体的资格是否因为"特殊需要"条款而受到限制,是广受争议的。有人认为,"依申请公开的条件不明确,根据自身生产、生活、科研等特殊需要的要求缺乏判断标准"。[23] 其以国务院的《意见》为论据,认为《意见》实际上对申请公开主体的资格作了限制性规定:"公民、法人或者其他组织可以申请行政机关公开的政府信息应当与其自身生产、生活、科研等特殊需要有关,否则不符合依申请公开政府信息的条件,行政机关可以以不符合申请人资格为由在程序上做出拒绝决定。"也有学者在分析

---

〔21〕 指香港《资料公开守则》,由香港当地政府于1995年制定并颁布,是政府各局及部门提供资料以及市民获取政府信息所遵循的正式的法律依据。

〔22〕 陈咏熙:《回避法定知情权的开放政府——香港特别行政区政府信息公开制度评析》,载莫于川:《宪政与行政法治评论》,中国人民大学出版社2012年版。

〔23〕 王玉林:《政府信息公开条例立法目的的解读——是保障知情权抑或其他?》,《云南大学学报》(法学版),2010年第3期,第14—19页。

条例本身的条文后得到了同样的观点,即《条例》第十三条是对信息公开申请人的资格限制。首先,"自身"就是一种资格限制;其次,这种需要是关于生产、生活、科研等方面的"特殊需要"。[24]

可是,当回顾我国《条例》出台前的专家建议稿(立法草案)时,可以看到其中第二条第一款规定的是:"自然人、法人或者其他组织有权获得政府信息,除本条例或者法律另有明确限制的除外。"立法原意本是赋予自然人、法人和其他组织获得政府信息的权利,这一权利唯一的例外情形是受到本条例或法律位阶的"明确"限制。另外,专家建议稿第十条是对申请方的形式要求,也是建议稿中唯一要求申请人履行的义务,它规定道,申请人申请获得政府信息应当递交申请书,申请书应当载明下列事项:(一)自然人的姓名、身份证件和号码、住址,法人或者其他组织的名称、住所、法定代表人或主要负责人的姓名;(二)申请人的联系方式;(三)所要申请的政府信息的描述,申请人的描述应足以使政府机关识别所要申请的政府信息;(四)提出申请的时间。第一,建议稿在第一条开宗明义地表达了《条例》所保障的政府信息获取权利;第二,建议稿中对依申请公开制度的申请人的资格限制几乎不存在,这与国外许多立法不谋而合。各国政府信息公开立法基本都确立了公开为原则、不公开为例外的基本原则。公众只要提出获得政府信息的申请,政府就应公开其所申请的信息,只有在具备法律规定的除外情形时才能拒绝该申请。可见,立法草案的撰写者是主张只要申请人申请的政府信息不属于法定不予公开的范畴,就应当得到公开,无须说明理由和目的,相反,应由政府机关来负责举证证明拒绝公开的理由。但是在最后《条例》中,这些主张并未写入法条之中,恐怕是因为其过于超前,远远超过了行政机关当前的承受能力。[25] 不过,笔者相信随着观念的进步,信息公开立法的完善与制度的成熟,比如加入对滥用申请的规范以及保护个人隐私信息的条文,"特殊需要"等附加条件的消失是大势所趋。

不过,也有人持理由说,即"特殊需要"事由只是申请人申请信息公开时需要附带说明的理由,不是对申请人的限制。其理由是:第一,从《条例》

---

[24] 王玉林:《政府信息公开条例立法目的的解读——是保障知情权抑或其他?》,《云南大学学报》(法学版),2010年第3期,第14—19页。

[25] 许莲丽:《论政府信息主动公开的行政诉讼》,《河北法学》2009年第9期,第68—72页。

第十三条及相关依申请公开的条款来看,《条例》本身并没有设置申请门槛;第二,针对国务院的《意见》,主流学说持保留意见,不少学者认为《意见》有违信息公开精神;第三,如果理解为一种限制,那么政府信息公开制度将失去意义,因为《条例》第一条宣称条例的宗旨是"为了保障公民、法人和其他组织依法获取信息,提高政府工作透明度,促进依法行政,充分发挥政府信息对人民群众生产、生活和经济社会活动的服务作用"。可以看出,《条例》的第一要务是保障政府信息的获取,实质是赋予人民群众以知情权;其次是提高政府工作透明度、促进依法行政,本质上是对政府机关的规范,规范的目的仍然是行政公开;最后,不论是赋予权利还是课以义务,都是为了实现政府信息对社会经济生活的效用。但是,反对者认为,从《条例》第二十条第二款对依申请公开申请人的形式要求中,并不能得出要求申请人说明申请理由的结果。因此,无论是行政机关还是法院都不能强行要求申请人说明理由,遑论进行审查了。

　　笔者认为,在当下的立法状况下,理由说的合法性基础更加扎实。将"特殊需要"视为申请人在申请时需要说明的理由,也能说得通。不过有三个问题需要回答,一是说明理由是否是强制性的,二是理由的说明是否需要审查,三是审查的强度该如何把握。第一个问题,《条例》第二十条并没有要求说明理由,因此可以由申请人选择是否在信息公开申请中说明理由。第二个问题,随着现实中信息公开申请数量的增多,公开机关逐一审查理由是否属实显然是不现实的,这不仅增加了行政支出,也大大降低了行政效率。因此笔者认为,行政机关在处理申请时,推定理由的真实性,但是对于明显的滥用申请信息权利的申请可以予以审查。如此,第三个问题的答案也显而易见了,即原则上仅予以形式审查,例外情况下进行实质审查。按常理思考,申请人申请政府信息公开一定是有其动机和目的的。根据《条例》第十三条的规定,生产需求、生活需求和科研需求是申请人申请公开政府信息的目的或者用途,当然实际中是肯定不限于这三类需要的。那么,对于可能出现的滥用申请权利,导致行政效率低、公开成本过高等现象,或许可以借鉴国外经验。例如,美国信息自由法规定,可以根据不同的申请用途收取不同的手续费用:学术研究之类,收取较低费用;对于公益性的申请,实行免费;对于商业用途的申请,实行标准收费。[26]

尽管信息公开的申请人的范围直接关系到信息公开申请的数量,间接地影响处理信息申请支出的费用,但是一般信息公开法律并不以申请信息目的为要件,限制信息申请人的资格。[27]

2.“特殊需要”与信息公开诉讼的原告资格

若申请人申请公开与自己“特殊需要”无关的政府信息,遭到行政机关拒绝,能否提起信息公开诉讼,这一问题在学界也是有争议的。前文已述,从《条例》第二十条第二款来看,并没有直接规定信息公开申请人须与其所申请的信息之间有“利害关系”,也没有要求申请人主动说明理由。但是第十三条又规定了“特殊需要”,似乎与第二十条有出入。有学者认为,对于这种情况,应当放宽行政诉讼原告资格限制,在一定程度上赋予起诉人原告资格。[28] 这不仅是政府信息公开的立法宗旨的体现,也在国外的实践中证实了可行性。像罗马尼亚 2001 年通过的《自由获取公共利益信息法》第二十二条规定:“如果某人认为他的合法权利受到了侵犯,该人可以向其住处或者权力机关或公共机构的总部所在地的法院行政争议庭提出诉讼。”

“利害关系”这一语词从未在法律条文中出现,直到 1999 年《最高人民法院关于执行〈中华人民共和国行政诉讼法〉若干问题的解释》第十二条规定,与具体行政行为有法律上利害关系的公民、法人或者其他组织对该行为不服的,可以依法提起行政诉讼。法律上利害关系,一般理解为法律上的权利义务关系,具体来说是权利或义务的消长。这就意味着在政府信息公开之诉中,当事人若认为拒绝公开、逾期公开等行为对其法律上的权利义务的实施有影响,就可以依法提起诉讼。

一种观点认为,《条例》第三十三条第二款规定需“侵犯其合法权益”才可诉,确立了必须有法律上利害关系才有资格起诉的原则,因此,原告只有

---

〔26〕 刘华:《论政府信息公开若干法律问题》,《政治与法律》2008 年第 6 期,第 66—71 页。

〔27〕 张明杰:《开放的政府——政府信息公开法律研究》,中国政法大学出版社 2003 年版,第 127 页。

〔28〕 张传毅:《政府信息公开行为司法审查若干问题》,《行政法学研究》2009 年第 2 期,第 120—126 页。

与申请公开的信息有法律上利害关系,才具有起诉资格。[29] 但也有学者反驳,政府信息公开法正是要取消申请人与政府信息存在利害关系的资格限制。[30] 与申请人有利害关系的并不是政府信息本身,而是政府信息公开行政行为,申请人若不能合理说明其申请符合"特殊需要",那么也只是其与政府信息的内容没有利害关系,但是与公开机关拒绝公开的行为或是逾期公开行为有利害关系。因为,不予公开的行政行为确实影响到其知情权或者说政府信息获取权的行使。但在诉讼实践中,一些不予受理或者驳回起诉的裁定的常见理由不外是:政府信息的内容与申请人无涉;起诉人不能合理说明申请该政府信息时根据"生产、生活、科研等特殊需要",因此起诉人与被申请的政府信息之间不具有利害关系。[31] 鉴于实践中对"特殊需要"是否构成原告资格要件无法形成统一意见,不利于信息公开诉讼的开展,最高人民法院发布了《关于请求公开与本人生产、生活、科研等特殊需要无关政府信息的请求人是否具有原告诉讼主体资格的答复》,明确了"申请人申请公开的政府信息是否与本人生产、生活、科研等特殊需要有关,属于实体审理的内容,不宜作为原告的主体资格要件",算是以官方的角度下了定论。

当"特殊需要"既不作为申请人主体资格要件也不是原告主体资格要件时,对公共行政领域无疑会产生巨大影响,因为这意味着任何"有兴趣、有意愿对行政事务施加影响的个人和组织"都可以成为参与公共行政事务的一员[32]。一方面,随着经济的发展,人民生活的多样性不断增强,虽然行政机关的权力范围已经在扩张了,但是它毕竟不是万能的保姆,无法顾及多元利益的表达与少数派的诉求。这时候若因为申请人对其所申请的事项没有所谓的"特殊需要",而关闭司法诉讼这条权利救济的有效渠道,会浇灭公众参与公共行政的热情,这不符合我们一直以来提倡的行政公开、行政参与精神的要求。而当公众丧失了参与监督公权力、参与公共事

---

〔29〕 江苏省南京市中级人民法院行政庭课题组:《政府信息公开的司法审查难点及其应对——以江苏省南京市司法审查状况为切入点考察》,《法律适用》2011 年第 4 期,第 79—83 页。

〔30〕 李广宇:《政府信息公开司法解释读本》,法律出版社 2011 年版,第 25 页。

〔31〕 李广宇:《政府信息公开司法解释读本》,法律出版社 2011 年版,第 27 页。

〔32〕 李大勇:《信息公开与卷宗阅览:界限、机理与模式》,《甘肃政法学院学报》2011 年第 2 期,第 95—101 页。

务的热情时,权力机关也便失去了外部监督的重要力量,对公权力的约束将变得困难。此外,我们也不得不正视实践中遇到的问题,公众并非绝对理性的群体,而群体往往容易受暗示和轻信,也更冲动、易变和焦躁[33],如果公众获取信息的渠道狭窄而救济又很难取得,他们的知情权难以得到保障,即使行政机关放手让公众参与到行政过程中,那处于资源不对等地位的公众也只能盲目地参与,他们很可能被行政机关单方面控制。因此对涉及信息公开的主体资格限制必须持一种谨慎的态度,秉承公开为原则、不公开为例外的理念。我们承认,实践中确实存在滥用权利的现象(包括滥申请、滥复议、滥诉等信息滥用问题),这使得一些宝贵的行政资源、司法资源被浪费,妨碍了社会运作、行政管理和真正需要获取信息的其他公民的权利。美国法院也曾为应对滥诉问题绞尽脑汁。由于信息公开诉讼在一般情况下没有原告资格的限制,故为了防止信息公开申请人滥诉,浪费有限的审判资源,联邦诉讼法院有权对滥用诉权的原告施加制裁。[34]

3."特殊需要"与不予公开的范围

根据信息立法的一般原则和普遍的立法精神,信息公开制度应当以公开为原则,不公开为例外。掌握着政府信息的行政机关并非是为了自身利益,而是为了服务于公众,这些信息的所有权和使用权并不属于行政机关而是属于普遍意义上的公众,公开政府信息是理所应当的。因此,国内外信息公开立法的一般思路是概括公开(公开不需要列举)、列举例外的情形。我国《条例》第二章"公开的范围"具体列举、规定了政府应当主动公开的范围,笔者认为这主要是出于举例说明的考虑,因为信息公开制度在我国还不尽成熟,主动公开事项事关不特定多数公众的利益,涉及面较广,因此需要立法列举明确范围。而依申请公开方面则仅规定了除主动公开的政府信息外,公民、法人或者其他组织还可以根据自身生产、生活、科研等"特殊需要"向行政机关申请获取相关政府信息,可以理解为除了主动公开的政府信息之外其他政府信息都可以推定公开。

有原则就有例外。例外通常是两种价值的对抗和利益的衡量的体现,

---

［33］ 古斯塔夫·勒庞:《乌合之众:大众心理研究》,冯克利译,中央编译出版社 2000 年版,第 25—30 页。

［34］ 李广宇:《政府信息公开司法解释读本》,法律出版社 2011 年版,第 90 页。

信息公开的公开原则与公开的豁免也是如此。知情权并非高位于人权的顶点,在保障知情权的同时也要关注诸如隐私权等其他权利。当然,除了平等的权利之争外,还存在着个体权利与国家利益、社会利益的衡量,很多时候群体的利益往往优先于个体利益,这是为了一个种群的稳定与进步。例外的范围必须要作明确而具体的限制,否则极易被行政机关钻了空子,成为不予公开的幌子,是故豁免公开的范围必须是法定的。《条例》第十四条第三款和第八条中,规定了涉及国家秘密、商业秘密、个人隐私的信息不得公开,危及国家安全、公共安全和社会稳定的政府信息不得公开。过程性信息、内部信息等虽未写入法条成为法定公开豁免事项,但是在学界也引发了长久的争议。以比较法的视角来看,不少国家将过程性信息和内部信息列入公开豁免范围。如《澳大利亚信息自由法》第四部分列举的"豁免文件"中,就包括了"将披露在涉及某一机关或大臣或者联邦政府的职能的协商过程中或者为了协商涉及某一机关或者大臣或者联邦政府的职能所发生的磋商、商议的内容,或者将披露在涉及某一机关或者大臣或者联邦政府的职能的协商过程中得到的、准备的或者记录的有关具有意见、建议或者劝告性质的事项"。[35] 又如美国的《阳光下的政府法》(1976 年)第三条第三款规定"完全属于机构的内部人事规则和惯例的"不适用于应向公众透露的情报。[36]

但在学界和实践中,有一种观点认为,自身生产、生活、科研等"特殊需要",既是对申请人资格的限制也是对政府信息公开范围的限制。[37] 前文已经对申请人资格限制一说进行了批评,至于"特殊需要"是否构成公开豁免的理由,值得商榷。前文已述,信息公开豁免的口子不但开得很小,而且开放的理由都比较慎重,其所考量的因素都是重大事项。如国家利益、商业秘密、个人隐私、"三安全一稳定"等,即使是过程性信息,也是出于对决策过程和专家意见的保护。但是"特殊需要"的设置原因,无非是为了防止申请人滥用获取信息的权利,进而导致行政效率的降低和行政支出的扩

〔35〕 方向:《信息公开立法》,中国方正出版社 2003 年版,第 65 页。

〔36〕 胡建淼:《境外行政法规库》(第二册),国家行政学院行政法研究中心。

〔37〕 王玉林:《政府信息公开条例立法目的的解读——是保障知情权抑或其他?》,《云南大学学报》(法学版),2010 年第 3 期,第 14—19 页。

大。此类问题是完全可以通过加入惩罚滥诉人的条款而得到解决的，如果动用了公开豁免的手段，那么国民的信息公开获取权利将会受到极大的威胁，而这是难以弥补的或者说弥补成本显著大于前面的成本，而且笔者认为知情权损害的后果甚于滥诉造成的影响，这不仅是概率发生的大小问题，更是由于拥有绝对强大的公权力的政府机关所造成的负面影响力必然是大于几个个体的私权行为的。

因此，笔者也不赞成将"特殊需要"作为一种信息公开豁免的事项。

（三）小结

综上所述，学界对《条例》第十三条一直存在着较大的争议，一方面有学者认为理想状态是删去"特殊需要"条款的限制，原因在于这与域外立法经验相悖，但是这只能寄希望于《条例》的修改[38]。但是修改条例毕竟需要时间，不是一蹴而就的，现在的问题仍然无法得到解决。另一方面，有学者提出，应对"生产、生活、科研等特殊需要"，即对"三需要"给予解释或对具体情形予以列举。笔者赞成后一种方法，如此便可在条例修改之前积极地寻找解决问题的路径，比较符合现实的情况，以一种渐进的方式逐渐取消"特殊需要"对申请信息公开的种种限制，最后，期待立法的修正，使得公民的知情权得到最大限度的满足。

此外，如何解释与适用"特殊需要"这一问题并不仅限于《条例》第十三条的条文，不当的解释与适用"特殊需要"不仅会导致《条例》丧失应有的意义，而且与现代民主法治进程背道而驰。由于"特殊需要"具有极大的模糊性与不确定性，给予其明确的定义和硬性的审查标准是困难的，如果将它作为信息公开申请人主体资格要件和信息公开诉讼的原告主体资格要件，实在是过于强人所难；对申请人和原告来说，其申请权和知情权的行使可能会被变相地阻碍；对行政机关和法院来说，面对纷繁复杂的现实案例，一个固定的判断是否符合"特殊需要"的标准根本是不现实的。

最后，面对学界对"特殊需要"的种种质疑与建议，实务界已经有所

---

[38]　李牧：《论公民信息申请权的实现障碍及其克服途径》，《法学评论》2010 年第 4 期，第 16 页。

行动,最高人民法院《若干规定》其实已将法院对"特殊需要"的审查限定在实体审查阶段,且将驳回原告诉讼请求的判决方式严格限定在被告确实以不符合"特殊需要"为理由拒绝公开,原告又不能作出合理说明的情况下。如果被告未将"特殊需要"作为拒绝理由,人民法院一般不主动对其进行审查,更不得主动以此为理由判决原告败诉。《若干规定》第五条第六款规定:"被告以政府信息与申请人自身生产、生活、科研等特殊需要无关为由不予提供的,人民法院可以要求原告对特殊需要事由作出说明。"只要求作出合理的说明即可,不能规定过于严苛。实际上在《若干规定》出台前,就有地方法院在面对类似情况处理时,有了更灵活的应对,而非刻板地一律要求原告对"特殊需要"的事由进行说明。像柳××诉许昌市某局公开工伤人员名单信息纠纷案[39]中,原告的身份是某公司的工伤人员,其向被告申请公开的信息内容为某公司全公司工伤人员的名单、缴纳工伤保险费金额及对全公司工伤人员的赔偿金额详细账簿等信息。被告接到申请后以原告申请公开的信息与原告自身生产、生活和科研等"特殊需要"无关为由拒绝公开请求。人民法院经审理认为,原告作为某某公司的一名工伤人员,有权知悉某某公司全公司工伤人员名单、缴纳工伤保险费金额及对全公司工伤人员的赔偿金额详细账簿等信息,支持了原告的诉讼请求。在被告以不符合"特殊需要"为由拒绝公开后,法院并没有要求原告就此作出说明,而是直接地认定原告有知悉其所申请之信息的权利。因为本案中,原告作为工伤人员与其所在单位的工伤信息当然具有密切的关系,在人民法院看来,其显然没有必要再说明什么了。而如果是公司的非工伤人员申请同样的信息,法院将很可能要求这名非工伤人员说明理由。此外,在一些案例中,当行政机关在作出不予公开决定时,并未将不符合"特殊需要"作为理由,而是在信息公开诉讼中才将其列为答辩理由的,法院对此不予认可。[40]

---

〔39〕　参见《许昌市魏都区人民法院行政判决书》〔2009〕魏行初字第31号。

〔40〕　在王××诉慈溪市附海镇人民政府不履行政府信息公开法定职责纠纷案的判决书中,人民法院认为,被告在答复中并未告知原告上述理由,故被告的该答辩理由不能成立。

三、"特殊需要"认定：环保联合会案的处理进路

在实践中，地方行政机关收到的公开申请大多是出于申请人的生活和工作需要[41]，但不可否认仍有一些信息公开申请不是基于申请人自身的生产、生活科研等需要，而是出于监督政府行为、维护公共利益的目的。这类基于"公益性"因素进行申请的申请人分为两类，一类是个人，一类是组织。实务中前者往往向政府申请公开涉及公车使用、公款招待、公费出国等情况的信息[42]，而组织中比较典型的就是环境保护组织向行政机关要求公开环境保护信息等等。有学者指出，通过这些"公共性"的政府信息公开申请，依申请公开制度不再仅仅是一项予民便利的政府服务，还是公民可资利用的主动防止政府恣意的利器。[43] 但是这些带有公益性质的申请，通常很难绕开对"特殊需要"的解释与适用，在行政程序中，行政机关往往以此为由拒绝公开，而在诉讼中，申请人又因为难以作出合理说明而被判败诉。[44] 此次，最高人民法院通过环保联合会案，第一次在官方文件中提到"特殊需要"，在笔者看来是借此对公益性的信息公开申请开了一个小口子。由此看来，"特殊需要"的作用和地位，在司法实践中是有一个变化的过程的，实务中这一过程是怎么样的，对未来政府信息公开诉讼有何种影响？笔者在下文会进行说明。

（一）之前的裁判思路

上海市高级人民法院在一份调查报告中指出："信息公开案件主要涉

---

〔41〕 有报告指出，此类申请公开主要涉及土地征用、房屋拆迁和补偿安置、城乡建设规划、劳动就业、土地使用许可、工程建设、教育、工资福利、人事管理以及工商企业档案等方面。

〔42〕 如，黄某某与长沙市开福区人民政府信息公开纠纷案，长沙市中级人民法院行政判决书，〔2012〕长中行终字第0122号。基本案情如下：原告曾向被告申请公开长沙市开福区捞刀河镇人民政府在某段时期内的"三公"消费情况，被告以正在进行筹备为由，未予公开。

〔43〕 肖明：《政府信息公开制度运行状态考察——基于2008年至2010年245份政府信息工作年度报告》，《法学》2011年第10期，第78—85页。

〔44〕 以黄某某与长沙市开福区人民政府信息公开纠纷案为例，该案原告在《政府信息公开申请表》中明确注明了申请所需信息的用途为"了解长沙市开福区捞刀河镇人民政府的'三公'消费情况"，但一审和二审法院均认定"原告不能说明申请获取政府信息是根据自身的生产、生活、科研的特殊需要"，故判决驳回原告的诉讼请求。

及房屋拆迁、规划、劳动保障和环保许可等内容,并与一些行政或民事纠纷直接有关,即上述原告在起诉要求公开政府信息的同时,往往就与该信息相关的争议也提起了民事或行政诉讼。"实质上都是为了特定的目的。[45]实践证明,多数申请人提请信息公开肯定是有其自身在生活、生产等方面的需求的。但是实务界理解的"特殊需要"是否仅限于自身需要?是否仅仅包括生产、生活和科研三方面?下文便对司法实践中遇到的对"特殊需要"的适用问题作出整理与分析。

1.将"特殊需要"作为申请主体资格要件的情形

实务中,有行政机关在收到公开申请后,会以申请人与申请信息没有利害关系,故其不具有申请资格为由拒绝向申请人公开相关信息。学理上对此是有争议的,并且这个争议波及地方法院的裁判,在不同的判决书中出现了不同的看法。首先在 2011 年 8 月的上海某某资产经营有限公司诉建德市人民政府信息公开申请纠纷案[46]中,二审浙江省高级人民法院认为,从文字表述来看,《条例》第十三条似乎给政府信息公开申请附加了一个"三需要"的条件。但是,《条例》第二十条第二款规定,"政府信息公开申请应当包括下列内容:(一)申请人的姓名或者名称、联系方式;(二)申请公开的政府信息的内容描述;(三)申请公开的政府信息的形式要求",并没有要求申请人说明申请公开政府信息出于何种"特殊需要"。因此,结合《条例》的上下文进行分析,可以认为,第十三条的主要意旨,在于规定除了政府机关主动公开信息之外,公民、法人或者其他组织还可以通过申请获取政府信息,所谓"三需要",并非对申请人资格的一种限制。《条例》并没有将申请人要求公开的信息与申请人之间存在法律上的利害关系作为申请信息公开的前提条件。尽管国务院办公厅《意见》中规定:"行政机关对申请人申请公开与本人生产、生活、科研等特殊需要无关的政府信息,可以不予提供。"但是,《条例》立法的目的是保护公民、法人或其他组织的知情权,"特殊需要"没有具体的标准,实践中难以把握,过分强调"特殊需要"限制申请人的主体资格会使《条例》的颁布无实际意义,故申请获取信息的主体

〔45〕　上海市高级人民法院:《政府信息公开法律问题研究》,载中华人民共和国最高人民法院行政审判庭编:《行政执法与行政审判》(第 1 集),2008 年版。

〔46〕　可参见《浙江省杭州市中级人民法院行政判决书》〔2011〕浙杭行初字第 82 号。

资格应当放宽。[47] 但半年后,在张某诉长沙市财政局不履行政府信息公开法定职责纠纷案中[48]一审法院认为,行政机关在收到申请后,作出是否公开政府信息的决定前应当对申请人是否符合申请条件,申请公开的政府信息是否可以公开等事项进行审查,被告依据《条例》第十三条的规定对原告的申请资格进行审查是依法履行职责,在原告不能证明自己是根据生产、生活、科研等"特殊需要"而提出申请的情况下,被告拒绝向原告公开相关信息并无不当,故判决驳回原告的诉讼请求。可见该份判决表达的观点是,"特殊需要"是申请人能够申请信息公开的资格要件。

2. 将"特殊需要"作为原告主体资格要件的情形

实务中,存在着这样的情形,即政府信息公开申请人存在着一个特殊身份——举报人,这类信息公开申请人申请公开的信息内容多为违法机关或个人的上级机关对下级的调查处理结果、行政处罚决定书以及处罚是否到位的情况等。不同的法院在处理此类案件时,有着完全不同甚至截然相反的观点,在林某诉上海市卢湾区监察委员会行政行为纠纷案[49]中,法院经审理认为,就信息公开行政诉讼而言,"具备原告资格的应当是根据自身生产、生活、科研等特殊需要而申请获取政府信息,且所申请的信息与其具有法律上利害关系的申请人,原告林某主张其作为举报人申请获取监察纸质文件的权利,所申请公开的信息内容与其不具有法律上的利害关系,故而不具有提起本案诉讼的原告资格。故驳回原告林某的起诉"。我们可以从判决中读出这名法官的两个观点:一是只有根据"特殊需要"申请获取政府信息的才有信息公开诉讼的原告资格;二是政府违规行为的举报人与处罚结果并不具有法律上的利害关系。这两个观点都值得商榷的。

---

[47]　马惟菁、马良骥:《公开政府信息是否危及社会稳定的认定》,《人民司法》2012年第6期,第56—59页。

[48]　可参见《长沙市中级人民法院行政判决书》〔2012〕长中行终字第0029号。

[49]　本案案情:原告所申请的信息内容是被告所制作的卢湾区机管局和卢湾区财政局在保安服务政府采购和监管工作中违法违纪行为的监察建议纸质文件。被告答复是,该信息不属于政府信息。原告不服,诉至法院。参见《上海市卢湾区人民法院行政裁定书》〔2008〕卢行初字第37号。

　　不过,在"姜××诉天津市食品药品监督管理局信息公开案"〔50〕中,天津市高级人民法院的主审法官在判决中写道,在因申请政府信息公开而引发的行政诉讼中,判断起诉人是否具有"法律上利害关系"的对象是行政机关在信息公开过程中的作为或不作为,而非政府信息本身。即,只要申请人向行政机关提出公开信息的申请,不论行政机关明确予以拒绝还是逾期不予答复,都直接影响申请人知悉相应政府信息的权利,申请人当然具备原告的诉讼主体资格。

　　"姜案"的判决时间是迟于"林案"的,却全盘否认了"林案"法官的观点,"林案"的逻辑是,首先,在依申请公开政府信息的诉讼案件中,判断申请人具有原告主体资格的标准为,申请人与其所申请的信息之间存在法律上的利害关系。然后,由《条例》第十三条规定的根据自身生产、生活、科研等"特殊需要",得出了不符合"特殊需要"就不存在利害关系的推论。最后,由于申请人与其所申请公开的信息无关,因此否定了原告的诉讼主体资格。对此,天津市高级人民法院在"姜案"的判决中直截了当地"声明":申请人的原告诉讼主体资格来源于其申请行为,即使与申请公开的政府信息无任何"法律上利害关系"的公民、法人或者其他组织,只要提出公开申请并对行政机关相应的处理有异议,就具备提起行政诉讼的原告主体资格。在天津市高级人民法院看来,是否符合特殊需要与原告诉讼主体资格的有无完全没有关系。当然由于地域差别和时间跨度的因素,加上"林案"的一审法院审级较低,在全国范围内几乎没有什么影响,因此"姜案"的主审法官肯定不是针对"林案"作出如此判决。就在"姜案"判决作出半年后,2010 年 12 月 14 日,最高人民法院就作了《关于请求公开与本人生产、生活、科研等"特殊需要"无关政府信息请求人是否具有原告诉讼主体资格问题的批复》,其中明确了"申请人申请公开的信息是否与本人生产、生活、科研等特殊需要有关,属于实体审理的内容,不宜作为原告主体资格的条件"。该批复背后也有一个争议较大的案例,即"李××诉山东省人民政府

---

　　〔50〕　本案的基本案情是,原告因为植入某公司人工骨后致伤情严重,故向被告举报该公司要求查询其经营许可范围等相关信息。被告认为原告申请与本人无关的政府信息,依据《国务院办公厅关于施行〈中华人民共和国政府信息公开条例〉若干问题的意见》第 14 项规定,决定不予提供。参见《天津市和平区人民法院行政判决书》〔2009〕和行初字第 66 号。

不履行政府信息法定职责案"〔51〕,山东省高级人民法院审判委员会经过讨论得出了两种意见,一是根据《条例》第十三条和国务院《意见》第十四项规定,本案原告与其所申请的信息没有生产生活上的关系,被告不予公开的行为也不对其权利义务造成影响,故应当裁定驳回原告起诉。第二种意见是"三需要"条款系对申请人资格的限制,并非对原告诉讼主体资格的限制,申请人向行政机关提出信息公开申请,从而启动信息公开程序,就成为信息公开行政行为的相对人,因此,任何申请人申请行政机关公开政府信息遭到拒绝,都可以作为原告起诉。在山东省高级人民法院内部,是第一种意见占据主导地位的,但我们看到最高人民法院在批复中表明的观点是与第一种意见相悖的。这也说明,很长一段时间以来,相当数量的地方法院法官是持"特殊需要"是原告主体诉讼资格要件的观点,直到最高人民法院的批复出台,才有些微转变。

此后,在"任××诉洛阳市涧西区发展和改革委员会政府信息公开纠纷案"〔52〕中和"黄某向上海市浦东新区人民政府申请公开告知行政行为上诉案"〔53〕中,均没有再讨论"特殊需要"与原告诉讼主体资格的关系了。甚

---

〔51〕 本案原告李某曾于同年2月份先后向全国80个省和较大的市级政府提交公开其行政区域内"投资项目情况;建设具体情况、项目法人情况、合同条件情况"等相关材料,并提起了80余件诉讼,包括杭州市中级人民法院和宁波市中级人民法院在内的受理法院均以李某申请的信息与其本人无利害关系为由,不属于人民法院受案范围,未予立案。济南市中级人民法院经过审查认为,原告与其所申请公开的信息不具有法律上的利害关系,其权利义务不会受其影响,故某不具备原告诉讼主体资格。考虑到原告已提起同类诉讼,为了保证裁判结果的统一性,就原告诉讼主体资格问题向上级法院请示。该案由济南市中级人民法院受理,在审理过程中济南市中级人民法院对请求公开与本人生产、生活、科研等特殊需要无关政府信息的请求人是否具有原告诉讼主体资格把握不准,故向山东省高级人民法院请示。

〔52〕 本案案情:原告举报某商店涉嫌价格违法,相关部门(非被告)对此进行调查并给予某商店行政处罚。后原告向被告申请公开和复印行政处罚决定书、罚款票据等相关材料,被告以必须征得被处罚人同意才能复印上述材料为由拒绝了原告的要求,原告遂提起诉讼。被告在上诉中曾称,原审原告是要求书面公开行政处罚决定书及被举报人的罚款是否到位,不是为了生产、生活、科研等特殊需要,被上诉人的申请目的不合法。被上诉人申请公开政府信息,是无限扩大第三人的负面影响,以声誉问题对第三人进行威胁,以谋求自己的经济利益。不过,二审法院并没有支持这一主张,判决认为,原审原告是与其要求公开的在行政处罚内容上有关联的公民,其根据需要有权要求被告公开信息。参见《河南省洛阳市中级人民法院行政判决书》〔2011〕洛行中字第4号。

〔53〕 基本案情如下:原告黄某属12组村民,其申请公开信息所指向的仓库是属于9组,而黄某先前曾对9组仓库范围内的违法建设向有关部门举报,其是以举报人身份向被告申请公开政府信息。参见《上海市第一中级人民法院行政判决书》〔2010〕沪一中行终字第274号。

至在被告仍然以"特殊需要"为由对原告的主体资格提出质疑的情况下,法院坚决地驳回了被告质疑,如在 2011 年 4 月的顾××诉常州市国土资源局信息公开纠纷案中,被告在诉讼中辩称,原告要求公开的信息与其本人的生产、生活、科研等"特殊需要"并无关系,根据相关规定,被告可以不提供其所要查询的相关信息。但是法院认为,该"与特殊需要相关"关系到申请人所申请获取的政府信息能否向其公开,是实体权利的问题,而不是起诉权的问题。因此,人民法院不予采纳被告认为原告不具有诉讼主体资格的意见。

3. 对"特殊需要"说明的审查

2010 年 12 月 13 日,最高人民法院通过的《若干规定》第五条第六款规定,被告以政府信息与申请人自身生产、生活、科研等"特殊需要"无关为由不予提供的,人民法院可以要求原告对"特殊需要"事由作出说明。该条意味着,原告若无法作出说明,则可能承担败诉风险。其实纵观《条例》全文,并没有要求原告履行这个义务,在《若干规定》征求意见之时,也遭到不少学者的反对。最高人民法院最后通过该条的原因,恐怕是现行环境下防止滥用诉权的相对有效的手段。因为,在《若干规定》通过前,一些地方法院已经在这么做了。例如 2010 年 10 月的黄某向上海市浦东新区人民政府公开申请告知行政行为上诉案,人民法院认为,申请人在向行政机关申请时须证明基于"三需要"而申请,该案中,申请人未能提供有效证据证明其与相关政府信息具有法律上的利害关系。综上,人民法院判决驳回原告的诉讼请求。不过,不论是司法解释还是实务中的判决文书,都没有对申请人的说明程度作更具体的要求,笔者的看法是,由于"特殊需要"的内涵和外延具有显著的不确定性和广泛性,对其说明要求不可能做到量化或是一刀切的程度,必然要根据具体案情具体分析;就从防止滥用诉权的角度出发,申请人的说明只需达到明显不属于滥诉行为的标准即可。比如,某校博士生向某市交通局申请公开牌照拍卖所得用途的信息的时候,就只是说明了其将用作学术研究。而在黄××诉长沙市开福区人民政府信息公开纠纷案中,原告在申请表中注明了所需信息的用途为"了解长沙市开福区捞刀河镇人民政府的三公消费情况",一审人民法院认为原告"了解三公消费情况"的说辞仍不能说明申请获取政府信息是根据自身的生产、生活、科研的"特殊需要",故判决驳回原告的诉讼请求。二审长沙市中级人民法院审理后也认为,上诉人并没有提出基于生产、生活和科研等的"特殊需要"的合理说明,故判决驳回上诉,维持原判。也就是说,在人民法院看来,申请人单纯的"了解三公消费情况"的理由,既与申请人自身无关,也不符合其生产、生活、科研等"特殊需要"。

究竟何种程度才会被法院所采纳,甚至就此转移举证责任给被告了呢?在上海市某某资产经营有限公司诉建德市人民政府信息公开申请纠纷案中,原告在庭审中就其与申请公开的文件的关联性作了说明:(一)由于股权转让协议尚未生效,故原告仍然是建德市某公司股东[54];(二)原告还是建德市某公司的债权人,已经向清算组申报债权,因此任何对该公司的资产处置行为会影响原告的利益;(三)原告对建德市某公司有900多万元的债权。虽然本案原告并没有给出其是基于何种"特殊需要"而申请公开涉案信息的说明,但是却提供了能证明其与申请公开文件具有关联性的证据,法院认可并支持了原告,并在判决书中写道:"对原告在庭审中就申请信息公开特殊需要所作的说明,被告亦未提出有效的反驳意见……被告主要证据不足。"可见,本案法院并不要求当事人确切地说明到底基于什么样的需要,只需要能够证明其与所申请的信息有关联即可。余下的可由法院作判断,是基于债权人行使权利需要或者是基于股东行使股东权利的需要,等等。

(二)审查路径的选择

我们设想一下,当一个申请人向行政机关申请政府信息公开时,法院首先审查其是否具有原告资格,该行政行为是否属于可诉行为以及一些管辖问题。如果答案都是肯定的,就进入了实体审理的阶段,此时,法院开始判断申请人是否有权获得该信息,即是否应该支持原告的诉讼请求。如果行政机关以不符合"特殊需要"为由,拒绝了申请人的公开申请,那么法院就应当审查行政机关的理由是否充分,说明是否合理,若申请人已经作了

---

〔54〕 该案中,原告所要申请公开的材料即为该公司与建德市政府和永康市政府城区改造项目《合作备忘录》的内容。

相关说明也需要审查申请人对"特殊需要"的说明。当下的司法实践状况是,申请只有出自个人的生产、生活和科研等"特殊需要",才可能得到支持。因为信息公开制度的运作是需要行政经费提供支持的,而这些经费或者行政成本的来源属于每一个纳税人,"超出个人正当需求范围去要求行政机关提供信息,有滥用权利之嫌"[55],何况让社会中的所有成员为其中一员的滥用权利的行为埋单,也是非常不妥的。但是,完美无缺的制度设计在这个世间是不存在的,我们要保障知情权等民主权利,要加快依法行政的进程,尽快建立一个公开透明的真正的民主社会,就必须承受个别社会成员会滥用权利的风险。不过,这也并非意味着我们只能单方面地一味承受着风险,制度设计者或者说立法者完全可以在《条例》内部加入如何判断是滥用诉权的条文以及应对滥诉的惩罚性条款。

但是对于滥诉问题绝对不可"扩大化",绝对不能采取没有法律依据的限制手段。"资讯公开所带来之无形利益,例如行政之透明化与民主化,增加人民对政府的信赖与向心力、减少腐败之可能性等,则均属无法以金钱估算之利。"[56]

(三)环保联合会案裁判摘要的逻辑

回到"环保联合会案",当我们分析它的裁判摘要时[57],可以发现其思路主要分为三个步骤:

1.法理基础

裁判摘要先是肯定了公民、法人、其他组织依法获取环境信息的权利的存在与作用,这项权利在《环境信息公开办法(试行)》第一条就被表述为"获取环境信息的权益",政府环境信息公开与政府其他信息公开的作用一

---

〔55〕 江必新:《最高人民法院关于审理政府信息公开行政案件若干问题的规定——理解与适用》,中国法制出版社 2011 年版,第 129 页。

〔56〕 法治斌:《迎接资讯公开时代的来临》,载:杨解君:《行政契约与政府信息公开》,东南大学出版社 2002 年版,第 203 页。

〔57〕 裁判摘要的全文为:依法获取环境信息,是公民、法人和其他组织的一项重要权利,是公众参与环境保护、监督环保法律实施的一项重要手段。具有维护公共环境权益和社会监督职责的公益组织,根据其他诉讼案件的需要,可以依法向环保机关申请获取环保信息。在申请内容明确具体且申请公开的信息属于公开范围的情况下,人民法院应当支持。

样,都是公众参与和监督行政的重要手段,判决对这一权利的承认是本案判决的法理基础。

2."特殊需要"外延的扩张

裁判摘要将"其他诉讼案件的需要"也纳入了"特殊需要"的范畴。本案原告中华环保联合会此前提起的诉讼是环境公益诉讼,"其他诉讼案件的需要"在本案中指的便是该公益诉讼的需要。原告申请公开的信息,将可能作为重要的证据对推进该环境公益诉讼起到关键作用。但是由于原告是"由热心环保事业的人士、企业、事业单位自愿结成的、非营利性的、全国性的社团组织"[58],无论是之前的环境公益诉讼还是信息公开诉讼,都不可能是基于其自身的生产、生活和科研的需要的。因此,该裁判摘要对"特殊需要"内涵的理解没有拘泥于生活、生产和科研这三类范围,而是补充了其他"诉讼需要"这类情形。

3.对"特殊需要"的审查

"特殊需要"不属于豁免公开的范围。裁判摘要提到"在申请内容明确且申请公开的信息属于公开范围的情况下,人民法院应当支持",可见当涉案信息被送到法庭前审查之时,其内容是否明确具体与该信息是否属于豁免公开范围都将受法院审查,如果内容明确具体且不属于豁免公开范围的就应当得到胜诉权。这可以理解为,原告申请该信息是否基于"特殊需要"与该信息是否属于公开范围的审查,完全是两种方向、两个阶段的审查。前者是为了防止滥诉现象损害信息公开制度,更多的是一种形式上的、程序性审查,而后者则是考虑国家利益、社会公众利益和个人隐私并作一定利益衡量的表现,往往体现为实质审查。

(四)环保联合会案后的几个判决

1.对"特殊需要"的审查方向

在熊××与如东县规划局信息上诉案[59]中,原告向被告如东县规划

---

〔58〕　中华环保联合会:《中华环保联合会简介》,[EB/OL].(2012-03-29)[2014-03-25].http://www.acef.com.cn/about/introduction/2013/1224/10513.html.

〔59〕　本案二审法院为江苏省南通市中级人民法院,审结日期为2012年9月19日,基本案情可参见《江苏省南通市中级人民法院行政判决书》〔2012〕通中行终字第0099号。

局申请公开有关地块的规划信息,如东县规划局在答复中则称:根据《意见》第十四条的规定,原告未能在申请时提供可以证明其特殊需要的证据,因此不属于法定公开范围,故不予提供。随后,复议机关如东县人民政府维持了该答复。原审法院经过审理,认为根据《条例》第十三条和第二十条规定,本案申请人熊××的书面申请符合《条例》第二十条的规定,"应当认为熊××已履行了其申请公开信息时应尽的义务",被告可以要求熊××对是否符合"特殊需要"进行说明,但是"不能直接以熊××未提供证据为由拒绝公开",并且这一说明也不是必需的。可见人民法院认为,"特殊需要"不是申请主体要件,不应当理解为提交信息公开申请时需要说明使用信息的用途、理由等,更不能直接以原告未提供证据为由拒绝公开。

　　本案法院裁判显示了一些地方法院对"特殊需要"的审查方向已有端倪,即特殊需要不应作为申请主体要件遭到审查,不能因为其不符合特殊需要的要求而剥夺申请人的申请资格和原告资格。此案的进步性相对于环保联合会案更为突出,因为环保联合会案的裁判摘要仍然无法摆脱"特殊需要"的桎梏,从裁判摘要的"根据其他诉讼案件的需要,可以依法向环保机关申请获取环保信息"表述中,仍然可以解读出"特殊需要"与申请资格"藕断丝连"的关系。而本案的法官则在判决主文中干净利落地切断这一联系,甚至连相对温和的"理由说"也一并否认了,直言"特殊需要"不是申请主体要件。这不得不说是一种观念的进一步转变,而这一转变与环保联合会案的发布是否有影响,笔者不敢妄加论断,但不能否认的是,包括环保联合会案在内的公报案例的发布,必然代表了一种趋势的形成,或许我们可以期待法院在处理特殊需要问题上的更进一步吧。

　　2.对"特殊需要"的审查程度

　　就现阶段,当需要判断某种情况是否符合"特殊需要"的问题时,实际上是不存在任何标准的,但是法官在裁判中又必须以"理"服人,这个"理"当作何解? 在何××与广东省国土资源厅政府信息公开纠纷上诉案[60]

　　　　　　　　　　　　　　　

〔60〕 本案二审法院为广东省高级人民法院,审结日期为2013年8月6日,基本案情可参见《广东省高级人民法院行政判决书》〔2012〕粤高法行终字第286号。

中,申请人与被申请信息所涉及的土地属于同一个村子,但并非是同一村民小组。此案申请人就特殊需要说明的内容是,征地行为即使与申请人所在村民小组无关,但因为征地补偿费是向申请人所在村发放,关系到"诸多村民对征地补偿方案的知情权,保障其今后生计,保障其切身利益",故认为对"特殊需要"应作扩张性解释,"不能等同于直接利害关系"。不过,本案审理法院认为被申请信息所涉土地不包括申请人所在的村民小组的土地,依照《最高人民法院关于审理政府信息公开行政案件若干问题的规定》第十二条,驳回了原告的诉讼请求。原告上诉后,二审法院也是以相同的理由维持原判的。笔者对法院的判决理由存有疑问:首先,针对原告的"特殊需要"事由的说明,判决并没有作出相应的回应;其次,信息所涉土地虽然不是村民小组的,但也是村集体的,判决认定其与原告无特殊需要关系的依据是什么?仅仅简单的一句话似乎并未体现说理性,无法以理服人。这里笔者所能依判决推测到的,恐怕是《村民委员会组织法》第二十八条规定的,属于村民小组的集体所有的土地、企业和其他财产的经营管理以及公益事项的办理,由村民小组会议依照有关法律的规定讨论决定,所作决定及实施情况应当及时向本村民小组公布。这里似乎能推测出村民小组有权获得与小组集体相关的土地、财产等信息。此外,《国务院关于深化改革严格土地管理的决定》也有相似规定:被征地的农村集体经济组织应当将征地补偿费的收支和分配情况,向本集体经济组织成员公布,接受监督。这里的"农村集体经济组织"也属于不确定法律概念,但是根据历史解释,比较像是生产队,约等同于现在的村民小组形式。笔者的猜测是,法官可能根据上述条文来框定了对涉案信息有特殊需要的人员范围,即限于该村民小组,并以此驳回了不属于该村民小组的申请人的诉讼请求。遗憾的是,判决并没有给出充分的依据和说理,恐怕让人难以信服。村民小组与行政村、自然村的利益关系,隶属同一行政村的村民小组之间的利益关系,又是此案延展开来的一系列问题。这些问题的解决对把握该案中"特殊需要"的审查程度无疑是有帮助的。

行文至此,笔者发现,如果人民法院不得不审查某种情形是否符合特殊需要时,法官手边是没有一个固定标准的,有时他们会依据某些模糊的法规范来作出裁判,有时他们只能采取自由心证似的逻辑来推理与裁决。

一个理想的判决必须说理充分,可是很多涉及特殊需要的审查深度问题,确实很难甚至无法做到说理充分。是故在现实条件下,一些判决会逃避说理,将关键问题简单带过,造成的后果可想而知。

(五)小结

通过上述案例的分析笔者发现:

首先,地方法院在对待"特殊需要"的问题上没有统一。直到现在,不同的地方人民法院在"特殊需要"能否作为申请人主体资格要件的问题上并未达成一致。实务中,一部分法官倾向于学界的普遍看法,认为《条例》并没有将申请公开的信息与申请人之间具有法律上的利害关系作为申请的资格要件,另一部分法官则坚持依据国务院办公厅《意见》的规定,坚持"特殊需要"是申请信息公开的前提条件。这种对立与矛盾十分危险,将可能使法律和政府信息公开制度的权威遭到动摇。

但是,最高人民法院的司法解释会使得这一状况得到缓解。有的地方人民法院认为"起诉人应符合三需要条件,并认为合法权益受到侵犯,这是原告的基本条件",但有的人民法院主张即使行政机关对申请人申请公开的与本人生产、生活、科研等"特殊需要"无关的政府信息可以不予提供,这也和行政诉讼的原告资格是两回事。在最高人民法院的《关于请求公开与本人生产、生活、科研等特殊需要无关政府信息请求人是否具有原告诉讼主体资格问题的批复》之后,由于其对一些地方人民法院的判决具有一定的影响力,地方各级人民法院在对"特殊需要"能否作为诉讼主体资格要件的问题上取得了统一的意见。该《批复》作为司法解释的法定形式之一,确实具有一定的广泛性和指导性,但是我们不得不承认批复的效果是有限的。理由有三:第一,批复是被动的,审判独立是司法权行使的重要原则,没有下级人民法院的请示,最高人民法院不会也不可能主动对个案进行批复。第二,请示的主体十分有限,只有高级人民法院和解放军军事法院才可以直接向最高人民法院请示并获得批复。第三,有个案才有批复,批复不是无中生有的。或许,由最高人民法院主动"出击",甄选地方法院判决的疑难案例、典型案例、文书质量较高的案例,并将法官审判的思路、观点予以提炼、总结,或许能更有效地知道下级人民法院审判工作、统一法律适用标准。

但是由于个案的案情都是具体且特殊的,尤其在特殊需要的审查方向与审查程度的问题上,难以总结出具体的标准。当下的可能思路是,放弃对特殊需要的标准的追求,遵循信息公开立法原本的目的——以公开为原则,推定申请人和诉讼人符合特殊需要要求,让行政机关对相对人不符合特殊需要进行说明。

四、与"特殊需要"相关的其他问题

(一)"特殊需要"与环境信息公开

环保联合会案提到了"依法获取环境信息"的权利,主要由《环境信息公开办法》规定。"环境信息"包括政府环境信息和企业环境信息两部分,是公众知情权益在环境领域的体现。在当前经济发展、环境压力不断增加的局面下,环境信息对于公众的生存、发展的重要性不言而喻。但是在现实生活中,公众想要获取环境信息并不容易。由于环境信息获取手段的专业性,其一般都是由政府机关和企业自身所掌握,公众鲜有能力和条件去主动获得环境信息。但是,掌握着环境信息的"少数人"——尤其是排污企业——往往被利益驱使,对环境保护和环境信息公开抱有一种机会主义的心态,不愿履行自身的企业责任和社会环境责任,甚至阻碍了环境信息的公开。在这种前提下,公众如果想维护自身利益必须从污染者手中获取相应的环境信息,这无异于"与虎谋皮"。[61] 因此,环境保护立法领域也是需要引入专门的信息公开制度的,这就是《环境信息公开办法》[62]出台的必要性。《办法》的性质是部门规章,也是《条例》出台后第一个有关环境信息公开的部门规章,其立法目的在第一条就已经阐明:一是为了推进环保部门以及企业公开环境信息,二是维护公民、法人和其他组织获取环境信息的权益,从而推动公众参与环境保护。但是《办法》不仅仅根据《条例》制

---

〔61〕 胡静、傅学良:《环境信息公开立法的理论与实践》,中国法制出版社 2011 年版,第 3—107 页。

〔62〕 下简称《办法》。

定,其还依据《清洁生产促进法》和《国务院关于落实科学发展观加强环境保护的决定》等有关规定,这就是《办法》涉及环境保护的特殊性。这一"特殊性"体现在《办法》第五条规定的,公民、法人和其他组织可以向环保部门申请获取政府环境信息。与《条例》第十三条形成对比的是,《办法》并未规定"特殊需要"的要求。不过《办法》在实质上还是一部规定信息公开的办法,其主要设计并规范的归根究底还是信息公开制度,其与《条例》的关系有特别法与一般法的味道。与《条例》相似的是,《办法》第十六条在规定申请人向环保部门申请获取政府环境信息时,也只是要求提供申请人的姓名或名称、联系方式,申请信息的内容和形式要求,也没有附带要求对特殊需要的任何说明。其实,《办法》全篇没有任何地方提及特殊需要,笔者认为这是由于前文提及环境信息获取的特殊性以及重要性所导致的结果。结合上文的文义、体系和目的解释,我认为至少在政府环境信息公开这部分,"特殊需要"是没有任何存在的必要的。

(二)两种可能的趋势

传统的行政法领域,特别是行政诉讼法,往往强调相对人须与行政行为有法律上的利害关系,这固然是出于行政效率的需要。但是随着行政法理念的不断发展,行政目的实现的新路径不断出现,人民对于行政权力的行使提出了新的要求,传统的行政法思维可能难以满足新时期公共治理的需求。政府信息公开法制作为相对新兴的一项行政法律制度,与传统行政领域相比,有其鲜明的特点,这其中最突出的一点在于,信息公开的申请人范围的宽泛性。"从制度构成来看,与行政程序具有案件性的观念相对,信息公开却没有这种观念","信息公开制度的特色就在这里"。[63] 这一特色之所以存在,原因在于信息公开制度本身的作用与意义,也即包括我国《条例》在内的世界范围内的信息自由法的立法目的——保障公民、法人和其他组织对政府信息的获取,提高政府工作透明度,促进依法行政。因此,在不影响国家安全、公共安全、政府的正常运转和他人利益的前提下,最大限度的公开是实现这一核心目的的恰当

---

〔63〕　盐野宏:《行政法总论》,杨建顺译,北京大学出版社2008年版,第217页。

安排。[64] 但是,《条例》第十三条设定的"特殊需要"要求,大有违背信息公开立法精神之嫌。如何妥善地处理特殊需要条款? 在我们面前,有两个选项可供选择:一是修改法规,废除特殊需要条款。二是保留条款,对其进行目的性扩张解释。

第一条废除"特殊需要"条款的路径,主要参照的是美国模式。虽然新西兰的《公务资讯法》、澳大利亚的《资讯公开法》和芬兰的《公文书公开法》也都明确不得要求申请人表明个人申请的目的和理由,个人查阅政府信息的权利不应受到"特殊需要"的影响。但是之所以只将美国模式列为我们可能参考的选项,是因为美国曾经也采取过类似"特殊需要"的标准。在为人称道的 1966 年美国《信息自由法》出台之前,美国的信息公开规范的主要来源是 1946 年联邦《行政程序法》,该法虽然历史性地规定了"公众信息需要向公众公开"[65],但是在但书中却附加了"只能向正当的利害关系人公开"的限制。所谓"正当的利害关系人"如同我们《条例》中的"特殊需要"一般,作为一个不确定法律概念,赋予行政机关和政府官员极大的自由裁量权力。而公开机关更倾向于保密的性质,使得政府信息公开并未同预先设想的那样得到很好的实施。因此,就如同我国目前的状况一样,在联邦《行政程序法》出台后,"一度成为公众获得政府信息的一个屏障",[66]反而不利于信息公开制度的发展。伴随着民主与人权意识的不断提高,特别是公众参与的诉求日趋强烈,社会公众对于取消"正当的利害关系"的呼声越来越高。再加上美国法律共同体和新闻界人士强有力的推动和促进作用,终于使得美国 1966 年《信息自由法》放弃了"正当利害关系"的标准,"转而采用不附加任何限制的任何目的标准或任何需要标准"。[67] 将说明责任由申请人转移给了政府机关,即申请人不再需要说明其具有正当利害关系,而是要求拒绝公开的

---

[64]　周汉华:《美国政府信息公开制度》,《环球法律评论》2002 年版(秋季),第 274—287 页。

[65]　周汉华:《美国政府信息公开制度》,《环球法律评论》2002 年版(秋季),第 274—287 页。

[66]　田青:《论美国联邦政府信息公开制度——以 1966 年美国〈信息自由法〉及其修改为视角》,中国政法大学 2009 年硕士学位论文。

[67]　杨伟东:《政府信息公开主要问题研究》,法律出版社 2013 年版,第 31 页。

政府机关必须说明不予公开的理由。

现在看来,美国 1966 年《信息自由法》无疑是较大的变革,它为政府信息获取铺平了道路,真正保障了公众获取政府信息的权益。但是,若我们试图效仿美国的这一模式,就不得不同样正视这一模式的弊端,并进行可行性分析。美国信息公开法规范的修改花费了二十余年的时间,其间各方利益进行了博弈与较量,才终于形成这样一部法律。如果我们通过修改《条例》中的"特殊需要"条款,同样需要给公众公民意识的完全觉醒以时间,更关键的是给政府机关观念的转变以时间。如果贸然修改法律,可能会遭遇行政机关的抵制。此外,从整个大范围的信息公开制度的角度来看,美国的《信息自由法》之所以敢于废止"正当利害关系"的限制,是因为:其一,《信息自由法》中的豁免性条款随着不断修改和增加,较为全面和完善,适用标准也较为明确,不需要以"正当利害关系"作为兜底来限制申请人申请。其二,有《隐私法》等相关法律作为《信息自由法》的补充,解决了知情权与隐私权的冲突。如果没有这些条文和规范的支撑,《信息自由法》的执行效果也会大打折扣,转换到中国,这便是在当前中国《政府信息公开条例》适用的一个现状。《条例》自身条文的局限以及信息公开法制的不成熟,是我们现在不得不承认的,单纯地修正"特殊需要"条款在当下的可能性有待商榷。

于是,我们或可转向另一个路径:保留条款,对其进行目的性扩张解释。

这一路径的前提是,需要将"特殊需要"解释为一种附带的理由说明,"理由说明"的必要是有比较法的例子的:我国台湾地区的"行政资讯公开办法"第十条规定了,向行政机关请求咨询者应填具的申请书中须载明"请求行政资讯之用途"的事项;意大利的相关法律规定,查阅申请应当向制定或保存公文的行政部门提出并说明理由。笔者认为,这一方法是可行的,原因有三:一、从外部因素出发,在我国当前的信息公开法制条件下,通过法律解释这一相对的温和方法,或许比直接修法的阻碍要来得更小。二、从内部因素出发,扩大"特殊需要"的外延有助于对信息公开立法原意的实现,防止了行政机关将"特殊需要"作为不予公开之兜底条款的消极影响。三、从当前信息公开法治现状出发,理由说明存在必要性。因为说明理由可以帮助行政机关在形式审查过程中筛选出一部分存在明显滥诉嫌疑的申请,一定程度上有助于行政效率的提高。

行文至此,笔者以为,上述两种路径不能单纯地认为是两条水火不容的道路,或许可以以目的性扩张解释这一路径为过渡时期的选择,其间等待各方对信息公开观念的转变,以一种渐进的方式到达最终第一条路径所指向的结果。

五、结　语

《条例》第十三条规定了"可以根据自身生产、生活和科研等特殊需要"向相关政府机关申请获取政府信息,"特殊需要"开始进入学界的研究视线。此后,国务院办公厅的《意见》规定:"行政机关对申请人申请公开与本人生产、生活、科研等特殊需要无关的政府信息,可以不予提供。"对"特殊需要"的地位乃至其与整个政府信息公开制度的关系渐渐受到重视。

笔者认为,由于"特殊需要"的解释与适用问题一直没有得到解决,使得信息公开立法理念产生了模糊性和不确定性,导致公民获取政府信息的权利无法得到充分保障。过分强调"特殊需要"限制申请人的资格或是诉讼原告主体资格,会使《条例》的立法宗旨丧失实际意义,因此不论是申请的主体资格还是诉讼原告主体资格都应当放宽。此外,由于短时间内我们无法通过修法的途径进行调整,因此只有期待最高人民法院在案例指导的路径上发挥关键作用,结合公报案例或是指导性案例的发布,转变观念,以个案为辅助,对"特殊需要"进行扩张性的目的解释。或许可以期待,政府信息公开制度可以以这种渐进的方式得到逐步成熟和完善。

【推荐人与推荐理由】

《中华人民共和国政府信息公开条例》第十三条规定:"除本条例第九条、第十条、第十一条、第十二条规定的行政机关主动公开的政府信息外,公民、法人或者其他组织还可以根据自身生产、生活、科研等特殊需要,向国务院部门、地方各级人民政府及县级以上地方人民政府部门申请获取相关政府信息。"其中"自身的生产、生活、科研等特殊需要"的"特殊需要"应当如何解释,学界和实践均未对这一问题有清晰统一的界定和解释。从实践中的不同适用结果的现象来看,这一问题在政府信息依申请公开制度中具有关键性,关系到政府信息公开立法的宗旨能否达成。《〈政府信息公开条例〉中"特殊需要"的解释与适用——以中华环保联合会案为例》一文将环保联合会案作为标志性案例,结合《条例》及其司法解释对"特殊需要"的相关规定,一并参考并分析了实务中相关判决对"特殊需要"之内涵与地位的认定。特别是文章中从典型案例入手,分析论证实务界对解释与适用"特殊需要"的思路的转变,这种研究视角的转换使结论的得出论证更加充分。文章选题切中真问题;融判例分析与规范解释于一体;结构严谨,语言流畅;资料详实,论证充分,结论对政府信息公开法律制度的实施颇有现实意义。

——推荐人:章剑生(浙江大学光华法学院教授、博士生导师)

Abstract：The "Special Needs" term in *Regulation of the People's Republic of China on the Disclosure of Government Information* has been used by the government as a reason of secrecy. It will not only make the legislative purpose of information disclosure meaningless，but also do harm to the Citizen's right to know. The interpretation and application of "Special Needs" should be expanded according to the principle of the Regulation on the Disclosure of Government Information. In the process of the application of special needs，it can't be treated as the plaintiff qualifications. At present，the problem may not be solved in the current legal system. As a result，the case instruction is going to be introduced based on the bulletin cases and it may change the way of thinking about the purpose of information disclosure. Finally，I believe that it would also have a big effect on the judicial justice.

The first part of thesis introduces current theoretical achievements of "Special Needs" term，enumerating and analyzing the meaning of "Special Needs" as well as its applicable conditions and the way of judicial review. And it reveals that academics failed to reach consensus on the interpretation and application of "Special Needs".

Staring from a series of typical case, this thesis' second part analyses the change of train of thought on the interpretation and application of "Special Needs" in practice. I seek and list several cases before the "All—china Environment Federation case" at first. It comes to a conclusion that the local court has not come to a consensus on this issue and an authoritative interpretation needs to be published. Then, by analyzing the "All—china Environment Federation case", I try to summarize the more official and guiding interpretation from Supreme People's Court. At last, I tried to introduce two issues not resolved in "All—china Environment Federation case"; the direction and extent of the judicial review.

The third part indicates two issues related to "Special Needs". One issue is about the non-necessity of "Special Needs" from the perspective of environmental information disclosure. The other issue provides two paths to solve the "Special Needs" problem in future.

The last part of this thesis summarizes the all main point of the text.

Key words: Information Disclosure; Special Needs; Judicial Review

（责任编辑:徐　建）

法官判决说理方式的法治化研究

——以"郁祝军案"为分析对象

雷　庚[*]

内容提要　法官们通过对"郁祝军与常州市武进区公安局交通巡逻警察大队交通行政处罚纠纷案"的审理，阐述了交通瞬时执法领域应当适用"警察证言优先"规则及例外，为今后类似的案件审理提供了参考。然而，"郁祝军案"的意义绝不止步于相关规则的确立。就方法论而言，我们既要关注新的规则确立的结果，又要关注新规则确立的过程。通过审视"郁祝军案"发现：法官在阐述适用"警察证言优先"的理由时，主要考虑了行政成本、行政效率等因素，同时倾向于使用利益衡量的论证方法，从而忽视了在法律范围内对该规则和例外进行法律论证的可能性。这样的做法一旦被推广，很容易向其他法官传递"判决要以结果为导向"的错误信息。因此，通过对"郁祝军案"判决过程的重新审视，告诉我们：法官在判决说理时，只要没有法律漏洞存在，其就应当尽可能地在法律内寻找判决依据，从而确保判决的可接受性和法律适用的统一。强调这一点，对于行政诉讼中的法官公正审判意义重大。

关键词　郁祝军案　警察证言优先　结果与过程　法律解释

---

* 华东政法大学，行政法学硕士研究生。

交警部门交警在执法时,通常会遭遇大量的与"闯红灯"性质类似的瞬时交通违法行为。对于此类行为,执法交警通常会按照《行政处罚法》以及《道路交通安全法》等相关法律规定,对违法人员适用简易程序当场处罚。然而,执法交警适用简易程序时,往往都是由单个的执法交警进行。此种情况下,其单个交警的执法决定,往往会被执法对象质疑[1]。如果相对人因此提起行政诉讼,交警部门往往由于缺乏证据,面临被撤销处罚决定的可能。此时,法院的态度至关重要。即其在行政诉讼中面对此类案件,应当采用何种证明标准来审查交警部门提交的"唯一证据"? 如果"唯一证据"被法院推定有效,被处罚的相对人可以通过何种方式与理由推翻法院的推定?

对此,两审法院通过对郁祝军与常州市武进区公安局交通巡逻警察大队交通行政处罚纠纷案(以下简称"郁祝军案")的审理,再一次明确:法院审判时,该类案件应当适用"警察证言优先"的规则。[2] 同时,本案法官通过判决,列举了"利害关系"的内涵,细化了适用该规则的例外。这是"郁祝军案"对"警察证言优先"规则的一大发展,也是值得我们称道的地方。如果仅仅从规则的确立与发展角度来审视案例,可能对于"郁祝军案"的分析也就到此为止了。[3] 然而,裁判是审判实践的重要环节,说理是判决的精

---

〔1〕 这是因为,一般情况下,执法者即使是适用简易程序时,也应当有证据表明相对人的"违法事实确凿"。然而,在交通瞬时的违法行为中,行政机关往往仅能提供执法人员的陈述或记录,作为对相对人处罚的唯一证据;同时,无论是《行政处罚法》还是《道路交通安全法》,对于适用简易程序时的执法人数都没有明确规定,所以,单个执法交警执法的合法性引起了相对人的质疑。

〔2〕 说"再一次"是因为:"警察证言优先"的规则并非"郁祝军案"的法官首创。在"廖宗荣诉重庆市公安局交通管理局第二支队道路交通管理行政处罚决定案"中,法官已经通过判决,明确"交通警察对违法行为所作陈述如果没有相反证据否定其客观真实性,且没有证据证明该交通警察与违法行为人之间存在利害关系,交通警察的陈述应当作为证明违法行为存在的优势证据"。但是,"廖宗荣案"仅仅提出了利害关系,却没有阐述利害关系的具体内涵,这是"廖宗荣案"的不足之处。

〔3〕 对于"警察证言优先"规则来说,不同的法官们通过各自论述,初步填补了该领域法律适用的漏洞。然而,他们的论述所确立的仅仅是一个基本的框架,即在特殊情况下,法院应当根据"警察证言优先"的规则,采信单个执法交警的证言,除非相对人能够提出例外情况排除该规则的适用。可是,对于该规则的适用例外的表述还是比较简单,不够详尽。因此,今后的司法实践中,法官在面对类似的具有特殊性的交通瞬时执法案件时,在坚持"警察证人优先"规则的前提下,应当根据案件情况,阐述该规则的例外,通过一份份判决,对例外进行扩充,从而不断完善该领域的证据规则,这是今后,"郁祝军案"后的法官在处理类似案件中的主要任务。

髓，只有逻辑性、针对性、充分性、法理性、情理性地说理，裁判文书才能让人信服，司法的正义才能得以彰显。[4] 如果用规则形成的视角来审视"郁祝军案"，厘清法官在通过判决阐述该规则时是如何说理的，也许我们能够发现另外一片天地。[5]

一、"郁祝军案"法官论证思路梳理

(一)"郁祝军案"相关情况

1.案情概要

2009 年 2 月 28 日原告郁祝军驾驶小型客车在路口红灯禁行时继续通行，被告交通警察张永成将其拦下欲对其处罚，但原告否认闯红灯事实。交警张永成在听取了原告的申辩后，按简易程序向原告出具了公安交通管理简易程序处罚决定书，认定原告的行为违反了相关法律法规。原告不服，未在张永成出具的决定书上签名，张永成注明原告拒签的情况后，将决定书送达给原告。原告对该处罚决定不服，首先在 2009 年 3 月 15 日向常州市武进区公安局提出行政复议申请。在处罚决定被复议维持后，原告向法院提起诉讼，诉求为：原告并没有闯红灯，被告作出处罚决定证据不足，请求法院判决撤销被告的处罚决定。

---

〔4〕 邵海林：《推动裁判文书说理改革》，《人民法院报》2015 年 3 月 25 日第 002 版。

〔5〕 站在规则形成的视角审视案件的意义在于：面对新确立的法律规则，通过检视规则生成的过程，发现其中的不足，确保下一次规则输出时，不会犯类似错误。即通过反思过程，以确保结果输出更加的理想；故虽然"郁祝军案"的法官通过判决发展了"警察证言优先"规则本身，但这绝不意味着"郁祝军案"法官在发展规则时所运用的方法也是进步可取的。换句话说，就审判结果来看，"郁祝军案"继承并发展了"廖宗荣案"，但是，就审判过程来说，"郁祝军案"不一定是对"廖宗荣案"的发展。这一点后文会详细论述。

2.原告被告诉求及其主张

原告	被告
请求法院判决撤销被告的处罚决定	请求法院判决维持被告的处罚决定
主张事实： ①没有闯红灯,被告作出处罚决定证据不足	主张事实： ①根据相关法律法规[6],一名交通警察在道路上执勤并对发现的违法行为进行二百元以下罚款的当场处罚符合法律规定 ②在没有充分证据证明民警滥用职权的情况下,具备专业知识和合格职业操守的执法人员的现场认定应予支持 ③处罚程序符合法律规定 ④原处罚量罚适当

通过上表可知,原被告在"是否闯红灯"的问题上各执一词。人民法院在面对这种情况时,应当根据一定标准判断原被告提出的证据,从而对闯红灯的事实作出法律认定。最终,"郁祝军案"的法官们通过选取较低的证明标准,肯定了单个交警现场认定具备证据效力,从而确立了特殊情况下适用"警察证言优先"规则。当然,法官在表述该规则时,也明确了该规则的适用存在若干例外,从而引导相对人进行举证。

(二)法官对"警察证言优先"规则阐述

1.一审法官的阐述。就"警察证言优先"的确立来说,一审法院认为"在没有交通监控技术设施的条件下,公安机关交通管理部门由一名交通警察依简易程序对交通违法行为实施处罚,对于在红灯禁行时机动车继续通行等稍纵即逝且不留痕迹的违法行为,只能根据执勤警察的现场判断来确定"。[7] 为何只能根据执勤警察的现场判断呢？法院理由如下：

第一,"如果对类似的违法行为均要求执法部门提供技术监控资料,或

---

〔6〕《中华人民共和国道路交通安全法》第107条第一款规定以及《道路交通安全违法行为处理程序规定》第7条第二款、第8条第二款。

〔7〕 当然,根据法院的表述,"警察证言优先"规则的适用具有一定的前提,即：首先,没有交通监控技术设施；其次,红灯禁行时机动车继续通行等稍纵即逝且不留痕迹的违法行为；最后,一名交通警察依简易程序对交通违法行为实施处罚。以上三点必须同时满足,法院才可以适用"警察证言优先"的规则。

目击证人,或要求两名以上的执法人员在场,显然会增加更大的执法成本,同时也不利于行政机关提高行政效率,这种要求明显不符合客观实际";

第二,"对有关交通违法行为实施简易程序处罚的制度设计允许由一名执勤警察来实施"。

2.二审法官的阐述。二审法官在论证特殊领域"警察证言优先"时,写道:违法事实发生在公安交通执法这种比较特殊的行政管理领域时,类似于本案这种违法驾驶车辆的行为往往是瞬间发生、不留痕迹的,通常可以是执勤民警当场发现当场处理。[8]

3.最高人民法院行政庭法官的阐述。对于"警察证言优先"确立的理由,最高法行政庭法官认为,本案只是一般的违反交通管理的行为,对原告影响权益较小,应适用较低的证明标准。[9] 具体来说:

第一,从实践理性的角度,应当肯定交通警察在交通管理领域的专业性(专业的公务员,经过严格的专业训练和上岗培训),认为其对交通违法的现场判断能力高于一般人;

第二,从法律规范角度,认为如果交通法律规范设置了简易程序的规定,实际就是认可了交警对这些案件的违法事实有现场认定权;

第三,从利益衡量的角度,认为交警代表国家行政管理权为公益。法院在公益与私益发生冲突时,应当在遵循公益优先的前提下,最大限度地保护私益。公益优先实际上是确定了交警部门较弱的证明标准,此时,应当通过保障相对人的举证机会,提高其举证可能,达到强弱主体的举证能

---

〔8〕 与一审法院给出的相关理由相比,二审法院仅仅考虑到了交通执法的特殊性、行为发生的瞬时与不留痕迹;而在一审法官论述的行政成本、行政效率问题上,并没有被二审法官提及。至于一审强调"简易程序处罚的制度设计允许由一名执勤警察来实施",二审法官则是通过援引"公安部《道路交通安全违法行为处理程序规定》第七条第二款规定,对个人处以二百元以下罚款的,可以适用简易程序,由交通警察当场作出处罚决定;第八条第二款规定,公安交通管理部门按照简易程序作出处罚决定的,可以由一名交通警察实施"的规定,肯定了由一名交警执行简易程序的合法性。

〔9〕 对适用简易程序的行政案件的审理法院适用何种证明标准,学界一直都有讨论。相当多的学者主张行政机关根据简易程序实施的行为,只要不存在相反证据证明这个证据是可怀疑的,就应赋予执法人员所提供证据更强的证明力。具体参见徐继敏:《行政处罚证明标准初探》,《四川师范大学学报(社会科学版)》2007年第6期;宋华琳:《当场行政处罚中的证明标准及法律适用——"廖宗荣诉重庆市公安局交通管理局第二支队道路交通管理行政处罚决定案"评析》,《交大法学》2010年第1期。

力的平衡。

第四，从现实成本的角度考虑，如果要避免类似状况的发生，最好的做法就是交通监控的全面覆盖。但是，普遍大规模的监控意味着巨额的公共支出，这对于我国来说几乎是不可能。因此，必须承认单个交警现场目击的证据效力，避免交警处罚权的不确定性，从而维护交通秩序。[10]

以上几审法官的在阐述"警察证言优先"时的理由，可以用下表概括：

法官	"警察证言优先"的理由
一审法官	执法成本＋行政效率＋制度设计
二审法官	特殊的交通管理领域（瞬间发生、不留痕迹）
最高人民法院行政庭法官	实践理性＋法律规范＋利益衡量＋现实成本

二、对"郁祝军案"确立"警察证言优先"规则的评析

（一）行政诉讼中证明标准不明确是"警察证言优先"确立的前提

诉讼中的证明标准是指衡量证据的证明程度的标准。它既是衡量当事人举证到何种程度才能满足举证要求的标准，又是法官据以确信案件得到证明的标准。对于法官来说，"根据当事人提供的证据，如果事实认定者认为这些证据中包含和体现的证明力达到了证明标准，则认定事实为真；反之，如果证明责任承担者提供的证据与相对方当事人提供的证据之差未能满足证明标准，则认定该事实为伪。事实之真伪，其分水岭在于证明标准之是否符合"[11]。

证明标准并非一个僵化的指标，在我国，刑事诉讼法的证明标准一般适用"排除合理怀疑"标准，民事诉讼证明标准一般适用"优势证据"标准。根据行政诉讼的立法目的以及举证责任的分配，一般认为行政诉讼的证明

---

〔10〕　参见最高人民法院行政审判庭编：《中国行政审判指导案例》（第一卷）2010 年版，中国法制出版社，第 31—32 页。

〔11〕　江伟：《证据法学》，法律出版社 1999 年版，第 190 页。

标准既没有刑事诉讼严格也没有民事诉讼单一。由于行政行为的多样性与复杂性,行政诉讼的证明标准应当具有灵活性。[12]

行政诉讼中,关于证明标准的讨论并没有达成共识。虽然最高人民法院在起草《行政诉讼法证据规定》的过程中,对行政诉讼中的证明标准问题进行了深入的研究,并提出了新的观点。其送审稿确定了三类证明标准:明显优势证明标准、优势证明标准和排除怀疑标准。但是,正式的《行政诉讼证据规定》中对证明标准并没有规定。因此,普遍认为行政诉讼证明标准并不是统一适用一个标准,而是根据行政活动的类型、行政案件的性质及对当事人权益影响的大小等因素,具体确定案件的证明标准。[13]

本案中,最高人民法院行政庭的法官也认为,在瞬时发生的交通行政领域,因处罚引发行政争议时,不可能存在让双方都信服的证明标准。因此主张:根据行政行为对相对人影响程度,采用不同的证明标准。[14]

(二)法官在阐述"警察证言优先"规则时体现的不足

"郁祝军案"法官们在阐述"警察证言优先"时,列举的理由均有其合理性,但是,法官们论证时思路出奇的相似,支持其判决的首要理由均非法律规范本身。比如一审法院"如果……显然会增加更大的执法成本,同时也不利于行政机关提高行政效率"的表述。最高人民法院的法官即使从"实践、法律、利益、成本"多角度对"警察证言优先"进行了论证,从其"如果否定了交警现场目击判断可能的法律后果,交通行政处罚权就处于不确定的状态,交警面对闯红灯等瞬时违法行为可能会束手无策"表述来看,法律规范并非其确立规则的决定性因素,该领域"警察证言优先"的确立,更多的还是由法律外因素决定的,比如判决的社会效果。

当然,笔者并非否定本案输出的结果和确立的法律规则。只是笔者认为,在依法治国已经成为社会共识的大背景下,增强裁判文书的公开和说

---

〔12〕 参见江必新、梁凤云著:《行政诉讼法理论与实务》(第二卷),北京大学出版社 2011 年版,第 538—542 页。

〔13〕 高秦伟:《论行政诉讼的证明标准》,《证据科学》2008 年第 4 期。

〔14〕 对拘留、较大数额的罚款等应适用较高的证明标准。本案只是一般的违反交通管理的行为,对原告影响权益较小,应适用较低的证明标准。

理性已经是大势所趋。[15] 故法院在论证说理时，应当尽可能在法律内，运用法律适用方法来寻找支持其判决的理由。[16] 特别是，就本案而言，法官们完全可以通过法律解释的方法达到论证"警察证言优先"的目的。在这方面，已经有学者根据《行政处罚法》和《道路交通安全法》相关规定，为如何在法律内降低证明标准，确立"警察证言优先"规则作了示范。

具体来说，虽然《道路交通安全法》"应当依据事实和本法的有关规定对道路交通安全违法行为予以处罚"的表述无法确定事实要证明到何种程度。但是，我们能够参考作为行政处罚的一般法的《行政处罚法》。该法对于调查取证的一般要求是"查明事实；违法事实不清的，不得给予行政处罚"，即处罚的前提标准是事实清楚。那么，怎样才属于查明了事实呢？《行政处罚法》在简易程序和一般程序中又分别作出规定。[17] 简易程序和一般程序相比，虽然要求的是"违法事实确凿"，但却没有要求"全面、客观、公正地调查"，说明这里的"确凿性"并非确凿无疑，而是清楚明了、一见即明，其证明的程度要低于一般程序。

因此，在道路交通案件中，依据简易程序作出的警告或者 200 元以下的罚款这种比较轻微的行政处罚时，在法律已经在一般法中对其证明程度作出区分的情况下，法院选取优势证据的证明标准是具有合理性的。[18]

通过前文阐述，笔者意在阐明这一道理："郁祝军案"的法官提出的执法成本、行政效率、实践理性、利益衡量、现实成本等支持"警察证言优先"

---

[15] 《人民法院第四个五年改革纲要（2014—2018）》中，明确要求统一裁判尺度、推动裁判文书说理改革。在制度建设方面，要求完善裁判文书公开平台，建立裁判文书说理的评价体系，将裁判文书的说理水平作为法官业绩评价和晋级、选升的重要因素。

[16] 当然，如果参考宋华琳的说法，"法官在此进行法律思维作业时，还导入了法律条文之外的社会学内容，通过对我国道路交通管理的特殊性、道路交通违法行为的多发性和瞬时性等因素的考虑，对适用不同法律规范所带来的后果进行利益衡量，从而进一步强化了应适用作为特别法的道路交通安全管理法律、行政法规和规章。这样的方法某种意义上可以称作社会学解释"。当然，对于这样一种说法，笔者是不认可的。具体内容可参见宋华琳：《当场行政处罚中的证明标准及法律适用——"廖宗荣诉重庆市公安局交通管理局第二支队道路交通管理行政处罚决定案"评析》，《交大法学》，2010 年第 1 期。

[17] 简易程序的标准是"违法事实确凿"；一般程序规定"必须全面、客观、公正地调查，收集有关证据"。

[18] 参见王贵松：《一对一证据的审查与认定——廖宗荣诉重庆市交警二支队行政处罚决定案评》，《华东政法大学学报》，2012 年第 3 期。

的理由并非不能出现在法官的判决中,可是,当法律没有漏洞时,法官仅仅依靠这些非法律的理由来创设新的规则是不具有合法性的。法官可以根据具体案件的情况灵活地弥补法律的空白和解释法律的精神,但是,法官的造法不能超出立法的精神和原则,其只能在现行立法的精神和原则的范围内,对立法内容进行解释和补充,以解决审判中的难题。[19]

因为,按照传统的法律适用理论,只有当立法者疏忽使法律出现漏洞而其完全无法适应现实时,法官才会获得发展法律的权利。否则,法官必须严格按照传统的法律解释方法如文义解释、体系解释、历史解释、目的解释,来尽量使法律文本适用社会现实,从而确保法律的确定性。

(三)法院如何更好地确立"警察证言优先"规则

1."廖宗荣案"、"郁祝军案"的法官对"警察证言优先"的不同阐述。在与本案情况类似的"廖宗荣诉重庆市公安局交通管理局第二支队道路交通管理行政处罚决定案"中,其法官在阐述"警察证言优先"时是这样表述的:

"为了遵循《道路交通安全法》第 3 条确立的依法管理,方便群众,保障道路交通有序、安全、畅通的规则,《道路交通安全法》第 79 条规定'公安机关交通管理部门及其交通警察实施道路交通安全管理,应当依据法定的职权和程序,简化办事手续,做到公正、严格、文明、高效'。第 107 条规定'对道路交通违法行为人予以警告、二百元以下罚款,交通警察可以当场作出行政处罚决定,并出具行政处罚决定书'。《道路交通安全违法行为处理程序规定》第 8 条规定'公安机关交通管理部门按照简易程序作出处罚决定的,可以由一名交通警察实施'。因此,交通警察一人执法时,当场给予行政管理相对人罚款的行政处罚,是合法的具体行政行为。"

在"廖宗荣案"中,人民法院在论证交通瞬时执法领域适用"警察证人优先"时,与"郁祝军案"的法官最大的不同在于:"廖宗荣案"的法官是基于法律条款的规定论证"警察证人优先"规则。而在"郁祝军案"中,一审法院在对法律的考量方面,只是简单地提及了"对有关交通违法行为实施简易程序处罚的制度设计允许由一名执勤警察来实施"。最高人民法院行政庭

---

[19]　参见何家弘:《论法官造法》,《法学家》2003 年第 5 期。

"《中华人民共和国道路交通安全法》和《道路交通安全违法行为处理程序规定》认可交警可以对交通轻微违法案件按照简易程序来处理,实际上就是认可交警对这些案件中的事实有现场认定权"的表述,其也仅仅是基于法律规定了简易程序制度,从而推断出立法其实是认可单个交警的现场认定权的。可是,法律规定简易程序是否必然认可单个交警的现场认定权呢?法官在这里论证的思维跳跃太大,并非完全让人信服。反而是二审人民法院通过援引公安部的《道路交通安全违法行为处理程序规定》,来肯定一名交警适用简易程序的合法性,这种做法就是法官规则意识的体现。

2.法律解释方法在阐述"警察证言优先"时的运用。参考"廖宗荣案"的论证思路,运用法律解释的方法,此类案件的特殊性可作如下论证:

其一,通过法律规范推演出立法目的。《道路交通安全法》第1条规定:"为了维护道路交通秩序,预防和减少交通事故,保护人身安全,保护公民、法人和其他组织的财产安全及其他合法权益,提高通行效率,制定本法。"《道路交通安全法》第3条则规定:"道路交通安全工作,应当遵循依法管理、方便群众的规则,保障道路交通有序、安全、畅通。"《道路交通安全法》第1条和第3条说明道路交通安全立法目的的着重点在于"道路交通秩序"的维护,和"通行效率"的提高。

其二,将立法目的和具体规范结合。《道路交通安全法》第79条规定"公安机关交通管理部门及其交通警察实施道路交通安全管理,应当依据法定的职权和程序,简化办事手续,做到公正、严格、文明、高效。"《道路交通安全法》第107条规定:"对道路交通违法行为人予以警告、二百元以下罚款,交通警察可以当场作出行政处罚决定,并出具行政处罚决定书。"

以上条款结合《道路交通安全法》总则部分的规定,应该能够说明:交警针对道路交通违法行为作出的当场行政处罚适用"警察证言优先"规则,这是在尽可能地查明事实真相、以尽量低的成本和较高的效率来维持交通秩序三者之间的平衡,将维护道路交通秩序,置于更为重要的地位。[20]

其实,以上论证"警察证言"在交通瞬时执法领域适用的方法,是以文

---

[20]　当然,法官在论述时也可以阐述诸如利益衡量、行政成本与效率等理由,但是当法律没有漏洞时,这些理由仅仅是作为增强论述说服力而存在的非决定性理由。

义、体系解释为基础,结合客观目的解释来明确法律含义的典范。耶林说过"目的是所有法律的创造者"。[21] 目的解释就是用法律的目的,来确定法律文本的真实含义。[22] 一般来说,法律本身就是在对于相关的利益进行充分考虑后所形成的被社会接受、相对公平的解决问题的方案。通过法律解释方法的灵活运用,法官通过对与道路交通管理相关的立法和制度的目的探求,明确了在当场行政处罚中,法律究竟想保护何种价值,进而实现了将相关因素(比如行政成本、行政效率、公共利益)纳入法律框架下探讨的技术性转化。也许,就结果而言,这样的技术性转化没有对其产生实质性的影响,但是,通过这样的转化,使得法官在填补规则漏洞时,必须受解释规则的束缚,从而避免形成法治社会中"法官的专治"。[23]

三、行政诉讼中法官运用法律解释方法的意义

"郁祝军案"的法官们通过判决,在相关领域重申了"警察证言优先"的原则并进一步完善了该原则的例外。然而,在通读二审法官和最高人民法院行政庭的判决理由后,我们可以发现:"郁祝军案"的法官在能够运用法律技术手段确立相关规则的情况下,其在论证时仍然优先考虑了非法律的因素。法官在法律没有漏洞的前提下,运用其他非传统法律意义的方法来确立规则,这种现象引起了笔者的担忧。因此,笔者通过对"郁祝军案"的法官确立规则的过程的完整剖析,意在表明,无论判决的结果如何,只要法律文本和现实没有完完全全地脱节,法官就应当运用传统的法律解释的方法,论证自己的判决,从而将非法律的因素对法官的影响降到最低。之所以这样说,是因为:

---

〔21〕 转引自黄茂荣:《法学方法与现代民法》,中国政法大学出版社 2001 年版,第 282 页。

〔22〕 当然,本文强调的目的性解释的目的,倾向于限定在立法者的目的,而立法者的目的必须借助法律中相关条文来理解,从而最大限度地避免目的解释的随意性。当法官对法律文字理解产生疑问时,可借助立法者的目的来进行判断。因而,这里的目的具有法定性,法官们可以通过贯穿于所有法律条款的指导思想来解释法律的真意。同时,这种目的也使得解释具有了相对的客观性,解释者所表达的法律不是任意的,而是客观地存在于立法者已表述的目的条款中。具体参见陈金钊:《目的解释方法及其意义》,《西北政法学院学报》2004 年第 5 期。

〔23〕 陈金钊:《法律解释及其基本特征》,《法律科学》2000 年第 6 期。

第一，如果一个机关随心所欲地做事，然后在事后宣布它的行为就是法律，这肯定不符合法治的精神。因此，有必要用法律方法统一法律适用，让法律判决更加透明，从而使相关人员了解到判决为什么是这个结果而不是那个结果。[24] 具体到"郁祝军案"所属的行政诉讼领域，法官运用目的性解释的方法，最大限度地弥合了法律文本与现实情况的差异，这样既保障了成文法律的确定性，又避免非法律方法在行政法领域的大行其道。

第二，行政规范的解释与传统民法解释不同。行政法规范被特定的国家意志与目的所决定，带有很强的政治权力投影与公共利益的表达，即行政规范和政治活动、公共利益互相交织。因此，按照有关学者的说法，行政诉讼中，有法效果的解释主体实是两个：行政机关和法官。行政行为依照法律而作出，这必然涉及行政机关对法律的解释，这种解释除非通过司法审查被推翻，否则，就同样是具有实质确定力的。而法官则在诉讼中，具体认定这种解释是否符合法律的含义与客观目的，于是进行第二次解释。[25]

行政诉讼中，如果法官在判决时不首先考虑规范思维，反而运用政策思维，以结果为导向审判行政案件，那么，法官的第二次解释可能就不是解释，而是通过解释为行政机关行为的合法性找出理由、依据。即使在某些案件中，用规范的解释方法和非规范的方法所达到的效果是一样的，这种做法也是不可取的。因为，法官一旦缺失了规范思维，其裁判就如同一匹脱缰的野马无法预测。随之而来的多米诺骨牌效应是：在成文法的稳定与可预期性被打破的情况下，法官在行政诉讼中无法坚持根据法律、法规甚至规章对行政行为进行合法性审查，一旦法官失去了法律武器，其很有可能沦为行政机关的附庸。所以，在行政诉讼中，要求法官在判决时坚持运用法律解释的方法，意义尤其重大。

（责任编辑：梁　艺）

---

〔24〕　国家法官学院、德国国际合作机构著：《法律适用方法——行政法案例分析》，中国法制出版社 2012 年版，第 16—17 页。

〔25〕　王旭：《行政法解释学研究》，中国政法大学宪法学与行政法学博士论文，张树义教授指导，2008 年 4 月。

高校学位授予行为司法审查进路研究

——以"何小强案"为例

黄　琳 *

内容提要　高校须经法律法规及国务院授权方可向学生授予学位。实践中,司法对于高校学位授予类纠纷的审查姿态一直处于波动变化之中,从合法性原则与合理性原则并重逐步演变为仅注重合法性审查。指导案例 39 号"何小强案"为该类纠纷提供了更为清晰的解决思路。以此为基点,本文着力探究高校学位授予行为的司法审查路径,并发现:对于高校授予学位行为、制定本单位学位授予细则的行为,可以法定授权为审查基准;对于高校自制细则,为尊重高校的自主管理权及判断余地,宜以合法性原则为限进行审查。

关键词　学位授予　高校自主　高校自制细则　合法性审查

一、问题的提出

2014 年年底,最高人民法院发布了第九批指导性案例。其中有两个案例均涉及高校与学生间的诉讼。有人因此感叹这一举措"进一步把行政诉讼的触角延伸到'象牙塔'里"[1]。事实上,自 1999 年的"田永诉北京科技大学拒绝颁发毕业证、学位证案"[2]与 2001 年的"刘燕文诉北京大学学位评定委员会不授予博士学位决定纠纷上诉案"[3]开启高校诉讼之先河

---

　* 浙江大学光华法学院,宪法与行政法方向博士研究生。
　[1]　刘武俊:《把行政诉讼的触角伸到"象牙塔"》,《人民法院报》2014 年 12 月 30 日第二版。
　[2]　该案的判决书最初登载于《最高人民法院公报》1999 年第 4 期,2014 年被最高人民法院列为"指导案例 38 号"。
　[3]　北京市第一中级人民法院〔2001〕一中行终字第 50 号。

后,学生状告学校侵权的案件便屡见报端,"短时间内似呈雨后春笋之势"[4]。一时间,聚讼纷纭,围绕此问题展开的讨论不胜枚举。[5]

然而,综观现有的各类文献可以发现,这些研究成果大多着力于探究高校的法律性质和法律地位,甄别高校与学生间所形成的法律关系的性质[6],抑或是从司法审查与大学自治的关系角度进行宏观思考[7]。诚然,这些研究极大地丰富与拓展了高等教育行政诉讼理论,但同时也必须承认,这样的思考方式有时无法为现实案例提供理论证明。以指导案例39号"何小强诉华中科技大学拒绝授予学位案"(以下简称"何小强案")为例,若是遵循上述既有理论,须先对被告华中科技大学的法律性质与法律地位进行定位,进而辨析该案中原被告双方间所形成的法律关系是何属性。然而,现实中人民法院并未遵循学界提供的上述思路,而是首先对被诉学位授予行为是否具有可诉性进行了确认,随后着重对涉诉的《授予学位实施细则》的内容、性质及审查标准作了分析。理论与现实的不一致为我们提供了新的讨论契机。

有鉴于此,本文将从上述问题出发,先对"何小强案"中涉及的高校学位授予行为从理论与规范上进行双层剖视;随后通过分析若干典型案例的审查思路,探究高校学位授予行为在当前制度框架中的司法审查实况;进而尝试将语境拓展至理论层面,探析司法审查触及高校学位授予行为的可行路径。笔者希冀通过下文的研究为高校行政诉讼问题的理论筹备及可能的司法策略探寻尽绵薄之力。

二、高校学位授予行为内在特性之剖析

明确高校学位授予行为的内在特性是讨论高校学位授予纠纷无法回

---

〔4〕 沈岿:《析论高校惩戒学生行为的司法审查》,《华东政法学院学报》2005年第6期。

〔5〕 相关研究文献数量颇多,在此不逐一罗列。

〔6〕 参见马怀德:《公务法人及行政诉讼——兼论特别权力关系的救济途径》(1999年5月全国行政法年会会议论文);熊文钊:《试论公立高等学校的性质及其法律关系》(2005年6月海峡两岸高等教育法学术研讨会论文)。

〔7〕 参见程雁雷:《司法审查对大学自治的有限介入》,《行政法学研究》2000年第3期;胡肖华:《论学校纪律处分的司法审查》,《法商研究》2001年第6期。

避的前提。为避免使内容评介沦为简单的口号,我们有必要先从制度规范与学说论断两方面对高校学位授予行为的内容、来源依据、属性分类予以梳理。

(一)基于相关法律规范的分析

对高校学位授予行为的规定主要来源于《中华人民共和国教育法》、《中华人民共和国高等教育法》、《中华人民共和国学位条例》、《中华人民共和国学位条例暂行实施办法》等高等教育领域的基础性规范。[8]

《教育法》第22条对学位制度作了总括性的规定,指出"国家实行学位制度","学位授予单位依法对达到一定学术水平或者专业技术水平的人员授予相应的学位,颁发学位证书"。《学位条例》第4条、第5条、第6条分别对《教育法》第22条中提及的"一定学术水平或者专业技术水平"标准进行了细化,明确获得三类学位证书须满足的条件。[9] 与此同时,《学位条例》作为高校学位授予领域的专门规范,其第8条对学位授予单位作出了规定,明确只有"由国务院授权的高等学校和科研机构"等学位授予单位可授予学位,且这些学位授予单位的名单及其可以授予学位的学科名单,均须"由国务院学位委员会提出,经国务院批准公布"。综合这些条款可知,高等学校和科研机构唯有经国务院授权及批准公布,方可实施授予学位行为。另一方面,获得学位的学生只有满足上述《学位条例》规定的学位授予条件时,才能获得学位授予单位颁发的学位证书。

然而,《学位条例》规定的学位授予条件虽较之《教育法》有了深化,但

---

〔8〕 以下分别简称为《教育法》《高等教育法》《学位条例》《学位条例暂行办法》。

〔9〕《学位条例》第4条规定:"高等学校本科毕业生,成绩优良,达到下述学术水平者,授予学士学位:(一)较好地掌握本门学科的基础理论、专门知识和基本技能;(二)具有从事科学研究工作或担负专门技术工作的初步能力。"

《学位条例》第5条:"规定高等学校和科学研究机构的研究生,或具有研究生毕业同等学力的人员,通过硕士学位的课程考试和论文答辩,成绩合格,达到下述学术水平者,授予硕士学位:(一)在本门学科上掌握坚实的基础理论和系统的专门知识;(二)具有从事科学研究工作或独立担负专门技术工作的能力。"

《学位条例》第6条:"高等学校和科学研究机构的研究生,或具有研究生毕业同等学力的人员,通过博士学位的课程考试和论文答辩,成绩合格,达到下述学术水平者,授予博士学位:(一)在本门学科上掌握坚实宽广的基础理论和系统深入的专门知识;(二)具有独立从事科学研究工作的能力;(三)在科学或专门技术上做出创造性的成果。"

总体而言仍过于笼统含糊。为此,《教育法》第 28 条与《高等教育法》第 11 条均提出,高校可以"按照章程自主管理"、"依法自主办学,实行民主管理"。《学位条例暂行办法》第 25 条也指出:"学位授予单位可根据本暂行实施办法,制定本单位授予学位的工作细则。"由此我们不难发现,高校经国务院授权并批准后,不仅可以向该校学生授予学位,还可以根据自身需要自行制定学位授予细则。

(二)对高校学位授予行为的理论思考

从上述规范梳理可知,高校授予学位的行为须经国务院授权,且高校可结合自身情况制定本单位的学位授予工作细则。由此,高校授予学位行为的内在特性问题便无法回避。

对此问题,学界存有两种声音。一种观点认为,对于高校授予学位的行为应从行政职权角度来作解读。"高等学校根据《学位条例》规定的条件,对学位申请人进行审查并对合格者颁发学位证书,是作为法律、法规授权的组织行使的行政职权。"[10] 又如:"我国实行国家学位制度,高等学校颁发学位证书的权力来源于法律、法规的明确授权,从这一点上来讲,高等学校的学位授予行为属于法律、法规授权的组织行使行政职权的行为,应纳入行政行为的范畴。"[11]

针对这一阵营的意见,另一部分学者提出质疑:"经国家批准设立或认可的一个组织按照国家规定作出某个行为,并不意味着这个组织是在代表国家行使公共权力(试比较经国家批准设立的企业之间依法签订合同的行为)。因此,断言学校颁发毕业证书、学位证书是一种代表国家的行政权力,论理上并不十分周延。"[12] 据此,也有学者径行提出,学位授予行为属于大学自治范畴,"今天,大学自治已成为现代高等教育管理学中的一项基本原则。它可包含三层含义:一是高校办学自主;二是校内行政管理;三是

---

〔10〕 胡锦光:《北大博士学位案评析》,《人大法律评论》2000 年第 2 期,第 281 页。

〔11〕 湛中乐、李凤英:《刘燕文诉北京大学案的法律分析——论我国高等教育学位制度之完善》,《中外法学》2000 年第 4 期。另可参见刘艺:《高校被诉引起的行政法思考》,《现代法学》2001 年第 2 期。

〔12〕 沈岿:《公法变迁与合法性》,法律出版社 2010 年版,第 119 页。

学术自由。在我国,大学自治尽管还不是一个法律术语,但是其基本内容在现行教育法律中已有体现和规定"〔13〕。

有鉴于此,笔者拙见以为,上述两种论断均有思虑不周之处。一方面,学位授予权的核心在于对学生是否已满足获得学位的条件进行评价,而这一评价过程只能由相关领域的专家来完成。倘若不加分辨而径直将高校授予学位的行为笼统地归入行政权之范畴,那么"学位授予标准的设定往往被限定在立法者的权限之内,高校只能严格依照法律规定的学位授予标准"。〔14〕 如此一来,相当于"是要用一个模子把人们都铸成一样"〔15〕,难以保障各高校学位评价工作的自主性与多样性。就此而论,上述第一种主张恐不可取。另一方面,我国现行高等教育法制体系中只是提出高校"可自主管理、自主办学"〔16〕,但没有明确提出"大学自治"的概念。在这种情形下,若直接将高校授予学位的行为纳入"高校自治权"领域,似乎有些过于想当然耳。诚然,这一制度缺失的确令不少人为之扼腕。有学者曾发出疾呼:"我国宪法中规定的科学研究自由,没有在高等教育法中得到具体化和制度化,缺失了'大学自治'、'教授治校'等学术自由的'制度保障'形式。"〔17〕但这毕竟只是一家之言,没有法律法规的支持,断然使用"自治"的概念,将高校学位授予权放在国家行政权的对立面,其妥当性有待商榷。因此,第二个论断亦有捉襟见肘之处。

笔者认为,究其本质而言,高校授予学位的问题可分为两个部分:一是高校是否有权授予学位,二是高校应如何授予学位。第一个问题涉及高校是否已获得国务院的授权及批准,其核心在于高校实施学位授予行为的职权来源是否合法。第二个问题则关系到高校自行制定的本单位学位授予细则的具体内容,其重心在于两个方面:其一,高校是否已依据《学位条例暂行办法》获得自行制定本校学位授予细则的权限;其二,高校自制授予细则的具体内容是否合理。由此可知,高校授予学位的行为可内分为两个层

---

〔13〕 程雁雷:《论司法审查对大学自治的有限介入》,《行政法学研究》2000 年第 2 期。

〔14〕 周慧蕾:《从规范到价值:高校学位授予权法律性质的定位》,《法治研究》2014 年第 12 期。

〔15〕 〔英〕约翰·密尔:《论自由》,许宝骙译,商务印书馆 2007 年版,第 126—127 页。

〔16〕 参见《教育法》第 28 条第 1 款、《高等教育法》第 11 条。

〔17〕 王德志:《论我国学术自由的宪法基础》,《中国法学》2012 年第 5 期。

次,第一层为合法性问题,即高校授予学位须获得国务院授权,高校自行制定授予细则须获得《学位条例暂行办法》授权;第二层指向合理性问题,易言之,高校根据其自身需要自主制定的学位授予细则具体内容是否具有可行性。上文的论述中,学者们试图将这两个层面均纳入某一个特定阵营中,因而会出现顾此失彼的情形。笔者以为,与其强行将这两个层次归入一个类别中,莫不如分别讨论:将须获得授权的那部分高校学位授予行为视为法律法规授权的行政行为,高校自主决定授予细则内容的行为则可视为行政裁量。如此方可实现高校学位授予行为的内部自洽。

至此,我们可以得出第一个结论:高校学位授予行为可视同为法律法规授权的行政行为与行政裁量两部分,须分别用合法性原则与合理性原则加以审视。然而这样的双层次界分方式在实务中是否可行,抑或仅为学理层面的孤芳自赏? 为此,笔者在下文中将视线转向若干相关案例,尝试通过案例对比分析,以发现司法对待高校学位授予行为的态度。

三、高校学位授予行为司法审查之现实样态

为保证数据样本的同源性和典型性,笔者尝试以《最高人民法院公报案例》、最高人民法院行政审判庭编写的《中国行政审判指导案例》、最高人民法院审判监督庭编写的《审判监督指导》中的案例为分析样本。案例梳理显示,涉及高校与学生间纠纷的诉讼共 14 件,其中就"高校是否应授予学位证书"而提起的诉讼共 5 件。分析如下。

(一)对若干典型案例的审视

1."褚玥案"。"褚玥诉天津师范大学不履行授予学位法定职责案"[18](以下简称"褚玥案")是一起关于高校以学生考试作弊为由取消其学位资格的案例。原告褚玥为被告天津师范大学下属国际信息管理学院在读本科生,因在考试中传递纸条而被学院认定为考试作弊。后被告天津师范大学依据《天津师范大学学位授予工作细则》(以下简称"《工作细则》")第13

---

〔18〕 《中国行政审判指导案例》2010 年第 1 卷第 5 号案例,〔2004〕高行终字第 44 号。

条对其作出取消学士学位资格的处理决定,未向原告颁发学位证书。原告起诉,一审判决驳回原告诉讼请求。后原告上诉,二审维持原判。

二审中,人民法院首先确认了被告天津师范大学具有颁发学位的法定职权,"天津师范大学作为国务院授权的学士学位授予单位,有代表国家行使对受教育者授予学士学位、颁发学士学位证书的主体资格和法定职权"。随后针对原告提出的"《工作细则》与上位法冲突,应属无效"上诉理由,二审法院指出,《学位条例》第4条仅对授予学士学位的条件进行了原则性规定,故被告天津师范大学有权依据《学位条例暂行办法》第25条的规定,结合本校实际情况制定《工作细则》,且"《工作细则》第13条对考试作弊者不授予学士学位的规定,符合社会公知的学术评价标准,亦是高等学校行使教育管理自主权的体现,并不违反《学位条例》第4条的原则规定"。由此,二审法院认定被告决定不授予学位"适用法律并无不当"。

以上述的高校授予学位行为二分结构观之,"褚玥案"中二审法院以较多笔墨从合法性原则角度切入,对被告天津师范大学是经授权的学位授予单位、具有自主制定授予细则的职权进行论证。而当涉及《工作细则》的具体内容评价时,二审人民法院仅以"符合社会公知的学术评价标准"简单带过,未作过多展开,并指出《工作细则》不违反上位法的规定。无疑,在二审人民法院看来,被告是否具有法定职权的确定更为重要,至于《工作细则》的内容,只需不违反上位法的原则性规定即可。

2."武华玉案"。"武华玉诉华中农业大学教育行政行为纠纷案"[19](以下简称"武华玉案")的案情与"褚玥案"相似。原告武华玉系被告华中农业大学在读硕士研究生,因参加考试时未制止同学偷看自己的试卷而受到学校的警告处分。后被告华中农业大学依据《华中农业大学学位授予工作实施细则》(以下简称"《实施细则》")第25条第4项[20]决定不对其授予硕士学位。原告起诉,一审确认被告不颁发学位证书的行为违法。后原告未上诉。

人民法院经审理认为,被告华中农业大学具有颁发硕士学位证书的法

---

〔19〕《中国行政审判指导案例》2010年第1卷第9号案例,〔2007〕洪行初字第102号。

〔20〕《华中农业大学学位授予工作实施细则》第25条规定:"有下列情形者不得授予硕士、博士学位:……4.考试舞弊作伪者、课题研究弄虚作假者。"

定职责。随后,人民法院指出,被告依据《学位条例暂行办法》第 25 条,有权制定涉诉《实施细则》,且《实施细则》与《学位条例》和《国务院学位委员会关于对〈中华人民共和国学位条例〉等有关法规、规定解释的复函》的规定不相抵触。至此,人民法院完成了对被告授予学位的职权、制定授予细则的职权以及授予细则具体内容的确认。由此可以看出,"人民法院在上下位阶的纵向等级中认识《学位条例暂行办法》对高等学校制定细则的授权和高等学校据此制定的细则之间的关系。"[21]这一点与前文提及的合法性层面相呼应。但就合理性层面而言,判决主文中并未提及,仅在评析部分提及"学校如何规定学生须具备的学术质量和水平,以及如何对这种质量和水平进行评定,只要不与上位法冲突,不应成为司法审查的对象"。由此可知,高校授予学位、制定授予细则的职权来源合法是人民法院处理此类案件的审查重点,而面对高校自制细则时,法院通常仅以"是否与上位法相抵触"作为人民法院审查重心,而较少触及合理性层面。

3. "贺叶飞案"。"贺叶飞诉苏州大学教育行政处罚案"[22](以下简称"贺叶飞案")与褚玥案亦有相似之处。原告贺叶飞系被告苏州大学在读本科生,因在考试中作弊被处分留校察看一年。后被告苏州大学撤销了对原告的处分,并准予其补考。补考成绩合格。后被告苏州大学以原告考试作弊、曾受处分为由,依据《苏州大学学分制学士学位授予工作实施细则》(以下简称"《细则》")取消其学士学位授予资格。原告遂起诉。一审判决被告苏州大学对原告的学士学位资格重新审核。后原告上诉。二审判决驳回其诉讼请求。经检察机关抗诉后进行再审。再审维持二审判决。

本案中,一审、二审及再审均对被告苏州大学具有授予学位证书、制定《细则》的职权进行了确认。不同于上述两个案例中的轻描淡写,本案的各个审理阶段均曾就《细则》的具体内容展开评述。一审人民法院认为:"《学位条例》、《学位条例暂行办法》都未把考试作弊作为不授予学位的情形。苏州大学根据《细则》取消学位资格,适用依据错误,处理明显畸重。"显然,一审人民法院在评判《细则》时不仅从是否符合上位法的角度进行考虑,也

---

〔21〕 陈越峰:《高校学位授予要件设定的司法审查标准及其意义》,《华东政法大学学报》2011 年第 3 期。

〔22〕《审判监督指导》2010 年第 4 辑(总第 34 辑),〔2008〕苏中行再终字第 0001 号。

将《细则》实施结果的可接受度纳入考量范畴。二审人民法院则指出："对考试作弊者不授予学位，有利于实现教育法、高等教育法等法律法规确定的立法目的和教育目标，有利于提高教学质量和学术水平。《细则》规定对考试作弊者不授予学士学位，并未违背上位法的精神，规定合理、正当。"由此可知，二审人民法院亦从合理性角度对《细则》内容作出评定。再审法院的立场与二审相似，认为"考试作弊是较为严重的学术道德问题。《细则》中规定对考试作弊者不授予学士学位，并未违背上位法的精神，苏州大学可以适用"。据此，我们不难发现，不同于"褚玥案"、"武华玉案"中对高校自制细则合理性的忽视，"贺叶飞案"中法院对《细则》内容投射了较多关注，并从可接受度、立法目的、教学质量等方面进行了论证。

4."田永案"。"田永诉北京科技大学拒绝颁发毕业证书、学位证书案"[23]（以下简称"田永案"）与"褚玥案"相似。原告田永为被告北京科技大学在读本科生，在考试中携带纸条被发现。被告北京科技大学依据该校《关于严格考试管理的紧急通知》（以下简称《通知》）对其作出退学处理决定，但未向原告宣布、送达退学处理决定和变更学籍通知。此后原告田永继续以该校学生身份学习。后被告北京科技大学拒绝向原告田永颁发毕业证书、学位证书。原告遂起诉。

人民法院首先对被告北京科技大学具有颁发学历证书、学位证书的职责，以及自主制定校纪校规的权限进行了确认。而后，人民法院指出，尽管如此，"其制定的校纪、校规和据此进行的教学管理和违纪处分，必须符合法律、法规和规章的规定，必须尊重和保护当事人的合法权益"。本案中，被告作出退学决定所依据的《通知》"与《普通高等学校学生管理规定》第29条规定的法定退学条件相抵触，故被告所作退学处理决定违法"。由此可知，"田永案"中，人民法院仅以是否具有合法依据作为评判被告拒绝授予证书的行为的标准，而未曾似"贺叶飞案"一般对授予细则的合理性层面投入较多关注。其裁判要点中也指出："高等学校依据违背国家法律、行政

---

〔23〕　指导案例 38 号，〔1999〕一中行终字第 73 号。田永案虽曾出现于《最高人民法院公报》1999 年第 4 期（总第 60 期），但最高人民法院于 2014 年年底将其列为指导案例，并归纳出新的裁判要旨，传递出最高人民法院对高校学位授予类纠纷的新看法。由此，笔者认为，宜将田永案的出现年份定位为 2014 年。以下论述均以指导案例 38 号为分析对象。

法规或规章的校规、校纪，对受教育者作出退学处理等决定的，人民法院不予支持。"

（二）"何小强案"：审查路径更为清晰化

当然，仅靠列举式的例证并不能证实司法审查高校授予学位行为的姿态。而"何小强案"的出台让我们看到了最高人民法院较为明确的态度。

"何小强案"是一起关于高校以学生未通过大学四级英语考试而拒绝颁发学位证书的案件。[24] 原告何小强系第三人华中科技大学武昌分校（以下简称"武昌分校"）2003级通信工程专业本科毕业生。武昌分校无学士学位授予资格。根据国家相关规定和双方协议约定，被告华中科技大学同意对武昌分校符合条件的本科毕业生授予学士学位。协议附件《华中科技大学武昌分校授予本科毕业生学士学位实施细则》（以下简称"《分校实施细则》"）的第3条将"通过全国大学英语四级统考"列为授予学位的条件之一。随后，被告华中科技大学作出《关于武昌分校、文华学院申请学士学位的规定》（以下简称"《规定》"），将"通过四级考试"列为非外语专业学生申请学位的必备条件之一。2007年，武昌分校以原告何小强未通过四级考试为由，未向被告华中科技大学推荐。原告向被告与第三人提出授予学位的申请，均被拒绝。原告遂起诉。一审判决驳回原告诉讼请求。后二审维持原判。

一审中，人民法院首先确认被告华中科技大学具有向武昌分校本科毕业生授予学士学位的法定职权。随后人民法院仅以少量笔墨，对华中科技大学及武昌分校将四级考试成绩作为学位授予条件的做法进行了肯定。尽管此时原告已对被告这一行为的法律依据提出了质疑，但人民法院对此采取了模糊化处理方式，原被告双方未就《分校实施细则》及《规定》的内容争议形成交锋。有鉴于此，二审中上诉人何小强提出质疑，认为被上诉人以法律没有规定的英语四级为颁发学位证的必要条件违反了《学位条例》。被上诉人华中科技大学辩称，《学位条例》及《学位条例暂行办法》已授权各

---

〔24〕 指导案例39号，〔2009〕武行终字第61号。曾刊载于《最高人民法院公报》2012年第2期（总第184期）。

高校根据自身条件,灵活制定本单位授予学位的工作细则,因而将学位证书与四级考试挂钩的做法符合法律规定。面对原被告各执一词的情况,二审法院接受了被告华中科技大学的分析思路。其在判决书中明确指出:"《分校实施细则》第 3 条符合上位法规定。《学位条例》与《学位条例暂行办法》赋予学位授予单位在不违反《学位条例》所规定基本原则的基础上,在学术自治范围内制定学士学位授予标准的权力和职责,华中科技大学在此授权范围内将全国大学英语四级考试成绩与学士学位挂钩,是对授予学士学位的标准的细化,属于学术自治的范畴。"随后,人民法院又指出:"对学校授予学位行为的司法审查以合法性审查为原则。在符合法律法规定的学位授予条件前提下,确定较高的学士学位授予学术标准或适当放宽学士学位授予学术标准,均应由各高等学校自行决定。对学士学位授予的司法审查不能干涉和影响高等学校的学术自治原则。"

由此可知,"何小强案"中,二审人民法院更青睐于适用合法性原则对高校授予学位、制定授予细则的职权来源进行审查。甚至于对于高校自制授予细则,为尊重高校的学术自治,只要不违反上位法规定,即可获得法院支持,而无须深入到合理性层面进行讨论。

(三)小结

通过上述案例对比我们可以发现,当面对高校学位授予权、授予细则自主制定权时,人民法院均不约而同地选择以合法性原则对其进行审查。而当司法审查触及高校自制授予细则的具体内容时,各个人民法院的态度略有不同:"褚玥案"中法院以"不违反上位法的原则性规定"与"符合社会公知的学术评价标准"进行双重判断;"武华玉案"中人民法院以"与上位法不抵触"作为评判标准;"贺叶飞案"中人民法院在合法性判断之外,也从可接受度、立法目的、教学质量等方面对授予细则的内容合理性进行了论证;"田永案"与"何小强案"中人民法院仅以合法性原则为审查指标。

鉴于上述案例均不同程度地体现了最高人民法院的看法与姿态,我们可以得出第二个结论:司法实践中,最高人民法院对于高校学位授予类纠纷所秉持的审查态度会随着社会发展和法律政策变化而不断波动变化,从最初的合法性原则与合理性原则并重逐步演化为仅倚重合法性原则。接下来需要讨论并分析的一个问题就是,这样的演化模式,其背后的审查机理为何? 易言之,最高人民法院在"何小强案"的裁判要点中强调"高等学校依照《中华人民共和国学位条例暂行实施办法》的有关规定,在学术自治范围内制定的授予学位的学术水平标准,以及据此标准作出的是否授予学位的决定,人民法院应予支持",其用意何在? 对此,笔者不揣浅陋,拟就此问题作一初步探讨。笔者将从"何小强案"的判决理由入手,探寻其中蕴含的司法审查高校学位授予行为的可行路径。

四、司法审查触及高校学位授予行为之二分路径:基于"何小强案"的考察

相关案例的对比剖析显示,最高人民法院在面对高校学位授予类纠纷时所采取的审查进路近年来呈动态演变趋势,由合法性与合理性并重一端逐渐滑向仅以合法性原则为限。然而,上文业已提及但未曾展开的问题是,最高人民法院选择这一变化的动因何在。因此,下一步需要做的就是从上述变化中探寻司法对于高校授予学位行为,特别是针对高校自制授予细则的可行性审查路径。鉴于"何小强案"的判决最新,也最典型,下文中笔者将以该案为具体考察对象。

(一)针对学位授予职权的审查:是否具有法定授权

在讨论高校授予学位行为的审查方式之前,有必要先对高校的自身性质作一确认。一般认为,高等学校是一类特殊的行政主体,[25]其须经国务院授权批准或经《教育法》、《学位条例》等法律法规的授权,方可实施学位授予行为。有学者据此指出:"高等学校是法律法规授权组织,具备行政主体资格。"[26]也有学者认为,鉴于高等教育的特殊性,宜将这类学位授予权

---

〔25〕 劳凯声主编:《变革社会中的教育权与受教育权:教育法学基本问题研究》,教育科学出版社 2003 年版,第 271 页。

〔26〕 湛中乐著:《法治国家与行政法治》,中国政法大学出版社 2002 年版,第 41 页。另可参见高家伟主编:《教育行政法》,北京大学出版社 2007 年版,第 287 页。

归入"法规授予的教育行政职权"[27]范畴。与此同时,依据《学位条例暂行办法》第 25 条,高校在有需要时,可自行制定本单位授予学位的工作细则。同样的,这一经行政法规授权而获得的授予细则制定权,也应视为行政职权进行考量。

依据《行政诉讼法》第 6 条和最高人民法院《关于执行〈中华人民共和国行政诉讼法〉若干问题的解释》第 5 条的规定,人民法院审理行政案件时,"对行政行为是否合法进行审查"。因此,在审查高校经授权授予学位、制定本校授予细则的行为时,应以合法性原则为审查标准。"何小强案"中法院正是遵循了这一审查路径。判决伊始,法院首先确定被告华中科技大学具有授予学士学位的法定职权,随后依据《学位条例暂行办法》第 4 条第 2 款[28]及被告与第三人签订的协议,确认被告向武昌分校本科毕业生授予学士学位的职权。而面对被告自制的《实施细则》与《规定》,法院在确定被告依据《学位条例暂行办法》第 25 条获得制定学士学位授予标准的权力和职责后,即停下了脚步,不作深究。而上述若干典型案例中,人民法院亦是采取了相同的审查进路,以合法性原则评判高校授予学位、制定实施细则的职权是否为经授权获得。由此可知,针对高校授予学位、制定授予细则的这两类职权,宜通过"是否具有法定授权"的标准进行审查。

(二)针对学位授予标准的审查:判断余地理论与合法性原则

一如前文所述,尽管对于高校经授权可制定本校学位授予细则的事实已达成共识,但对该自制规则的内容如何作评判目前未有定论。而在确定高校经授权可授予学位、制定授予细则后,有关高校自制细则的内容评判标准便成为无可回避的话题。笔者认为,鉴于学位授予与学术评价的特殊性,对此问题宜通过以下两个步骤来作出解答。

---

〔27〕 刘艺:《高校被诉引起的行政法思考》,《现代法学》2001 年第 2 期。

〔28〕《学位条例暂行办法》第 4 条第 2 款规定:"非授予学士学位的高等学校,对达到学士学术水平的本科毕业生,应当由系向学校提出名单,经学校同意后,由学校就近向本系统、本地区的授予学士学位的高等学校推荐。授予学士学位的高等学校有关的系,对非授予学士学位的高等学校推荐的本科毕业生进行审查考核,认为符合本暂行办法第三条及有关规定的,可向学校学位评定委员会提名,列入学士学位获得者的名单。"

　　1.借"判断余地理论"尊重高校自主权。判断余地理论最初是由德国著名行政法学家巴霍夫在 1955 年的一篇题为《在行政法中之判断空间、裁量与不确定法律概念》的文章中提出的。其指出:"理论成立的前提应是承认法构成要件为司法审查之必然对象,但为尊重行政机关之专业判断,特别是近来科技法规之规定,在法构成要件上形成一行政自我领域,在此领域中行政机关所为之决定,法院仅能审查行政机关是否有逾越此领域范围,其余在此领域中所为之行政决定,法院必须尊重,不得为审查之。"[29]在巴霍夫看来,法律概念可以划分为价值概念与经验概念两大类型。对价值概念的适用,因为无法避免执法人员的价值判断,因此不可能仅有一个正确答案。此时,法院应尊重行政机关的判断,否则便是允许法院以自己的主观判断替代行政机关的主观判断,没有真正的正确性可言。德国另一著名行政法学家乌勒则将不确定法律概念分为事实概念与规范概念[30],并指出"此种规范概念之多义性与规范概念本质上所具有之判断行为主观性以及非理性性,形成行政机关与行政法院,对于不确定法律概念适用上之争执"[31]。因此无法绝对地排除行政机关的判断余地。

　　就高校学位授予行为而言,《教育法》第 22 条规定的"一定学术水平或者专业技术水平"的用语实属价值概念与规范概念范畴,即使《学位条例》第 4、5、6 条对其作了解释,但人民法院仍无法作出最精确的判断。举例而论,"何小强案"中被告华中科技大学将通过四级英语考试列为学位授予条件之一,然则,究竟"通过四级英语考试"是否属于"达到一定的学术水平或专业技术水平"?事实上,这一问题只能由高校及其相关领域的专家来回答。"因为他们最清楚高深学问的内容,因此他们最有资格决定谁已经掌

---

　　[29]　陈慈阳:《行政裁量及不确定法律概念——以两者概念内容之差异与区分必要性问题为研究对象》,载台湾行政法学会主编:《行政法争议问题研究》(上),台湾五南出版社 2001 年 8 月第 1 版,第 455 页。

　　[30]　"惟其事实概念,实则为通说之经验概念,规范概念乃系通说之价值概念。用语虽不同,实质上与通说无差异。"翁岳生:《论"不确定法律概念"与行政裁量之关系》,载翁岳生:《行政法与现代法治国家》,台湾大学法学丛书编辑委员会 1990 年版,第 42 页。

　　[31]　翁岳生:《论"不确定法律概念"与行政裁量之关系》,载翁岳生:《行政法与现代法治国家》,台湾大学法学丛书编辑委员会 1990 年版,第 77 页。

握了知识(考试)并应该获得学位(毕业要求)。"[32]也正因如此,《学位条例暂行办法》提出由高校等学位授予单位依据授权"制定本单位授予学位的工作细则",而《教育法》与《高等教育法》也均授权高校可自主管理、自主办学。由于我国尚未完全确立"与国家对峙的大学自治"理念和制度传统,更为准确地说,这属于"国家督导下的大学自主"模式。[33] 而"何小强案"中,人民法院也选择将该问题留给高校自己解决。判决指出:"华中科技大学在此授权范围内将英语四级考试成绩与学士学位挂钩,属于学术自治的范畴。高等学校依法行使教学自主权,自行对其所培养的本科生教育质量和学术水平作出具体的规定和要求,是对授予学士学位的标准的细化。"

由此可知,相较于人民法院而言,高校在学术评价标准及学位授予领域已形成了相对专长,具有独特的优势。因此,当面临法律解释问题时,"法院将对从事该业务的官员或机构作出的法律解释显示更大的尊重"[34]。易言之,承认高校在这一领域具有优先判断权,尊重高校的专业判断,是司法尊重高校自主权的题中应有之义。

2. 利用合法性原则划定司法审查限度。诚然高校在学位授予领域享有优先判断权,但这并不意味着司法面对高校授予学位纠纷便束手无策。相反,当司法触及高校自主制定的授予细则时,为尊重高校的判断余地,须遵循一定的界限。有学者指出,这一界限应为合法性原则。"在裁判过程中,法院的审查限定于处分的合法性问题。法院仅就法律上的争讼中的法律问题作出判断。假设法院连处分适当与否的问题也作出判断,就会导致在宪法上发生问题。"[35]

让我们再次将目光转向"何小强案"。前文已经提及,高校在现有制度框架下享有灵活制定自治规则的自主权。然而,值得注意的是,二审法院并未仅仅止步于此,而是进一步将思考范围拓展到了高校自治规则的司法审查界限问题。判决指出:"对学校授予学位行为的司法审查以合法性审

---

〔32〕〔美〕约翰·S.布鲁贝克:《高等教育哲学》,王承绪等译,浙江教育出版社 2001 年版,第31—32 页。

〔33〕 沈岿:《析论高校惩戒学生行为的司法审查》,《华东政法学院学报》,2005 年第 6 期。

〔34〕 高秦伟:《行政法规范解释论》,中国人民大学出版社 2008 年版,第 191 页。

〔35〕〔日〕盐野宏:《行政救济法》,杨建顺译,北京大学出版社 2008 年版,第 8 页。

查为原则。在符合法律法规规定的学位授予条件前提下,确定较高的学士学位授予学术标准或适当放宽学士学位授予学术标准,均应由各高等学校根据各自的办学理念、教学实际情况和对学术水平的理想追求自行决定。学位授予类行政诉讼案件司法审查的范围应当以合法性审查为基本原则。"在此,二审法院以合法性原则在司法干预与高校自主之间划出了一条界线,指出司法须谨守其在宪政秩序中的角色定位,在涉及高校自主权的问题上不得轻易逾越雷池,以防止法院在不经意间过度侵入原本属于高校自主抉择的领域。这一举措比较现实地考虑到了司法审查的可行性,因为在当前的规范语境下,无法就具体的学业评价标准问题得出确切的答案,而且"在国家法律规范未予明确表示的情况下,让法院辨认何谓学业最高标准或最低标准,实质上使其进入一个更为广阔的政策选择领域,背离其应有的适用规则、裁断纠纷之角色,是争议丛生、司法不易恰当处置的问题"[36]。

类似的合法性审查模式也曾在台湾高校教育诉讼类案件中出现。在世新大学"二一"制退学案[37]中,"台北高等法院"认定学校的退学处分属于违法行为,理由是校规规定违反法律保留原则,因为关于学生退学或开除学籍处分在台湾当局所谓的"大学法"中并未有所规定或明确授权。[38]但是2002年"最高行政法院"便通过第467号判决废弃了世新大学"二一"制退学案的原判决。随后释字第626号[39]确立了实质正当性审查模式,意即,除符合法律保留原则外,还需以平等原则及重要公共利益为基准审查该校规的实质正当性,若均不符合,则可认定该校规无效;若是符合,则再进一步审查该目的与手段之间是否符合比例原则。[40]

无疑,这样的审查模式与前述褚玥案中的"符合社会公知的学术评价标准"及贺叶飞案中的可接受度、教学质量标准有相似之处。那么为何台湾地区的司法审查姿态变化模式与大陆的演变流向恰好相反?笔者认为,对该问

---

〔36〕 沈岿:《析论高校惩戒学生行为的司法审查》,《华东政法学院学报》2005年第6期。

〔37〕 黄某是该校学生,因一学期内有1/2课程不及格而被学校退学。

〔38〕 台北"高等行政法院"〔2000〕诉字第1833号判决书。

〔39〕 释字第626号是针对考生郑某所提请的声请案。郑某参加某大学硕士入学考试,已通过考试,但因色盲而未被录取。

〔40〕 周慧蕾、孙铭宗:《论大学自治权与学生权利的平衡——从台湾地区司法实践切入》,《行政法学研究》2013年第1期。

题的回答有赖于对高校学位授予权的理解。在我国台湾,大学自治得到法的保障,能有力对抗行政机构的不法干涉与立法机构的不当规范,若进行合法性审查,无疑将大学自治纳入公权力干涉之内,[41]因此选择实质正当性模式。而在大陆地区,如前所述,高校仅有自主权而无自治权,这种情形下若仍将高校自制学位授予细则的合理性纳入审查范畴,不仅无益于高校的自主管理与发展,也加重了司法的负担。因而,合法性原则是较为合适的选择。

五、结语

自"田永案"后,基于权利保障的价值考量,司法介入高校和学生之间原本封闭的关系。[42]指导案例 39 号"何小强案"凸显的高校学位授予纠纷,或许可以被视为是高校自主管理与国家干涉之间博弈的缩影。透过这个窗口我们可以发现,司法面对这类问题时姿态摇摆不定,由最初的合法性原则与合理性原则并重逐步演变为仅以合法性原则为限,体现了司法对高校自主的尊重。"以个案推动法治演进和制度反思,挖掘并理性地运用、拓展现有的制度性权利空间,是社会创新的强大助推器。"[43]在此意义上,"何小强案"作为指导案例,为此后同类案件的解决提供了一个范例:当触及高校学位授予行为时,司法可循着两条路径进行审查,对于高校授予学位、制定授予细则的这两类职权,宜通过"是否具有法定授权"的标准进行审查;而对于高校自制的学位授予标准的审查,一方面可借"判断余地理论"确认高校自主权,尊重高校自主判断,另一方面可利用合法性原则划定司法审查限度。于此,鉴于相关法律法规未臻完备,今后"何小强案"的动态发展轨迹可为高校学位授予类纠纷提供借鉴。

（责任编辑：梁　艺）

---

〔41〕 周慧蕾、孙铭宗:《论大学自治权与学生权利的平衡——从台湾地区司法实践切入》,《行政法学研究》2013 年第 1 期。

〔42〕 陈越峰:《高校学位授予要件设定的司法审查标准及其意义》,《华东政法大学学报》2011 年第 3 期。

〔43〕 黄锴:《论行政行为"明显不当"之定位——源于"唐慧案"的思考》,《云南大学学报》(法学版)2013 年第 5 期。

近期的国民主权争论及其课题

杉原泰雄　著[*]

江利红　译[**]

一、序　言

最近，有关国民主权的各种问题不时地被论及。仅本人所知道的有关该问题的著作、论文的数量，即使限定在 1970 年之后，也至少达到了数十部（篇）。可以说已经成为（特别是年轻研究者）集中关注的宪法问题之一了。

并非仅仅在狭义的学界论及，而且在高校学生之中也聚集了对该问题的关心。例如，参加东京大学法学院自主讲座的各位学生就专心于对该问题的研究，其成果被汇编为《"国民主权"的探讨》（1981 年度法学院自主讲座文集）。其中，收录了非常优秀的作品。此外，早稻田大学参加学生宪法会议的学生们认为应当明确最近的国民主权争论及其问题点，为此连续召开研究会会议，整理了详细的文献目录，在 1981 年 11 月的法学院庆典上专门召开了研讨会。

有关国民主权的各种问题聚集了如此广泛的关注并被深入探讨的原因或理由并不相同，这可以从题目的设定方法或论述方法中得以窥视。但是，尽管如此，为了从一般的视角探讨该问题，也应当考虑其中共同的原因或理由。从争议、论述的情况来看，需要特别指出以下几点：

　　* 日本一桥大学名誉教授。

　　** 华东政法大学教授、博士生导师。

　　本文的翻译是 2014 年度国家社科基金重大项目"人民代表大会制度理论创新研究"（编号：14ZDA014）、上海高校特聘教授（东方学者）岗位计划资助（编号：TP2014051）的阶段性成果。

第一，现代社会处于历史的转换期，作为与其相对应的一环，必须重新思考主权原理的问题。对于国家权力本身的根本性存在方式的问题，即主权原理的问题被迫地或积极地探讨是在历史转换期的特有现象，但现代社会必须进行以下事项，并致力于该问题的研究。

（a）在现代社会中，在人权、和平、民主主义、立宪主义等生存的根本条件受到威胁的情况下，作为造成这种宪法危机的主要原因的问题，或者作为解决该危机的根本性问题，必须直面国家权力本身的根本性存在方式的问题。

（b）现代危机的特点在于其本质上属于资本主义的危机，因此，也应当将在近代市民革命过程中形成的作为其法律表现形式的市民宪法原理作为问题。具体而言，以下问题正逐渐显现出来，即：在近代市民革命中形成的主权原理具有何种历史性、社会性的承担者、课题、构造？受到来自于何种"对抗主权原理"及其历史性、社会性的承担者的挑战？而且，现在处于何种状况（其历史性的作用是否正在终结）？

第二，日本属于"从属国家"的状况也不可避免地要求对该问题进行研究。"二战"后在日本发生的人权、和平、民主主义、立宪主义等基本宪法价值的危机正是作为从属国家中的法律政治现象而产生的。因此，该问题在宪法的层次上必须作为国家主权与国民主权的问题而提起，这具有政治上和逻辑上的必然性。而且，这两个主权原理的关联被作为"法律体系二元论"的一个侧面而论及也正是因为这个原因。

第三，但是，最大的直接原因有可能在于日本的国民主权理论极其落后。在有意无意地以国家法人说的国家理论作为前提的传统国民主权理论中，国民主权丧失了作为规范国家权力本身的存在方式的原理的意义，作为宪法理论几乎被保障普通选举的问题所吸收，而其自身并不具有积极性的存在理由，被认为是盲目性的存在。宪法原理是盲目性的存在，这本身是自相矛盾的。必须将这种矛盾作为逻辑上的问题而提出，特别是在严谨的学说中得以强化的丰富的人权或和平的保障并没有在现实的政治过程中得以维持，因此，当现实政治对于正在酝酿的危机不能进行有效对应时，必须明确提出该问题。

上述这些共同的原因或理由，加上各种不同的个别性原因或理由，围绕着国民主权的各种问题被深入地探讨。但是，随着争议或论述范围的不断扩大，事实上不仅其整体上，而且各部分的争议也变得难以理解。从探讨对象的复杂性与多样性（是宪法问题的同时，也是历史性、社会性、政治性的问题，而且伴随着多数的关联性问题）、探讨方法的复杂性与多样性（宪法学的探讨与宪法解释论的探讨，宪法学的探讨与历史学、经济学、政治学的探讨）来看，争议或论述无论是在整体上还是在各领域变得难以理解是不可避免的。

但是，必须明确问题是什么、在何种关联中如何对其进行探讨等问题。如果这些方面不明确而被搁置，那么争议或论述就可能会走向枝梢末节，或者丧失与其他主题、其他探讨之间的必要的关联性，成为非创造性的话题，争议或论述本身也有可能失去活力。本人作为或者被认为是该争议或论述的当事人之一，对于该问题，想根据本人自己的理解和观点，尝试着整理迄今为止的探讨，并提出相关的问题。

二、预备性考察

最近的有关国民主权的各种论述，无论是在积极意义上还是在消极意义上都是由之前的论述方式所大致决定的。而且，在现时点，原本应当成为探讨课题的对象作为同一时代的宪法问题，最近的研究和"二战"后的先行研究之间并无实质性的差异。为了明确探讨的课题与争议、论述的发展阶段，必须将先行研究也作为前提性的问题进行总结。

（一）《日本国宪法》制定时的"国体争论"

1. "国体争论"的介绍

《波茨坦宣言》不仅确定了第二次世界大战的历史性质，而且以"明治宪法"中的天皇制作为根本性问题，要求国民作为政治主体出现。这集中表现为该宣言第 12 条要求成立"依据日本国民（人民）自由表达的意志、具有和平倾向且负责任的政府"。但是，正如后面所要涉及论述的那样，并没有给予国民为此所必需的时间和程序。在与国民相隔绝的政治的场合或学界，当时采用了两个阶段进行有关该问题的探讨。

　　第一阶段是至《日本国宪法》制定为止的阶段。当时，包括《波茨坦宣言》是否要求否定"明治宪法"中的天皇制（特别是天皇主权）的问题，对于是否应当维持"明治宪法"中的天皇制的意见存在着分歧。政府与保守政党（自由党和进步党）固执地坚持天皇主权；[1]社会党主张国家（包括天皇的国民共同体）主权；而共产党则表明了人民主权的立场。在学界，也存在着以《波茨坦宣言》并没有要求否定"明治宪法"为由而要求维持天皇主权的观点，但另一方面，要求导入国民主权或人民主权的观点也被提出了。[2]

　　但是，该阶段的争论在远东委员会或民众行动之前，由依据美国的利益处理日本宪法问题的美国占领军的方针以及判断认为必须同意该方针的日本政府的态度所决定，最终以采取国民主权与象征天皇制的《日本国宪法》（以及相关的法律修正案）的确定而终结。

　　第二阶段的争论以《日本国宪法》（以及相关的法律修正案）的存在为前提，围绕着应当如何思考在该宪法中导入国民主权与象征天皇制、是否应当将其视为"明治宪法"中的天皇制的全面否定即"国体的变更"等问题进行探讨。如果以"二战"后的日本应当如何构建国家、"明治宪法"中的天皇制应当如何处置等问题作为基础，该阶段的争论与第一阶段相比并无实质性的差异。但是，《日本国宪法》所构建的国家框架已经被设定，从这种

---

　　〔1〕　当时的政府坚持天皇主权，这集中表现为1945年12月8日在众议院预算委员会上宪法问题调查委员会的委员长松本烝治国务大臣表示天皇总揽统治权这一"明治宪法"的基本原则并没有任何变更，第二年2月8日向总司令部提出了基于该方针制定的《宪法修改纲要》。

　　此外，自由党于1946年1月21日发表的《宪法修改纲要》在以国家法人说作为前提的基础上，将万世一系的天皇规定为统治权的总揽者。在进步党于1946年2月14日公布的《宪法修改问题》中采用了排除国家法人说的天皇主权的观点。

　　〔2〕　在学界，例如美浓部达吉在《朝日新闻》（1945年10月20—22日）上认为，为了"宪法的民主主义化"而修改"明治宪法"本身并没有必要，修改其附属的法令或者改善其运用就已经足够了。此外，宫泽俊义也在《每日新闻》（1945年10月19日）上指出"明治宪法"的弹性以及与民主主义的相容性，在其修改时，重要的是该弹性不被"为了反对立宪主义的解释及运用的再次出现而利用，在深层次上运用该弹性"。但是，宫泽俊义在之后的以《八月革命与国民主权主义》（载于《世界文化》1946年5月号）为题的论文以及《有关宪法修正案对政府的质询——在贵族院》（1946年8月26日）中，阐述了认为通过对《波茨坦宣言》的承认导入了国民主权，从而否定了天皇主权的"八月革命说"。

　　此外，1945年12月26日公布的《宪法研究会案》以及1946年1月在杂志《新生》上发表的《高野岩三郎案》等都采用了国民主权。

视角来看,两个阶段的争论在表面上存在着不同之处。第二阶段的争论由于对象问题的原因,或者由于认为将天皇制视为一个历史性法律现象而作为客观性考察的对象并非在该框架之外的一部分争论当事人的缘故,在争论之中也存在着争议。当时的代表性争论包括"宫泽·尾高争论"与"佐佐木·和辻争论"。在这两个争论中,不仅仅是因为观点的不同而存在着对立,而且采用了连续进行批判、反驳这一日本学界较为少见的,但却是典型的争论形式。争论的激烈程度也表现在争论的形式上。

(1)"宫泽·尾高争论"

在该争论中,将如何应对《日本国宪法》的制定作为主权的概念及其所属的问题而展开。对于宫泽俊义的《八月革命与国民主权主义》(载于《世界文化》1946 年 5 月号,之后,1955 年以《日本国宪法诞生的法理》为题再次收录于宫泽俊义所著的《逐条解释日本国宪法·别册附录》之中)与第 90 次帝国会议的贵族院中的质询内容(其中都认为通过对《波茨坦宣言》的承认导入国民主权原理,使日本政治的根本方针发生了革命性的变革),尾高朝雄在《国民主权与天皇制》(国立书院 1947 年版)与《国民主权与天皇制》(载于国家学会编《新宪法的研究》1947 年版)中加以批判。以此为契机,以《国家学会杂志》作为舞台,两者之间展开了争论。其后,在宫泽俊义的《有关国民主权与天皇制的纪要》(载于《国家学会杂志》第 62 卷第 6 号)、尾高朝雄的《法(nomos)之主权》(载于《国家学会杂志》第 62 卷第 11 号)、宫泽俊义的《法(nomos)之主权与诡辩者》(载于《国家学会杂志》第 63 卷第 10/11/12 合并号)、尾高朝雄的《作为事实的主权与作为当为(Sollen)的主权》(载于《国家学会杂志》第 64 卷第 4 号)等著作中继续着争论。两位作者的观点在这之后被各自的书籍收录。宫泽俊义的上述论文被收录于其所著的《宪法原理》(1967 年版)之中,而尾高朝雄的上述论文被收录于其所著的《国民主权与天皇制》(青林书院 1954 年版)之中。

①"尾高说"的要点

"尾高说"的基本观点如下:

第一,从纯粹法学理论的观点来看,有关统治权所在的国家根本性组织被称为"国体",由于《日本国宪法》的制定而变更了"明治宪法"所确立的

"国体"几乎是不可回避的结论。[3] 但是，"'在并没有改变天皇的统治权的背景下接受《波茨坦宣言》'已经经过一年之后的今日，虽说情况发生了急剧的变化，而且，对'明治宪法'进行大刀阔斧的大胆修改也是理所当然的，但一定要明确地说其必然意味着国体的变更，作为国民的情感而言是不能忍受的"[4]。

第二，依据《日本国宪法》的制定，未必就可以说国体已经发生了变更。即使在对"明治宪法"的解释理论中，"天皇主权说"也并非占据支配地位的学说，权威学者支持将主权归属于国家的"国家法人说"。

第三，国家中真正的主权者并非君主，也不是国民，而是法(nomos)。任何权力者都不得侵犯法的权威，任何权力者都必须遵从法的理念行使其权力，"因此，如果将国家中具有最高权威的事物命名为'主权'……应当说主权存在于法(nomos)。如果作为实际权力的主权概念是一个时代性的错误，那么应当重新确立的是'法(nomos)之主权'的概念"[5]。构成法(nomos)的内容的并非随着时代的不同而变化的宪法规范，而是根据时代不同而改变形式、共通于所有时代而获得确认的"人类共同生活的根本的正确方式"。具体而言，包括依据"平均的正义"与"分配的正义"而确定内容的"平等"以及"平等的福祉"。

第四，国民主权与天皇主权的差异是相对的，而并非原理性或实质性的差异。"国民主权主义采用了承认'法(nomos)之主权'的立场，这是因为国民主权主义作为政治的最高权威而提出的'国民的全体意志'并非现实的权力意志。其存在于所有的权力意志之上，规制所有的现实政治，是'正确的立法意志的理念'。"[6]此外，"主权存在于天皇"或"万世一系的天皇的统治"等用语所表明的"明治宪法"之下的国体也并不意味着天皇对于现实政治具有最高决定权，"而仅仅表明所有的现实政治必须符合'正确的天皇意志'的理念……'国体'在此处并非现实政治的根本构造，而是意味

---

〔3〕 参见尾高朝雄：《国民主権と天皇制》，载于国家学会编：《新宪法の研究》，有斐閣1949年版，第19页。

〔4〕 尾高朝雄：《国民主権と天皇制》，载于国家学会编：《新宪法の研究》，有斐閣1949年版，第21页。

〔5〕 尾高朝雄：《国民主権と天皇制》，国立書院1947年版，第63页。

〔6〕 尾高朝雄：《国民主権と天皇制》，国立書院1947年版，第132页。

着作为理念的政治基础的存在方式。即使天皇亲政在现实中被实施,那必然是在天皇现实的统治意志的基础上,'作为理念的天皇意志'占据统治地位。这……并没有超出'法(nomos)之主权'的民族性理解的框架"[7]。

因此,国民主权与天皇制都承认"法(nomos)之主权",并不存在本质上的差异。认为以天皇作为统治中心的日本的国体与国民主权原理并不相容是肤浅的见解,两者在根本上存在着相同之处。

第五,并不应当否定"最终决定权"意义上的主权概念。"本人的主张……如果直截了当地说,即'主权否定论'、'主权抹杀论'。主权存在于'法(nomos)'就是否定现实中的人掌握着如何决定'法(nomos)'的'最终性'力量。因此,可以否定在这种意义上的主权。"[8]在《日本国宪法》中的主权是指能够最终地、按照其意志决定具体的"法(nomos)"的存在方式的"力量"。"具体的法(nomos)即具体国家法的内容应当依据作为'人类普遍性原理'的法(nomos)的根本理念而决定,主权是最重大的'责任'。《日本国宪法》规定主权存在于国民是指该责任并非由他人,而是由日本国民自身的双肩来承担的含义。"[9]

第六,象征天皇遵从天皇具体确定"正确统治的理念"这一历史传统,发挥着将肉眼看不到的国民全体意志作为"可视物"、将由多数决定的事项作为国民全体的行为而赋予其意义的功能。这"并没有切断历史的传统,而且扫除了缠绕在历史传统之中的积弊,是适合于新时代的天皇制的存在方式"[10]。

以上是"尾高说"的要点。作为面对危机的天皇制的积极性辩解,尾高朝雄从两个方面进行论述:一方面,从纯粹法理论来看,承认由于《日本国宪法》的制定国体发生了变更的同时,通过抹杀在统治权、最终决定权意义上的主权概念,抹杀了主权原理的固有含义,通过法(nomos)之主权理论使得国民主权与天皇主权的差异相对化。另一方面,对于象征天皇制,确

---

〔7〕 尾高朝雄:《国民主権と天皇制》,国立書院 1947 年版,第 155 页。

〔8〕 尾高朝雄:《ノモスの主権について》,载于尾高朝雄:《国民主権と天皇制》,青林書院 1954 年版,第 226 页。

〔9〕 尾高朝雄:《ノモスの主権について》,载于尾高朝雄:《国民主権と天皇制》,青林書院 1954 年版,第 227 页。

〔10〕 尾高朝雄:《国民主権と天皇制》,国立書院 1947 年版,第 206 页。

认其具有依据由天皇具体确定"正确统治的理念"的历史传统、避免国民意志的分裂、将国民的全体意志作为"可视物"的积极性功能。总体而言,根据宫泽俊义的意见,"打个比方说,这是通过国民主权的采用(这必然否定天皇主权),'包扎'带给天皇制的致命性'伤害',发挥着尽量赋予其以往外观的'绷带'的功能"[11]。

②"宫泽说"的要点

宫泽俊义见解的要点如下:

第一,在作为争论契机的贵族院中的质询内容[12]以及《八月革命与国民主权主义》(《日本国宪法诞生的法理》)[13])中,指出了以下几点:①《波茨坦宣言》第12条规定了国民主权主义,意味着承诺接受《波茨坦宣言》的日本也承认了国民主权主义。②该国民主权与"明治宪法"的根本方针与原理存在着差异。在"明治宪法"中采用了神权天皇制、天皇主权主义。③新宪法草案采用了国民主权主义,与"明治宪法"的原理不同。④认为在作为主权者的国民中包含着天皇,无论在逻辑上还是在实际上都是不适当的。如果认为在作为主权者的国民中包含着天皇,那么就"有可能使得天皇的地位本身必须依据主权存在者的国民的全体意志这一根本原理产生模糊……"[14]。⑤金森国务大臣所说的意义上的国体在《日本国宪法》制定后并没有发生丝毫改变,但不能否认将天皇作为统治权的总揽者的国体发生了变更。⑥根据"明治宪法"第73条规定的程序,以国民主权主义的采用作为内容的修改在法律逻辑上是不可能的,而依据通过《波茨坦宣言》的接受而带来的超宪法的变革进行修改则是可能的。⑦在"日本国民……确定该宪法"这一草案前文中的民定宪法方针与依据并非国民代表而是贵族院的决议或天皇的裁定修改宪法相矛盾。

---

〔11〕　宫沢俊義:《国民主権と天皇制とについてのおぼえがき》,载于宫沢俊義:《憲法の原理》,岩波書店1967年版,第299页。

〔12〕　有关贵族院中质询的内容,参见宫沢俊義:《憲法の原理》,岩波書店1967年版,第345页以下。

〔13〕　有关《日本国宪法诞生的法理》,参见宫沢俊義:《憲法の原理》,岩波書店1967年版,第375页以下。

〔14〕　宫沢俊義:《国民主権と天皇制とについてのおぼえがき》,载于宫沢俊義:《憲法の原理》,岩波書店1967年版,第349页。

第二,在提及国民主权、天皇主权时的主权是指"最终决定国家政治的存在方式的力量",而从"国家中的最高意志"、"最后的决定权"、国家法人说的观点来看,也可以将其理解为"作为构成国家意志最高原动力的机关意志"。[15] 在这种意义上的主权是一个"方针"或"理念",而并非现实中左右政治的力量。在现实中,富人、军队或者大众都有可能成为政治的原动力,但政治的现实原动力并不是主权。

第三,在这种意义上的主权的主体必须是具体的人。具有具体内容的意志的主体必须是具体的人。因此,当是君主主权还是国民主权成为问题时,即使抛出国家主权也不能解决问题。因为成为问题的并非国家是否是意志的主体,而是"如果认为存在着国家意志这一事物,那么具有最终决定其具体内容的资格的人是谁"[16]的问题。

同样,即使提出"法(nomos)之主权",对于问题的解决也起不到任何帮助。成为问题的并非谁是最高权力者、该权力者是否必须服从法(nomos)。此处的问题是"最终决定法(nomos)的具体内容的是谁",因此,即使权力者受到法(nomos)的拘束,即使回答"这是法(nomos)",也并非真正的答案。

第四,尾高朝雄的"主权否定论"或者"主权抹杀论"最多只能算作是"主权回避论"。"国民主权是指决定具体的法(nomos)的'责任'由日本国民自身的双肩承担的含义,天皇主权是指这种'责任'由天皇的双肩承担的含义。但是,该'责任'由天皇的双肩承担(即通常用语上的天皇主权)与由日本国民自身的双肩承担(即通常用语上的国民主权)在本质上并不相同。可见,尾高教授将'主权'理解为了'责任',但本人想探讨的问题是在'天皇责任'与'国民责任'存在着本质性区别的前提下,依然具有应当被作为问题的权利。"[17]必须提出承认后者在逻辑上是否意味着必然否定前者等问题。

---

〔15〕 宮沢俊義:《国民主権と天皇制とについてのおぼえがき》,载于宮沢俊義:《憲法の原理》,岩波書店 1967 年版,第 285 页。

〔16〕 宮沢俊義:《国民主権と天皇制とについてのおぼえがき》,载于宮沢俊義:《憲法の原理》,岩波書店 1967 年版,第 289 页。

〔17〕 宮沢俊義:《国民主権と天皇制とについてのおぼえがき》,载于宮沢俊義:《憲法の原理》,岩波書店 1967 年版,第 329—330 页。

正如下文所有涉及的那样，"宫泽说"基本上也受到了时代的限制，例如，存在着承认金森大臣所提出的象征天皇制理论、国体不变理论以及对国家法人说中的国民主权理论采取肯定的态度等问题。但是，其值得关注的功绩是通过指出天皇主权与国民主权的本质性差异，明确了在这种意义上的国体的变更，确认了《日本国宪法》的制定是历史性、革命性的转换。与尾高教授从正面肯定国体的变更是从"作为国民情感不能忍受"这种情感动机出发进行思考相对，宫泽教授认为"为了将日本政治的民主化这一大变革贯彻到国民全体的心中，……必须抛开伤感主义，直面残酷的现实"。[18] 宫泽教授基本以这种姿态，阐述其与尾高教授不同的观点。

（2）"佐佐木·和辻争论"

该争论是可以与"宫泽·尾高争论"相匹敌的著名争论，但与"宫泽·尾高争论"不同，仅仅停留于围绕着国体概念的争论。该争论也是以《日本国宪法》的制定与天皇制的问题应当如何应对为基础的。对于佐佐木惣一的论文《国体变更》（载于《世界文化》1946 年 11 月号），和辻哲郎在《有关国体变更论向佐佐木博士请教》（载于《世界》1947 年 2 月号）的论文中进行了批判，以此为契机，此后相继在佐佐木惣一的《国体问题的诸论点——答复和辻教授》（载于《季刊法律学》第 4 号）、和辻哲郎的《读佐佐木博士有关国体变更论的教导》（载于《表现》1948 年）、佐佐木惣一的《和辻博士再论读后感》（佐佐木惣一《天皇的国家象征性》1949 年）继续进行争论。之后，佐佐木惣一的上述论文被收录于佐佐木惣一的《宪法学论文选二》（1957 年）之中，和辻哲郎的上述论文被收录于和辻哲郎的《国民统合的象征》（1948 年）之中。该争论是以两个不同的"国体"概念即佐佐木惣一所谓的"通过政治样式所看到的国体"（以下称为政治性国体）与"通过精神性的观念所看到的国体"（以下称为精神性国体）的对立为核心交错进行的争论，因此对于学界的影响小于"宫泽·尾高争论"。

①"佐佐木说"的要点

"佐佐木说"的要点如下：

---

〔18〕 宫沢俊義：《国民主権と天皇制とについてのおぼえがき》，载于宫沢俊義：《憲法の原理》，岩波書店 1967 年版，第 352 页。

第一，必须区别两个国体的概念，即政治性国体与精神性国体。前者是指从政治的样式中所看到的国家品质，而后者是指从渗透在国家的共同生活之中的精神性的、伦理性的观念方面所看到的国家品质。国体的变更是以前者的概念作为前提的，而不以后者的国体概念作为问题。

第二，政治性国体，具体而言，可以定义为从"谁是总揽作为国家概括性意志力量的统治权（在《日本国宪法》中的用语是'国权'）的人（在《日本国宪法》中的用语是'拥有主权者'），即统治权的总揽者（在《日本国宪法》中的用语是'主权者'）"[19]的视角出发所看到的国家形态。这是宪法学中的国体概念。在宪法学中，将从统治权的总揽者以何种方式行使统治权的视角所看到的国家形体称为"政体"，从而与"国体"相区别。

第三，必须区分国体的概念与相当于国体概念的事实。"如果以从谁是统治权的总揽者这种政治样式所看到的国家品质作为国体的概念，那么，在某一国家中特定的人是统治权的总揽者，这是相当于该国体概念的事实。"[20]在这种情况下，相当于国体概念的事实是指法律事实，即宪法所规定的事实，而并非与宪法规定无关的社会现象。

第四，国体的变更是指相当于国体概念的事实的变更。在《日本国宪法》中，与"明治宪法"不同，规定了"主权存在于国民"以及国民是统治权的总揽者，因此，通过《日本国宪法》的制定使得国体发生了变更。

第五，天皇是国民统合的象征，这并不意味着天皇就是统治权的总揽者。将天皇规定为象征，"并非决定何种意志行为，与决定统治这种意志行为的帝国宪法（即"明治宪法"——译者注）第1条、第4条不同，并不具有任何的法律意义。"[21]这种法律事实有可能赋予其某种法律效果，但这并非"象征"的效果，而是法赋予"象征"的效果。

如上所述，佐佐木惣一承认通过《日本国宪法》的制定变更了政治性国体，但并不认为这种变更在国内以及国际上来看是不可避免的。"明治宪法"的修改在国内为了克服"二战"前的军国主义与国家主义，在国际上是为了实施《波茨坦宣言》所必要的。但是，为了实现前者的目的，认为"对于

---

〔19〕 佐々木惣一：《憲法学論文選二》，有斐閣1957年版，第216页。
〔20〕 佐々木惣一：《憲法学論文選二》，有斐閣1957年版，第232页。
〔21〕 佐々木惣一：《憲法学論文選二》，有斐閣1957年版，第267页。

协助天皇的各机关的制度,有必要在其构成或协助方式上进行彻底的改革,但仅此就可以了,而没有必要更进一步废除天皇作为统治权总揽者的地位"。[22] 此外,为了实现后者的目的也没有必要废除。《波茨坦宣言》第12 条中的"Japanese people"是指"构成日本国的人","并非分别考虑君民,也不是指相对于君主的国民",由此得出"总之,并非因为接受《波茨坦宣言》而产生了变更国体的必要性"的结论。[23] 因此评价认为通过《日本国宪法》的制定而进行国体变更无论从国内还是从国际的观点来看是过度的改革。

"该理论与评价的矛盾究竟意味着什么呢? 这意味着:第一,国体变更的认识在宪法解释论的意义上是形式逻辑操作的结果;第二,国体变更的客观性依据并没有被认识。佐佐木惣一的国体变更论的原理性构造是理论上的框架,并没有'二战'后历史性变革事实的支撑,因此该分析与评价并不具有科学性。"[24]

②"和辻说"的要点

"和辻说"的要点如下:

第一,不应当使用"国体"这一用语。作为从政治样式所看到的国家品质,应当使用"政体"的概念。国体的用语有时被作为宪法学概念之外的概念使用,这才是一般的情况。自希腊以来,宪法学中的国体概念表现为政体这一用语,在宪法学者中也存在通过后者进行说明的学者。使用具有多种含义的国体概念,就有可能造成概念的滥用。

第二,天皇是不是统治权的总揽者,从天皇制的历史来看并不重要。传统天皇的核心功能在于"日本人统一的象征"。"这即使在日本国家分裂解体时依然存在,所以必须看到天皇与国家是次序不同的事物。因此,该统一并非政治性的统一,而是文化上的统一。日本人在语言、历史、风俗以及其他一切的文化活动上形成了一个文化共同体,而天皇象征着作为这种

---

[22]　佐々木惣一:《国家的象徵》,载于佐々木惣一:《憲法学論文選二》,有斐閣 1957 年版,第 201 页。该论文是在收集以与和辻教授的争论作为对象的各论文时写的论文。

[23]　佐々木惣一:《国家的象徵》,载于佐々木惣一:《憲法学論文選二》,有斐閣 1957 年版,第 205 页。

[24]　影山日出弥:《憲法の基礎理論》,勁草書房 1975 年版,第 103 页。

文化共同体的国民或民众的统一。贯穿于日本历史而存在的尊皇传统就表明对于这种统一的认识。"[25]《日本国宪法》第 1 条再次确认了该传统性的天皇的核心功能。

第三,天皇即使在《日本国宪法》中,也没有丧失作为统治权总揽者的地位。"在该规定(第 1 条后段)中,拥有主权的是'国民的全体性',而并非形成国民的单个人。……主权存在于国民的全体意志,因此,如果承认这种国民的统一由天皇来象征,那么象征主权的并非其他,而是天皇。如果将国民的统一认定为别的,那么国民的全体意志就不存在了。……如上所述,如果承认作为'日本国民统合的象征'的天皇是日本国民的主权意志的表现者,那么只能认为,不仅天皇的本质意义没有发生改变,而且在统治权总揽者这一事态上也没有发生根本性的变更。"[26]

和辻哲郎将"象征"等同于"代表",将象征天皇作为统治权的总揽者而进行的说明不具有逻辑性,而且也欠缺说服力。但是,和辻哲郎积极地论述佐佐木惣一作为法外现象而拒绝进行积极性探讨的精神性国体,认为在这方面的国民统一的象征才真正是传统天皇的核心功能,而且指出《日本国宪法》在第 1 条中确认了该观点。该观点在宪法研究者的论述中找到了间隙,从天皇制拥护的一个侧面展示了象征天皇制的新的存在理由,与尾高教授的观点相比,采用了不同方法为天皇制进行辩解。

2."国体争论"的总结

对于以"宫泽·尾高争论"与"佐佐木·和辻争论"为核心的"国体争论",从其特点、评价、课题等问题进行总结。

(1)共同的特点

"国体争论"的共同特点在于以下几个方面:

第一,对于政治性国体的变更,虽然存在着积极性与消极性的差异,但在原则上,所有的论者都承认政治性国体的变更。宫泽与佐佐木两位教授的明确承认,在此就无须再次指出了。尾高教授将有关统治权或最终决定权的所在的国家根本组织称为国体,得出了通过《日本国宪法》的制定而否

---

〔25〕 和辻哲郎:《国民统合の象徴》,劲草书房 1948 年版,第 218—219 页。

〔26〕 和辻哲郎:《国民统合の象徴》,劲草书房 1948 年版,第 214—216 页。

定"明治宪法"所确立的国体是不可避免的结论。此外,和辻教授确实认为这种意义上的国体并没改变,但其论述并不具有逻辑性。

第二,精神性国体并没有随着《日本国宪法》的制定而改变,这得到了所有论者的肯定。尾高、和辻两位教授虽然存在着语气上的不同,但都将象征(天皇制的)规定作为线索而予以积极的肯定。宫泽、佐佐木两位教授也谨慎地予以肯定。宫泽教授没有集中探讨该问题,但附带地表明"金森国务大臣意义上的国体"丝毫没有发生改变。佐佐木教授将其作为法外事实而予以肯定,但认为"通过政治样式所看到的国体发生了变更,从概念来看,并不表示从精神观念所看到的国体就一定发生了变更,但将其作为社会生活的事实来看时,如果通过政治样式所看到的国体发生了变更,那么从精神观念所看到的国体也会发生变更。即使不是直接的,也是渐进式的变更"[27]。

第三,原则上,所有的论者都不承认国民主权与象征天皇制的根本性对立。尾高、和辻两位教授以各自的方式对国民主权本身进行抹杀或置之不理,而强调象征天皇制的意义。在这种情况下,不可能提出国民主权与象征天皇制的根本性矛盾的问题。而佐佐木教授以国民主权作为前提,在认为象征的规定"不具有任何法律意义"的同时,认为"这并不是说天皇是国家或国民统合的象征不正确,对于国家来说,天皇可以说是其象征"[28]。宫泽教授也认为,"本人绝非认为现在应当废除天皇制,相反,对于新宪法所规定的天皇制表示赞同。但仅仅是不赞成对尾高教授通过法(nomos)之主权理论而赋予其理由而已"[29]。由此肯定国民主权与象征天皇制的相容性。

如上所述,"从天皇制的辩解这一侧面来看,可以明确的是主权争论是围绕着其依据的理由而进行的争论。其结果是,在争论中,佐佐木·宫泽模式大致指出天皇主权与国民主权的根本性区别与对立,同时,和辻·尾高模式进入了作为问题的象征天皇制与国民主权的调和论的框架"[30]。

---

〔27〕 佐々木惣一:《憲法学論文選二》,有斐閣 1957 年版,第 206 页。

〔28〕 佐々木惣一:《憲法学論文選二》,有斐閣 1957 年版,第 267 页。

〔29〕 宫泽俊義:《憲法の原理》,岩波書店 1967 年版,第 317 页以下。

〔30〕 影山日出弥:《憲法の基礎理論》,勁草書房 1975 年版,第 112 页。

宪法学者的调和论一方面使保存已经改变了性质的天皇制的这一占领政策得以正当化，另一方面对于其后的宪法解释论产生很大的影响。

第四，从主权理论的发展这种观点来看，所有的争论、论述的贡献都不大。有学者认为："'佐佐木·和辻争论'从主权理论展开的观点来看几乎毫无成果，并没有明确地发展宪法学上的主权理论。"[31]该评价即使存在着程度上的差异，但也被认为原则上对"宫泽·尾高争论"评价是适当的。对于这点，作为有关争论的评价问题，准备从以下各方面进行探讨。

（2）争论的评价与课题

以下准备以主权问题为中心，从当时的日本所存在的各种课题被如何处理的观点出发进行探讨。

如果从"二战"后改革是采用绝对主义政治形式的资本主义国家日本在被占领下的问题的观点来看，应当将有关主权理论的下述各种问题作为日本的问题进行探讨。

第一，封建性的克服的问题。从第二次世界大战的性质以及以此为基础的《波茨坦宣言》来看，成为第二次世界大战重要原因的日本封建性的克服是属于"二战"后日本的历史性以及法律性义务的问题。该问题作为国体的问题，不仅仅是"明治宪法"所规定的政治性国体的克服，而且应当包括这种精神性国体的克服。在国民主权与基本人权的导入被作为《波茨坦宣言》中的义务而承认的同时，在精神生活的层次上承认世袭的天皇具有国民统合象征的功能是不符合逻辑的。国民主权与基本人权原本以国民的平等性作为前提，拒绝承认世袭的要素具有特殊的公共机能。即使要求将传统天皇的核心功能作为超越政治层次上的国民统合的象征，但其法律的承认也只有在不具备国民主权与基本人权的观念的社会才成为可能。

第二，外表近代化的克服。在"明治宪法"下，正如在"上杉·美浓部争论"中所看到的那样，认为应当缓和或平衡天皇主权，提出并发展了依据国家法人说（国家主权理论）的天皇机关说。统治权的主体是作为法人的国家，而天皇是该国家的机关。这作为"大正民主主义"的宪法思想，在学界从大正末期（1926 年前后——译者注）到昭和十年代（1926 年至 1935

---

〔31〕　影山日出弥：《憲法の基礎理論》，勁草書房 1975 年版，第 105 页。

年——译者注)的阶段,压制了认为天皇是统治权主体的穗积八束或上杉慎吉等学者的传统学说,占据了通说地位。这与其说是为了"明治宪法"下的民主主义,还不如说对于压制毫不掩饰的天皇制绝对主义发挥了一定的积极作用。[32] 但是,该学说既不是彻底克服封建性的学说,也不是认为依据民意的政治是不可避免的学说。这不是否定"明治宪法"下天皇"作为构成国家意志的最高原动力的机关意志",而是在采用国民主权的《日本国宪法》下否定国民作为统治权主体的地位。

"'国家法人说'认为统治权的主体并非君主或国民,而是作为法人的国家,由此既反对绝对的国王制,又否定人民主权的共和制,发挥着一方面避免君主受到人民的攻击,而另一方面缓和过度偏激的民主主义要求的作用。该学说将君主地位从作为统治权主体的地位下降了一个台阶,将其作为国家的机关,其获得受到法的规制,在这点上作为立宪君主制的思想具有一定的历史意义。"[33]在"明治宪法"下发挥着一定的积极作用的国家法人说从宏观上来看,作为立宪君主制的法律思想,在与国民主权的关系上应当发挥着削减其积极性作用的功能。在这种意义上,该学说应当说在外表上是近代化理论。随着《日本国宪法》的制定,由于与国民主权构造的把握相关,不可避免地提出了该问题。

第三,通过接受《波茨坦宣言》而制定新宪法作为受到 20 世纪中叶的《波茨坦宣言》的制约的宪法制定问题,不仅仅是封建性的克服,而且也必须以近代化的克服作为其课题。由于并非 18、19 世纪市民大革命时期的宪法制定,作为以主要是广大雇佣劳动者的民众的存在作为前提的 20 世纪中叶的制宪问题,从《波茨坦宣言》本身以反法西斯主义作为根本要求来看,"二战"后日本的制宪问题并不局限于原本意义上的封建性的克服。

如果作为 20 世纪中叶的半封建性资本主义国家的制宪问题来看,不仅仅是反封建的课题,而且资本主义存在的矛盾的克服也必须作为宪法问题而提出。此外,从《波茨坦宣言》的要求来看,在"二战"后日本的制宪问

---

〔32〕 有关这一点,参见家永三郎:《美濃部達吉の思想史的研究》,岩波書店 1964 年版,第 341 页以下;宫沢俊義:《天皇機関説事件(上)》,有斐閣 1970 年版,第 1 页以下。

〔33〕 川北洋太郎:《国家の本質》,载于田上穰治:《体系憲法事典》,青林書院 1968 年版,第 15 页。

题中,应当排除作为日本型法西斯主义承担者的地主与垄断资产阶级,劳动者、农民、中小资产阶级作为制宪问题的具体担当者而登上历史舞台,后者的政治性要求作为宪法问题也被提出了。而且作为事实问题,在日本结成了"民主(人民)战线"或"民主统一战线",其纲领也被公布了。[34] 1946(昭和二十一)年1月28日的《朝日新闻》社论认为,"打倒现在仍持有强大潜在力的旧统治势力"的民主统一战线正是国民性的要求,具体进行如下论述。"即使标榜自己是民主主义者,如果该人不参加为了作为现在最高目标的民众的统一战线,国民就会将其视为缺乏民主主义精神的人或者是伪装的爱国者。只有抛弃所有的事情或情况不顾、协助克服危机的人才能真正地代表国民,才是热爱国民的人。"

主权原理的问题也并没有将焦点集中于对天皇主权的排除,而是采用"是天皇主权还是国民主权"的形式而提起的。天皇主权的排除是当然的,"国民主权"的问题是将能够实现"二战"后日本的历史课题的人作为国家权力的具体承担者,该问题的提起应当被作为历史性课题。将主权原理作为宪法问题的核心的是法国,但如果参照法国的情况来看,就不是君主主权或"国民(nation)主权"的问题,而是要求作为君主主权或"人民(peuple)主权"的问题被提起。能够承担"二战"后日本历史性课题的劳动者、农民、中小资产阶级等在社会中占据了多数,因此,应当使该多数者承担国家权力的行使,成为"人民(peuple)主权"的承担者。事实上,民主人民战线联盟在1946年3月15日主张依据人民的全体意志制定新宪法,共产党在1945年11月11日发表的《新宪法的要点》、将该要点具体化的在1946年6月29日发表的《日本人民共和国宪法(草案)》,以及1946年1月在杂志《新生》发表的《高野岩三郎草案》等都明确提出了以具体的人民作为国家权力承担者的主权原理。

第四,国民主权与国家主权的统一把握问题。君主主权或国民主权等主权原理是有关以最高独立性作为基本属性的国家权力在国内归属的法律原理。此外,一般而言,在对内对外关系中,国家在具有这种国家权力的

---

〔34〕 有关这一点,参见影山日出弥:《憲法の基礎理論》,勁草書房1975年版,第47页以下;長谷川正安:《憲法現代史(上)》,日本評論社1981年版,第80页以下。

情况下被称为"主权国家"，而这种国家权力被称为"国家主权"。国家主权等主权原理正如其概念本身所明确的那样，以国家主权的存在作为前提。但是，《日本国宪法》是在国家主权受到限制的占领政策下制定并产生效力的。《日本国宪法》的国民主权在占领体制下，欠缺形成完善的国民主权的前提条件。因此，为了形成完善的国民主权，必须在将国家主权的恢复同时作为问题进行探讨。

在《日本国宪法》制定之际以及在其后的"国体争论"中，这些问题并没有被充分探讨。据实而言，大部分论者并没有意识到这些问题，因此没有积极地进行论述。

第一，在封建性克服的问题之中，包含有两个具体的问题。如果模仿国体争论中的表现形式来说，即"明治宪法"的政治性国体与精神性国体的克服问题。这些问题的克服，在宪法制定阶段，可以通过国民主权与共和制的导入实现。通过国民主权的导入，在逻辑上必须否定以天皇为核心的"明治宪法"的政治性国体；而共和制包含有对世袭要素的否定之意，通过共和制的导入，在宪法的层次上坚持精神性国体的续存是不可能的。在《高野岩三郎草案》或共产党的《日本人民共和国宪法（草案）》中就明确地意识到了这一点。但是，被制定的《日本国宪法》同时导入了国民主权与象征天皇制。由于国民主权的导入，政治性国体的变更在逻辑上是必然的。现在，在"国体争论"中，认为政治性国体发生变更的观点取得了胜利（特别应当注意的是，肯定变更的观点认为，作为主权者的国民中不包括天皇，将国民或人民放在与天皇的对抗中进行把握）。[35]

精神性国体变更的问题发生了与此不同的发展，成为有关应当如何认识历史的、传统的天皇制的核心功能与意义，特别是在现代对于天皇在精神生活方面的功能应当如何认识以及其与象征天皇制的关系应当如何把握的问题。和辻教授从超越政治层次上的国民统合的象征中发现历史的、传统的天皇制的核心功能，强调认为《日本国宪法》对此作为象征天皇制进行了确认。金森大臣也站在相同的立场上，将象征天皇说明为"憧憬的中

---

〔35〕　特别明确地论及该点的是横田喜三郎：《新憲法における主権の概念》，载于憲法研究会编：《新憲法と主権》，永美书房 1947 年版，第 11 页以下。此外，也参见宫沢俊义：《憲法の原理》，岩波书店 1967 年版，第 348 页以下。

心"。"国体争论"的其他当事者的多数即使在态度上存在着差异,但也都承认精神性国体的续存,并将其与象征天皇制相连接。从这点来看,在这方面对于封建性的克服并没有通过《日本国宪法》的制定而实现。精神性国体的变更问题是国民有关在精神生活中历史的、传统的天皇制的功能与意义的认识问题,同时也是有关象征天皇制的意义以及有关与国民主权或基本人权的保障之间的关系的宪法解释问题。由于前者与后者是不同层次的问题,因此可以将后者的问题与前者问题切断处理,而且有时必须切断处理。但是,事实上,由于对前者的科学性探讨并没有深化,和辻教授、金森大臣的观点并非具有说服力的反驳。

第二,外表上近代化的克服问题在"国体争论"中几乎没有被探讨。在"宫泽·尾高争论"中可以典型地看到,争议的焦点集中于是否承认政治性国体的变更,而且由于争论受到当时的主权理论的制约,对于该变更是如何进行的内容并没有涉及。政治性国体的变更没有被作为统治权本身的归属变更问题以及有关是否承认国家法人说的问题而论及。宫泽教授认为,在提及国民主权、天皇主权时的主权是指"最终决定国家政治的存在方式的力量",是指"国家中的最高意志"、"最后的决定权",而从国家法人说的观点来看,是指"作为构成国家意志最高原动力的机关意志",以此进行论述并指导争论,象征性地说明该情况。但并没有基于国家法人说的历史意义与功能,提出克服该问题的理论或观点。

该问题被拖延至后来解决,但其处理方法在很大程度上确定了在此之后的政治或宪法解释论的存在方式。在有意识或无意识地以立宪君主制的宪法理论作为前提的情况下,即使将各种宪法解释论作为历史性、社会性实践而自觉地展开,也必须将该历史性、社会性实践本身塞进立宪君主制的框架内,就像如来佛祖手心的乱蹦乱跳的孙悟空。由此认为20世纪中叶的现代市民宪法(《日本国宪法》)与19世纪德国的立宪君主制是相适应的。

第三,近代化克服的问题与主权问题相关的部分,在"国体争论"中并没有被自觉地论及。在人权保障方面,或者通过保障社会权,或者通过设置有关经济自由权的积极性制约规定,由宪法本身进行着明示性的应对。但是,对于国民主权原理,其在日本历史性、社会性的承担者,其法律构造

［无论是依据以国民代表的独立作为必然的"国民（nation）主权"解释，还是依据将国家权力本身归属于作为普通选举权者整体的人民、要求根据人民行使权力的"人民（peuple）主权"解释］并没有进行真正的探讨。对于作为主权主体的"国民"的概念，也存在着很多对立的观点，但对于《日本国宪法》的国民主权，并没有根据有关主权原理的近现代宪法史以及《日本国宪法》的历史课题与历史性、社会性承担者的考察进行论述。

该情况与第一、第二个问题的处理方式缺乏必要的结合，成为其后的主权理论欠缺的重大原因。

第四，国民主权与国家主权的统一把握问题也没有在"国体争论"中论及。将国家主权作为处于被限制状况的国民主权问题，两者的统一把握也应当作为问题进行探讨。但是，占领政策具有过渡性被认为是当然的前提，但国民主权是由占领带来的吗？该课题没有被探讨，而仍然残留着。但是，在意识到占领是与安保体制相关的，是《日本国宪法》的永久性的矛盾体时，不得不再次提起该问题。

从上述问题来看，很难对以"国体争论"为中心的宪法制定时的主权争论进行积极性的评价，这是因为正如以下所要探讨的那样，受到当时政治状况或学术水平等的很大制约，该主权争论在理论上并没有探讨当时日本存在的有关主权原理的大部分问题。

（3）未取得成果的原因

"国体争论"没有取得很大成果的原因在于以下几个方面：

第一是日本"市民革命"的方式的问题。从"明治宪法"到《日本国宪法》的转变，从该转变的内容来看，可以说是 20 世纪中叶日本的市民革命。这在法律上赋予了其履行《波茨坦宣言》的意义。但是，日本的市民革命并不具有作为市民革命的实质。在将神权天皇制变更为象征天皇制的基础上，美国占领军利用其为美国占领目的服务，日本的统治阶层与权力担当者虽然具有封建性的宪法构想，但为了避免更大的政治性、社会性变革而向美国占领军的宪法构想妥协，并没有赋视为被视为《波茨坦宣言》中所提的各种要求的真正承担者的民众以为实现宪法问题所必需的时间、将宪法问题视为民众的事项所必不可缺的程序等。为了在"二战"前、"二战"中甚至被剥夺了思考问题的自由的民众从神权天皇制的束缚中解放出来、自觉地实现宪法问题最需要的是时间。但是，美国占领军与日本的权力担当者认为应当在民众实现宪法问题之前处理宪法问题，通过极其秘密地进行宪法草案的制定工作，在战争结束后不到 7 个月的 1946 年 3 月 6 日公布了几乎是确定方案的《宪法修改草案纲要》。此外，在宪法修正案的制定、审议、承认等所有的阶段，从民众的立场处理宪法问题以及为了将宪法视为是民众的事项所不可欠缺的民众参与都没有被承认。《日本国宪法》根据"明治宪法"的修改程序制定，仅仅承认民众可以通过普通选举被选为众议院议员。[36]

这种美国占领军与日本权力担当者的应对不仅剥夺了民众作为宪法问题的当事人、变更的主体的意识，而且也剥夺了民众作为"国体争论"当事人的地位。正如争论的内容所表明的那样，所有的当事人作为积极性变革的主体意识淡薄，因此作为例外的一部分党派或个人所提出的有关主权的各种问题难以获得普遍化。

第二，必须批判"明治宪法"下确定宪法学存在方式的主权理论的水平。"明治宪法"并没有保障学术自由，其中的表现自由也被限定于"法律的范围之内"，必须服从于天皇的大权或受到其他制约。在现实中，制定了限制学术研究或表现活动的各法律，而以万世一系的天皇总揽统治权作为内容的"国体"是该限制的根本原理。在这种情况下，特别是对以国家权力的根本性存在方式作为问题的主权理论的真正研究是不可能的，因为这种研究必然与"国体"问题相抵触，以确立"天皇机关说"为目标的 1935 年"国体明征问题"（1935 年，国会议员以及军部的右翼分子反对美浓部达吉的天皇机关说，并迫使政府查禁美浓部达吉的著作，发表承认天皇是统治权主体的《国体明征声明》——译者注）集中地体现了这一点。"在德国作为

---

〔36〕"他们（民众的一部分）认为草案（1946 年 4 月 17 日公布的宪法草案）伪装成民主主义的外表，这是必定了为保存天皇制，由此反对由币原内阁提出的草案。他们认为由于人民不能作为自己的决定，因此，自由地判断、公正地制定这种重要的法律草案是不可能的，对于在国内民主化之前修改宪法的企图进行抗议"（《日本的新宪法》，载于《宪法资料》总第 1 号，第 1 页）。民众的一部分认为，为了作为正确的历史性判断需要一定的时间，在宪法制定之前应当首先进行国内的民主化。

另外，如上所述，宫泽教授指出，宪法制定时，"日本国民……确定该宪法"这一草案前文中的民定宪法宗旨与通过并非是国民代表的贵族院的决议或天皇的裁定修改宪法是自相矛盾的。

此外，有关这一点参见杉原泰雄：《国民代表の政治責任》，岩波书店 1977 年版，第 50 页以下。

反民主思想的表现的国家法人说,在日本,在天皇机关说的名称之下……陷于被神权主义者或法西斯主义者作为'民主'性的学说而镇压的命运。"[37]"二战"后的"国体争论"以之前的这种宪法学状况作为前提,而不能期待着其基于世界宪法史与主权理论史的成果,将日本的"二战"后的改革纳入到世界宪法史中考察,论述其主权原理与国体问题。欠缺对于学术或表达自由保障的天皇主权的宪法体制仅仅在宪法学或主权理论的层次上被确定。

第三,错误地判断了美国占领军的复合型性质,这一点也必须指出。美国占领军负有实施《波茨坦宣言》的任务,具有作为反法西斯的军队的性质与将"二战"后的日本根据美帝国主义的利益进行重新改造的军队的性质两个方面。宪法制定时前者较为显著,但并没有完全丧失后者的性质。当时,在前者显著时,经常将美国占领军单方面地界定为"解放军"。在该规定之下,通过占领对国家主权的限制是为实现"二战"后日本的历史课题作为必要条件而接受的,但并非作为与国民主权相矛盾的事物而被接受的。国民主权与国家主权的关系的问题在美国占领军的帝国主义性质公开时被提出。

3.残留的课题

在上述的(一)中所述的各种课题具有"二战"后日本的历史性课题的性质,在宪法制定时以及其后的争论、争议中没有探讨的问题被作为应当研究的理论性的或政治性的课题而不得不保留着。

(二)"国家主权与国民主权的统一把握"问题的提出

国家主权的存在是国民主权成立的前提条件,但占领下的国民主权的确立(《日本国宪法》的制定)欠缺该前提条件。在这种意义上,国民主权与国家主权统一把握的问题从《日本国宪法》制定之时起就已经潜在地存在了,对此应当进行探讨。但是,如上所述,在美国占领军的解放军性质显著时,很难提出该问题。该问题在学界实际被提出是在1954年之后,即长谷

---

〔37〕 宫沢俊義:《憲法(改訂第五版)》,有斐閣1973年版,第3页。

川正安的《马克思主义国家理论中的主权》[38]（载于《思想》1954 年 10 月号）的发表之后。

该论文从马克思主义国家理论的立场出发赋予主权理论以科学性的基础，认为"在绝对主义国家成立的同时诞生、通过资产阶级革命全面开花、在帝国主义阶段很大程度地丧失其实效性的主权概念，通过亚洲、非洲的新兴国家的出现被赋予了新的意义，同时，通过社会主义革命开始走向新的路途"[39]。划分三部分即"一、在资产阶级民主主义国家原理中的主权的两个侧面"、"二、主权概念的历史性以及意识形态性"、"三、社会主义国家中的主权"进行论述。长谷川教授在第一部分中进行了如下论述：

第一，在《日本国宪法》中，主权这一用语被在国家主权（日本相对于外国的主权）与国民主权（绝对的、最高的主权的国内承担者的问题）两种意义上使用。前者在宪法前文的第三段，后者在宪法前文的第一段与第一条中被明确使用。

第二，虽然宪法前文第三段规定了国家主权，但政治的现实是在与美国的关系上，日本处于丧失国家主权的状态。"例如，占据日本国家权力核心地位的军队的问题是日本宪法的重要问题，但仅仅依据日本国民的意志并不能决定该问题。在该背景之下，从警察预备队到保安队以及自卫队等军事力量重构的进行，全部都显示出占领政策、安保条约、MSA 协定等美国政府的意图。从自卫队的建军目的到装备的细节为止，所有都是在美军的指导之下进行的。……所谓 MSA 的各项立法中，例如《刑事特别法》、《防卫机密保护法》等，所有有关军事的问题美国都占据着创制权。……越详细地分析这些条约、协定、特别法的内容，就会越当然地觉得日本不存在国家主权。"[40]

第三，"如果认为日本不存在主权，那么探讨不存在的事物的存在场所（在国内主权由谁承担）是毫无意义的。主权的这两个侧面在理论上可以

---

〔38〕 该论文标题被改为《主权》，收录于长谷川正安的《国家的自卫权与国民的自卫权》（1970 年），其后又被再次收录于杉原泰雄的《国民主权与天皇制》（1977 年）。

〔39〕 長谷川正安：《国家の自衛権と国民の自衛権》，勁草書房 1970 年版，第 63 页。

〔40〕 長谷川正安：《国家の自衛権と国民の自衛権》，勁草書房 1970 年版，第 50 页。

区分,但却不能完全分离"〔41〕。

第四,在探讨主权时,必须同时论及主权的两个侧面,但为了明确日本所面临着的主权问题,应当从国家主权问题开始探讨,这从与占领、安保体制相关联的日本"二战"后政治的存在方式来看是当然的。但是,国家主权的丧失与恢复的问题无论是在理论上还是在实践上都不仅仅停留于对外的意义上。"因为正如所有殖民地、从属国的历史所表明的那样,妨碍国家主权恢复的不仅仅是外国势力。因为在日本国内存在着通过向美国出卖日本主权而维持自己的政治生命、在经济利益上也跟着沾光的反动势力,对于希望恢复国家主权的国民大众的活动,以各种形式进行压制。"〔42〕各种人权压制政策与安保条约等日美军事不平等条约的缔结相平行地进行着,从这点来看,"国家主权的丧失与国民主权的践踏可以是相同政治现实的表与里"〔43〕。

第五,"因此,为了恢复作为《日本国宪法》当然性前提的国家主权,为了实现国民主权,必须努力。即使日本的国家主权恢复了,如果这是一部分特权阶层压制国民的民主运动的结果,那么这并非宪法所预想的主权恢复"〔44〕。这被认为是日本帝国主义的重现。

第六,国家主权与国民主权的坚实的关联是资产阶级民主主义中共同的现象,但主权原本并非这样的表现方式,必须对主权概念进行历史性的把握。

如上所述,长谷川教授对上述第二项、第三项进行了深入的探讨,并从第一项至第六项的论述中认为应当注意对国家主权与国民主权的统一把握,尖锐地指出《日本国宪法》中两者坚实的联结、在政治现实中两者同时被践踏以及同时恢复的必要性,提出了在"国体争论"中应当探讨而没有被论及的问题。

此处虽然没有积极地论及现代日本的两个主权原理的历史性、社会性承担者的问题或者两个主权恢复的方式等问题,但对于这些方面提出了值

---

〔41〕　長谷川正安:《国家の自衛権と国民の自衛権》,勁草書房 1970 年版,第 51 页。

〔42〕　長谷川正安:《国家の自衛権と国民の自衛権》,勁草書房 1970 年版,第 52 页。

〔43〕　長谷川正安:《国家の自衛権と国民の自衛権》,勁草書房 1970 年版,第 53 页。

〔44〕　長谷川正安:《国家の自衛権と国民の自衛権》,勁草書房 1970 年版,第 53 页。

得注意的启示。两个主权原理统一把握的问题在宪法制定时没有被论及，但在长谷川教授的论文中至少提出了在理论上解决的一个视角。

(三)主权理论的停滞

如上所述，有关国民主权与国家主权的探讨并不充分，而被作为问题而提起。如果从认为国民主权与国家主权是有关国家权力的根本方式的宪法原理的观点来看，在今后应当作为宪法学的核心问题之一，依据世界的主权理论史与宪法史的成果与现实，进一步进行深入的探讨。通过这种研究，探讨并明确应当在"国体争论"时探讨但却没有论及的各种问题。但是，至少在宪法学界并没有朝着这种方向发展。除了长谷川教授在比较早的阶段提出有关两个主权原理的关系的问题外，在宪法学界可以说并没有提出应当研究的问题。20 世纪 50 年代至 60 年代是主权理论的停滞期。

但是，在上述的一(二)2 中所指出的各种课题是"二战"后日本必须解决的日本的历史课题。从这种观点出发来看，这种停滞现象原本并非永久的。而且，要求主体理论"复活"的历史性原因在"国体争论"之后被进一步强化了。例如，伴随着与《日本国宪法》相矛盾的日美安保体制的发展，两个主权原理的统一把握的必要性被强调了。社会主义国家或发展中国家强调国家主权或民族主权。从世界性的规模来看，这种历史性的转换被纳入到了现实政治的射程距离之内，据此主权原理或代表制的转换也应当在与其的相互关系上进行探讨。

以 1970 年前后为界线，主权理论"复活"了。

三、"复活"第一期的主权理论

1970 年，日本公法学会的宪法分会以主权作为其主题。在该会议上报告了田畑茂二郎的《国际社会中的国家主权》(总会报告)、樋口阳一的《"国民主权"与"直接民主主义"》(分会报告，以下相同)、杉原泰雄的《法国大革命与国民主权》、影山日出弥的《社会主义国家的主权》。[45] 该学会有

---

[45] 有关各研究报告的主要内容，参见《公法研究》第 33 号。

意识地提出了应当探讨但至当时为止没有论及的有关主权的各种问题,同时意味着新的主权争论的开始。而且,在宪法学界,在宪法分会作报告的三人以各自的方式成了其后主权争论的焦点。

(一)田畑教授的观点

田畑教授在日本公法学总会上所作报告的要点如下:

第一,国家主权的观念成为近代国际法的基本方针。与此相对,在现代存在着两个不同的动向:一个是否定西方国际法学中的国家主权的动向,认为对西方国际法学中肯定国家主权的观点忽视了国际法的适当性或国家间的国际协助的否定性因素;另一个是在苏联等社会主义国家或在第二次世界大战后独立的亚洲、非洲各国中,更为重视、强调国家主权的观念。"从社会主义国家一侧来看,在资本主义各国站在支配性立场的现在的国际环境之下,担心来自于有可能助长反革命的资本主义各国的干涉并非完全没有理由的。此外,在新兴国家的场合,比以往具有更为重要的理由,即为了保护已经取得的政治上的独立,强烈地感觉到了警惕新的殖民地主义威胁的必要性。"[46]

虽然国家主权被认为是超越法律的、绝对的,在国家主权的名义之下否定国际法的适当性、阻碍国际协助的例子并非没有。但如后所述,这并不是从国家主权的本质中必然推导出来的。

第二,迄今为止,在国内公法中,主权问题例如君主主权、人民主权、国民主权等,以其承担者的问题作为中心而被展开论述。但在国际法中,"普遍都是抽象地探讨所有国家主权的一般性问题,而有关其现实承担者的问题却被完全舍弃了"[47]。但是,如后所述,国家主权的具体现象形态与主权的承担者问题密切相关。

第三,国家主权明显是个历史性概念,因此,如果断绝与历史状况的关联就不能充分理解其含义,必须在历史之中进行探讨。

第四,第一次系统地研究近代性的主权观念的是让·博丹。但博丹主

---

〔46〕　田畑茂二郎:《国際社会における国家主権》,载于《公法研究》第 33 号,第 12 页。

〔47〕　田畑茂二郎:《国際社会における国家主権》,载于《公法研究》第 33 号,第 4 页。

要关心的是国内关系，而不是国家与国家的关系。这在欧洲的国际体制尚未充分采取完善形式的当时的情况下是理所当然的。提出在与他国的关系上意味着国家的自由、独立的主权概念的是在欧洲国际体制已经形成了的18世纪之后的事情，该理论的代表者是瓦泰尔（E. de Vattel）。

第五，瓦泰尔的理论体系的基础在于自然权利的观念，"国民生来就是自由、独立的，在国家形成之前由共同处于自然状态之下生活的人们所构成，因此，也必须将主权性的国民即国家作为在自然状态之下共同生活的自由人格来进行考察"[48]。作为这种国民团体的国家依据自己的意志行动，对于其他所有的人或国家而言，绝对是自由而且独立的存在。因此，国家（国民）可以自由地进行意志决定，他国（他国国民）对此不能加以干涉。"主权毫无疑问是最珍贵的，……其他国民必须予以最真诚的尊重。"[49]

瓦泰尔认为国民是作为自然权利主体的市民的集合体，主权归属于国民，并将这种国民即作为国家，在此基础上为了保护国家的自由与独立而强调国家主权。瓦泰尔出生于以自由作为灵魂的小国家瑞士，"他强烈地主张国家的自由、独立，在基于国民主权的新的国家体制的形成过程中，具有排除阻碍其形成的来自于（法国等其他的强大）绝对主义国家的干涉的意义"[50]。

第六，瓦泰尔认为国家主权的存在是为了形成并维持国民主权国家。但在进入19世纪以后，在德国公法学中，国家主权的观念丧失了作为瓦泰尔式的抵抗性概念的性质，"其自身作为自己的目的而被绝对化了……"[51]。其结果是，国家主权的观念有时被作为超越法律的国家的绝对的自我主张的依据而被抬出，但"这是国家主权的变异形态，并不能据此就认为是从国家主权的本质所推导出的当然的结果"[52]。在德国公法学中强烈地主张国家主权绝对性的观点与近代国民国家形成过程

---

〔48〕 这是瓦泰尔自己指出的内容，参见田畑茂二郎：《国際社会における国家主権》，载于《公法研究》第33号，第7—8页。

〔49〕 这是瓦泰尔自己指出的内容，参见田畑茂二郎：《国際社会における国家主権》，载于《公法研究》第33号，第7—8页。

〔50〕 田畑茂二郎：《国際社会における国家主権》，载于《公法研究》第33号，第10页。

〔51〕 田畑茂二郎：《国際社会における国家主権》，载于《公法研究》第33号，第12页。

〔52〕 田畑茂二郎：《国際社会における国家主権》，载于《公法研究》第33号，第12—13页。

中较为落后的德国的国内构造具有密切关联。

总之,"作为国家之间友好、合作的媒介,重要的是国家的国内构造,因此,国家权力对外具有何种功能与该国家的国内构造,即主权的承担者具有密不可分的关系"[53]。

第七,国家主权的观念在一定情况下具有积极意义。因为现在社会主义各国或亚洲、非洲各国所强烈主张的国家主权与瓦泰尔所主张国家的自由、独立具有相类似的情况。但是,现在的国际环境与瓦泰尔当时的情况不同,由此产生了仅仅依据瓦泰尔的理论并不能充分对应的现象。"现在的国际社会中的显著现象是在经济上、军事上大国与小国之间力量的差异存在着扩大的趋势。即使称为国家的独立或主权,但有可能仅仅是名称上的或形式性的。因此,为了实际确保小国的独立,任由国家之间自由放任(laisser-faire)并不适当,而有必要从国际社会的整体性立场出发进行调整。"[54]这种不允许从个别国家的立场出发进行活动的客观状况不断被强化,当然也应当将国家主权置于在这种状况之中进行把握。而问题是在何种情况下以何种形式对国家主权进行限制。

以上是田畑教授报告的要点,该报告并不是以现代日本的主权问题的探明作为直接目的,而是将焦点集中于瓦泰尔,探讨国家主权的问题。因此,在该报告中并没有论及国民主权的具体构造问题,在各历史阶段的历史的、社会的承担者问题,在日本的现状中国民主权与国家主权的承担者问题等。但是,在以下的各方面,田畑教授的报告对于现代日本主权问题的探明具有不可忽视的意义:第一,在近代国家形成时,国家主权被标榜为维护、确保国民主权的手段,而且国家主权的对外功能与国内主权原理的存在方式之间存在着密不可分的关系。第二,进入 19 世纪之后,特别是通过德国公法学的发展使得国家主权自我目的化,但这是国家主权的"堕落"形态,据此认为是从国家主权的本质推导出的当然的结果是不适当的。第三,指出了国家主权概念的历史相对性(瓦泰尔的情况与 19 世纪德国公法学的情况),特别是国家主权的对外功能与主权原理在国内的存在方式之

---

〔53〕　田畑茂二郎:《国际社会における国家主権》,载于《公法研究》第 33 号,第 13 页。

〔54〕　田畑茂二郎:《国际社会における国家主権》,载于《公法研究》第 33 号,第 14 页。

间具有密不可分的关联。这点表明,在国内存在着非民主性的主权原理或者民主性的主权原理没有发挥作用的情况下,国家主权(具体而言,或者为了侵害他国的自由与独立,或者为了出卖本国的自由与独立)也具有否定民主性国际秩序的功能,这一点具有深刻的含义。从该观点来看,不仅对国家主权与国民主权有必要进行统一的把握,而且其具体的历史性、社会性承担者的问题作为最重要的问题也必须提起。在这点上可以说与上述的长谷川教授所提出的问题处于同一条线上。

(二)樋口教授的观点

有关樋口教授的国民主权理论与国民代表制理论,将在别处进行介绍与探讨。[55] 但其后樋口教授进行若干的反驳或解释,而且这次的读者对象也存在相当大的差异,因此,准备在此介绍樋口教授观点的主要内容以及本人对于这些观点的思考。樋口教授的观点主要在以下论文中展开:(1)《现代"代表民主制"中直接民主制的诸倾向(1)、(2)》,载于《法学》第28卷第1号、第2号;(2)《议会制民主主义与直接民主主义——神话与现实》,载于《现代之眼》第10卷第10号;(3)《"国民主权"与"直接民主主义"》,载于《公法研究》第33号;(4)《围绕着"半代表"概念的纪要》,载于芦部信喜编:《近代宪法原理的展开Ⅰ》,1976年;(5)《围绕着"半代表"概念的纪要(补遗)》,载于《法学》第44卷第5·6号。[56]

1. 樋口教授观点的介绍

樋口教授观点的要点,可以总结为以下几个方面:

第一,应当区分国民(nation)主权与人民(peuple)主权。由于后者将主权主体归属于作为能够具体把握的个人的集合的人民(peuple),从而与由人民(peuple)行使主权即直接民主制相关联。与此相对,前者通过将主权主体归属于作为抽象的全体的国民(nation),切断了主权的归属与行使

---

〔55〕 特别是参见杉原泰雄:《現代議会政と国民代表の原理》,载于本书,第319页以下。此外,有关樋口阳一观点的介绍,探讨参见渡边良二:《"国民主権"論の検討 2·完》,载于《彦根論叢》第179号,第91页以下;浦田一郎:《国民主権論》,载于《法律時報》第49卷第7号,第223—224页。

〔56〕 在上述论文中,(1)和(2)被收录于樋口阳一:《議会制の構造と動態》,1973年;(3)被收录于樋口阳一:《近代立憲主義と現代国家》,勁草書房1973年。

之间的关联。由于主权主体是抽象的观念性的存在，因此，主权的行使必须由其他存在来进行，在这种意义上，国民（nation）主权的概念在逻辑上必然与国民代表的概念相结合。

　　第二，国民（nation）主权不仅排斥君主主权，而且也排斥人民（peuple）主权。与此相对应，以国民（nation）主权作为基础的国民代表的概念也将对直接民主的否定作为其核心的内容之一。国民代表的概念以实行直接民主制的不可能性或困难性作为理由，"国民代表被认为并非权宜的作为二等品的替代物，而是比直接民主具有更为优越价值的原理上的对立物"[57]。作为由具备能够参加法律制定的知识与时间的精英行使主权的制度，被认为在性质上更为优越。"代表国民的议会并不是说在事实上是这样的，而是作为理念性的原则，独立于国民，在国民的名义下行动。换而言之，国民代表的概念在其理念性的原则上，与直接民主之间存在着二律背反关系。"[58]

　　这种国民代表概念的观念性效果（隐蔽、维持现状的效果）并不是由于理念与现实的不一致而产生的，而是来源于国民代表的名称与其日常生活中的意思的不一致。

　　第三，与埃斯曼同时认为应当区分国民代表概念与半代表概念。埃斯曼将以国民（nation）主权为基础的国民代表制的特点归纳为三点：①作为主权者的国民（nation）不行使主权；②各种权力原则上无责任；③优于国民直接统治的制度。并将这种国民代表制命名为古典代表制即纯粹代表制。与此相对，还存在着以将通过选举人的多数所表明的国民意志尽量正确地上升为国家法律并予以执行为目的的现代代表制。这种代表制可以说是直接民主制的代替物，但埃斯曼将其与纯粹代表制相区分并命名为半代表制。

　　在提到"议会代表着国民"的场合，根据是选择以纯粹代表概念还是以半代表概念作为前提的不同，其含义完全不同。"在前者中，'代表'的用语仅仅意味着观念世界中的代表制。在这种情况下，其本身欠缺将社会事实

〔57〕　樋口陽一：《議会制の構造と動態》，木鐸社 1973 年版，第 40 页。

〔58〕　樋口陽一：《議会制の構造と動態》，木鐸社 1973 年版，第 41 页。

的世界中的代表性作为问题的逻辑性前提(有别于国民代表意志的国民意志的存在这一前提)。与此相反,在后者中,以社会事实的世界中的代表性作为问题。此时,'代表'的用语(无论是理念上还是现实中都是如此)在社会事实的世界中议会的意志与国民的意志之间存在着相似性的含义上被使用。……半代表的概念以在社会事实的世界中代表者与被代表者的意志之间存在着一致关系作为其理念上的原则,在这种意义上,半代表制与直接民主制存在着本质性的关联。"[59]

在半代表制之下,承认议会(pays légal)与国民(pays réel)应当具有类似性这一原则,而当现实偏离该原则时,"议会被批判为'破碎的镜子'(Miroir cassé)"[60]。

第四,在很大程度上确定国家权力的行使方式(包括代表制的存在方式)的国民(nation)主权和人民(peuple)主权与大革命时期围绕着近代化的两条路线相对应,即通过与特权相关联的前期资本在来自于先进资本主义国家的外在压力之下转化为产业资本而进行的"自上而下的改革"路线与通过从独立生产者阶层的内部自发地成长的产业资本萌芽进行的"自下而上的革命"路线。"自下而上的革命"路线即人民(peuple)主权的立场,彻底地追求近代革命的课题。其"完成了在市民大革命时期排除国民(nation)主权,粉碎'自上而下的改革'路线,而奠定了'自下而上的革命'的基础的历史使命后,暂时从历史的舞台消失了"。但在其后,"在近代资本主义确立的阶段(产业资本主义的确立阶段),被固定地定位在对应于消极国家的近代宪法的原理体系之中"。[61] 在近代立宪主义确立时期,近代宪法的原理体系有可能成为"自下而上的革命"路线的再现,这是因为承担各种任务的经济主体的同一性(产业资本及其萌芽)的缘故。[62]

第五,在法国现代的各部宪法(第三共和制以后的各部宪法)中的代表民主制被认为立足于半代表的概念,成为其基础的是人民(peuple)主权。

---

〔59〕 樋口陽一:《議会制の構造と動態》,木鐸社1973年版,第44—45页。

〔60〕 樋口陽一:《近代立憲主義と現代国家》,勁草書房1973年版,第290页。

〔61〕 樋口陽一:《「憲法の規範性」ということ》,載于《近代立憲主義と現代国家》,勁草書房1973年版,第289页。

〔62〕 有关这一点,参见樋口陽一:《憲法学の方法》,載于《近代立憲主義と現代国家》,勁草書房1973年版,第135页以下。

第三共和制宪法没有明确记载主权的归属，但确立了普通选举，如果借用瓦泰尔的用语，即"议员或政府……被置于选举人团的监督之下"，这一人民（peuple）主权的原则被固定下来了。"第四、第五共和制宪法也采用了'国民的主权属于法兰西人民'（La souveraineté nationale appartient au peuple français）的表达方式……采用了人民（peuple）主权。"〔63〕

在法国之外的国家，情况也基本相同。《日本国宪法》中的国民主权，如果从法国的分类来看，并非国民（nation）主权，而相当于人民（peuple）主权。

第六，必须明确人民（peuple）主权的含义，特别是其中的"主权"的含义。

首先，主权概念有各式各样的用法，在国民（nation）主权、人民（peuple）主权等主权理论原本的层次上，主权是指"宪法制定权"（pouvoir constituant）。

其次，虽然说主权是宪法制定权，但其含义也是多种多样的，即使作为法律问题来看，在历史的各个阶段被赋予不同的性质。在市民革命之前的主权"明显具有政治性"，同时也"具有超越实定法的逻辑构造"。但是，在被纳入到近代立宪主义框架内的情况下，主权正如1791年宪法第七篇（有关宪法修改的规定）的制定过程所明确显示的那样，"宪法制定权"不遵守任何程序，但与此相对应，同时也被剥夺了所有的保障，"被永远冻结"〔64〕了。"于是，'国民是宪法制定权者'这一命题指出了已经制定的实定宪法的正当性之所在"〔65〕。例如，"国民＝peuple 主权""仅仅停留于要求普通选举等与其相适应的一定制度，但未必表示直接表决制等法律决定机制的存在，而且，也并不意味着政治上的决定权确实掌握在国民的手中。"〔66〕

"实际上，即使说'国民（peuple）主权'，该'主权'在法律制度上未必就具有最后的决定权，而且在政治性实力上也不是最强的。在多数情况下，

---

〔63〕　樋口陽一：《近代立憲主義と現代国家》，勁草書房1973年版，第290页。

〔64〕　樋口陽一：《近代立憲主義と現代国家》，勁草書房1973年版，第301页。

〔65〕　樋口陽一：《近代立憲主義と現代国家》，勁草書房1973年版，第301页。

〔66〕　樋口陽一：《長谷川正安「国家の自衛権と国民の自衛権」（書評）》，载于《法律時報》第43卷第6号，第123页。

法律制度上的最终决定权在于议会,但掌握政治性实力的却是官僚机构、军队、资本甚至是外国。基于对这种事实的坦诚认识,'主权'('宪法制定权')应当直接根据权力正当性的所在的问题而不是权力实体的所在的问题这一认识构成其概念。在这点上如果模糊处理,就会将原则(应当实现的目标)误认为是实体(已经实现的成果),'主权'应当成为使得权力的现实在一般情况下得以正当化的思想。"[67]

第七,在进行上述探讨的基础上,樋口教授提出了以下建议:

作为科学的问题,有必要指出在法的名义之下使法的破坏得以正当化的概念构成(认为"主权"是指超越实定法的宪法制定权)的反科学性、意识形态性。此外,对于"国民主权的形式化"这种现实的分析,通过以下的概念构成开始成为可能。例如,"主权"并非权力的实体而仅仅是正当性的所在、能够正视统治的实际权力的所在与统治的正当性的所在的分离等概念构成。

作为解释论、立法论的问题是"对于国家权力来说,国民往往是他人"的问题,即牺牲了"往往由少数人进行支配"(少数支配者的铁的法则)这一基本事实,而不能赞成同等看待国家权力与"主权"者,使用通过"主权"者而使得国家权力正当化的"主权"观念。设想国家权力与"主权"者(人民)的一体化这种不可能的事情本身遮掩了现实,并对权力的滥用起到了推波助澜的作用。特别是"现在的权力状况与以往的时期不同,国家权力(至少是立法权)的意向并非构建与近代宪法原理的贯彻相对应的幸福时代,因此,不能赞成其实践性效果"[68]。而且,追求"真正的国民主权"(peuple 主权)模式以及明确规定其概念、内容是极其困难的。因此,应当避免使用国民主权的概念。"以贯彻'国民主权'的方式进行主张时的实践性要求并非通过设想权力与国民的一体化的'真正的国民主权'的观念,而应当通过对抗权力的人权的观念……进行。"[69]

2.有关"樋口说"的疑问

以上是樋口教授观点的要点。其基本的图式大致如下:国民(nation)

〔67〕 樋口陽一:《近代立憲主義と現代国家》,勁草書房 1973 年版,第 301—302 页。
〔68〕 樋口陽一:《近代立憲主義と現代国家》,勁草書房 1973 年版,第 302—303 页。
〔69〕 樋口陽一:《近代立憲主義と現代国家》,勁草書房 1973 年版,第 303 页。

主权与纯粹代表制相结合,人民(peuple)主权是半代表制中的一种表现方式。这两种主权分别以与民意相分离的政治、依据民意的政治作为理念。而且,两种主权原理都在近代立宪主义之下,并没有指出权力实体的归属,而是仅仅停留于指出权力正当性的所在。

樋口教授基于高桥幸八郎的历史学以及意识形态批判的观点,分析得出在宪法史的各阶段中的基础概念,这种方法与理论富有启发性,具有应当作为学界共同的探讨对象的价值。但是,也并不能完全赞成樋口教授的观点,因为本人对若干基本问题感到了疑问。但这并非与樋口教授进行争论,而仅仅是提出若干疑问。

(1)首先,主权的概念界定成为问题。樋口教授认为,君主主权等主权原理中的主权原本意味着宪法制定权,但被纳入到近代实定宪法时,正如1791年宪法第七篇的制定过程所明示的那样,剥夺了宪法上的一切保障,显示了权力正当性的所在。正如博丹(Jean Bodin)或西耶斯(Emmanuel Joseph Sieyès)的事例所明确的那样,在市民革命之前,确实存在着将主权作为具有超越实定法的性质的事物而论及的倾向。但是,如果认为通过近代立宪主义的采用而否定了超越实定法的性质,直接切断了主权与统治主权的权力所在的关联,对此还存在着疑问。

对于这一点,将在别的机会进行若干深入的探讨。[70] 因此,此处基于以上的探讨,仅仅指出以下几点:

①博丹之后,君主主权、"国民(nation)主权"、"人民(peuple)主权"等用语中的主权在以最高性与独立性作为基本属性的国家权力[在政治上被称为"统治权力(pouvoir de commander)",在法学上被称为"统治权利(droit de commander)"]本身的意义上使用。上述的主权原理与"国家的主权(la souveraineté de l'État)"相对,被认为是"国家中的主权(la souveraineté dans l'État)"的问题(指出国家的主权在国内归属于谁的法律原理的问题)。

②近代市民革命通过采用立宪主义,剥夺了这种主权的超越实定法的性质。但是,主权被剥夺超越实定法的性质并不直接意味着主权被剥夺了

---

〔70〕 有关这一点,参见杉原泰雄:《現代議会政と国民代表の原理》,载于本书,第326页。

权力性内容。这是因为如果依据上述①的观点,即使主权丧失了超越实定法的性质意味着主权的发动受到宪法的拘束,也不能否定主权意味着国家的统治权、主权原理指出了其归属。正是因为如此,法国 1793 年宪法在"人民(peuple)主权"的名义下对作为主权者的"人民(peuple)"保留了一般意志的决定权,1791 年宪法将在"国民(nation)主权"之下依据国民代表的一般意志的决定说明成来自于"国民(nation)"的"代表性委任"。

樋口教授在认为纯粹代表制以"国民(nation)主权"为基础的说明中,将其认为是当然的。由于作为主权主体的"国民(nation)"是抽象性的、观念性的存在,在认为主权的行使必须由国民代表进行时,如果认为作为被行使的主权的内容不包含一般意志的决定权,并不能合理地说明承担主权行使的国民代表以代表性委任作为媒介能够进行一般意志的决定。

樋口教授认为应当论证主权的权力性丧失,强调 1791 年宪法第七篇的事例。但是,正如樋口教授也予以肯定的那样,1791 年宪法并非"人民(peuple)主权",而是以"国民(nation)主权"作为原理的,因此,该宪法中的"人民(peuple)"不是主权行使的承担者是必然的[按照樋口教授理解为"国民(nation)主权"时就是如此]。因此,为了论证在近代立宪主义之下主权仅仅显示了权力的正当性而列举 1791 年宪法第七篇的事例本身是不适当的。

③樋口教授认为"人民(peuple)主权"是权力正当性之所在的问题,而并非权力实体之所在的问题,指出"人民(peuple)"未必就具有最后的决定权,而且也不具有最强的政治性权力。在这点上也存在着问题。

由于原本的君主主权等主权原理是有关决定且执行一般意志的法律能力在国内的归属的法律原理,因此,在法律之外最强的政治性权力是否由官僚机构、军队、资本或外国掌握是其他层次的问题。此外,虽然说"国民(peuple)主权",但其主权者未必具有法律制度上的最终决定权,樋口教授以此作为理由,认为主权原理不是有关权力实体的归属的原理,陷入了循环往复的逻辑错误。如果不将事先具有法律制度上的最终决定权作为主权者的标识,主权者不具有法律制度上的最终决定权是理所当然的。在樋口教授论述中,并没有将认为"人民(peuple)主权"等是有关法律制度上最终决定权归属的原理的规定作为前提。从将主权原理理解为有关决定、执行国家一般意志的法律能力的归属的原理这一立场出发,樋口教授将原本不是"国民(peuple)主权""误认为"是"国民(peuple)主权",认为主权者不具有法律制度上的最终决定权。

④樋口教授当然地得出结论,认为主权并非国家权力本身,而是意味着权力的正当性。必须指出的是樋口教授的主权原理理论从历史性、社会性、政治性、法律性方面剥夺了主权原理的积极意义。与国家法人说相同,可以说很难替代主权原理的意义与功能。既然存在着国家权力,就存在着该权力在国内法律上归属于谁的问题。正是因为如此,法国大革命时各阶级将该问题作为革命的中心课题并努力进行研究。其后以劳动者为中心的民众提出了"人民(peuple)主权"。在樋口教授的论述中,从下面(2)的论述可以看出,这些问题应当消失,而积极探讨主权原理的意义也应当丧失。

(2)樋口教授的"人民(peuple)主权"概念从法国寻找素材,但却切断了与法国努力实现该原理的历史性、社会性承担者的关系,因此也断绝了与"人民(peuple)主权"的关系。正如在别处所述的那样,[71]法国的民众在法国大革命之际或之后,提出了与樋口教授所不同的"人民(peuple)主权"概念,将其与作为资产阶级承担者的"国民(nation)主权"相对立起来。"人民(peuple)主权"具有确保"人民(peuple)"享有国家权力,将一般意志的决定权以及有关其执行的统治权归属于"人民(peuple)"的构造。表现为激进共和党运动→"巴贝夫(Babeuf)的密谋"→19世纪前半期的空想社会主义→1871年的巴黎公社的发展谱系。而樋口教授提倡区别于该谱系的"人民(peuple)主权"概念,而并没有将致力于确立这种"人民(peuple)主权"的历史运动及其历史承担者纳入视野进行考察。因此,也没有明确这种"人民(peuple)主权"及其运动、承担者的历史性、社会性、政治性、法律性的意义,对于樋口教授的"人民(peuple)主权"概念的意义必须重新进行探讨。

对于这一点,樋口教授作出如下回答。樋口教授认为,杉原泰雄"从一

---

〔71〕 参见杉原泰雄:《人民主権の史的展開——民衆の権力原理の成立と展開》,岩波書店1978年。

开始就在错误含义上论述了'人民(peuple)主权'的概念,在杉原泰雄所论述的这种意义上的'人民(peuple)主权'的历史承担者并没有直接被纳入到本人的视野实际上是当然的","本人没有将现在西方民主主义宪法中'国民主权'的虚伪性作为'国民(nation)主权'的虚伪性,而是作为'人民(peuple)主权'的虚伪性处理"。[72] 但是,在切断与"人民(peuple)主权"的历史承担者之间的关联时,同时也感到了不具有意识形态批判的标准以及在其名义之下发挥作用的对象的危机,即在何种目的之下、为了谁、如何进行意识形态批判的问题。

(3)樋口教授和本人之间存在着上述观点的不同,其中部分来自于对历史见解的不同。樋口教授依据高桥幸八郎的观点分析法国历史,从该观点出发对本人提出疑问。如果以与本人相关联的部分作为中心,樋口教授有关这方面观点的要点如下:

①各国近代化的方式基本决定了各国的近代国家类型的方向。通过从独立生产者阶层中自发地发展起来的产业资本的萌芽所承担的"自下而上的革命"与自由主义的立宪主义(例如英国、法国)相对应,而与特权相结合的前期资本在来自于先进资本主义的外压之下转化为产业资本而进行的"自上而下的改革"与外观性的立宪主义(例如德国)相对应。这种对抗型的两种类型在法国大革命中发生了激烈的冲突,但"通过对应于'自上而下的改革'的1791年宪法[以国民(nation)主权作为主权原理]以及对应于'自下而上的革命'的1793年宪法[以人民(people)主权作为主权原理]而被粉碎,由此决定了自由主义的立宪主义方向"[73]。

②但是,这种"人民(peuple)主权"并不是通过市民革命而确立的,而是经过产业革命在产业资本主义阶段被确立起来的。[74]

本人在《从宪法学视角所看到的"市民革命的构造"——与高桥幸八郎教授的观点相关联(上)(下)》(载于《社会科学的方法》第4卷第2、3号)以

---

〔72〕 樋口陽一:《杉原泰雄『人民主権の史的展開』(書評)》,载于《法律時報》第50卷第12号,第186—187页。

〔73〕 樋口陽一:《比較憲法学の体系のための試論》,载于《近代立憲主義と現代国家》,劲草書房1973年版,第136页。

〔74〕 有关以上的内容,特别参见樋口陽一:《近代立憲主義と現代国家》,劲草書房1973年版,第136页以下、第140页以下的注(3)。

及《国民主权研究》(第53—90页)中提出了本人自己风格的市民革命的构造(《人民主权的历史性展开》第3—38页中也论及)。前者由于篇幅所限没有详细论述,而在后者中(或者《人民主权的历史性展开》中)对"高桥说"进行了深入的介绍与批判性的探讨。本人的上述的两部著作的有关部分如果能够与"高桥＝樋口说"相对应的话,本人将感到非常荣幸。在此,由于篇幅限制,在本书中本人仅仅提出强烈感到疑问的部分。

①在"高桥＝樋口说"中,将法国大革命时期的小资产阶级作为产业资产阶级的萌芽而把握,但是,果真是由此发展到产业资产阶级的吗? 对此,有必要基于井上幸治等的实证性研究进行重新探讨。对于这一点,请参照本人的《国民主权研究》(第57页以下)与《人民主权的历史性展开》(第18页以下注5)。

②在"高桥＝樋口说"中,与吉伦特派(Girondin)、雅各宾派(Jacobins)不同,确定作出富有独立性的社会经济、政治活动的激进共和党(Sansculottes)(特别是激进共和党员中的活动家)的社会经济、政治地位变得很困难。在山岳派(Montagnard)即雅各宾派与激进共和党之间,正如柴田三千雄所描述的那样,"存在着包含有血的肃清的一种紧张关系",[75]从这点来看,不能将山岳派(雅各宾派)界定为激进共和党的利害代言人。有关这一点,请参照本人的《国民主权研究》(第61页以下)与《人民主权的历史性展开》(第6页以下)。

③在"高桥＝樋口说"中,将1791年宪法界定为对应于"自上而下的改革"的外观性立宪主义宪法,将1793年宪法界定为对应于"自下而上的革命"的西欧型自由主义宪法。但该观点存在着以下三个疑问:

第一,为了创造出能够使近代资本雇佣劳动关系与近代立宪主义发挥功能的"土壤",在大革命时期需要积极性国家,但为什么为此必须导入以民众的政治参加作为必备条件的人民(peuple)主权呢? 对此并不能进行合理的说明。从索布尔(Soboul)的论证可以知道,大革命时期的民众是反资本主义的。为了上述目的,有可能排除民众的政治参与的国民(nation)主权并非必需的。有关这一点,请参照本人的《国民主权研究》(第273页

---

〔75〕　柴田三千雄:《バブーフの陰謀》,岩波書店1968年版,第27页。

以下,特别是第 287 页以下)。

第二,有关大革命时期的主权原理的问题,本人认为布德尔(Budel)的以下观点具有真实性。"为了夺取国王与贵族的权力,在主张与君主制下具有正当性的主权原理所不同的主权原理的同时,发现没有将权力委托到人民大众的手中的方式对于 1789 年的资产阶级来说是必要的。"[76]为此,应当排除君主主权与"人民(peuple)主权",确立"国民(nation)主权"。根据德罗兹(Droz. J.)的观点,"卢梭的思想['人民(peuple)主权'的思想]无论其历史价值如何,对当时的法国资产阶级几乎没有产生影响"[77]。

第三,外观性立宪主义的目标存在着欠缺人权与国民主权的问题,是否可以以此来称呼 1791 年宪法尚存在着疑问。

④樋口教授认为,国民(nation)主权与人民(peuple)主权对应于大革命时期围绕着近代化的两条路线("自上而下的改革"路线与"自下而上的革命"路线)。"自下而上的革命"路线即人民(peuple)主权的立场,彻底地追求近代革命的课题。其"在完成了在市民大革命时期排除国民(nation)主权、粉碎'自上而下的改革'路线、奠定'自下而上的革命'的基础的历史使命后,暂时从历史的舞台消失了"。但在其后,被固定在"在近代资本主义确立的阶段(产业资本主义的确立阶段),对应于消极国家的近代宪法的原理体系之中"。在此,存在着三个疑问。

第一,在人民(peuple)主权"从历史的舞台消失"之后,存在着何种主权原理被遗留下来的疑问。在采用人民(peuple)主权的 1793 年宪法后,法国制定了共和三年(1795 年)宪法,但是存在着该宪法立足于何种主权原理、该宪法之后的各部宪法的主权原理是什么的问题。国民(nation)主权是否已经"复活"了?考虑到 1793 年宪法并没有得到实施的事实,不得不对樋口教授的以上论述产生疑问。

第二,樋口教授通过将大革命时期的小资产阶级定位为产业资本的萌芽,从而等同于产业资本,认为他们所标榜的主权原理在产业资本主义阶段被固定下来了。在二月革命中劳动者阶级成立了,而 1871 年的巴黎公

---

〔76〕　G. Vedel,Coure de droit constitutionnel et institutions politiques,1961,p. 579.

〔77〕　J・ドローズ:《フランス政治思想史》,横田地弘訳,白水社 1952 年版,第 6 页。

社进行了建立依据人民（peuple）主权的劳动者政府的尝试。很难合理地解释产业资本在其后为什么认为人民（peuple）主权是必要的。[78] 如果1793 年或1871 年的人民（peuple）主权与第三共和制的人民（peuple）主权之间存在着差异，那么应当将明确这种差异作为课题进行研究。

第三，乔治·韦德尔（Georges Vedel）、卡雷·德·马尔贝格（Carre de Malberg）等认为，从法国大革命开始到现代的法国各部宪法原则上并不依据人民（peuple）主权，而是依据国民（nation）主权。对此，不禁产生以下疑问：应当如何理解这种观点？[79] 至少从科学的视角来看，该观点是否应当更具有整合性？

此外，与上述（3）中的论述相关，樋口教授与本人之间在认识上的差异，从根本上来说是来源于对主权原理的历史性或社会经济性意义的认识差异。本人认为，决定国家权力在国内的归属的主权原理不可避免地应当适合于所有制的存在方式，原则上不得与决定所有制及其存在方式的占据支配地位的生产关系的存在方式相矛盾（有关这一点，在后面将会更为详细地论及）。樋口教授并没有积极地探讨各历史阶段的主权原理的存在方式是如何被确定的问题，从主权原理的把握方式本身可以知道，樋口教授与本人之间在理解上存在着很大的差异。

（4）最近，樋口教授对于高桥和之教授的疑问（即"在宪法现实中罢免制真的具有产生'国民主权'与'人民主权'这种本质差异的重要性吗？"……普通选举制与罢免制之间是否存在本质上差异的疑问）产生了共鸣，同时提出了以下观点。即认为："从这种观点出发，比起命令性委任等的具体法律制度的有无，本人更为重视的是通过选举人团对议员的拘束这一原则本身的有无，并以此为基础确立'半代表'的概念。"[80] 如果存在着普通选举制度，存在着议员必须服从选举人团意志的原则，即使不存在确保这种（议员与选举人团的）从属关系的制度，"人民"也是主权者。由于对

---

〔78〕　有关这一点，参见渡边良二：《"国民主権"論の検討 2·完》，载于《彦根論叢》第 179 号，第 95 页。

〔79〕　参见 G. Vedel, op. cit., 1968—1969, p. 109；Carré de Malberg, Contribution la théorie générale de l'État, t. Ⅱ, 1922, p. 167—168.

〔80〕　樋口陽一：《『半代表』の概念をめぐる覚え書き·補遺》，载于《法学》第 44 卷第 5·6 号，第 281 页。

人民（peuple）主权概念的界定不同，在此，在提醒对上述（2）的观点再度关注的同时，想指出以下几点：①卢梭之后的"人民（peuple）主权"理论要求应当对"人民（peuple）"确保国家权力、确保代表与"人民（peuple）"的从属关系的制度。②即使缺乏该制度，如果承认"人民（peuple）主权"的成立，那么就自然而然地会认为问题又回到了卢梭提出的问题的原点。"英国人被认为是自由的，但这是一个很大的错误。他们是自由的这一论断仅仅存在于选举议员期间，一旦议员被选上，英国人是成为了奴隶，回归为零。"（《社会契约论》第 3 篇第 15 章）

（5）最后还想提出一点疑问，这与上述的（1）也存在着关联。樋口教授从解释论、立法论的视角出发，将"少数者支配"的铁则作为前提，提倡不使用"真正的国民主权"＝"人民（peuple）主权"观念。对此，本人对于将"少数者支配"原则认为是超历史的法则的观点感到疑问，对于提倡不使用主权原理更感到困惑。因为即使不使用主权原理，只要存在国家权力，其归属与构成的方式必然会成为问题。

本人从挚友樋口教授的论述中不断获得很大的启示与知识的刺激，特别是有关国民主权理论与国民代表制理论更是如此。对于上述的有关方面，如果本人的论述表明了樋口教授的研究观点，那么本人就感到非常荣幸了。

（三）本人的观点

本人在《国民主权的研究——法国大革命中国民主权的确立与构造》（岩波书店 1971 年版）、《主权与自由》（载于芦部信喜编：《近代宪法原理的展开Ⅰ》，东京大学出版社 1976 年版）（本书第 131 页以下）、《现代议会政治与国民代表的原理》（载于《法律时报》第 49 卷第 1—5 号）（本书第 281 页以下）、《人民主权的历史性展开——民众的权力原理的确立与展开》（岩波书店 1978 年版）等著作之中对于国民主权理论、国民代表制理论进行了比较系统的论述。这些著作、论文由本人以前公开发表的有关国民主权、国民代表制的研究报告形式的各论文收集而成。在这些著作、论文中，焦点在于：在法国大革命时期作为市民宪法原理而确立的"国民（nation）主权"具有何种历史性社会性承担者、课题、构造？"国民（nation）主权"应当与具有何种历史性社会性承担者、课题、构造的主权原理相对抗而被构想、被确立以及在此之后被展开至现代？此外，探讨的对象选择为法国，这是因为法国在近现代史的所有阶段都开展了比其他任何国家更为明确地将自己的各种要求上升为宪法原理的各种阶级斗争。

"法国是历史上的阶级斗争比其他任何国家更为彻底地斗争到底的国家，因此，也是经常交替的各种政治形态（阶级斗争在其中发生，或者阶级斗争的结果最终归结为各种政治形态）采用了最为明确的轮廓的国家。法国在中世纪以封建制度为中心，在文艺复兴时期是采用统一的身份制、君主制的典型国家，但在大革命中法国粉碎了封建制度，以欧洲的其他任何国家所没有的典型的形式建立了资产阶级真正的统治。而且，与占据统治地位的资产阶级相对的逐渐抬头的无产阶级的斗争也采用了无比尖锐的形式出现。"[81]其具体表现为法国有关主权原理的丰富的历史进程。瑞士的研究者扎卡尔（P. Jaccard）在从比较社会史的视角细致地探讨了法国的劳动问题之后，指出法国自进入本世纪以来劳动者的阶级意识不断得到社会性、政治性锻炼，法国的劳动者不断地进行阶级斗争。[82]法国的劳动者不仅仅针对所有制度，而且经常处于不得不以与所有制度相对应的权力的阶级性作为问题的状况之下。

客观地介绍自己已经发表的观点并不十分容易，但其要点大致可以归纳为以下几点：

（1）自博丹以来，所谓君主主权、"国民（nation）主权"、"人民（peuple）主权"中的主权被作为意味着国家权力本身的概念而使用。狄骥（L. Duguit）认为，主权是指"国家的统治权或者存在于其领土的对所有个人发布无限制命令的权利"。[83]"国家的抽象的主权应当具体地归属于谁呢？"[84]确定在国内的主权的法律归属的是君主主权等主权原理的问题。博丹、卢梭、西耶斯等学者有关主权的具体用法，考虑到篇幅此处不准备涉

〔81〕　エンゲルス：《マルクス『ルイ・ボナパルトのブリュメール十八日』第三版序文》，载《マルクス＝エンゲルス八巻選集第三巻》，1973年版，第152页。

〔82〕　有关这一点，参照 P. Jaccard, Histoire sociale du travail 1960, chap. Ⅳ－Ⅵ.

〔83〕　L. Duguit, Manuel de droit constitutionnel, 4éd, 1923, p. 81.

〔84〕　J. Barthélemy et P. Duez. Traité de droit constitutionnel, nouvelle éd, 1933, p. 52.

及,但他们在上述的含义上运用主权的用语几乎是确定的。[85]　此外,即使在法国大革命之后,这种主权与主权原理的用法至少在法国仍然得以维持。[86]

(2)主权原理作为表明国家权力在国内的法律归属的宪法原理,与决定所有制度及其存在方式的生产关系以及阶级关系的存在方式具有密切的关联。这可能多少有点过于公式化了,但确实如此。

各种社会存在着对应于一定的物质生产力发展阶段的生产关系,由此决定了其历史的、社会的性质。例如,资产阶级社会以资产阶级性质的生产关系为基础,由此决定了其历史的、社会的性质。但是,生产关系在其本质上必定是生产手段的所有关系,统治阶级不断地要求将其作为依据国家权力的强制、维护而确定的所有制度而固定下来。因为如果不这样,将不能确保具有作为阶级关系性质的生产关系的相对稳定性。现在,欠缺有关所有制度规定的宪法可以说并不存在。从这种观点出发,资产阶级革命可以说就是确立具有资产阶级所有制度的宪法的革命。在规定所有权是自然权利的基础上,将其宣称为"神圣不可侵犯的权利"的 1789 年人权宣言就是这种观点典型的表现。

特定的生产关系不仅要求法律承认与其相对应的所有制度,而且也需要使得适合于其的国家权力的归属与行使成为可能的主权原理。所有制度通过依据国家权力的强制、维护能够确保其相对稳定,这是因为国家权力本身通过排除与该所有制度相敌对的归属与行使的方法才使其成为可能。也可以这么说,"生产者的政治性统治与生产者的社会性奴隶制的永久化是不可能相容的"[87]。与所有制度的存在方式相矛盾的国家权力的存在方式,在原则上是不可能存在的。

---

〔85〕　有关博丹、卢梭、西耶斯的主权的用法,参照杉原泰雄:《現代議会政と国民代表の原理》,本书第 326 页以下。

〔86〕　无论是在 1791 年宪法的"国民(nation)主权"中,还是在激进共和党运动以后的民众运动所标榜的"人民(peuple)主权"中,主权都被在国家权力的意义上使用。有关"国民(nation)主权"参见杉原泰雄:《国民主権の研究——フランス革命における国民主権の成立と構造》,岩波书店 1971 年版,第 296—297 页,有关"人民(peuple)主权"参见杉原泰雄:《人民主権の史的展開——民衆の権力原理の成立と展開》,岩波书店 1978 年版中有关各学者的主权论的介绍部分。

〔87〕　マルクス:《フランスにおける内乱》,载マルクス・レーニン主義研究所編:《マルクス＝エンゲルス八巻選集第四巻》,大月书店 1955 年版,第 215 页。

　　总之，至少在宪法中的所有制度与主权原理的存在方式直接由该社会的"地基"与阶级关系的存在方式所决定，并反映其变动。意味着"地基"与阶级关系本身的变动的历史转换期采取这些宪法原理本身转换的形态就是因为这种原因。伴随着封建社会的物质生产力的发展，支撑着封建性生产关系的封建性所有制度与主权原理逐渐成为桎梏，因此，资产阶级革命被定位为确保新的资产阶级生产关系全面地展开、确立资产阶级性的所有制度与主权原理的革命。资产阶级所有制度的确立以在封建体制下事实上形成的新的生产关系的法律承认及其推进（原始积累的正式化）作为核心课题，要求通过确立资产阶级性的主权原理来确保能够实行该主权原理并能够维护其成果的国家权力的存在方式。

　　此外，与此相关联，应当注意的是基本由物质生产关系所决定的阶级关系的存在方式，特别是包含在其中的各阶级作为阶级的成熟程度，与主权原理的具体方式之间存在着密切的关联。在忽略这一点的情况下，就不能合理地解释在法国与英国的市民革命中的主权原理的差异或者法国大革命中的"国民（nation）主权"的确立与"人民（peuple）主权"的挫折等问题了。

　　总之，主权原理作为决定与所有制度的存在方式具有直接关联的国家权力本身的存在方式的原理，是革命的最大课题，从而也成为宪法原理的问题。[88]

　　（3）法国大革命取决于其社会经济构造与政治构造，排除以特权阶级作为承担者的君主主权与以被资产阶级所掠夺的民众作为承担者的"人民（peuple）主权"，确立了以资产阶级作为承担者的"国民（nation）主权"。有关这一点，本人准备指出以下几点：

　　第一，当时，处于封建社会生产关系在事实上崩溃的过程。在典型的封建国家，封建地主掠夺农奴是占据支配地位的生产关系，但在末期的封建国家，占据支配地位的封建社会生产关系伴随着资本主义生产关系的展开而逐渐解体。但是，由于封建生产关系受到封建所有制度与竞争主权原

---

〔88〕　有关（2）的部分，参见杉原泰雄：《人民主権の史的展開——民衆の権力原理の成立と展開》，岩波書店 1978 年版第 4 页以下以及杉原泰雄：《フランス革命と「人民（プープル）主権」》本书第 217 页以下。

理的保护,阻碍了资本主义生产关系的发展。

第二,不断发展的资本主义性质的生产关系作为产业革命之前的事物,是过渡性的生产形式。其主要的生产关系是以商人资本家(分散型的工厂手工业的经营者)与地主作为主体的资产阶级对小生产者的剩余劳动的剥夺关系。法国大革命的课题在于,以这种资产阶级作为中心,否定封建所有制度与竞争主权原理,在近代所有制度的名义下对上述过渡性的资本主义生产关系(在当时的历史状况下,只能认为是向近代资本主义生产关系的转化)予以法律承认,并为了维护该生产关系而确立资本主义性质的主权原理。

第三,这种生产关系的复数性使得在法国大革命中的政治性对抗关系复杂化,特权阶级、资产阶级以及被资产阶级剥削的民众三者分别主张各自独立的主权原理。存在着特权阶级(反革命势力)与反特权阶级(革命势力)之间的对抗关系、革命势力内部的资产阶级与民众之间的对抗关系,特权阶级宣扬封建所有制度与君主主权,资产阶级提倡资本主义的所有制度与"国民(nation)主权",民众主张对资本主义所有制度的限制或否定与"人民(peuple)主权"。当然,并不能将资产阶级与民众的对抗关系、特权阶级与反特权阶级的对抗关系界定为相同性质的关系。当时的民众以沦落为雇佣劳动者之前的小资产阶级作为核心,在物质性质上与资产阶级具有相同的基础,这也被反映在认识层面上。因此,民众一般并没有自觉地发现与资产阶级的对抗关系或能够确保解放自己的所有制度与主权原理,例如反对资本主义的民众运动仅仅停留于民众的一部分(例如激进共和党的活动)运动的事实就是其表现。但是,即使如此,忽视来源于过渡性资本主义生产关系的对抗关系是错误的。在事实上,民众自觉地发现了议会所代表的资产阶级与民众之间利害的差异,为了民族解放,以独自的宪法原理登上革命的舞台,推动了民众革命的发展。例如,瓦列特(Varlet)或"巴贝夫(Babeuf)的密谋"中的宪法构想就是以民众的解放作为目的的。

第四,法国大革命为了确立、维护资产阶级的所有制度,最终应当以确立资产阶级式的"国民(nation)主权"的方式结束。民众解放的原理当时不可能成为宪法上的原理,其最大的原因在于,与资产阶级被作为阶级而构成相对,一般民众在与资产阶级的关系上,是不具有解放自己的理论与理想的社会阶层,即没有觉察到与资产阶级在利害上的本质差异而没有形成独立的阶级。[89]

(4)在法国大革命中形成的"国民(nation)主权"具有如下的构造性特点:作为主权主体的"国民(nation)"的概念与"人民(peuple)"具有不同性质,典型的解释认为"国民(nation)"是国籍持有者的总体。主权作为单一的、不可分离的、不可转让的事物,专属于"国民(nation)"。由于这种"国民(nation)"是抽象性的、观念性的存在,其本身并不具有自然性的意志能力,因此,主权的行使不得不委托给由若干自然人所构成的"国民代表"。此处,主权的所有与行使必然分离。

"国民代表"的地位由在"国民(nation)"的名义之下制定的宪法所规定,原本并不具有特定的形态。"国民代表"的地位不仅限于民选的议会,依据宪法的规定,对于君主或"人民(peuple)"也承认其"国民代表"的地位。当然,也有观点认为对于"人民(peuple)"并不承认其"国民代表"的地位,但这种观点并不具有充分的根据。1791年宪法或1830年宪法采用了"国民(nation)主权",但同时也承认世袭的君主对于一般意志决定具有干预权。"国民(nation)主权"即使排斥君主主权,但并不排除君主成为国民代表的可能性。同样,排斥"人民(peuple)主权"的"国民(nation)主权"也并没有否认"人民(peuple)"成为国民代表的可能性。无论以谁作为国民代表,国民代表并非主权的所有者,因此,通过宪法的修改,随时都可以变更该国民代表的地位与条件。

被界定为市民的总体的"人民(peuple)"并非主权者,此外,各个市民也并不是分别拥有主权。即使在"人民(peuple)"选举国民代表的情况下,也仅仅是为了作为主权者的"全体国民(nation)"。因此,在国民代表代替"国民(nation)"决定一般意志时,并不要求服从"人民(peuple)"的意志或得到其同意,也没有必要对其承担责任。在此,原则上要求禁止命令性委任(mandat impératif),没有必要使得通过"人民(peuple)"追究政治责任制度化。而且,主权作为不可分的事物专属于作为整体的"国民(nation)",

---

〔89〕 有关(3)的部分,参见杉原泰雄:《国民主権の研究——フランス革命における国民主権の成立と構造》,岩波書店1971年版,第4页以下;杉原泰雄:《人民主権の史的展開——民衆の権力原理の成立と展開》,岩波書店1978年版,第6页以下。

其中的各个成员不能分别拥有主权,不具有参加政治的固有权利。因此,该主权原理使得有限选举制度成为可能,保障国家意志的决定,而该国家意志受到实际存在于国民代表的"人民(peuple)"意志的限制。

"国民(nation)主权"有可能排除民众的政治参加(一般意志决定的参加是当然的,此外,也从确定议员的选举的参加中被排除),有可能将国民代表从包括民众的"人民(peuple)"的规制之中全面地解放出来,在此基础上,明确其历史的、社会的性质。而且,其保留了排斥君主主权与"人民(peuple)主权"的这一界限,具备了通过改变国民代表的存在方式适应历史变革的构造。[90]

此外,在法国大革命中被排斥的"人民(peuple)主权"具有不同于"国民(nation)主权"的构造。作为主权主体的"人民(peuple)"意味着社会契约参加者的全体、有可能参加政治的达到一定年龄的人(市民)的总体。"人民(peuple)"从其构成人员来看也很明确地表明原本其可以自己行使主权。而且,在"人民(peuple)主权"之下,认为"人民(peuple)"的意志或利益聚集了其构成人员的意志或利益。因此,在该理论中,构成"人民(peuple)"的各市民具有参与主权行使的当然权利,直接民主制也成为政治的原则。在采用代表制的情况下,代表当然地受到"人民(peuple)"意志的拘束,对其负有政治责任。在此,"人民的、依据人民、为了人民的政治"成为必然。法国大革命时期一部分的民众希望依据该原理,确保由"人民(peuple)"中占据绝大多数的民众行使主权,谋求民众的解放。激进共和党运动的理论指导者瓦泰尔将包括财产权的限制与社会权的保障等充分的人权保障作为民主解放的具体课题,将"人民(peuple)主权"界定为民主解放的手段。在"巴贝夫(Babeuf)的密谋"中,将私有财产制的否定作为课题,将与革命政府的构想相结合的"人民(peuple)主权"界定为为了否定私有制的手段。[91] 在法国大革命之后,"人民(peuple)主权"将以劳动者阶级

---

〔90〕 有关"国民(nation)主权"的构造,参见杉原泰雄:《国民主権の史的展開1》载《法律時報》第54卷第1号第130页以下、第6页;杉原泰雄:《国民主権の研究——フランス革命における国民主権の成立と構造》,岩波書店1971年版,第4页以下。

〔91〕 有关这点,参见杉原泰雄:《人民主権の史的展開——民衆の権力原理の成立と展開》,岩波書店1978年版的第一篇以及杉原泰雄:《フランス革命と「人民(プープル)主権」》本书第225页以下。

为中心的民众作为历史的、社会的承担者,而与将资产阶级作为历史的、社会的承担者的"国民(nation)主权"一直相对立。[92]

(5)"国民(nation)主权"具备通过适当地改变国民代表的存在方式对应历史发展的构造。决定"国民(nation)主权"发展的动因是对抗性的主权原理及其历史的、社会的承担者的存在,特别是以劳动者阶级为中心的民众以及以其作为承担者的"人民(peuple)主权"的存在。[93] 这些动因决定了宣扬该观点的民众的成长与斗争,"国民(nation)主权"的具体表现形式发生了如下变化:原始积累的正式化阶段与产业资本主义阶段的"纯粹代表制"形式、垄断资本主义阶段的"半代表制"形式、国家垄断资本主义阶段的"半直接制"形式。[94]

在纯粹代表制阶段,原则上只有民选的议会、议员才能作为国民代表承担一般意志的决定,而且保障议会、议员实际上不受到有权者即"人民(peuple)"的意志的拘束而作出一般意志的决定。宪法通过禁止命令性委任并且保障免责特权,不仅仅在法律上保障议会、议员独立于有权者即"人民(peuple)",而且通过导入(间接)有限选举、禁止多届连任以及排除一切的直接民主制或解散制度,在事实上保障其独立于民意。此外,该体制通过以选举方式组成国民代表政府,将原特权阶级从国民代表政府中排除,而且,通过以议会作为唯一的国民代表,排除残留有旧"体质"的裁判所对一般意志决定的干预(违宪立法审查制度)。在此,议会简直呈现出了主权者的样态。该类型是在近代性的劳动者阶级尚未形成,而要求在全社会的规模上展开资本雇佣劳动关系、产业资本主义的历史阶段才成为可能的"国民(nation)主权"的形式,是最容易将资产阶级的意志作为国家意志的政治形式。

半代表制认为,通过命令性委任的禁止与免责特权的制度而保障独立

---

〔92〕 有关这点,参见杉原泰雄:《人民主権の史的展開——民衆の権力原理の成立と展開》,岩波书店 1978 年版的第二篇以下。

〔93〕 有关"国民(nation)主权"的历史性展开的必然性,参见杉原泰雄:《国民主権の史的展開1》载《法律時報》第 54 卷第 1 号第 133 页以下。

〔94〕 有关纯粹代表制、半代表制、半直接制,目前参见杉原泰雄:《国民主権の史的展開1》载《法律時報》第 54 卷第 1 号第 136 页以下,更为详细的是《国民主権の史的展開》的"3"以下部分(《法律時報》第 54 卷第 3 号以下)。

于有权者即"人民（peuple）"的民选议会是唯一的国民代表，在这点上，与之前的阶段并无不同，而且也排除了裁判所的违宪立法审查。但是，在议会、议员事实上逐渐丧失了相对于有权者即"人民（peuple）"的独立性这点上，与之前的阶段相区别。这种变化的决定性因素是来自于"人民（peuple）主权"理论的影响、直接普通选举及解散等制度的导入、近代政党的出现等。可以说，半代表制是认为议会、议员事实上或多或少地受到实际存在的有权者即"人民（peuple）"的意志的拘束而行动的体制。这并非纯粹代表制的单纯加工，而是在包含后者的原理的同时，推动了"国民（nation）主权"走向了个别性发展阶段。该类型正如在1871年的巴黎公社中所显示的那样，是"国民（nation）主权"的形式，而这种"国民（nation）主权"是在标榜"人民（peuple）主权"的劳动者阶级的要求被明确提出的阶段开始出现。在法国，第三共和制的阶段与其大致相当。

半直接制也通过命令性委任的禁止或免责特权的保障而确保独立于有权者即"人民（peuple）"的议会在原则上负责一般意志的决定，在这点上，与之前的两个阶段也并无差异。但是，在该阶段，不仅议会、议员在事实上受到有权者即"人民（peuple）"的意志拘束的倾向更加被强化了，而且也存在着对于宪法修改等若干事项例外性地导入直接民主制以及导入违宪立法审查制度的倾向。由于这种新的特点，该体制也与半代表制相区别，在包含纯粹代表制与半代表制的同时，被界定为与这些阶段不同的"国民（nation）主权"的发展阶段。在法国，第四共和制与第五共和制的阶段与其大致相当。正如这两个共和制的宪法本身所承认的那样，"国民（nation）的主权属于人民（peuple）"，这种类型是"国民（nation）主权"的最终形式，同时也预示着"人民（peuple）主权"的到来。

现代正处于"半直接制"阶段，即"国民（nation）主权"与"人民（peuple）主权"的交替期。从宪法历史来看，现代也正处于转换期。

（6）作为宪法解释的问题，以下的对应是必要的。

第一，对自由与人权的更为充分的保障是宪法解释的永久性课题，为此，有必要致力于研究为了权力本身的民主化的解释理论。无论在宪法典上如何充分地规定着人权条款，无论通过何种细致的解释论保障人权，在权力本身的存在方式没有被民主化的情况下，并不能确保社会多数人的人权,这是被不断证明的经验性事实。

有观点认为,为了避免假借国民(人民)主权的名义而滥用权力、使权力正当化,应当尽量避免使用国民(人民)主权的概念。但是,本人认为由此并不能避免权力的滥用等,因为只要存在权力,就不能回避其自身的根本性存在方式的问题。基于至今为止有关主权原理的历史,有必要在对滥用进行适当考虑的同时,采取积极的应对。

第二,为此,如下所述,应当将《日本国宪法》中的国民主权作为"人民(peuple)主权"来把握,从该观点出发重新解释有关统治机构的相关规定。①《日本国宪法》反映了现代的历史性、过渡性的性质,其中并存了体现"人民(peuple)主权"的规定与体现"国民(nation)主权"的规定。但是,由于这两个主权原理不能同时并存,因此这些规定都必须从其中之一的主权原理进行统一解释。②现代的过渡性并不仅仅反映在宪法的规定上,而且也体现于各种概念规定以及支撑这些概念规定的宪法意识方面。在宪法意识方面,将《日本国宪法》中的"国民(nation)主权"视为"人民(peuple)主权"甚至成为常识。认为"人民的、依靠人民、为了人民的政治"正是《日本国宪法》中的"国民(nation)主权"所要求的,这种规定的方式成为国民共同的观点。③宪法解释基于这种宪法规定、宪法概念、宪法意识的状况,赋予与"人民(peuple)主权"的观点相矛盾的各种规定以整合性,以权力本身存在方式的民主化作为课题。对于代表制、参政权、选举制度、解散、地方自治、象征天皇制等的应有的状态,都必须进行重新探讨。[95]

第三,对于这种宪法的相关规定的重新解释,从意识形态批判的观点出发是必不可缺的。《日本国宪法》的国民主权并非"人民(peuple)主权"的内涵在宪法上的全面地具体化。在现实中,只不过是作为理念伴随着其部分的制度化而存在。认为与各种规定的重新解释没有关联的国民主权就等于"人民(peuple)主权"的观点,往往发挥着作为虚伪表象、作为体制意识形态的功能。在欠缺确保人民是国家权力的主体的制度性支撑的情况下,如果规定人民是国家权力的主体,这最具有隐蔽现状的作用。因此,

---

〔95〕　这种解释的尝试参照影山日出弥:《今日における主権争論と主権論の再構成》,载《法律時報》第 48 卷第 4 号,第 35—36 页。

在与"人民（peuple）主权"的关联上，要求宪法解释的任务是通过对相关规定的重新解释，明确与"人民（peuple）主权"理论相对应的实定宪法构造的存在。

但是，从这种意识形态批判的观点来看，进而从"人民（peuple）主权"的立场出发，不断地指出《日本国宪法》的解释与其运用的偏离是必要的。"人民"是主权者这一命题是以现实政治的应有状态作为对象的命题，因为在肯定该命题的同时，形成与其相偏离的宪法运用才是体制意识形态的具体存在形式。

（四）影山教授的观点

樋口教授或者我本人将焦点集中于"国民（nation）主权"与"人民（peuple）主权"的问题进行探讨。无论是作为科学的问题还是作为解释的问题，通过集中焦点深入探讨，获得重新研究现代宪法的统治结构论的线索。与此相对，影山教授在充分重视这点的同时，致力于概括性地探讨有关主权的各种问题，推动这种争议的进行。影山教授的观点主要体现在①《主权理论》（载于《法律时报》第 41 卷第 5 号）、②《社会主义国家中的主权》（载于《公法研究》第 33 号）、③《46 年宪法的原点与视点 4、5》（载于《现代法专刊》第 7 号、第 8 号）、④《现今主权争论与主权理论的重构》（载于《法律时报》第 48 卷第 4 号）等论文中。其中，①、②、③的论文在进行了若干修正之后被收录于影山教授的《宪法的基础理论》（劲草书房 1975 年版）一书之中。④被收录于我本人编辑的《国民主权与天皇制》（文献选集《日本国宪法》第二卷，三省堂 1977 年版）之中。

影山教授整理主权理论的整体关联性、推进这些争论的进行等真挚、努力的研究是极其重要的，特别是在区分资本主义宪法与社会主义宪法两者并提出问题这点上，是不可替代的存在。很可惜，影山教授英年早逝，至今让我感到惋惜。影山教授观点的主要内容如下：

（1）有关制宪时的国体争论与主权争论，①针对当时日本的历史课题，即"将民主性变革限制于占领政策之内还是进一步推动其超越这种框架的课题"，争论应当如何应对？②该争论如何推进宪法学的发展？有关这两点，进行如下的概括：

第一，"宫泽·尾高争论"、"佐佐木·和辻争论"的所有当事人都站在为象征天皇制辩解这一共同的基础之上，明确国体的变更与不变更的意义。①佐佐木·宫泽的模式指出了天皇主权与国民主权的本质性区别，而作为象征天皇制的辩解，和辻·尾高的模式下降到了作为问题的象征天皇制与国民主权之间的调和论的框架之内。"从为'象征'天皇制辩解的角度来看，主权争论是围绕着各种主权理论所提出的理由而进行的争论，这点是明确的"[96]，"可以说承认皇主权和国民主权存在着本质性差异与承认象征天皇制与国民主权本质上可以调和，在客观上为拒绝原本被构想的共和制而保留天皇制的变异形态这一占领政策寻找到了理由，宪法学在此后对其展开批判时设定了明确的界限"[97]。②承认这种本质性的差异与本质上的调和是国体争论本身的投影。政治性国体的变更得到了所有论者的承认。但是，和辻·尾高积极地以非理性的为天皇制辩解的形式提出问题，这是精神性国体，从宪法第1条所规定的象征天皇中能够推导出这些内容。但是，佐佐木·宫泽完全没有科学地分析精神性国体，而将其排除于宪法学的对象之外。"因此，二战后的'买办天皇制'是象征天皇制的本质，并没有认识到其所发挥的作用，即使在解释论的层次上，也仅仅在宣言性质上把握这种'象征'规定（确认传统天皇的象征性侧面）。宪法学从主权争论的角度出发，对于和辻·尾高的天皇制再次进行历史科学性的批判，由此明确了与象征天皇制的国民主权的本质性矛盾。不得不承认，这一课题在现今宪法学上仍然存在。"[98]

第二，参与主权争论的当事人都在"方针＝理念"理论的层次上理解主权的概念，这存在着一定的问题。"主权概念作为国家权力的源泉（作为正当性的观念）由近代宪法学所构成，即使在这点上没有疑问，但这是不是主权的科学性概念还存在着问题。此时，可以提出宪法学中的课题，即重构主权理论的课题。正如可以批判限定于权力的正当性观念的'无实体内容的主权概念'那样，为了重构具有一定实体的概念，首先必须克服'统治权'（权力）与'主权'（正当性）、'国家主权'与'国民主权'的分离的问题。……

---

〔96〕 影山日出弥：《憲法の基礎理論》，劲草书房1975年版，第112页。

〔97〕 影山日出弥：《憲法の基礎理論》，劲草书房1975年版，第113页。

〔98〕 影山日出弥：《憲法の基礎理論》，劲草书房1975年版，第115页。

形成通过国民主权的主体使得两者有机结合的现实化成为可能的理论是从主权争论中推导出的第二个课题。"[99]

(2)即使在日本国宪法中,主权的原理也存在着两种表现形式,即认为"主权存在于国民"的国民主权与通过"维持本国的主权"而确认的国家主权。由于主权原理与国家权力的正当性直接结合在一起,因此,对其所进行的分析是法学意义上的国家历来的基本问题。在进行这种探讨时,应当①将主权的概念作为一个历史性的范畴尽量予以明确化,②在此基础上,将如何统一主权的两个侧面作为课题,③探讨主权原理作为对于宪法政治现状进行批判的原理具有何种有效性。对于这些方面,指出以下几点:

首先,"必须从以下的视角出发同时把握主权的概念,一方面是'国家权力的归属关系'的历史,即从国家史的观点出发,另一方面是'归属关系的法律表明'的历史,即从主权这一特殊的宪法意识形态的历史性运动过程的观点出发"[100]。在这种认识的基础上,进行如下的讨论。

①在成立近代意义上主权概念的绝对主义国家中,君主是国家权力及其正当性两者的归属主体。国家中政治权力的集中与国家的自立性在脱离于封建制这一国家历史的发展阶段,不得不以君主这种人格性统合的契机作为媒介。

②资产阶级革命期间的主权理论与围绕着国家权力的阶级性转移而展开的政治斗争、思想斗争相结合,与国家权力本身的归属密不可分地连接在一起。但是,革命终结之后,在近代"市民"宪法成立的过程中出现了与国家权力本身的归属相分离的国民主权或者人民主权。"在现实中,一旦国家权力向'市民'(资产)阶级转移,在政治上归属于该阶级,国民或者人民的主权原理也就成了为从国家权力自身的归属中分离出来的国家与统治模式,即民主主义的正当性寻找根据的政治性以及宪法性的基本原理"。[101]依据局限于以议会为中心的程序性民主主义,国家权力恰好归属于与其相应的国民＝人民,人民＝国民的主权是构成这种"表象推理"的不可欠缺的原则,但是这种人民＝国民的主权原理几乎是在产业资本主义的

---

〔99〕　影山日出弥:《憲法の基礎理論》,勁草書房 1975 年版,第 116 页。

〔100〕　影山日出弥:《憲法の基礎理論》,勁草書房 1975 年版,第 120 页。

〔101〕　影山日出弥:《憲法の基礎理論》,勁草書房 1975 年版,第 123—124 页。

时代展开的。另外,这种人民＝国民的主权原理是"抽象性人民主权"理论
＝国民(nation)主权理论,提出了属于与其相区别的卢梭·雅各宾谱系的
人民主权的理念。于是,主权的原理分离为具有国家权力自身一定属性的
国家主权的侧面与人民＝国民主权的侧面,这两者之间的相互独立性被强
化了。

③帝国主义时代是资本主义国家的最后阶段。主权的原理无论是在
国家主权的层次,还是在国民＝人民主权的层次,"都受到作为主权意识形
态现实基础的各国国内各阶级的政治关系以及国家间关系变动的制约,至
少受到影响,必须将其作为应当重新探讨的课题"。[102] 在其前期(第二次
世界大战之前),主权理论的焦点在于国家主权的问题,特别是在西欧的主
权理论中表明了对该问题的怀疑与消极态度。例如,狄骥的主权否定论、
拉斯基的国家主权多元构造论、凯尔森的法主权论等。在其后期,出现了
具有与传统国民主权相区别的人民主权的人民民主主义国家,形成了脱离
于殖民地、附庸国的民族国家,由此带来了一些特色。此时,国际上强调主
权的原理是包含有反法西斯与反帝国主义、民族独立与民主性统一、主权
的相互尊重等含义的概念,无论是国民主权还是国家主权,具备在本质上
进行的重新探讨的条件。日本国宪法的主权原理也是与上述主权思想同
时代的产物。

④如果考虑上述方面,日本国宪法中对于国民主权作出了如下的具体
规定。第一,该国民主权并非将国民作为"理念上考虑的主体"的国民
(nation)主权(即抽象性国民主权),而是以具备各项政治性权利、具有选
举权的市民作为主体的人民(peuple)主权,即具体的国民主权(人民主
权)。这种人民主权作为理念上的模式与直接民主主义相结合。第二,在
人民主权的原理之下,必须保障人民意思的民主性决定程序。直接民主主
义是最适合于人民主权原理的,但是在以代表民主主义作为基本原则时,
主权的主体(选举人团)与被选举人之间必须存在着代理或者代表的原则。
代理的原则适用于命令性委任,但由于资本主义宪法采用了以自由委任作
为内容的代表原则,因此代表相对于命令性委任而言是自由的。此外,通

---

〔102〕　影山日出弥:《憲法の基礎理論》,勁草書房 1975 年版,第 126 页。

过召回权、活动报告义务等的制度化,代表受到自己的选举人团意思的拘束,必须将代表置于与主权主体的法律关系之中进行考虑。此时,选举制度的存在方式当然受到重视。第三,必须通过上述的人民代表组织集中权力的人民代表机关(议会),确立议会制度。

主权的实体是国家权力,但是如果从阶级性的主体规定来理解国家权力的话,国家权力在现实中未必就归属于国民。因此,人民主权现实化的基础在于以社会构成上的"人民"的组织运动形态作为媒介的"人民"的政治性主体的形成。"这种运动形态涉及无论是在经济性、社会性权力还是在政治性权力上,都具有现实的力量进行对抗的集体性主体,在本质上必须是肩负着反帝、反垄断的主体"〔103〕。

⑤关于国家主权,进行如下探讨。即有关主权的所谓实体规定的问题。"阶级的权力"为什么必须采用国家主权的表现形式? 其理由在于,"阶级的权力"的根据可以归结为"为了统治各阶级的全体成员必须采取公权力这一公共性的形式"〔104〕。国家主权由对内主权与对外主权两方面构成。

对内主权意味着国家所组织的公权力的最高性。"第一,国家将社会及其全体构成人员作为政治性的统治、从属关系而进行组织,对内主权是指国家在这种组织的对内方向上具有何种基本性质的表现形式;第二,其组织化与功能由主权的主体性规定所赋予,以这种宪法为媒介,仅仅在该范围内承认其具有合法性,对内主权是指有关这种国家权力的法律性概念构成。"〔105〕从宪法学的观点来看,对内主权的承认并不意味着国家在宪法之外的"主权行为"。

对外主权表现为在国家之间的国际关系上国家的独立性的原理。使得该概念得以成立、继续存在的客观性基础是国际社会存在着多元化且不均等的构造。如果没有对外主权,基于民族自治与自决原则的平等原理就不能在国际社会得到贯彻。从国际社会的这种构造来看,对外主权概念的含义并不统一。帝国主义国家对其持否定性的评价,而受到帝国主义国家

---

〔103〕 影山日出弥:《憲法の基礎理論》,勁草書房 1975 年版,第 136 页。

〔104〕 影山日出弥:《憲法の基礎理論》,勁草書房 1975 年版,第 147 页。

〔105〕 影山日出弥:《憲法の基礎理論》,勁草書房 1975 年版,第 149—150 页。

压迫的国家或民族却强调该概念。

对于对内主权与对外主权的相互关系,必须考虑以下几点:第一,应当将国家主权的原理作为否定在国际社会中的支配、从属关系以及支持这种关系的主权理论的对抗性原理而把握;第二,民族或人民的自决自由的保障以其对外的独立性作为不可欠缺的条件;第三,对外主权的制约不构成对国家主权的侵害的最低限度的条件在于:不侵害民族的各种基本权利的制约、平等主义与相互主义的贯彻、"确立的国际法规"的适当性制约、符合各国宪法上的各种原则、程序的制约等。

⑥日本的国家状态与国家主权原理的关系存在着问题。日本的对外主权受到日美安保体制的制约,以对其对外主权的制约作为媒介,也涉及了其对内主权的部分制约。"因此,作为整体的国家主权的存在方式并不能充分地确保公权力的最高性与国家的独立性。"[106]由此确定了其"从属国家"的状态。

⑦日本的国家状态并不意味着《日本国宪法》中的主权原理就是无意义或者无效的。其主权的原理一方面发挥着作为批判性地衡量日本的国家状态的基本原理的作用,另一方面,通过将主权原理与这种国家状态相对立,无论是在国家主权的概念上,还是在其主体规定的层次上,都要求必须更为丰富地展开其内容。"此时,最为重要的是应当认识到积蓄并发展主权原理内容的能动性因素是主权的主体"。[107] 作为主权主体的国民一方面通过在使公权力归属于自己方向的运动,不断地推动国民主权的实质化,另一方面,通过提出对于国家主权的尊重、独立性等使得主权主体在对外关系上不断获得独立性。摆脱从属国家状态的可能性"在国家权力的执行层次创造出由主权主体实现自己要求的政策体系及其承担者的可能性来保障"。[108] 国家主权与国民主权的统一的契机在于主权的主体。

(3)在社会主义宪法中,对于主权的问题,探讨"主权概念的历史性与阶级性"、"主权的历史性谱系及其展开"、"主体的问题性(国家主权与'民族主权'、过渡时期的多样性与主权、国际主义与主权、国家消灭的趋势与

〔106〕　影山日出弥:《憲法の基礎理論》,劲草书房 1975 年版,第 160 页。

〔107〕　影山日出弥:《憲法の基礎理論》,劲草书房 1975 年版,第 166 页。

〔108〕　影山日出弥:《憲法の基礎理論》,劲草书房 1975 年版,第 166 页。

主权的命运)"、"主权理论的课题"等,特别是以下倾向需要指出。

第一,在社会主义国家,与资本主义国家不同,由于实体(阶级统治)与观念(权力的正当性)的分裂、分离被克服了,原则上并不必然采取主权这种表现形式。但是,"国家权力的归属点(所在)与其正当性的归属点(所在)在全社会存在着各种阶级时,以'阶级的主权'这种自己的主张表现出来,各种阶级并不完全一致,因此必然存在着矛盾……只要在这方面存在着矛盾,即使在对内的方向上,'劳动者阶级的专政'不得不将自己的正当性主张通过由'阶级的主权'这一主权的本质性规定所制约的主权范畴的形式表现……"。[109] 总之,由于在国家权力正当性源泉的意义上的主权的主体规定从子本质上来说在社会主义国家并不具有必然性,因此,在国家消灭之前丧失了其存在的理由。

第二,在社会主义国家的对外关系上,从不同体制共存、社会主义国家的发展过程的多样性与独特性来看,在国家主权的形态上所表现出来的"社会主义主权概念"具有必然性。其与国家的消灭被紧密地结合在一起了。

第三,"受到现代国际社会矛盾中多元性构造的制约,社会主义法学的主权理论不仅强调国家主权,而且发展了与国家主权相区别的'民族主权'的概念"。[110] 民族主权的概念以民族自决的原理作为基础,被认为与国家主权相同,是主权概念的另一种表现形式,扩大了主权概念的外延。

(4)影山教授在《现今主权争论与主权理论的重构》一文中,依据樋口教授和本人的观点,积极地提出了以下观点。

第一,《日本国宪法》中的国民主权"如果考虑到主权原理的发展阶段,在原理的层次上并非'国民(nation)主权',而是'人民(peuple)主权'"。[111]"人民(peuple)主权"仅仅从国家权力的正当性来看,要求国家权力应当归属于人民(选举人团体)。其组织原理必须通过直接民主主义而构成。在代议制度下,只有人民直接选举出来的机关才是代议制机关,"该机关在原

---

[109]　影山日出弥:《憲法の基礎理論》,勁草書房1975年版,第174页。
[110]　影山日出弥:《憲法の基礎理論》,勁草書房1975年版,第183页。
[111]　影山日出弥:《今日における主権争論と主権論の再構成》,载《法律時報》第48卷第4号,第32页。

理的层次上并不能排除由主权的主体直接行使国家权力的可能性"。[112]
在《日本国宪法》中,仅仅停留于对"人民(peuple)主权"在理念上的承认
[表象上的"人民(peuple)主权"],"46 年宪法中的国民主权的原理在解释
宪法构造、各种规定的法律实践中,被认为相当于理念型的"[113]。

第二,对应于该主权原理的要求,对于象征天皇制要求主权主体(或者
国会)对于皇位继承的承认,对于象征意思的"传统固有说"的否定,将国事
行为严格地解释为礼仪性的行为。此外,对于国民的参政权,探讨了宪法
第 15 条第 1 款所规定的对议员罢免权的承认、第 16 条所规定的直接请求
权的运用。

第三,实现以上的要求是困难的,但是,"只要这种理念型由历史的主
体所担负,那么,即使在现行宪法框架的层次上,主权的主体规定所包含的
意思也会被现实化"[114]。

以上述的(1)—(4)作为主要内容的影山教授的主权理论在较大的范
围上提出各种不能忽视的重大问题。对于这些问题,还想进一步探讨,而
且应当与影山教授论述的问题还有很多。但现在已经不可能得到影山教
授的回答了,因此,这里仅仅将本人特别留意的一点作为问题而提出。

即有关"宪法的基础理论"中国民主权理论的重构方式的问题。对此,
影山教授作出如下的探讨。①在确立近代意义上主权概念的绝对主义的
国家中,君主是国家权力及其正当性两方面的归属主体。资产阶级革命时
期的主权理论与国家权力的归属也具有不可分的关联。但是,在资产阶级
革命结束、近代市民宪法确立的过程中,形成了与国家权力本身的归属相
分离(即作为正当性归属原理)的国民主权或者人民主权。国家权力在现
实中转向了资产阶级,"随着在政治上归属于该阶级,国民或者人民的主权
原理成为为从国家权力本身分离出的国家与统治方式的正当性提供理由
的政治性甚至是宪法性的构成原理"。[115] 由于国家权力归属于资产阶级,
因此,人民主权或者国民主权必然成为正当性的归属原理。②为了克服这

[112] 影山日出弥:《憲法の基礎理論》,勁草書房 1975 年版,第 33 页。

[113] 影山日出弥:《憲法の基礎理論》,勁草書房 1975 年版,第 33 页。

[114] 影山日出弥:《憲法の基礎理論》,勁草書房 1975 年版,第 36 页。

[115] 影山日出弥:《憲法の基礎理論》,勁草書房 1975 年版,第 124 页。

种国家权力与正当性的归属相分离的问题,在社会构成上以"人民"的组织性运动形态作为媒介的"人民"的政治性主体形成成为其基础。

在上述的论述中,存在着以下的疑问。①其指出,市民革命以后,在资本主义国家中,国家权力在政治上归属于资产阶级,对于这一点并无异议,但因此就认为人民主权或者国民主权必然成为正当性的归属原理存在着疑问。因为国家权力在政治上归属于资产阶级并不意味着在法律上归属于资产阶级,不解决法律上国家权力的归属问题,人民或者国民不可能成为正当性的归属主体。而且,即使在市民宪法中主权原理作为宪法原理表明了国家权力的法律归属。主权原理规定了国家权力本身的法律上的所有者,因此原则上也确定了包含其目的以及行使程序的正当性问题,被作为以其现实的行使者及其权力作为主权者的机关(手段)与权限的原理而得以确立。②应当回避国家权力在政治上归属于资产阶级与其在法律上归属于主权主体的矛盾,法国大革命时期的资产阶级赋予了作为主权主体的"国民(nation)"以不同于其日常用法的概念规定,并且,即使其在整体上欠缺委任关系,也将其视为委任关系,导入"代表性委任"理论。必须区分主权原理的表现与概念。资产阶级以表现本身的政治功能作为"盾牌",以此来确保国家权力在政治上和法律上同时归属于资产阶级。确实,市民宪法本身并没有规定国家权力归属于资产阶级。但是,政治归属与法律归属的在原则上的偏离在宪法中是无法回避的。③影山教授本人也在《宪法的基础理论》一书中,在个别的地方论及主权的正当性概念,认为"这是不是主权的科学性概念是存在疑问的"。[116] 而这个疑问才真正是应当探讨的问题。此外,影山教授在《现今主权争论与主权理论的重构》一文中,从有关国家权力本身归属的原理出发,阐述了《日本国宪法》中的国民主权理论。④在现代,"人民(peuple)主权"是否被实现很大程度上依据的是其历史承担者的运动,宪法本身是否存在将国家权力归属于"人民(peuple)"的规定或者仅仅是有关正当性的归属,不能忽视这两者的区别。

---

[116]　影山日出弥:《憲法の基礎理論》,勁草書房 1975 年版,第 116 页。

（五）有关"复活"第一期主权理论的小结

"复活"第一期的主权理论所具有的特征或争议的焦点,已经由多数的学者进行了各种各样的整理。后面涉及的浦田、高见、成嶋、渡边等学者的论文就是其中的代表。特别是对于樋口教授、影山教授和我本人三者的主权理论,成嶋教授在《主权原理的考察》(载《一桥研究》第 2 卷第 1 号)进行的整理比较正确,值得关注。在此,以该论文为参照,进行如下几点的归纳。

(1)将以(杉原、樋口、影山)三位教授作为主要当事人的"七十年代的主权争论"的特征归纳为以下几点。[117]

第一,争论的主要当事人从标榜"作为社会科学的宪法学"或者"宪法科学"的立场出发,作为科学性认识的问题而构建主权理论。或者,即使在探讨解释理论时,也经常意识到与科学性认识在层次上的差异。由此所决定的,第二,主权理论的重构以所谓的"意识形态批判"的方式进行,进而提倡与作为发挥着"隐蔽现实功能"的"非科学性的意识形态"的一般性的国民主权概念相对立,应当探索"科学性的国民主权概念"的课题。第三个特征是,导入了将以往不自觉地混淆的"国民主权(或 nation 主权)"与"人民主权(或 peuple 主权)"作为主权主体及构造不同的主权原理加以区分的视角。而且,(特别是杉原、樋口教授的特征)作为把握这两个原理对抗关系的素材,有关作为近代市民革命典型的法国大革命的研究以及与此关联的至现代为止的法国公法学中的主权理论的探讨占据了重要的位置。最后,第四个特征是,在与"纯粹代表制"、"半代表制"、"直接民主制"等组织原理或者"人权"原理的关联上的考察主权原理的问题,其构造得到了进一步的精密化。

如上所述,对于国家主权与国民主权的关系,由田畑、影山两位教授进行了深入的探讨。对于"社会主义国家的主权",主要由影山教授进行了探讨。

---

[117]　成嶋隆:《主権原理の一考察》,载《一橋研究》第 2 卷第 1 号,第 32—33 页。

（2）有关国民主权争议的根本性焦点在于是有关国家权力的国内的归属的法律原理，还是有关权利的正当性所在的理念、方针的问题。樋口教授认为：“‘主权’（＝‘宪法制定权’）直接涉及的是权力的正当性所在的问题，而非权力的实体所在的问题，应当以这种方式构建概念。如果混淆了这一点，就会将方针（＝应当实现的目标）误认为实体（已经实现的成果），‘主权’就成为专门将日常现实的权力予以正当化的意识形态。”[118]

本人的观点如下：“确认一定的所有关系的基本法是宪法，而明确表示为了依据国家权力维持该所有关系的统治关系的是该宪法中的主权原理。统治关系是国家权力的归属关系，主权原理必须是国家权力的归属关系在法律上的表现。”[119]国家权力“主权原理是有关决定并执行一般意思的法律上能力归属的法律原理。”[120]

与此相对，影山教授进行了如下论述。“主权是只能够作为方针、理念来进行把握的问题……主权概念作为国家权力的源泉（正当性的观念）由近代宪法学所构成，对于这一点并无异议，但存在疑问的是这是不是主权的科学性概念……正如批判限定于权力正当性观念的‘不具有实体的主权概念’，为了重构具有一定实体的概念，首先必须克服‘统治权’（权力）与‘主权’（正当性）、‘国家主权’与‘国民主权’的分离。对于该问题，宪法学必须进行大胆的争论。”[121]

（3）上述（2）的问题，应当还原为国家权力的“归属”的意思。是国家权力的源泉、正当性的归属，还是其实体的归属。如果将其作为宪法之外的问题来看，国家的本质性规定由以下的命题所赋予。“‘阶级性统治的特殊系统’、‘在阶级社会中，统治阶级为了在全社会的规模上维持该阶级统治的各种条件而进行组织化的权力’、‘在狭义上是指在一定领域内统治阶级统治被统治阶级的公权力，即国家权力。……（在广义上）是指狭义的国家

〔118〕　樋口陽一：《近代立憲主義と現代国家》，勁草書房1973年版，第301—302页。
〔119〕　杉原泰雄：《国民主権の研究——フランス革命における国民主権の成立と構造》，岩波書店1971年版，第53—54页
〔120〕　杉原泰雄：《現代議会政と国民代表の原理》，第333页。
〔121〕　影山日出弥：《憲法の基礎理論》，勁草書房1975年版，第116页。

与以由国家所统治的被统治阶级为中心的全体居民之间的统治与被统治
关系的整体,或者是指由作为理想层面上的共同性的国家权力进行公共统
管的阶级社会'……"[122] 从上述国家的本质性规定可以看出,国家权力的
阶级归属的问题既是宪法所规定的要素,也是宪法之外的事实问题,必须
自觉地区分其本身的问题与作为宪法问题的主权原理问题。至少,在资本
主义宪法所规定的国民主权之下是这样的,即在政治上将国家权力归属于
资产阶级,而在宪法上规定国民是主权的主体。

　　如上所述,樋口教授认为,作为宪法问题的主权原理并非权力的实
体所在的问题,而是表明"正当性所在"的方针(该方针的意思与性质并
不明确)的问题,由此来进行对应。影山教授在上述(2)中所引用的个别
地方(《宪法基础理论》),提出了樋口教授所提倡的"正当性所在"的理解
方式是否是主权原理的科学性概念的疑问,同时在该著作的其他地方,
认为"如果将(国家权力)在政治上归属于该阶级(资产阶级),那么国民
或者人民主权原理就成为赋予从国家权力本身分离出来的国家与统治
方式的正当性以理由的政治上或者宪法上的原理",[123] 与樋口教授的观
点相类似。

　　对此,本人认为,主权原理,包括在资本主义宪法规定国民主权的情
况,是指表明国家权力及其本身的归属(因此,当然也包括正当性的归属)
的"法律原理",国家权力的阶级性这一在资本主义国家也适合的国家的本
质性规定与国民主权之间的外在性偏离应当通过"国民主权"的法律概念
及其具体化的代表委任论或选举权公务说等进行克服,这在法国已经得到
了证实。由于国家的本质性规定与主权原理的名称是矛盾的,因此,通过
将主权理解为正当性来克服该矛盾的方法至少是不能分析得出"国民主
权"的科学性概念的。

---

[122]　成嶋隆:《主権原理の一考察》,载《一橋研究》第 2 卷第 1 号,第 35 页。
[123]　影山日出弥:《憲法の基礎理論》,勁草書房 1975 年版,第 124 页。

四、"复活"第二期的主权理论

(一)"复活"第二期主权理论的简单介绍

1.争议的扩大

在 1970 年代的后半期,有许多学者新加入到了主权争论之中,由此进入了主权理论"复活"的第二期。在批判或肯定"复活"第一期争论的基础上,积极地参加争论的学者,就我本人所注意到的,包括以下几位(按照日文发音顺序):

(1)鲇京正训:《主权概念的探讨——有关国家主权与国民主权的统一把握》,《名古屋大学 法政论集》1982 年第 90 号;

(2)浦田一郎:《国民主权论》,《法律时报》1977 年第 49 卷第 7 号;

(3)隅野隆德:《书评 杉原泰雄〈人民主权的历史性展开〉》,《历史学研究》1980 年第 489 号;

(4)高桥和之:《跨越"意识形态批判"——有关宪法学课题的笔记》,《社会科学的方法》1980 年第 133 号;

(5)高见胜利:《国民主权与国民代表制》,《法律家》1977 年第 638 号;

(6)高见胜利:《国民主权》,《法律家增刊 宪法学的争点》(小嶋和司编,1978 年);

(7)高见胜利:《国民与议会——有关"国民代表"的理论与历史的考察(1)、(2)、(3)、(4 完)》,载《国家学会杂志》1979 年—1981 年第 92 卷第 3＝4 号、第 92 卷第 11＝12 号、第 93 卷第 1＝2 号、第 94 卷第 1＝2 号;

(8)手岛孝:《国民即国家——国民主权与民主主义》,载《宪法解释二十讲》,1980 年版;

(9)成嶋隆:《有关主权原理的考察》,《一桥研究》1977 年第 2 卷第 1 号;

(10)森田宽二:《有关近期主权理论的疑问(1)、(2)、(3)、(4 完)》,*Law School* 1980 年第 20 号、第 21 号、第 22 号、第 24 号;

(11)森田宽二:《公法学与"争论的积蓄倾向"——以樋口教授的论文

〈围绕着"半代表"概念的笔记·补遗〉为契机》,《法学》1982 年第 45 卷第 5 号;

(12)渡边良二:《"国民主权"论的探讨(1)、(2)》,《彦根论丛》1975 年—1976 年第 175＝176 号、第 179 号;

(13)渡边良二:《"国民主权"中的"国民"与"人民"——Carré de Malberg 的"国民主权"论》,《彦根论丛》1976 年第 181 号;

(14)渡边良二:《"国民主权"论再论》,《彦根论丛》1978 年第 192 号。

上述的论文仅仅是"复活"第二期中有关主权理论的一部分论文。此外,"复活"第一期的论者也进一步深化之前的探讨,相互之间交叉论述,或者对于"复活"第二期论者的批判进行反驳。例如,樋口教授和我本人之间争论的继续或者以此作为基础的影山教授的《现今主权争论与主权理论的重构》(载《法律时报》1976 年第 48 卷第 4 号)就是各论者相互之间交叉论述的例子,而森田宽二的《有关近期主权理论的疑问》→樋口教授的《围绕着"半代表"概念的笔记·补遗》→森田宽二的《公法学与"争论的积蓄倾向"》这一系列展开的争论就是"复活"第一期的论者进行反驳的例子。但是,在"复活"第二期,与第一期的观点并没有积极地进行争论的有关主权的论文也发表了很多。例如以下的论文就是其中的一部分。

伊藤良弘:《吉伦特宪法中的主权论＝选举权论》,《一桥论丛》1981 年第 85 卷第 3 号;

楠正纯:《主权概念的历史经过及其构造》,《修道法学》1979 年第 2 卷第 2 号;

栗城寿夫:《Friedrich Murhards 的国民主权论》,《法学杂志》1980 年第 26 卷第 3＝4 号;

佐伯宣规:《约翰·洛克的主权论考》,《产大法学》1980 年第 13 卷第 4 号;

泽野义一:《主权与人权——国民主权与政治性权利(试论)》,《龙谷法学》1979 年第 11 卷第 3＝4 号;

泽野义一:《初期马克思的民主制、人民主权论的形成过程——以其理论性基础的考察为中心》,《龙谷法学》1980 年第 13 卷第 1 号;

田岛裕:《议会主权与法的支配》,1977 年;

辻村美代子：《法国大革命时期的选举权论——与主权论的交错》，《一桥论丛》1977 年第 78 卷第 6 号；

辻村美代子：《法国选举权论的展开(1)—(3 完)》，《法律时报》1980 年第 52 卷第 4 号、第 5 号、第 6 号；

土桥贵：《卢梭的人民主权论》，《法学新报》1978 年第 85 卷第 1＝2＝3 号；

仲地博：《辛德勒的公法方法论与主权论》，《琉大法学》1981 年第 2 号；

成嶋隆：《法国 1946 年宪法制定过程中的主权争论》，《一桥论丛》1977 年第 78 卷第 6 号；

西嶋法友：《卢梭的宪法思想——关于主权与自由的关系》，《法政研究》1979 年第 45 卷第 1 号；

坂东行和：《有关英国议会主权的"宪法科学"性研究的意义与方法》，《成蹊论丛》1979 年第 18 号；

坂东行和：《英国"法律主权"理论的性质与问题》，《成蹊论丛》1980 年第 19 号；

柳春生：《人民主权与专政》，《法政研究》1977 年第 44 卷第 1 号；

柳春生：《卡尔·马克思的人民主权论》，《比较法研究》1977 年第 38 号；

柳春生：《人民主权的历史性考察——让·雅克·卢梭》，《九大产业劳动研究所报》1979 年第 73 号；

结城洋一郎：《卢梭理论中的自由与主权究》，《一桥研究》1978 年第 2 卷第 1 号；

结城洋一郎：《卢梭主权理论中市民的权利》，《一桥研究》1979 年第 3 卷第 2 号；

和田进：《国民代表论的探讨》，《神户大学教育学部研究集录》1981 年第 66 号。

以上的论文仅仅是我所注意到的部分，此外还有很多力作发表。

为了表明"复活"第二期的主权理论的状况，不仅仅应当探讨上述附加(1)、(2)、(3)号码的论文，对于其他没有附加号码的论文的探讨也是必不可缺的。但是,在此,没有全部探讨的篇幅和能力,只能是不充分的探讨,即仅仅限定于附加了号码的部分,探讨其如何发展了"复活"第一期的主权理论。

2.简单介绍

(1)鲇京正训的论文从"国家主权与国民主权的统一把握"的视角出发,介绍、探讨了"二战"后日本主权争论的历史,并提出了问题。"二战"后的宪法学无论是将主权问题作为对内问题还是作为对外问题处理,都没有将两者的关系作为问题进行探讨。但是,无论是从日本现在的宪法状况(占领与宪法、安保体制与宪法、总体上的从属国家状态与国民主权)来看,还是从现在国际社会的状况(先进资本主义国家主张国家主权的制约,而发展中国家、新兴独立国家、社会主义国家则强调国家主权、民族主权)来看,必须将"国家主权与国民主权的统一把握"的问题作为主权理论中的一个主题问题而设立。

对于该问题,长谷川正安、田畑茂二郎、松井芳郎、影山日出弥等学者已经进行了探讨,但现在在理论上并没有得到充分的说明。在以下方面,特别需要进一步努力探讨。"首先,在对'国家主权'与'国民主权'进行'统一把握'时,存在着作为'统一'的契机经常被强调的'承担者'论、'主权的主体规定'论等如何定位于主权理论之中的问题"。[124] 因此,必须依据"承担者"、"主权的主体规定"的历史性存在形式将其进行明确。此外,明确"承担者"论、"主体规定"论在主权理论中的定位也是重要的。由于在这点上论述并不充分,丧失了历史地考察"承担者"或者"主体规定"问题的视角。

以我本人为首,以"国民主权的具体构造的深化"作为目标的学说重视主权原理与阶级的关系,由于将其与国家或民族的关系置于视野之外,因此是单方面的。此外,以"国家主权与国民主权的统一把握"为目标的主权理论,如前所述,并不充分。为了避免这种单方面性或者不充分性,第一,必须将主权的意识形态性从物质性根据出发进行重新定位;第二,必须明

---

〔124〕　鲇京正訓:《主権概念の検討——国家主権と国民主権の統一的な把握について》,《名古屋大学·法政論集》1982 年第 90 号,第 35 页。

确主权原理的阶级归属与国家或者民族之间的关联。此外，"对于主权原理的阶级归属与国家之间的关联，应当以现在的国家理论研究阶段作为背景，主权直接的阶级归属的问题与其统治原理以及统治形式之间是相对区别的问题"[125]，"因此，'国家主权与国民主权的统一把握'时'统一'的契机并不仅仅是'承担者'或者'主体规定'，在逻辑上，可以从包含这些在内的国家这一事物（Staatswesen）的整体中去发现。通过这样，'统一'的契机能够获得'人民'、'阶级'、'民族'、'国家'等规定性，能够获得发现这种'统一'的历史的、具体的形态的条件"[126]。

（2）浦田的论文，由以下部分构成。首先，模仿影山教授，在整理了宪法制定时期的国体争论的基础上，指出今后的课题在于"基于对从宪法学的对象中脱落的天皇制的精神性、伦理性侧面的科学分析，明确国民主权与象征天皇制之间的原理性矛盾"与"争论的当事人都将主权作为'方针＝理念'，但应当将其作为具有一定实体的概念来进行把握，克服统治权与主权、国家主权与国民主权的分离"。[127] 在此基础上，由我本人（杉原）、樋口教授、影山教授所进行的国民主权理论的研究"二战后国民主权研究历史上划时代的"，三者的观点经常被介绍，基于这三者以及之后论者的观点，指出并解释"主权的含义"、"国民的含义"、"解释论"、"意识形态的批判"等成为了争议的焦点。在最后的"课题与展望"中，指出以下几点。①"主权争论的追求及其实证的比较法研究的必要性就不用说了，在这种情况下，特别地感觉到了原始期法学研究的重要性。"[128] ②"国家主权与国民主权的统一把握这一课题，无论是从日本的现实情况还是从理论状况上来看，是在此应当指出的主要的论点。"[129] ③"在通过人民（peuple）主权来解释《日本国宪法》中的主权原理时，在依据市民宪法的发展史的基础上，意识到了其与国家（nation）主权的对抗。在这种意义上，有必要通过采用

---

[125] 鮎京正訓：《主権概念の検討——国家主権と国民主権の統一的把握について》，《名古屋大学·法政論集》1982 年第 90 号，第 37 页。

[126] 鮎京正訓：《主権概念の検討——国家主権と国民主権の統一的把握について》，《名古屋大学·法政論集》1982 年第 90 号，第 37 页。

[127] 浦田一郎：《国民主権論》，《法律時報》1977 年第 49 卷第 7 号，第 222 页。

[128] 浦田一郎：《国民主権論》，《法律時報》1977 年第 49 卷第 7 号，第 226 页。

[129] 浦田一郎：《国民主権論》，《法律時報》1977 年第 49 卷第 7 号，第 226 页。

(peuple)主权理论重新解释大部分的宪法规定。"[130] ④"必须注意到,即使在上述方向上展开解释理论时,其也不能成为隐蔽现实的体制的意识形态。"[131] 作为批判意识形态的方法,指出了"方针"[依据民主(peuple)的政治]与"现实"(非民主性的政治)的不一致之处,但如果产生"方针"的也是现实,那么,就有必要科学地明确其与该方针之间不一致的现实关系。

(3)隅野隆德的论文提出了超越了介绍领域的问题。由"前言"、"Ⅰ概要介绍"、"Ⅱ若干评论"三部分组成,其中的"Ⅱ若干评论"占据了大部分的内容。在"Ⅱ若干评论"中,分别通过"1.从宪法学出发的历史研究"、"2.主权理论的社会科学性考察"、"3.人民主权论中的法律意识形态性质的问题"、"4.与人民主权的构造相关联"、"5.今后的课题"而展开,在各部分都提出了值得关注的问题。特别是在其中的"2.主权理论的社会科学性考察"的部分内容中认为,"如果将主权原理作为确保国家权力的国内归属的法律原理的话,……那么,为什么必须使用'主权'这一法律范畴呢? 对于该问题的探讨(特别是对于人民主权)是必要的"。[132] 正如社会主义国家的历史经验所表明的那样,"在社会主义国家中,通过生产手段的社会主义所有消除了榨取、压迫阶级的对立,权力归属于作为多数者的劳动者阶级或者工作的人民,由此产生了主权这一法学范畴在对内方面已无必要的情况"。[133] 如果说"人民主权"与社会主义相结合,由劳动者阶级来承担,这具有历史的必然性,那么,为什么此处要使用"主权"这法学概念呢? 对于这一点,隅野教授指出,社会中还存在着阶级的对立,"虽然以民众作为基础,但专门承担'公权力'的特殊管理者集团在人民的名义之下,行使作为'主权'的'公权力'",认为"在人民主权之中,还必须考虑国家权力的正当性归属的问题"。[134] 在"3.人民主权论中的法律意识形态性质的问题"中,

---

[130]　浦田一郎:《国民主権論》,载《法律時報》1977 年第 49 卷第 7 号,第 227 页。

[131]　浦田一郎:《国民主権論》,《法律時報》1977 年第 49 卷第 7 号,第 227 页。

[132]　隅野隆德:《書評・杉原泰雄『人民主権の史的展開』》,《歴史学研究》1980 年第 489 号,第 62 页。

[133]　隅野隆德:《書評・杉原泰雄『人民主権の史的展開』》,《歴史学研究》1980 年第 489 号,第 62 页。

[134]　隅野隆德:《書評・杉原泰雄『人民主権の史的展開』》,《歴史学研究》1980 年第 489 号,第 62 页。

以上述论述作为基础,对于认为与"人民主权"中权力的归属问题无关系的樋口教授的理论提出了疑问,同时,"杉原的学说认为,必须在人民主权原理的层面上考虑权力的正当性归属问题,对于这一点,笔者持批判态度"[135]。在"4.与人民主权的构造相关联"中,隅野教授指出,对于采取"人民主权"的制度在构造上是否最低限度的必要条件,杉原泰雄在《人民主权的历史性展开》中并没有明确,因此需要进一步说明。而且,在"5.今后的课题"中,探讨了巴黎公社以后包括社会主义国家的主权理论,并指出了今后的课题在于探讨"人民主权"与其他的宪法原理的关联、"人民主权"与国家主权的结合等问题。

(4)高桥和之教授的论文今后可以进一步创新探讨构成一篇大论文。在该论文中,高桥教授首先探讨了宫泽、樋口、杉原等学者所进行的意识形态批判的意义,指出在意识形态批判中包括有关理念及其制度化层次与有关制度及其运用层次的两部分内容。接着认为,"宪法学并不仅仅停留于意识形态的批判",宪法的任务包括了探讨"为了将理念进行制度化,何种制度有可能存在,这些制度与理念之间是否具有适应关系"、"在何种制度何种条件下才能按照理念发挥作用或者不发挥作用,在何种程度上发挥作用"[136]等问题。从这种观点出发,对于宫泽教授和我本人的意识形态批判(对于没有设置命令性委任和改善对策制度但却规定国民或人民作为主权者的批判),指出了命令性委托实施的困难性,认为"普通选举制度与改善对策制度之间并无本质的差异……在再选(再次确立候选人)成为惯例的宪法实践中,选举本身作为改善对策制度发挥着作用。在这种意义上,普通选举也是拘束代表者的制度"[137]。之后,高桥教授进行了如下的总结性陈述:"国民主权(=民主主义)的理念在其制度性表现的层次上,有可能以两种制度的类型来实现。一个是国民本身直接表明政策意思的类型(直接制),另一个是通过代表者表明的类型(代表制)。代表制与直接制相比,理

---

[135]　隅野隆德:《書評·杉原泰雄「人民主権の史的展開」》,《歴史学研究》1980 年第 489 号,第 63 页。

[136]　高橋和之:《「イデオロギー批判」を越えて——憲法学の課題についての覚え書き》,《社会科学の方法》1980 年第 133 号,第 5 页。

[137]　高橋和之:《「イデオロギー批判」を越えて——憲法学の課題についての覚え書き》,《社会科学の方法》1980 年第 133 号,第 6 页。

念实现的程度较小。因此,对于代表者忠实地表达了国民意思的观点,有可能经常从直接制出发提出意识形态批判。而且,在直接制、代表制各自的内部有可能存在着各种不同的具体制度,各自在与理念相互连接的契合程度上产生了意识形态的问题。此外,各种制度依照理念而发挥作用所需要具备的条件成为问题……以上所有问题的分析都是宪法学的课题"[138],因此,有必要积极地导入相邻学科的研究成果进行探讨。

(5)、(6)、(7)是高见胜利教授的论文。在(5)《国民主权与国民代表制》的论文中,以我本人(杉原)的观点为中心,探讨了日本"国民主权与国民代表"所争论的问题。在"一、'国民主权与国民代表'的对象领域"中,并不涉及有关历史认识的问题,而是限定于对《日本国宪法》的解释问题,在此基础上,在"二、代表民主制与'国民主权'"中,认为樋口教授的国民主权理论与直接制并无关联,在以宪法所规定代表民主制作为基础这点上并不充分,认为我本人(杉原)的国民主权理论并没有涉及代表制的要素,因此"并不能对应于《日本国宪法》中代表民主制的统治体系"[139]。并认为能够与代表民主制相连接的国民主权理论是宫泽教授的观点。宫泽教授通过以国民主权作为原则,不仅仅是权力性的契机,而且包括正当性的契机,与代表民主制相结合。能够与国民主权相结合的国民代表制是"有可能与19世纪末期以后出现的民主政治相结合的代表民主制之下的'代表制'"[140]。在"三、代表民主制与'代表'的概念"中,认为该代表制是"半代表制",只要将其作为"实施世界中的方针"来把握时,就不能发挥作为隐蔽现状的意识形态的功能。在"四、代表民主制下的选民与议员"中,强调了以下两点:第一,高见教授认为,现在的选举不仅具有选定议员的法律意义,而且还具有确定政党的议会活动的方向、决定国家重要政策的意义,"可以将其视为是确保依据民意进行政治的有力手段"[141];第二,对于在法律上保障了议员独立的宪法第 43 条第 1 款中的"全体国民的代表"规定与

---

〔138〕　高橋和之:《「イデオロギー批判」を越えて——憲法学の課題についての覚え書き》,《社会科学の方法》1980 年第 133 号,第 7 页。

〔139〕　高見勝利:《国民主権と国民代表制》,《ジュリスト》1977 年第 638 号,第 89 页。

〔140〕　高見勝利:《国民主権と国民代表制》,《ジュリスト》1977 年第 638 号,第 90 页。

〔141〕　高見勝利:《国民主権と国民代表制》,《ジュリスト》1977 年第 638 号,第 91 页。

第 50 条中的免责特权,高见教授进行了如下阐述:第 34 条第 1 款规定了"一般委任",即在政党发达的今日,取得政权的政党改变在选举之际对选民所作出的承诺时,必须重新获得选民的授权,而并非直接保障议员对于选举不承担责任。对于第 51 条,通常的观点并没有排除选民对于议员的议会活动追究政治责任。但是,"由于各选举区选民的意思有可能成为国民意思,以代表者作为媒介无论如何是必要的",[142]因此,从不承认从选举区发布的命令性委任,也不承认依据第 15 条第 1 款的"召回"。在该论文的"总结"部分,并不以"国民(nation)主权"或者"人民(peuple)主权"作为前提而论及国民代表的存在方式,而是"希望将其作为更一般性的问题,作为'主权与代表'、'选民与议员'、'国民与议会'、'被统治者与统治者'的关系而进行探讨"。[143]

　　在(6)《国民主权》的论文中,针对"一、主权的本质——实力还是规范"、"二、主权的承担者——国民还是人民"、"三、国民主权论的意义——人权论还是主权论"等各种问题,整理了"二战"后的国民主权理论。在"一、主权的本质——实力还是规范"的部分中,将"宫泽·尾高争论"作为主权的本质是实力还是规范的争议而处理,认为"'二战'后的宪法学并没有完全继承基于实力决定论的宫泽博士的主权概念的构成"。[144]可以在这条线上考虑芦部教授、樋口教授的观点。在"二、主权的承担者——国民还是人民"的部分中,从"二战"后宪法学中的国民概念是"君民一体"的"国民观"还是剔除了特权阶层的"人民观"出发,指出"国民=人民"是作为与资产阶级相对立的劳动大众的概念,认为"这种'人民'究竟与日本国宪法中作为主权的承担者而规定的国民是否相一致还存在着疑问……这可以追溯到认为主权的承担者'并非特定的人,任何人都是'的宫泽博士的国民观念(超越了具有选举权者的全体),现在需要对该概念进行一次修正,并从这一点出发进行论述"。[145]在"三、国民主权论的意义——人权论还是主权

---

[142]　高見勝利:《国民主権と国民代表制》,《ジュリスト》1977 年第 638 号,第 92 页。

[143]　高見勝利:《国民主権と国民代表制》,《ジュリスト》1977 年第 638 号,第 93 页。

[144]　高見勝利:《国民主権》,载小嶋和司编:《ジュリスト増刊·憲法学の争点》,1978 年版,第 17 页。

[145]　高見勝利:《国民主権》,载小嶋和司编:《ジュリスト増刊·憲法学の争点》,1978 年版,第 19 页。

论"的部分中,认为应当将樋口教授的"主权抹杀论"(认为应当将权力与国民的关系作为人权的问题进行论述的建议)与我本人(杉原)的为了权力民主化的主权理论(作为宪法秩序的解释标准的"人民主权原理")的对抗作为表面的事物,重要的是"应当最终确认此处究竟以什么作为问题而进行论述"。[146]

论文(7)《国民与议会——有关"国民代表"的理论与历史的考察》的页数达到了200页,是一篇大论文。该论文以"二战"后联邦德国有关代表理论与历史的研究为素材,"暂时保留意识形态批判这种传统的方式,尽可能地突破各种学说、观点的界限,通过探讨各自在结构上的特征,努力发掘使用'国民代表'这一用语概括的介于'国民与议会'之间的各种问题……通过对这些方面进行分析,重新探讨'国民代表'是为何物的问题",[147]这对于进一步深化近年来日本特别活跃的"受到法国宪法学影响的代表理论"[148]而言是必要的。该论文在结构上,由"序言"、"第一章有关'国民代表'的各种学说"、"第二章'国民代表'的各种前提(包括'命令委任及其否定'、'市民的公共与公开的探讨'、'代表技术与代表的基础'等)"、"第三章'国民代表'特性(包括'动态过程的特性'、'政党国家的民主政治与国民代表规定'等)"以及"小结"等部分构成。

在此不介绍各章的内容,仅仅就"小结"中涉及的有关联邦德国学说的基本特征确认以下几点内容。"作为议会代表论的前提的并非基于Leipholz式的同一性观念的民主政治,而在于采用了以国民与议会及政府、被统治者与统治者的区分、对立为基础的民主政治的模式。""以相关的民主政治方式作为前提,代表的问题反映了国民与议会、选民与代表者相互之间的动态关系。""在这种动态的代表观念之下,代表者被认为必然是独立的存在。而且,代表者是独立自主地作出决定的主体,首先,对国民必须能够充分地承担责任。""上述的代表观念以(德国)基本法所采用的代表

---

〔146〕 高見勝利:《国民主権》,载小嶋和司编:《ジュリスト増刊・憲法学の争点》,1978年版,第20页。

〔147〕 高見勝利:《国民と議会——「国民代表」の理論と歴史に関する一考察(1)》,《国家学会雑誌》1979年第92卷第3＝4号,第5页。

〔148〕 高見勝利:《国民と議会——「国民代表」の理論と歴史に関する一考察(1)》,《国家学会雑誌》1979年第92卷第3＝4号,第5页。

民主政治、国民代表规定作为基础，""而且，从相关的代表观念中推导出的国民代表规定即使在现代政党国家的状况下，也被认为具有特定的规范意义。"[149]这种观点在表里如一地采用代表制作为责任统治的盎格鲁撒克逊人国家是不言而喻的，但是，在德国国法学中，为了实现该制度，一方面需要溯及其历史，研究国民代表理论的实质性基础，而另一方面，有必要摆脱从同一性的观念推导出的 Leipholz 式的民主政治理论的束缚。论文(7)就是沿着该过程进行的研究。高见教授将该结论积极地导入《日本国宪法》的解释理论，这在论文(5)中已经显示出来了。

论文(8)《国民即国家——国民主权与民主主义》中，手岛教授的观点在将君主主权、国民主权等主权理论中的主权概念界定为"国家意思决定的最高权力"的基础上，探讨"国民(nation)主权"与"人民(peuple)主权"的区别(前者以代表制与无限制委任为必然，后者与直接民主制甚至是命令性委任具有密切的关联)，提倡从后者的立场出发解释《日本国宪法》。将"人民(peuple)主权"的大原则"解释为命令性委任或者直接代表制的是第 15 条第 1 款、第 3 款以及第 79 条、第 96 条，以这些作为前提的解释与把握也影响了第 43 条、第 51 条、第 41 条的解释"[150]。但是，从打破了中世纪等级议会中身份性的、古代命令性委任，创造出了近代统一国家与全体国民会议的过程来看，代表这一"国民(nation)主权"式的制度在《日本国宪法》之下并没有完全丧失其意义，因此，"第 43 条中规定的'全体国民的代表'并非古典的(即'纯粹代表')，在现代宪法的现实情况中存在着有效的议员受委托关系，因此，应当解释为以第 15 条为标准的现代式'命令委任'(即'半代表制')。此时，第 43 条以及第 51 条并非毫无意义的，使得现代式'代表'成为可能的依据选民或政党进行的现代式'命令委任'另当别论，此外的(即依据各种利益集团、压力集团等)古代式'命令委任'依然是禁止的(参照第 15 条第 2 款)"[151]。

---

〔149〕 高見勝利：《国民と議会——「国民代表」の理論と歴史に関する一考察(4 完)》，《国家学会雑誌》1981 年第 94 卷第 1＝2 号，第 125 页。

〔150〕 手島孝：《国民即国家——国民主権と民主主義》，载《憲法解釈二十講》，有斐閣 1980 年版，第 44 页。

〔151〕 手島孝：《国民即国家——国民主権と民主主義》，载《憲法解釈二十講》，有斐閣 1980 年版，第 44—445 页。

论文(9)成嶋教授的《有关主权原理的考察》,可以部分地参照其中的"三、复活第一期的主权理论"中的"5、有关复活第一期主权理论的总结",因此,此处仅对该部分进行简单的介绍。在"(1)序言——70年代主权争论"中,将"(杉原、樋口、影山)三位教授为主要当事人的'70年代主权争论'的特征"归纳为在上述"总结"中引用的四个方面。在"(2)基本的争论点"中,指出基本的争论点是"确定国家权力的国内归属的法学原理"还是只不过是"有关正当性之所在的方针或者是应当实现的目标"的问题。在"(3)'归属'的含义"中,指出"归属"并非权力归属的现实(Sein),而是归属的要求(Sollen)的问题。在"(4)国民(nation)主权的构造"中,指出资产阶级革命是国家权力向资产阶级的政治性归属的结果,但这种阶级性的归属关系为什么总结为国民(nation)主权呢? 将其作为正当化的法律技术的同时,从"起源论"的视角出发探讨其必然性。[152]

在森田教授的(10)《有关近期主权理论的疑问》与(11)《公法学与"争论的积蓄倾向"——以樋口教授的论文〈围绕着"半代表"概念的笔记·补遗〉为契机》的论文中,主要围绕着与樋口教授之间的争论而展开的。在论文(10)中针对樋口教授以前的论文提出了各种批判,在论文(11)中又针对樋口教授的反驳(《"围绕着"半代表"概念的笔记·补遗"》)进行了回应。

论文(10)篇幅较长,其"目的主要是针对樋口教授的论述,特别是通过对于被评价为'新概念的构成'的'主权概念'的分析、探讨,考察了杉原·樋口争论是为何物、具有何种价值等问题。而且,指出了在该论述中自相矛盾之处,促使其对该问题进行反省"[153]。其目标是明确的。对于"国民(nation)主权"、"人民(peuple)主权"、"纯粹代表"、"半代表"等概念以及使用这些概念的理论指出其缺乏整合性以及存在着矛盾之处,而且,认为"该争论(是指樋口教授和我〈杉原〉之间的争论)的价值与从'法律制度'中区分出的'方针'这一事物的性质、意义相关。但是,这一点以往并不明确,在现阶段,并不能认为杉原·樋口争论有多大的价值"[154]。

批判性探讨的大部分受到写作目的的限制,是面向樋口教授的,但其

---

[152]　成嶋隆:《主権原理についての一考察》,《一橋研究》1977年第2卷第1号,第39页。
[153]　森田寛二:《最近の主権論に関する疑問(1)》,*Law School* 1980年第20号,第70页。
[154]　森田寛二:《最近の主権論に関する疑問(4完)》,*Law School* 1980年第24号,第80页。

中也有有关我(杉原)的观点的如下批判。我(杉原)认为可以"将主权原理界定为确保决定并执行国家一般意思的法律能力的归属的原理",因此,森田教授在认为"可以将杉原教授的主权概念的核心要素界定为'国家意思的最高决定权'"[155]的基础上,将问题限定于认识层次,同时指出了以下内容:"试图合理地说明'市民宪法的现实(法律事实)'的杉原教授提出了'有关决定并执行一般意思的法律能力的归属的原理'中的'主权'在'市民宪法'中存在于何处的问题,认为对于该问题,答案是存在于国民(nation)。但是,这种回答有什么意义呢? 因为正如杉原教授所论述的那样,nation(国民)是'其自身不能决定、执行自己意思的存在',其对于'合理'主义者而言,应该是不能成为'主权'的主体的。……在第三共和制的法国或者'二战'后的日本等国家,可以忽视认为国民(nation)在'法律制度'上具有国家意思的最高决定权这一杉原教授的观点……"[156]

论文(11)以对于樋口教授对论文(10)的反驳进行的批判作为部分内容,在第一章总结了行政法学者的论述,在第二章以樋口教授的《"围绕着'半代表'概念的笔记・补遗》中的论述作为"主要对象",探讨的方式与论文(10)是一样的。

无论是在论文(10)还是在论文(11)中,对于"国民(nation)主权"、"人民(peuple)主权"、"纯粹代表"、"半代表"等各种概念在历史的何种阶段何种状况下成立并展开的、具有怎样的历史性、社会性的承担者与课题、构造、对抗原理等问题,并没有进行积极的、实证的探讨。

论文(12)《"国民主权"论的探讨》、(13)《"国民主权"中的"国民"与"人民"——Carré de Malberg 的"国民主权"论》、(14)《"国民主权"论再论》是渡边教授针对复活第一期的主权理论,特别是其中作为资本主义宪法原理的国民主权的争论进行积极论述的论文。其中的论文(12)针对杉原、樋口、影山的各种学说进行介绍、批判性的探讨,并在"总结"的部分说明了自己的观点。在本质存在着以下的问题:近代市民革命中成立的资本主义宪法的主权原理,其现实情况暂且不论,在理念上是否具有民主性的国家权

---

[155] 森田寛二:《最近の主権論に関する疑問(4 完)》,*Law School* 1980 年第 24 号,第79 页。

[156] 森田寛二:《最近の主権論に関する疑問(4 完)》,*Law School* 1980 年第 24 号,第80 页。

力行使的各种制度？是与"人民(peuple)"相区别的"国民(nation)主权"还是具有民主性的各种制度的国民(人民)主权？在资本主义宪法中有关国家权力的行使方式，只要以资产阶级统治关系作为前提，就不可能是真正的民主。但是，"国民(人民)主权即使在理念上也并不可能具有'人民主权'的内容"[157]。"而通过近代市民革命提倡的国民(人民)主权是否以此(能够推导出'人民主权'的内容)作为契机而形成的？……从结论上来看，也可以这么说吧。而且，这并非依据由宪法规定'代表'的理论，而是依据国民(人民)是主权者这一判断本身。既然是国民(人民)主权，就必须设计与此相适应的国家权力的行使方式。"[158]

论文(13)是从论文(12)出发必然要求的作品，是以论文(12)的观点作为依据进行的论述。"法国1791年宪法确立了卢梭社会契约论中所看到的国民(人民)主权的主权原理，这种观点在法国公法学中以及最近在日本是主流观点。"[159]"在本论文中，对于区分这种"人民主权"与"国民主权"的理论的适当性进行探讨。"[160]并且，对于"国民"与"人民"这种主权的主体，批判性地探讨、最为详细地探讨这两个主权原理的区别的卡雷·德·马尔贝格(Carré de Malberg)的观点，其要点如下：

第一，指出卢梭的"人民主权"与1791年宪法中的"国民主权"的不同性质是卡雷·德·马尔贝格(Carré de Malberg)分析的出发点。"其根本点在于在革命过程中资产阶级势力与'民众'之间的激烈的政治对立，这是众所周知的……但是，即使在这种情况下，这种政治对立如何反映到主权的理论构造上呢？对此要求进行独立的探讨。思想的承担者虽然不同，但有时也并非必然地直接反映主权的理论构造，例如，'人民'＝具体性存在、'国民'＝观念性集合体。"[161]

---

[157]　渡辺良二：《「国民主権」論の検討(2 完)》，《彦根論叢》1976年第179号，第104页。

[158]　渡辺良二：《「国民主権」論の検討(2 完)》，《彦根論叢》1976年第179号，第105页。

[159]　渡辺良二：《「国民主権」における「国民」と「人民」——Carré de Malbergの「国民主権」論》，《彦根論叢》1976年第181号，第76页。

[160]　渡辺良二：《「国民主権」における「国民」と「人民」——Carré de Malbergの「国民主権」論》，《彦根論叢》1976年第181号，第78页。

[161]　渡辺良二：《「国民主権」における「国民」と「人民」——Carré de Malbergの「国民主権」論》，《彦根論叢》1976年第181号，第94页。

第二，卡雷·德·马尔贝格（Carré de Malberg）提出的"人民"与"国民"的区别并不具有合理的依据。即使在有关选举权、代表制的 1789 年至 1791 年的制宪会议的论述中，卡雷·德·马尔贝格（Carré de Malberg）所阐述的含义中并没有区分两者。"主权归属于国民。人民的任何部分、任何个人都不能将主权的行使归属于自己（1791 年宪法第三篇序言第 1 条后半段）。""代表全体在法国人民的名义之下，宣誓'为自由生、为自由死'"，"代表——进行'必须忠于国民、法律以及国王的宣誓'（1791 年宪法第三篇第一章第五节第 6 条）"，即使在这些规定的审议中，"国民"与"人民"的区分也并非问题。因此，"卡雷·德·马尔贝格（Carré de Malberg）所阐述的意思中并没有区分'国民'与'人民'，这是明确的"[162]。

第三，1791 年宪法将主权归属于与卢梭的"人民"不同的"国民"，这种分析是基于卡雷·德·马尔贝格（Carré de Malberg）的理论立场出发的"评价"。渡边教授立足于国家主权的立场（国家法人说），1791 年宪法被视为法国式的表现。在 1791 年宪法中，国家仅仅被作为"国民"的人格化，并将这种"国民"与代表之间的关系类推为国家与其机关之间的关系进行把握。这时，不得不区分"国民"与"人民"。

论文（14）针对我（杉原）在专著《人民主权的历史性展开》中对渡边教授观点的批判性回答，认为渡边教授与我（杉原）之间观点的差异并非事实认识的不同，而"在于有关研究的问题意识或方法论以及作为这些的前提的主权问题（特别是资本主义国家的主权问题）的基本把握方式的不同"[163]。在此基础上，渡边教授进一步展开了如下的观点。"尽管是国民主权但是资产阶级统治"（尽管是"资产阶级统治"但是国民主权）这一成为渡边教授观点的根据是"资产阶级不能依据其自身而使国家权力正当化，这是极其简单的事实。"[164]

在资产阶级国家中，"权力的正当性与现实的权力承担者不得不相分离，在这种存在方式之下，独立地论及有关主权理论的权力的正当性当然

---

[162] 渡辺良二：《「国民主権」における「国民」と「人民」——Carré de Malbergの「国民主権」論》，《彦根論叢》1976 年第 181 号，第 86 页注 30。

[163] 渡辺良二：《「国民主権」論再論》，《彦根論叢》1978 年第 192 号，第 21 页

[164] 渡辺良二：《「国民主権」論再論》，《彦根論叢》1978 年第 192 号，第 25 页。

是必要的。作为资产阶级统治的正当性而被援用的就是'国民',在这种正当性的领域,'国民'的问题并非是'抽象的、观念的统一体'还是'具体的、现实的存在',最重要的首先是必须在阶级关系上进行把握……资产阶级对于君主或贵族主张独立的地位,资产阶级革命解决了资产阶级权力的基本优越性,因此,在权力的正当性问题被彻底争论的范围内,'国民'被认为当然是排除君主与贵族的非特权阶层的整体,因此,构成'国民'的个人在法律之下绝对是平等的,被认为是舍弃了其中的阶级性质的性质相同的个人。在这种'国民'的认识下,在将国民纳入国家权力行使的方式这一法律关系时,就推导出了构成'国民'的市民的政治平等这一民主主义的要求。但是,这种观点以及民主制度是否是在资产阶级权力确立之后被采用的,完全是其他方面的问题"[165]。对于我(杉原)所认为的"国民主权"的构造必须从国家权力行使的方式出发进行合理的归纳的观点,渡边教授批判认为:第一,此处不得不遗漏了主权中的权力正当性问题;第二,"将原本应当对立的主权的主体规定与现实的非民主性制度之间的关系进行整合、连接,结果只能是将'国民'视为否定性的事物"[166]。此外,对于我(杉原)的解释论,渡边教授认为即使区分认识与实践,将在认识上的"国民主权"的宪法解释为"人民主权"的是不可能的,"因为不具有认识上的基础的解释论是不具有说服力的"[167]。

(二)若干回应和批判性探讨

在限定于以上述论文作为对象进行的简单介绍中,包含了各种不能忽视的观点。深入地研究这些观点对于主权理论在今后的发展而言必定是不可或缺的课题。在此,由于篇幅的关系,讨论上述所有的观点是不可能的,因此,仅仅对于对我本人进行的批判作为部分回应以及作为第三方发表若干的意见。在后述的"五、谋求主权理论的发展"的部分,基于"复活"第二期的各种争论,本人准备指出应当进一步阐述的各方面的问题,期待着第二期的论者相互之间进一步展开争论和探讨。

---

[165]　渡辺良二:《「国民主権」論再論》,《彦根論叢》1978 年第 192 号,第 26—27 页。
[166]　渡辺良二:《「国民主権」論再論》,《彦根論叢》1978 年第 192 号,第 28 页。
[167]　渡辺良二:《「国民主権」論再論》,《彦根論叢》1978 年第 192 号,第 30 页。

1. 对于鲇京正训教授所提出的批判的回应

鲇京教授探讨了大的问题而备受关注。其不仅提出了问题，而且其本人深入理论与现实之中对这些问题进行了积极的回答，在今后进一步开展此项工作时，期待着鲇京教授重新探讨其所提出问题本行的适当性的问题。此处，与我本人的观点相关，特别指出以下两点。

第一，包括我本人在内，以"深化国民主权的具体构造"为目标的学说将民族问题排除于主权原理的范围之外，指出现在缺乏"民族"与"阶级"的问题，这对于现代日本的主权理论而言，同时也是不可或缺的认识。如果将某部分排除于探讨的对象之外，其探讨在结果上的差异是必然的。历史地探讨国家中主权归属原理的人，在以阶级作为问题的同时，将该国家主权或民族的问题排除于探讨的对象之外是不适当的。为了明确问题的焦点，有时这种探讨是必要的，而且，这在明确现代日本的主权问题上适当的。这是因为即使是现代日本，也不能回避有关是"国民（nation）主权"还是"人民（peuple）主权"的这一阶级存在方式的历史选择问题。而且，还因为国家主权的丧失是作为国民主权遭受蹂躏的结果而产生的。在这种意义上，国家主权的问题也应当是与国民主权或者阶级问题密不可分的问题。在论及民族主权的问题时，成了能够解决国家主权问题的阶级的问题。作为历史性的、社会性的承担者的问题，国家主权、民族主权的问题也与阶级相互关联，而且，正如长谷川教授所指出的那样，如果不伴随着国民主权的恢复，"（国家主权的恢复）并不能成为现行宪法所预想的主权的恢复"，这两者相互关联。从鲇京教授所提出的问题来看，将国民主权与阶级的探讨本身作为其所提出的问题的一个环节进行处理才是真正的课题。

第二，鲇京教授指出："以现在的国家理论研究的阶段作为背景，主权的直接性、阶级性归属的问题与其统治原理以及统治方式是相对区分开来的问题。"本人认为，应当基于以下各方面的探讨来确定该命题。①必须区分国家权力的政治性归属与法律性归属；②在资本主义国家，国家权力向资产阶级的归属是前者（政治性归属）的问题，此外，其法律性归属也存在着问题。但由于往往采取"国民（nation）主权"的形式，在资本主义宪法中的主权原理并不明确；③应当区分主权原理中的表现与法学概念，从作为法学概念的问题来看，作为资本主义宪法原理的"国民（nation）主权"所具有的构造与主权的政治性归属并不相矛盾。

对于鲇京教授所提出的,正如其本人所指出的"承担者"、"主体规定"的"历史性存在形式"(此时,历史性、社会性的承担者即政治性承担者与其法律表现形式之间应当进行区分),期待着鲇京教授本人对此进行深入的探讨。

2.对于隅野隆德教授所提出的批判的回应

如上所述,隅野教授的书评已经超越了介绍的范围,成为提出问题的论文。本人作为被评论者,对此深感荣幸。对于隅野教授所提出的疑问或问题,由于问题性质的原因,将在其他机会进行深入的探讨。此外,作为原本与隅野教授的专业领域相关的问题,希望隅野教授本人能够进行深入的探讨。同时,对于隅野教授的疑问或期望,在此阐述我本人的意见。隅野教授教授希望明确以下问题:①特别是有关"人民(peuple)主权",必须适用主权这一法律范畴的理由是什么?②"对于杉原学说没有在人民主权原理之中考虑权力的正当性归属问题的这一点,笔者(隅野教授)持批判性意见";③"人民主权"与现代的关联以及"在人民主权中何种制度在构造上是最低限度的必要条件?"

对于①的问题,隅野教授本人进行了回答,②就是在这种回答的延长线上所作出的批判。在问题①中,隅野教授的观点以主权概念与正当性的结合作为前提,认为"在人民主权中,必须考虑国家权力的正当性归属的问题"。我本人对于该问题进行了如下的思考。自博丹以来,主权原理经常被作为决定以最高性、独立性作为基本属性的国家权力在国家中归属的法律原理而构建的。这种情况,无论是市民革命时期的主权理论,还是在该革命中确立的资本主义宪法的主权原理,都是相同的。在资本主义社会,国家权力归属于作为统治阶级的资产阶级,因此,宪法上的主权原理必然是正当性归属的问题。但是,对于这一点,正如以前所指出的和之后准备涉及的那样,必须实证地探讨在资本主义宪法之下的国家权力的政治性归属、法律性归属以及主权原理的表现与法律概念相关的问题。与②相互关联,从我本人所作的探讨来看,由于君主主权、"人民(peuple)主权"等主权原理是有关国家权力的法律性归属的原理,因此,正当性的归属当然也被包含于其中。社会主义国家或人民民主主义国家对于国内的国家权力的归属并不使用主权的用语，而是倾向于使用国家权力这种表现形式。这一点的原因在于，特别是国家法人说提出以后的主权概念呈现模糊化〔其中的一个原因是"国民（nation）主权"以主权即国家权力的归属与行使的分离作为必然条件〕。在这点上，我本人期待着以社会主义法为专业的隅野教授进行基础性的研究。

对于③的问题，并没有进行深入探讨的精力，其要旨在于因为"人民"是国家权力的所有者，所以要求必须设置具体保障的各种制度。这种制度被认为是多样的。在法国的"人民（peuple）主权"的理论史与运动史上，认为"人民（peuple）"应当决定一般意思并监督其执行，多种直接民主制、命令性委任制度以及包括由"人民"追究政治责任等各种责任追究制度都被作为方案而提出。但是，并不存在超越历史、超越社会的适当的决定性事物。这是因为其具体的存在方式应当是相对地由在各种各样的社会中的历史的、社会的、政治的各种条件决定的。但是，在"法国内乱"中，马克思把巴黎公社的政治界定为"为了实现劳动的经济解放的、终于发现的政治形态"，这种观点的影响力（列宁也继承了该观点）以及最近"左翼联合"通过共同政府纲领的具体化的尝试特别应当引起关注。

3. 对于高桥和之教授所提出的批判的回应

高桥教授在两个层次上提议将意识形态批判以及以此为基础的制度与功能的具体探讨作为宪法学上的课题，对此我的观点并无不同，我自身在两个层次上感觉到了意识形态批判的必要性，[168]并将具体的各种制度的解释作为一个课题与历史进行组合，但是，其对于命令性委任的批判以及与此相关的否认普通选举制度与罢免制度的本质性差异，并不能赞同。高桥教授指出了实施命令性委任的困难性，认为在再次当选成为可能的宪法现实中，"选举本身发挥着罢免制度功能……在这种意义上，普通选举也是为了限制代表者的制度"，[169]而且，国民主权（＝民主主义）可以分为"国民自己直接表达政策意思的类型（直接制）"与"通过代表表达的类型（代表

---

〔168〕　有关这一点，参见《これからの法律学——憲法学》，载《ジュリスト》第 655 号第 59—60 页中我（杉原）的发言部分。

〔169〕　高橋和之：《「イデオロギー批判」を越えて——憲法学の課題についての覚え書き》，载《社会科学の方法》1980 年第 133 号，第 5 页。

制)"两种制度的表现形式。但是,正如高桥教授也认为的那样,代表制与直接制之间存在着"本质性的差异",[170]在要求由"人民(peuple)"决定一般意思的"人民(peuple)主权"之下,并不能将传统的"代表制"认为是适合其制度的。即使在一般意思的决定存在着中介者的情况下,在该原理之下,正如卢梭所说的那样,"人民的代议者既不是一般意思的代表者,也不是也不能够成为代表者"(《社会契约论》第三篇第 15 章)。在不采用直接制的情况下,无法回避采用某种方式的命令性委任。对于巴黎公社型的命令性委任,高桥教授指出了其实施的困难性。但是,必须注意的是巴黎公社型的命令性委任是以中央政府与地方公共团体之间有关公共事务的分配的根本性转换作为前提的(地方公共团体能够处理的事务委任由地方公共团体完全自治)[171]。此外,最近的法国左翼联合通过共同政府纲领(立法阶段的契约)的方式进行的实践[172]或者以政党作为媒介的命令性委任等也都必须进行考虑。罢免是命令性委任的本质性要素,但作为主权者在议员的任期中也能够成为主权者的保障手段,并非可以以普通选举进行替代的。这是因为"议会进行与自己的意思相反的行动时,不能将不具有纠正该行为的手段、盲从于该行为的国民称之为主权者"[173]。

---

[170]　高橋和之:《「イデオロギー批判」を越えて——憲法学の課題についての覚え書き》,载《社会科学の方法》1980 年第 133 号,第 5 页。

[171]　有关这一点,参见杉原泰雄:《人民主権の史的展開——民衆の権力原理の成立と展開》,岩波書店 1978 年第 398 页以下。

[172]　共同政府纲领是左翼的各政党之间的共同政府纲领,但认为在选举时具有选举权的是人民。通过人民选举出左翼联合作为议会的多数派,"该政府纲领成为由共和国总统任命首相之后的 15 日之内首相(向议会)提案的立法阶段契约的内容……通过立法阶段契约的通过,政府表明明确且附期限的约定,(议会)多数派也约定承认政府在法律上、财政上的必要手段(Programme commun de gouvernement du parti communiste et du parti socialiste, Édition Sociale, 1972, p. 153)"。

共同政府纲领并不仅仅是选举公约,而且其被赋予了作为上述的立法阶段契约的意义。值得注意的是共同政府纲领具有与被赋予这种意义相适应的详细且明确的内容。在政府不被信任、作为立法阶段契约的共同政府纲领不能够实施的情况下,有可能解散政府,这也是作为主权者的人民的监督权的具体化,应当予以关注。此外,共同政府纲领,参见稲本洋之助:《統一戦線と政府綱領——フランス共社共同政府綱領文献集》新日本出版社 1974 年;稲本洋之助:《フランス社共共同政府綱領と統一戦線》,载《現代と思想》第 10 号第 25 页以下;杉原泰雄:《市民憲法原理と現代——フランスの大統領選挙(1974 年 5 月)をめぐって》法律時報 1974 年第 9 号。

[173]　河村又介:《直接民主政治》,日本評論社 1934 年版,第 397 页。

4.对于高见胜利教授所提出的批判的回应

高见教授有关国民主权、国民代表的论稿的量非常大,但都是贯穿着一个视角而构成的,在这种意义上比较容易理解。并非以是"国民(nation)主权"还是"人民(peuple)主权"作为前提探讨国民代表的存在方式,而是采取了希望"以此作为更为一般性的问题,作为'主权与代表'、'选举与议员'、'国民与议会'、'被统治者与统治者'的关系进行探讨"的态度,这种态度具体的标准是在19世纪末以后使得与民主制的结合成为可能的盎格鲁撒克逊国家的代表民主制。高见教授认为应当从该立场出发解释《日本国宪法》中的国民代表制度,并批判不同的解释论。我(杉原)作为受到其批判的人,感觉到了应当深入进行回答的义务,在此,仅仅指出以下两点。

第一,高见教授对于国民主权并没有进行历史性分析或者分析其构造,而是指出了国民代表制度的构造。我(杉原)认为,没有对于前者的探讨而指出后者的构造是不可能的。我已经指出了有关国民主权的认识论与解释论,希望高见教授对于如何思考该问题、其与国民代表制度的关系应当如何说明等问题也在认识论和解释论上进行明示。有关这点并没有具有说服力的论证而受到批评,因此无法回答。并没有科学地或者具有说服力地驳倒对方的根据与理论本身而进行的批判,对于在宪法科学以及宪法解释中的国民主权理论或者国民代表制度理论的进展而言不可能带来益处。

确实,高见教授主张应当回到认为"主权的承担者'并非特定的谁,谁都有可能'"的宫泽教授的观点。但是,对于该宪法科学的妥当性或者解释论的妥当性并没有积极地进行论证。对于在日本现代确立宫泽教授式的国民主权理论为什么是妥当的、确立"人民(peuple)主权"式的国民主权理论为什么是不适当的等问题,高见教授并没有进行积极的论述。

第二,与上述的第一点相关联,高见教授的观点并没有与历史的、社会的承担者(并非主权的法律主体的意思)相连起来进行论述,即高见教授所提倡的国民主权理论或国民代表制度理论的历史的、社会的承担者是谁的问题。在没有明确该问题的情况下,在认识论上是当然的,即使作为历史的、社会的实践的解释论也丧失了发挥作用的对象,并没有明确其历史的、社会的意义。

5. 对于渡边良二教授所提出的批判的回应

渡边教授提出的问题中包含有及其重要的方面。在此仅仅指出以下几点,期待着渡边教授进行深入的实证性的探讨。

第一,渡边教授的论文(14)将资本主义宪法中的国家主权作为将其正当性归属于国民(＝人民)的原理而进行把握。而且,如果将违反这种归属作为理所当然的事,那么作为有关正当性归属的政治原理而把握。我(杉原)如上所述的那样,与其观点不同,认为资本主义宪法中的国家主权是有关国家权力本身归属的法律原理。渡边教授在批判他人观点而树立自己观点时,对于这点并没有进行积极的论证。希望渡边教授针对这点进行积极的探讨。这也是对于影山教授所认为的“主权是只能作为方针、理念来把握的问题……主权概念是国家权力的原则,作为正当性的观念通过近代宪法学而构成。即使该观点是毫无疑问的,这是否是主权的科学性概念还存在着疑问”的回答。

第二,渡边教授认为,即使在 1789 年至 1791 年的国民议会中卡雷·德·马尔贝格(Carré de Malberg)所阐述的意义上并没有区分“国民(nation)”与“人民(peuple)”,这是卡雷·德·马尔贝格(Carré de Malberg)的理论立场出发的归结,而并非认识。在此,我并不打算为卡雷·德·马尔贝格(Carré de Malberg)进行辩解,但必须指出以下几点。

首先,法国 1791 年宪法以第三篇第 1 章第 6 条的情况作为唯一的例外,区分了“国民(nation)”与“人民(peuple)”。对于这一点希望能够进行重新探讨。

其次,无论是从参政权＝公务(électorat-fonction)说与参政权＝权利(électorat-droit)说的对抗关系来看,还是从代表性委任与命令性委任理论(直接民主制理论)的对抗关系来看,在法国大革命时期对于近代化的构想存在着两个对抗性的法律意识形态,这是可以肯定的。即国民议会与民众运动、“国民(nation)主权”与“人民(peuple)主权”之前的对抗。即使在 1789 年至 1791 年的国民议会中,也是这种对抗关系的部分“投影”。佩蒂翁(Petion)、博佐(Buzot)、罗伯斯庇尔(Robespierre)等极左派的参政权理论或国民代表制度理论与国民议会的主流观点之间存在着明显的差异。

正如渡边教授已经引用之处所表明的那样，超越这种对抗关系的存在提出了自己的结论。但是，为了维持他的结论，实证地且积极地联系这种对抗关系原本是不可或缺的。特别是在其他观点进行批判性的应对时更应该如此。希望渡边教授具体地说明法国大革命的构造，明确地定位其中由瓦列特（Varlet）、巴贝夫（Babeuf）代言利益的民众的位置。

再者，渡边教授对于我的解释论进行批判认为，即使区分认识与实践，将认识上的"国民（nation）主权"的宪法进行"人民（peuple）主权"式的解释是不可能的。我（杉原）认为，发展到了所谓的"半代表制阶段"、"半直接制阶段"，"人民（peuple）主权"的历史的、社会的承担者得到了强化，资产阶级应当将自己掌握的权利在政治上进行正当化，以"人民（peuple）主权"作为虚伪的表象有意识地进行运用、传播。并非为了在法律制度上充分保障"人民（peuple）是主权者"，而是为了自己权力的正当化，并且为了回避"人民（peuple）主权"的充分实现，开始进行那样的说明。在"人民（peuple）主权"在政治上被肯定的情况下，作为历史的、社会的实践的宪法解释以在法律上证明"人民（peuple）是主权者"作为课题。如果认为宪法的解释是在其自身中采用了历史科学性的、社会科学性的认识的历史的、社会的实践的话，这是理所当然的。即使从渡边教授的观点来看，也不希望平面地把握宪法中认识与实践的关系。

6. 对于"樋口・森田争论"的回应

在森田教授的论文中，确实也包含了值得关注的重要观点，正如已经引用的那样，森田教授在论文的最后作为结束语写道："该争论（是指樋口教授和我〈杉原〉之间的争论）的价值与从'法律制度'中区分出的'方针'这一事物的性质、意义相关。但是，这一点以往并不明确，在现阶段，并不能认为杉原・樋口争论有多大的价值。"该观点以最近的国民主权争论的根本作为问题，值得关注。

但是，对于该论述的方法还存在着疑问。森田教授对于"国民（nation）主权"、"人民（peuple）主权"、"纯粹代表"、"半代表"等概念在历史的何种阶段何种状况下成立并展开的、具有怎样的历史性、社会性的承担者与课题、构造、对抗原理等问题，并没有进行积极的、实证的探讨。因此，即使指出了形式逻辑上的矛盾与问题，也并没有提出积极的解答。如上所述,即使是森田教授所提出的重要问题,自己也没有作出积极的解答。现在要求的是积极的解答。而且,仅仅从形式逻辑出发进行的批判,只要错了一步就很难抓住对方的错误。论文(10)中对于我(杉原)的批判也不得不给人以相类似的印象。对于我在专著《国民主权研究》中的"国民"概念,至少应当在阅读论述该问题的该专著第 297 页至第 300 页、第 320 页至第 328 页的内容之后再提出问题。以论文(10)中所提出的那样的理解作为前提进行的批判,充满了疑惑。

五、谋求主权理论的发展

上述内容并非充分的介绍与探讨,但在这十年左右的时间内,如上所述展开了有关主权的争议。作为有关统治机构的根本的主权理论,期待着今后进一步开展充实的议论。满怀着这种愿望,以迄今为止的探讨为依据,我想提出以下问题。

(一)将主权理论作为生产性的事物

为此,首先必须留意以下三点:

第一,在以世界宪法史与主权理论史作为依据(A)的同时,必须明确现代日本的课题(B)。(A)、(B)无论欠缺其中的任何一方面,都有可能使得主权理论丧失意义。在欠缺(A)的情况下,不仅仅是不能将日本的主权融入世界的宪法史之中,而且不能以世界上的主权理论史的成果作为依据。必须特别注意的是:在日本,贯穿于"二战"前与"二战"后,对于主权理论的积蓄并不充分。此外,在欠缺(B)的情况下,主权理论就容易丧失共同的基础与探讨主权问题的理由。正如已经在本文"二"的"(一)"的"2"的"(2)"中所指出的那样,我(杉原)认为,主权理论中现代日本的课题在于"古代因素的克服"、"表面性的近代化的克服"、"近代因素的克服"、"国民主权与国家主权的统一把握"等方面,在考虑(A)的同时,与这些课题相结合也是重要的。在以(A)作为依据时,必须特别注意历史上的阶级斗争比别的其他国家更为彻底的法国的经验与历史性论述,因为对于这一点,法国被认为在迄今为止的历史中积累了最为丰富的经验。

第二，为了应对上述第一的要求，必须首先进行宪法科学方面的探讨。特别是对于"主权与主权原理的历史性使用方法"、"主权原理的历史的、社会的对抗关系"、"各种主权原理的历史的、社会的承担者与课题及其构造"、"国家主权与君主主权、国民主权等之间的历史的、社会的、法律的关系"、"现代日本的宪法政治状况、特别是日本国宪法体制与日美安保体制的矛盾的状况以及围绕着国内主权原理的对抗状况"的科学性分析。确实，即使欠缺对于这些问题的科学性分析，也并非不能够对于现代日本的主权问题进行解释论上的应对。但是，如果从认为宪法解释在其本质上是历史的、社会的实践的观点来看，在没有依据科学性的认识的基础上，就肯定不可能进行历史的、社会的妥当的实践。宪法解释，在这种意义上，必须是在其自身中的融入历史的、社会的认识（宪法科学的成果）的实践。特别是由于现代日本的主权问题具有作为日本的历史课题的性质，因此必须进一步展开。

与以上的几点相关联，列举以下的各种具体问题。

（二）君主主权、国民主权等"主权原理"及其中的"主权"的历史性用法的探讨

在君主主权、国民主权等主权原理中的"主权"是否意味着以最高性、独立性作为固有属性的国家权力（统治权力）本身？君主主权、国民主权等"主权原理"是不是绝对这种国家权力在国内的归属的法律原理？正如前面所述的那样，即使在最近的主权争论中，这一点已经成为妨碍主权争论展开的关键，或者成为意见不同的主要原因。有论者通过有意或无意地继承在《日本国宪法》制定时"国体争论"、"国民主权争论"中的主权原理的法律性质的暧昧、不明确性，剥夺了主权原理中固有的存在理由。还有其他论者作为资本主义宪法中当然的现象，将主权原理作为正当性归属的原理，而且探讨其是否欠缺法律性质。上述问题的解答在这种意义上来看，可以将其视为主权理论的前提问题。我（杉原）对于上述问题都是予以肯定的，但作为问题的提起，指出以下几点：

第一，自博丹以来，主权与主权原理就被作为那样的事物而使用至今。

第二，正因为如此，主权原理在法国大革命时期被作为革命的基本问

题而论述。而且,也被认为是宪法原理。

第三,正因为如此,一方面表现为在事实上回避该问题而进行议论(在"国民(nation)主权"或者国家主权说＝国家法人说中事实上的回避),而另一方面致力于将"主权"替换为"国家权力"这一表现。

第四,对于资本主义宪法中的国民主权也应当进行肯定的理解。确实,主流的观点认为,由于在资本主义宪法之下,国家权力的实体归属于资产阶级,因此,归属于国民的只能是国家权力的正当性。但是,该观点还存在着疑问。因为此处混淆了国家权力的政治性归属的问题与法律性归属的问题。这样说也是可以的。有关主权原理中表现出的问题(A)、其法律概念(B)与国家权力的历史的、社会的(政治的、现实的)承担者的问题(C),此处在尚未分离的情况下进行探讨。在资本主义宪法中的国民主权的情况下,(A)与(C)是矛盾的,但(B)与(C)未必就是矛盾的。我(杉原)在专著《国民主权研究》中,针对法国大革命时期确立的"国民(nation)主权",论证了上述结论。上述观点中有关这一点的探讨,按照影山教授的话来说,"主权是只有作为方针、理念才能进行把握的问题……主权概念作为国家权力的源泉(正当性的观念)在近代宪法学中形成,这是毫无疑问的,但是其是否是主权的科学性概念还存在着疑问",这种问题意识是相同的,围绕着主权在资本主义宪法史中明确该问题意识是不可或缺的。

(三)主权原理的历史性与社会性

在历史的各个阶段,宪法中的主权原理的存在方式是如何确定的? 各阶级与主权原理的存在方式如何关联起来的? 假设上述"二"中的问题解决了,我们必须直接面对该问题。我(杉原)在本文"三"的"(三)"的"(2)"和"(3)"中部分地涉及了对于该问题的探讨,不能说是重复,对于该问题,我的思考如下。

各种的社会都具有与一定的物质性生产力的发展阶段相对应的生产关系,由此决定了其历史的、社会的性质。生产关系在其本质上是生产手段的所有关系。统治阶级通过国家权力不断地谋求将生产关系作为伴随着强制、维持的所有制度而固定下来,因为具有作为阶级关系的性质的生产关系只有这样才能确保其相对的安定性。现在欠缺有关所有制度规定的宪法几乎是不存在的。一定的生产关系不仅仅要求与其相对应的所有制度,而且也要求使得适当的国家权力的归属与行使成为可能的主权原理,因为所有制度通过国家权力本身排除与该所有制度相敌对的归属与行使的方式而获得保障。与所有制度的存在方式相互矛盾的主权原理原则上是不存在的。此外,"生产者的政治性通知与将生产者的社会性奴隶制进行永久化是不能并存的"[170]。

于是,宪法中的所有制度与主权原理的存在方式具有了一定的相关性,但是,适合于特定的所有制度的主权原理并非只有唯一的一个。在资本主义宪法的情况下,英国采用了议会主权、法国采用了"国民(nation)主权",19 世纪的德国采用了基于国家法人说的君主主权的形式。其直接的确定因素可以列举为各自的国家中近代化的方式,但根本因素在于决定其近代化的方式本身的资本主义生产关系的发展程度的问题以及与此密切相关的民众的存在方式的问题。在上述的国家中,资本主义得到了进一步的展开,民众作为政治主体而出现或者增加了政治上的声音,主权的行使方式被修正而实施(英国、法国)或者主权原理本身发生了转换(德国)。

作为现行生产关系的受益者的阶级要求该生产关系继续存在,而且在宪法中规定与该生产关系相适应的所有制度与主权原理,同时也意味着生产关系的其他方面或者其周边形成的被统治阶级要求独立的所有制度与主权原理并进行活动,这是因为生产关系具有作为包含了利益在本质上的差异的关系的性质。在法国大革命时期,激进共和党(Sansculottes)运动→"巴贝夫(Babeuf)的密谋"→19 世纪前的空想社会主义→1871 年的巴黎公社的法国民众运动史就明确地说明了这一点。至少在法国的情况下,对于在近现代宪法史的各个阶段中的"国民(nation)主权"的具体存在方式必须与打着"人民(peuple)主权"的旗号的民众运动史相关联起来才能加以说明。

---

[170]　マルクス:《フランスにおける内乱》,载《マルクス＝エンゲルス選集 4》,大月書店1955 年版,第 215 页。

(四)现代"国民(nation)主权"与"人民(peuple)主权"的对抗关系的认识与解释论的对应

正如上述"三"中所指出的那样,在法国的宪法史可以说是始终贯穿着以资产阶级作为历史的、社会的承担者的"国民(nation)主权"与以劳动者阶级为核心的民众作为该承担者的"人民(peuple)主权"的对抗关系的历史。在作为"纯粹代表制"阶段、"半代表制"阶段、"半直接制"阶段而展开的法国的"国民(nation)主权"的历史,如果脱离了这种对抗关系就不能够正确地理解了。与这一点相关联,在于现代的联系中,必须确认以下两点。

第一,以马克思的《法国内乱》与列宁的《国家与革命》作为媒介,巴黎公社型的政治形态["人民(peuple)主权"的政治形态]作为"为了实现劳动的经济解放而发现的政治形态",被部分继承于社会主义运动。第二,正如规定"国民(nation)的主权属于人民(peuple)"的法国第四共和制宪法(即1946年宪法)以及第五共和制宪法(即1958年宪法)所典型地显示的那样,现代被定位为两个主权原理的抗争的最后阶段。宪法本身宣告了现代的过渡性的性质,迄今为止使得"国民(nation)主权"发展的历史的、社会的力量是"人民(peuple)主权"。这种情况并不局限于法国。现代的资本主义宪法典一般在采用传统的"国民(nation)主权"(="国民代表制度")的规定的同时,普通选举制度、比例代表制度、为了确认民意的解散制度、直接民主制等具有"人民(peuple)主权"色彩的各种制度也被同时采用。而且,至少将国民主权中的"国民"的概念规定为与"人民(peuple)主权"中的"人民(peuple)"相类似,这是一般化的倾向。

作为历史的、社会的实践的宪法解释,从推进其历史的展开的观点来看,应当以从"人民(peuple)主权"的立场出发进行重新解释有关宪法的各种规定、批判与其相矛盾的宪法运用作为课题。将"国民主权"作为"人民(peuple)主权"来界定概念,将其作为宪法的解释原理而进行设定(对于使其成为可能的客观性条件,已经在上述本文"四"的"(二)"的"5"中进行了分析)。据此,主权原理恢复成为至少是决定统治机构的存在方式的最重要的宪法原理。

确实,面对这种宪法状况的对应方式即使在宪法学界也没有占据主流地位。在日本式的"国民(nation)主权"与"人民(peuple)主权"的区别并没有被普及的情况下,从任何的立场出发对应宪法状况的想法本身是很难成立的。但是,像法国那样,即使明确这种区别阶段,在第四以及第五共和制宪法下的学界中可以很明显地看到,回避是"国民(nation)主权"还是"人民(peuple)主权"的问题的倾向也很强烈。[175] 这并不是积极地以主权原理的选择作为问题,而是有意或无意地忽视该问题不可避免的历史性宪法状况,逃避对现状进行技术性改良的动向。具体而言,该动向是指大体上满足"半代表制"的状况,认为"人民(peuple)"存在于主权者的状况,议会制与民主主义相结合,将现状的细节性、技术性改良作为在现代宪法的统治机构中的主要课题。高见教授所阐明的德国宪法学界的动向也可以说与上述动向是一致的。但是,这种应对的方式忽视了现阶段的历史过渡性,在事实上阻止了历史的展开,而并没有推动其发展。

(五)对批判"人民(peuple)主权"原理的回应

对于"人民(peuple)主权",从其提出的当时开始就遭到了各种各样的批判。例如,(a)以民众无能力作为理由、(b)以其具体化的困难性作为理由、(c)以其自相矛盾作为理由等各种批判。但是,这些批判都不具有充分的合理性。

首先,(a)的批判自法国大革命以来就存在,但是缺乏合理性。众所周知,孟德斯鸠在《论法的精神》(1748 年)中,认为包含命令性委任的制度,应当排除依据人民的一切立法制度,并进行了如下阐述:"代表者的最大的

---

〔175〕 关于这一点,请允许我在其他的机会进行深入的探讨,但对于回避的具体方法,列举以下几点:

第一,并没有在与历史的、社会的承担者的关系上对"人民(peuple)主权"的概念进行具体的、实证的探讨,以"国民(nation)主权"的现阶段作为"人民(peuple)主权"的方法。

第二,强调"国民(nation)主权"、"人民(peuple)主权"的非实效性与危险性,在表面上放弃对于两个主权原理的积极选择,在社会连带、福利国家、民主主义等名义下大致使得宪法政治的现状正当化的方法。

第三,认为由卢梭赋予理论性基础的国民主权在法国大革命之后一直到现代都是法国公法的原理,有意识地否定"国民(nation)主权"与"人民(peuple)主权"的区别的方法。

这些方法的共同特征在于都是以排除作为民众解放的法律意识形态的"人民(peuple)主权"作为内容,发挥着维持现状的功能。

优点在于他们具有讨论政务的能力。而人民是完全不适合的。这是民主制度的一大缺陷……在大部分的古代共和国中,存在着一个很大的缺陷。虽然人民完全不具有这种能力,但却具有参加以积极地某种方式的执行作为必要的决议的权利。人民除了选择其代表者之外,不应当参与政治。代表者的选择是人民力所能及的,因为很少有人能够正确地了解他人的能力,但是,每个人都能大体地知道他所选择的人是否比其他大多数人更具有能力。"[176]

　　被称为孟德斯鸠的继承者的德洛尔姆(De Lolme)在其著作《英国宪法》(1784年)中,进一步强化了孟德斯鸠的观点,认为市民中的大部分无论是在先天上还是在后天上都不具有直接参与立法的能力,因此不应当采用由人民进行立法的制度。[177] 西耶斯(Sieyès)在1789年9月7日的宪法制定国民议会中中表示,与古代的人民的情况不同,当时法国人中的大部分迫于生活的压力成为"劳动的机器","希望参加统治法国的法律的制定的教育并不充分"[178],应当采用的并不是"真正的民主制"(la veritable démocratie),而是"代表制"(le gouvernement représentatif)。

　　这种观点,时而受到批判时而受到赞同,一直持续到现代,成为批判"人民(peuple)主权"的核心部分。对此,我想指出以下几点:第一,正如卢梭所指出的那样,无论在何种人民的场合,"其代表容易堕落,相反的例子极其少见",即代表具有脱离人民的利益而拥护特殊利益的一般化的倾向。如果考虑到这一点,主权在主体方面丧失了一般性,这就意味着在立法的内容方面丧失一般性,这只能归结为对人民利益的损害。批判民众没有能力的少数的"有能力者"能够为了民众做什么事情呢? 第二,这是毫无理由地缩小了民众的能力界限。卢梭认为:"精神性事物的可能性的界限,并非如我们所考虑的那样狭小。缩小界限是我们的懦弱、道德败坏、偏见。"[179]对于这种观点也应当予以考虑。此外,切断民众与政治的关联时,必须批

---

〔176〕　孟德斯鸠:《论法的精神》第11篇第6章。

〔177〕　有关这一点,参见 De Lolme, Constitution de l'Angleterre, nouvelle éd. ,1790, p. 241 et s.。

〔178〕　Archives parlementaires,l. s. , t. Ⅷ, p. 594.

〔179〕　卢梭:《社会契约论》第3篇第12章。

判民众在政治方面的"无能"。因为其必须使得民众对政治的关心与智慧"沉睡"。这是人为地、政治地、制度地制造出的"无能",强迫性的"无能"。

（b）也具有不可忽视的重要性。对于"人民（peuple）主权"的具体化,特别是依据"人民（peuple）"决定一般意思的方法,"人民（peuple）主权"在历史上出现了两种典型,即"命令性委任型（巴黎公社型）"与"直接民主制型"（例如"1793 年宪法型"）。特别是前者,正如上述所指出的那样,马克思将其界定为"为了实现劳动的经济解放的、终于发现的政治形态"（该观点被列宁所继承）,对于之后的社会主义运动产生了很大的影响。但是,对于这种"命令性委任型"的具体化,也指出了其困难性,这是事实。此外,其具有值得反复探讨的表面上的合理性,这也是确实的。但是,如果认真地学习历史,必须首先明确地认识到巴黎公社型的"人民（peuple）主权"体制具有以下的构造。

"无论在多么小的农村部落,也必须采用公社的政治形态……各县的各种农村公社通过在中心城市设置的代表议会处理其共同的事务,而且,这些县代表议会在巴黎的全国代表议会中派遣代表。所有的代议员在任何时候都可以罢免,而且受到其选举人的命令性委任（mandat impératif）的约束。中央政府只保留少数但是重要的职能,但是,好像故意让人抓住错误那样,公社的代理人们并没有被废除,而严格地承担责任的代理人们履行着那样的职能。"[180]

并非像日本的现状这样以中央政府与地方公共团体之间公共事务的分配作为前提,而是以该分配的根本性转换作为前提性基础的命令性委任制度。批判是在此依据的基础上进行的。此外,法国的左翼联合所尝试的以"共同政府纲领"（="立法阶段契约"）的形式进行的方式,作为现代命令性委任的有效方式也值得关注。

总之,正如前面已经反复指出的那样,在"人民（peuple）主权"具体化

---

[180]　マルクス:《フランスにおける内乱》,载《マルクス=エンゲルス選集 4》,大月書店 1955 年版,第 211—212 页。下划线的部分是笔者根据自己的理解修改的表现形式。对于巴黎公社的构造,还存在着其他的理解方式,但笔者认为,本文中引用的理解方式是合理的。有关这一点,参见杉原泰雄:《人民主権の史的展開——民衆の権力原理の成立と展開》,岩波書店 1978 年版,第 395 页以下。

方面,并不存在绝对不变的方式。如果保障"人民(peuple)"是国家权力的主体是不可能实施的或者是极其非效率化的话另当别论,任何方式都是可以的,所以要求创造出与现代社会相适应的方式。

　　(c)自卡雷·德·马尔贝格(Carré de Malberg)第一次体系性地指出"国民(nation)主权"与"人民(peuple)主权"的区别以来,有批判认为具有"共有主权(souveraineté fractionnée)"构造的"人民(peuple)主权"并不能作为国家权力原理而确立。[181] 作为"人民(peuple)主权"理论之父的卢梭认为,对于"人民(peuple)主权"的国家而言,一方面,"如果假定国家由一万人的市民组成⋯⋯国家的各个成员(社会契约的参加者)就是分别拥有了主权的万分之一"[182],而另一方面,"人民(peuple)"对于一般意思的决定至少在社会契约之后采用多数决(少数服从多数)的方式进行。各个市民是主权的共有者这一命题与各个市民服从多数决(少数服从多数)的命题,从主权的最高性、独立性等属性来看是不能并存的。因此,如前面所述的那样,同时包含了这两个命题的"人民(peuple)主权"遭到了批判。但是,正如西耶斯在《论特权第三等级是什么》(1789 年)中所指出的那样,"人民(peuple)主权"作为国家权力的原理,并不是承认由各个市民共有主权,"个人意思是权力的渊源,是构成权力的不可欠缺的要素,但是如果试着采纳一个一个的个人意思看看,其力量为零。主权只能归属于整体"[183]。卢梭有关共有主权理论强调在"人民(peuple)主权"之下"人民(peuple)"的意思与利益是各个市民的意思与利益的集合,因此,各个市民具有参与政治的固有权利。而且,该理论在民众运动、社会主义运动中,作为应有的国家权力原理而被接受。卡雷·德·马尔贝格(Carré de Malberg)等对于依据"共有主权"论的"人民(peuple)主权"的批判在这种意义上并不具有合理性。

---

　　[181]　有关这一点,参见 Carré de Malberg, Contribution a la théorie générale de l'État, t. Ⅱ, p. 161 et s.;Esmein, Eléments de droit constitutionnel français et compare, t. 1,7éd., 356−357。

　　[182]　卢梭:《社会契约论》第 3 篇第 1 章。

　　[183]　西耶斯:《论特权第三等级是什么》第 5 章。

(六)国家主权与国民主权的统一把握的问题

即使在日本，也存在着提起该问题的必要性，这无须再次指出。这是因为日本处于归属于国民的国家权力的属性本身特别是受到了日美安保体制的制约的状态。这种统一把握的问题归结于能够同时解决现代国民主权与国家主权的历史性课题的是谁、在现代这两者的历史性、社会性的承担者是谁等问题。在此，进行如下的思考。

(1)如上所述，如果在日本的宪法状况下探讨民主权与国家主权的关系，这两者各自存在着以下的历史性课题。

第一，对于国民主权，提出了主权问题中存在着"古代因素的克服"、"表面性的近代化的克服"、"近代因素的克服"等课题。"古代因素的克服"是指"明治宪法"中的政治性国体与精神性国体的克服；"表面性的近代化的克服"以"国家法人说"的克服为中心，是指以此作为前提的国民主权理论的克服。"近代因素的克服"与是否自觉地融入要求彻底贯彻民主主义的"人民(peuple)主权"相关联。而且，在"人民(peuple)主权"之下，无论是"古代因素的问题"还是"表面性的近代化论"并没有存在的可能，在这种意义上，所有的问题都将在这最后的阶段被消除。

第二，现代日本的国家主权问题在当前集中表现为从来源于日美安保体制的从属国家状态中摆脱的问题。

(2)阻止"人民(peuple)主权"，坚持将国民主权按照"nation(国民)主权"或者"国家法人说"进行解释、运用，尽可能地延续"古代因素"的阶层是日本从属国家状态的制造者、继承者。从这种观点来看，必须使得现代"人民(peuple)主权"的历史性、社会性的承担者成为现代日本国家主权的承担者。长谷川教授认为，国民主权的蹂躏者就是国家主权的丧失状况的制造者，"国家主权的丧失与国民主权的蹂躏可以说是同一政治性现实的正反两面"[18]。

(3)如果国家主权的丧失状况(从属国家状态)作为"国民主权的蹂躏"而存在，从从属国家状况中脱离的可能性与国民主权的恢复(即"人

---

[18]　長谷川正安:《国家の自衛権と国民の自衛権》,勁草書房 1970 年版,第 53 页。

民(peuple)主权"的实现)状况相关联,这是不可否认的。"为了恢复以《日本国宪法》作为当然的前提的国家主权,必须努力实现国民主权。"[185]"(脱离从属国家状态的可能性)可以通过在国家权力的执行层次创造出主权的主体为了实现自己要求的政策体系及其承担者的可能性而得到保障。"[186]

主权理论即使在"二战"后的宪法学中也经常被忽视。但是,对于人权保障而言,不能欠缺其相适应的国家权力的存在方式,因为缺乏手段的目的决不能得到确保。在非民主性的权力之下,即使是人民的多数,也不能保障人权。主权理论与该手段的根本性存在方式相关。用卢梭的话来说,"人民自由的程度取决于人民享有权力的程度"。期待着主权理论的进一步展开。

(责任编辑:蒋成旭)

---

[185]　長谷川正安:《国家の自衛権と国民の自衛権》,勁草書房 1970 年版,第 53 页。

[186]　影山日出弥:《憲法の基礎理論》,勁草書房 1975 年版,第 166 页。

信与证

——读张翔教授的《宪法释义学》

白　斌[*]

　　当中国宪法学好不容易经过了解说性宪法的时代,逐步摆脱政治现实的纠缠,开启其作为科学的宪法学之路时,却又与政治宪法学不期而遇了。此种情势隐约地折射出我国宪法理论界所存在着的"意识形态的迷茫"状况。在这种背景下,张翔教授所倡导的"宪法释义学"的立场便自然构成了中国宪法学"理论博物馆"中的堂皇正论,具有了无可替代的理论和实践价值。

　　作为宪法学青年一代中的翘楚和领军人物,张翔教授用功之勤谨,识见之广博,每每令人击节赞叹! 每次和他讨论问题时,我总能感受到戏曲《阿玛迪斯》中安东尼奥·萨里耶利[1]凝望莫扎特时的心情。他的这种力量同样可以从其代表性作品《宪法释义学》一书中窥见一斑。不得不说,《宪法释义学》是近几年来中国宪法学界方法论自觉的集中呈现,是中国宪法学青年一代集体性地思考宪法释义学的路标性成果。这是一部很有趣的书,读来让人兴味盎然! 作者在有限的篇幅中,讨论了从德国宪法学的教义化历史、英美宪法学的"类释义学"取向,到中国宪法释义学与违宪审查制度的关系等范围宏阔的论题,涉及从德国的格贝尔、拉班德、施密特、凯尔森,到美国的却伯、阿克曼、原旨主义与非原旨主义的争议,既有宪法解释方法的原理性讨论,也有对"文西德尔裁定"、"艾尔弗斯案判决"的判例研习,还有对"副教授聚众淫乱案"等事件的个案分析,视野宏阔,纵横捭

---

　　* 法学博士,中央财经大学法学院副教授。
　　〔1〕 此人系奥地利皇帝约瑟夫二世宠爱的宫廷音乐家。

阔,诸多论述具有相当的理论深度和强烈的启发性。

当然,有必要指出的是,本书并非宪法释义学的纯粹体系书,而是采纳了法学界的普遍做法,即在既有研究成果的基础上,将涉及宪法释义学的部分作类型意义上的汇集——宪法释义学构成这些既有理论成果的共通的方法论背景——予以集中呈现。这使得整本书实际上建立在非常扎实的前期分部研究的基础之上,体现了作者对于宪法解释和法学方法论的长时段的思考,相关思虑自然已经相当成熟了。这种处理模式具有天然的优点,即便其对于"宪法释义学"这一全书主题展开论述的"聚集度"或许会产生若干不利影响,使得借由本书看清楚作者本人宪法释义学的独特立场变得相对困难。

就主体内容而言,全书介绍了宪法释义学的概念、任务、功能、方法、历史和现状,之后则主要着墨于宪法释义学的两大核心工作——解释和体系化,并特别讨论了对于中国学人具有特殊理论价值的课题——宪法学与政治,并以一个现实的案件和一个具体的条文为例演示了宪法释义学的技术和力量。[2] 作者开宗明义,"在德国人的观念中,法释义学乃是法学的本义,或者说'法学=法教义学'"(第1页);"从某种意义上说,宪法学之所以成立为一个独立学科,释义学化乃是其基本特征"(第7页)。因此,走向法释义学,是"宪法学确立自身的学科地位,并区分于其他学科对宪法的研究的基本要素"(第29页)。所谓的"宪法释义学",乃是将现行宪法秩序作为其信仰对象,并以此为前提进行宪法规范的解释、建构和体系化作业的一门法律学。在现代,其研究对象乃是一国现行的宪法规范秩序,其仅关乎对于后者的认知,而不涉及对其作道德性的评价。可见,构成宪法释义学的独特身份的,不单单是其所从事的工作(解释、建构和体系化),更重要的还有其对于现行宪法秩序的信仰(深信不疑)! 美国前最高法院大法官布莱克有一句名言:"宪法是我的法律圣经,它对我们政府的设计,就是我的设计;它的命运,就是我的命运。我珍视上面的每一个字,从第一句到最后

---

〔2〕 当然,本书将"宪法解释模式与宪法实施路径"作为宪法释义学的"制度层面"予以专章论述,对此笔者持一定的保留意见。依愚见,宪法释义学作为一种认识宪法的立场和方法,与现实的宪法解释制度和宪法保障制度等并没有逻辑上的必然联系,后者是作为"既有给定"被宪法释义学直接接受的,所以似乎不宜纳入宪法释义学自身的理论框架当中来。

一句；对宪法的最微小的要求的稍许偏离，都会让我有切肤之痛。"这句话说的就是信仰。如果你是宪法的信徒，那么对你来说，宪法就不单单是阅读和研究的对象，也是信仰与尊崇的"偶像"。而在成典宪法国家，这一信仰确立的出发点便是宪法文本，即对宪法文本的阅读和遵循。想当年，奥古斯丁在悔改信主时，有一句催促他读《罗马书》的孩童之言："Tolle, lege."（拿起来，读！）借由阅读理解规范，阅读和理解是信仰的起点，而对于规范的遵循则是信仰的自然延伸！张翔教授在其大作中也多次重复强调：中国的宪法释义学必须要立基于对于中国宪法文本的严格遵循。[3]综言之，宪法是一个国家相伴始终、永远长存的话语，要研读它、了解它、遵从它。这便是宪法释义学的态度！

然而，必须指出，宪法释义学只是一种宪法研究立场的宽泛的类型，在其内部，不同的宪法释义学学者自然有细节上的差别。而我们所关心的是：借由《宪法释义学》一书，张翔教授的宪法释义学呈现出的是怎样的特色呢？

可以粗略判断的是，张翔教授的基本立场是法律实证主义。在介绍德国法学巨擘拉班德的贡献时，书中指出，"在 1871 年德意志帝国宪法颁布之后，拉班德以此规范文本为基础，运用实证主义的教义学方法，建立起了影响深远的德意志帝国国家法学的体系"（第 8 页）；"在理论上取得巨大成功的同时，拉班德还以其实证主义方法妥当处理了现实中的宪法争议，使得宪法争议得以摆脱政治立场上不可调和的对立，而在宪法文本的解释之下得到令众人信服和接受的解决"（第 9 页）。字里行间漫溢着对于实证主义的好感。尽管书中也承认了自然法理论所主张的诸种实质价值对于宪法规范的渗透，但此种承认却只限于已经实定法化了的那部分价值。进而，在第二章的第一节中，作者未明言的潜在立场是在施密特与凯尔森的角逐中选择了凯尔森，即规范主义。质言之，张翔教授的宪法释义学，整体上应当是倾向于实证主义中的规范主义立场，甚至据此排除了施密特作为

---

〔3〕　其中的"宪法文本"，在我看来，更妥当的表述应当是宪法规范。宪法文本区别于宪法规范，前者只是后者的载体，文本及其表述存在缺陷，这是正常的；但规范不会。因此，作为信仰对象的毋宁是存在于宪法文本背后的宪法规范，我们遵循的也是宪法规范。在我看来，没有将宪法文本通过解释转化为宪法规范，宪法文本对我们的宪法生活来说就没有丝毫意义。

释义学者的身份。[4]

　　实证主义的宪法释义学只坚持一个使命，那就是"认识宪法"，即将现行宪法作为既有给定的前提，在此基础上开展法学作业，从而将对于现行宪法的善恶评价彻底排除到自身的视野之外。作者曾非常明确地指出，当从自然法学的角度追问"我国现行的宪法是否具备足够的正义性，而足以成为宪法释义学的基础呢?"或者说"'八二宪法'是不是一部好的宪法?"的问题时，就已经超越了宪法释义学的思考边界了。(第16—17页)作者坚信:"通过对法律的解释和适用，法律自身的很多缺陷可以被排除，正义得以体系化、制度化地实现于社会之中。"(第17页)但是，在面对中国现行宪法当中众多的政治性话语时，这一基本的释义学立场应当如何发挥作用呢? 事实上，这正是中国宪法释义学必须回答的首要难题。

　　宪法学的工作，面对政治因素，实则奔突于如下两端之间:一端乃为捍卫宪法学的科学属性，须极力避免宪法判断完全沦落为政治判断之附庸的局面;另一端则强调应承认政治因素对于宪法解释的积极正面的影响力量。在此两端之间寻找支点，乃构成当代中国宪法学，包括政治宪法学、规范宪法学、宪法解释学等在内各种立场的固有主题。在这个问题上，张翔教授的立场非常清晰，本书的处理也基本上沿着林来梵教授"政治问题法律化、法律问题技术化"的思路展开，强调要对宪法文本中的"这些政治话语做去意识形态化的解释，这些话语完全有可能被确定规范内涵而转化为法律概念"(第17页)。为阐明这一立场，作者特辟专章对"宪法学与政治"这一论题进行了充分论述。总体而言，张翔教授的立场是非常健康的:一方面承认，"宪法的一般性、原则性和不确定性，使得宪法解释不可能仅仅依靠宪法条款的文字及其相互关联，而是经常需要政治理论的填充"(第35页);另一方面则着力赞同不能直接以政治判断取得法律判断，政治判断应当受到法律方法的严格控制。(第36—37页)

────────────────

　　[4]　认为施密特不是释义学者，在我看来，此点最易引来争议，因为异议始终存在着。比如日本著名法学家新正幸先生便认为施密特首先是个法律教义学者。参加[日]新正幸:《有神论性质的宪法学:卡尔·施密特的精神史方法》，收于宫本盛太郎、初宿正典编:《卡尔·施密特论集》，本铎社，1978年版，第163—164页。转引于林来梵、郑琪:《有神论的政治宪法学 ——对施米特的解读之一》，《同济大学学报(社会科学版)》2006年第2期，第40页。

在"宪法学与政治"项下,作者讨论了"宪法是否应该由司法来保障"这一论题。按照施密特的思考路径,司法解决冲突就是在取消冲突,由此而来自然的推论是:宪法的司法适用会取消政治(冲突)。这就引起了作者的担忧:宪法学的释义学化是否会取消政治?（第33—35页）其实,这个问题只有在施密特独特的界定"政治"的理论框架中才是有意义的。施密特认为,只有构成要件明确的规范才适于由司法予以处理。纵观施密特的论说,其核心意思不外乎是主张:只有技术性的才是司法的,只要是衡量性的,就是政治的领地。这种观点的致命之处在于:世界上根本不存在构成要件绝对明确的法规范,模糊性总是存在着的。如果我们跳出施密特的政治定义,在更为宽泛的高度来理解"政治过程和政治活动"的话,我们就会认识到"宪法释义学会取消政治吗"这个问题本身就是虚构的:只要我们将司法对于政治的控制本身作为广为的政治过程的一个有机组成部分,那么司法机关对政治问题从事法律判断会取消政治,就是一种谬论。在广义的定义下,问题的关键似乎就转换为:是应当把政治问题完全委之于政治部门,还是应当由中立的司法机关对政治过程及其结果进行法律的控制？在这里,不论是司法机关对于立法机关、行政机关的控制,抑或是行政机关、立法机关对于司法机关的控制,它们都是民主法治国家运用整体的宪法规范来对公权力进行有效控制的一个有机部分。只是大家参与政治活动的方式不同而已。质言之,司法审查只是消极地决定立法的内容,而非积极地对立法内容予以具体化,其必须尊重政治机关的对于法律规范的形成自由。这是由司法的被动性所决定的,也是宪法对于国家机构的基本分工。因此,实在没有必要强调司法机关代表宪法,更没有必要强调宪法的司法适用便是宪法释义学的主要工作。相对于此,我更愿意强调:宪法释义学是超越于立法、行政、司法之上的。

在这个意义上,将宪法释义学与司法纠结在一起,使得全书似乎有"司法中心主义"的嫌疑了。作者甚至认为,"法释义学在实践层面主要指向法律的司法适用,也就是依据现行法对法律争议的裁判"（第14—15页）;"主张宪法学的释义学化和主张宪法的可司法性之间,是有着密切联系的";（第30页）只有在宪法学走向司法保障,即为违宪审查提供规则和知识储备之后,宪法学才"真正成为法释义学"（第33页）。换言之,宪法学能否成为真正的"宪法释义学",依赖于违宪审查制度及其实践。对此种将宪法释义学与违宪审查制度捆绑的立场,笔者持保留意见。即便是在德国,在作为宪法审查的联邦宪法法院诞生之前,作为一门科学的宪法释义学同样是存在且发挥作用的。在美国,杰弗逊和图什内特也主张宪法不专属于学者,也不应专属于法院这一司法机关。立法机关和行政机关在从事宪法相关工作时,也可以运用宪法释义学的思维模式。这体现了宪法释义学作为一种方法相对于现实制度的独立性。

作为一种方法,宪法释义学不仅独立于司法机关或者特定的宪法审查制度,从原理上来说,其亦独立于特定的国家。质言之,方法本身是没有国别性的。因此,虽然宪法释义学这个表述本身源自德国,但其作为一种认识宪法的方法论,其核心思想是可以普适性地运用于各国宪法的分析过程中的。在这个意义上,本书的第四章以"宪法解释方法:比较法的视角"为名,似乎存在修改的余地。[5] 在结构上,本章第一部分所介绍的美国的原旨主义和非原旨主义、文本主义,属于解释理论,处理的是各种解释方法的正当性程度和相对的优先位序问题,其本身不是宪法解释方法,而属于作为宪法解释方法之隐性背景的解释理论。而本章第二部分通过艾尔弗斯案的判决所呈现的德国联邦宪法法院的宪法解释与论证过程,则是实实在在的宪法解释方法及其现实的运用过程。在这个意义上,一方是解释理论,一方是解释方法的运用。

在其中,作者凭借其扎实的文献梳理概括能力,就前述的两大相对独立的主题,分别呈现出了一等水准的学术分析,特别是对美国原旨主义与非原旨主义的主张、对抗与评判的介绍,逻辑明晰,巨细靡遗,在笔者有限的阅读范围内,是最为全面、最为清晰、最为精彩、最见功力的展现,令人叹服。对德国艾尔弗斯案判决的论证过程的介绍,同样令人印象深刻,糅化

---

〔5〕 如果真的是就宪法解释方法作比较法的考察,那么恰恰需要我们思考的是:为什么美国宪法学界会强调原旨主义和非原旨主义的理论分野和争议,会提出文本主义的解释理论,而同样问题在德国的重要性便相对较低? 在我看来,这或许与美国所实行的司法审查制度有关。在书中,作者也非常敏感地指出:"原旨主义是一种限制理论,意味着禁止法官随意地解释宪法,认为法官应受制宪者意图的约束。原旨主义是一种优先理论,意味着制宪者原意是优先的,也就是,即使有很多因素可以影响宪法解释,但是如果制宪者的意图是可以确定的,那么制宪原意就是最终解释。"(第94页)文本主义也具有类似的目的和功能。

于其间的对于文义解释、历史解释、体系解释、目的解释等解释方法的阐释和说明都极具启发性，对于中国宪法学人解释相关宪法条款、处理相关案件都具有极强的借鉴意义。

关于宪法解释，其实有两种立场。一种认为解释的主观性和随意性无可避免，根本不存在正确的解释，在宪法解释的问题上不存在真理；另一种则寄希望于宪法释义学来彻底地统一宪法规范的解释方案。

在本书中，作者承认，"解释者所秉持的政治理论上的差异必然导致宪法解释结果的差异和分歧"（第 38 页），"对同一宪法条文的解释会产生极不相同的解释结果"（第 39 页）。但同时又指出，"这种分歧状态与法的安定性、规范明确性以及规范公开性等法的基本价值相抵触"，因而虽是现实存在的，却是不可欲的。（第 39 页）于是，作者致力于通过诉诸目的解释，即"探究制宪者在历史上赋予宪法的目的或者宪法在当下背景中被认为应当达成的目的"，以明确宪法条文的含义，从而达到"维护宪法解释的一致性和法的明确性"的目标。（第 39 页）借由此种说明，作者引入了所谓的"宪法理论论证"，寄希望于"以超出宪法条文一般意义的价值、目的或者政治理论"以统一宪法文本的规范意义。

但是，在作者以美国自由主义和共和主义的政治理论对宪法解释的影响为例进行说明之后，毫不意外，得出的结论是：这两种政治理论会对基本权利的解释结果产生至少十个方面的不同影响。（第 42—50 页）易言之，作者最终的结论是：宪法理论论证对于宪法解释多样性的消解基本上是无用的。艰难跋涉之后我们又返回到原点。

很明显，作者意识到了这一点，他说："我们必须为理论论证寻找确定性。我们不能随意拿一种政治理论去解释宪法，我们必须说明这个理论从何而来，以及限度何在。"故而，为了为理论论证寻找确定性，作者指出了三条路径：回到制宪历史（探索中国宪法解释的特殊政治思想背景）、回到规范环境（考察制宪完成之后的规范环境变迁、社会现实的演变）和回到宪法文本（文本是理论论证的界限所在）。（第 53—54 页）

于是很吊诡的是，在文义解释、历史解释、立法者目的解释、体系解释、社会解释等传统解释方法无以消除宪法解释的歧异性之时，作者建议我们诉诸"宪法理论论证"；而在"宪法理论论证"难以统一解释方案时，作者再次建议我们回到历史、规范环境和文本。不得不说，在这里似乎存在着循环论证的痕迹。

但总体而言，书中关于宪法解释的许多观点都是平和中正的，比如认为"传统解释方法乃是法的确定性、安定性的基本保障，舍此就无法完成法学之基本任务，也无法完成司法判决之基本任务，从而，对其的一切批判，最终都只是修订与补充，而非颠覆"（第 117 页）；因此，不宜"以宪法所规定领域的特殊性，以及宪法文本的特殊性而排斥传统的解释原则的适用"。（第 116 页）而就各种传统解释方法之间的关系而言，"在宪法解释中，由于宪法条文极大的模糊性，很难建立不同解释方法的大致的位阶秩序，而各种解释因素间的相互支援是常态"（第 119 页）。这些论点都持论平稳，极具建设意义。

进言之，宪法释义学的解释作业主要从事两项工作：首先，找出宪法条文的原意，这是"解析"（exegesis）；然后，我们必须学习在现代种种新的或不同的环境之中达到妥当的理解，来有效地解决问题，这就是"诠释"（hermeneutics）。解析始终是首要的工作。而时至今日，宪法释义学面临的最大问题不是如何理解宪法典，而是要努力说明宪法典条文在实践生活中应当如何应用。这便是所谓的跨越宪法解释鸿沟的难题，即如何从宪法条文诞生时的"彼时彼地"（then and there）进入我们自己生活环境的"此时此地"（here and now）。这就涉及宪法释义学的实践性品格。毫无疑问，张翔教授在这个问题上也花费了巨大的精力，呈现了非凡的论述。对于涉及这一论题的绝大多数观点，笔者都深表赞同。唯一的异议存在于一个细节之上。笔者以为，必须认识到，宪法释义学研究对于法治实践的作用并不必然是直接的。学者可以从宪法释义学的立场出发"分析"特定的宪法争议，并向有权机关"提供解决的方案或建议"，而不能也无权直接代替有权机关作出"处理"决定。在行文过程中，这一点被多次忽视，一个典型的例子是，在介绍拉班德的贡献时，说他"以其实证主义方法妥当处理了现实中的宪法争议"，获得了"令众人信服和接受的解决"（第 9 页）。这样的表述说不上是错误，但很明显引人误解。

在宪法释义学的清澈目光中，无论是宪法解释，抑或是宪法实践，其所遭遇的多样性的争议和冲突,必须借助于宪法规范体系的框架方可得到有效的解决。按照张翔教授的说法,"为了维护法秩序的一致性、安定性,简化法律工作,保证法律知识和技艺的可传承,并为实践中争议的解决提供解决方案上的指引,法学的科学体系化就是必须的。"(第123页)借由体系化,一方面可以总结过去、启发新知,另一方面可以保证法律的确定性和可预测性;最终"使法律成为一个具备自我发展与再生能力的活体,通过洞悉这个活体的基本公理与原则,掌握各个组织器官的机能与协作方式,揭示概念、规则之间的内在关系,就可以从已知的原理与规则中推导出未知的规则,从而解决实践中的法律问题"(第125页)。可见,宪法规范体系,对于宪法解释和宪法实践而言,乃具有构成性的作用力。

作为体系性的存在,宪法规范体系具有一定的抽象性和无矛盾性。质言之,在一个真正科学的体系当中,就一个特定的问题而言,不可能存在两个以上正确的答案。但在本书中,作者明示:"以既有体系为基础,可以对于实践问题的解决方案提出各种不同的、相互竞争的建议,立法者和司法者可以从中挑选他们认为合理的转化为法律或者判决。"(第123页)由此可见,张翔教授的体系具有其自身的特点,那就是对同一个问题而言,该体系可以同时提供两个以上的正确答案,供立法者和司法者选择。一个争议,存在两个以上的正确答案,在我看来,承认这一点本身就是对体系力量的冲击。作者的这一判断本身可能与其所强调的体系的开放性有关。他曾非常明确地指出,"法学的体系是可以自我更新和自我发展的"(第123页),"永远只是一个暂时的概括总结,必须将其放在鲜活变化着的实践中不断修正"(第125页)。于是,一个合理的解释是,张翔教授可能认为,在纵向的时间维度内,同一争议出现两个以上正确的答案绝对是可能的。

鉴于体系如此重要,完成对于中国宪法规范的体系化、构造独特的中国宪法规范体系便成为宪法释义学至为关键的任务。通过研究德国宪法释义学基本权利体系化的历史,作者认识到:在体系化的过程中,"宪法文本中的概括性条款往往起到框架搭建的作用"(第140页)。受此启发,有必要指出:对于中国宪法中基本权利体系的建构而言,宪法文本中的概括性条款自然也居于中心地位。而在张翔教授的宪法释义学框架内，扮演这种重要角色的条款是宪法第 33 条和第 51 条。也正是在这里，全书的文脉达到了高潮：作者的论证丝丝入扣，从概观到微观，充分调用了宪法文本中大量的条文和成熟的宪法理论，完成了自己的宪法基本权利规范体系的建构，进而对许多理论界的疑难问题提供了自己独到的解答方案。

纵观全书，作者对于解释方法与解释结论的多样性、宪法规范的变动总是惴惴不安，而对于稳定性、统一性分外亲切。从"一个"科学的释义学体系的角度来看，这样的倾向本也无可厚非。但是，就一部宪法来说，可能存在复数的宪法释义学体系及其个别的规范解释方案。在我看来，不独解释方法和解释结论应当多元，究其根本，不同学者的宪法释义学立场也应当是多元的。君不见，正如书中所呈现的，在德国，既有杜里希的释义学体系，也有黑伯勒、卢曼、博肯福德的基本权利释义学体系，各有各的角度，各有各的道理。同一部宪法，不同的宪法释义学者自然会有不同的认识结论。因此，不要期望宪法释义学会为我们提供统一的解释方案、统一的规范体系，宪法释义学所提供的只是一个大致的立场和框架，除此之外的细节方面的差异则为各种宪法释义学方案之间的竞争预备了广阔的舞台。当然，它们之间的争议，按照书中所引用的斯特恩教授的说法，乃是"竞技场上的竞争"，而非针对基本进路和基本框架的"方向之争"！（第 139 页）航海的方法和技术是明确的，但是一旦离开港口，你就会马上陷入一片布满着暗礁的水域中，在其中，人们无法照着一种所谓的以原则为取向的航路前行。每个航海家都会发现自己的道路。

因此，大可不必对宪法释义学寄予太高的期望，以至于将其推上神坛，打造成为包治百病的万能灵药。宪法释义学本身只是一种立场，一种方法，而不是结论，在认识宪法、解决争议过程中的痛苦和焦灼不仅免不了，反而会更多。凡是认为一旦选择了宪法释义学，所有问题、所有困难就都迎刃而解，那就是在自欺欺人了。必须注意，在许多问题上，宪法释义学并非总是成功的。对于宪法释义学之力量与弱点的体察，构成了本书时彰时隐的稳定背景，也幽微地暗示了作者观点中隐而不彰的矛盾性格。

毋庸讳言的是,书中的许多观点之间存在着一定的张力。比如,作者一方面基于"对宪法文本的遵循"这一立场,提醒我们注意,"不同国家的宪法解释实受规范文本、规范语句差异的强烈影响,绝不可在比较法论证中生吞活剥,罔顾宪法文本的差异而轻言借鉴"(第118页)。这种对于比较法方法在宪法解释中的运用相当戒备之态度,在一定意义上契合于宪法释义学的国别属性。但随后在"宪法学的体系思维"一章中,谈到"中国基本权利法学体系的建构",作者却明示,"这一建构工作将借鉴前述的德国的基本权利教义学体系",并认为美国、德国等成熟国家的经验代表着"普适性的思考路径",不能无视(第140页)。一方面说"体系化并不是去建构体系,而是发现体系",马上转而又强调,"依据不同的宪法文本,必然会有不同的法学体系的建构"(第125页)。刚讲体系的建构"无法直接照搬任何国外之成熟体系,而务必要以本国宪法文本为基础",马上又强调"作为法治的后发国家,中国的法律人并无此种体系思维的成熟经验,故而此种体系化又不得不从观察和模仿法治发达国家开始"(第125页)。一方面重视德国著名宪法学家杜里希教授于1956年发表《人的尊严的基本权利条款》一文、提出基本权利作为价值与请求权体系的观点这一学术事件,认为其正式"开启了德国对于基本权利的体系化思考",另一方面却反对中国学者类似的将现行宪法中的"人格尊严"规范提升为整个基本权利体系的价值元点的努力,认为这属于"罔顾宪法文本的差异而轻言借鉴"(第118页)。在介绍美国宪法解释理论时,一方面津津乐道于原旨主义的迷人,另一方面又沉醉于文本主义的魅力。一方面对德国宪法学理论体系的深刻谨严心怀赞叹,另一方面又对美国司法审查实践以及相应的实用性的解释理论钟爱有加,从而最终奔突于美国的实践和德国的学理之间。如此等等。不得不说,这些主张之间都是存在着内在紧张关系的。在我看来,这些紧张关系与其说在一定意义上呈现了作者本人在相关论题上的矛盾情绪,毋宁说是中国宪法学青年一代学人在转型时期面对纷繁的外国理论以及复杂的中国宪法现实之时自身矛盾性的一个缩影。而没有矛盾,就没有进步。在这个意义上,一起处于矛盾状态中的我们或许正是在焦灼与奔突之中一步步走向自身理论的成熟吧!

书中在介绍德国宪法学(国家法学)从三月革命之前与政治话语高度

纠缠,到德意志第二帝国建立前后实现释义学化这一段发展历程时,曾指出:"这种转变的背景是德国的国家统一和 1871 年帝国宪法的产生,正是具有法律效力的国家法体系的产生,使得解释和体系建构性的法学工作有了规范文本上的基础。"(第 8 页)而就当下的中国而言,国家的统一基本完成,共和国宪法也已经存在了半个多世纪之久,以宪法为基础的社会主义法律体系也已经建成,"规范文本上的基础"已然具备,但中国宪法学在释义学化的道路上却仍然步履蹒跚,去政治化的目标远未实现。其原因究竟何在呢? 本书并未明言,但却似乎幽微地暗示了:我们的时代或许正引颈期盼着中国自己的"格贝尔"、"拉班德"、"耶利内克"的诞生吧!

我相信人的力量!

(责任编辑:黄　琳)

方法与主体性：中国的宪法释义学

——读张翔教授的《宪法释义学》

林淡秋[*]

一、开山之作：第一本以"宪法释义学"命名的作品

对于张翔教授的大作《宪法释义学——原理·技术·实践》一书的解读,将其置于晚近中国宪法学研究中出现的"方法论觉醒"的趋势中似乎是必要的。学者田飞龙根据英国学者马丁·罗克林在总结英国公法思想传统时所运用的"规范主义—功能主义"二分法,认为中国宪法学在大的脉络上也可以分为规范主义和功能主义两个阵营,并在各自阵营中划分了更细的分支[1]。林来梵教授则认为新中国的宪法学是从"政治教义宪法学"的新传统开始出发的,"政治教义宪法学"的三个特性分别演化为三种研究取向,坚持科学性即坚持马克思主义的研究方法,将宪法现象理解为一种社会现象,偏向于从社会科学的立场去加以把握,演化为宪法社会学;坚持解说性即主要任务是对宪法条文进行解说性的诠释,力图说明其立法原意及立法背景,并予以正当化,作为补强现体制正当性的一种根据,发展出了规范宪法学或宪法解释学;坚持政治性即明显具有一定政治意识形态的话语色彩和功能,演变出政治哲学式的宪法学[2]。从研究对象的侧重与研究方法的角度作出区分,笔者倾向于这样一种更为简约的分类:即作为规范科学的宪法学与作为社会科学的宪法学,前者以宪法文本、宪法规范为主要研究对象,主要关注宪法规范在实际运用过程中的解说性诠释,将宪法

---

* 浙江大学光华法学院 2014 级宪法学与行政法学博士研究生。

〔1〕 参见田飞龙:《中国宪法学理论流派的形成》,载于《山东大学法律评论》第 6 辑,山东大学出版社 2009 年版。〔英〕马丁·洛克林著,郑戈译:《公法与政治理论》,商务印书馆 2002 年版。

〔2〕 参见林来梵:《中国宪法学的现状与展望》,《法学研究》2011 年第 6 期。

学作为一种关于"理解"与运用的学问，确立了作为法律学的宪法学之根基；而后者则以广义的宪法现象（包括宪法意识、宪法制度、宪法关系等）为研究对象，在一个更为广阔的社会平台上对宪法现象加以有机联系的、历史的考察，属于从社会学、政治学、经济学等其他社会科学视角对宪法现象的研究。所谓中国宪法学研究中的"方法论觉醒"，其主要标志是作为规范科学的宪法学的崛起，强调宪法学作为法律学的属性，致力于摆脱其他社会科学在宪法学领域内任意驰骋、"攻城略地"，而宪法学在法律学领域内（在法律解释学的意义上）遭人鄙夷的悲催境地。应该说，近年来学界在这一领域的戮力耕耘是卓有成效的，无论是在知识贡献、理论体系的建构、学术影响以及学术产出方面，均呈现出蔚为大观之势。

将张翔教授的大作列为这一领域近年来涌现出的代表性力作应不为过。和林来梵、韩大元、白斌等学者的代表性作品一致，《宪法释义学》一书秉持着这样的立场与方法：在方法论上有意识地区分"研究对象的政治性"和"研究方法的规范性"，并以"研究方法的规范性"对应"研究对象的政治性"[3]，以区别于"政治教义宪法学"将规范与事实熔为一炉的谬误；而在基本立场上则彰显宪法学作为法律学的基本特征，即以宪法文本或宪法规范的解释与应用为核心，其基本落脚点在于如何运用宪法解释、论证方法和技术针对个案中的事实和法律问题作出判断。

而尤其值得一提的是，该书是国内宪法学界第一本以"宪法释义学"命名的专著。这显示出作为规范科学的宪法学这一研究领域新的发展趋势以及作者的学术抱负。如果说 2001 年林来梵教授《从宪法规范到规范宪法——规范宪法学的一种前言》一书的推出，具有浓厚的对国内宪法学的研究现状进行批判与反思，使宪法学研究回归法律学本真的意味，那么，以宪法释义学——这一法律释义学（或称法律解释学）的下位概念，其要义在于强调现行宪法秩序下以"宪法规范的解释与适用"为名的学术著作的出现，显现出当下宪法学研究中强烈回归与朝向中国的宪法实践，进而确立作为法律学的宪法学的标准教科书的愿景，尽管中国当下的宪法实践尚不足以为标准的、规范意义上的宪法释义学提供充分的研究素材。在此意义

---

〔3〕　林来梵：《中国宪法学的现状与展望》，《法学研究》2011 年第 6 期。

上言之，张翔教授的大作在中国宪法学"理论博物馆"中具有里程碑式的意义。

带着这样的愿景与抱负，张翔教授开始了他的学术之旅。《宪法释义学》一书从原理、技术、实践三个层面搭建了宪法释义学的大厦。第一个层面为原理层面：第一章概述了宪法释义学的基本原理（概念、任务、功能、方法和历史、现状），第二章从宪法释义学的特殊性即宪法的高度政治性着眼，探讨了宪法学与政治之间的关系。第二个层面为制度层面：第三章讲述了宪法解释模式（抽象解释与具体解释两个模式）和宪法实施路径（在违宪审查之外有法律的合宪性解释）。第三个层面为方法层面：宪法释义学的主要方法为宪法解释和体系化，作者用两章的篇幅予以介绍，最后一章运用方法对中国宪法实践中的两个具体争议进行了沙盘演练。全书逻辑清晰、体例分明，既有比较法的开阔视野，气势恢宏，又始终带着极具现实意义的中国问题意识，文笔优美流畅，无论从总体感官还是细节处理上都能让人快速学习到宪法释义学之精髓。

穿插于全景式地阐释宪法释义学的原理、技术与实践当中，作者还凭借其深厚的比较法理论积淀，精准地介绍了美国、德国等诸多法治发达国家的宪法制度和理论。当然，这所有的一切均以中国宪法和宪法学问题为落脚点。尤为引人瞩目的是，书中着重讨论了中国的宪法释义学是否以违宪审查为前提以及中国现行宪法是否足以作为宪法释义学的文本基础这两个颇具争议的问题，作者的结论是：现行宪法无论在正当性还是技术性层面都足以作为宪法释义学的文本基础，而中国的宪法释义学并不以违宪审查制度为前提，只要有依据宪法判断争议的需要，宪法释义学即必不可少[4]。因为由法院进行合宪性审查或者法院直接适用宪法以裁判案件的宪法司法化在当下中国宪法架构中是不可能的，而宪法的实施路径在违宪审查（宪法解释）以外，还有诸如法律合宪性解释等，使得宪法的司法适用成为可能[5]。这样的学术主张既有浓厚的中国现实关怀和问题意识，也具有划时代的理论原创性。

---

〔4〕 参见张翔著：《宪法释义学：原理·技术·实践》，法律出版社2013年版，第14—18页。

〔5〕 参见张翔著：《宪法释义学：原理·技术·实践》，法律出版社2013年版，第82—84页。

二、现实的无奈:
一本宪法释义学原理的教科书

正如作者在书中所言,中国的宪法释义学无须以违宪审查制度为前提,只要有依据宪法判断争议的需要,宪法释义学即必不可少。但这种论述只是捍卫了中国宪法释义学研究的正当性与必要性问题,尚未触及如何建构中国的宪法释义学这一更深层级的问题。在一个较为严格的法学方法论的层面上,宪法释义学应当是以特定的宪法秩序为基础、对现行宪法中的概念和体系进行研究并提供解决争议答案的学问。既然宪法释义学是对现行宪法进行解释而形成的知识体系,就不能不认为宪法释义学知识是有国界的,因为宪法作为实定法是有国界。中国学者所撰写的宪法释义学自然应当立基于中国的现行宪法。在此意义上言之,本书的题目若为"宪法释义学的原理"则更为妥当[6]。尽管全书从原理、技术和实践三个层面展示了宪法释义学的全貌,但这种论述基本上可归属于"宪法释义学的理论或原理"(Theory of Constitutional Doctrine)层面上的讨论,而不是在中国现行宪法秩序下、关于中国宪法文本和规范解释与运用的研究。在本书的原理层面,作者讲述了德国宪法学的教义化、英美宪法学的"类释义学"取向的历史,以文西德尔裁定为例展现了德国基本权利释义学框架的运用;在探讨宪法学与政治的关系时,以自由主义和共和主义的权利观为例,呈现出政治理论对宪法解释十个维度的影响。在本书的制度层面,作者从美国的禁止咨询意见、功能适当原则来探讨宪法解释模式,又讲述了美国最高法院、德国联邦宪法法院的案件筛选机制。在本书的方法层面:宪法解释方法是从比较法视角展开的,介绍了美国原旨主义与非原旨主义之争、文本主义解释理论,从艾尔弗斯案呈现德国联邦宪法法院的宪法解释与论证过程;至于体系化的方法,作者也主要借鉴了德国基本权利教义学体系。浏览全书,很多内容都是围绕比较法意义上的宪法释义学理论展

---

[6]　此问题在白斌教授的《宪法教义学》中如出一辙,该书题目若为"宪法教义学的原理"或许会更合适。

开的,纵横捭阖,波澜壮阔。然而按照笔者的理解,宪法释义学的要义在于现行宪法秩序下宪法规范的解释与应用,例如"宪法解释方法"部分应当是书中浓墨重彩予以重点论述的核心内容,但遗憾的是,本书只是从比较法的角度作了一个介绍,基本上脱离了中国宪法的语境。当然,这种局限性并非张翔教授本人学识积淀所致,在很大程度上仍可归结于中国宪法实践存在的缺陷,尽管笔者认可张翔教授的判断——中国的宪法释义学并非以违宪审查制度为要件,但我们亦不得不承认,具有实效性的宪法审查制度的缺失实际上已成为中国宪法释义学发展的重大障碍。例如,中国的释宪机关从未解释过宪法,这导致了在宪法释义学关于宪法解释的研究中缺乏实证案例的支撑,无论我们作出如何精微缜密的论述,终究属于学理上的沙盘演练,当然,只要存在"依据宪法判断争议的需求",这种研究并非全然没有意义,但其脱离中国宪法现实运行语境的特性则很容易被人讥讽为"屠龙之术"。

除了上述中国宪法的现实运作性状所导致的缺憾外,本书仍存在某些小小的不足之处,尽管瑕不掩瑜,丝毫不能撼动本书对于中国当下宪法学研究的重大意义,但笔者作为晚辈依然斗胆提出一些小疑问。

(一)宪法解释方法

本书第四章研究宪法解释方法,标题显而易见地表露出是比较法角度的考察。首先对美国宪法史上原旨主义与非原旨主义理论的争论进行了十分清晰的梳理,从原旨主义的基本主张到非原旨主义对其的批判,再强调原旨主义的理论基础,进行辩护,环环相扣,论证缜密。然后精准详尽地介绍了斯卡里亚的文本主义宪法解释理论。笔者在阅读过程中快速鸟瞰了美国宪法学说史。但不得不承认上述两节只是对美国宪法解释理论学说的历史再现,原旨主义、非原旨主义以及文本主义是宪法解释目标不同而形成的宪法解释理论,并非宪法解释的方法。而书中第三节以"艾尔弗斯案"为例展现了德国联邦宪法法院在具体个案中运用传统的法律解释方法的过程,并基于此案对宪法解释的若干问题展开了讨论,这个论证思路也十分巧妙,讨论的几个问题很有意义:如传统法律解释规则对宪法解释是否适用的问题,作者认为来自萨维尼并由拉班德引入宪法学领域的传统宪法解释规则(文义、体系、历史、目的解释)依然是当今德国联邦宪法法院判决的基本方法,其保障了法的安定性和确定性,并不以宪法所规定领域的特殊性以及宪法文本的特殊性而排斥适用[7]。又如在宪法解释过程中应遵循宪法文本,法解释始于文义,文义不够清晰时方可寻求其他解释结果,亦终于文义,不得超越条文所可能包含的意义。对于宪法中出现的难以解释、难以适用的条款,选择修宪看上去是个简便的办法,却难以像尊重宪法文本的宪法解释那样能逐渐使得宪法秩序得以安定,使得宪法获得权威[8]。在讨论各种解释方法之间的关系时,作者认为由于宪法条文极大的模糊性,很难建立不同解释方法的大致位阶秩序,而各种解释因素间的相互支援是常态[9]。上述问题的讨论,笔者认为价值极高,但遗憾的是篇幅略少了些。如果作者能够从一般的法解释方法、宪法基于自身高度政治性的特征是否存在区别于其他部门法的特殊解释方法等展开论述,再重点讨论上述三个问题,可能效果更佳。毕竟本章题名为宪法解释方法,若能着重于介绍方法、讨论特征、比较利弊、探讨方法之间的关系,在此基础上再铺垫比较法上的宪法解释理论背景以及运用方法分析案例,将使本章的体系更为完整。

(二)中国宪法释义学的具体争议

本书第六章,初看标题"中国宪法释义学的具体争议",笔者以为作者会呈现我国宪法释义学遭遇的批评,并为宪法释义学作出辩护。细看书中内容才明白本章的真意在于运用第四、五章所述的宪法释义学的两个重要方法(解释和体系化)以解决宪法实践中产生的问题,具体探讨了性自由权的宪法基础,分析了"聚众淫乱罪"条文及相关判决的合宪性;以财产权的社会义务为切入点,探讨如何消解宪法中社会主义条款和私有财产条款之间的紧张关系。因此本章标题是否考虑微调一下。

---

〔7〕 参见张翔著:《宪法释义学:原理·技术·实践》,法律出版社 2013 年版,第 116—117 页。

〔8〕 参见张翔著:《宪法释义学:原理·技术·实践》,法律出版社 2013 年版,第 117—118 页。

〔9〕 参见张翔著:《宪法释义学:原理·技术·实践》,法律出版社 2013 年版,第 118—119 页。

而笔者最初望文生义、期待作者展开的内容也正是近年来宪法学界的热点所在：关于宪法释义学的争议。作者在本书里重申了法释义学具有简化法律工作、减轻法律人负担的功能，总结过去和启发新知的功能，控制法律人的恣意、维护法的安定性的功能[10]。但客观来说宪法释义学必然存在一定局限性，其由于无法解释中国政治事实而遭批评乃至否定，由于释宪机关的不作为使得研究中缺乏实证案例的支撑。作者作为宪法释义学的前辈之一，若能极有远见地看到宪法释义学的不足，并提出改善之法，既正面回应了批评，也必将推进宪法释义学的发展。林来梵教授一直倡导从宪法规范上升到规范宪法，主张适度地接近规范主义但又不至于完全退到法律实证主义[11]的立场，也正是基于对法律实证主义的反思、对宪法教义学的认真思考后巧妙构建规范宪法学的理论。十分期待张翔教授将来能对此方面展开论述并拥有更精深的见解。

三、冲破现实局限：作为方法的宪法释义学

中国缺乏具有实效性的违宪审查制度，成为中国宪法释义学发展的重大障碍，但没有必要"将宪法释义学与违宪审查制度捆绑"，按照白斌教授的思路，即便是在德国，在作为宪法审查的联邦宪法法院诞生之前，作为一门科学的宪法释义学同样是存在且发挥作用的。在美国，杰弗逊和图什内特也主张宪法不专属于学者，也不应专属于法院这一司法机关。立法机关和行政机关在从事宪法相关工作时，也可以运用宪法释义学的思维模式。这体现了宪法释义学作为一种方法相对于现实制度的独立性[12]。方法是无国别的，它源于价值的共通。宪法释义学作为宪法学的研究方法，之所以能够通行世界，源于共同的宪法价值。例如德国《基本法》第1条第1款规定的"人性尊严"、《日本国宪法》第13条规定的"追求幸福权"都将人作为主体而非客体，把人作为人而拥有的尊

---

[10]　参见张翔著：《宪法释义学：原理·技术·实践》，法律出版社2013年版，第2—4页。

[11]　参见林来梵著：《从宪法规范到规范宪法——规范宪法学的一种前言》，法律出版社2001年版，绪论。

[12]　参见白斌教授未刊稿：《信与证——读张翔教授的宪法释义学》。

严、幸福尊崇为宪法的最高价值、根本规范，在此秩序下构建完整而无漏洞的基本权利保护体系。

因此，笔者有个大胆的假设，与其将宪法释义学看作是一种宪法学流派，毋宁将其看作一种法学方法。作者在本书开头写道：法学＝法教义学，法教义学易被误解为一种法学流派，实则为法学本义[13]。若把宪法释义学看作方法，便可以解当下中国宪法释义学之困境，正面回应由于缺乏实效性的宪法审查制度所遭遇的批评。因为宪法释义学不仅适用于司法机关，在司法审查中作为司法裁判的规范依据，或由法官运用合宪性解释技术将宪法的基本价值和精神贯彻于各部门法中；它也属于学者，学理研究中可围绕整个宪法文本或者个别宪法条款进行解释和体系化而形成规则，解决实践中的宪法争议，或为日后的宪法争议预先提供方案；它还适用于立法机关和行政机关，运用释义学的方法从事与宪法相关的工作。

如前所述，笔者赞同作者的论断，认为宪法释义学不以违宪审查制度为前提，下文也将尝试探索宪法实施除宪法审查之外的其他途径，并更进一步论证宪法释义学原理对中国宪法将来的实践发展之重要意义。

(一)中国的宪法释义学不以宪法审查制度为前提，宪法实施除宪法审查以外存在其他方式

中国的宪法释义学由于缺乏实效性的宪法审查制度支撑，脱离中国宪法现实运行语境的特性而被人讥讽为"屠龙之术"。作者在书中表示：中国的宪法释义学不以违宪审查制度为前提，只要有依据宪法判断争议的需要，宪法释义学就是必不可少的[14]。作者也认为：除了违宪审查(宪法解释)的层面，宪法的实施还有另外一个重要路径——法律的合宪性解释[15]。由于违宪审查意义上和法院直接依据宪法裁判个案意义上的"宪法司法化"在中国宪法架构下是很难成立的，而合宪性解释作为宪法实施的另一类途径，从一种法律方法慢慢演变成为法官的宪法义务。

〔13〕　张翔著：《宪法释义学：原理·技术·实践》，法律出版社 2013 年版，第 1 页。
〔14〕　张翔著：《宪法释义学：原理·技术·实践》，法律出版社 2013 年版，第 15 页。
〔15〕　参见张翔著：《宪法释义学：原理·技术·实践》，法律出版社 2013 年版，第 82 页。

法律的合宪性解释的基本含义为按照宪法的精神对法律的内涵进行解释[16]。不过合宪性解释并不是宪法解释,亦非依据宪法裁判具体个案,而是在具体案件中对宪法所确立的价值的贯彻,此时合宪性解释成为一种法律方法。而作为公权力主体的法官,不论其有没有违宪审查权,他都有义务将宪法的基本决定和价值安排通过法律解释的技术而贯彻于部门法的规范体系中。

此外,林来梵教授在论著中将宪法适用分为广义和狭义。狭义的宪法适用为司法机关将宪法适用于个案之中作出判断,其需要相关的宪法规范作为裁判规范,也需要相应的特定制度如宪法审查制度,允许司法机关或类似机关将宪法规范适用于个案。广义的宪法适用还包括个人的权利救济、国家机构的组织与运作、国家和社会基本制度的运作以及作为立法和政策制定的依据等[17]。中国没有狭义的宪法适用即司法审查制度,却有广义的宪法适用。因此中国的宪法释义学不以宪法审查制度为前提,宪法实施除宪法审查以外存在其他方式,该命题应是成立的。

(二)宪法释义学适用于宪法审查制度的各种形式

作者在书中探讨宪法与政治的关系时,讨论了"宪法是否应该由司法来保障"的问题。其态度是明朗的:由司法来保障宪法的实施、对政治行为的合宪性进行法律判断是必要的[18]。既然宪法释义学在实践层面指向司法适用,而当今中国虽有一定意义上的宪法审查制度,却无司法审查制度,宪法释义学难道真的成为"屠龙之术"么?笔者并不十分赞同宪法必须由司法进行保障。因为普通法院或宪法法院为审查主体的司法审查制度并非宪法审查的全部,世界上主要有四种违宪审查制度:以美国、日本为代表的普通法院司法审查制度,以德国、我国台湾地区为代表的宪法法院审查制度,以法国为代表的宪法委员会审查制度,还有不太典型的最高(立法)机关审查制度。中国不存在司法审查制度,而司法审查亦非宪法审查的全

---

〔16〕 参见张翔著:《宪法释义学:原理·技术·实践》,法律出版社 2013 年版,第 84—88 页。

〔17〕 参见林来梵著:《宪法学讲义》,法律出版社 2011 年版,第 118—120 页。

〔18〕 参见张翔著:《宪法释义学:原理·技术·实践》,法律出版社 2013 年版,第 30—33 页。

部。宪法释义学适用于宪法审查制度的各种形式。作者在书中回顾了宪法释义学的历史，从德国宪法学的教义化到英美宪法学的"类释义学"取向，得出结论：宪法学之所以独立而成为一个学科，其基本思路是将宪法真正当作法律，将实定宪法作为研究的对象并与价值的、政治的、历史的因素进行切割，主要运用规范解释的、概念的、逻辑的和体系化的思维去建构实施宪法的规则体系。释义学化乃是宪法学之所以成为宪法学的基本特征[19]。可见无论是大陆法系，还是英美法系，宪法释义学都是司法审查制度必须运用的方法。法国并不采用司法审查而建立了宪法委员会。且抛开宪法委员会机构性质之争，其在作出宪法裁判时内含了释义学的思维，法国宪法学者也运用了释义学的方法对宪法裁判进行学理分析。倡导回归宪法文本的规范法学派在政治法学派后强势崛起，席卷了整个宪法学界，影响可见一斑。由此笔者猜测，宪法释义学也适用于司法审查以外的其他宪法审查形式。

中国具有一定意义上的宪法审查制度却不具有实效性。但从 2014 年《中共中央关于全面推进依法治国若干重大问题的决定》中"健全宪法实施和监督制度"、"健全宪法解释程序机制"的表达可以看出，宪法实施、宪法监督、宪法解释沛然而莫之能御，中国将建构真正具有实效性的宪法审查制度。无论中国以后采取的是司法审查制度，还是仿效法国建立宪法委员会，抑或是明确如今的全国人大及其常委会作为宪法审查主体的最高立法机关审查制度，笔者都坚信，在衡量利弊、不断试错之后，宪法审查制度终将在中国发挥实效，中国的宪法释义学原理也将成长为真正的宪法释义学。

四、可能的发展空间：
中国宪法释义学研究的主体性

尽管由于方法的无国别性，宪法释义学作为一种方法，可以突破现实的局限而不再与宪法审查捆绑，然而在宪法审查制度真正发挥实效之前，

---

〔19〕　张翔著：《宪法释义学：原理·技术·实践》，法律出版社 2013 年版，第 12 页。

中国的宪法释义学又该如何寻求其生存与发展之道呢？难道在成为真正的宪法释义学之前只能从事宪法释义学的原理介绍与研究？笔者认为，务必要有这样的意识和区分：作为方法的宪法释义学没有国界，宪法释义学的知识却是有国别之分的。法学是以某个特定的，在历史中逐渐形成的法秩序为基础及界限，借以探求法律问题之答案的学问。[20] 宪法释义学应当是以特定的宪法秩序为基础、对现行宪法中的概念和体系进行研究并提供解决争议答案的学问。因此现行宪法是宪法释义学的起点，以对现行宪法的确信不疑为前提围绕宪法规范展开解释。其次，现行宪法也是宪法释义学的研究对象，宪法释义学是对其进行解释而形成观点、学说和理论的知识体系。因此宪法释义学由于各国宪法文本的不同而具有明显的国别性。误将释义学的方法和知识均看作无国别，隐藏的危险是显而易见的。刑法学者丁胜明认为：国外的教义学知识，如果有意识地作为比较法研究的参考资料来使用，尚无大碍，但如果忘了这些知识是以相关外国刑法是不可置疑的教义为前提而产生的，将其直接拿到中国径直当作我们的教义学知识，则中国学者的主体性在教义学知识的生产过程中就完全丧失了，而这种拿来的教义学知识也可能无法解决中国的问题[21]。这也适用于宪法学的研究，如果简单地对外国宪法释义学知识实行拿来主义，无疑会水土不服，无法解决中国问题。宪法释义学的学者们应有意识地区分比较法研究与教义学研究。笔者欣慰地看到作者在书中表现出浓厚的中国问题意识，着重讨论了中国的宪法释义学是否以违宪审查为前提以及中国现行宪法是否足以作为宪法释义学的文本基础这两个颇具争议的问题，比较之下也尝试建构全国人大常委会宪法案件筛选机制、中国基本权利法学体系，在不可能的宪法司法化背景下通过法律合宪性解释实现司法适用的可能性，并在最后一章用释义学方法对中国宪法相关条款进行解释。作者在著书行文中分别运用比较法和释义学两种研究方法，而成果却完美地融合在一起，可见其深谙中国宪法释义学研究的主体性之必要。

　　笔者认为，对于中国而言，要建构一种立基于中国宪法秩序的宪法释

〔20〕　〔德〕卡尔·拉伦茨著，陈爱娥译：《法学方法论》，商务印书馆2005年版，第19页。

〔21〕　丁胜明：《刑法教义学研究的中国主体性》，《法学研究》2015年第2期。

义学(而不再是宪法释义学原理),必须明确以下认识:首先,中国有宪法审查制度,全国人大及其常委会有权解释宪法,监督宪法的实施[22],但释宪机关从未解释过宪法,导致宪法解释的研究中缺乏实证案例的支撑,宪法审查制度不能发挥实效。其次,中国的宪法尽管缺乏司法适用的机制,各级人民法院在审判过程中不得将宪法规范作为裁判依据[23],但不能否认它一直通过立法机关、行政机关在适用[24]。相对于美国、德国直接通过宪法规范来保障基本权利,我国基本权利的保障更接近于"间接保障模式",基本权利条款通过立法机关制定的法律与各类法规的实施予以适用、得到不同程度的保障;而宪法中国家机构的规定则通过各类组织法(如全国人大及其常委会的组织法、国务院的组织法等等)得以适用。

由此,立基于中国宪法秩序的宪法释义学,由于缺乏释宪机关对宪法文本含义的解释与适用,不得不通过"退而求其次"的路径建构其知识体系——以宪法的两大核心内容(权利规范和组织规范)为焦点,从中国宪法现实的实施过程中去探求宪法文本的真实含义,从而架构起真正朝向中国宪法实践的释义学。例如宪法规定的结社自由之基本权利,由于释宪机关从未解释过该条款,其保护领域、权利界限、保护基准等均处于模糊的状态。由于奉行权利的间接保障模式,宪法释义学的研究似乎应该从有关结社自由权保障与限制的法规(如《社会团体登记管理条例》)实施过程中去探求这些问题,从而探知这项权利的真实状况,进而运用规范的方法建构

---

〔22〕 《中华人民共和国宪法》第六十二条规定:全国人民代表大会行使下列职权:(二)监督宪法的实施;……

第六十七条规定:全国人民代表大会常务委员会行使下列职权:(一)解释宪法,监督宪法的实施;……

〔23〕 司法实务界通常认为司法裁判过程中不能适用宪法作为裁判依据,源于最高人民法院作出的两个司法解释:1955年最高人民法院给新疆维吾尔自治区高级人民法院《关于在刑事判决中不宜援引宪法作论罪科刑的依据的答复》以及1986年最高人民法院给江苏省高级人民法院《关于人民法院制作法律文书如何引用法律规范性文件的批复》(其中列举的规范性文件唯独没有宪法)。

〔24〕 例如仅仅是全国人大及其常委会有解释宪法、监督宪法实施的职权,《全国人大组织法》、《立法法》、《全国人大议事规则》、《全国人大常委会议事规则》等也有相关规定。遑论我国多项基本权利在法律、法规中有明确的规定。

起权利的保障体系[25]。言论自由、政治权利等基本权利也是如此。由此可见,我国宪法的基本权利即使不能通过宪法直接保障,也由于缺乏司法审查制度而缺乏实证案例的支撑,但宪法释义学并非无用武之地,通过对立法机关、行政机关制定的法律法规的实施现状的关注,能够探求宪法中基本权利在现实中的真实含义,架构真正朝向中国宪法实践的宪法释义学。如同学者丁胜明所设想的中国刑法教义学,走向释义学的中国宪法学应不仅主张宪法研究方法的释义学化,尚需重视中国宪法释义学研究的主体性,探求中国自己的宪法学知识,成为真正的中国宪法释义学。

(责任编辑:黄　琳)

---

[25]　参见余军:《分类控制体系下的社会组织登记管理创新》,《地方法制评论》2014年第1期。余军未刊文:《中国政府的结社观念与中国的社会组织管理体制》。

答问与延伸

——关于《宪法释义学》

张　翔[*]

首先,我要感谢浙江大学《公法研究》的同人将这本覆瓿之作选作"名作书评"的对象,并邀请白斌和林淡秋两位学友进行如此深入和严肃的批评。细读两位学友的书评,令我感动而惶愧。林淡秋将这本书谬赞为"开山之作",愧不敢当! 白斌说,"《宪法释义学》是近几年来中国宪法学界方法论自觉的集中呈现,是中国宪法学青年一代集体性地思考宪法释义学的路标性成果",差近之也! (当然"路标性"也是过誉)我在这本书的自序中曾说,正是前辈和同人们的共同努力,使我对宪法教义学有了择善固执的信念。在我个人的第一本书《基本权利的规范建构》(2008 年)中,我判断"中国宪法学正在经历一场法解释学的转向",我的这第二本书就是个人身处这一历程中的个人思考的总结,而其中受益于他人甚多。白斌直言不讳地指出这本书在体系性上的不足,并委婉指出了这本书的取巧之处,而林淡秋也指出了这本书某些部分的在体系感和论述完整性上的不足,对于这些批评以及其他的批评,我都能接受,或者至少能理解其所由来。实际上,白斌致力多年写就的《宪法教义学》一书,就是在这一主题上的思考深刻、论证严密的力作,在体系性上远超拙作。我这样说,有与白斌"互粉"甚至互相吹捧之嫌,但我却愿意冒此嫌疑,向所有同道推荐白斌的这本书。

当然,推荐宪法教义学的其他作品,并非本文的主题。余军兄嘱我回应二位的评论,我也希望借此机会,对二位所提出的问题做一点延伸的讨论,与这本书一起作为宪法学术发展道路上的一块铺路顽石。

* 张翔,中国人民大学法学院教授,zhangxiang1976@hotmail.com。

一、关于法律实证主义

白斌将我定位为法律实证主义者,认为我的文字中"漫浸着对于实证主义的好感"。而林淡秋在评论中,又重述了林来梵老师对于其规范宪法学的立场定位,也就是"适度地接近规范主义但又不至于完全退到法律实证主义"。多年来,中国法学界对于法律实证主义存在一种相对负面的评价,特别是将法律实证主义与德国纳粹的暴政联系甚至等同起来。尽管已经有研究指出,这完全是一种误解。例如,"我们通过历史研究更准确地了解到:国家社会主义时期的判决并不是严格遵守法律条文,如果要在政治上或种族上歧视受追究的当事人,在对待法律文本时就会发挥自己的创造性",[1]换言之,纳粹司法恰恰不是法律实证主义的。但中国法律人对法律实证主义的总体不良印象却仍然挥之不去,我曾经做过这样的概括:"人们普遍接受的是亚里士多德的'良法'论和朴素的自然法观念,认为法律的效力来自于内容的正义性,人们遵守法律乃是因为法律符合道德准则,符合人们的正义理想。实质法治观旨在寻求法律的实质正当性,反对把法律视作自我封闭的系统,认为法律始终与道德、政治、经济和社会条件相关联。""尽管法治建设一直在进行并有相当的成就,但在那个时代的潮流中,法治话语却始终是声音微弱的,中国也从来没有出现过托克维尔所称的那种能够约束民主狂热性的法律人精神。"[2]尊重成文法、尊重规则、重视法的安定性等等观念,甚至在法律人群体中都没有真正确立。

在这方面,我有生活的经验。余学也晚,1994 年上大学。那几年,无论在课堂上,还是在讲座中,我发现师长们总是习惯于批评现有法律之不足(当然这可能是事实),并习惯于以修改完善建议作为结束(或许是我只记住了这些内容)。作为一个刚入行的法律人,我们也颇以能发现并指出法律规范的不足为荣,以为这就是法律人的专业性所在。有一次,一位同

---

[1]〔德〕默勒斯:《德国基本法:历史与内容》,赵真译,中国法制出版社 2014 年版,第 12 页。

[2]　张翔:《形式法治与法教义学》,《法学研究》2012 年第 6 期。

学跟图书馆老师发生争执,大概是因为丢书要赔或者是超期要罚,图书馆老师拿出图书馆的规章,而我们据理力争,纷纷指出规章之不合理。图书馆老师怒曰:"你们这些法律系的,最不讲规矩。"当时我们还挺得意呢:是呀,因为我们专业,所以我们知道规则不对,看,多厉害!

现在想来,这不过是"尊重现行法"这一形式法治的底线观念未能确立的一种表现吧。以实定法为基础,恐怕也是任何法教义学主张所必须坚持的。此种坚持,乃是出于对法的安定性价值的追求,更根本的,就是对法治的追求。

此外,在宪法的正当性问题上,我想补充说明自己的一个观点:在某种意义上,2004年修宪后,我们面对的已经是一部"全新的宪法"了。在我看来,"国家尊重和保障人权"条款的纳入,是一种新的价值注入,以"概括性条款"的方式,为整部宪法的解释提供了新的评价关联,也缓和了对实定宪法的正当性焦虑(当然,其中需要宪法教义学的工作)。实际上,将某种客观价值实定化为宪法规范,并让宪法解释对于价值补充的需求仍被限定于宪法文本自身,也是调和实证主义与自然法紧张关系的一种方式。德国基本法纳入"人的尊严"并通过宪法解释将其确立为"最高宪法原则"即为其例。而我国宪法纳入具有强烈自然法色彩的人权条款,也有类似的法律效果。白斌延续林来梵老师的观点,试图将现行宪法中的"人格尊严"规范提升为整个基本权利体系的价值元点,也是在追求类似的效果,尽管与我的进路并不相同。

二、关于"政治现实与宪法规范的乖离"

相关的另一个问题,是宪法的法律性与宪法的政治性的关系。白斌对我书中的相关论述做了相当准确的评述,在此也不重复。林淡秋也准确指出,从我们老师一辈韩大元、林来梵教授到我们这些学生,都强调区分"研究对象的政治性"和"研究方法的规范性",正如芦部信喜教授所言,"不要混淆对象的政治性与方法的政治性,不要像魏玛末期的政治法学那样,以主观的政治观歪曲宪法的规范性"〔3〕。这一点确乎是我们的基本立场。在此,我想分享我近期对于"宪法与政治"问题的一点新的阅读和思考。

我所思考的问题是:究竟应如何看待"政治现实与宪法规范的乖离"?这一事实,往往被某些宪法教义学的批评者作为重要的论证,来说明宪法教义学乃至宪法本身对现实都是无力的,从而认为应该去寻找"真正的宪法",去解决所谓"真实的宪法问题"。我却读到了这样的论述:

"(德国基本法)描述的是政治秩序的应然状态。它的规范性与它的文本的属性有很大关系。……基本法的文本使我们能够以某些标准反对社会现实和政治现实。……规范和现实之间的偏离绝不是病态,它使规范成其为规范,否则,规范与现实根本无法区分。就基本法而言,这意味着:规范的阅读必须有利于批判现实,而非揭露宪法是'虚假的承诺'。民主宪法的承诺不应是失望的不竭源泉——未经训练的读者往往这样认为,而应成为该秩序持续发展的动力"。〔4〕

"人们总能从宪法文本中发现一个超越政治现实的政治承诺。人民不应将阅读基本法后的吃惊和失望直接当作误解清除,它其实表达了每个宪法的要求:塑造比现在更好的政治秩序"。〔5〕

这意味着,政治现实与宪法规范的乖离,是一种"常态"。而宪法的存在,正是要以法律的规范去驯服政治,使其趋近于宪法所设定的应然状态。然而,将此种乖离看作"病态"的人们,在惯性的思维下会认为必须消除这种乖离状态,从而会走向两种极端。一种是用政治的强力废除宪法秩序,使得宪法约束公权力之真意被彻底抛弃。我在书中所批评的拥抱政治事实的、"开门揖盗"式的"宪法学",问题正在于此。另一个方面,如果走向另一个极端,希望政治被宪法彻底驯服,却又可能导致政治失去功能空间,失去能力,也失去形成更好秩序的可能。这就是所谓"幼稚的自由派"吧。

对于宪法文本和宪法规范性的认识,如默勒斯教授所言,构成了专业

---

〔3〕〔日〕芦部信喜:《制宪权》,王贵松译,中国政法大学出版社2012年版,序言,第1页。这里顺带要说明的是,白斌认为我"排除了施密特作为释义学者的身份",这似乎并不是我的本意。实际上,正如白斌所表达的,魏玛时代的国家法学争论,都是围绕宪法规范的解释展开的,这与某些中国学者的想象并不一致。

〔4〕同注〔1〕,第3—4页。

〔5〕同注〔1〕,第67页。

的宪法学者与"未经训练的读者"的区别标准。

三、关于"司法中心主义"

白斌认为，我将宪法释义学与司法纠缠在了一起，有"司法中心主义"的嫌疑，他认为将宪法释义学与违宪审查制度捆绑在一起的立场是错误的，认为"宪法释义学是超越于立法、行政、司法之上的"。这里，白斌误解了我的立场，实际上我的立场与他是基本相同的。我在探讨中国宪法释义学的可能性时，已经针对"宪法释义学是否以违宪审查制度为前提"的问题给出了答案。我认为，"宪法释义学并不以违宪审查制度为前提。事实上，只要有依据宪法判断争议的需要，宪法释义学就是必不可少的"，在现代国家，只要公权力承认自己受宪法约束，那么公权力的一切活动，都需要基于解释宪法对其合宪性作出判断。在我国，立法、行政、司法中出现的众多争议，也实有赖宪法解释予以解决，这些都指向宪法教义学。我曾这样表达："但只要我们的目标是法治，是宪法第5条所宣告的'建设社会主义法治国家'，是建立公权力受约束的宪政国家，那么，依据现行宪法而建构的、指向中国宪法问题解决的教义学体系就是必要的。"

这一立场也恰好回应了林淡秋依然存在的疑虑："我们亦不得不承认，具有实效性的宪法审查制度的缺失实际上已成为中国宪法释义学发展的重大障碍。"我的看法是，如果我国的宪法监督制度在未来能够真正有效运作起来（在十八届四中全会之后，这看上去有些希望），宪法释义学发挥作用的空间将更加充分起来。即使不然，我也依然认为，中国法治实践已经将众多问题指向了宪法层面，解释宪法并进一步体系化为宪法教义学的需求是现实存在的。对此，我在书中已经举了不少的例子，而近期关于"国家所有（权）"的密集讨论，更是以宪法第9、10条之解释方案为核心，也可以作为宪法教义学必要性另一例证。

对于"宪法教义学是否以违宪审查为前提"的问题，我曾面询我在德国访学时的导师、德国联邦宪法法院前法官迪特·格林教授。他如是回答："首先，我想你们迟早是会有违宪审查的。另外，有没有违宪审查制度，与宪法教义学之间是没关系的（unabhaenig）。"德国直到基本法时代才接受违宪审查,但在帝国宪法和魏玛宪法时代,宪法教义学已然发达成熟。只要存在宪法,就当然需要一套解释宪法文本以处理宪法问题的学理。

于此,林淡秋再次提到了关于宪法教义学是"屠龙之术"的讥讽。其实,这几乎是任何思考中国宪法教义学的人第一个会想到的问题。2005年,我第一次在中国宪法学研究会的年会上作报告,所谈的主要意思就是:宪法解释学不是"雕虫小技",不是"屠龙之计",而是"百年大计"。其中道理,在这本书中颇有申说,此处也不再重复了。

四、关于宪法解释的"循环论证"

在二位针对书中若干细节的批评中,令我特别感兴趣的是关于宪法解释方法的批评。白斌在仔细剖析了我关于"政治理论对宪法解释的影响及其限度"的论述后,提出了这样的质疑:"于是很吊诡的是,在文义解释、历史解释、立法者目的解释、体系解释、社会解释等传统解释方法无以消除宪法解释的歧异性之时,作者建议我们诉诸'宪法理论论证';而在'宪法理论论证'难以统一解释方案时,作者再次建议我们回到历史、规范环境和文本。不得不说,在这里似乎存在着循环论证的痕迹。"应该说,白斌的眼光是敏锐的。这一部分的研究完成于2007年,当我完成这部分论证时,内心并不足够自信,所确信的只是自己提出了正确的问题。对于是否应该,以及是否可能用宪法文本去控制宪法理论论证的恣意,我当时只有模糊的认识。

但在两年以后,我读到了德国著名国家法学者博肯福德的《基本权利理论与基本权利解释》(Grundrechtstheorie und Grundrechtsinterpratation)一文,在这篇引用率居于德国宪法学论文最前列的雄文中,博肯福德指出:不能轻易地把各种来自法秩序外的政治理论随意引入宪法解释,而是要回到宪法的文本自身,从宪法的文本中寻找宪法内在的政治理论。也就是所谓去探寻"基于宪法的基本权利理论"(verfassungsgemäßige Grundrechtstheorie)。这一理论印证了我之前的模糊思考,愚人一得,莫名兴奋,其时的激动心情至今难以忘怀。博肯福德是在强调,面对基本权利解释的各种方向,不能丧失法学的基本立场而任由价值判断和政治理论泛滥,而应该重新回到宪法的文本,从宪法文本中解读出填充基本权利内涵的引导性的理论框架,也就是用规范文本下的体系化思考去建构基本权利的宪法解释框架。如果说这是循环,也恰恰是趋向于宪法的规范性的循环。

当然,白斌之所以产生这样的质疑,主要原因也在于我在处理各章节关系上的疏忽,如果我在第二章的末尾做一个注释,请读者参见第一章中"宪法解释如何对待政治因素"和第五章关于博肯福德理论的介绍,这一质疑当可消除。

五、关于宪法教义学的立场

在二位的评论中,都谈到了宪法教义学的立场问题。白斌认为,从原理上来说,法教义学也独立于特定的国家。而林淡秋认为,"误将释义学的方法和知识均看作无国别,隐藏的危险是显而易见的",认为如果丧失主体性,拿来的法教义学也是不能解决中国的问题的。我倒不是认为他们二位存在多大的分歧,白斌所强调的,是教义学方法本身的普适性,[6]而林淡秋则强调法教义学必须以本土规范和本土实践为基础。针对比较法上的法教义学,也就是外国法教义学的作用的问题,我也有粗浅的思考,概括起来,就是"取其法度,以形成我之面目",也就是说,对于外国法教义学的观察,只是一种启发和借鉴,最终法教义学所要面对的,必然是本国规范下本国实践争议的处理。那种说做法教义学是在做外国法的批评,因此是显然错误的。相信白斌和林淡秋二位都会同意:法教义学具有天然的本土性。

我也完全同意白斌的另一个主张:"大可不必对宪法释义学寄予太高的期望,以至于将其推上神坛,打造成为包治百病的万能灵药。宪法释义学本身只是一种立场,一种方法,而不是结论,在认识宪法、解决争议过程中的痛苦和焦灼不仅免不了,反而会更多。凡是认为一旦选择了宪法释义学,所有问题、所有困难就都迎刃而解,那就是在自欺欺人了。"对此,另一位学友雷磊如此论说:"法教义学主张的基本立场是:法律是一种规范或者

---

〔6〕　当然,这一点并非没有疑问。中国与西方一样,都有悠久的经典解释传统,那么,是否有不同于西方的"中国的解释学",就是一个严肃的问题。参见汤一介:《和而不同》,辽宁人民出版社2001年版。

说具有规范性的事物。除此之外,它并不主张更多的东西。""与任何学术进路一样,法教义学有其弱点,它并不能包打天下,也无力解决特定社会的所有问题(或者说取得社会治理的支配性地位),有时也无法从根本上解决特定的现实问题(如缠讼现象)。实践问题的复杂性决定了它压根就不是法教义学一家,甚至不是法学一门学科所能解决的,而需要有政治学、经济学、社会学等诸多学科的合力。要法教义学为这些问题的解决从整体上负责无疑是不切实际的,也是一种苛责"。[7] 我没法同意更多。法教义学的研习者,不应该是志大才疏、空言济世的妄人。抽象地谈法教义学经常是没意义的。如果一个法教义学的研习者,没有"法教义学论文",而只有"关于法教义学的论文",那将是一个讽刺。

六、关于书名

尽管二位都没有提及,但这本书的书名,却是我最经常被问的问题:"为什么你的书名用宪法释义学,而论文标题中用宪法教义学?""为什么在同一本书里,一会儿是宪法教义学,一会儿又是宪法释义学?"尽管基于认识上的逐步发展,我曾先后使用过"宪法解释学"、"宪法释义学"等说法,但我现在更愿意使用的是"宪法教义学"的术语。实际上,我们本不必太纠缠于此。不记得在哪里看到过这样的一个说法:近代以降,中国人都是在用"半外语"思考问题。比如,当我们看到"哲学"这个概念的时候,我们的头脑中反应的实际上是西文"philosophia"的含义,而不是中文"哲"与"学"的合义。同样的,无论我们使用哪个术语,我们实际上都是在指向德语的"Dogmatik"。这种"半外语思考",是从西学东渐到中国学术重塑最终的主体性过程中所无法避免的,而且,即使重塑主体性,这种现象可能也会一直存在,就好比那些佛教词汇毫无"违和感"地进入汉语。

可是,何以在同一本书里,出现这样的术语不一致呢? 我想说明,这是作者、编辑和出版社都无法控制的因素的结果。我希望有一天,这种不一致可以消失,而法学界对于法教义学也能达成基本的共识,从而使得在此

---

〔7〕 雷磊:《法教义学的基本立场》,《中外法学》2015年第1期。

基础上的学术积累得以顺畅。

　　除了以上各点，白斌、林淡秋两位学友评议中的诸多细节，也极有意义而值得深入探究。二位的评议，让我认识到了这本书更多的不足。其实，发现已经完成作品的不足，恐怕是一切创作者的生活常态。就在几天前，与冯威博士的交谈，还让我知道自己对于拉德布鲁赫公式的理解何等浅薄。还好，现代诠释学告诉我们，作品一旦完成，就与作者独立了。作者的身份也就转化为了读者。因此，对于自己作品的不完美，大可以轻松一点对待。这对每一个焦虑的完美主义者都是一个安慰。作为自我安慰，我还在无所不能的互联网中搜出了鲁迅先生的这段话，聊作结尾：

　　听说：中国的好作家是大抵'悔其少作'的，他在自定集子的时候，就将少年时代的作品尽力删除，或者简直全部烧掉。我想，这大约和现在的老成的少年，看见他婴儿时代的出屁股，衔手指的照相一样，自愧其幼稚，因而觉得有损于他现在的尊严，——于是以为倘使可以隐蔽，总还是隐蔽的好。但我对于自己的'少作'，愧则有之，悔却从来没有过。出屁股，衔手指的照相，当然是惹人发笑的，但自有婴年的天真，决非少年以至老年所能有。况且如果少时不作，到老恐怕也未必就能作，又怎么还知道悔呢？

　　　　　　　　　　　　　　　　　　　　　　（责任编辑:黄　琳）

《公法研究》稿约

　　《公法研究》由浙江大学公法与比较法研究所主办，属中国人文社会科学引文索引（CSSCI）来源集刊。自 2002 年创刊以来，已经出版 13 卷。《公法研究》每年出版 1—2 卷，每卷约 30 万字。《公法研究》欢迎海内外专家学者赐稿。

　　一、本刊栏目

　　1.“专题论文”。限于发表全国高等院校、科研机构宪法、行政法学专业优秀硕士论文，凡欲投稿者，请作者附论文指导老师约 500 字左右的推荐理由，指导老师也可以推荐所指导的硕士论文。

　　2.“判例评析”/“事例评析”。本栏目稿件可以是判例评析，也可以事例评析，每卷视稿件情况确定判例或者事例评析栏目。

　　3.“域外公法”。本栏目接受译文稿（附外文原稿、原文作者或者出版社的翻译许可或者电子邮件），也接受作者用第一手外文资料介绍、评析域外公法制度（不要与中国比较）的稿件。

　　4.“名著书评”。本栏目每卷选择国内公法领域中有学术影响力的个人专著，由本刊邀请两位学人作深度评析，并刊登作者本人针对评析作出的回应。

　　二、来稿要求

　　所有来稿请发至:gfyj2000@zju.edu.cn，不需要投寄纸质稿。本刊实行双向匿名审稿制度，自收到稿件之日起 1 个月通知作者是否录用。对所来稿件不做数字限制。稿件格式、注释体例请参照 2015 年卷（总第 14卷），来稿请作者在正文外另附一页详细写明作者真实姓名、职称、单位、通讯地址、电子邮件和联系电话，正文中不出现作者信息以便匿名审稿。凡作者论文刊出之后，赠送样书两本。

　　《公法研究》地址:浙江省杭州市西湖区之江路 51 号(310008)

　　　　　　浙江大学光华法学院 1 号楼 312 室《公法研究》编辑部

行政法判例研读会

"行政法判例研读"是由浙江大学光华法学院教授、博士生导师章剑生老师主持举办、由浙江大学光华法学院公法领域博士生为主的研究生广泛参与的学术交流平台。"行政法判例研读"旨在引导关注中国本土司法实践,鼓励进行司法"判例"、案例研究,"在'个案—规范'的互动中发现行政法的思想,在'个案—规范'的分析框架中解释行政行为的合法性"。"行政法判例研读"每学年举办 4 期,自 2011 年 9 月以来已举办 18 期,由博士生报告论文 36 篇,其中 20 余篇已在学术期刊上发表,且有多篇被《中国人民大学复印报刊资料·宪法学、行政法学》全文转载。

2014 年第 3 期(总第 014 期)于 2014 年 9 月 29 日上午 8:30—12:00 在浙江大学光华法学院(之江校区)7 号楼 103 室开读。本期由浙江大学光华法学院博士研究生张亮报告:《行政允诺司法审查路径之反思——基于黄银友案展开的分析》,以及由浙江大学光华法学院博士研究生梁艺报告:《政府信息公开中"内部管理信息"的判定》。

2014 年第 4 期(总第 015 期)于 2014 年 12 月 30 日下午 14:00—17:00 在浙江大学光华法学院(之江校区)7 号楼 103 室开读。本期由浙江大学光华法学院博士研究生张亮报告:《作为行政法法源的司法解释——从国家工商总局的一份批复说起》,以及由浙江大学光华法学院博士研究生徐建报告:《政府信息"公开"与"保密"之界限研究——基于浙江省各地市政府信息依申请公开情况的实证分析》。

2015 年第 1 期(总第 016 期)于 2015 年 3 月 29 日下午 14:00—17:00 在浙江大学光华法学院(之江校区)7 号楼 103 室开读。本期由浙江大学光华法学院博士研究生黄琳报告:《高校自治规则司法审查进路研究——以指导案例 39 号为例》,以及由浙江大学光华法学院博士研究生郭兵报告:《论行政程序裁量的司法审查标准》。

2015 年第 2 期（总第 017 期）于 2015 年 6 月 30 日下午 14:00－17:00 在浙江大学光华法学院（之江校区）7 号楼 103 室开读。本期由浙江大学光华法学院博士研究生张亮报告：《行政机关与侵权第三人共同致害的责任分担——"黄玉河诉图们市林业局行政"赔偿案"的评释与展开》，以及由浙江大学光华法学院博士研究生张文报告：《行政规定之审查适用模式的异化与回归》。

序

大麦是世界上最古老、最重要的栽培作物之一；青稞是青藏高原地区裸大麦的一种习俗叫法，历来就是藏区农牧民的主要食粮，是当地最具特色的粮食作物。我们的祖先曾以大麦为主要食物，在新石器时代人类文明的起源与发展上，大麦(青稞)起了很重要的作用。目前，大麦(青稞)的主要用途为饲料、啤酒麦芽、食粮、医药保健食品和其他工业原料。随着科学技术和社会的发展，人们对大麦(青稞)营养保健功效的研究和认识不断深入，大麦(青稞)类食品越来越受到大众的青睐。

《大麦(青稞)营养分析及其食品加工》一书参考了大量国内外的研究文献资料，客观、全面地总结了相关学者对大麦(青稞)营养和食品加工的研究和开发成果，并结合作者及其科研团队的研究工作，系统阐述了大麦(青稞)的基本营养成分、主要功效因子和影响食品加工的主要特性。书中分别介绍了以大麦(青稞)为原料的传统食品、大众精细食品、功效食品、酒类产品、发酵和发芽食品及其加工技术，研制和推介了国内外部分大麦(青稞)甜点食品的家庭手工制作方法，讨论了大麦(青稞)食品的安全性以及品质测定方法、生产加工执行法规与标准。本书内容丰富，为谷物营养品质分析和食品研发加工领域增加了一本有科学参考意义的论著，对人们深入了解和普及大麦(青稞)的营养价值和保健功效知识将发挥积极作用，也对推动大麦(青稞)营养评价研究和食品开发具有一定的指导意义，可作为谷物化学和大麦(青稞)食品科学研究领域的师生、研究人员和加工人员重要的参考资料。

大麦(青稞)的营养品质和食品加工受到品种、栽培、加工工艺、消费市场等整条产业链的影响，是一个系统工程，涉及内容广泛而深远，仍有许多问题尚待解决。希望相关研究人员进一步努力，通过学科交叉与合作，推动我国大麦(青稞)营养分析和食品加工的研究和产业化更快更好发展。

中国工程院院士，研究员

2014 年 8 月于北京

前　言

　　大麦(*Hordeum vulgare* L.)，属禾本科一年生草本植物，是世界上四大禾谷类作物之一。在人类历史上，大麦为解决土壤贫瘠地区的粮食问题曾发挥过巨大的作用。青稞是藏区农牧民对生长栽培在青藏高原地区的裸大麦的一种习俗叫法，是当地最主要的粮食作物，在青藏高原的农业生产、经济发展和社会稳定中起着重要作用。

　　大麦(青稞)主要有四大类用途：饲料占70％左右，麦芽占20％左右，食用占7％左右，其他工业用途占3％左右。近年来，随着对大麦(青稞)营养成分的分析鉴定和医药保健功效的研究不断深入，大麦(青稞)食品越来越受到消费者的青睐。1989年，美国蒙大那州立大学研究者Newman等人发现大麦中β-葡聚糖具有降低实验动物血液中血清胆固醇、血脂的效果。而后，澳、英、日、德、中等国的科学家从大麦(青稞)中鉴定分离了母育酚、γ-氨基丁酸、活性肽、多酚类等物质，研究其在降血脂、血压、血葡萄糖水平、激素反应、癌症预防等方面的功效，并重视大麦(青稞)的食品研制和加工工艺研发。

　　《大麦(青稞)营养分析及其食品加工》是通过参考国内外的研究文献资料，梳理国内外学者对大麦(青稞)营养和食品加工的研究和开发成果，并总结作者及其科研团队的工作结果编写而成。全书共分10章，第一章概述了大麦(青稞)的生产及其作为粮食和食品加工的现状；第二、三、四章分别阐述了大麦(青稞)的基本营养成分和主要功效成分，以及影响大麦(青稞)食品加工的特性；第五、六、七章分别介绍了大麦(青稞)的传统食品、大众精细食品和功效食品及其加工技术；第八、九章分别介绍了以大麦(青稞)为原料的酒类饮品、发酵和发芽食品及其加工技术；第十章研制和推介了国内外部分大麦(青稞)甜点食品及其家庭手工制作方法。附录收集列出了大麦(青稞)营养品质和食品安全相关的一些法规与标准，供读者参考。

　　本书在编写过程中，得到了"国家现代农业大麦青稞产业技术体系"的全体岗位科学家、综合试验站站长、科研人员和工作人员的帮助，也得到了其他国内外研究者的大力支持，同意我们使用发表的资料、数据和图片，在此一并向大家表示衷心感谢。

　　虽然编著者已尽最大努力，但由于我们学识有限，本书难免有不妥甚至错误之处，恳请专家、读者不吝赐教和批评指正。

牛睡光　张京

2014年夏

目　录

Nutrition Analysis and Food Process of Barley

Contents

第一章　概　述

大麦(*Hordeum vulgare* L.)，属禾本科一年生草本植物，是世界上最主要、最古老的栽培作物之一。青稞是青藏高原地区最主要的作物，历来就作为当地农牧民的主要食粮。在人类发展历史上，大麦曾为土地瘠薄地区的粮食生产作出过巨大的贡献，为人类文明的起源与发展发挥了重大的积极作用。目前，大麦(青稞)的主要用途有饲料、麦芽啤酒、食粮、医药及其他工业原料等。随着科技的发展和人们生活水平的提高，大麦(青稞)的各种用途比例也在不断变化，大麦(青稞)的营养与功效成分分析及其食品加工日益受到关注。

第一节　大麦(青稞)产量和加工用途

近10年来，世界大麦年总产量达1.1亿~1.6亿吨(图1-1)，年贸易量达1500万~2000万吨(图1-2)，仅次于小麦、水稻和玉米。世界上主要产大麦的国家有中国、俄罗斯、美国、加拿大、法国、澳大利亚等。大麦作为世界上最古老的粮食作物之一，栽培历史悠久，在我国已有三千多年的历史。与其他禾谷类作物相比，大麦对气候环境适应性较广泛，既适于水浇地，也适于盐碱化地、旱地等，因此大麦分布范围辽阔，在世界许多地区均有大量种植。在历史上，大麦为解决土地贫瘠地区的粮食问题发挥过巨大的作用。我国的大麦总产量曾经世界最高，但近年来大麦生产波动较大，虽然大麦单产不断提高，但大麦播种面积、总产量呈下降趋势(表1-1)，而大麦消费量却逐年增加，导致大麦产需缺口拉大，大麦进口数量巨大(李先德等，2012)。我国进口的大麦主要用于饲料和啤酒生产。另外，我国同时也进口了较多的大麦食品，如麦片等。

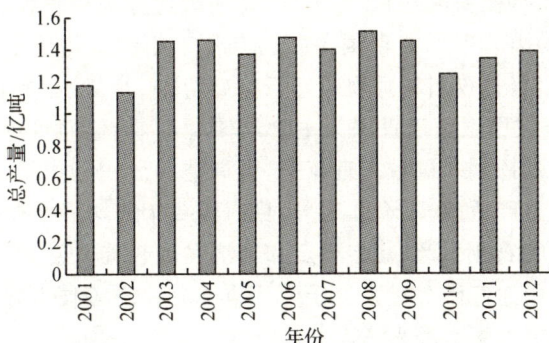

图1-1　2001—2012年世界大麦年总产量

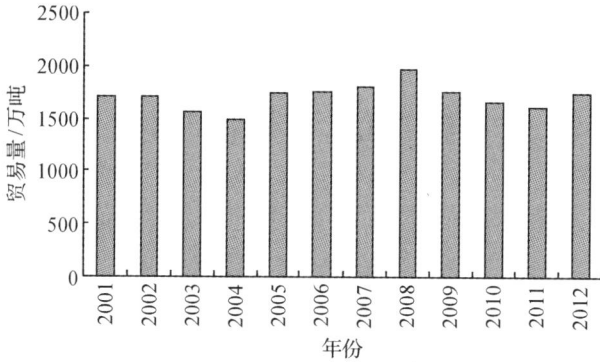

图 1-2 2001—2012 年世界大麦年贸易量

表 1-1 中国大麦生产平均面积、单产、总产量以及进口量

年份	面积/公顷	单产/(吨/公顷)	总产/万吨	进口量/万吨
1961—1965	392.4	1.2	467.1	225.31
1966—1970	232.8	1.1	265.7	41.23
1971—1975	215.5	1.4	288.1	149.53
1976—1980	144.4	2.2	314.0	203.94
1981—1985	115.2	2.7	306.0	214.26
1986—1990	108.0	2.7	292.5	279.43
1991—1995	161.0	2.7	433.4	638.50
1996—2000	139.0	2.6	358.8	791.15
2001—2005	81.5	3.8	312.0	1022.35
2006—2010	74.1	3.7	276.4	852.18

引自李先德(2012),根据 FAO 数据整理。

大麦分为稃大麦和裸大麦两类。传统习惯上,大麦是指有稃大麦(或称皮大麦);而裸大麦,因其内外颖壳分离,籽粒裸露而得名,在不同地区叫法有异,如元麦、米大麦、青稞等。青稞是青藏高原等地区藏民对裸大麦的一种习俗叫法。青稞因其籽粒(糊粉层)的颜色不同,又通俗地分为白青稞、黑青稞、墨绿色青稞、紫青稞等种类。青稞在青藏高原已有几千年的栽培历史,主要分布在我国西藏、青海、四川(甘孜州和阿坝州)、云南(迪庆)、甘肃(甘南)等高海拔(4200～4500m)地区。藏民素有以青稞为主食的传统习惯,他们将青稞和动物奶、酥油茶的营养调和发挥到了极致。近年来,青稞播种面积和产量分别约占西藏粮食总播种面积和总产量的 60% 和 55%,目前西藏年人均消费青稞 200～300kg。青稞对青藏高原的农业生产、社会稳定和经济发展起着重要作用。

大麦(青稞)用途广阔。过去由于受品质成分检测等技术方面的限制,对大麦的用途主要按照大麦类型来考虑。

六棱大麦:穗轴每个节片上的三个小穗都能结实,各个小穗与穗轴等距离着生,穗的横切面呈正六角形,故称为六棱大麦。麦粒小而整齐,含蛋白质较多。六棱皮大麦因发芽整齐,淀粉酶活力大,特别适于制麦芽。六棱裸大麦则多作食粮。

四棱大麦:穗轴每个节片上的三个小穗都能结实,但中央小穗紧贴穗轴,两个侧生小穗互相靠近,致使麦穗的横切面呈四角形,故称为四棱大麦。其穗形较稀疏,麦粒较大,但不均匀,蛋白质含量高。四棱皮大麦因发芽不整齐,只宜于作饲料,但四棱裸大麦可以食用。

二棱大麦:穗轴每个节片上仅中央小穗能结实,侧生小穗发育不完全,穗形扁平,形成两条棱角,故称为二棱大麦。二棱皮大麦,其籽粒大而整齐,壳薄,淀粉含量高,蛋白质相应较少,发芽整齐,多用来作啤酒原料。二棱裸大麦可食用或作饲料。

随着分析测定技术、育种技术和加工技术的发展和进步,大麦的用途与类型之间的关系逐渐消失。其用途主要决定于大麦品种的营养成分和加工特性。

目前世界上大麦用途主要有四大类(图 1-3)。饲料(占总产量的 70%左右):大麦是良好的精饲料,大麦的饲料价值相当于玉米,可消化的蛋白质和赖氨酸等含量较高,在猪的肥育后期掺喂大麦,可提高瘦肉率;特别是可用作水产畜牧的饲料。麦芽(占总产量的 20%左右):大麦麦芽是酿造啤酒和威士忌的关键原料。大麦富含淀粉、糖类、氨基酸和淀粉酶,可制酒精,也是生产麦芽糖和酿制啤酒的主要原料。食用(占总产量的 6%左右):大麦在某些国家或地区作为食粮。在我国青海、西藏地区,大麦是当地居民的主要食粮;在我国沿长江一带,人们则将麦粒磨碎和米一起煮饭或磨粉制成糕饼;在西方国家,人们将麦粒切断碾成珍珠米或在大麦生长腊熟期将麦粒碾成麦片,是西方人的重要食物。近年来大麦功能保健食品日渐兴起,大麦医药功能也初显潜力。其他工业用途(占总产量的 3%左右):大麦还在造纸、印染、化工、能源等工业领域具有广泛的用途。

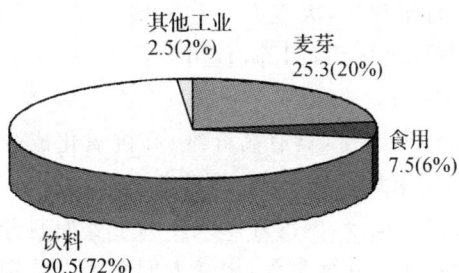

图 1-3 世界上大麦四类用途的数量(百万吨)及其比例(按 2011—2012 年资料统计)

我国的大麦用途主要为饲料、啤酒工业、食用。2008—2010 年统计数据表明,我国年大麦消费量在 400 万吨左右,各项用途比例为:饲料 13.37%、啤酒工业 79.96%、食用 2.12%(李先德等,2012)。在我国,大麦用于造纸、印染、化工、能源等工业领域尚较少。

①饲料加工

大麦的主要用途之一是饲料。大麦作为饲料具有一定的优势,但也有不足。研究表明,大麦籽粒胚乳细胞壁含有较高的 β 葡聚糖,它能够提高动物,特别是一些水产动物的免疫力,增强对疾病的抵抗力。但是大麦中的 β 葡聚糖不易被动物吸收,大大降低了饲料的转化率。因此大麦 β 葡聚糖是饲料效率的一个限制因子。这一问题被许多研究者和饲料加工企业所重视,希望通过降低饲料中的 β 葡聚糖含量来提高饲料的转化利用率。目前采用的方法有直接添加 β 葡聚糖酶或经过微生物发酵以降解葡聚糖,用生物、化学方法去除大麦中的 β 葡聚糖以提高大麦饲料的动物吸收效率。但是,这样的处理又会降低 β 葡聚糖增强免疫力的功能。因此,如何使得两者达到合适的平衡点,根据不同的动物种类和动物生长发育的不同阶段合理使用大麦饲料,以及采取合理加工技术,生产配置大麦饲料,将是大麦饲料研究和加工中非常重要的课题。

②麦芽啤酒加工

大麦是啤酒麦芽的主要原料,随着啤酒工业的发展,大麦的需求量逐年增加。

但是,近年来随着啤酒制造技术的研究和发展以及生产成本等原因,在制啤过程中,非大麦的辅料如大米、玉米、小麦等的添加量增加,或者出现了非大麦原料制啤技术,如小麦啤酒,导致了大麦麦芽的使用量减少。

因此,在啤酒生产中,啤酒的质量标准值得考虑,大麦的品质和原料生产成本值得重视。另外,发展独特的加工技术,呈现无可替代的大麦麦芽风味,也是十分重要的。

③食品加工

我们的祖先曾主要以大麦为食粮,在新石器时代文化的起源与发展上大麦起到了主要的作用。直至现代,大麦在一些发展中国家还起到主粮的地位,如摩洛哥、埃塞俄比亚高原地区、也门等,食用大麦占到 $50\%\sim60\%$;但在发达国家大麦食用少,占 5% 左右。

大麦加工的食品营养丰富,具有高纤维、高抗氧化成分、低胆固醇、低脂肪等特性。在世界许多国家地区,大麦食品日渐盛行。近 10 年大麦精深加工产品开发和生产逐渐增多。迄今,国内外以大麦为主要原料开发出的食品已达数百种以上,如大麦苗粉、大麦叶绿素等,深受人们喜爱。特别是我国青藏高原自然条件独特,环境污染小,因此,青稞作为"绿色"营养有机食品也越来越受到人们的青睐,极具开发价值和良好的市场前景。

④医药产品加工

大麦具有一些独特的功效成分,如 β-葡聚糖、母育酚、蛋白活性肽、γ-氨基丁酸、维生素、黄酮多酚类物质等等。研究实验证实,这些物质分别在降血脂和降胆固醇预防心血管疾病,控制血糖防治糖尿病,提高机体防御能力、清肠通便,间接抑制癌症,抑制过多胃酸等方面具有一定的功效,对促进人体健康有积极的作用。发展大麦(青稞)的医药保健产品将是加工产业具体发展方向之一。

⑤酒类、饮料类产品加工

大麦(青稞)还可以加工成其他功能产品,如酒类、饮料类产品。青稞可酿制青稞酒、白酒、伏特加、威士忌、青稞黄酒、青稞红曲酒等。近年来,随着加工技术的发展和创新,大麦(青稞)饮料产品也日新月异,越来越多。如大麦茶、大麦麦芽饮料、大麦(青稞)八宝粥、大麦麦芽露等等。

⑥其他产品加工

近年来,大麦(青稞)的蛋白质、淀粉等成分除了食用外,在医药、食品、酿造、纺织、航空、铸造、建筑、石油和黏合剂等工业上有广泛和特殊的用途,广泛用于制糊精、麦芽糖、葡萄糖、酒精等;工业上用于调制印花浆、纺织品的上浆、纸张的上胶、药物片剂的压制等。支链淀粉具有较高的膨胀性、黏滞性和透明度,可作为优良的增稠剂、乳化剂、浆黏剂、悬浮剂、黏合剂、稳定剂、防老化剂等原料。直链淀粉制成的薄膜,具有较好的透明度、柔韧性、抗张强度和水不溶性,可应用于密封材料、包装材料和耐水耐压材料的生产。另外,在生物能源开发研究方面研究者也有所探索,受到重视。

大麦(青稞)食品产业通常不包括饲料加工和啤酒麦芽加工产业,虽然大麦通过饲料养育的部分动物可以作为人类的营养食品间接利用,麦芽啤酒业可以广义的认为是食品的范畴。

第二节 大麦(青稞)资源的重要性 及其食品加工的发展

青稞,又称裸大麦、元麦、米大麦。青稞子粒颜色因品种而异,又通俗分为白青稞、黑青稞、紫青稞、墨绿色青稞等类型。

青稞栽培距今已有 3500 多年。主要分布在西藏、青海、四川的甘孜州和阿坝州、云南的迪庆、甘肃的甘南等海拔 4200~4500m 的高寒地区。大自然赐予这片高原净土和充足阳光,伴随雪水滋润,青稞养育了世世代代青藏高原的人民,在这历史过程中,同时也伴随着青稞加工技术的发展。青稞及其加工产品不论在物质文化还是精神文化领域,均形成了内涵丰富、极富民族特色的青稞文化,是藏族人民一直珍视的生活信仰。青稞是西藏四宝之首糌粑的主要加工原料。有着广泛的营养以及保健医药价值。青稞含丰富的 β-葡聚糖等稀有的营养成分和微量元素。青稞的加工技术不断革新,产品研发取得了长足的进步,加工方式已经从过去的简单食品加工向包含高新技术的多元食品加工方向发展,至今,已有大量食品种类研制成功,并逐渐向医药保健领域发展。如目前已成功研发了青稞挂面、青稞馒头、青稞营养粉、青稞饼干等固体食品,青稞茶、青稞露、青稞汁、麦芽饮料等饮品,青稞 β-葡聚糖胶囊、青稞母育酚软胶囊等青稞保健产品,青稞酒、青稞白酒、青稞红曲酒等酒类食品。青稞食品已不断融入藏族人民以及其他民族、其他国家地区人们的生活,被视为一种保健粮食。

大麦(青稞)食品的加工历史悠久,但技术水平仍然不高,加工设备简单。大麦(青稞)的食用在人类发展历史上占据过重要地位,对于一些发展中国家特别是一些高寒山区的人民生活意义更大。但目前,单纯用于粮食的比例不断下降,只占大麦总产量的 2%～6%,发达国家和地区比例更低。大麦的食用趋势已从普通的粮食转变成保健食品的加工利用、功能成分的提取。

在中国大麦(青稞)的发展历史上,最初阶段由于农业落后、人口庞大,粮食不足,人们过着食不果腹的生活,特别在每年的青黄不接季节,粮食供给成为最主要的问题之一。由于大麦比小麦等作物早熟,因此对于度过青黄不接季节性饥荒起到了重要的缓解作用。在那个时候,大麦多直接用作人们的食粮。而随着农业生产和技术的发展,粮食已基本满足,大麦作为主要食粮的局面已经发生了巨大变化。目前,青稞仍为青藏高原藏民的主粮外,只在部分地区、部分居民保留了大麦食用传统,少量地用作大麦粥、大麦汤等的原料。

当代社会,随着生产力的发展,人们生活水平不断提高,物质生产高度发达,导致了生活方式和食物结构等的改变,给人类带来了许多营养健康的困惑和担忧,如调查结果显示,高血脂、高血糖、高血压、肥胖症、糖尿病、冠心病、肿瘤病以及亚健康疾病的人群比例逐年增高。而大麦(青稞)营养功效成分的研究也逐渐深入,特别是 20 世纪 80 年代末,美国研究者发现大麦中的 β-葡聚糖具有降血脂、降胆固醇、预防心血管疾病的功能(Wang et al,1992),而后,又陆续发现大麦 β-葡聚糖具有提高免疫力、抗肿瘤等作用,并不断研究分析大麦(青稞)的其他成分(如母育酚、多酚类等)及其医药保健功效(Ohgidani et al,2012;Kamiyama,2012;Andrea,2004;那成龙,2012)。随着人们对大麦(青稞)保健作用的认识不断提高,大麦(青稞)作为健康食品加工的原料越来越受到关注。

目前,国家对大麦(青稞)研究给予了大力支持,大麦(青稞)的食用品质遗传改良、功效成分分离提取、功能分析鉴定、加工技术、工艺及其设备研发和设计、产品开发和生产产业化等均得到了较快发展。

1 大麦(青稞)食品加工现状

1.1 大麦(青稞)食品加工企业逐步加强

目前,随着国家西部开发战略的提出和实施,对大麦(青稞)的重视和政策的支持,以及科研人员对大麦(青稞)保健食品营养以及医药功效的研究不断深入,人们对大麦(青稞)加工产业化的期望越来越高,也吸引更多的企业家和投资者的兴趣和参与。因此,大麦(青稞)食品加工和营销企业数量不断增加,规模也逐渐扩大。并且许多原来不涉及大麦(青稞)食品加工的食品企业和医药企业也纷纷上马大麦(青稞)加工项目。据近两年的粗略统计,目前我国涉及大麦(青稞)产品加工和销售企业已达到数百家,分布于 20 多个省区市,但以西藏、青海、云南为主。这些企业分为股份制、私营个体和中外合资企业等多种类型。

1.2 大麦(青稞)加工食品类型多样化

近年来,我国大麦(青稞)加工产品种类逐年增多,以适应不同层次、不同区域的消费群体。目前,大麦(青稞)食品加工的产品主要可归为以下 5 大类型:①大麦(青稞)传统食品;②大麦(青稞)大众食品;③青稞营养精细食品;④青稞保健医药产品;⑤大麦(青稞)发酵食品。

1.3 大麦(青稞)食品加工生产设备现状

目前,除了极少数企业从国外引进一些加工生产设备外,大麦(青稞)食品加工的机械化、自动化程度总体上还不是很高,部分小型和个体企业甚至仍以手工作坊加工为主,设备落后。由于近年来青稞食品开始受到重视和青睐,已有的一些食品加工企业开始涉及大麦(青稞)的加工项目,但是大部分食品加工企业的大麦(青稞)加工主要还是利用原有的机械设备、技术工艺和生产线;新投资上马建设的大麦(青稞)加工企业,也因目前大麦食品专用设备不多,只能借助于现有其他粮食作物食品加工生产的仪器设备,虽然这些设备具有一定的共性,可以在大麦(青稞)上应用,但大麦(青稞)有其自己的特性,人们期望研发出具有针对大麦(青稞)食品加工生产特点的专业机械设备,有利于大麦(青稞)食品加工技术的研发和产业化生产。

2 大麦(青稞)食品加工发展趋势

2.1 提高大麦(青稞)加工研究水平,研发更多青稞食品新类型

大麦(青稞)食品的开发,既要有传统的继承,又要有创新。有关研究者建议进一步明确大麦(青稞)食品发展方向,不断研发大麦(青稞)食品新类型。首先,对已有的传统大麦(青稞)食品、大麦(青稞)大众食品、营养精细食品等做好加工技术的改进和创新,逐步实现加工生产的规模化、现代化和自动化。其次,不断开发新的加工产品类型,如开发适应更多人群对青稞食品的特殊口感和口味、解决口感和功效的有机结合,开发出高营养、好口感的大麦(青稞)精细食品,以扩大产品的适应群体。如,(1)便捷食品,以适应快节奏的生活方式,未来的加工方向是生产保持大麦(青稞)食品的固有品质和天然属性的营养、功能、卫生的青稞食品,同时既便于携带,又食用方法简单。(2)保健功能食品,以适应由于工业发展,生活水平的不断提高,生活环境的污染日趋严重,各种慢性疾

病,如心血管疾病、糖尿病,甚至肿瘤等的发病率上升,带来人民对食品的营养、保健的期望和要求。针对不同营养要求的特殊群体,生产一些需要大麦(青稞)特殊营养成分的食品,如利用大麦(青稞)富含 β-葡聚糖、母育酚等的特性,发挥它们的功能,生产对心血管系统具有保健作用的食品。

2.2 利用高新技术,提升大麦(青稞)加工产品质量

大麦耐瘠薄分布范围广。青稞主要分布在我国西部的西藏、青海、四川的甘孜州和阿坝州、云南的迪庆、甘肃的甘南等海拔 4200～4500m 的高寒地区。虽然青稞食品的加工历史悠久,但多为初级加工产品。至今大麦(青稞)加工研究力量仍然不足、加工技术薄弱、设备相对陈旧。为适应食品和医药品原料的要求,需要在青稞加工产业中加强采用高新技术,提升产品质量。这些高新技术包括 HPLC、GC-MS 等测定分析技术,也包括如挤压蒸煮技术、膜分离技术、微胶囊技术、超临界流体萃取技术、微波技术、超高压技术、超微粉碎技术、膨化与挤压技术、冷杀菌技术、高温瞬时杀菌技术、真空冷冻干燥技术、无菌贮存与包装技术及新颖的生物分离技术等,它们能提高青稞加工的自动化程度,提高加工效率,实现青稞加工生产规模化和现代化。

2.3 实施全程质量监控,确保大麦(青稞)加工产品安全

在大麦(青稞)食品加工生产中,为了确保大麦(青稞)食品的安全,应该做好大麦(青稞)生产加工各个环节的工作,以实现青稞产品的产、加、销一体化经营。现代大麦(青稞)加工生产应当具有以下几个要点:(1)加工品种专用化。根据不同加工类型,不同的功效成分,不同的用途,培育相对应的专用型大麦(青稞)品种,特别是功能保健食品的研发生产。(2)加工原料基地化。各个企业需要根据自身的产品种类,建设自己的或委托设立大麦(青稞)原料基地。基地的建设将有利于优良专用品种的推广应用,有利于肥水、植保等栽培管理技术的统一,更适合于全程的机械化播种、施肥、灌溉、收割、烘干、储存等,以保证大麦(青稞)加工原料的均质性。特别是用于食药品原料的大麦(青稞)原料基地建设最好要符合 GAP 标准。(3)生产加工和原料产品质量体系标准化。主要是落实食品生产加工业质量安全区域监管责任,实施食品质量安全市场准入制度。加强对食品生产加工企业的日常监管,从加工生产制度和技术上把好安全质量关。抓好对食品生产加工小作坊的监管。严厉查处、坚决取缔非法食品生产加工企业和小作坊,加大对食品添加剂生产和使用的监督力度。首先,保证大麦(青稞)原料生产的环境保护,从青稞品种、原料基地、栽培管理、收获存储全程监测大麦(青稞)质量,减少污染物质。另外,在大麦(青稞)食品加工生产中,要逐渐采用先进的加工设备,提高和开发更安全的新技术和计算机网络控制系统,保证大麦(青稞)食品加工生产、储存仓库等的环境,全程监测和控制"三废"指标,利用先进监测仪器、生产设备和优良的生产工艺,控制有害物质。

特别是作为功能食品、医药品的大麦(青稞)生产和加工企业要按照 GAP、GMP 组织生产,同时实施 HACCP 体系。目前,大麦(青稞)产品标准体系和质量控制体系越来越完善,产品的质量安全水平有了很大的提高。

3　大麦(青稞)资源的重要性

3.1　大麦(青稞)资源的需求性和不可替代性

大麦(青稞)在一定的时期或一定的区域内,作为特定的资源,具有积极的作用。如青稞在青藏高原特殊的高海拔、寒冷低温、低氧等环境下,能够顽强生长,而其他作物很难正常生长。另外,青稞作为特殊的食粮资源,可以加工成糌粑,具有与动物油脂、奶等成分调和的功能,又可以较长时间保存,便于携带,操作方便,特别适合作为牧民食粮,在游牧为主的时代,具有极大的需求性,也是其他作物无法替代的。

3.2　大麦(青稞)资源的持久性

大麦(青稞)资源已经具有数千年的历史,在作为饲料和食粮方面起到了巨大的作用。然而,随着作物遗传育种技术的发展,其他的一些粮食作物品种经过遗传改良,可以在青藏高原的环境下生长,并被开发为饲料、粮食,使得大麦的使用量减少。

因此,要使大麦(青稞)资源保持持续发展,需要对大麦(青稞)的其他功能做不断的研究开发。这样,虽然大麦(青稞)作为饲料或基本食粮的资源优势在减少,但其他功能的开发会使得大麦(青稞)资源利用增加,仍然保留资源的持久性。并且,随着大麦(青稞)的研究不断深入,其价值将越来越高。

3.3　大麦(青稞)资源的不可模仿性

不可模仿性是创造价值的核心,因为它限制竞争。如果一项资源不可模仿,它所创造的财富就能源源不断。青稞是大麦中的特殊品种,并生长在特殊的环境,品种与环境的作用产生了特殊的成分和功能。某些特殊的成分是其他作物无可替代和模仿的。只有充分利用这种特殊的资源,发挥其特殊的功能,才是青稞开发加工的真谛。

第三节　大麦(青稞)作为食粮的主要人群及其分布

1　以大麦(青稞)作为食粮的人群比例在下降

大麦(青稞)在历史发展过程中,为解决生产力低下、土地贫瘠、环境不好地区人们的食粮问题起到过巨大的作用。但是,随着历史的演变和作物育种技术、食品加工技术的发展等诸多因素的变化,以大麦(青稞)作为食粮的人群比例在不断地下降。在新石器时代，大麦是世界人群的主要食粮；在现代，以大麦为主食的人群在逐渐变小，主要分布在摩洛哥、埃塞俄比亚、也门等高原地区，我国主要集中在青藏、云川等高原地区。

2 大麦（青稞）作为食粮的人群比例降低的原因

2.1 生活方式

随着社会的发展，人们的生活方式在不断地变化。游牧民的生活不断改变成定居生活，这部分改变了青稞糌粑等饮食习惯。在历史发展的特定时期，在青藏高原的特殊环境下，人们过着"逐水草而居"的游牧生活，一顶帐篷就是他们漂泊的家。这种长期在外的生活，需要便于携带、容易保存、饮用简单的食品。以青稞为原料制成的糌粑就显示了一定的优势特点，它成分特殊，制作工艺简单，保存容易，适宜与动物的油和奶调和，取材和食用方便。因此，在当时青稞的食粮需求比例较高。但随着藏牧民地区的农牧业结构调整，政府实施"安居工程"，游牧生活方式不断减少，逐渐向定居生活方式发展，藏牧民的饮食习惯不断改变。这样，对糌粑等食粮需求的比例也就不断减少。

2.2 加工利用

青稞加工技术的改变：过去加工技术相对落后，在高原低气压的环境下，青稞糌粑的加工是一种比较适宜的方法。现代新型加工技术的不断出现，使得青稞可以加工成许多其他的产品，如近年来，出现用青稞为原料的青稞啤酒、青稞红曲酒、青稞保健功能食品等，从而减少了糌粑等作为直接食粮的比例。

2.3 交通运输

交通运输的发达完善，使其他像水稻、小麦、玉米、大豆等粮食在青藏高原地区的数量不断增加，导致其他粮食在该地区的使用比例逐步提高。同时，由于交通运输能力的提高，大麦（青稞）从原产地向工业发达地区调运，用作其他非食粮用途的数量和比例逐渐增加，造成大麦（青稞）作为食粮的数量和比例发生改变。

2.4 遗传育种

先进遗传育种技术的发展和应用，极大改良了粮食作物的生物特性，提高了作物的耐环境胁迫性，提高了在逆境地区的作物产量，并改良了作物的品质。在青藏高原地区，一方面，遗传育种技术改良培育了一批优良的青稞新品种，提高了青稞的单位产量，改善了青稞的品质。另一方面，遗传育种技术在促进青稞发展的同时，也极大地加快了原来不能在青藏高原特殊地区适应生长的其他作物品种的遗传改良，改变其对特殊环境的适应能力，使之可以在该地区栽培种植，并通过遗传育种和生物工程技术，改良其农艺性状和品质性状。从而，使青稞以外的其他一些作物在青藏地区也得到迅速推广，播种面积逐渐扩大，粮食比例逐渐提高。这样也减少了青稞作为食粮的比例。

2.5 文化交融

不同民族间生活方式的结合,文化的交融,也不断相互同化或改变着不同民族间的饮食习惯。不同民族各自都增加了外源的饮食文化,也逐渐改变各自的饮食方式和习惯。

2.6 营养口味

人、动物与植物之间存在依赖的关系,随着长期的进化,人类的适应性和对食物的依赖性发生改变(味觉、嗅觉、视觉基因的突变),从而表现出对食物需求性和食物营养口味嗜好发生了改变。同时由于生活和文化的交融,青年一代人群对青稞的特殊口感和口味的感受与老一辈可能有所不同,对食粮的偏好也不一样。当前,年轻人中以青稞作为食粮的比例在下降。加之,目前外来的其他作物食品数量不断增加,许多人由于尝新心理,选择多种其他食品,因此,也无形地减少了青稞作为该地区食粮的比例。

2.7 饲料比例增加

随着农业结构的调整,畜牧业的发展,经济利益的驱动,部分青稞作为饲料应用。目前研究表明,大麦(青稞)作为青饲料已经越来越受到重视。

2.8 麦芽啤酒原料的增加

20世纪80年代以来,啤酒消费在我国迅猛增加,带动了我国啤酒业快速发展。作为啤酒原料的大麦比例急剧上升。在前期,作为啤酒原料的大麦为皮大麦,但是近年来,由于青稞啤酒技术的发明,青稞作为麦芽啤酒原料成为可能,部分青稞作为啤酒原料使用。

2.9 其他工业用途

随着工业的发展,大麦(青稞)在工业上的用途逐渐增加,大麦(青稞)的蛋白质、淀粉等成分在纺织、造纸、航空、铸造、建筑、石油、化工、生物质能源等工业领域已有广泛的用途。这都使大麦(青稞)的食用比例发生改变。

第四节 大麦(青稞)需求增长点和加工产业化前景

统计资料表明,大麦作为食粮的比例在国内外均不断下降,特别是发达国家。研究显示,青稞在青藏高原地区作为食粮的比例也在下降,但青稞的需求增长点在变化,已经从青稞生产区向非生产区转移,从粗放加工向精细加工发展,从粮食用途向其他用途转移。总体分析,青稞产业的前景依然广阔。

1 青稞在非生产区的需求将上升

1.1 青稞的营养功能作用逐渐得到认可

青稞历来就作为藏族牧民的主要粮食。虽然,由于种种原因,青稞生产区的青稞作为食粮的比例在逐渐下降,但是,青稞的独特成分和营养功能已经越来越受到大众的认可和青睐,大家均希望品尝青稞的功能食品。目前,青稞的功效成分如 β-葡聚糖、母育酚、GABA、黄酮类物质等的提取加工日益受到人们,特别是非青稞产区人们的重视。现在,青稞的精细加工食品、功能保健食品、饮料以及青稞为原料的医药品在非青稞生产区持续受到重视。

1.2 青藏文化日益受到青睐

青藏高原生态环境特殊,高海拔、氧气稀薄,但生长在那里的藏族同胞人群,千百年来他们适应着这样的环境气候,是否与他们的青稞饮食具有一定的关系,这已成为研究者和人们关心的课题。因此青藏高原的特殊饮食文化也日益受到青睐。如糌粑、青稞酒等具有青藏高原文化的食品在非青稞产区日益受到欢迎。

2 青稞在非粮食用途领域地位得到上升

大麦(青稞)作为人们直接食粮的比例在下降,但是在非粮食用途的比例却在不断上升。

2.1 酒业、啤酒业的发展

大麦(青稞)用作酿酒业原料,是目前大麦(青稞)最主要的非粮食用途。大麦(青稞)可以用于麦芽啤酒、青稞酒、白酒、威士忌等的酿造原料,用量在不断上升。

2.2 青稞医药因子的开发

大麦(青稞)一个非常有潜力的用途是医药功能因子的开发。在中医和藏医历史上,大麦(麦芽)、青稞都广泛被用作消化系统、排泄系统等治病和防病的药方组成原料之一。目前,随着分析测定技术的发展,大麦(青稞)的功效成分越来越清楚,如 β-葡聚糖、GABA(γ-氨基丁酸)、黄酮类物质等已经被逐步开发利用。另外,已有研究表明,青稞籽粒中还有一种极具开发前途的功能活性物质——母育酚(主要由生育酚、生育三烯酚等组成)。它能显著降低动物和人的总胆固醇和低密度脂蛋白水平,并且在抗氧化方面具有独特的生理功能,可以防止皮肤氧化损伤,保持皮肤细胞中维生素 E 的正常水平,抗血管硬化,预防体内病毒感染和紫外线照射损伤。研究表明,生育三烯酚可抑制癌细胞增殖,将生育酚与它莫西芬合用,对抑制癌细胞增殖具有协同作用,可用于治疗乳腺癌。我们相信,大麦(青稞)的根、茎、叶、花、果中的医药功能成分将得到不断深入研究和利用。

2.3 生物质能源的开发利用

大麦(青稞)的生物能源开发研究也已经受到重视。研究表明,大麦籽粒可通过发酵转化成生物质能源,如乙醇等。麦秆可以充分利用,如沼气转化等等。由于大麦(青稞)对生长环境的适应性广,生长季节长,可以利用冬闲田,生产生物质能源。

2.4 饲料产业

大麦(青稞)的另一个非粮食用途是作为动物畜牧业的饲料。大麦(青稞)籽粒由于其 β-葡聚糖含量较高而影响其转化率。但也正是由于 β-葡聚糖的存在,使得其具有促进动物免疫力提高的功能,增强动物的抗病性等等。因此大麦(青稞)作为特殊的功能饲料,在动物生长发育的特定时期具有重要的意义。大麦作为饲料原料仍具有很好地产业前景。另外,大麦青饲料也是非常有发展前景的,大麦(青稞)的青饲料功效已经为科学家很好的证实,大麦(青稞)作为青饲料已经越来越受到重视。

第五节 大麦(青稞)食品加工产业发展目标和方向

1 大麦(青稞)营养分析及其食品加工的必要性

大麦(青稞)食品加工产业的发展依赖于:(1)品质改良,主要是改良大麦(青稞)食用品质加工特性和提高功效成分。(2)加工技术创新,主要是创立新的加工方法和技术,最大限度地利用大麦(青稞)的独特功效成分,改善产品的色香味等食用口感性。

大麦(青稞)营养分析是食品加工的基础,只有通过对其营养成分的含量和结构进行准确的测定分析,并对其功效等做详尽的试验,才能更好地制定大麦(青稞)食品的研发内容和目标。同时,可以根据分析测定结果,选择和研发合适的食品加工设备和加工方法,以最大限度地利用大麦(青稞)的营养和功效成分。

大麦(青稞)的食品加工是大麦(青稞)普及食用的技术保障。大麦(青稞)虽然具有明显的营养价值和功效价值,但由于人类的长期进化,对大麦(青稞)产品的口感、味感等的适应性发生变化,因此需要通过加工技术,使加工的大麦(青稞)食品在保持其营养和功效的前提下,更适合人们的嗜好,充分发挥其作用。

2 大麦(青稞)食品加工产业发展目标

大麦(青稞)食品加工产业发展的目标是针对大麦(青稞)资源开发的需要,充分利用大麦(青稞)资源的特殊成分,研究适合针对大麦(青稞)的加工技术和设备,提高大麦(青稞)加工食品的质量,开发更多大麦(青稞)新食品,为人们食用,更有效地开发和利用大麦(青稞)的功能成分,增强人们体质;同时增加大麦(青稞)附加值,提高农民收入,提高大麦(青稞)的经济和社会效益,使大麦(青稞)产业可持续发展。

在制定大麦(青稞)食品加工产业发展目标的时候,既要考虑与其他粮食作物、经济作物的效益比较,使大麦(青稞)的经济和社会效益提高,又要与其他行业的效益相比。随着产业结构的变化调整,许多过去以种植粮食作物为主的种植结构逐步向多元化的产业结构发展。因此需要考虑大麦(青稞)在多元经济结构中,如何保持优良的势头,显示巨大的效益。

3 大麦(青稞)食品加工产业发展方向

根据大麦(青稞)加工产业发展目标和大麦(青稞)的需求变化等因素,确定其发展的具体方向。

3.1 大麦(青稞)传统文化食品

糌粑是藏族人民的传统食品之一。在宗教节日中藏族人民还要抛撒糌粑,以示祝福;在举行盛大煨桑时,人们不但要往火里洒点水,还要投入糌粑等。有藏族民歌唱道:你点燃雪笆,我烧起糌粑……这种糌粑文化的魅力是其他民族少见的。青稞是藏族人民制作糌粑等的主要原料,青稞炒后磨成面用酥油茶拌着吃。发展青稞传统文化食品是青稞食品加工产业的主要方向之一。她不仅能发扬藏民地区的传统宗教文化,也能促进其他地区对藏族文化的兴趣,对青稞饮食文化的兴趣,拉动青稞加工产业。

在极少部分非藏族地区,也还继续保持着过去大麦饮食的传统,如用大麦仁熬大麦粥、大麦汤,也有添加部分大麦米煮饭等。

3.2 大麦(青稞)大众食品

青稞的营养是比较丰富的,从有关资料对比来看,藏族人民的主食糌粑,特别是配上牛奶、酥油茶等,营养价值不低于其他谷类的营养,有的营养素(如β-葡聚糖等)显著高于其他谷类食物。因此大麦(青稞)食品又受到大众的关注,大麦(青稞)的大众食品研究成为产业发展方向之一,如青稞精米(麦仁)、青稞精粉、青稞面条、青稞饼干糕点类大众食品不断推陈出新。同时,大麦(青稞)饮料产品也日新月异,越来越多。如大麦茶、大麦麦芽饮料、大麦(青稞)八宝粥、大麦麦芽露、大麦(青稞)麦苗粉、麦绿素等等,其市场在不断增加。

3.3 大麦(青稞)营养精细食品

人们对青稞营养和功能效果的认识日益加深,但由于大麦(青稞)食品的特殊口感和口味,其普及的程度还不够。因此,大麦(青稞)加工产业的方向之一是如何更好地解决口感和功效的有机结合,开发出高营养、好口感的青稞精细食品。这样,可以扩大产品的适应群体,特别是适应非青稞产区的人群。目前,青稞的改良传统食品正朝该方向发展。如人们将青稞与其他一些作物原料如豌豆、芝麻、核桃、糯米等掺和加工制作"花色糌粑"等具有传统文化的营养精细食品,不但深受藏族人民的喜欢,而且作为藏餐出现在主要饭店,成为招待宾客的重要食品。同时,根据非青稞产区人群的口味嗜好,通过调节成分比例、添加辅料的选择,制成适合非藏区群体的青稞营养精细食品,销往非藏区和国外地区。

3.4　大麦(青稞)保健医药产品

青稞具有丰富的营养价值和突出的医药保健作用。调查分析显示,在高海拔的寒冷、干旱、缺氧的青藏高原,当地居民能正常适应,并且不乏百岁长寿老人。这可能与他们常食青稞,与青稞突出的医疗保健功能作用紧密相关。据《本草拾遗》记载:青稞,下气宽中、壮精益力、除湿发汗、止泻。藏医典籍《晶珠本草》更是把青稞作为一种重要药物,用于治疗多种疾病。现代科学实验分析表明,大麦(青稞)具有一些营养价值和特殊功效的成分因子,如 β 葡聚糖、母育酚、GABA、黄酮、酚酸、膳食纤维、活性肽等。实验证实它们分别在降血脂和降胆固醇预防心血管疾病,控制血糖防治糖尿病,提高机体防御能力、清肠通便,间接抑制癌症,抑制过多胃酸等方面具有一定的功效,对促进人体健康有积极的作用。发展医药保健产品将是大麦(青稞)加工产业发展的主要方向之一。

3.5　大麦(青稞)发酵产品

大麦(青稞)加工产业的方向之一是酒类、饮料类产品开发。大麦(青稞)历来就是酿酒的主要原料之一。除了啤酒外,大麦(青稞)还可酿制青稞酒、白酒、伏特加、威士忌。近年来,随着酿造技术的发展和完善,大麦(青稞)也被用于青稞黄酒、青稞红曲酒等的生产。

当然,大麦(青稞)的营养成分分析需要进一步加强,充分认识大麦(青稞)的营养功能,发展食品加工技术,将青稞这一历史悠久的传统食品原料与现代食品加工高新技术有机地结合,使青稞食品发扬光大。

第六节　大麦(青稞)的食品加工技术

在新石器时代,我们的祖先曾以大麦为主要食粮,对当时文化的起源与发展起到了主要的作用。目前,大麦在一些发展中国家仍具有主要的粮食地位,如摩洛哥、也门、埃塞俄比亚高原地区,食用大麦量占总量的 50%～60%;但在发达国家大麦食用少,仅占 5%左右,且主要为大麦精深加工产品。目前,国内外对大麦食品加工技术研究不断深入,加工生产新设备不断研发。

1　大麦(青稞)普通食品加工常用技术

普通食品加工是目前大麦食品加工业的主要内容,其特点是技术和设备相对比较简单,且具有悠久的历史。在一些不发达国家地区的大麦食用加工中占大麦(青稞)食品加工的 80% 以上。随着加工设备的不断研发革新,食用大麦已往往采用食品精细加工技术设备制成精细大麦食品。目前国内外在大麦(青稞)食品加工中,采用的主要技术有各类机械自动筛选技术、超细粉碎技术、发酵技术、混合技术、食品造型技术、烘焙技术、灭菌技术、包装技术等等。

2 大麦(青稞)功能性食品和医药品制造常用技术

功能性食品和医药品是大麦加工业中发展潜力很大的重要方向之一。在国际上,大麦功能食品和医药品的开发亦日益受到重视,特别从 20 世纪 80 年代美国报道大麦中富含 β-葡聚糖后,大麦的功效成分分析及其利用的研究迅速发展,相应的仪器设备也不断革新。目前,在大麦功能性食品制造过程中常用的一些工程技术有:粉碎、筛分等制粉技术,浸取、萃取等提取技术,压榨、过滤、离心、沉降、沉淀等机械分离技术,蒸馏、结晶、吸附、离子交换等平衡分离技术,蒸发等浓缩技术,真空干燥、喷雾干燥、微波干燥等干燥技术,热力杀菌、微波杀菌等杀菌技术,混合、捏合、搅拌、均质、乳化等重组技术,压模、挤模、注模、制模、喷丝、滴丸等成型技术。

3 大麦(青稞)功能性食品制造常用高新技术

随着食品的质量和安全性要求的不断提高,许多高新技术在大麦食品加工制造中不断应用。如基因工程、细胞工程、酶工程、发酵工程等生物技术,超微粉碎、冷冻粉碎等粉碎新技术,超临界萃取、膜分离、工业色谱分离等分离新技术,冷冻浓缩、冷冻干燥等浓缩和干燥新技术,超高温杀菌、辐照杀菌、高压杀菌、欧姆杀菌等杀菌新技术,辐射灭菌、微波灭菌等无菌包装技术。

第七节 大麦(青稞)食品加工产业需要注意的问题

1 食用加工型大麦(青稞)专用品种缺乏

目前啤酒专用、饲料专用大麦品种或兼用大麦品种,通过几十年的育种努力,发展快速,育成了一大批具有自主产权的品种;而食用型专用品种、医用保健型专用品种的选育改良才刚刚起步,几乎还没有表现良好的专用型大麦品种。食用加工型大麦专用品种缺乏。

在青稞生产区,由于过多地强调大麦(青稞)产量,以及品质测试化验的缺乏、种质资源保存的不重视,促使一些食用加工品质优良的原始农家大麦(青稞)种质资源因产量低、抗性差等原因,逐渐丢失,导致食用型专用品种培育缺乏突出的品质优良的亲本资源。近几年,通过广大青稞育种家的努力,注重筛选食用型青稞,取得了较好的进展,但是在青稞的高功效成分育种改良方面仍然缺乏专用品种资源。

2 食用加工大麦(青稞)原料种植基地缺乏

食品医药加工专用大麦(青稞)原料种植基地缺乏,加工原材料溯源问题得不到保证。目前,由于土地管理体制等原因,一些大麦(青稞)加工企业的原料往往都是在农贸市场、家庭农户等地方随机收购,并没有企业自己特定投入的原料种植基地,造成原料来源复杂、品种多样混杂、栽培条件和环境差异、保管条件不同等,因此使得加工原料的品质难以保证、成分变化异常,给大麦(青稞)产品研制和生产工艺控制增加了复杂性,也导致生产的产品质量不稳定。

由于缺乏统一的生产原料种植基地,而是采取分散型的种植管理收购,在大麦(青稞)种植过程中,农药使用、肥料施用等不能统一管理,导致较难全程控制大麦(青稞)食品药品生产原料到产品的整个过程的质量,甚至最后影响大麦(青稞)食品的安全性。

3 大麦(青稞)研究力量与食品生产加工地域之间的不协调

由于历史上形成的种种原因,我国大麦(青稞)研究力量与种植区域、食用加工生产地域之间还存在矛盾。迄今为止,青稞种植主要分布在西藏、青海、四川、云南、甘肃等主要以藏民为主的西部区域。青稞仍为藏民的主要食粮。但是这些藏民区域经济发展相对落后,青稞研究力量相对较弱,研究水平相对较低。而我国大麦研究力量很大部分分布在东部地区。因此,如何将我国东部沿海地区和内陆地区较强的大麦(青稞)研究力量与西部青稞开发更多更紧密地结合,东部地区的研究成果如何在青稞种植区域更多应用是今后值得重视的问题。

4 大麦(青稞)食品医药功效方面原创性研究少且水平低

我国历来十分重视中医药的发展,投入了大量人力和财力。青稞具有丰富的营养、特殊的功效成分,是中医药特别是藏医药宝库中的一员,占据着重要地位。在过去漫长的历史中,青稞的育种目标多集中在提高产量等农艺性状上,对品质性状研究分析较少,且品质研究多是针对食用的如蛋白质、氨基酸、淀粉等基本营养成分,缺乏对大麦(青稞)医药功效成分的研究,食用医药功效品质分析检测技术薄弱。加之我国的一些医药管理政策的原因,我国研发的一些大麦(青稞)产品往往只是以医药中间体出口,再将国外加工的终端产品进口国内。近年来,人们对青稞保健作用的兴趣逐渐增加,越来越重视大麦(青稞)的特殊功效成分的分析,并已取得了一些有用的分析测定数据和研究结果,为青稞食品的深入研发打下了基础。

5 大麦（青稞）其他工业用途产品研制和加工缺乏

随着工业的发展，大麦（青稞）在工业上的用途逐渐增加，国外资料表明大麦（青稞）的蛋白质、淀粉等成分在纺织、造纸、航空、铸造、建筑、石油、化工、生物质能源等工业领域已有广泛的用途。但是，我国大麦（青稞）加工领域该方面研究才刚刚起步。

6 大麦（青稞）加工技术落后且设备相对陈旧

目前国内大麦（青稞）加工大多停留在初级产品加工阶段，如大麦（青稞）米、大麦粉、大麦片。近年来开始加工大麦（青稞）淀粉、大麦（青稞）蛋白、大麦（青稞）烘焙饼干、膨化食品、大麦茶等。大麦（青稞）加工技术需要不断改新，加工设备需要不断改进，需要现代新型加工技术的不断出现，这样，可以将大麦（青稞）加工成许多适合更广食用群体的优良产品。

由于目前加工技术和生产设备落后，影响了我国大麦（青稞）食品的加工类型，产品的质量，生产的规模化和产业化，也影响到大麦（青稞）食品的销售市场，附加值低。因此，急需研发先进的大麦（青稞）食品加工技术和生产设备，完善的大麦（青稞）食品生产工艺，为新型大麦（青稞）食品加工提供技术和设备上的支持。

7 大麦（青稞）食品安全保障、加工标准、技术规程尚待加强

由于我国过去大麦（青稞）食品生产加工多以家庭、个体作坊以及小型企业为主，往往缺乏完整的、规范的生产标准和操作程序，导致大麦（青稞）原料和加工产品稳定性差，安全性得不到保证。近年来，国家已越来越重视食品安全，因此需要加强对大麦（青稞）原料及其加工生产的管理体制、政策法规、技术规范、生产规程、质量卫生、产品标准等的研究和立法。

8 大麦（青稞）研发—加工生产—销售产业链需要协调加强

与其他国家相比，我国大麦（青稞）食品等加工产业中的突出问题之一是原料种植、加工技术、工艺研究、新产品研发、加工生产产业化、产品的销售等各个环节之间还缺乏紧密的合作，没有做到环环相扣，形成产业一条龙。因此，在今后的大麦（青稞）加工中，需要创建新型机制，包装产业链的支持运行，如建立国家、省、地、县等各级的大麦（青稞）研发—加工生产—销售联盟。

第八节　大麦(青稞)营养分析和食品加工的思考

1　加强大麦(青稞)加工产业的政策和市场导向

　　根据大麦(青稞)体系的调查,目前全国与大麦(青稞)相关的生产加工、营销等企业有几百家,但规模大、现代化的极少,分布不平衡,生产条件和加工质量问题不容乐观。因此建议通过加强政策指导,确立大麦(青稞)食品加工产业的长期发展战略目标,明确大麦(青稞)食品发展方向,不断加大产后加工的科技投入。如美国用于产前和产中的费用仅占农业总投入的30%,70%的资金都用于产后加工环节,从而大大提高了农产品附加值和资源的合理利用。更新升级目前较落后的大麦(青稞)加工技术,扶持一批现有优势食品企业做大做强,同时从非产区引进已有的现代化、规模化的先进加工企业及其研究机构,有目的地加大对优势食品加工生产企业和特色优势产品的扶植力度,加快企业树立以质取胜的观念。在主产区筛选特殊地域或具有加工基础和传统优势的地方,建立绿色食品基地、现代大麦(青稞)食品加工园区,促进和带动大麦(青稞)食品工业健康快速发展。

2　明确大麦(青稞)营养分析和大麦(青稞)食品加工发展方向

　　食品营养分析是研究和开发食品中的关键环节。研究表明,食物的营养成分与人体的器官、组织、细胞乃至基因之间存在细微而复杂的关系,影响健康和生命。研究也表明,大麦(青稞)中的某些成分具有医疗保健功效,但是同样的食品对不同人群的营养功能效果差异显著。因此如何深入精确地分析大麦(青稞)及其食品的营养和功效成分,研究其与细胞基因之间的关系,阐明食物进入人体后起什么作用、什么成分造成个人特性差异、特定营养功效成分如何激活或关闭特定基因,都将有助于更大限度地发挥大麦(青稞)的作用。最终,食品将不再只是营养品,而是具有保健预防和治疗疾病、延缓衰老的药物。并且更好地针对特定遗传背景进行饮食指导建议。

　　大麦(青稞)食品的开发需要进一步明确发展方向,根据现代社会的要求和人们的习性,研发新的大麦(青稞)食品类型。以合理的比例研发生产大麦(青稞)的传统食品、大众食品、营养精细食品、功能食品等。其次,要分析大麦(青稞)的功效成分与口感的相关性,尽量做到大麦(青稞)的特殊口感、口味与功效的有机结合。并且,大麦(青稞)食品加工还要考虑适应现代人的快节奏生活方式,大麦(青稞)食品在保持固有品质和营养功能的同时,注重便于携带、食用简单。最后,在大麦(青稞)营养分析评价和食品加工中,加强学科交叉,要特别重视大麦(青稞)的特殊成分的鉴定和医药学实验分析评价,有更多的医学、药学专家、研究人员加入该领域开展工作,阐明其医药保健功能,研发更多的大麦(青稞)医药保健功能食品。

3 加强研发和采用大麦(青稞)加工高新技术

在大麦(青稞)营养成分分析和食品加工中,先进的仪器设备和技术工艺十分重要。大麦(青稞)食品虽然历史悠久,但其加工技术落后,多为初级加工。在现代社会中,由于人们对食品的色、香、味、形、效等的要求越来越高,因此更需要研发和采用灵敏的高精密仪器设备和高新技术,才能更精确地测定出大麦(青稞)的特殊成分及生物功效,研制出更佳的食品。如 HPLC、GC-MS 等测定分析技术已在大麦(青稞)营养功效成分测定分析中逐渐应用,挤压蒸煮技术、膜分离技术、微胶囊技术、超临界流体萃取技术、微波技术、超高压技术、超微粉碎技术、膨化与挤压技术、冷杀菌技术、高温瞬时杀菌技术、真空冷冻干燥技术、无菌贮存与包装技术及新颖的生物分离技术等食品加工生产高新技术也已在大麦(青稞)加工生产中不断推广应用。

4 严格监控大麦(青稞)加工食品安全

在大麦(青稞)食品加工生产中,要严格监控各个环节,确保食品安全。通过品种专用化、原料基地化,保证大麦(青稞)加工原料的均质性和标准化。同时,监管对食品添加剂的使用。保证大麦(青稞)原料生产的环境保护,从大麦(青稞)品种、原料基地、栽培管理、收获存储等全程监测大麦(青稞)质量,减少污染物质。在有条件时,实现大麦(青稞)的农产品生产和加工,特别是作为功能食品、医药品的生产加工的企业要严格按照 GAP、GMP 组织生产加工,并实施 HACCP 体系,确保大麦(青稞)食品的安全。

5 加强大麦(青稞)加工联合攻关,建立产业联盟

目前,由于现代大麦(青稞)食品加工还是处在不断发展阶段,人们对其产品的接受程度、消费的人群和区域范围需要不断扩大,并且影响大麦(青稞)加工产业化的因素很多。因此,建议建立大麦(青稞)食品加工业产业联盟。结合大麦(青稞)研究、遗传育种、栽培种植、加工技术、原料产品质量监控、运输、营销等各个环节,各个领域研究科技人员和加工人员联合攻关。实现大麦(青稞)的原料生产、产品研发、生产加工、包装运输、营销各个环节环环相扣,形成产业一条龙,做到管理一体化和科学化。有效地形成大麦(青稞)原料产地、食品研发单位、生产企业、销售单位之间的相互配合,扩大大麦(青稞)加工产品的消费市场,有利于产业的可持续发展。

　　另外,跨区域合作还能有效地解决大麦(青稞)深加工中存在的原料生产环节与深加工环境不一致的问题。如,原材料青稞适合于青藏高原的气候环境,可以保证青稞的产量和质量,但是某些青稞食品加工条件最合适的环境并不是青藏高原。如一些需氧发酵的工艺,由于青藏高原的氧气缺乏而不能正常发酵,一些对大气压力有特殊要求的加工提取工艺也不适于高原的低压环境,或者要增加生产成本。因此,在高原种植生产青稞和在其他地区开展食品加工的有机结合模式也是值得考虑的。

第二章 大麦(青稞)基本营养成分

人体在生长发育过程中需要从食物中摄取、吸收、利用营养物质,通常人体需要的基本营养要素为:蛋白质、淀粉(糖)、脂肪、维生素、矿物质和水。蛋白质是构成人体的基本物质,脂肪是组织的重要成分,细胞中的原生质和细胞膜均含有脂肪化合物,脂肪还是热量供给的主要原料,维生素是维持人体新陈代谢的生理功能不可缺少的一种营养素,矿物质(无机盐等)亦是构成人体的重要成分,水具有调节体温、输送营养、排除废物等重要作用。因此在大麦(青稞)营养分析及其食品加工过程中,对原料资源的基本营养成分进行测定分析是最基本的,也是非常重要的环节。

第一节 大麦(青稞)蛋白质、多肽和氨基酸

1 概 况

大麦(青稞)主要营养成分之一是蛋白质,它包括组成性蛋白质和储存性蛋白质。由于大麦(青稞)的用途不同,对蛋白质的含量和组成要求也不一样。一般而言,啤酒大麦要求蛋白质含量较低,过高的蛋白质含量会影响啤酒的质量(如啤酒浑浊度、色度等)。但随着制啤技术的发展,稻米等辅料的添加,综合指标符合优良后,对啤酒原料大麦蛋白质含量指标可适度放宽。饲料用途和食粮用途大麦(青稞)要求蛋白质含量高,并且必需氨基酸比例高。医药用途大麦对蛋白质没有特定要求,主要看功效成分组成及其含量的高低,即一些代谢途径中的酶蛋白、功能多肽,以及非蛋白类功效物质的含量和活性的高低。

大麦是植物蛋白质的高效来源之一,含有丰富的对饮食很重要的谷氨酸、脯氨酸和亮氨酸。大麦籽粒蛋白质含量高低与大麦种植的生态和土壤肥料等环境有关,在不同的环境中,蛋白质含量会出现很大的变化。但是,大麦(青稞)籽粒蛋白质含量的高低与其他成分的代谢密切相关,因此,在实践中,需要合理地调节其他成分如淀粉和蛋白质含量之间的平衡,过分专注于一个组分会引起另一组分的不足,从而影响其综合营养价值。在过去的大麦品质遗传改良中,发现的一些高蛋白质大麦(青稞)品种,观察到籽粒皱缩。其原因是由于高温逼熟,淀粉合成代谢受影响,导致淀粉含量合成降低,然后使相对的蛋白质含量提高,这并不是真正的蛋白质合成能力的提高。另外,在大麦加工过程中,由于籽粒体积与表面积之

间存在紧密的关系，也发现大粒和圆粒的大麦籽粒，其蛋白质含量往往较低。因此，在大麦（青稞）食品加工中，可以采用机械分选麦粒的大小，这样分选得到的不同籽粒，其蛋白质含量不同，以利于用这些不同的原料加工不同的食品。

氨基酸是组成蛋白质的主要成分。根据其在人类生长发育过程中是否能够合成以及数量的多少和需求量，又分为必需氨基酸和非必需氨基酸。一般的氨基酸测定方法可以测定共 18 种氨基酸。作为食用的大麦（青稞），通常在要求蛋白质含量高的前提下，还要求必需氨基酸含量也高。但是大麦籽粒中必需氨基酸如赖氨酸和色氨酸含量都较低，这种缺陷在大麦（青稞）食品加工中，可以通过配比添加融合不同的原料，如豆科植物来克服，或者通过改变加工工艺，如采取发芽等措施来克服。营养学家已经发现，同时摄食来源不同的几种蛋白质具有更好的吸收利用率。

2　测定方法

2.1　蛋白质

蛋白质的测定方法很多，如快速的红外线测定法、比色法（双缩脲法、考马斯蓝法）等。目前，大麦（青稞）籽粒蛋白质含量常由近红外 NIR 光谱测定系统（近红外谷物分析仪、近红外光谱仪）测定。但是，不管采用哪种测定方法，在测定中，都需要进行校准，大麦（青稞）蛋白校准已用于整个谷粒和面粉。大麦（青稞）样品的校准通常是采用经典的凯氏定氮法（美国谷物化学协会，1983）。以凯氏定氮法测定总氮量，再乘以转换系数（一般为 6.25），计算蛋白质含量（N 含量×6.25），以粗蛋白表示。对于不同的材料，N 在蛋白质中含量变化较大，通常为 7.3%～19.85%。测定时，要通过重复试验，提供较高的相关系数（0.98～0.99），得到最好的回归方程式，以减少对整个大麦（青稞）籽粒和面粉的标准预测误差，更好地反映大麦（青稞）的蛋白质含量。

2.2　多肽

肽是蛋白质经酶等作用切割成的小分子片段，由氨基酸组成，是蛋白质的结构与功能片段，肽本身也有很强的生物活性。目前，通常将由 2、3 个氨基酸脱水而成的肽分别叫二肽和三肽，将氨基酸数目在 10 个以内的肽叫寡肽，10～50 个的叫多肽，50 个以上的就称蛋白质。

多肽含量测定方法与某些蛋白质含量测定方法相同，但并非所有蛋白质含量的测定方法都适合于多肽含量测定。目前常用的多肽含量测定方法主要有：双缩脲法、Folin—酚法、OPA 法（邻苯二甲醛法）、紫外吸收法等。

含量测定前重要的是先要分离获得多肽，目前通常采用水提取或其他溶剂萃取、透析袋透析、分离柱子（如葡聚糖凝胶等）分离、高效液相色谱分离收集，利用氨基酸组分分析仪检测氨基酸残基的组成，利用高效液色谱与质谱联用仪检测肽的相对分子质量分布区间。

2.3 氨基酸

氨基酸测定,早期有茚三酮反应比色法,现在通常采用氨基酸自动分析仪法、高效液相色谱仪法、荧光分光光度法等。例如,通过盐酸水解样品,使蛋白质水解成为游离氨基酸,然后用离子交换层析将各种氨基酸分离和洗脱。各种氨基酸与化学试剂茚三酮反应产生颜色,通过荧光分光光度计自动测定各种氨基酸的含量。通常这种盐酸水解方法可以同时测定出天门冬氨酸、组氨酸、赖氨酸、精氨酸、苏氨酸、丝氨酸、谷氨酸、脯氨酸、甘氨酸、丙氨酸、缬氨酸、蛋氨酸、异亮氨酸、亮氨酸、酪氨酸和苯丙氨酸等 16 种氨基酸。由于胱氨酸易被盐酸水解破坏而不能测定,因此要改用过甲酸氧化法,将蛋白质中的胱氨酸和半胱氨酸氧化成为半胱磺酸,再用氨基酸自动分析仪测定。另外,色氨酸易被酸分解,以上两种方法均不行,因此要改用碱水解法水解蛋白质,然后利用色氨酸在 pH11 溶液中产生较强的荧光,测定色氨酸的荧光,再计算其含量。

3 大麦(青稞)的蛋白质、氨基酸含量

3.1 蛋白质、氨基酸含量

大麦(青稞)的蛋白质含量既受品种的遗传基因控制,也受栽培和环境条件的影响。因此不同的大麦(青稞)品种蛋白质含量变异很大。同一品种在不同年份、不同土壤施肥、不同水分光照条件下,蛋白质含量变化也很大。我们对随机的皮大麦、元麦(青稞)以及大麦米,通过 2 年的测定(表 2-1),结果表明,皮大麦籽粒平均蛋白质含量为 10.6%,青稞籽粒平均蛋白质为 12.5%,大麦米平均蛋白质为 10.2%。比较表明,大麦的蛋白质含量比燕麦和小麦的低(燕麦14.8%,小麦 13.6%),比水稻、玉米的高(大米 10.2%,玉米 10.5%)。

表 2-1　大麦、青稞、大麦米蛋白质测定(浙江种植,10 个材料平均值)

样品/%	2011 年/%	2012 年/%	平均/%
皮大麦	10.4±0.5	11.3±0.6	10.6
元麦(青稞)	12.1±0.7	13.2±0.6	12.5
大麦米	10.1±0.8	10.3±0.8	10.2

根据蛋白质的溶解特性,大麦(青稞)蛋白质可分为水溶性(清蛋白,10%～30%)、盐溶性(球蛋白,约 20%)、乙醇溶性(醇溶蛋白,10%～30%)、碱溶性(谷蛋白,15%～40%)等。与小麦相比,大麦(青稞)中的蛋白质组分中,球蛋白和清蛋白的比例较高,醇溶蛋白和谷蛋白比例较低,因此大麦(青稞)缺少面筋组分,致使大麦与小麦的加工特性具有较大的差异。通常认为必需氨基酸赖氨酸对食物营养品质的影响最大。清蛋白、球蛋白和谷蛋白的赖氨酸和苏氨酸含量比醇溶蛋白高。许多研究表明,大麦蛋白质含量及其组分比例除了基因型的影响之外,还受到土壤、水分、肥料、温度、光照等许多因子的影响,再加上

提取方法、磨粉细度、萃取时间温度等的差异,许多不同研究者由于测定的品种、栽培地点和年份、提取方法等的不同,报道的蛋白质和组分含量测定数据有较大的差异。因此在做营养评价时要充分考虑。如董海洲等(2002)测定的澳大利亚大麦的蛋白组分占总蛋白的比例为:清蛋白(31.45%)、球蛋白(20.87%)、醇溶蛋白(10.16%)、谷蛋白(15.18%)、残留蛋白(22.34%);加拿大大麦为:清蛋白(30.34%)、球蛋白(20.14%)、醇溶蛋白(9.43%)、谷蛋白(15.32%)、残留蛋白(24.71%);国产大麦为:清蛋白(28.16%~29.63%)、球蛋白(18.23%~19.38%)、醇溶蛋白(8.47%~9.17%)、谷蛋白(13.25%~14.11%)、残留蛋白(27.21%~31.59%);与小麦粉的清蛋白(5.68%)、球蛋白(3.13%)、醇溶蛋白(42.02%)、谷蛋白(38.17%)、残留蛋白(11.00%)含量比例具有显著差异。

　　大麦(青稞)蛋白质水溶性较差,限制了其应用,以往都直接作为动物饲料。但是近年研究表明,提高大麦(青稞)蛋白质水溶性,可以增加其功能,如通过脱酰胺作用,可以提高大麦(青稞)醇溶蛋白在水中的溶解度、稳定性和乳化性,增加其功能(Zhao等)。水解大麦蛋白具有较好的保健作用,Muhammad等试验表明,以酶法水解大麦蛋白,水解物具有抗氧化、降血糖、治疗糖尿病的功能,醇溶、谷蛋白的水解物具有高的抗氧化性和血管紧张肽转移酶抑制活性。

　　作者等比较测定了皮大麦、青稞、大麦米的氨基酸含量(表2-2)。结果表明,总体趋势上,青稞的蛋白质含量高于皮大麦,其蛋白质水解的氨基酸含量也普遍较高,结果暗示大麦与青稞的蛋白质组成没有显著的差异,主要是蛋白质的合成能力不同。在大麦米的加工过程中,由于蛋白质含量较高的大麦皮及其糊粉层的损耗,因此其蛋白质及其氨基酸含量均显著下降。

表 2-2　皮大麦、青稞、大麦米氨基酸测定(2012年,浙江种植)　　(单位:%)

样品	皮大麦	青稞	大麦米
天门冬氨酸	0.6480	0.6979	0.4580
组氨酸	0.2026	0.2656	0.1816
赖氨酸	0.4611	0.5801	0.3602
精氨酸	0.7388	0.7845	0.6452
苏氨酸	0.3899	0.4236	0.2101
丝氨酸	0.4898	0.5696	0.2573
谷氨酸	2.8987	2.9994	2.0214
脯氨酸	1.2085	1.1549	0.8698
甘氨酸	0.4088	0.4512	0.3356
丙氨酸	0.5241	0.5856	0.3896
缬氨酸	0.7988	0.8878	0.5862
蛋氨酸	0.0012	0.0013	0.0009
异亮氨酸	0.5443	0.5998	0.4001
亮氨酸	0.9987	1.0145	0.7029
酪氨酸	0.2796	0.2899	0.2039
苯丙氨酸	0.5506	0.5875	0.4215
半胱氨酸	0.2642	0.2855	0.1769
总量	11.4077	12.1787	8.2212

3.2 蛋白质提取工艺

大麦(青稞)蛋白质提取工艺已有较多研究,也建立了较多工艺。图 2-1 所示就是其中的一种工艺。

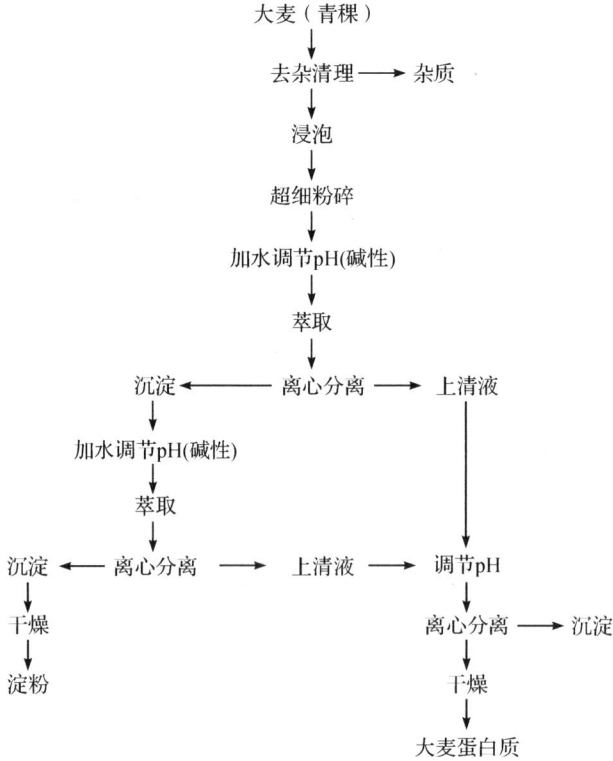

图 2-1 大麦(青稞)蛋白质提取工艺示意图

4 大麦(青稞)活性肽

4.1 大麦 Lunasin

Lunasin 是近年发现的活性肽,最初在大豆中发现,而后在大麦中也检测到。Lunasin 的相对分子质量为 4800,含有 43 个氨基酸(图 2-2)。N 端第 1~22 个氨基酸功能尚不清楚,第 23~31 个氨基酸使 Lunasin 结合到组蛋白 H3 和 H4。第 32~34 个氨基酸是细胞黏附基序"Gly—Arg—Gly",使 Lunasin 内化进入细胞和细胞核。羧基端 9 个 Asp,使 Lunasin 结合到染色体(着丝粒),与组蛋白核心结合,具有抵抗有丝分裂作用,使着丝粒不能正确形成,影响细胞分裂。

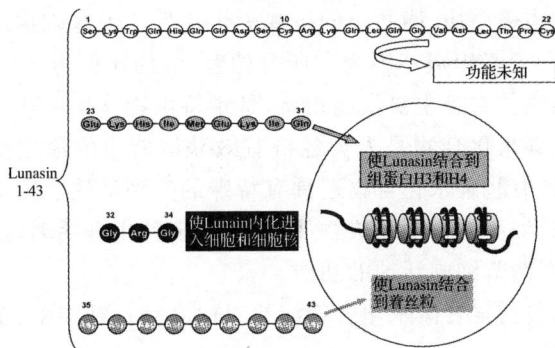

图 2-2　**Lunasin 活性肽的氨基酸组成**（参照 Jeong，2002）

4.2　青稞活性肽

吕小文等（2004 年）研究了青稞肽的功能，从青稞胚芽中分离出青稞肽（一种 DNA 结合肽），并先后利用透析袋、葡聚糖凝胶 G-25、葡聚糖凝胶 G-15、反相高效液相色谱（其中反相高效液相色谱分离的条件为：流动相 A 是 0.1％三氟乙酸的水溶液，流动相 B 是 0.1％三氯乙酸的乙腈溶液，线性梯度洗脱）进行纯化，获得了青稞活性肽。然后利用氨基酸分析仪检测肽的氨基酸组成，发现该肽主要由天门冬氨酸、丝氨酸、谷氨酸、甘氨酸、缬氨酸、亮氨酸、苯丙氨酸、组氨酸、赖氨酸等残基组成，高效液相色谱与质谱联用仪检测表明其相对分子质量分布区间为 350～1300。

4.3　Lunasin 的提取、纯化和检测的方法

大麦（青稞）Lunasin 提取、纯化和检测的基本流程为：籽粒→粉碎→脱脂→提取→透析→离心→粗提物→纯化→检测。

在该操作程序中，开始提取得到的是含有 Lunasin 的粗蛋白，该提取物可以直接进行食品加工，但如果是医药保健用途时，粗提取物则需要进一步纯化。Jeong 等（2002）提取了大麦中的 Lunasin，然后采用离子交换柱色谱对粗提物进行纯化，其中离子交换柱材料为生物凝胶树脂 AG1-X4，筛目尺寸为 100～200。柱用 5.0cm×50cm，填充高度为 40cm。最后用凝胶电泳、蛋白质印迹和质谱等方法对 Lunasin 做定性分析和定量检测。

第二节　大麦（青稞）碳水化合物

1　概　况

碳水化合物亦称糖类化合物，是自然界中存在最多、分布最广的一类重要

有机化合物。它与蛋白质、脂肪一同被视为生物界三大基础物质。碳水化合物由碳、氢和氧三种元素组成。因为它所含的氢、氧的比例为 2∶1，和水一样，所以称为碳水化合物。它是主要供能物质，是维持生物体生命活动所需能量的主要来源。膳食中碳水化合物是人类经济有效获取能量的最主要来源。它不仅是营养物质，而且有些碳水化合物还具有特殊的生理活性。碳水化合物是构成个体、器官、组织、细胞的重要组成物质，并参与多种生理活动；是生命细胞结构的主要成分，具有调节细胞活动的功能。

碳水化合物包括复合碳水化合物淀粉、抗性淀粉、纤维素、单糖、双糖、非淀粉多糖和低聚糖等。

2 测定方法

碘能够与淀粉的螺旋结构内部结合，使吸收光线的波长改变，因此若使用少量的黄色碘溶液与淀粉混合，将会产生蓝色，经由红色滤镜的色谱分析仪等，可以测定计算出淀粉浓度。

大麦（青稞）中低分子碳水化合物性质及其定量检测，过去曾用比色测定实验和纸上层析方法，现在多使用气相色谱和高压液相色谱等方法。

目前，大麦淀粉含量测定通常采用试剂盒，其具体测定操作步骤简介如下。

2.1 总淀粉测定

目前，总淀粉含量测定多采用 Megazyme 总淀粉含量测定试剂盒方法（淀粉糖苷酶/α-淀粉酶方法，AOAC 法 996.11/AACC 法 76.13 改进版）。该方法具有较高的特异性、灵敏度、检测限和精确性。下面介绍该方法的原理、试剂配制、操作步骤。

2.1.1 原理

（1）耐热性淀粉酶将淀粉水解为可溶性分支麦芽糊精和去分支麦芽糊精。

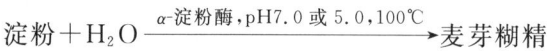

$$淀粉 + H_2O \xrightarrow{\alpha\text{-淀粉酶,pH7.0 或 5.0,100℃}} 麦芽糊精$$

（2）样品中的抗性淀粉可用 $2mol \cdot L^{-1}$ KOH 进行预溶解，再用醋酸钠缓冲液进行中和，最后用淀粉酶水解。也可以用二甲基亚砜（DMSO）在 100℃ 进行溶解。

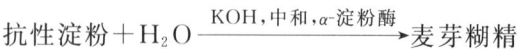

$$抗性淀粉 + H_2O \xrightarrow{KOH,中和,\alpha\text{-淀粉酶}} 麦芽糊精$$

（3）淀粉葡萄糖苷酶（AMG）定量水解麦芽糊精成 D-葡萄糖。

$$麦芽糊精 \xrightarrow{AMG} D\text{-葡萄糖}$$

（4）D-葡萄糖被氧化为 D-葡萄糖酸盐，释放出（H_2O_2），再用过氧化氢酶催化进行显色反应，产生的醌亚胺染料含量用比色法测定。

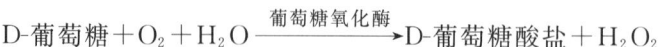

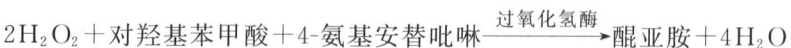

$$D\text{-葡萄糖} + O_2 + H_2O \xrightarrow{葡萄糖氧化酶} D\text{-葡萄糖酸盐} + H_2O_2$$

$$2H_2O_2 + 对羟基苯甲酸 + 4\text{-}氨基安替吡啉 \xrightarrow{过氧化氢酶} 醌亚胺 + 4H_2O$$

样品若包含高水平 D-葡萄糖和麦芽糊精,可以在分析前用 80% 乙醇 (V/V)进行洗涤。单个样品可在 70min 内完成测定。20 个样品可在 2h 内完成。

2.1.2　试剂

2.1.2.1　试剂盒成分

Megazyme 总淀粉含量测定试剂盒中的试剂足够运行 100 次试验。

瓶 1:耐热 α-淀粉酶(10mL,在 Ceralpha 试剂中,在 40℃,pH6.5 条件下酶活力为 3000U/mL;或在 40℃,pH5.0 条件下酶活力为 1600U/mL)。稳定性>4 年,4℃保存。

瓶 2:淀粉葡萄糖苷酶(10mL,在 pH4.5,40℃条件下,底物为可溶性淀粉时酶活力为 3300U/mL;或在 pH4.5,40℃条件下,底物为对硝基苯基 β-麦芽糖苷时酶活力为 200U/mL)。稳定性>4 年,4℃保存。

完整的分析程序可在 www.megazyme.com 获得。

瓶 3:GOPOD 试剂缓冲液。磷酸钾缓冲液(0.26mol · L^{-1},pH7.4),对羟基苯甲酸(0.22mol · L^{-1}),叠氮化钠(0.4%,W/V)。稳定性>4 年,4℃保存。

瓶 4:GOPOD 试剂酶。葡萄糖氧化酶(>12000U),过氧化物酶(>650U),4-氨基安替吡啉(80mg)。冻干粉,稳定性>4 年,-20℃保存。

瓶 5:D-葡萄糖标准液(5mL,1.0mg/mL)在 0.2%(W/V)苯甲酸溶液中。稳定性>4 年,室温保存。

瓶 6:标准化常规玉米淀粉质控。淀粉含量见标签。稳定性>4 年,室温保存。

2.1.2.2　试剂溶液/悬浮液制备

溶液 1:用 100mmol · L^{-1}醋酸钠缓冲液(pH5.0,自备)稀释 1.0mL 瓶 1 成分至 30mL。分成小份后-20℃冻存。在使用过程中尽可能保持低温。稳定性>3 年,-20℃保存。

注意:如果按照 AOAC 方法 996.11(方法 B,见下述),用 50mmol · L^{-1} MOPS 缓冲液(pH7.0)稀释酶。

溶液 2:此酶不用稀释可直接使用,由于酶溶液具有一定黏稠度,所以必须使用正确的移液器。4℃下保存,稳定性>3 年。

溶液 3:用蒸馏水稀释瓶 3 成分(GOPOD 试剂缓冲液)到 1L,现配现用。

注意:(1)如果 GOPOD 缓冲液存储在-20℃,会形成盐结晶,用双蒸水稀释至 1L 前必须先溶解。(2)溶液 3 含叠氮化钠(0.4%,W/V),有毒。

溶液 4:用 20mL 溶液 3 溶解瓶 4 成分,再全部转移到剩余溶液 3 瓶子中,混匀。铝箔纸包裹避光。这就是葡萄糖测定试剂(GOPOD 试剂)。稳定性:4℃下保存,3 个月;-20℃下保存,12 个月。

溶液 4 冻存前,应分装成小份,只能冻融一次。

新鲜配制的试剂呈浅黄色或浅紫色。4℃下保存 2～3 个月过程中,逐渐变成深紫色。用水为空白对照时,此溶液的吸光度应该小于 0.05。

溶液 5 和溶液 6:同瓶 5 和瓶 6。

2.1.2.3　自备试剂

A. 醋酸钠缓冲液(100mmol·L^{-1},pH5.0)＋氯化钙(5mmol·L^{-1})

(1)5.8mL 冰醋酸(1.05g/mL)加入 900mL 蒸馏水,用 1mol·L^{-1}NaOH 调节pH 到 5.0,大约需要 30mL。4℃下可保存 2 个月。

(2)添加 0.74g 二水氯化钙,完全溶解,定容到 1L,4℃下可保存 6 个月。

注意:可通过添加叠氮化钠(0.2g/L)增加此缓冲液的稳定性。室温下可保存2 年。必须在 pH 调完后再加入叠氮化钠。酸化的叠氮化钠会释放出有毒气体。

B. 醋酸钠缓冲液(1.2mol·L^{-1},pH3.8)

加 69.6mL 冰醋酸(1.05g/mL)到 800mL 蒸馏水中,用 4mol·L^{-1}NaOH调节 pH 到 3.8,定容到 1L。室温下可保存 12 个月。

C. 氢氧化钾溶液(2mol·L^{-1})

112.2g KOH 加入 900mL 去离子水中,搅拌溶解,定容 1L。储存于密闭容器。室温下可保存 2 年。

D. MOPS 缓冲液(50mmol·L^{-1},pH7.0)＋氯化钙(5mmol·L^{-1})＋叠氮化钠(0.02%)(仅用于方法 B 分析样品)

11.55g MOPS(钠盐,Sigma cat. M-9381)加入 900mL 蒸馏水中,用 1mol·L^{-1}HCl 调节 pH 到 7.0,大约需要 17mL。添加二水氯化钙(0.74g)和叠氮化钠(0.2g),完全溶解,然后调整到 1L,4℃下可保存 6 个月。

E. 醋酸钠缓冲液(200mmol·L^{-1},pH4.5)＋叠氮化钠(0.02%)(仅用于方法 B 分析样品)

11.8mL 冰醋酸(1.05g/mL)加入 900mL 蒸馏水中,用 1mol·L^{-1}NaOH调节 pH 到 4.5,大约需要 60mL。加入叠氮化钠(0.2g),完全溶解,然后调整到1L。4℃下可保存 6 个月。

注意:可通过添加叠氮化钠(0.2g/L)增加此缓冲液的稳定性。室温下可保存2 年。必须在 pH 调完后再加入叠氮化钠。酸化的叠氮化钠会释放出有毒气体。

2.1.3　设备

(1)玻璃试管(圆底;16mm×120mm 或 18mm×150mm)

(2)微量移液器(100μL)

(3)连续分配器

(4)台式离心机(3000rpm;大约 1800g)

(5)分析天平

(6)分光光度计(设置为 510nm)

(7)漩涡混合器

(8)恒温水浴锅(设置为 50℃)

(9)沸水浴锅和试管夹

(10)定时器

2.1.4 操作步骤

为了更精确地测定结果,有时要根据种类、条件的不同,选用不同的步骤。

方法 A.不含抗性淀粉、D-葡萄糖和麦芽糊精的谷物和食物(推荐方法,所有孵育均在 pH5.0 下进行)

(1)研磨谷物,过 0.5mm 筛(35 目)。

(2)将研磨后的样品(准确称量 100mg)加入试管(16mm×120mm)中,确保全部样品位于试管底部。

(3)加入 0.2mL 80%(V/V)乙醇溶液湿润样品帮助分散,用漩涡混合器混合。

(4)立即加入 3mL 耐热 α-淀粉酶(100mmol·L^{-1} 醋酸钠稀释),在沸水浴中孵育 6min(在孵育 2、4、6min 时强烈振荡试管)。(空白对照样品按照标准试验程序为添加 3mL 蒸馏水,第 5 步中也用蒸馏水替代其中的淀粉葡萄糖苷酶。也可以用样品前处理中所用的 80%(V/V)乙醇溶液作为样品空白。下同)

注意:在这一步中强力振荡是关键,目的是确保浆状样品能完全混匀(去除块状)。同样,每间隔 2min 振荡也是为了防止由于酒精蒸发导致某些样品被喷出试管。如果使用聚丙烯管,增加孵育时间至 12min,在 4、8、12min 时强烈振荡。

(5)将试管放置于 50℃的水浴锅中,加入 0.1mL 瓶 2 成分(淀粉葡萄糖苷酶,330U)。充分混合,在 50℃下孵育 30min。

(6)将全部溶液转移到 100mL 的容量瓶中(使用漏斗),用洗瓶冲洗试管,也倒入容量瓶中,然后用蒸馏水调整溶液体积,充分混匀。取部分溶液离心(3000rpm,10min)。取清澈的未稀释的上清液用于分析。

注意:对于含有 1%~10%淀粉的样品,在第 6 步中用蒸馏水调整溶液至 10mL,充分混匀,离心(3000rpm,10min),该溶液可以直接进行第 7 步。对于含 10%~100%淀粉的样品,用蒸馏水稀释 1.0mL 样品液到 10mL 再进行第 7 步。

(7)转移两份稀释的样品溶液(0.1mL)到试管(16mm×100mm)中。

(8)加入 3.0mL GOPOD 溶液到每一个试管中(包括葡萄糖对照和试剂空白对照),然后在 50℃下孵育 20min。

(9)葡萄糖对照包括 0.1mL 葡萄糖标准溶液(1mg/mL)+3.0mL GOPOD

溶液。试剂空白对照:0.1mL 蒸馏水＋3.0mL GOPOD 溶液。

(10)相对于试剂空白,在 510nm 下测定每一个样品和葡萄糖对照的吸光度。

方法 B.不含抗性淀粉、D-葡萄糖和麦芽糊精的谷物和食物(AOAC 996.11)

(1)研磨谷物,过 0.5mm 筛(35 目)。

(2)将研磨后样品(准确称量 100mg)加入试管(16mm×120mm)中,确保全部样品位于试管底部。

(3)加入 0.2mL 乙醇溶液(80％V/V),用漩涡混合器混合。

(4)立即加入 3mL 耐热 α-淀粉酶(50mmol·L^{-1} MOPS 稀释),在沸水浴中孵育 6min(在孵育 2、4、6min 时强烈振荡试管)。

注意:在这一步中强力振荡是关键,目的是确保浆状样品能完全混匀(去除块状)。同样,每间隔 2min 振荡也是为了防止由于酒精蒸发导致某些样品被喷出试管。如果使用聚丙烯管,增加孵育时间至 12min,在 4、8、12min 时强烈振荡。

(5)将试管放置于 50℃的水浴锅中,加入醋酸钠缓冲液(4mL,200mmol·L^{-1},pH4.5),加入 0.1mL 瓶 2 成分(淀粉葡萄糖苷酶,20U)。充分混合,在 50℃下孵育 30min。

(6)按照方法 A 步骤 6 继续实验。

方法 C.含抗性淀粉、不含 D-葡萄糖和麦芽糊精的谷物和食物(建议 KOH 溶解)

(1)研磨谷物,过 0.5mm 筛(35 目)。

(2)将研磨后样品(准确称量 100mg)加入试管(16mm×120mm)中,确保全部样品位于试管底部。

(3)加入 0.2mL 80％(V/V)乙醇溶液湿润扩散样品,用漩涡混合器混合。

(4)放入搅拌磁子,加入 2mL 2mol·L^{-1}KOH 至每个试管中,冰水混合浴中搅拌 20min 左右,重悬粉末和溶解抗性淀粉。

注意:(a)不要使用漩涡混合器混匀,会使淀粉乳化。(b)确保加入 KOH 时,试管处于剧烈振荡状态。这是为了避免淀粉形成团块难以溶解。

(5)当试管在磁力搅拌器上搅拌时,加入 8mL 1.2mol·L^{-1}醋酸钠缓冲液(pH3.8)至每个试管。立即加入 0.1mL 耐热 α-淀粉酶(瓶 1)和 0.1mL 淀粉葡萄糖苷酶(瓶 2),充分混合,在 50℃下孵育

(6)孵育 30min,漩涡混合器间断性地混匀。

(7)样品淀粉含量＞10％:将全部溶液转移到 100mL 的容量瓶中,用洗瓶冲洗试管,也倒入容量瓶中,然后用蒸馏水调整溶液体积至 100mL,充分混匀。取部分溶液离心(1800g,10min)。

(8)样品淀粉含量<10％:不需稀释,直接离心(1800g,10min)。总体积约10.4mL(此体积可能有一定波动,特别是湿样品用于分析时,估计体积用于计算)。

(9)按照方法 A 步骤7继续实验。

方法 D.含抗性淀粉、不含 D-葡萄糖和麦芽糊精的谷物和食物(AOAC 996.11 DMSO 溶解)

(1)研磨谷物,过0.5mm 筛(35目)。

(2)将研磨后样品(准确称量100mg)加入试管(16mm×120mm)中,确保全部样品位于试管底部。

(3)加入0.2mL 80％(V/V)乙醇溶液帮助样品扩散,用漩涡混合器混合。

(4)立即加入2mL DMSO,涡旋混匀。沸水浴5min。

(5)按照方法 A 或者方法 B 步骤4继续实验。

方法 E.含 D-葡萄糖和麦芽糊精的谷物和食物

(1)研磨谷物,过0.5mm 筛(35目)。

(2)将研磨后样品(准确称量100mg)加入试管(16mm×120mm)中,确保全部样品位于试管底部。

(3)加入5mL 80％(V/V)乙醇溶液,80～85℃孵育5min。涡旋混匀,再加入5mL 80％(V/V)乙醇溶液。

(4)离心1800g(约等于3000rpm)10min。弃上清。

(5)10mL 80％(V/V)乙醇溶液重悬沉淀。如上述方法离心并去除上清。

(6)按照方法 A 或者方法 B 步骤4继续实验。

选做:若样品含抗性淀粉,按照方法 C 步骤4继续实验。

方法 F.淀粉以可溶性形式存在并且不存在 D-葡萄糖和麦芽糊精的样品

(1)用 Whatman No.1滤纸(如果必要,可用 Whatman GF/A 玻璃纤维滤纸)过滤单位体积样品溶液。清澈滤液用于分析。

(2)将10mL 滤液加入试管中。加入2mL 试剂1(100mmol·L^{-1}醋酸钠缓冲液,pH5.0)和0.1mL AMG(瓶2,用试剂1稀释10倍),50℃水浴30min,用蒸馏水定容到20 mL(或20g)。

(3)移取单位体积(如0.1mL)稀释溶液到试管(16mm×100mm)底部(双份)。

(4)向每支试管中加入3.0 mL GOPOD 试剂(包括葡萄糖对照和试剂空白对照),50℃孵育20min。

(5)葡萄糖对照包括:0.1mL D-葡萄糖标准溶液(1mg/mL)+3.0mL GOPOD溶液。试剂空白对照包括:0.1mL 蒸馏水+3.0mL GOPOD 溶液。

(6)在510nm 下读取每份样品和葡萄糖对照相对于试剂空白的吸光度值。

方法 G. 淀粉以可溶性形式存在并且存在 D-葡萄糖和/或麦芽糊精的样品

（1）用 Whatman No.1 滤纸（如果必要，可用 Whatman GF/A 玻璃纤维滤纸）过滤单位体积样品溶液。清澈滤液用于分析。

（2）将 2mL 待分析的滤液加入试管（16mm×120mm）中。再加入 8mL 95%（V/V）乙醇溶液，漩涡混合器剧烈混匀。室温下静止 30min，然后 1800g 离心 10min。

（3）轻轻倒出上清液，用 1mL 蒸馏水重新溶解含淀粉的絮状物。如果有必要，沸水浴以助于扩散。用试剂 1（100mmol·L⁻¹ 醋酸钠缓冲液，pH5.0）调节体积到 3.9mL（3.9g），要考虑试管的原始重量。

（4）如果样品中含有高含量的游离 D-葡萄糖和/或麦芽糊精，有必要重复乙醇沉淀和离心步骤。

（5）加入 0.1mL 的 AMG（瓶 2），50 倍稀释于试剂 1，50℃ 水浴 30min。

（6）移取单位体积（0.1mL）的稀释液至玻璃试管底部（双份）。

（7）向每支试管中加入 3.0 mL GOPOD 试剂（包括葡萄糖对照和试剂空白对照），50℃ 孵育 20min。

（8）葡萄糖对照包括：0.1mL D-葡萄糖标准溶液（1mg/mL）＋ 3.0mL GOPOD 溶液。试剂空白对照包括：0.1mL 蒸馏水＋3.0mL GOPOD 溶液。

（9）在 510nm 下读取每份样品和葡萄糖对照相对于试剂空白的吸光度值。

2.1.5 结果计算（固体样品）

$$淀粉\% = \Delta A \times F \times \frac{FV}{0.1} \times \frac{1}{1000} \times \frac{100}{W} \times \frac{162}{180} = \Delta A \times \frac{F}{W} \times FV \times 0.9$$

ΔA＝样品相对于试剂空白所读取的吸光度

$F = \dfrac{100\mu g\ D\text{-}葡萄糖}{100\mu g\ 葡萄糖的吸光度}$（从吸光度转换成葡萄糖重量，$\mu g$）

FV＝最终体积（例如 100mL 或 10mL）

0.1＝用于检测的样品体积

1/1000＝单位 μg 转化至单位 mg

100/W＝淀粉占干粉重量的比例

W＝干粉重量

162/180＝自由 D-葡萄糖转化为脱氢葡萄糖的转化系数

淀粉%（占干物质比重）＝淀粉%（上述算法结果）×100/[100－水分含量（%）]

2.2 直链淀粉/支链淀粉测定

目前，总淀粉含量测定多采用 Megazyme 直链淀粉/支链淀粉含量测定试剂盒方法（K-AMYL 07/11）。该方法如样品为纯淀粉，相对标准偏差＜5%。

如样品为谷物面粉,相对标准偏差大约为10%。下面介绍该方法的原理、试剂配制、操作步骤。

2.2.1 实验原理

首先将淀粉样品加热溶解于在DMSO中。然后用乙醇去除其中的脂质,回收淀粉沉淀。一方面,用醋酸盐溶液溶解沉淀的样品,加入con A,特异性沉淀其中的支链淀粉,并离心去除沉淀。取一定量的上清,将其中的直链淀粉用酶水解为D-葡萄糖,然后用葡萄糖氧化酶/过氧化物酶试剂进行测定。另一方面,直接取一定量的醋酸盐溶液溶解的沉淀样品,将其中的总淀粉同样用酶水解为D-葡萄糖,然后加入葡萄糖氧化酶/过氧化物酶,用比色法测定。

根据con A沉淀样品的上清液与总淀粉样品中的GOPOD在510nm处的吸光度值之比判断直链淀粉在总淀粉中的含量。

该方法适用于所有的纯淀粉和谷物面粉。

2.2.2 试剂

2.2.2.1 试剂盒试剂

瓶1:冻干的con A,$-20℃$下稳定性>5年。

瓶2:淀粉葡萄糖苷酶(底物为对硝基苯基 β-麦芽糖苷时酶活力为220U/mL,即pH4.5,40℃条件下底物为淀粉时酶活为3300U/mL)+真菌α淀粉酶(pH 5.0,40℃下底物为Ceralpha试剂时酶活力为500U/mL),2mL。4℃下稳定性>5年。

瓶3:GOPOD试剂缓冲液。磷酸钾缓冲液($0.26mol \cdot L^{-1}$,pH7.4),对羟基苯甲酸($0.22mol \cdot L^{-1}$)和叠氮化钠(0.04%,W/V)。4℃下稳定性>4年。

瓶4:GOPOD试剂酶。葡萄糖氧化酶+过氧化物酶+4-氨基安替吡啉。冻干粉,$-20℃$下稳定性>4年。

瓶5:D-葡萄糖标准溶液(5mL,1.0mg/mL)溶于0.2%(W/V)苯甲酸中。室温下稳定性>4年。

瓶6:淀粉参照样品(含有特定含量的直链淀粉),室温下稳定性>5年。

2.2.2.2 试剂溶液配制

溶液1:用50mL con A溶解液将瓶1中药品溶解,分成适当的几份存放在聚丙烯管中,尽可能在$-20℃$下冷藏。$-20℃$下稳定性>2年。

溶液2:用20mL醋酸钠缓冲液($100mmol \cdot L^{-1}$,pH4.5)将瓶2中的药品溶解,分成适当的几份存放在聚丙烯管中,尽可能在$-20℃$下冷藏。$-20℃$下稳定性>2年。

溶液3:用蒸馏水将瓶3中的药品(GOPOD试剂缓冲液)稀释至1L。现配现用。

注意:如果瓶3存放在$-20℃$下,会形成一些盐结晶体。配制时要确保所有的结晶物质都溶解在1L的蒸馏水中。

溶液4:用上述溶液3中配置好的20mL GOPOD试剂缓冲液溶解瓶4中的GOPOD试剂酶,并全部转移到剩余存放GOPOD试剂缓冲液的瓶子中,用铝箔封住瓶子,避光保存。这种试剂黑暗中,2～5℃下能保存大约3个月,－20℃下稳定性>12个月。

溶液5和溶液6:按提供的方法使用D-葡萄糖标准溶液和淀粉参照样品,室温下稳定性>5年。

2.2.2.3 缓冲液或溶剂配制

缓冲液1:醋酸钠缓冲液(100mmol·L^{-1},pH4.5)

5.9mL(1.05g/mL)冰醋酸加入900mL蒸馏水中。用1mol·L^{-1}NaOH溶液调pH到4.5(大约需要30mL),加0.2g叠氮化钠,用蒸馏水定容至1L。所得溶液室温下稳定性>2年。

缓冲液2:con A浓缩溶解液(600mmol·L^{-1},pH6.4醋酸钠缓冲液)

称取49.2g无水醋酸钠(Sigma cat. No. 71183),175.5g氯化钠(Sigma cat. No. S 7652),0.5g CaCl$_2$·2H$_2$O(Sigma cat. No. C 5080),0.7g MgCl$_2$·6H$_2$O(Sigma cat. No. M 2670)和0.7g MnCl$_2$·4H$_2$O(Sigma cat. No. M 3643),溶于900mL蒸馏水中。逐滴加入冰醋酸调pH为6.4,再用蒸馏水定容至1L。4℃下保存2周。

注意:配制这种复合缓冲液时,pH的调节特别重要,如果pH低于6.4,就会有沉淀物形成,即使pH再调回来,沉淀物也不会溶解。此时缓冲液必须丢弃重新配制。

缓冲液3:con A溶解液(使用浓度)

将30mL con A浓缩溶解液用蒸馏水稀释至100mL。现配现用。

DMSO:分析纯(BDH Analar cat. No. 10323)。室温下可保存5年。

2.2.2.4 设备

(1)玻璃器具:容量瓶(25mL);玻璃试管(16mm×120mm,15mL);螺口戴帽样品管(10mL)

(2)微量移液器(50～1000μL)

(3)容积式移液器

(4)微量离心管(2.0mL容量)

(5)沸水浴锅

(6)台式离心机

(7)漩涡混合器

(8)分光光度计(510nm)

(9)秒表

(10)分析天平

(11)微量离心机(14000g)

(12)控温水浴锅(40℃)

2.2.3　测定步骤

A.淀粉预处理

(1)准确称取淀粉或者面粉样品20～25mg,加入到10mL螺口戴帽样品管中,记录样品重量(精确到0.1mg)。(注意:每次试验必须包括参考标样,每第五个样品设定重复管)

(2)加入1mL DMSO,用漩涡混合器低速轻轻振荡,盖住样品管帽在沸水中加热直到完全溶解(大约1min),确保没有胶块状物质残留。

(3)用漩涡混合器高速混合,再次将样品管置于沸水浴锅中加热15min,并继续间断性地用漩涡混合器高速混匀。

(4)室温下放置大约5min,加入2mL 95%(V/V)乙醇,漩涡混合器混合,并继续加入4mL乙醇,翻转混匀,形成淀粉沉淀物,静置样品管15min(或过夜)。

(5)离心机2000g离心5min,弃去悬浮液,置于吸水纸上干燥样品管10min,确保去除所有的乙醇溶液。留下的沉淀用于随后的直链淀粉和总淀粉含量的测定。

(6)加入2mL DMSO于沉淀中,用漩涡混合器低速振荡,沸水浴锅中加热15min,并间断性地混合,以避免凝胶形成。

(7)立即加入4mL稀释的con A溶解液(缓冲液3),混合均匀,然后全部转移到25mL的容量瓶中,并用con A缓冲液反复冲洗样品管并一同加入容量瓶中,用con A缓冲液定容至刻度线(此溶液为溶液A)。如有必要,需对此溶液用Whatman No.1滤纸过滤(这一步对全面粉样品很有必要)。

注意:必须在2h之内对溶液A进行分析测定。

B.支链淀粉的con A沉淀和直链淀粉的测定

(1)量取1mL溶液A加到2mL的微量离心管中,加0.50mL的con A溶液(溶液1),盖上盖子,温和地反复颠倒,混匀。避免样品产生泡沫。

(2)室温静置1h,然后室温下14000rpm离心10min。

注意:①con A溶液中的样品(即A部分中的溶液A)不能长时间放置,否则会发生逆反应,产生沉淀。②con A溶液与支链淀粉的沉淀在室温下1h即可,不宜超过2h,否则会造成直链淀粉的衰退。③此步操作前,对样品进行乙醇预处理,可除去样品中的可溶性糖类物质,避免干扰后续分析。

(3)转移1mL上清液到15mL试管中,,加3mL 100mmol·L^{-1}醋酸钠缓冲液(pH4.5),混匀。轻轻塞住管口,沸水浴5min,使con A变性。

(4)将试管在40℃下水浴,平衡5min,加0.1mL淀粉葡萄糖苷酶和α-淀粉酶的混合物(溶液2),40℃下反应30min,2000rpm离心5min。

(5)准确量取 1mL 上清液,加 4mL GOPOD 试剂(溶液 4),40℃下反应 20min,以空白试剂和 D-葡萄糖标准液同时作对照。

注意:①空白对照:1.0 mL 100mmol·L^{-1}醋酸钠缓冲液(缓冲液 1)+4.0 mL GOPOD试剂,40℃下水浴 20min。②D-葡萄糖标准液对照:0.1mL D-葡萄糖标准液(1mg/mL)+0.9mL 醋酸钠缓冲液(缓冲液 1)+4.0mL GOPOD 试剂,同样也在 40℃下水浴 20min。该溶液测出的吸光度值用于判断整个实验过程有无失误,并不用于后续计算。

(6)在 510nm 下测定每一个样品和 D-葡萄糖标准液的吸光度值。

C.总淀粉含量的测定

(1)将 0.5mL 溶液 A 和 4mL 100mmol·L^{-1}醋酸钠溶液混合,pH4.5。

(2)加 0.1mL 淀粉葡萄糖苷酶和 α-淀粉酶的混合物(缓冲液 2),40℃下反应 10min,

(3)准确量取 1mL 上清液,加 4mL GOPOD 试剂(溶液 4),混匀,40℃下反应 20min。这个反应必须让样品和标准液按 B 部分同时进行。

2.2.4 直链淀粉含量(%)的计算

$$直链淀粉\%(W/W)=\frac{con\ A\ 悬浮液吸光度}{总淀粉吸光度}\times\frac{6.15}{9.2}\times\frac{100}{1}=\frac{con\ A\ 悬浮液吸光度}{总淀粉吸光度}\times66.8$$

注:6.15 和 9.2 分别代表 con A 和总淀粉在提取时的稀释系数。

2.3 抗性淀粉测定

抗性淀粉(RS)含量测定采用 Megazyme 抗性淀粉检测试剂盒(K-RSTAR 08/11)。该法在 AOAC 和 AACC 国际协会支持和认同下,已通过了多个实验室的评估(AOAC 法 2002.02;AACC 法 32~40)。该方法需要样品中 RS 含量多于 2%(W/W)。RS 含量多于 2%(W/W)时,常规的标准误差为 5%。而当含量少于 2%(W/W)时,误差更高。下面介绍该方法的原理、试剂配制、操作步骤。

2.3.1 原理

样品使用 α-胰淀粉酶和淀粉葡萄糖苷酶(AMG)37℃振荡水浴 16h,在这期间,通过两种酶的联合作用,非抗性淀粉被溶解,水解成 D-葡萄糖。孵育结束后,加入等体积的乙醇或工业甲基化酒精(IMS,变性乙醇)终止反应。离心上述溶液,收集的上清勿弃,底部残留絮状团即为样品中的 RS,用含水的 IMS 或 50%(V/V)乙醇溶液洗涤絮状团 2 次,洗涤后离心,然后倾出管中残留的液体。将絮状团置于冰水浴中,加入 2mol·L^{-1} KOH 溶解,溶解的同时用磁力搅拌器剧烈搅拌。用醋酸盐缓冲液将这个溶液调至中性,用 AMG 将淀粉定量水解成 D-葡萄糖。D-葡萄糖用葡萄糖氧化酶/过氧化物酶试剂(GOPOD)测定,这也是对样品中 RS 含量的测定。非抗性淀粉(可溶性淀粉)的测定,可通过集中上清液并定容至 100mL,再用 GOPOD 测定 D-葡萄糖完成。

2.3.2 试剂

2.3.2.1 试剂盒

瓶1:淀粉葡萄糖苷酶AMG(12mL,3300U/mL,条件为pH4.5,40℃下,底物为可溶性淀粉;或为200U/mL,条件为pH4.5,40℃下,底物为对硝基苯基β-麦芽糖苷)。AMG溶液应完全没有可检测到的游离D-葡萄糖。4℃下稳定性>3年。

瓶2:α-胰淀粉酶[10g,3U/mg(Ceralpha)]。−20℃下稳定性>3年。

瓶3:GOPOD试剂缓冲液。磷酸钾缓冲液(0.26mol·L^{-1},pH7.4),对羟基苯甲酸(0.22mol·L^{-1})和叠氮化钠(0.4%,W/V)。4℃下稳定性>4年。

瓶4:GOPOD试剂酶。葡萄糖氧化酶+过氧化物酶+4-氨基安替吡啉。冻干粉,−20℃下稳定性>4年。

瓶5:D-葡萄糖标准溶液(5mL,1.0mg/mL)溶于0.2%(W/V)苯甲酸。室温下稳定性>4年。

瓶6:抗性淀粉对照。室温下稳定性>5年。

2.3.2.2 溶液/悬浮液配制

溶液1:使用瓶1中提供的产品。这个溶液是有黏性的,因此应使用容积式移液器移取分装。4℃下稳定性>3年。

稀释AMG溶液(300U/mL):取2mL瓶1中的AMG浓缩液,用0.1mol·L^{-1}马来酸钠缓冲液(0.1mol·L^{-1},pH6.0,自制)稀释至20mL。以5mL为单位分装后用聚丙烯管冷冻保存。反复冻融不会影响其稳定性,−20℃下稳定性>5年。

溶液2(用前制备):用100mL马来酸钠缓冲液(100mmol·L^{-1},pH6.0,自制)悬浮1g瓶2中的产品(α-胰淀粉酶),搅拌5min。加入1.0mL稀释的AMG(300 U/mL),混匀。1500g以上离心10min,慢慢倒出上清液,即为制备的溶液2。溶液2制备后应当天使用。

溶液3:用蒸馏水稀释瓶3中的产品(GOPOD试剂缓冲液)至1L,即为制备的溶液3。应现配现用。

备注:(1)如果GOPOD缓冲液在−20℃下储存,会形成结晶盐,因此必须要完全溶解后才可以用蒸馏水稀释。(2)这个缓冲液中含有0.4%(W/V)的叠氮化钠,它是一种有毒物质,应按照操作规范进行使用。

溶液4:取20mL溶液3溶解瓶4成分,再全部转移至装有剩余溶液3的瓶子中。用铝箔封裹瓶子以遮光。这就是葡萄糖测定试剂(GOPOD试剂),可以在2~5℃保存3个月或者−20℃下保存一年。

如果试剂要以冷冻态储存,应分装后再冻存。也不要冻融超过一次。

当试剂是新鲜制备的时,它的颜色应是浅黄色或浅紫色。在4℃储存2~3个月时会演变成深紫色。当以蒸馏水为对照时，这个溶液的吸光度应小于 0.05。

溶液 5 和溶液 6：使用瓶 5 和瓶 6 提供的产品。室温下稳定性＞5 年。

2.3.2.2　自备试剂配制

（1）马来酸钠缓冲液（100mmol·L^{-1}，pH6.0）

用 1600mL 蒸馏水溶解 23.2g 马来酸（Sigma cat. No. M-0375），用 4mol·L^{-1} NaOH 调节 pH 至 6.0，加入 0.74g 二水氯化钙和 0.4g 叠氮化钠，并溶解，定容至 2L。4℃下可稳定保存一年。

（2）醋酸钠缓冲液（1.2mol·L^{-1}，pH3.8）

将 69.6mL 的冰醋酸（1.05g/mL）加至 800mL 的蒸馏水中，用 4mol·L^{-1} NaOH 调节 pH 至 3.8。用蒸馏水定容至 1L，室温下可稳定保存一年。

（3）醋酸钠缓冲液（100mmol·L^{-1}，pH4.5）

将 5.8mL 的冰醋酸加至 900mL 的蒸馏水中，用 4mol·L^{-1} NaOH 调节 pH 至 4.5。用蒸馏水定容至 1L，4℃下可稳定保存 2 个月。

（4）氢氧化钾溶液（2mol·L^{-1}）

将 112.2g KOH 加至 900mL 的去离子水中，搅拌溶解。定容至 1L，密封保存。室温下可稳定保存 2 年。

（5）含水乙醇（或者 IMS）（大约 50％，V/V）

将 500mL 乙醇（95％，V/V；或者 99％，V/V）或工业甲基化酒精［IMS，变性乙醇；95％（V/V）乙醇＋5％甲醇］加至 500mL 的水中。密封保存，室温下可稳定保存 2 年以上。

备注：一系列 RS 含量为 0.6％～78％（W/W）的对照样品可从 Megazyme 公司购买（cat. No. K-RSTCL）。

2.3.3　仪器设备

（1）离心式粉碎机（带有齿轮转子和 1.0mm 筛子，或类似的装置。小型样品可用旋风磨碎机替代）

（2）绞肉机（手动或电动，装有 4.5mm 筛）

（3）台式离心机［能够放入 16mm×120mm 玻璃试管，离心力为 1500g（约 3000rpm）］

（4）振荡水浴器（Grant OLS 200）（可设定为每分钟 100 次直线运动，振荡距离 35mm，37℃）

（5）水浴锅（能够保持在 50±0.1℃）

（6）漩涡混匀器

（7）磁力搅拌器

（8）磁子（5mm×15mm）

（9）pH 计

(10)计时器

(11)分析天平(精确到 0.1mg)

(12)分光光度计(510nm)

(13)100μL 移液器及一次性枪头

(14)连续分配器(配有 50mL 管嘴,能够移取 2.0mL,3.0mL 和 4.0mL)

(15)戴螺旋帽试管(16mm×125mm)

(16)玻璃试管(16mm×100mm,14mL 容量)

(17)塑料盒(可放置试管架,也可作为冰盒使用)

(18)温度计(能够读取 37±0.1℃和 50±0.1℃)

(19)容量瓶(100mL,200mL,500mL,1L,2L)

2.3.4　样品制备

用磨碎机研磨大约 50g 谷物样品或冻干植物或食品,样品粉末可通过 1.0mm 筛。转移所有的材料至广口瓶,振荡混匀。工业淀粉一般不用研磨。用绞肉机粉碎鲜样(如罐装的豆子、香蕉、土豆),过 4.5mm 筛。用 AOAC 法 925.10(15)测定干样中的含水量;根据 AOAC 法 925.10 法,冻干后烘炉干燥后测定鲜样中的含水量。

2.3.5　分析测定步骤

A.非抗性淀粉的水解和溶液化

(1)准确称取 100mg(±5mg)样品,倒入戴螺旋帽的试管里,轻柔地拍打试管以保证样品集中在底部。

注意:对于湿样,样品大概为 0.5g(准确称重),这些材料的含水量通常为 60%~80%。

(2)每个试管中加入 4.0mL 含有 AMG(3U/mL)的 α-胰淀粉酶(10mg/mL)(溶液 2)。

(3)盖紧试管盖子,用漩涡混合器混匀,卧式放入振荡水浴器,与运动方向平行。

(4)连续振荡,37℃孵育,精确孵育时间为 16h。(备注:对于线性运动,可设定为每分钟 100 次直线运动,振荡距离 35mm)

(5)把试管从水浴锅中拿出,用纸巾擦掉多余的水。打开盖子,加入 4.0mL 乙醇(99%,V/V)或者 IMS(99%,V/V),用漩涡混合器混匀。

(6)1500g(约 3000rpm)离心 10min(不加盖)。

(7)小心倒出上清(勿弃),加入 2mL 50%乙醇或 50% IMS 重悬浮,用漩涡混合器混匀,再加入 6mL 50% IMS,混合,1500g 离心 10min。

(8)小心倒出上清,重复上述重悬浮和离心步骤。

(9)小心倒出上清,翻转试管,用纸巾吸去多余的液体。

B. 抗性淀粉含量的测定

(1)将试管冰浴,向每个试管中加入磁子(5mm×15mm)和 2mL 2mol·L^{-1} KOH,用磁力搅拌器在冰浴/水浴状态下搅拌 20min,以重悬浮絮状物和溶解 RS。备注:①不要使用漩涡混合器混匀,否则会导致淀粉乳化。②确保边加入 KOH 溶液边剧烈搅拌试管里的样品,避免形成难溶的淀粉块。

(2)向每个试管中加入 8mL 1.2mol·L^{-1} 醋酸钠缓冲液(pH3.8),并用磁力搅拌器搅拌。并立即加入 0.1mL AMG(溶液 1,3300U/mL),混匀,并放入 50℃ 水浴。

(3)孵育 30min,期间用漩涡混合器间歇混匀。

(4)对于 RS 含量>10% 的样品,用洗瓶定量转移试管里的样品至 100mL 容量瓶,当用洗瓶洗涤试管中的溶液时,用外磁铁保持试管中的磁力棒。用蒸馏水定容至 100mL,并混匀。取 10mL 溶液离心,1500g,10min。

(5)对于 RS 含量<10% 的样品,直接离心,1500g,10min(非稀释)。对于这些样品,试管里的最终体积大约为 10.3mL(如果样品是湿样,体积可能会有所变化,在计算数值时应注意)。

(6)将上述稀释的(4)或非稀释的(5)上清液以 0.1mL 为单位转移至玻璃试管(16mm×100mm),一式两份,分别加入 3.0mL GOPOD 试剂(溶液 4),50℃ 孵育 20min。

(7)测量每份溶液在 510nm 下相对于空白试剂的吸光度值。

空白对照:混匀 0.1mL 100mmol·L^{-1} 醋酸钠缓冲液(pH4.5)和3.0mL的 GOPOD 试剂。

D-葡萄糖标准品对照(一式四份):混合 0.1mL D-葡萄糖(1mg/mL)和 3.0mL的 GOPOD 试剂。

C. 非抗性(可溶性的)淀粉的测定

(1)收集起始孵育[A(7)]过程中离心获得的上清液和两次 50% 乙醇洗涤[A(8)和(9)]获得的上清液至容量瓶中。用 100mmol·L^{-1} 醋酸钠缓冲液(pH4.5)定容至 100mL。混匀。

(2)以 0.1mL 为单位孵育溶液(一式两份)并加入 10μL 稀释的 AMG 溶液(300U/mL),50℃ 孵育 20min,加入 3.0mL GOPOD 试剂(溶液 4),50℃ 孵育 20min。

(3)测出其在 510nm 下相对于空白试剂的吸光度值。

(4)计算非抗性淀粉的含量。

2.3.6 结果计算

计算样品中抗性淀粉含量、非抗性淀粉含量和总淀粉含量(%,在干重的基础上),计算方法如下:

抗性淀粉(%)(样品中 RS 含量>10%)

$$=\Delta E\times F\times\frac{100}{0.1}\times\frac{1}{1000}\times\frac{100}{W}\times\frac{162}{180}$$

$$=\frac{\Delta E\times F}{W\times 90}$$

抗性淀粉(%)(样品中 RS 含量<10%)

$$=\Delta E\times F\times\frac{10.3}{0.1}\times\frac{1}{1000}\times\frac{100}{W}\times\frac{162}{180}$$

$$=\frac{\Delta E\times F}{W\times 9.27}$$

非抗性淀粉含量(%)

$$=\Delta E\times F\times\frac{100}{0.1}\times\frac{1}{1000}\times\frac{100}{W}\times\frac{162}{180}$$

$$=\frac{\Delta E\times F}{W\times 90}$$

总淀粉含量＝抗性淀粉含量＋非抗性淀粉含量

其中各数值代表的含义：

ΔE＝样品相对于空白试剂的吸光度值

F＝从吸光度值到葡萄糖重量(μg)的转换(在 GOPOD 反应中 $100\mu g$ D-葡萄糖的吸光度值是确定的,即 $F=100\mu g$ D-葡萄糖数除以这 $100\mu g$ D-葡萄糖的 GOPOD吸光度值)

100/0.1＝体积校正(从 100mL 中取 0.1mL)；

1/1000＝单位 μg 转化至 mg

W＝分析样本的干重＝称重×[(100－含水量)/100]

100/W＝RS 在样品重量中的比例；

162/180＝自由 D-葡萄糖转化为脱氢葡萄糖的转化系数

10.3/0.1＝体积校正(从 10.3mL 取 0.1mL),当 RS 含量小于 10%RS,孵育溶液时没有被稀释时,最终体积约为 10.3mL。当分析湿样时,体积会增大,在计算时应注意折算。

2.4　膳食纤维测定

食物中总膳食纤维、可溶性和难溶性膳食纤维的测定通常采用 AOAC 官方方法 991.43。下面介绍该方法的原理、试剂配制和操作步骤。

2.4.1　原理

取两份相同的干燥食物样品,经过耐热 α-淀粉酶、蛋白酶和淀粉葡萄糖苷酶反复消化除去淀粉和蛋白质。测总膳食纤维(TDF),在过滤之前用乙醇使可溶性膳食纤维沉淀,并且用乙醇和丙酮洗涤 TDF 残留物,干燥并称量。测难溶性和可溶性膳食纤维(IDF 和 SDF),过滤酶消化物,用热水洗涤残留物(IDF),

干燥并称量;测 SDF,滤液和洗液的混合物用乙醇沉淀,过滤,干燥并称重。TDF、IDF、SDF 用蛋白质、灰分和空白校正。

2.4.2 仪器设备

(1)烧杯:400 或 600mL 高型烧杯。

(2)过滤用坩埚:带耐热玻料滤板,40～60μm 孔径,60mL。按如下方法准备:在马弗炉中 525℃ 炽灼过夜,取坩埚之时将马弗炉的温度降至 130℃ 以下。将坩埚置 2% 清洁液中浸泡 1h,分别用水和去离子水冲洗坩埚,最后用 15mL 丙酮冲洗,然后吹干。向干燥坩埚中加入约 1.0g 硅藻土,置 130℃ 干燥至恒重。将坩埚置干燥器中冷却 1h,然后记录坩埚加硅藻土的重量,精确至 0.1g。

(3)真空系统:真空泵或抽滤系统,1L 配有橡胶管的厚壁过滤瓶。

(4)振摇水浴:①有自动时间控制装置,能维持在 98±2℃。②恒温时可调节至 60℃。

(5)天平:分析天平,精确至 0.1mg。

(6)马弗炉:能维持在 525±5℃。

(7)干燥箱:能维持在 103±2℃ 和 130±3℃。

(8)干燥器:SiO_2 或者相应的干燥剂,每两周一次置 130℃ 干燥过夜。

(9)pH 计:有温度补偿,用 pH4.0、7.0 和 10.0 缓冲液校正。

(10)移液枪:配 50～200μL 和 5mL 一次性枪头。

(11)量筒:能够配制 15±0.5mL 的 78% 乙醇、95% 乙醇和丙酮,以及 40±0.5mL 的缓冲液。

(12)磁力搅拌器和磁子。

2.4.3 试剂

整个实验过程均使用去离子水配制试剂。

(1)乙醇溶液:①95%(V/V);②78%:取 207mL 的水置 1L 容量瓶中,加 95% 乙醇至刻度,摇匀,即得。

(2)耐热 α-淀粉酶溶液:目录号 E-BLAAM;3000U/mL。

(3)蛋白酶:目录号 E-BSPRT;50mg/mL;350U/mL。

(4)淀粉葡萄糖苷酶溶液:目录号 E-AMGDF;200U/mL(对可溶性淀粉酶活为 10000U/mL)。5℃ 保存。

(5)硅藻土:经过酸洗(Megazyme G-CEL100 或者 G-CEL500)。

(6)清洁液:表面活性剂型实验室清洁液,用于坩埚的清洗。配成 2% 水溶液。

(7)MES:2-(N-吗啉代)乙基磺酸(No. M-8250,Sigma 化学公司)。

(8)TRIS:氨基丁三醇(No. T-1503,Sigma 化学公司)。

(9)MES-TRIS 缓冲液:0.05mol·L^{-1} MES 和 0.05mol·L^{-1} TRIS,在 24℃ 测 pH 为 8.2。溶解 19.52g MES 和 12.2g TRIS 于 1.7L 水中,用 6mol·L^{-1} NaOH

溶液调 pH 至 8.2,用水稀释至 2L。(注意:在 24℃调 pH 至 8.2。如果温度是 20℃,调 pH 至 8.3;如果温度是 28℃,调 pH 至 8.1)

(10)盐酸溶液:0.561mol・L^{-1}。取 93.5mL 6mol・L^{-1}盐酸溶解于 700mL 水中,置 1L 量瓶中,加水稀释至 1L。

2.4.4　操作步骤

2.4.4.1　样品制备和消化

与样品一起做两个空白以测量试剂带来的影响。

称取两份样品(M_1 和 M_2),各 1.0±0.005g,精确至 0.1mg,置 400mL(或 600mL)高型烧杯中,分别加入 40mL pH8.2 的 MES-TRIS 缓冲液。用磁力搅拌器搅拌至样品完全分散(防止形成无定形团块,使试验材料不能接触到酶)。

加入 50μL 耐热 α-淀粉酶溶液,低速搅拌。用铝箔盖住烧杯,置 95～100℃水浴孵育 35min,同时不停振摇,当所有烧杯都放入水浴锅后开始计时。

将烧杯从水浴中取出,并冷却至 60℃。取下铝箔,用剐勺从内部刮烧杯使底部的胶团分散。用 10mL 水冲洗烧杯壁和钢刀。

每个烧杯分别加入 100μL 蛋白酶溶液,用铝箔盖住,置 60±1℃孵育 30min,同时不停振摇,水浴温度达到 60℃时开始计时。

取下铝箔,加入 5mL 0.561mol・L^{-1} HCl,搅匀,于 60℃时用 5％ NaOH 溶液或 5％ HCl 调 pH 至 4.1～4.8(注意:需在 60℃时调 pH,若在较低温度时调,pH 会增加)。(大多数谷物如燕麦、大麦、小麦和玉米粉测定不需要调节 pH。每次实验检查一次,pH 调节过程可以省略。通常要检测空白对照的 pH 作为预防。如果超出理论值,也要检测样品)

边搅拌边加入 200μL 淀粉葡萄糖苷酶溶液,用铝箔盖住,置 60±1℃孵育 30min,同时不停振摇,水浴温度达到 60℃时开始计时。

2.4.4.2　总膳食纤维的测定

向每份消化样品中加入 225mL 60℃的 95％乙醇(加热后量取)。乙醇与样品的体积比为 4∶1。如果 95％乙醇预热到 65℃,需要加入 228mL。移开水浴,用大片铝箔盖住烧杯,置室温沉淀 1h。

对用 15mL 78％乙醇润湿已准确称量的过滤坩埚中的硅藻土,抽滤,使硅藻土平坦地铺垫在坩埚底部。

用坩埚过滤乙醇处理过的酶消化物。用 78％的乙醇和橡胶刀将剩余的沉淀全部转移至坩埚中。(注意:如果某些样品很黏,用剐勺捣散)

抽滤,滤饼洗涤两次,每次用 15mL 78％乙醇、95％乙醇和丙酮洗涤。将坩埚和滤饼置 103℃干燥过夜,然后置干燥器中冷却 1h,称重,精确至 0.1mg,扣除干燥坩埚和硅藻土的重量,即得滤饼的重量。

取双样中的一个来测定蛋白质,依照凯氏法测定,换算因子为 N×6.25。

取双样中的另一个来进行灰分分析,置525℃炽灼5h,置干燥器中冷却,然后称量,精确至0.1mg。扣除坩埚和硅藻土的重量,测定灰分含量。

2.4.4.3 难溶性膳食纤维测定

取过滤坩埚,称重,用3mL蒸馏水润湿硅藻土并涂抹,抽滤,使硅藻土均匀分布于过滤坩埚底部。

通过坩埚将酶消化物(按2.4.4.1制得)过滤到过滤瓶,洗涤烧杯后,用蒸馏水(预热到70℃)洗涤两次,每次10mL。合并过滤液和洗涤液倒入600mL高型烧杯,备用,用于检测可溶性膳食纤维,参照2.4.4.4。

滤饼洗涤两次,分别用10 mL 95%乙醇和丙酮冲洗(注:延迟洗涤时间会导致测定值偏高)。将坩埚和滤饼置103℃干燥过夜,然后置干燥器中冷却1h,称重,包含膳食纤维和硅藻土,精确至0.1mg,扣除干燥坩埚和硅藻土的重量,即得滤饼的重量。

取双样,并参照2.4.4.2方法测定蛋白质、灰分。

2.4.4.4 可溶性膳食纤维的测定

取600mL高型烧杯,称重,将制备不可溶性膳食纤维所得的滤液和洗涤液倒入烧杯中,混匀。称重(扣除烧杯重量)并估读体积。

在烧杯加入4倍量体积的95%乙醇(预热到60℃),用一部分乙醇(60℃)洗涤用于难溶性膳食纤维测定的过滤瓶。选做:加水使滤液和洗涤液重量达到80g,加95%乙醇(60℃)320mL后,冷却至室温并静止1h,使其沉淀析出。

参照2.4.4.2总膳食纤维测定方法,自"用78%乙醇15mL润湿硅藻土"同法操作。

2.4.5 计算公式

2.4.5.1 空白对照

$$B=[(BR_1+BR_2)/2]-P_B-A_B$$

BR_1、BR_2:双份空白的残渣重量(mg);

P_B、A_B:分别为空白对照中蛋白质及灰分的重量(mg)。

2.4.5.2 膳食纤维(DF)测定

$$DF(\%)=[(R_1+R_2)/2-P-A-B]/[(M_1+M_2)/2]\times100$$

R_1、R_2:双份样品的残渣重量(mg);

P、A:分别为样品中蛋白质及灰分的重量(mg);

B:空白对照(mg);

M_1、M_2:样品重量(mg)。

总膳食纤维测定:可参照2.4.4.2方法直接测定,也可参照2.4.4.3,2.4.4.4方法,分别测定IDF和SDF值,最后算出总和即得。

3　大麦(青稞)中的碳水化合物

大麦(青稞)籽粒的主要成分是碳水化合物,其组成和结构对大麦(青稞)的质量和用途的影响很大。分析测定资料显示,大麦(青稞)籽粒总碳水化合物占干重的75%~85%,其中包括单糖(葡萄糖0.04%~0.65%、果糖0.05%~0.26%)、二糖(蔗糖0.29%~2.5%、麦芽糖0.006%~0.24%)、低聚糖(果聚糖0.02%~0.99%、棉籽糖0.12%~0.93%)、多聚糖(淀粉50.5%~74.1%)、戊聚糖3.4%~7.9%、β-葡聚糖0.64%~8.21%、纤维素1.24%~6.3%)等。

作者等对皮大麦、青稞以及大麦米的碳水化合物含量做了测定。2年材料的测定结果(表2-3)表明,大麦碳水化合物含量年度间差异较大,说明其易受环境影响。青稞(裸大麦)籽粒碳水化合物含量比皮大麦相对较低。大麦米由于去掉了种皮糊粉层,因此碳水化合物含量相对较高,说明种皮中碳水化合物含量较低。结果也表明不同品种间的差异极显著,这说明不同基因型品种的碳水化合物合成、蛋白质合成能力不同。今后在资源收集利用、种质创制中要多加强对品质的分析。

表2-3　大麦碳水化合物含量测定(在浙江种植收获的材料,10个材料平均值)

材料	2011年/%	2012年/%	平均/%
皮大麦	75.8±5.8	71.1±6.1	73.5
青稞(裸大麦)	72.8±6.3	67.3±7.2	70.1
大麦米	86.3±5.2	80.4±6.2	83.4

3.1　淀粉

淀粉是植物细胞中贮藏状态的糖,一种由D-葡萄糖单体连在一起形成的生物高聚物。在植物中,淀粉以微小颗粒形式存在,能部分溶解在冷水中。它由支链淀粉和直链淀粉构成,在大多数谷物淀粉中,支链淀粉和直链淀粉分别占25%和75%(Swinkels,1985)。这些成分在不同作物、不同品种之间是有差异的,由基因控制,因此可以通过遗传育种来改变不同成分的含量和比例。大麦淀粉含量还与种植土壤环境、施肥水平、水分管理等有关,一般情况下,普通大麦淀粉含量为50.5%~75%,包含约27%的直链淀粉和73%支链淀粉。通常腊质大麦品种直链淀粉比例低(2%~10%),支链淀粉比例高(90%~98%)。

淀粉性状在食品工业中非常重要。因为食品各种各样的形状大部分依赖于淀粉凝胶的面团产品。在白色的大麦中,几乎所有的淀粉都由支链淀粉组成,黏性很高。支链淀粉溶液形成糊状物,可以缓慢地形成坚硬的凝胶状固体。大麦中这种类型的淀粉可以完全代替蜡质玉米、木薯和其他淀粉。高直链淀粉含量(40%)的大麦被认为更适合于用作威士忌的生产,因为麦芽糖酶可以把直链淀粉完全水解成葡萄糖,从而提高酒精的产量。通常是直链淀粉比例越高,获得的酒精产量也越高(Carrasco,1998)。

另外，淀粉也是很重要的营养物质之一，它是日常饮食中主要的能量来源，同时，它又能促使动物更有效地利用蛋白质。因此，大麦的育种栽培应该朝着获得高淀粉含量并且不会减少蛋白质含量的目标方向进行。测定分析资料表明，裸大麦淀粉含量通常为38%～42%(INIAP,1991)。淀粉除食用外，还可用于生产糊精、麦芽糖、葡萄糖、酒精等。另外，淀粉在工业上被用于调制印花浆、纺织品上浆、纸张上胶、药物片剂压制等。

3.1.1　淀粉类型

(1)直链淀粉

直链淀粉与支链淀粉一起构成淀粉粒。直链淀粉占总淀粉的10%～30%，品种间差异很大。作者对大麦（青稞）的分析结果表明，大麦（青稞）直链淀粉含量（比例）变幅较大，相对分子质量从几千到50万不等，是由葡萄糖以α-1,4-糖苷键连接而成的链状化合物，它不分支，通常为卷曲螺旋形。能溶于热水而不成糊状，遇碘显蓝色。用α-淀粉酶和β-淀粉酶（切断α-1,4-糖苷键）以及异淀粉酶的共同酶切，可以将淀粉完全水解成麦芽糖。

朱彩梅等(2010)利用近红外反射光谱(NIRS)法测定了含糯性基因的167个中国大麦品种的直链淀粉含量。结果表明，糯大麦种质均属低直链淀粉糯大麦材料。167份含糯性基因品种的直链淀粉含量变异范围为13.34%～38.23%，平均值为25.23%，标准差为4.18，变异系数为16.56%。品种内不同单株间直链淀粉含量不同，有的品种单株变异系数大，有的变异系数小。在28个品种中检测到直链淀粉含量小于15%的单株，其中在6个品种中共鉴定出7份材料，直链淀粉含量低于10%。李杰等(2009)研究了大麦籽粒蛋白质含量和直链淀粉含量的差异性和遗传特性，对100个引进大麦品种（系）的籽粒蛋白质含量及直链淀粉含量进行测定，显示籽粒蛋白质含量和直链淀粉含量均存在极显著的遗传差异，可聚类成5类，分别为高蛋白质含量—低直链淀粉含量类22个，其蛋白质和直链淀粉平均含量分别为16.01%和8.03%；低蛋白质含量—高直链淀粉含量类9个，其平均含量分别为11.81%和15.21%；中值类33个，其平均含量分别为15.71%和10.91%；低蛋白质含量—低直链淀粉含量类25个，其平均含量分别为12.49%和12.15%；高蛋白质含量—高直链淀粉含量类11个，其平均含量分别为15.26%和15.19%。

直链淀粉具有抗润胀性，不溶于脂肪，在水中不膨胀而溶解，水溶性较差，能溶于热水但不能形成典型的糊状，冷却时与碘反应呈蓝色。直链淀粉糊化温度较高，约为80℃；直链淀粉不产生胰岛素抗性；直链淀粉的成膜性和强度均很好，但黏附性和稳定性较支链淀粉差。

直链淀粉可以从溶于温水或稀酸的淀粉可溶部分再加酒精沉淀而得到，是重要的工业原料,用途涉及 30 多个领域。直链淀粉具有近似纤维的性能,可用于制成薄膜,这种薄膜具有很好的透明度、柔韧性、抗张强度和水不溶性,可应用于密封材料、包装材料和耐水耐压材料的生产。

(2)支链淀粉

支链淀粉又称胶淀粉,分子相对较大,相对分子质量在 20 万到 100 万之间。一般由几千个葡萄糖残基组成。支链淀粉较难溶于水,其分子中有许多个非还原性末端,但却只有一个还原性末端,故不显现还原性。在食物淀粉中,支链淀粉含量较高,一般为 65%～81%,但品种间差异很大。

支链淀粉中葡萄糖分子之间除了以 α-1,4-糖苷键相连之外,还有的以 α-1,6-糖苷键相连,所以带有分支,通常约 20～30 个葡萄糖单位就有一个分支。支链淀粉不溶于冷水,与热水作用则膨胀而成糊状。遇碘呈紫或红紫色。

支链淀粉具有较高的膨胀性、黏滞性和透明度,是增稠剂、乳化剂、浆黏剂、悬浮剂、黏合剂、稳定剂、防老化剂等的优良原料。在医药、食品、酿造、纺织、航空、铸造、建筑、石油和黏合剂等工业领域有广泛和特殊的用途。

支链淀粉糊化温度比直链淀粉稍低,约为 70℃;支链淀粉的成膜性和强度、黏附性和稳定性比直链淀粉好;而且支链淀粉具有抗润胀性,能溶于水、脂肪;由于淀粉酶的水解作用位点是在淀粉分子的末端,支链淀粉拥有很多的末端,所以支链淀粉的水解消化比直链淀粉快。支链淀粉会产生一定的胰岛素抗性。

大麦(青稞)支链淀粉含量也随品种不同而差异极大,青稞淀粉成分独特,普遍含有 74%～78%的支链淀粉。近年来,我国筛选培育了一些高支链淀粉含量的大麦(青稞)品种。据报道,甘肃培育的黑糯大麦,西藏自治区农牧科学院培育的青稞新品种藏青 25,支链淀粉含量均达到 98%以上,或有报道接近100%。支链淀粉含大量凝胶黏液,加热后呈弱碱性,能抑制过多的胃酸。

(3)抗性淀粉

抗性淀粉又称抗酶解淀粉及难消化淀粉,是指在健康人群小肠中不能被酶解和消化吸收,但在大肠结肠中,通过微生物群作用,可以与挥发性脂肪酸起发酵反应的一类淀粉。抗性淀粉不能被吸收但能够进入结肠,从而具有重要的生理功效。资料报道,抗性淀粉存在于某些天然食品中,如马铃薯、香蕉、大米、大麦等都含有抗性淀粉,特别是高直链淀粉的玉米淀粉中抗性淀粉含量高达 60%。

抗性淀粉包括改性淀粉和经过加热又经冷却的淀粉。食物中存在的抗性淀粉通常分为四类:(1)物理包埋淀粉,如部分淀粉由于被细胞壁包裹,在水中不能充分膨胀和分散,不能被淀粉酶消化;(2)抗性淀粉颗粒,如青香蕉、未煮过的土豆、豌豆等中的淀粉,它们天然具有抗消化特性;(3)已老化的淀粉,经过加热、冷却处理,淀粉结构、聚合度、结晶等变化后难以被淀粉酶消化;(4)化学改性淀粉,如经物理化学变性的羧甲基淀粉、交联淀粉等,改变了化学官能团而抵抗酶解。

食物中抗性淀粉含量最高的是工业制造的纯抗性淀粉(含量72.6%)、高直链玉米淀粉(含量68.8%)、生土豆淀粉(含量64.9%)、青香蕉(含量57%)。抗性淀粉含量大于15%的还有生豆、直链玉米淀粉,老化后的直链淀粉,未经加工过的小麦粒等。作者等的测定结果表明,大麦(青稞)籽粒中也存在抗性淀粉,其含量约为2%～6%。通过物理化学变性处理,可使其抗性淀粉比例上升。

在食品加工过程中,不同的加工工艺对抗性淀粉的含量有显著的影响。李扬(2008)采用五因素五水平的二次正交组合设计,研究了挤压系统参数(模孔孔径、套筒温度、物料含水率、螺杆转速和螺杆末端端面至模板内表面的距离)对挤压蒸煮大麦啤酒辅料中抗性淀粉含量的影响,结果表明,适当的挤压参数可以减少大麦辅料中抗性淀粉的含量。

抗性淀粉可抵抗酶的分解,释放葡萄糖缓慢,具有较低的胰岛素反应,能控制血糖,减少饥饿感,特别适宜糖尿病患者食用;具食用纤维功能,增加排便,减少便秘,可减少血胆固醇和甘油三脂,有一定的减肥作用,减少结肠癌的危险。

3.1.2 淀粉粒类型

大麦淀粉由两种颗粒群组成:A型——大淀粉粒,直径约20μm,B型——小淀粉粒,直径2～5μm。小淀粉粒数量约占总淀粉粒数量的90%,但其重量只占淀粉总重的10%。比较而言,B型淀粉粒的相对表面积大,结合较多的蛋白质、脂类和水分,膨胀势大,吸水率高,影响面团的糅混性和烘焙特性。

作者收集了50多份大麦(青稞)材料并进行了淀粉观察比较,建立了生物化学含量检测分析技术和电镜形态分析技术。根据对淀粉的分析,选择不同淀粉含量和组成的大麦(青稞)品种,开展合适的食品工艺开发。结果表明,硬粒大麦中B型淀粉粒比例高,淀粉粒和蛋白骨架结合致密,磨粉过程中,粉粒和蛋白骨架内部破裂,淀粉破碎率高,和面时吸水多,适宜加工面包、面条。而软粒大麦中A型淀粉粒多,淀粉粒和蛋白骨架结合疏松,磨粉过程中,淀粉粒和蛋白骨架之间破裂,淀粉破碎率低,和面时吸水少,适宜制作饼干糕点。但是由于大麦(青稞)的抗性淀粉含量较低,通常需要研制特殊的加工工艺来提高抗性淀粉含量,以生产特殊的大麦(青稞)抗性淀粉食品。

3.1.3 淀粉磷酸化

植物淀粉磷酸化意义重大,能促进淀粉水解和溶解晶体淀粉,促使淀粉在肠道内被降解,提高人类利用率。同时也影响淀粉的工业特性,如糊化特性、凝胶强度、透明度、黏度等。

Carciofi(2011)通过转基因技术,使马铃薯淀粉磷酸化的酶——葡聚糖水激酶在大麦中过表达,转基因大麦StGWD过表达的表型与野生型相同,但籽粒中的淀粉具有很高的束缚磷含量(7.5±0.67nmol/mg),对照系只有0.8±0.05nmol/mg,

提高了将近十倍。淀粉粒形态发生了改变,并降低了溶解热熵,这证明可以通过基因工程提高磷酸化谷物淀粉含量。但是目前对转基因植物的食品加工均比较谨慎。

3.1.4 淀粉的提取工艺

大麦(青稞)淀粉提取工艺已有较多研究,也建立了较多工艺。以下介绍其中一种工艺。

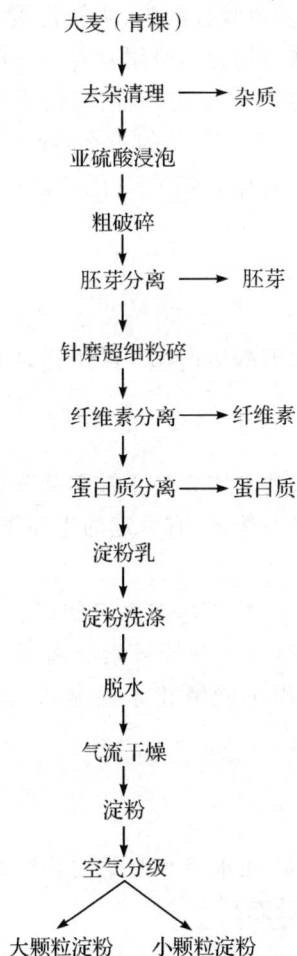

```
              大麦（青稞）
                 ↓
              去杂清理 ——→ 杂质
                 ↓
              亚硫酸浸泡
                 ↓
              粗破碎
                 ↓
              胚芽分离 ——→ 胚芽
                 ↓
              针磨超细粉碎
                 ↓
              纤维素分离 ——→ 纤维素
                 ↓
              蛋白质分离 ——→ 蛋白质
                 ↓
              淀粉乳
                 ↓
              淀粉洗涤
                 ↓
              脱水
                 ↓
              气流干燥
                 ↓
              淀粉
                 ↓
              空气分级
                ↙    ↘
         大颗粒淀粉    小颗粒淀粉
```

图 2-3 大麦(青稞)淀粉提取工艺示意图

3.2 纤维素

3.2.1 膳食纤维

膳食纤维一词是1970年以后才在营养学中出现,是指在人体肠道内不易被消化的碳水化合物。膳食纤维主要来自于植物的细胞壁,包含纤维素、半纤维素、树脂、果胶、藻胶及木质素等。现代科学研究证实,膳食纤维并不是人们传统认识的只是食物的残渣,而是健康饮食不可缺少的,被称为继蛋白质、脂肪、碳水化合物、矿物质、维生素和水六大营养素后的第七营养素。1998年美国FDA提出,人体适量补充膳食纤维对保持消化系统健康具有重要意义,同时摄取足够的膳食纤维对预防心血管疾病、癌症、糖尿病以及其他疾病也具有重要作用。膳食纤维可以增强消化功能,同时可稀释毒素,加速消化道的排毒,减缓消化速度,排泄胆固醇。另外,膳食纤维通过吸收胃肠内的水分,迅速膨胀,使人体产生饱腹感,从而抑制肠道吸收糖类、脂类物质,润滑肠道,促进排便,抑制肥胖。但是膳食纤维也有妨碍消化与吸附营养的副作用。

膳食纤维按在水中的溶性可分为两种类型:水溶性纤维与非水溶性纤维。纤维素、半纤维素和木质素是3种常见的非水溶性纤维,存在于植物细胞壁中;而果胶和树胶等属于水溶性纤维,沉积于初生细胞壁和细胞间层,是植物细胞间质的重要成分。

3.2.2 非水溶性纤维

1.纤维素

纤维素不能被人体肠道的酶所消化。纤维素具有亲水性,在肠道内起吸收水分的作用。

2.半纤维素

在人的大肠内半纤维素比纤维素易于被细菌分解。它有结合离子的作用。半纤维素中的极少数成分是可溶的,有一定的生理作用。

3.木质素

木质素不是多糖物质,而是苯基类丙烷的聚合物,具有复杂的三维结构。因为木质素存在于细胞壁中,难以与纤维素分离,故在膳食纤维的组成成分中包括了木质素。人和动物均不能消化木质素,因此它在人体内以物理作用为主。

3.2.3 水溶性纤维

1.果胶

果胶是一种无定形物质,在水果和蔬菜的软组织中含量较高,可在热水中溶解,在酸性溶液中遇热呈胶态。

2.树胶

树胶的化学结构因来源不同而有所差异。主要的成分有:多糖醛酸、半乳酸、阿拉伯糖及甘露糖所形成的多糖,它可分散于水中,具有黏稠性,可起到增稠剂的作用,同时可吸收食物中的有毒物质而预防便秘,减少消化道中细菌排出的毒素。大多数植物都含有水溶性与非水溶性纤维,饮食均衡,合理摄取水溶性与非水溶性纤维才能获得相应的益处。

常见的食物中,大麦(青稞)食物含有丰富的水溶性纤维,水溶性纤维可减缓消化速度和最快速排泄胆固醇,有助于调节免疫系统功能,促进体内有毒重金属的排出。常吃大麦(青稞)食品可以控制血液中的血糖和胆固醇水平,还可以帮助改善糖尿病。

3.2.4　大麦(青稞)中的纤维

大麦(青稞)中的纤维主要是纤维素,同时还有几种半纤维素和木质素。纤维素含量及其组成在皮大麦和裸大麦(青稞)之间有一定的差异。在皮大麦籽粒中,外壳是紧贴着果皮的,而在裸大麦籽粒中,外壳是不紧密相连的。这种外壳的有无会影响大麦籽粒纤维的含量。研究显示,不同类型的大麦,其纤维具有显著的差异(Newman and McGuire,1985)。通常情况下,纤维占麦粒组成的6%～15%,品种间差异很大。它主要集中分布在籽粒底部或者萌发的部位,在末梢部位分布较少。

随着生活水平的不断提高以及对健康越来越重视,人们在日常生活和食品加工过程中,越来越关注纤维的特性。裸大麦由于纤维含量低,在加工过程中较少营养物质流失,并且加工的食品消化吸收率也较好(94%),因此,受到大麦生产者、加工者以及消费者的青睐(CENAPIA,1992)。在皮大麦食品加工中,由于纤维主要在皮壳中,首先需要脱皮,过去用酸碱浸泡方法,现在通常采用打磨方法去除外壳。去壳后的大麦米更便于切片、粉碎和加工成面粉,并且获得的面粉等产品中纤维含量降低,口感得以改善,可以较好地用作食物。但是,由于在打磨脱皮处理过程中,同时有部分糊粉层和胚乳也被分开,这样会使一部分营养物质流失(表2-4)。尽管如此,去皮过程仍然被生产加工者、消费者广泛接受,因为这提高了大麦(青稞)食品的加工特性和口感。

表 2-4　大麦及主要谷物碳水化合物纤维灰分比较(单位:%)(浙江种植)

谷物	碳水化合物	灰分	
		全部	纤维
皮大麦	75.1	6.7	3.0
青稞	79.0	1.8	2.1
大麦珍珠米	82.3	1.1	1.3
玉米	80.5	2.2	1.3
大米	85.4	1.1	1.4
小麦	79.2	2.1	1.8
燕麦	72.3	3.2	2.1

注:大麦为10个材料平均,其他为2个材料平均。

尽管纤维的生理学和营养学功能研究越来越受到重视,但是,纤维更具有结构功能。纤维对胆酸和类固醇代谢的影响还没有被完全证实,但有研究表明,纤维能使胆汁酸性物质的消除更方便,对血液中胆固醇水平也具有降低作用(Foster,1987)。

作者等对皮大麦、裸大麦以及大麦米等的纤维测定结果(表2-5)表明,纤维含量在皮大麦和青稞(裸大麦)之间没有显著的差异。但年度间的差异较大,说明膳食纤维含量易受环境因素影响。另外,经过加工的大麦米膳食纤维含量下降,特别是非水溶性纤维下降更明显。

表2-5　大麦膳食纤维含量测定(浙江种植,10个材料平均值)

材料	2011 年/%	2012 年/%	平均/%
皮大麦:			
总膳食纤维	15.9±3.1	12.9±4.2	14.4
水溶性纤维	5.7	4.2	5.0
非水溶性纤维	10.2	8.7	9.9
青稞(裸大麦):			
总膳食纤维	15.7±3.8	11.9±3.7	13.8
水溶性纤维	5.9	3.9	4.9
非水溶性纤维	9.8	8.0	8.9
大麦米:			
总膳食纤维	10.8±1.2	10.7±1.5	10.8
水溶性纤维	4.8	3.6	4.2
非水溶性纤维	6.0	7.1	6.6

第三节　大麦(青稞)脂肪酸

1　概　况

脂肪除供给人体能量、构成组织细胞结构外,还提供人体必需的脂肪酸,促进脂溶性维生素的吸收和利用。在通常情况下,人们获取脂肪酸,主要有动物性、植物性两大来源。动物性来源主要有猪油、牛油、羊油、鱼油和奶油等;植物性来源主要为油料作物,如花生、大豆、芝麻、油菜、米糠、核桃、橄榄、山茶等。大麦(青稞)中提取的脂肪酸等还较少,主要在保健功能上应用。

2　测定方法

大麦(青稞)的脂肪酸分析测定操作步骤如下:

大麦(青稞)样品的处理　将大麦(青稞)种子净选,干燥,粉碎。称取250g粉,用无水乙醇提取,回收乙醇,甲酯化,将所得脂肪酸甲酯作GC-MS分析。

气相色谱—质谱测定　测试条件:GC气化室温度250℃,美国J&W HP-5(30m×0.25mm×0.25μm)弹性石英毛细管柱。以4℃/min的升温速度由80℃程序升温至290℃,恒温30min,载气为99.999%高纯度氦气。MSD离子源为 EI 源,离子源温度 230℃,电子能量 70eV;使用美国 NIST02L 谱库。

3　大麦(青稞)中的脂肪酸

大麦(青稞)籽粒总脂肪含量约为 1%～3%(表 2-6),由多种脂肪酸组成。作者等对大麦(青稞)中的脂肪酸进行甲酯化,所得脂肪酸甲酯再经 GC-MS 分析,结果表明,大麦(青稞)的脂肪含量在 2%左右,采用此方法对大麦(青稞)中脂肪酸进行成分分析,一共检测出 14 种脂肪酸(表 2-7),其中饱和脂肪酸有 9种,相对含量为 38.945%,主要成分为棕榈酸(35.578%)、硬脂酸(1.543%);不饱和脂肪酸有 5 种,相对含量为 61.055%,主要成分为亚油酸(36.722%)、反式油酸(15.054%)、顺式油酸(6.847%)、共轭亚油酸(1.493%)。这些不饱和脂肪酸具有降血脂、降血压、抑制血小板聚集、减少血栓形成等作用,在医药、保健品等领域具有广阔的开发前景。深入开发研究大麦(青稞)脂肪酸的生理活性和药理作用,对大麦(青稞)综合开发意义重大。

表 2-6　大麦(青稞)脂肪含量(谷粒干物质百分比)测定(浙江种植,10 个品种平均值)

材料	2011 年/%	2012 年/%	平均/%
皮大麦	1.7±0.6	1.8±0.7	1.8
青稞(裸大麦)	2.0±0.7	2.3±0.8	2.2
大麦米	1.5±0.5	1.8±0.8	1.7

表 2-7　大麦(青稞)中脂肪酸成分及其含量(浙江种植,10 个品种混合测定)

脂肪酸类型	分子式	相对分子质量	化合物名称	含量/%
饱和脂肪酸	$C_{15}H_{30}O_2$	242	正十四烷酸	0.400
	$C_{16}H_{32}O_2$	256	正十五烷酸	0.294
	$C_{17}H_{34}O_2$	270	棕榈酸	36.008
	$C_{18}H_{36}O_2$	284	十七烷酸	0.214
	$C_{19}H_{38}O_2$	298	硬脂酸	1.532
	$C_{20}H_{40}O_2$	312	正十九烷酸顺式油酸	0.081
	$C_{21}H_{42}O_2$	326	花生酸	0.300
	$C_{23}H_{46}O_2$	354	二十二烷酸	0.260
	$C_{25}H_{50}O_2$	382	二十四烷酸	0.241
不饱和脂肪酸	$C_{19}H_{34}O_2$	294	亚油酸	35.652
	$C_{19}H_{36}O_2$	296	(Z)-反式油酸	15.009
	$C_{19}H_{36}O_2$	296	(E)-顺式油酸	7.073
	$C_{19}H_{34}O_2$	294	(E,E)-共轭亚油酸	1.445
	$C_{21}H_{40}O_2$	324	花生烯(11)酸	0.921

大麦(青稞)脂肪酸含量由于不同品种、不同栽培环境、不同测定方法,结果有较大的差异。胡叔平(1984)介绍啤酒原料大麦中脂类含量为 4.4%左右(干

物质计),其制成的麦芽脂类含量为 3.4% 左右。大麦和麦芽的脂类中 70% 左右为甘油三脂。麦芽中 8% 左右为脂肪酸。主要是在大麦发芽过程中,甘油三脂水解,游离脂肪酸释放及呼吸作用,总脂类成分下降了 30% 左右。吕小文等(2004)开展了青稞胚芽油胶囊制备的研究,用气相色谱法检测了青稞胚芽油脂肪酸的组成。结果表明,不饱和脂肪酸含量为 79%,其中油酸占 17%、亚油酸占 55%、亚麻酸占 7.1%。另外,青稞胚芽油中还含有丰富的维生素 E (63.7mg/kg)、维生素 D(36.3mg/kg)。

第四节　大麦(青稞)维生素

维生素是维持生命活动不可缺少的一类有机化合物,广泛参与人体中许多重要的生理过程。已知饮食中的维生素有 20 多种,按其溶解性质的不同,可分为脂溶性与水溶性两大类。饮食中容易缺乏的维生素主要有:维生素 A、维生素 C(抗坏血酸)、维生素 D、硫胺素、核黄素、尼克酸等。

1　测定方法

目前各种维生素均有较好的、标准的测定方法。高效液相色谱和液质联用技术使用较多。如 ABSCIEX 质谱分析,利用样品中脂溶性维生素在皂化过程中与脂肪分离,通过石油醚萃取后,以正相色谱柱提取,然后再用反相色谱柱,紫外检测分析,该技术方法适用范围广,可用于食品维生素 A、D、E 含量的测定。

维生素 C 已有多种测定方法,各有优点和不足,可以根据实验室条件和实验目的不同加以选择。目前维生素 C 的测定方法主要有:荧光法、2,6-二氯靛酚滴定法、2,4-二硝基苯肼法、分光光度分析法、化学发光法、电化学分析法及色谱法等。

2　大麦(青稞)资源维生素分析

大麦(青稞)的维生素含量测定表明,每千克裸大麦的总 E 1.23～0.98mg, α-E 1.23～0.89mg,尼克酸 3.9mg,核黄素 0.14mg,硫胺素 0.43mg;每千克皮大麦的总 E 0.54mg, α-E 0.47mg,尼克酸 3.9mg,核黄素 0.04mg,硫胺素 0.44mg;大麦米的总 E 0.54mg, α-E 0.48mg,尼克酸 4.8mg,核黄素 0.10mg,硫胺素 0.36mg;青稞的·VE 1.25mg,尼克酸 3.6mg,核黄素 0.21mg,硫胺素 0. 32mg。

第五节 大麦(青稞)灰分和矿质元素

1 概 况

矿物质是地壳中自然存在的化合物或天然元素,是生物体的必需组成部分。人体内有 60 多种矿物质,根据它们在体内含量的多少,大致可分为常量元素和微量元素两大类。

人体内含量较多的元素有碳、氢、氧、氮、磷、硫、钙、镁、钾、钠、氯等,部分是组成蛋白质、脂肪、碳水化合物和核酸的成分,也是构成生物体和调节生理机能的最基本元素。除碳、氢、氧、氮之外,其他都叫常量矿质元素。

微量元素在人体内含量甚微,总量不足体重的万分之五,如铁、锌、铜、锰、铬、硒、钒、碘等。微量元素含量虽微,对人体健康十分重要。如硒是联合国卫生组织确定的人体必需的微量元素,而且是该组织目前唯一认定的防癌抗癌元素。

植物体中含有多种化合物,这些化合物都是由不同的元素组成的。当把植物体烘干并充分燃烧时,植物体中的碳、氢、氧、氮等元素就以二氧化碳、水、分子态氮和氮氧化物等形式挥发。灼烧后剩下的不能燃烧挥发的残烬物质称为灰分。其组成一般认为是一些金属元素及其盐类,即各种矿质元素的氧化物。矿质元素以氧化物的形式存在于灰分中,因此矿质元素也叫灰分元素。

2 测定方法

2.1 灰分的测定

灰分又分为水溶性和水不溶性,酸溶性和酸不溶性多种灰分。一般情况下,灰分测定是指总灰分测定,其过程如下:

准备灰化容器(坩埚),将其用盐酸(1:4)煮沸洗净,500℃高温灼烧,降至200℃后放入干燥室内冷却到室温,称重(空坩埚);选取大麦(青稞)样品,准确称重(取样量 2~5g);在电炉中炭化至无烟,在 500℃马弗炉中灼烧到灰白色,冷却到200℃,入干燥皿冷却到室温,称重灼烧 0.5~1h,冷却到恒重称量、计算。

灰分%=灰分重量/样品重量×100

值得注意的是,如果灰化温度选择过高,容易造成无机物的损失。

2.2 矿质元素测定

矿质元素测定方法较多,常用的方法有:(1)原子吸收法(AAS),该方法测定矿质元素选择性好,灵敏度高,简便、快速,可以同时测定多个元素。(2)比色法,设备简单、廉价,灵敏度可以满足要求。另外还有极谱法、离子选择电极法、荧光分光光度法等等。

3 大麦(青稞)中的灰分和矿质元素

3.1 灰 分

大麦(青稞)籽粒的总灰分测定表明(表 2-8),其含量随品种差异而变化,一般在 1%~4%。裸大麦灰分含量低于皮大麦。大麦米的灰分含量显著低于皮大麦和青稞,说明大麦皮壳中的灰分含量较高。

表 2-8 大麦灰分测定(籽粒干物质百分比)(浙江种植,10 个品种平均值)

材料	2011 年/%	2012 年/%	平均/%
皮大麦	3.1±0.1	3.3±0.3	3.2
裸大麦	2.1±0.2	2.2±0.1	2.2
大麦米	1.5±0.1	1.6±0.2	1.6

3.2 矿质元素

矿质元素通常存在于灰分中,矿质元素有时也称作灰分元素。大麦(青稞)的主要矿质元素为钾、钠、钙、镁、铁、锌、铜、磷、锰、硒等。测定分析结果(表2-9)表明,各矿质元素含量的标准误值较大,说明矿质元素的含量在皮大麦、青稞、大麦米之间有显著变异。但是皮大麦与青稞之间比较,平均值接近。另有测定资料显示,矿质元素含量高低与品种、栽培环境、土质成分、施肥条件等因素密切相关。这提示在大麦(青稞)食品加工生产中,建立稳定的大麦(青稞)原料基地,可以保证其加工产品中成分的稳定,并且可根据加工产品的目的,选择合适的品种并配套合适的栽培条件来生产原料。

表 2-9 大麦(青稞)矿质元素分析(浙江种植收获的材料)(每千克含量)

主要矿质元素	青稞	皮大麦	大麦米
钠/mg	7.4	2.1	3.2
钾/mg	151	147	104
钙/mg	53	45	43
锌/mg	3.51	2.50	4.36
镁/mg	132	157	110
铜/mg	0.34	0.38	0.62
铁/mg	6.2	3.3	4.1
磷/mg	431	292	403
硒/μg	10.10	6.18	9.81
锰/mg	3.2	3.5	2.4

Yufera 等(1987)分析了大麦等谷物的矿物质含量(表 2-10),结果表明,皮大麦和裸大麦籽粒的铜、铁、磷、锌和钾含量比其他作物谷粒高。珍珠麦,由于外壳的剥离,除铜元素含量没有变化以外,其他矿物质含量均有所下降,说明皮

壳中含有较高的矿质元素,测定结果表明它包含了谷粒全部矿物质含量的32%左右。

但是,从表2-9和2-10的数据,可以看出差异极大,主要的原因可能是测定方法、品种材料、栽培土壤环境、生长生境等不同。因此在分析应用研究中应特别注意,采用统一批次的分析结果。

磷是基本矿物质中的一种,也是DNA、RNA和磷脂的一部分,参与脂质和脂肪酸的乳化和转运。大麦含有较高的磷,其食品对日常饮食磷的供给具有好处。另外有研究表明,裸大麦(包括青稞)品种的植酸含量低,因此在肠道中它提供的磷更容易被吸收。

表2-10 大麦和其他谷物矿物质含量的比较

成分	光滑大米	光滑燕麦	大麦			玉米	小麦
			皮大麦	裸大麦	珍珠麦		
铜/mg·kg^{-1}	4.3	1.1	12.0	13.0	12.0	10.5	5.1
铁/mg·kg^{-1}	34.0	79.0	94.0	72.0	26.0	30.0	44.0
锰/mg·kg^{-1}	15.0	51.0	24.0	19.0	7.0	20.0	38.0
锌/mg·kg^{-1}	1.8	22.0	49.0	52.0	30.0	10.4	24.0
钙/%	0.01	0.10	0.05	0.06	0.02	0.03	0.04
磷/%	0.23	0.34	0.54	0.47	0.24	0.32	0.34
镁/%	0.08	0.16	0.12	0.12	0.07	0.17	0.18
钾/%	0.24	0.48	0.65	0.48	0.22	0.35	0.41
钠/%	0.02	0.09	0.10	0.04	0.02	0.01	0.03

资料来源:Yufera 1987;INIAP,Nutrition and Quality Department 1991。

锌是所有有机体的必需微量元素,目前锌缺乏严重影响了世界三分之一的人群,特别是妇女和学前儿童,人类与锌缺乏相关的疾病包括了生长缓慢、发育延迟,并且涉及免疫系统功能下降、伤口愈合延缓(Ploysangam et al,1997)。而锌缺乏的主要原因之一是主食中锌水平低,即由于大多数种植作物的土壤锌含量低,这样生长收获的作物籽粒中锌含量低。增加植物锌含量有利于植物更好地生长,也可以增加作物食用部分的锌含量。这称为生物强化,即通过农学和遗传学的手段提高现有农作物中能为人体吸收利用的微量营养元素锌的含量。目前农学方法如增施锌肥,提高土壤锌含量,从而使生长的作物籽粒吸收和储存更多的锌。也可以通过传统杂交育种、转基因技术,改良作物对锌的吸收和转运能力,这种改良品种可以在不增加锌的使用量情况下而使作物籽粒储存更多的锌。生物强化不同于普通的营养强化。主要是因为生物强化聚焦于植物生长的过程而使植物食物更加营养,而不是在合成加工的过程中人为地加入微量营养物质。生物强化是解决隐性饥饿的经济有效途径。

虽然与其他作物相比,大麦的锌元素含量较高(43mg/kg),因此是食物锌元素的重要来源。但是总体来说,植物强化的锌仍然不足。近年来,随着分子生物学和基因工程的发展,研究人员试图通过克隆与相关矿物质元素的吸收、转运有关的基因,再通过转基因技术培育特定矿物质元素含量显著提高的大麦新品种。如澳大利亚阿德莱德大学植物功能基因组中心 Jingwen Tiong 等(2012;2013)开展了转基因改良大麦锌吸收和转运能力的研究,其成果对世界特定地区某种矿质元素缺乏症的预防和治疗具有重大意义。他们从大麦中鉴定出了 1 个锌转运体(转运蛋白)基因 *ZIP7*,在锌缺乏时,它在植物的根茎中高度诱导表达。研究者通过转基因方法获得了 *ZIP7* 过表达的转基因大麦品系,分析研究该基因对大麦锌吸收及其在籽粒中储存的作用。锌的吸收能力和转运比较分析表明,在低锌土壤中,大麦籽粒锌浓度和含量在转基因大麦与野生型之间没有差异;但是开花期在土壤中增施低剂量的锌,转基因大麦籽粒中的锌浓度和含量比野生型提高了 50%,但不影响铁、锰、铜等其他矿质元素。当生长在高锌土壤时,转基因大麦籽粒锌浓度和含量是野生型的 2 倍;而籽粒中其他矿质元素的浓度和含量依然没有影响。因此,该基因的针对性、独特性很强,仅仅增加锌的含量和浓度,而不影响铁、锰和铜等矿质元素。

第三章　大麦(青稞)主要功效成分

近年来,随着经济的发展,生活水平的提高,人们对健康越来越重视,饮食已经从过去注重温饱逐渐向营养、安全、健康的方向发展,因此,对食品营养成分的分析、鉴定,及其生理作用和分子作用机理等研究不断深入。同时,在食品营养科学实际应用中也在不断地开展功效成分的组成和结构鉴定分析,从而开发出具有特殊功效的保健食品或医药品,通常包括针对维持健康必需的营养成分,以及具有防御疾病作用或延迟衰老和增强免疫力作用等的生物大分子、小分子非营养物质成分(Vasconcellos,2001)。

在 21 世纪,人们除了运动锻炼之外,希望用保健食品来提高健康水平。许多研究表明,营养功效因子在维持健康中起着重要作用。例如,随着人们生活水平的提高,饮食的改变与心血管疾病、癌症肿瘤、中风、糖尿病、肝脏疾病等的发生具有紧密的相关性。因此,人们对保健医药功能食品越来越有兴趣。科学试验结果表明,食物对人类的健康影响很大,各种保健食品成分和功效因子对某些特殊的疾病具有预防甚至治疗作用(Koide et al,1996;Aldoori et al,1998;Anderson and Hanna, 1999;Hudson et al, 2000;McBurney, 2001)。因此,人们希望通过合理的饮食以及利用食品营养和功效因子来促进健康生活并延长衰老,这也促进了保健食品的发展。

保健食品可以是天然的,也可以是加工后的任何形式食物,除了营养成分,还有对个体健康、身体机能和精神健康有益的功效成分物质。保健食品通常可分成三类:一是以天然成分为基础的食物;二是作为日常饮食消耗的食物;三是满足人类提高防御和预防能力或从特殊疾病中恢复,控制身体或精神状态和推迟衰老过程等特殊需求的食物(Vasconcelles, 2001)。

大麦(青稞)作为人们直接食粮的比例在下降,但是随着大麦(青稞)食品及其产品研究的不断深入,人们对大麦(青稞)的需求增加,大麦(青稞)在其他用途方面的比例却在不断上升。大麦(青稞)是发展保健食品的主要谷物资源之一。它除了营养基本成分以外,还包含多种具有特殊功效作用的成分,如 β-葡聚糖、母育酚、γ-氨基丁酸、功能肽、多酚黄酮类、酸类物质、花色素物质等等。这些功效成分在籽粒不同部位中的积累和分布是不同的(图 3-1)。如 β-葡聚糖主要存在于胚乳细胞壁上,母育酚主要存在于胚中,单宁等物质主要存在于皮层与糊粉层中。

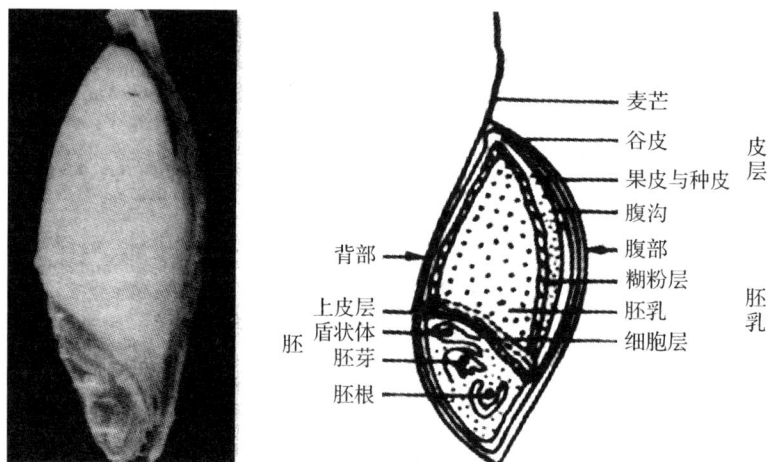

图 3-1　大麦籽粒及其结构示意图(参照 Knapp 和网络资料)

第一节　大麦(青稞)β-葡聚糖

1　大麦(青稞)β-葡聚糖结构

在自然界中,某些微生物和谷物,比如大麦和燕麦都含有丰富的 β-葡聚糖。但不同生物的 β-葡聚糖结构有所不同。在微生物中,这些多糖是由 D-葡聚糖通过 β-1,3-糖苷键相连组成的线性骨架及通过 β-1,6 糖苷键与主干相连的分支构成,这些分支之间的间隔各不相同。这些多糖位于细胞壁的中间层,和质膜毗连,主要起维持细胞形状和赋予细胞一定刚性的作用。谷物中的葡聚糖由葡萄糖残基通过 β-1,3 和 β-1,4-糖苷键连接而成,由 1200 个以上 D-葡萄糖残基以一定的比例互相连接起来的线形大分子(图 3-2),因此称为(1,3—1,4)-β-葡聚糖。不同谷物的 β-葡聚糖的含量和两种糖苷键的比例以及组合方式,还有寡糖的长度都有所不同。大麦(青稞)β-葡聚糖就属于(1,3),(1,4)混合连接的 β-葡聚糖,主要位于大麦胚乳细胞的细胞壁上。大麦 β-葡聚糖含量一般为 2%～9%,个别突变体中含量更高,是谷类作物中最丰富的,约由 250000 个葡萄糖残基构成一个长的圆柱状结构。

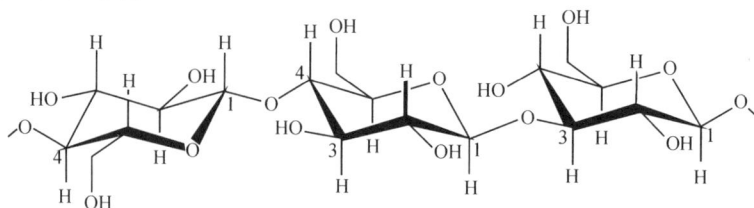

图 3-2　(1,3—1,4)-β-葡聚糖的分子结构(Mantovani et al,2008)

大麦(1,3—1,4)-β葡聚糖的结构可以表示为 G4G3G4G4G3G4G4G3G4G-Red,G代表 D-葡萄糖残基,数字 3、4 分别代表 β-1,3 和 β-1,4-糖苷键,Red 代表其末端部分。核磁共振光谱分析已证实,β-葡聚糖是由线性 β-1,3 和 β-1,4-糖苷键混合连接而成的,并且不含连续的 β-1,3-糖苷键。

2 大麦(青稞)β-葡聚糖测定

1996 年,ICARDA 发展了几个校准使用 NIR 系统模型 5000 来预测 β-葡聚糖含量。

尽管最近几年化学掩蔽法测定 β-葡聚糖发展甚快,但还没有完全被接受用于大麦育种早期 β-葡聚糖的评估测定。

目前,β-葡聚糖含量测定的一个基本方法是 Megazyme 检测方法(McCleary 方法,Megazyme,新南威尔士)。该方法也被用作其他测定方法的参考校准方法。比如,多个研究组将此方法用于建立 NIR 方法的校准,效果较好。研究者通过 78 个皮大麦样品测定,β-葡聚糖含量变化范围为 3.14%～5.73%,两种方法之间获得了 0.72 的多样相关系数和 0.33 预测的标准误差。作者通过 105 个青稞材料测定,β-葡聚糖含量变化范围为 2.28%～9.13%,两种方法相关系数为 0.81,标准误差为 0.26。目前,Megazyme 测定方法以及以此为校准发展而来的其他方法正被广泛用于大麦(青稞)籽粒 β-葡聚糖含量的测定。下面介绍该测定方法。

2.1 原理

样品在 pH6.5 的缓冲液中悬浮并与水化合,然后在纯化的葡聚糖酶中孵育,经过滤,取一小份过滤液在纯化的 β-葡萄糖苷酶作用下彻底水解。最终产生的 D-葡萄糖利用葡萄糖氧化酶/过氧化物酶试剂来测定。

该方法具有较高的精确度,在总 β-葡聚糖含量为 4.0%(W/W)的大麦样品中,这个方法的精确度在 4.0±0.1%(W/W)。该方法专一用来测定混合连接的(1,3-1,4)-β-葡聚糖。

2.2 试剂和设备

2.2.1 试剂盒试剂成分

瓶 1:1,3—1,4-β葡聚糖酶悬浮液,1mL,1000U/mL。4℃ 下可以稳定保存 3 年以上。

瓶 2:β-葡萄糖苷酶悬浮液,1mL,40U/mL。4℃ 下可以稳定保存 3 年以上。

瓶 3:GOPOD 试剂缓冲液。磷酸钾缓冲液(1mol · L^{-1},pH7.4),对羟基苯甲酸(0.22mol · L^{-1})和叠氮化钠(0.4%,W/W)。4℃ 下可以稳定保存 3 年以上。

瓶 4:GOPOD 试剂酶。葡萄糖氧化酶(>12000U)+过氧化酶(>650U)+4-氨基安替吡啉(80mg)。干冻粉,-20℃ 下可以稳定保存 5 年以上。

瓶 5：D-葡萄糖标准溶液（5mL，1.0mg/mL），溶于 0.2%（W/V）苯甲酸。室温下可以稳定保存 5 年以上。

瓶 6：标准大麦粉对照，瓶身上标示有 β-葡聚糖含量。室温下可以稳定保存 5 年以上。

瓶 7：标准燕麦粉对照，瓶身上标示有 β-葡聚糖含量。室温下可以稳定保存 5 年以上。

注意：①每一批 GOPOD 试剂和 $100\mu g$ 葡萄糖标准物的最佳颜色形成时间应该核查，通常是 15min。②绝对不能让葡聚糖酶被 β-葡萄糖苷酶污染。

2.2.2　配制试剂溶液/悬浮液

（1）用 20mmol·L^{-1} 的磷酸钠缓冲液（pH6.5）稀释瓶 1 试剂至 20mL。分成大小相同的若干份，—20℃保存在聚乙烯管中。如果有条件，使用过程中要保持低温。—20℃下可以稳定保存 2 年以上。

注意：葡聚糖酶和 β-葡萄糖苷酶绝对不能交叉污染。

（2）用 50mmol·L^{-1} 醋酸钠缓冲液（pH4.0）稀释瓶 2（β-葡萄糖苷酶）试剂至 20mL，储存方法同上。

（3）蒸馏水稀释瓶 3（GOPOD 试剂缓冲液）试剂至 1L，立即使用。

注意：①如果上述浓缩缓冲液在—20℃下储存，可能会形成盐结晶，在蒸馏水稀释至 1L 之前必须全部溶解。②这个缓冲液由于含有 0.4%（W/V）的叠氮化钠，具有毒性，使用时应当注意。

（4）用 20mL 溶液 3 溶解瓶 4 的粉末，然后全部转移到含有剩余溶液 3 的瓶子。铝箔纸包住以保护里面试剂不受光照。这是葡萄糖测定试剂（GOPOD 试剂）。2～5℃下可以稳定保存 3 个月，—20℃下可以稳定保存 12 个月。如果冷冻保存，最好是等体积分装，并且在使用过程中只冷冻/解冻一次。新鲜的试剂可能是浅黄色或者浅紫色。4℃下保存 2～3 个月，紫色会变深。此溶液的吸光度与蒸馏水对比应该小于 0.05。

（5）空白试剂：0.1mL 蒸馏水＋0.1mL 醋酸钠缓冲液＋3mL GOPOD 试剂。

（6）葡萄糖标准物：0.1mL 醋酸钠缓冲液＋0.1mL D-葡萄糖标准物（0.5mg/mL 或者 1mg/mL）＋3mL GOPOD 试剂。

2.2.3　配制缓冲液

（1）磷酸钠缓冲液（20mmol·L^{-1}，pH6.5）：在 900mL 蒸馏水中溶解 3.12g $NaH_2PO_4·2H_2O$，用 100mmol·L^{-1} 的 NaOH 调节 pH 到 6.5（大概需要 50mL）。体积调到 1L，加入 0.2g 叠氮化钠，4℃下可以稳定保存 2 个月。

（2）醋酸钠缓冲液（50mmol·L^{-1}，pH4.0）：在 900mL 蒸馏水中加入 2.9mL 冰醋酸，用 1mol·L^{-1} NaOH 溶液调节 pH 到 4.0，加入 0.2g 叠氮化钠，4℃下可以稳定保存 2 个月。

(3)醋酸钠缓冲液(200mmol·L^{-1},pH4.0):在 900mL 蒸馏水中加入 11.6mL冰醋酸,用 1mol·L^{-1} NaOH 溶液调节 pH 到 4.0,加入 0.2g 叠氮化钠,4℃下可以稳定保存 2 个月。

2.2.4 仪器设备

(1)聚乙烯管/有盖容器(35.0mL 容量)

(2)玻璃管(12mL 容量)

(3)微型移液器(100μL 和 200μL)

(4)连续分液器

(5)可调体积分配器:0~5.0mL(磷酸缓冲液),3.0mL(葡萄糖氧化酶/过氧化物酶试剂),0~25.0mL(蒸馏水)

(6)实验室烘箱

(7)分析天平

(8)分光光度计(510nm)

(9)振荡器

(10)水浴锅(设置在 40℃或 50℃)

(11)秒表

(12)Whatman 过滤器

(13)离心机

(14)实验室研磨机(0.5mm 筛孔)

(15)水浴锅

2.3 操作步骤

2.3.1 大麦(EBC 方法 3.11.1)

(1)把大麦磨成粉末,再通过机器筛选 0.5mm 以下的部分。

(2)精确称量已知含水量的面粉样品(比如 0.5g),置入试管。

(3)向每支试管中加入 1mL 50%(V/V)乙醇,帮助样品溶解扩散。

(4)加入 5mL 磷酸钠缓冲液(20mmol·L^{-1},pH6.5),涡旋振荡。

(5)沸水浴 2min,振荡片刻,再沸水浴 3min(2min 后振荡混匀可以防止形成凝胶状物质)。

(6)冷却到 40℃,向离心管中加入 0.2mL 葡聚糖酶(10U),盖上盖子,混匀,40℃孵育 1h。

(7)加入蒸馏水把每管体积调整为 30mL。

(8)彻底混匀,每管中取出 1mL,1000g 离心 10min(或者用 Whatman 滤纸)。

(9)准确从每个离心管中取 0.1mL 上清液,至 3 个新测试管中。

(10)加入 0.1mL 醋酸钠缓冲液(50mmol·L^{-1},pH4.0)到其中一个测试管中(空白反应),其他两管加入 0.1mL β-葡萄糖苷酶(0.2U,溶于 50mmol·L^{-1}, pH4.0 醋酸钠缓冲液)。40℃静置 15min。

(11)每管加入 3mL GOPOD 试剂,40℃静置 20min。

(12)测定每个反应和空白反应在 510nm 处的吸光度。

注意:这个试剂盒的 GOPOD 试剂形成的有色复合物在室温下至少能保持稳定 2h。

2.3.2 麦芽(EBC 4.16.1)

对于麦芽中 β-葡聚糖含量的测定方法与大麦基本一致,但是要多一些前处理,以去除麦芽中的单糖、寡糖。具体如下:

(1)将麦芽用液氮研磨,烘干,0.5mm 筛孔筛过,准确称取一定量的干面粉(1.0g),加入 5mL 50%乙醇。

(2)沸水浴 5min,涡旋振荡片刻,再加入 5mL 50%乙醇,混匀。

(3)1000g 离心 10min,倒掉上清液。

(4)用 10mL 50%乙醇悬浮沉淀,1000g 离心 10min,倒掉上清液。

(5)用 5mL 磷酸钠缓冲液(20mmol·L^{-1},pH6.5)悬浮沉淀。

(6)按照大麦 β-葡聚糖含量测定方法的第(5)步,开始测定麦芽 β-葡聚糖含量。

注意:①为了减少实验最后一步(测定吸光度)的操作时间,分光光度计应该有流动通过的样品池。②在样品和葡聚糖酶反应后,建议把反应混合物的体积调整到 30mL(加入 24mL 蒸馏水),假定体积是 6.0mL,加热过程会导致 0.2mL 损失。③在实验的第(5)步过程中,如果溶液在 5min 沸水浴之后变得很黏稠,再加入 5.0mL 蒸馏水,振荡。和葡聚糖酶反应之后再加入 19mL 蒸馏水。④溶液黏稠会影响葡聚糖酶的扩散,加入 5mL 蒸馏水可以解决这个问题。⑤如果测定过程的第(5)步使用的是玻璃管而不是聚乙烯管,减少沸水浴的时间,先沸水浴 45s,振荡之后再沸水浴 45s。

2.4 计算

按照以下公式计算大麦及麦芽中的 β-葡聚糖含量:

$$β\text{-葡聚糖含量}(\%,W/W) = \Delta A \times F/W \times 27$$

其中 ΔA:β-葡萄糖苷酶处理之后的吸光度值减去空白反应的吸光度值;

F:每微克葡萄糖的吸光度值换算因子,也就是 $100μg$ D-葡萄糖/$100μg$ D-葡萄糖的吸光度值;

W:样品的干重,单位为 mg。

3 大麦(青稞)β-葡聚糖含量

有关大麦(青稞)籽粒 β-葡聚糖成分含量测定分析以及品种、栽培、环境等对葡聚糖合成的影响,大麦籽粒 β-葡聚糖含量的积累规律已有大量的研究报道(张国平,1998;汪军妹,1998;陈锦新,2002;乔海龙,2012;臧慧,2014)。大麦 β-葡聚糖含量一般为 2%～9%,高于水稻、玉米、小麦、燕麦。β-葡聚糖主要分布于胚乳和糊粉层细胞壁。碾磨的麸皮中通常也有较高的 β 葡聚糖含量。不同大麦品种的 β 葡聚糖含量差异较大,资料表明,蜡质大麦品种 β 葡聚糖含量一般较高,这是由于存在控制蜡质性状的基因,影响了纤维的合成,使之合成了较多的 β 葡聚糖($>6\%$)。另外,β-葡聚糖含量也受基因的补偿调控,例如,大麦高赖氨酸突变体在 $lys5$ 等位基因作用下,就可以通过较高的 β 葡聚糖含量(高至 $15\%\sim20\%$)来补偿较低的淀粉含量(低至 30%),从而使总纤维素和多糖的含量稳定在 $50\%\sim55\%$。

大麦 β-葡聚糖含量除了受基因型控制外,也受生长环境、耕作制度、施肥灌溉等条件的影响。Ehrenbergerová 等(2008)研究表明,将高 β 葡聚糖含量的蜡质品种和低 β 葡聚糖含量的非蜡质麦芽型品种杂交的 F_4 和 F_8 代材料在不同年份种植,发现 β 葡聚糖含量高低与年度气温、降水量等因素紧密相关,开花灌浆期的低温、高湿使 β 葡聚糖含量降低,而开花灌浆期的高温、干燥,使 β 葡聚糖含量升高。

4　大麦(青稞)β-葡聚糖提取和纯化

大麦(青稞)β-葡聚糖的提取和纯化方法已有多种,多已申报专利。不同的方法各有利弊,因此在实践中,要根据研究和生产目的以及生产和环境条件,选择合适的方法。下面简要介绍 3 种常规的大麦 β-葡聚糖的提取和纯化方法及其原理。详细内容可查阅相关的专利信息。

4.1　乙醇和酶法提取 β 葡聚糖

该方法的基本过程见图 3-3。首先经过粗提取,得到 β-葡聚糖浓缩液,然后在实验室纯化,得到 β-葡聚糖浓缩物,再在 82℃ 条件下,用去离子水助溶,离心,收集上清液;然后,加入乙醇(加入无水乙醇使乙醇终浓度为 50%),离心沉淀,得到的 β-葡聚糖,用无水乙醇洗一遍,40℃ 干燥过夜,离心过滤,即可得到纯化后的 β-葡聚糖。

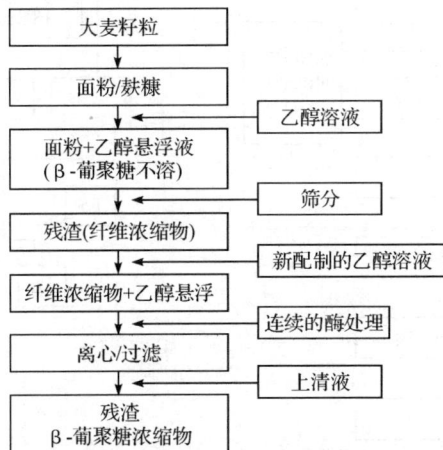

图 3-3　大麦 β-葡聚 糖提取工艺流程图(Ghotra et al,2008)

4.2 分级分离法纯化 β-葡聚糖

该方法的基本工艺流程见图 3-4。取粗提取的 β-葡聚糖(5g)溶于 2.5 L 0.05mol·L⁻¹ 磷酸钾缓冲液(pH7.0),在 90℃ 加热 2h,并不断搅拌,冷却至 25℃,10000g 离心 1h。在 25℃ 水浴锅中缓慢地向上清中加入(NH_4)$_2SO_4$,并不断搅拌,使(NH_4)$_2SO_4$ 的终浓度为 15.5%(W/W)。混合物在 25℃ 静置 1h,8000g 离心 5min,收集沉淀。将沉淀再次溶于蒸馏水,80℃1h,再 60℃2h 并不断搅拌,室温下去离子水透析 24h。加入等体积 100% 异丙醇(IPA),混匀离心(10000g,20min,25℃),得到 β-葡聚糖沉淀。片状沉淀物溶于 100%IPA,4℃ 放置过夜。通过玻璃滤器过滤回收,80℃ 真空干燥 3h,得到的就是流分 1(F1)。逐步增加(NH_4)$_2SO_4$ 的浓度,使它的终浓度为 24%。用类似方式可获得每一步相应的流分(分别为 F2,F3,F4,F5,F6,和 F7),但是硫酸铵浓度在每一步各不相同。

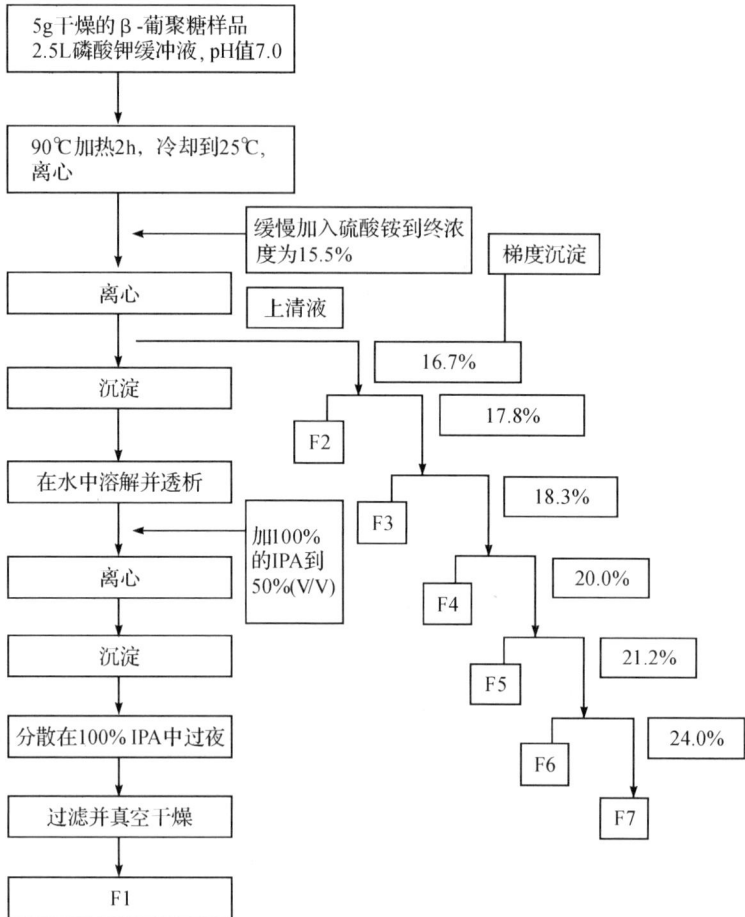

图 3-4 硫酸铵逐步沉淀法纯化大麦 β-葡聚糖工艺流程图(Wang et al,2003)

4.3　酶和乙醇法提取和纯化青稞 β-葡聚糖

作者等建立的青稞 β-葡聚糖的酶和乙醇提取和纯化方法,具体工艺流程如图 3-5 所示。该方法主要是在粉碎大麦(青稞)种子之后,加适量水和添加提取促进剂进行萃取 1~3h,离心分离,收集上清液,加温去除蛋白质等杂质,然后加入沉淀剂,离心分离,喷雾干燥。此方法可以得到较高的提取率和较高含量 β-葡聚糖,并可综合加工和利用提取纯化过程中的副产物。

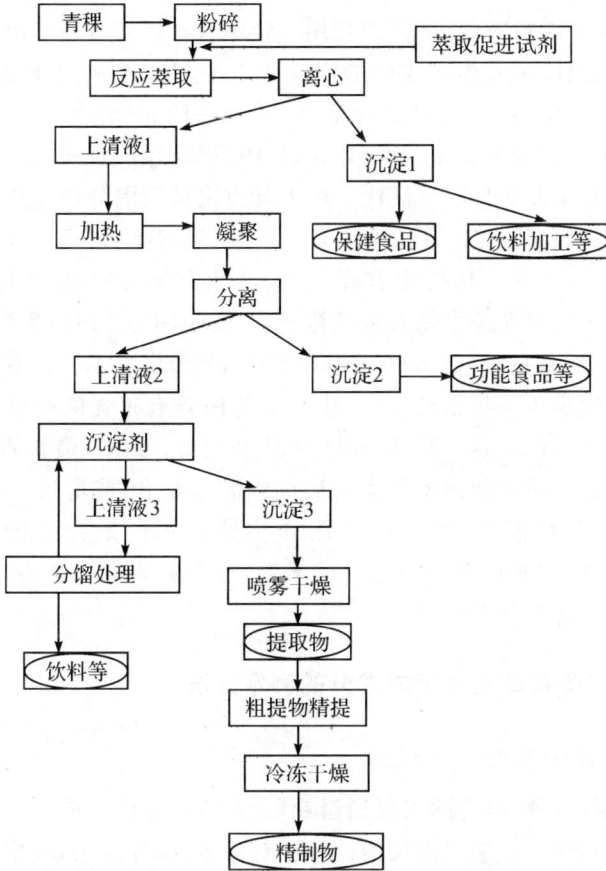

图 3-5　酶和乙醇法提取纯化青稞 β-葡聚糖的工艺流程图(朱睦元等,2007)

第二节　大麦(青稞)母育酚及其组成

1　母育酚

1922 年,美国加州大学 Evans 等从莴苣和麦胚中提取出一种为大白鼠正常繁殖所必需的脂溶性物质,1924 年,美国阿肯色州的 Sure 将其命名为维生素

E，1936 年，Evans 等从麦胚油中分离出结晶状的维生素 E，命名为 α-生育酚
(Tocopherol)。之后又鉴别出具有维生素 E 生物学活性的整个一族化合物，统
称为母育酚(Tocol)。Luey 等(1972)认为母育酚分子在体内结合在细胞线粒
体、微粒体和溶酶体的三层膜上。目前在谷类和一些蔬菜中均已经发现存在母
育酚。母育酚包括生育酚和生育三烯酚两大类，主要为 α-、β-、γ-、δ-生育酚(T)
和 α-、β-、γ-、δ-生育三烯酚(T3)共 8 种成分。研究表明，各种成分因分子结构差
异而其医学功能不尽相同。Rice 等(1983)给猪、牛喂食含一系列母育酚的饲
料，发现其中 α-T 能被吸收、运转和利用。Qureshi(1989，1991)研究表明，母育
酚能降低鸡、天鹅以及人类血清中的胆固醇水平。母育酚(生育酚和生育三烯
酚)具有多种生物学效应，如抗氧化活性(Kamal-Eldin and Appelvist，1996)，
减少血清中 LDL-胆固醇含量(Wang et al，1993)等等。通常，生育酚主要是指
α-T，它被认为有很强的生物学活性。由于具有降低胆固醇的作用，生育酚成为
独特营养成分的研究重点。在 4 个生育三烯酚异构体中，γ-T3 和 δ-T3 比 α-T3
更有效。据报道，生育三烯酚也有降低鸡、猪和人类血清中 LDL-胆固醇的能
力。它可能是作为胆固醇生物合成的限速酶 HMG-CoA 还原酶的抑制剂而起
作用(Qureshi et al，1986；Qureshi et al，1991a，1991b，1991c)。有研究表明，在
特定的脂肪细胞膜和一些脑细胞中，生育三烯酚具有很强的抗氧化作用，甚至
比 α-T 还强(Suzuki et al，1993；Kamat et al，1995)。此外，最新的研究表明，生
育三烯酚可能会影响几种类型的人类肿瘤细胞生长和/或增殖(Nesaretnam et
al，1998)，在某些情况下，单一生育酚异构体有不同的抑制能力(Guthrie，
1997)。谷物和植物油是生育酚很好的来源，但不同资源的生育酚浓度及其 8
种异构体的成分比例是不同的。

2 大麦（青稞）母育酚及其组成成分的测定方法

2.1 大麦（青稞）母育酚含量测定

目前，大麦（青稞）母育酚主要通过超临界 CO_2 流体萃取，采用高效液相色
谱法测定，然而，这种方法所需仪器设备相对昂贵，操作复杂，成本较大。另外，
在以母育酚为主要功效成分的食品专用型大麦（青稞）的遗传育种研究中，往往
需要大规模的资源材料、样品筛选，以及育种早代材料的测定分析，样品数量很
多，但每个样本材料有限。上述测定方法极大地限制了经济欠发达地区大麦
（青稞）食品专用型品种育种的进程。因此，许多国家和地区的研究机构均开展
了大麦（青稞）母育酚含量简便快速测定方法的探索研究。作者等围绕食用大
麦（青稞）的遗传育种，研究不同栽培生长环境对青稞功效成分(主要是母育酚)
组成及含量的影响，为青稞功效成分开发及产业化提供科学方法和依据，建立
了荧光分光光度法测定青稞中母育酚含量。经多次试验分析、数据比较，测定

效果良好。

该方法以标准的母育酚合适浓度为参照物,以激发波长 365nm,发射波长 409nm 为条件,测定其荧光强度。通过对测定线性关系的分析,发现母育酚在 $2\sim10\mu g/mL$ 浓度范围内与荧光强度有良好的线性关系,回归方程为 $y=55.8x-3.48$,$r=0.9966$(图 3-6)。在此条件下,母育酚的荧光强度在 120min 内稳定性和精密度良好,具有较好的重复性,并对测定条件如激发狭缝、发射狭缝、响应值、信号增益、扫描扩展、积分时间、扫描速度、石英比色杯质量等的要求较宽。

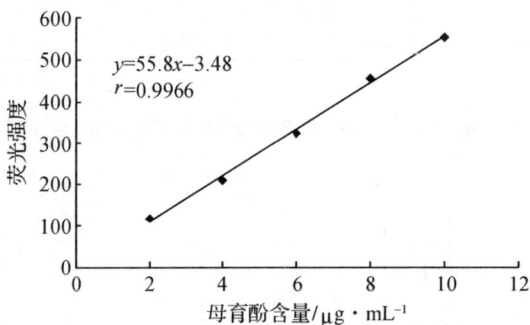

图 3-6　母育酚含量与荧光强度的相关性

另外,作者对从西藏、青海、四川等地收集 10 个青稞样品,分别用荧光分光光度法和 HPLC 法进行母育酚含量测定,结果(表 3-1)表明,两种方法没有显著差异,两者的相关性 $y=0.8903x+0.9882$,$r=0.8718$。比较而言,荧光分光光度法简便易行、快速实用、成本较低,在食用大麦(青稞)资源筛选和遗传育种程序中,可应用于大麦(青稞)等谷物的母育酚总含量初步筛选测定。但该方法不能测定母育酚不同组分的含量。

表 3-1　荧光分光光度法和高效液相色谱法测定青稞籽粒母育酚含量(单位:mg/kg)

品种号	1	2	3	4	5	6	7	8	9	10
HPLC 法	34.7	39.4	29.6	35.7	39.5	21.3	33.8	30.3	35.6	33.9
荧光法	31.4	33.8	29.0	35.8	35.7	19.6	32.1	25.9	34.9	30.7

2.2　大麦(青稞)母育酚及其组分的 HPLC 法测定

母育酚不同组分的生理功效差异很大。不同的大麦(青稞)品种之间,母育酚含量及其组分比例具有显著的差异,因此除了对大麦(青稞)的母育酚总含量进行测定外,还需要测定各个不同组分的比例。

作者用 HPLC 法测定了 100 多份大麦(青稞)材料的母育酚含量及其 8 个组成成分。通过多次试验,优化条件,比较了紫外测定和荧光测定两种 HPLC

方法(图 3-7,3-8),结果显示,两种方法均可以较好地测定大麦(青稞)的母育酚含量及其组分。在实践中可以根据实验室条件设施选择使用。

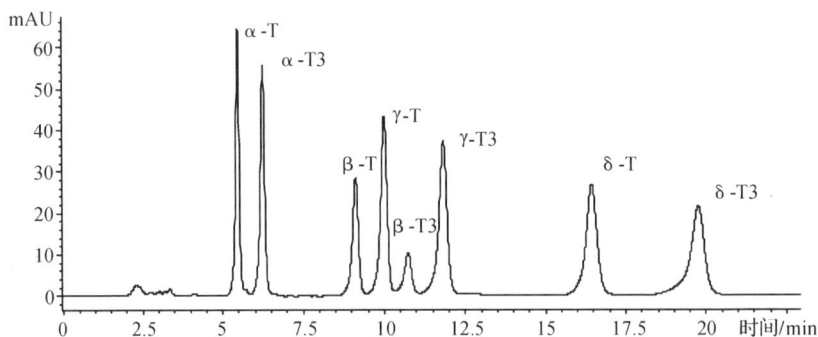

图 3-7　测定大麦(青稞)母育酚组分的 HPLC 法(紫外测定)

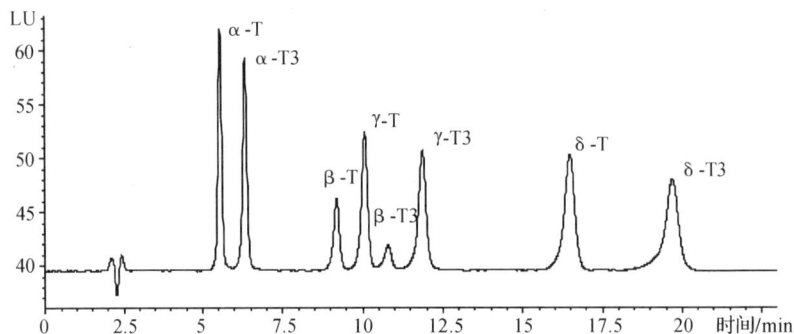

图 3-8　测定大麦(青稞)母育酚组分的 HPLC 法(荧光测定)

3　大麦(青稞)生育酚及其组成成分测定与资源筛选

在大麦(青稞)中,生育酚和 β-生育三烯酚主要存在于胚芽中,而外壳和胚乳中有大量其他的生育三烯酚聚合物(Peterson,1994)。大麦(青稞)母育酚包括生育酚和生育三烯酚两大类,主要为 α、β、γ、δ 生育酚和 α-、β、γ、δ 生育三烯酚共 8 种异构成分。研究表明,各种成分的医学功能不尽相同。大麦(青稞)母育酚(生育酚和生育三烯酚)的生物效应包括抗氧化活性和减少血清中 LDL-胆固醇含量。

大麦(青稞)籽粒包含高浓度的全部生育酚和大多数具生物活性异构体组成成分。人们努力试图通过磨粉、筛选和风选等方法工艺,来增加大麦面粉中生育酚的含量,以使大麦(青稞)的加工食品中包含较高的母育酚含量及其组分,起到保健食品功效(Wang et al,1993)。另外,人们也致力于用新技术,比如采用超临界 CO_2 流体萃取技术(Colombo et al,1998)提取纯化大麦(青稞)中的母育酚复合物。充分发挥大麦(青稞)的母育酚功效,培育和栽培高母育酚含量大麦(青稞)品种,对发展大麦(青稞)食品工业有好处。然而,目前仍缺少关于高母育酚含量的可能基因型的了解,这在大麦(青稞)作为首要的母育酚资源的实际应用中有较大的限制。因此,应该也与大麦 β-葡聚糖开发利用一样,急需对食用型专用大麦(青稞)资源进行测定、分析、筛选,测定母育酚及其组成成分的含量及其比例,筛选大麦(青稞)资源,或培育适合食品工业的专用大麦(青稞)基因型(Bhatty,1999)。

已有研究表明,大麦生育酚和生育三烯酚各异构体成分含量与品种、栽培措施、气候环境以及采用的处理及提取方法等有关。Panfli 等报道,通过对 36 个大麦品种的测定分析,发现大麦生育酚和生育三烯酚各异构体成分含量差异很大,籽粒总生育酚含量平均为 69.1mg/kg(dw)。其中 α-生育三烯酚是最主要的成分,占生育酚和生育三烯酚总量的 50%。以下含量高低依次为 α-T、γ-T3、β-T3、γ-T、β-T、δ-T、δ-T3,而 δ-T 和 δ-T3 仅微量存在。但是采用的处理及提取方法不同,测定结果存在差异,Ehrenbergerová 研究发现,蜡质大麦和裸大麦的母育酚含量较高,但在 Cavallero 的研究中,裸大麦的母育酚含量却低于皮大麦。

作者等(2007;2009)分别测定了从国内外收集到的包括裸大麦(青稞)、皮大麦、麦芽、制啤后麦粉共 102 份材料样品的大麦油、母育酚含量(图3-9)。结果表明:(1)在收集测定分析的种质资源中,不同大麦(青稞)品种的母育酚含量具有极显著的差异(P<0.01)。大麦(青稞)品种母育酚含量变异范围为 18.3740~43.5962 mg/kg(dw)。(2)大麦(青稞)的母育酚含量高低与皮、裸性状之间没有明显的相关性,但是在分析材料中,蜡质裸大麦的母育酚含量最高。该研究收集测定的品种(系)中,母育酚含量相对较高的品种(系)有 19 号、40 号、48 号材料。含量相对较低的品种(系)有 63 号、95 号、100 号,均包含皮大麦和裸大麦材料,与皮、裸性状没有显著的依赖关系。

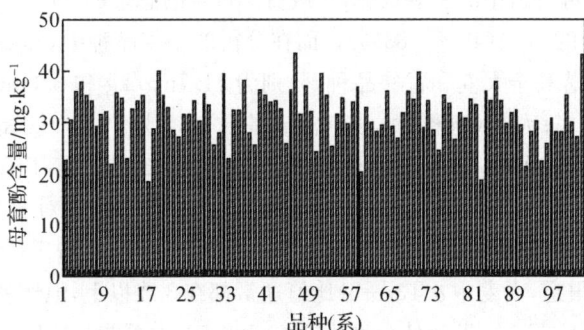

图 3-9　大麦(青稞)资源母育酚含量测定

大麦(青稞)母育酚含量及其组成既受基因型的控制,又受栽培环境的影响。研究者通过对生长在意大利正常环境下的皮大麦和裸大麦母育酚含量的测定比较,评估母育酚含量及其组成在皮大麦和裸大麦基因型之间的差异,并分析基因型和环境的互作影响。结果显示,基因型和环境均能影响大麦中的生育酚含量,并存在显著的"环境×基因型"互作(图 3-10)。该研究揭示了在不同基因型中生育酚组分异构体的比例具有显著性差异,但具体是什么因子对生育酚含量产生影响尚不清楚。

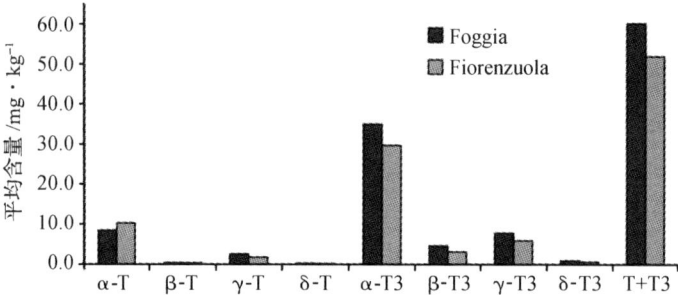

图 3-10 福贾(Foggia)和菲奥伦佐拉(Fiorenzuola)大麦品种生育酚及其组分的平均含量(引自 Kamal,1996)

裸大麦基因型虽然生育酚总含量相对较低,但却存在某些较高含量的非常有用的异构体组分,如 γ-T3 和 δ-T3,它们具有高营养功效价值的保健食品潜力。因此,在裸大麦(青稞)的开发应用中,要特别关注其功效成分母育酚及其不同组分的基因型评估,选择和挖掘优异的品种资源,同时也要研究皮大麦母育酚含量及其组分的基因控制。

作者等(2010)测定比较了 24 个青稞品种和 5 个小麦品种的母育酚含量及其 8 个组成成分的差异(表 3-2)。结果表明,母育酚总含量在皮大麦和青稞之间差异不显著,均显著高于小麦,并且小麦的母育酚组成成分比例与大麦和青稞具有显著差异。小麦的母育酚各异构体组成比例也与大麦显著不同。在分析的大麦品种中,α-生育三烯酚是母育酚中的主要成分,一般占了母育酚总量的 50%(42%~63%),占生育三烯酚总量的 65%(49%~83%)。而在分析的小麦品种中,其 α-生育酚含量和 β-生育酚含量显著高于大麦和青稞品种,分别为 11.7mg/kg 和 3.2mg/kg,占总生育酚 43.6% 和 9.4%;大麦(青稞)的 α-T 含量是 9.1mg/kg(9.01mg/kg)、β-T 含量是 0.55mg/kg(0.58mg/kg)。γ-T 含量是 1.0mg/kg(1.06mg/kg)、δ-T 含量是 0.28mg/kg(0.32mg/kg)。但在小麦中几乎检测不到 γ-T 和 δ-T。另外,对于生育三烯酚,大麦(青稞)的主要成分是 α-T3,为 22.64mg/kg,而小麦主要是 β-T3,为 15.6mg/kg。另外,国外资料报道,大麦中 α-T3/α-T 比值通常都在 3 或以上,但作者分析测定的大麦和青稞品种,其 α-T3/α-T 比值分别为 2.49 和2.52,这可能与选用的品种和测定方法不同有关。小麦的 α-T3/α-T 比值只有 0.29。

表 3-2 大麦、青稞、小麦籽粒生育酚含量[单位:mg/kg(dw)]

分析材料	生育酚				生育三烯酚				总含量
样品	α-T	β-T	γ-T	δ-T	α-T3	β-T3	γ-T3	δ-T3	
大麦 1	7.4	0.5	0.6	0.3	17.8	4.4	2.8	0.4	34.2
大麦 2	8.9	0.5	0.6	0.3	19.3	3.1	2.8	0.3	35.8
大麦 3	7.8	0.5	1.2	0.3	19.5	3.7	3.9	0.5	37.4
大麦 4	8.9	0.5	0.4	0.2	27.0	4.8	3.8	0.7	46.3
大麦 5	10.3	0.6	0.9	0.3	26.3	3.9	3.3	0.4	46.0
大麦 6	10.9	0.6	1.9	0.3	25.0	5.3	4.6	0.6	49.2
大麦 7	8.9	0.5	1.9	0.3	23.5	4.7	3.2	0.7	43.7
大麦 8	9.7	0.7	0.5	0.2	22.7	3.7	3.2	0.7	41.4
大麦平均	9.1	0.55	1	0.28	22.64	4.2	3.45	0.54	41.75
青稞 1	7.4	0.5	0.6	0.3	17.7	3.1	2.7	0.3	32.6
青稞 2	7.5	0.5	2.1	0.4	19.8	3.6	3.6	0.4	37.5
青稞 3	9.1	0.5	0.6	0.3	22.5	3.5	3.0	0.4	39.9
青稞 4	8.7	0.6	0.7	0.3	25.1	5.0	3.4	0.5	44.3
青稞 5	8.0	0.5	1.3	0.3	21.6	4.4	4.8	0.5	41.4
青稞 6	9.6	0.5	0.7	0.3	23.4	4.6	3.2	0.5	42.8
青稞 7	9.0	0.7	0.7	0.3	24.8	4.5	3.5	0.5	44.7
青稞 8	10.0	0.6	0.9	0.3	23.1	4.5	3.6	0.5	43.8
青稞 9	10.9	0.7	1.1	0.3	24.5	4.4	4.2	0.5	46.9
青稞 10	9.9	0.7	1.7	0.4	25.0	4.4	4.5	0.4	47.2
青稞平均	9.01	0.58	1.06	0.32	22.75	4.17	3.65	0.57	42.11
小麦	11.7	3.2	nd	nd	3.4	15.6	0.2	nd	34.2

另外,作者有更大规模的大麦(青稞)品种资源的母育酚含量及其组成成分测定。结果表明,大麦(青稞)母育酚的组成成分在收集的 102 个大麦(青稞)品种中平均为:α-T 14.53%、β-T 0.70%、γ-T 1.75%、δ-T 0.32%、α-T3 56.87%、β-T3 9.39%、γ-T3 15.26%/δ-T3 1.21%。含量依次是:α-T3>γ-T3>α-T>β-T3>γ-T>δ-T3>β-T>δ-T。但是,不同的品种母育酚组成成分的比例有所不同,变异非常大。如:α-T(9.417%~23.75%)、β-T(0.28%~1.52%)、γ-T(0.43%~5.09%)、δ-T(0.14%~0.83%)、α-T3(36.00%~64.63%)、β-T3(3.45%~22.31%)、γ-T3(10.84%~25.65%)、δ-T3(0.56%~3.59%)。因此,可以根据不同的需求,选择不同的材料进行大麦(青稞)食品等的开发。

王仙等(2010)开展了大麦籽粒生育酚含量的基因型和环境变异研究,采用超声提取和高效液相色谱法,测定和分析了种植在 3 个不同生态环境条件下的 7 个春性二棱大麦品种籽粒的生育酚含量。结果表明,大麦各生育酚含量在基因型间、环境间及基因型与环境互作间差异均达到极显著水平,其中 α-T、γ-T、δ-T 和总生育酚含量的基因型效应大于环境效应,β-T 含量的环境效应略大于基因型效应。

在大麦(青稞)母育酚利用和食品加工时,要根据不同的需求,选择不同的材料以及不同的栽培生态环境,以保证大麦(青稞)原料的功效成分和组成最优化。

4 大麦籽粒发育过程中生育酚和生育三烯酚的合成及其分布

当前,大麦籽粒的食品和饲料开发受到关注,人们开始探索利用不同成熟期的大麦籽粒作为加工原料开发产品,因此需要更好地了解大麦籽粒发育过程中其营养、功效成分含量及其分布特征的动态变化规律。我们尝试了解大麦籽粒发育过程中生育酚和生育三烯酚各异构体组分的含量及其在籽粒和颖壳中的合成累积特性。

作者研究了大麦籽粒发育过程中生育酚和生育三烯酚的合成规律,8个品种的混合样品测定结果表明,大麦籽粒总生育酚(T)和总生育三烯酚(T3)含量随着籽粒发育的进程不断增加,特别是到最后5天(第30~35天)籽粒黄熟过程,其含量最高,上升最快,占总含量的50%左右(图3-11)。成熟籽粒的总母育酚含量平均为49.2mg/kg(dw),低于Panfili等测定的平均为69.1mg/kg(dw)的结果,这可能与选用的品种以及测定方法等不同有关,但8种异构体成分的含量高低顺序与Panfili等是一致的,异构体成分含量最高且变化最大的分别是α-T和α-T3。其他异构体成分含量较低且基本恒定(图3-12,13)。这说明采用不同的取样和分析方法去探索大麦籽粒生育酚和生育三烯酚各异构体的合成积累规律都是可行的,并且混合取样法可以适当减少测定工作量。但是,在具体比较和确定某个品种材料时,还需细致分析不同品种各自的特性以及栽培、气候环境效应,以便更好地筛选和利用优良品种资源和加工原料。该研究通过对籽粒发育过程中生育酚和生育三烯酚各异构体成分动态合成积累分析,表明大麦籽粒的总生育酚和总生育三烯酚含量随着发育的进程不断提高,在最后黄熟阶段,其合成速度最快,含量最高,占总量的50%左右。因此,在以生育酚和生育三烯酚为主要功效成分的开发利用时,不要过早收获。

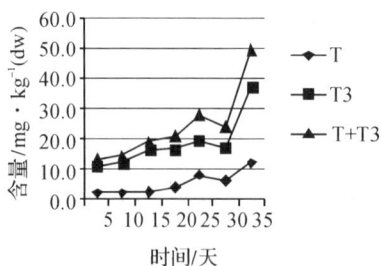

图 3-11 籽粒发育过程中总生育酚(T)和总生育三烯酚(T3)含量

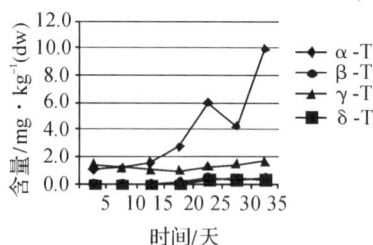

图 3-12 籽粒发育过程中生育酚(T)各异构体成分含量

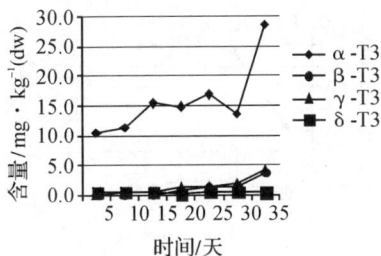

图 3-13　籽粒发育过程中生育三烯酚(T3)各异构体成分含量

大麦等多种谷物的生育酚和生育三烯酚各种异构体在籽粒内的分布已有较多研究,一般认为生育酚主要定位于胚,而生育三烯酚则几乎完全存在于果皮和胚乳。在大麦种子的发育过程中,不同的生育酚异构体是以不同的动力学积累的,Falk 等报道,蜡熟期大麦籽粒 80% 生育酚存在于胚中,剩余的 20% 则位于果皮中,胚乳中几乎检测不到,而生育三烯酚则主要分布在果皮和胚乳部分,两部分含量相似,但 Moreau 等的研究结果表明,果皮中的生育三烯酚含量要低于胚乳,认为这种差异可能来自于不同成熟期的大麦籽粒,蜡熟期的籽粒,糊粉层与果皮是相黏附的,所以果皮中的含量较高。

作者等初步测定了皮大麦籽粒发育过程中带颖壳、去颖壳籽粒中生育酚和生育三烯酚各异构体的含量合成积累动态,结果表明,在籽粒发育早期,颖壳中含有一定的生育酚和生育三烯酚,但随着籽粒成熟,含量下降直至消失(图 3-14),在颖壳中生育酚异构体以 γ-T 和 α-T 含量高(图 3-15),生育三烯酚异构体以 α-T3 含量最高(图 3-16)。

进一步深入阐明大麦籽粒发育过程中营养和功效成分的含量变化和分布特征,将有利于确定不同发育期大麦籽粒原料取材时间和选择加工利用方法。Cheryld 等通过分析燕麦种皮、珍珠米、胚乳中的生育酚和生育三烯酚,发现在种皮和胚乳中有大量生育三烯酚,提出在其食品加工中,可以通过改变磨粉、筛选和风选等技术来增加麦粉及其食品中生育酚和生育三烯酚的含量,提高保健功能。

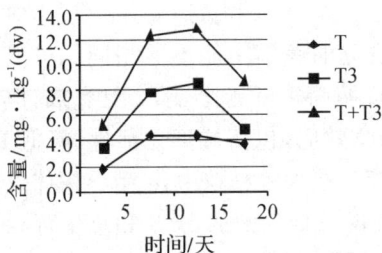

图 3-14　大麦颖壳中总生育酚(T)
和总生育三烯酚(T3)含量

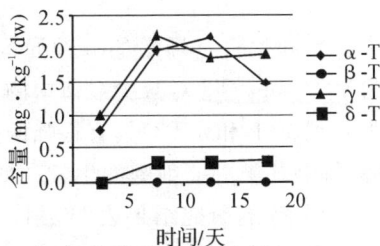

图 3-15　大麦颖壳中生育酚(T)
各异构体成分含量

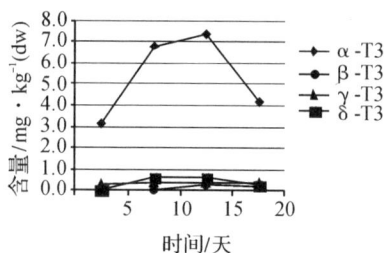

图 3-16 大麦颖壳中生育三烯酚(T3)各异构体成分含量

在去颖壳籽粒中,生育酚和生育三烯酚浓度呈前期和后期含量高、中期含量低的特征(图 3-17),其中,生育酚异构体 α-T 和生育三烯酚异构体 α-T3 含量高,发育过程中波动较大(图 3-18,19)。

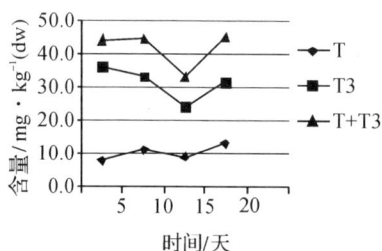

图 3-17 去颖壳籽粒中总生育酚(T)和总生育三烯酚(T3)含量

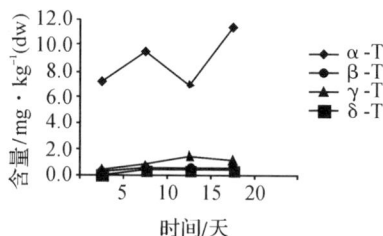

图 3-18 去颖壳籽粒中生育酚(T)各异构体成分含量

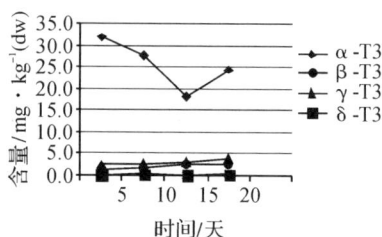

图 3-19 去颖壳籽粒中生育三烯酚各异构体成分含量

生育酚和生育三烯酚的 8 种异构体成分的医学功能不尽相同。虽然有研究认为 γ-T3 和 δ-T3 对减少血清中的 LDL-胆固醇可能比 α-T3 更有效,但是通常认为 α-型(α-T 和 α-T3)具有很强的生物学效应,包括抗氧化活性、降低 LDL-胆固醇、抑制几类肿瘤细胞的生长和增殖等。在大麦籽粒中,α-型异构体成分含量高,Panfili 等的研究结果表明 α-T3 分别占总母育酚的 50% 和总生育三烯酚的 65%。作者等的研究结果表明,α-T3 分别占总母育酚的 57.9% 和总生育三烯酚的77.6%。说明大麦籽粒中,α-T3 是 8 种异构体成分中含量最高的。

5 大麦(青稞)母育酚提取

大麦(青稞)母育酚提取工艺主要有直接提取和微生物发酵提取两步。其步骤分别如下:

(1)直接提取

青稞籽粒→精选→研磨→收取麸皮→磨粉→萃取→提纯→母育酚

(2)微生物发酵提取

青稞籽粒→精选→破碎→蒸煮→微生物接种培养→发酵青稞→粉碎→萃取→提纯→母育酚

第三节 大麦(青稞)γ-氨基丁酸

1 γ-氨基丁酸及其功效

γ-氨基丁酸(GABA)不是蛋白质的一种组分,是由麸酸脱羧而成的一种天然非蛋白质氨基酸。γ-氨基丁酸是脊椎动物交感神经细胞结合点的抑制性神经传递物质。研究表明,其在脊椎动物的心血管功能中扮演着重要角色。继而发现GABA还具有健脑、降血压、改善脂质代谢、抗疲劳等作用。

在日常生活中,虽然蔬菜、水果中都含有GABA,但含量稀少,人们依靠从天然食物中摄取尚不足以补充。大麦(青稞)是含有GABA的粮食,也是市场上富含GABA的作物资源。

2 大麦(青稞)γ-氨基丁酸测定方法

γ-氨基丁酸的含量测定方法较多,有比色法、硅胶H薄层层析法、仪器法(如氨基酸分析仪、HPLC)等。通常以仪器法和比色法使用较多。大麦(青稞)的γ-氨基丁酸测定通常先要进行γ-氨基丁酸的分离提取。

2.1 大麦(青稞)γ-氨基丁酸分离提取的常用方法

(1)大麦(青稞)样品→粉碎→过60目筛→称取一定量大麦(青稞)粉(2g)→加入5%三氯乙酸水溶液5mL→30℃振荡提取2h→离心(转速10000rpm)10min→取上清液→待测。

(2)大麦(青稞)样品→粉碎→过60目筛→称取一定量大麦(青稞)粉(2g)→加入3~5倍体积0.01mol·L^{-1}柠檬酸缓冲液(pH6.0)→37℃水浴电动搅拌抽提4h→减压抽滤→以4000rpm离心30min→取上清液→待测。

2.2 大麦(青稞)γ-氨基丁酸测定方法

2.2.1 γ-氨基丁酸含量的比色测定

通常采用 Tsushida 等的比色法,或在此方法上加以改进。其操作步骤是:提取的待测样液 300μL→加 0.2mol·L⁻¹ pH10.0 硼酸盐缓冲液 200μL→加 6%重蒸酚 100μL→混匀→加入 0.8mL 5%NaClO 溶液→振荡→于沸水浴中加热 10min→置冰浴 5min,溶液出现蓝绿色→加入 2.0mL 60%乙醇→于波长 645nm 处比色→记录→通过标准 GABA 溶液曲线计算待测样品的浓度。

2.2.2 γ-氨基丁酸含量的仪器测定

提取的待测样液,可以用氨基酸分析仪、HPLC 等测定 γ-氨基丁酸含量。在用仪器直接测定时,要注意仪器型号、技术参数,仔细按照说明操作。如用色谱技术测定时,要考虑实验室的仪器型号,注意色谱条件和测定参数的选择和试验,如供样泵、流速、色谱柱、柱温、流动相、检测波长等,以及标准曲线制作,通常以 GABA 的浓度为横坐标,峰面积为纵坐标。

2.2.3 γ-氨基丁酸含量的薄层测定

取分离提取待测样液→加 10%磺基水杨酸→离心→取上清液→冷冻干燥(黄棕色固体)→加蒸馏水溶解→SephadexG-25 柱层析分离→蒸馏水洗脱→取茚三酮阳性反应的洗脱液→调节 pH(约为 4)→磺酸型阳离子交换柱 pH 梯度洗脱(冰乙酸—吡啶缓冲液)→收集含 GABA 的洗脱液→浓缩→硅胶 H 薄层层析鉴定。

3 大麦(青稞)γ-氨基丁酸资源筛选

作者等近年来开展了:(1)大麦资源的 GABA 含量测定,筛选具有高生物转化率的优质大麦品种。(2)建立基于新机理的新技术、新工艺,以提高大麦的 GABA 活性物的生物转化率。(3)测定了 62 个大麦材料的 GABA 含量,结果表明:①品种间存在显著和极显著的差异;②不同的收获时间对 GABA 含量具有显著的影响;③不同的生产工艺对 GABA 的提取得率影响显著。(4)初步建立高含 GABA 功能性大麦及其制品精加工工艺技术路线。

有关大麦(青稞)籽粒 γ-氨基丁酸成分含量测定分析已有大量的报道(唐俊杰,2013;杨晓梦,2013;巨苗苗,2014)。赵大伟等(2009)采用比色法测定了国内外 180 个大麦品种籽粒 GABA 含量,表明不同品种的 GABA 含量差异很大。中国大麦品种籽粒 GABA 含量(9.99±4.59mg/100g)高于美国大麦籽粒(8.31±2.17mg/100g),裸大麦籽粒 GABA 含量(15.28±8.51mg/100g)高于皮大麦籽粒(8.56±2.54mg/100g),多棱大麦籽粒 GABA 含量(9.40±4.22mg/100g)高于二棱大麦籽粒(8.60±2.68mg/100g)。他们筛选了来自云南迪庆州高 GABA 含量(29.51±1.20mg/100g)的青稞籽粒材料。曹斌等(2010)测定分析了青藏高原和国外 300 多个裸大麦材料 γ-氨基丁酸的含量,结果表明,青藏高原地区裸大麦农家品种籽粒 GABA 含量平均为19.00±5.90mg/100g,其中 WB21 籽粒 GABA 含量最高,达 34.6±0.93mg/100g;育成品种为 18.18±4.26mg/100g,引进品种为13.41±5.01mg/100g。分析还表明,不同颜色裸大麦籽粒的 GABA 含量差异显著,紫色籽粒的 GABA 含量最高(19.62mg/100g),绿色籽粒为 18.06mg/100g,黑色籽粒为18.05mg/100,黄色籽粒为16.15mg/100g,黄白色籽粒为 12.99 mg/100g。

4　大麦(青稞)γ-氨基丁酸的食品开发

　　大麦(青稞)是 γ-氨基丁酸食品开发的好资源,可以通过发酵等技术显著提高其含量,研制富含 γ-氨基丁酸的食品。作者等研究了大麦(青稞)发酵加工产品的 γ-氨基丁酸含量变化,研发了富含 γ-氨基丁酸的大麦(青稞)食品[高含GABA 大麦(青稞)团粒化粉体和高含 GABA 大麦(青稞)速溶功能粉]及其加工工艺技术(图 3-20)。

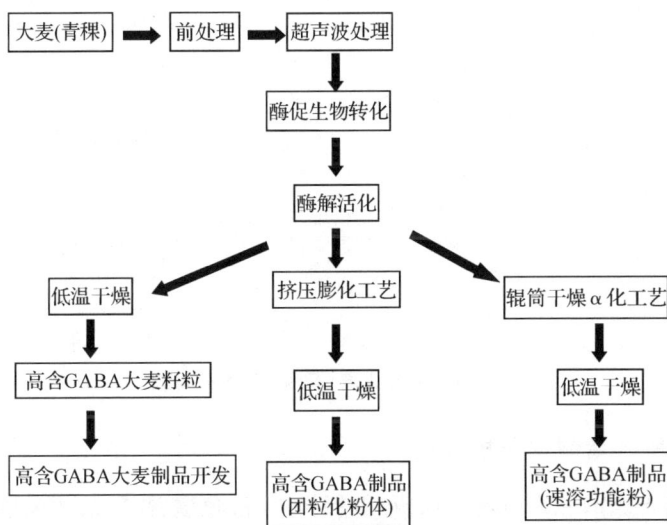

图 3-20　大麦(青稞)γ-氨基丁酸食品加工工艺示意图

第四节　大麦(青稞)多酚类物质

　　多酚类物质是国内外研究热点之一。谷物中的酚类化合物包括原花青素、花青素、醌类、黄酮黄烷酮、黄烷醇、查耳酮,以及氨基酚类化合物。多酚类物质通过自由基清除剂、还原剂、单线态氧的淬灭剂等天然抗氧化剂作用以及酚酸(如 p-香豆酸、阿魏酸、香草酸等酚类化合物)清除促进脂质过氧化的自由基,在抗氧化、抗癌、抗衰老、降血糖、降血脂、预防心血管疾病等方面具独特的生理功效。大麦(青稞)中多酚类物质是主要的功能成分之一,不同品种的多酚含量和种类是关键,相关研究已经越来越受到重视。

1 大麦(青稞)多酚类物质分类

大麦(青稞)多酚类物质是大麦主要的功能成分之一,主要有酚酸、类黄酮、聚黄酮几大类。大麦含有一系列酚酸类物质,尤其是苯甲酸(C6-C1)和肉桂酸(C6-C3)的衍生物,其中阿魏酸的含量最为丰富(Shahidi,1995;Manach,2000)。黄烷-3-醇是大麦中主要的一类酚类物质,通常以单体[(+)-儿茶素和(一)-表儿茶素和聚合物[(+)-儿茶素和(+)-没食子儿茶素单元]形式同时存在。它们是主要的抗氧化剂,可与脂质自由基反应,将它们转换成更加稳定的产物(Pratt,1990)。类黄酮包括黄烷醇、黄烷酮和花色素等,聚黄酮包括原花色素等。部分大麦(青稞)多酚类物质种类见图3-21。

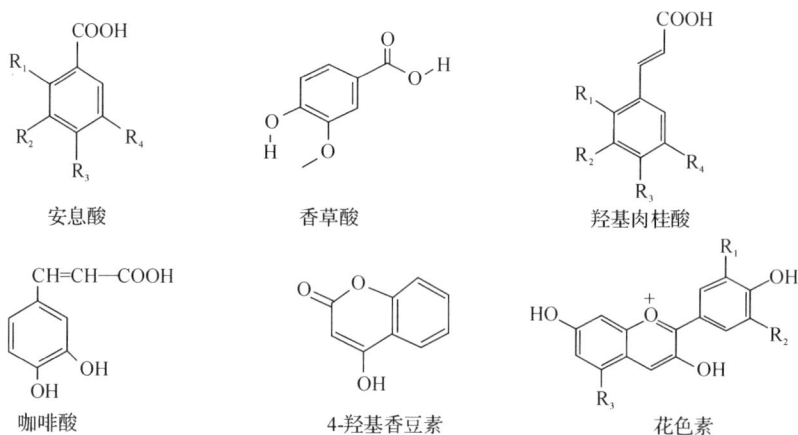

安息酸　　　　　　香草酸　　　　　　羟基肉桂酸

咖啡酸　　　　　　4-羟基香豆素　　　　　　花色素

图 3-21　部分大麦(青稞)多酚类物质

2 大麦多酚含量测定分析方法

总多酚含量的测定有薄层层析、纸层析、气液色谱、高效液相色谱(HPLC)、Folin-Ciocaheu 等方法。其中纸层析、薄层层析法在分离效果、速度和准确定量方面存在缺陷;气液色谱法用于植物酚类物质的分离测定速度快、灵敏度高,但该法需要衍生化处理,前处理比较麻烦;而高效液相色谱法比较昂贵。相比较而言,Folin-Ciocaheu 比色法有价格低、操作方便等特点。

2.1 HPLC 法

酚类化合物的分析通常采用 HPLC 法,用酚类化合物标准品进行校准测定。标准品通常有:苯甲酸,鹰嘴豆芽素 A,咖啡酸,绿原酸,反式肉桂酸,m-香豆酸,p-香豆酸,o-香豆酸,3,4-二甲氧基苯甲酸,阿魏酸,刺芒柄花素,没食子酸,尿黑酸,邻羟基苯酸,间苯三酚,原儿茶酸,焦性没食子酸,β-二羟基苯甲酸,水杨酸,丁香酸,香草酸,(+)-儿茶素,橙皮素,橙皮武,山奈酚,杨梅素,柚皮素,柚皮苷,槲皮素,芸香苷(Sigma-Aldrich 公司)。以 DMSO 配制标准贮存液(100mg/kg)。根据标准品的保留时间,鉴定样品中的化合物,并通过比较其峰面积,根据标准曲线进行定量。

测定操作步骤:称取 2g 大麦(青稞)粉置于 125mL 的锥形瓶中,加 10mL 乙腈和 2mL 0.1mol·L^{-1}盐酸,室温搅拌 2h,提取液用 Whatman No. 42 滤纸过滤,滤液于−50℃下冷冻干燥,干燥后的粉末用 10mL 80％的 HPLC 级甲醇复溶。甲醇提取物用 0.45μm 的滤膜过滤,转移到 1.0mL 的小瓶中。

HPLC 测定系统:通常采用 Young-Ling M930 泵,M720 紫外可见检测器,检测波长为 280nm,Marathon 自动进样器,20μL 样品环。色谱柱为 YMC-PackOD-SAM-303(5μm,50mm×4.6mm i. d.)。流动相:去离子水配制的 0.1％冰醋酸(溶剂 A)和含 0.1％冰醋酸的乙腈(溶剂 B)。梯度洗脱:0min,8％B,92％A;2min,10％B,98％A;27min,30％B,70％A;50min,90％B,10％A;52~56min,100％B;56~60min,8％B,92％A。运行时间为 60min,流速0.8mL/min。

2.2　Folin—Ciocaheu 法

该方法的原理是,在碱溶液中,酚类化合物能将电子转移到磷钼酸/磷钨酸复合物上,形成一种蓝色化合物,化合物的颜色和多酚的含量正相关,此蓝色化合物的最大吸收波长大约在 760nm。Bonoli 等在 Singleton 等的方法上进行了小幅改进。测定流程大致为:大麦磨粉,称取一定量粉碎后的大麦粉分别用同体积 70％的甲醇、乙醇及丙酮溶液在 40℃下过夜振荡提取(100rpm)。提取后抽滤,滤液浓缩除去有机溶剂后用蒸馏水定容,取定量的溶液测其总酚含量。取 100μL 大麦多酚提取液,向其中加入 500μL Folin—Ciocalteu 试剂和6mL 双蒸水,1min 混匀,然后加入 2mL 15％Na$_2$CO$_3$,混匀30s,最后用双蒸水定容到10mL。2h 后,750nm 波长下(可以用 722 型分光光度计等仪器)测试吸光度,总酚含量用没食子酸为标准来评估。试验结果表明,Folin—Ciocalteu 试剂浓度为 0.2mol·L^{-1},Na$_2$CO$_3$ 溶液浓度为 15％,在室温下反应 60min,浓度在 1~9μg/mL 时与其吸光值有良好线性关系。

3　大麦(青稞)多酚类物质及其对食品加工的影响

3.1　大麦(青稞)多酚类物质含量及其分布

大麦(青稞)是一种多酚类物质含量较高的作物,约占 0.1％~0.3％(干物质),主要分布在麦皮、糊粉层和胚乳中。多酚类物质含量高低与品种基因型、生长环境、栽培条件等因素密切相关。

大麦中多酚类物质含量较高,显著地高于小麦、大米、玉米和燕麦等作物(表 3-3)。这种特殊的性状已为许多研究者关注。将大麦(青稞)多酚类物质应用于抗氧化、抗癌、抗衰老、降血糖、降血脂、预防心血管疾病等医药保健领域是大麦(青稞)研究的领域之一。研究者对大麦(青稞)多酚类物质的含量测定及其资源鉴定筛选十分重视。

表 3-3 几种主要粮食作物的多酚含量比较

	大麦	小麦	大米	玉米	燕麦	小米
多酚含量/mg·kg^{-1}	1200~2900	22~40	8~6	30~35	8~10	590~1060

大麦多酚类物质主要存在于麦皮中,去皮麦中含量往往较低。Fujita (1993)检测了 1347 个大麦品种的去皮麦(也称大麦米或珍珠麦)的多酚含量,其变异范围为 190~750mg/kg;Dvořáková 检测了 10 个大麦品种去皮麦的多酚含量,变异范围为 211.4~527.8mg/kg。从分析结果可以看出,大麦多酚含量在不同品种、不同栽培环境中变异很大。

Zhao 检测了 14 个大麦品种全麦的多酚含量,变异范围为 2170~2510mg/kg;Beta 等检测 21 个大麦品种,多酚含量为 2672~3947mg/kg。结果显示,全麦的多酚含量显著高于珍珠麦,说明多酚主要存在于大麦颖壳和麸皮中。

Kim(2007)分析了 127 种有色大麦的酚类化合物。大麦的总酚酸含量为 90.2~287.4μg/g,随品种的不同有显著差异($P<0.05$)。有色大麦的酚类化合物总含量为 191.6~403.8mg/kg。裸大麦组的酚类化合物含量(平均 268.6mg/kg)显著高于皮大麦组(207.0mg/kg)。蓝色和紫色大麦的酚类化合物含量(269.5mg/kg)显著高于黑色大麦组(209.1mg/kg)。含花青素大麦品系的总酚含量显著高于不含花青素的大麦品系。

作者等(2011,2012)研究了栽培环境(如雨水、温度)对大麦(青稞)多酚含量的影响。对 110 个不同大麦(青稞)基因型,在不同栽培环境(灌水量、温度、大棚和非大棚条件)下,检测其多酚含量,结果表明,全麦多酚含量在不同条件下的变异范围为 1256~2985mg/kg,差异显著,说明大麦(青稞)多酚的开发应用,既要考虑品种基因型,又要考虑其栽培环境条件。

3.2 大麦(青稞)酚类物质对食品加工的影响

酚类物质对食品加工的影响很大,酚类物质的氧化产物会直接影响食品的外观和质量。另外,酚类物质与细胞壁多糖可发生交联,从而降低酶对细胞壁的降解,不仅对食品加工有不利,而且也影响膳食纤维在人体内的降解。

大麦中酚类物质(如儿茶酸和原花色素)的含量也会影响大麦发芽及麦芽质量和麦汁的品质,从而影响到大麦发酵食品和发芽食品的色泽、风味。因此,在利用大麦多酚类物质的食品加工中,既保持大麦中特定酚类物质的含量以及相关酚类酶的活性,又使得加工食品的色泽、风味和营养品质达到要求,需要合理的平衡。

4 大麦多酚的提取

目前还没有提取谷物中自由可溶性多酚的确切方法。大多数研究用丙醇、乙醇和丙酮水溶液单独提取或者混合提取,以获得高产量。然而,由于大量存在的结合酚类化合物未被测定,多酚的含量经常被低估,所以测定谷类中的结合酚类十分必要,其中碱水解法是最常用的方法。

4.1　游离态多酚提取

4.1.1　传统的固液提取

取 5g 大麦粉样品,加入 40mL 有机/水提取混合液,超声波降解 10min。提取混合液配制如下:S1,80% 乙醇(V/V);S2,80% 甲醇(V/V);S3,80% 丙酮(V/V)。为了使酒精和丙酮提取液达到均衡,使用乙醇:丙酮:水(V/V/V)为 7:7:6 的提取液(S4)。1000g 离心 10min,收集上清液,残留物再次提取。两次得到的上清液合并,真空蒸发器 40℃ 蒸发,重新用 5mL 0.3%(V/V)甲酸溶液悬浮。之前第二次提取剩下的残留物可以在氮气下干燥(B 循环)或者不干燥(C 循环),然后用不同之前的有机混合液再提取两次,以获得最高的多酚产量。图3-22阐释了详细的提取步骤。

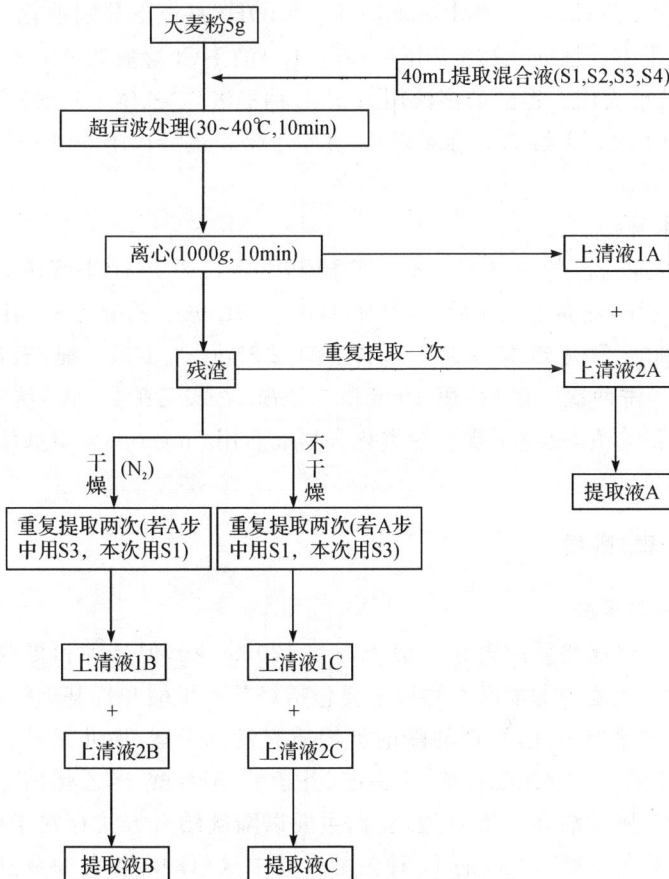

图 3-22　大麦多酚化合物提取工艺流程图

4.1.2 简便的固液提取法

研磨大麦种子,过 1.0mm 筛孔,得到的大麦粉与己烷反应 24h,室温下不间断搅拌,获得脱脂大麦。然后称取适量样品(15g)粉末,置于 500mL 平底烧瓶中,分别加入 200mL 70%丙酮(V/V),70%乙醇(V/V),70%甲醇(V/V),于45℃回流提取 4h,将提取液真空过滤,残渣再重复抽提 1 次,合并两次提取液,于 45℃真空浓缩干燥,称重,计算得率。三种溶剂对大麦多酚得率的顺序为:丙酮>乙醇>甲醇,对三种溶剂提取物分别进行还原力、自由基清除能力、脂质氧化抑制能力的测定,发现 70%丙酮提取物的以上三种能力明显高于甲醇和乙醇,所以 70%丙酮是提取天然酚类抗氧化剂的最合适溶剂。丙酮对大麦多酚类物质具有更好的选择性,但如果从总酚得率和经济安全角度综合考虑,乙醇更适合作为大麦多酚的提取溶剂。

4.2 结合态多酚的提取

4.2.1 碱水解法

取 1g 大麦粉,加入 100mL 2mol・L^{-1}NaOH,室温下分别消化 4h 和 20h,在氮气存在下不断摇动。冰浴,用 10mol・L^{-1} 的 HCl 溶液调节 pH 到 2~3。加入 500mL 己烷去脂。得到的溶液用 100mL 抽提液(二乙醚:乙酸乙酯=1:1,V/V)抽提 10 次。有机部分溶液合并,真空干燥。最后再用 5mL 0.3%甲酸溶液(V/V)悬浮。

4.2.2 酸水解法

取 1g 大麦粉,加入 6mL 96%乙醇和 30mL 25%HCl 溶液,65℃晃动30min,有机相溶液弃去。然后,向其中加入 10mL 96%乙醇和 50mL 1/1 二乙基乙醚/石油醚(预热到 40~60℃),剩下的用 25mL 1/1 二乙醚/石油醚(预热到 40~60℃)洗两次。最后,用 100mL 二乙醚/乙酸乙酯(V/V)洗 5 次去脂。有机部分溶液合并,真空干燥。酚类化合物最后用 5mL 0.3%甲酸溶液(V/V)悬浮。

5 大麦(青稞)酚酸

5.1 大麦籽粒多酚

大麦中酚酸类物质的含量一般为 50~120mg/kg,但品种和提取方法对结果影响很大。大麦中的酚酸类物质主要包括羟基苯甲酸和羟基肉桂酸衍生物,较多存在于糊粉层中,已发现的酚酸类物质有没食子酸、原儿茶酸、龙胆酸、p-香豆酸、绿原酸、香草酸、咖啡酸、丁香酸、芥子酸、阿魏酸、苯乙烯酸等。其中含量最丰富的是阿魏酸和 p-香豆酸,它们主要以酯键结合方式存在于细胞壁中。Kim(2007)实验检测到大麦的 17 种酚酸。其中绿原酸和藤黄酚分别是皮大麦和裸大麦中的主要酚酸类成分。而丁香酸、邻羟基苯乙酸、阿魏酸和 3,4-二甲氧基苯甲酸的含量均非常低。但 Zielinski(2001)报道阿魏酸是小麦、大麦和黑麦中主要的酚酸类物质。阿魏酸是大麦中的一种小分子化合物,不同试验的不同结果可能说明该成分含量易受遗传和种植环境的影响,有研究表明与大麦颖果的结构有关(Zupfer,1998)。通常情况下,黑色籽粒大麦(青稞)的酚酸含量较高。皮大麦的间苯三酚、尿黑酸、香草酸、丁香酸、水杨酸、o-香豆酸的含量明显低于裸大麦,而 p-香豆酸的含量却很高。蓝色和紫色大麦的间苯三酚、香草酸、丁香酸、邻羟基苯酸、3,4-二甲氧基苯甲酸、水杨酸和 o-香豆酸含量显著高于黑色大麦。此外,7-羟基香豆素、7-羟基-6-甲氧基香豆素和 6,7-二羟基香豆素等,多以游离形式存在,也有以与脂或糖苷结合的形式存在,主要的酚酸均有多种结构和类型。

5.2　大麦麸皮多酚

大麦(青稞)在食品加工中,通常磨粉分成两部分,即细粉和麸皮。研究表明,麸皮含有丰富的多酚类等物质,开发利用大麦(青稞)麸皮具有较大的价值,在日本已开发利用麸皮膳食纤维制成保健食品。

履新(2004)报道了大麦麸皮多酚类提取物抗氧化活性和抗突变性的研究结果,表明麸皮经正己烷脱脂后用 75％乙醇抽提和经 SP-850 树脂提纯后,得到多酚类提取物,得率约 1％,其中含多酚 28.7％。经 HPLC 分析,大麦麸皮多酚类物质有 10 多种组分。

功效分析结果表明,大麦麸皮多酚类提取物具有对亚油酸的抗氧化性能,对超氧化物的消除能力。比较试验结果表明,大麦麸皮多酚提取物对超氧化物活性的消除能力小于抗坏血酸,而大于 α-生育酚、BHT 和 HA。说明大麦麸皮多酚提取物是一种亲水性抗氧化物,对亲水性自由基有很强的捕捉能力,可抑制导致体内炎症、心血管疾病、衰老等活性氧和过氧化脂质的产生。

6　大麦(青稞)黄酮物质

6.1　大麦(青稞)黄酮的提取测定

大麦(青稞)的黄酮类化合物通常采用 HPLC 法和分光光度法测定。

李玉林等(2009)以正交试验法,采用高效液相色谱技术(HPLC)分析检测,针对提取温度、乙醇浓度、料液比、提取次数、提取时间等因素,优化研究了青稞叶黄酮的乙醇溶液提取工艺。研究结果表明,对两种主要黄酮——大麦黄苷和皂草黄苷的最佳提取条件为在 90℃ 的温度下,用 30％的乙醇溶液,料液比为 1:60,提取 3 次,每次提取 2h。

杨涛等报道了提取大麦黄酮类化合物的 HPLC 法。其步骤如下:

选取大麦黄酮的主要活性成分儿茶素、杨梅素、槲皮素、山奈酚等为对照品,各加甲醇制成 200、100、80、60μg/mL 的储备液。加 0.1％冰醋酸水溶液稀释至刻度，制成系列对照品溶液。以流动相为稀释液配成每毫升分别含 50、25、20、15μg 的儿茶素、杨梅酮、槲皮素、山奈酚的混合液，作为对照品溶液。

另外，称取 1g 大麦籽粒粉末，于 50mL 容量瓶中，用甲醇定容至刻度，超声处理 30min，过滤，干燥，用 1mL 水溶解，1mL 氯仿萃取，水相蒸干，于 10mL 容量瓶用甲醇定容至刻度，摇匀，用微孔滤膜(0.45μm)滤过，取滤液作为供试品溶液，测定大麦的总黄酮含量。

色谱条件为：ODSAM-303 色谱柱，流动相梯度洗脱，流速 0.8mL/min，检测波长 280nm，进样量 10μL。以对照样品制作标准曲线，以同样程序进行样品的测定，按外标法计算样品中各个成分的含量，根据回收率换算成样品总黄酮含量。

6.2 大麦（青稞）黄酮物质含量

杨涛等(2009;2013)采用 HPLC 测定方法，研究大麦籽粒中 4 种主要黄酮类化合物，为大麦主要黄酮类化合物含量的快速测定及开发利用提供了依据。他们对利用 HPLC 分离和同时测定大麦中黄酮类化合物儿茶素、杨梅素、槲皮素、山奈酚含量的方法进行了研究。结果表明，采用 HPLC 同时测定 4 种大麦黄酮类化合物的优化色谱条件为：YMC-Pack ODS AM-303(5μm，250mm～4.6mm i. d.)色谱柱，流动相 A—0.1％冰醋酸水溶液，B—乙腈，梯度洗脱，流速 0.8mL/min，进样量 10μL。儿茶素、杨梅素、槲皮素、山奈酚分别为 0.063～2.000μg($r=0.9999$)、0.034～1.100μg($r=0.9998$)、0.025～0.800μg($r=0.9993$)、0.018～0.560μg($r=0.9995$)时呈良好的线性关系，加样回收率分别达到 96.88％($RSD=1.30\%$)、98.30％($RSD=0.57\%$)、96.29％($RSD=1.20\%$)、101.59％($RSD=0.73\%$)。测定方法简便、快捷，结果准确、重复性好。

Kim(2007)分析了 127 种有色大麦，发现总黄酮含量为 62.0～300.8mg/kg。实验检测到 7 种黄酮。在有色大麦中，杨梅素是最主要的黄酮类化合物，而后是(＋)-儿茶素和槲皮素，而柚皮苷和橙皮苷极其微量。裸大麦的杨梅素和山奈酚含量要高于皮大麦。蓝色裸大麦的槲皮素和山奈酚含量明显要高。蓝色和紫色大麦的柚皮苷、槲皮素和山奈酚含量与黑色大麦有显著差异。

赵春艳等(2010)采用比色法和标准曲线法测定了国内外 63 份大麦品种籽粒总黄酮和发芽后总黄酮的含量变化，结果表明：不同品种大麦中总黄酮含量(mg/100g)有差异，发芽籽粒(59.7±1,10)高于未发芽籽粒(51.4±0.87)；未发芽品种中，裸大麦(56.3±0.97)高于皮大麦(50.0±0.79)，多棱大麦(54.4±0.91)高于二棱大麦(51.1±0.81)；发芽品种中，裸大麦(63.2±1.64)高于皮大麦(58.7±0.89)，二棱大麦(60.0±1.00)高于多棱大麦(57.9±1.60)，其中发芽大麦青海黄(79.7±0.98)、澳选 2 号(83.5±0.36)、甘啤 3 号总黄酮平均含量较高，变异系数分别 12.98％、11.98％、4.76％。

　　普晓英等(2013)测定了国内外 177 个大麦品种的黄酮含量。不同品种黄酮含量差异大,国内品种籽粒黄酮含量(125.08 ± 19.00mg/100g)高于国外品种籽粒(112.68 ± 16.24mg/100g),多棱大麦籽粒黄酮含量(121.56 ± 17.72mg/100g)高于二棱大麦籽粒(114.28 ± 17.48mg/100g);并筛选到我国的紫光芒大麦黄酮含量(177.384mg/100g)是供试样品中最高的。他们的研究表明,大麦籽粒总黄酮含量与不同农艺性状间存在一定相关性,总黄酮含量与生育期和千粒重呈极显著负相关,与实粒数和棱形呈显著正相关。

第五节　大麦(青稞)花色素

　　花色素又称花青素,也属于多酚类物质,主要存在于植物的花、果、叶和茎内,呈红、紫或蓝等颜色,可作为食物添加剂使用。大麦(青稞)花青素主要包括原花青素和花青素。

　　大麦中花青素的合成及其积累与大麦生长环境(光照和温度)、栽培条件(肥料和水分)、品质基因型、发育阶段等因素紧密相关。而且花青素和原花青素的量之间没有相关性。

1　大麦(青稞)花青素测定方法

1.1　原花青素含量测定

1.1.1　香兰素法

　　大麦原花青素含量测定通常采用香兰素法。操作步骤:大麦(青稞)→磨粉→取 0.2g 大麦(青稞)粉→置于 50mL 的锥形瓶→加 10mL 含有 1％盐酸的甲醇→室温搅拌 2h→3000g 离心 10min→收集上清液→用 0.45μm 的滤膜过滤(nylon,Titan)→收集过滤液为待测样品液→取 2mL 样品液→加2.5mL 1％(W/V)香草醛甲醇溶液→加 2.5mL 含 25％(V/V)H_2SO_4 的甲醇溶液→混匀→放置 20min→在 500nm 处检测吸光度→以(＋)-儿茶素为标准品对照计算浓度,结果以 μg 儿茶素/g 单位表示。

1.1.2　液相色谱法

　　王建清等(1994)采用瑞典 LKB2150 液相色谱仪、旋转蒸发器,分析大麦籽粒中的原花色素,其步骤如下:

　　10g 去壳烘干大麦籽粒,经高速磨粉机粉碎后放入 150mL 三角烧瓶中,加入 3:1(体积比)丙酮水溶液 75mL,在振荡机中振荡 3h。取出过滤到另一三角烧瓶中,在滤液中加入 5g PVP 树脂,再在振荡机中振荡 1h,使其完全吸附多酚类物质。然后过滤,弃去滤液,树脂用 50mL 乙腈分三次洗脱,洗脱液在旋转蒸发器上减压浓缩到 5mL 左右,以备色谱分离用。进样量 2μL。色谱柱为

Sepherisorb，ODS $25\mu m$，$4mm \times 100mm$；流动相：甲醇∶水＝1∶1；流速：$0.5mL/min$；检测器：2151 型紫外光检测器，波长 281nm。

1.1.3 气相色谱法

王建清等（1993）报道了大麦籽粒中原花青素的气相色谱分析方法。他们使用了 GC-9A 气相色谱仪，氢火焰离子化检测器（FDI）CR-3A 色谱数据处理机。色谱分析条件为：载气为氮气 60mL/min；氢气 60mL/min；空气 550mL/min。程序升温，柱温从 155℃ 开始恒温 3min，以 8℃/min 升温至 215℃，再恒温14.5min结束。检测器及进样口温度 270℃。测定步骤如下：

5g 去壳烘干大麦籽粒，经高速磨粉机粉碎后，放入 150mL 三角烧瓶内，加 3∶1(V/V)丙酮水溶液 75mL，在振荡机中振荡 3h。取出过滤到另一三角烧瓶内，在滤液中加 5g PVP 树脂，在振荡机上振荡 1h，使其完全吸附多酚物质。然后过滤，弃去滤液，树脂用 50mL 乙腈分三次洗脱，洗脱液在旋转蒸发器上减压浓缩至 2mL 左右，取出倒入 10mL 具塞试管内，加 1mL DMCS、0.5mL BSTFA 硅烷化，在常温下衍生 1h，取 0.8mL 样品按上述色谱测定条件进行分析。

1.2 花青素含量测定

大麦花青素含量测定通常采用 HPLC 法。测定需要选用不同的花青素标准品，常用的有矢车菊素、矢车菊素-3-葡萄糖苷、飞燕草素、飞燕草素-3-葡萄糖苷、锦葵素、锦葵素-3-葡萄糖苷、花葵素、花葵素-3-葡萄糖苷、芍药素、芍药素-3-葡萄糖苷、矮牵牛素等。标准品用于标准曲线制作。标准品贮存液(100mg/kg)由含 0.1％HCl 的 80％甲醇配制，低温暗处保存。

测定操作步骤：大麦（青稞）→磨粉→称取 0.2g 大麦（青稞）粉→置于铝箔包裹的锥形瓶中→加 2mL 含 0.1％ HCl 的 80％甲醇溶液→4℃放置 24h→10000g 离心 10min→收集上清液→用 0.45μm 的滤膜过滤（nylon，Titan）→收集滤液→转入棕色样品瓶中→再用 HPLC 系统分析测定。测定时要注意根据设备型号选择检测波长、进样体积、色谱柱、流动相溶液、洗脱梯度、洗脱时间和流速等参数。

2 大麦（青稞）中原花青素和花青素

2.1 大麦（青稞）原花青素

大麦原花青素是主要的聚黄烷类物质，通常只在外种皮层中合成，由（＋）-儿茶酸和（＋）-原儿茶酸的二聚和三聚体构成，并积累于谷物的外种皮层。Skadhauge 发现，当大麦籽粒完全发育成熟时，野生型大麦的外种皮层充满原花青素，而不含原花青素的突变株的外种皮中未检测到原花青素。

Mulkay 等利用核磁共振（NMR）方法从大麦中鉴定出两个二聚体（原花青素 B-3 和原翠雀素 B-3）和四个三聚体（原花青素 C-2 和原翠雀素三聚体）的原

花青素。在这六种原花青素中(+)-儿茶酸是构成聚合体的基本单元。

而 Brandon 等从 Gwylan 大麦品种中分离出了一种仅以(+)-没食子儿茶酸为单元的三聚体原花青素。(+)-儿茶酸单体在大麦中的含量较高,但是(+)-没食子儿茶酸的存在仅由 Brandon 等报道,而且发现(+)-没食子儿茶酸的含量仅为(+)-儿茶酸的 1/6。大麦单宁是次生代谢产物,为缩合单元,以原花青素的二聚体、三聚体为主。

Kim(2007)实验分析了 127 种有色大麦中原花青素和花青素的含量及其组成。原花青素含量为 15.8～131.8mg/kg,裸大麦中原花青素的含量(75.9mg/kg)高于皮大麦(56.2mg/kg)。蓝色和紫色大麦中原花青素的含量(83.0mg/kg)显著高于黑色大麦(55.3mg/kg)。通常含花青素的大麦品系中原花青素的含量(52.6mg/kg)明显低于不含花青素的品种(60.5mg/kg)。原花青素的含量与总酚酸($r=0.52$)黄酮($r=0.28$)和花青素($r=0.58$)含量有着很高的正相关性。

杨煜峰等(1993)采用香草醛反应法开展了大麦籽粒原花青素的定位分析,结果表明胚乳中不含原花青素,原花青素主要集中于种皮和糊粉层中,以种皮的含量为高,占总量的 2/3 左右。并且,未成熟(乳熟后期)种子和成熟干种子中比例基本相同,但成熟干种子原花青素的总量明显低于未成熟种子。另外还比较了不同有色大麦品种的花青素差异,结果表明,不同粒色品种在花青素含量及其分布上有差异,各组织之间的含量比也受到粒色的影响,蓝粒品种的花青素存在于糊粉层中,蓝糊粉层中的原花青素含量较高,约占总量的 1/3。

2.2　大麦(青稞)花青素

大麦花青素是除黄酮醇和黄烷醇外的主要类黄酮物质,是类黄酮中最为重要的一类水溶性植物色素,许多色素都由它们合成。大麦(青稞)花青素含量品种间差异很大,有色大麦中花青素的总含量为 13.0～1037.8μg/g。蓝色和紫色大麦的花青素含量(320.5μg/g)显著高于黑色大麦(49.0μg/g)。紫色大麦中最常见的花青素是矢车菊素-3-葡萄糖苷(214.8μg/g),其次是芍药素-3-葡萄糖苷和天竺葵素-3-葡萄糖苷,占总花青素的 50%～79%。而蓝色大麦和黑色大麦中最为丰富的花青素是飞燕草素-3-葡萄糖苷,分别为 167.6μg/g 和 36.0μg/g(Kim,2007)。Jende-Strid(1978)在黄色、蓝色、黑色大麦中检测到飞燕草素和矢车菊素,在紫色大麦中检测到天竺葵素。Abdel-Aal 等在蓝色大麦中检测到矢车菊素-3-葡萄糖苷(1.2μg/g)和矮牵牛素-3-葡萄糖苷(2.9μg/g)。Kim(2007)在蓝色和黑色大麦中也检测到飞燕草素和天竺葵素,但未检测到矮牵牛素。在黑色大麦中检测到芍药素-3-葡萄糖苷和锦葵素-3-葡萄糖苷。

第四章　大麦(青稞)食品加工相关的特性

　　大麦(青稞)作为食用谷类作物已有几千年的历史,在这历程中,大麦食品加工也在不断地发展,早在古罗马时期,大麦面包就被广泛食用,并有"强壮"食物之称。在现代食物中,虽然大麦已不是最主要的人类直接食用的粮食作物,在发达国家很少使用大麦作为人类食物,但是,近年来,随着人们的健康意识不断提高,不断寻找更多的保健功效成分因子,大麦也是被重点研究对象之一。现在大麦(青稞)食物及其功能食品在世界,特别是亚、非、拉地区的需求越来越大。同时对大麦食品加工的标准要求也越来越高。

　　大麦(青稞)食品的优劣既取决于大麦的营养、功效成分,又取决于影响食品加工的许多特性,包括食品加工相关的大麦(青稞)籽粒形态和生理特性以及籽粒营养理化特性,还取决于影响加工食品安全的因素。

第一节　大麦(青稞)食品加工相关的籽粒形态和生理特性

　　前几章叙述的蛋白质、氨基酸、淀粉、纤维、脂肪酸、维生素、灰分矿物质以及 β-葡聚糖、母育酚、γ-氨基丁酸、多酚类化合物等是大麦中营养和功效物质的组成部分,影响大麦食品的营养功效和加工特性。然而,由于这些化学和营养性状鉴定测定复杂、费用昂贵等,在大麦资源鉴定、亲本选择、遗传育种实践中,以往并不直接测定营养品质性状。更多的是在早期世代以影响大麦食品加工的籽粒特性作为选择指标,只有到了高代品系以及品种后,才对这些成分、元素进行测定,确定品种的食品加工特性。

　　大量的分析研究表明,大麦籽粒的一些形态特征与营养品质紧密相关,可以作为食品加工特性最接近的评估标准。因此近些年来,一些国家的大麦育种研究机构在开展食用和保健大麦遗传改良程序中,已经越来越重视与食品加工相关的籽粒形态和生理特性的研究,进而开展大麦食品质量的评估工作。许多国家均建立了大麦品质分析实验室或品质鉴定机构,如国际干旱地区农业研究中心(ICARDA)于1996年就启动了大麦改良工程,这个项目致力于改良和利用大麦种质资源来改善人类的食物品质,测定最佳麦粒颜色、大小、谷粒硬度、外壳百分含量和烹调时间等性状,分析这些性状与蛋白质含量、β-葡聚糖含量等营养品质的关系;评价大麦的物理特征,制定实验标准和技术规程,建立评估食用大麦质量的 ICARDA 实验室方法。在中国，一些检验检疫机构、分析测试机构、国家和部门实验室也都开展了大麦（青稞）品质分析的工作。

1　籽粒形态

大麦特别是青稞的籽粒形态与小麦相似，但较小麦扁平，两端稍尖，中间较宽，呈纺锤形，麦胚基部与粒面齐平，腹沟宽而浅，横切面不是心脏形。

大麦籽粒形态因品种而异。常见的大麦籽粒外表形态可分为：圆粒形、椭圆形、长粒形等。皮大麦籽粒有内、外稃包裹。外稃比内稃宽大，从背面包向腹面两侧，顶端有芒或无芒，芒形为针状长芒或帽状钩芒等。内稃位于腹面，其基部有一退化小穗轴，称为基刺，系穗轴的残留物，通常上有茸毛，其形状随品种而异，内外稃的外面基部，还有两片护颖，护颖细窄，向内弯曲，脱粒时有的随穗轴脱去，有的仍留在籽粒上，护颖的颜色较稃色稍浅。皮大麦的稃壳重量占籽粒重量的 10%～25%，六棱大麦的稃壳重量大于二棱大麦（俞志隆等，1993）。

大麦稃壳有白色、黄色、紫色、黑色等，麦粒则有白色、紫色、蓝色、蓝灰色、紫红色、棕色以至黑色等。这些颜色的产生主要是由于在大麦的稃壳、果皮、糊粉层或淀粉胚乳中存在着花青素或黑色素。如果所有色素都不存在，则为白色。

研究表明，籽粒的有无稃壳以及籽粒的不同颜色，与大麦（青稞）的某些功效成分（如多酚、黄酮等）具有密切的关系。因此在食用大麦的遗传改良中，籽粒皮壳、籽粒颜色、籽粒形态均值得重视。

2　千粒重

大量研究表明，千粒重的高低与碳水化合物、蛋白质等合成代谢能力密切相关。对于皮大麦，千粒重还与籽粒皮壳有较大关系。如某些品种，千粒重的高低与籽粒蛋白质含量高低关系紧密，如几十年前选育的食用高蛋白高赖氨酸品种 Hiproly 等，由于碳水化合物合成能力较低所致，其籽粒往往皱缩干瘪，千粒重低、产量低（王林济等）。作者等通过大量的大麦和青稞资源分析测定，结果表明，虽然千粒重与蛋白质含量之间存在负相关性，但对于某些资源具有特殊性，只要亲本选择适当，可以通过杂交方法培育出千粒重高且蛋白质含量也高的高产品种。另外，随着分子生物学和基因工程技术的发展，也可以打破负相关性，培育出高蛋白质含量、高千粒重的高产食用型大麦（青稞）品种。

3　籽粒颜色

大麦（青稞）的籽粒颜色主要受稃壳、果皮、糊粉层细胞的颜色影响。传统上食用大麦（青稞）通常为白色和黄色。但近年来，随着人们对有色食物的青睐，在大麦（青稞）育种，特别是食用大麦（青稞）的育种中，研究人员不断筛选挖掘有色农家品种资源，培育有色品种。

　　大量研究表明,作物籽粒颜色与营养品质成分之间存在关联性,如玉米,因果皮、糊粉层、胚乳细胞内所含色素不同,果皮呈现不同颜色,有白、黄、紫、红、花等多种类型。通常带色者维生素含量较高。作者对不同颜色青稞籽粒做了测定分析,结果表明,黄色、紫色、黑色三种类型的青稞(图 4-1),其品质性状(如淀粉的类型,支链淀粉、直链淀粉、抗性淀粉的含量和比例,黄酮、多酚含量等)存在较大的差异。这些差异导致生产加工的食品特性和质量也不相同,因此对食品加工工艺的要求也不同。

图 4-1　黄色、紫色、黑色三种类型的青稞籽粒

　　现今,食用和保健大麦(青稞)的颜色受到重视。有时可以通过对籽粒颜色测定,快速筛选判断大麦(青稞)品种的适合加工特性。ICARDA 建立了一个直接的视觉颜色评估方法并推广使用。该方法将颜色划分为 4 级,以 1~4 来表示:1=白色/黄色,2=灰色/绿色,3=混合的黑色/灰色/绿色,4=黑色。

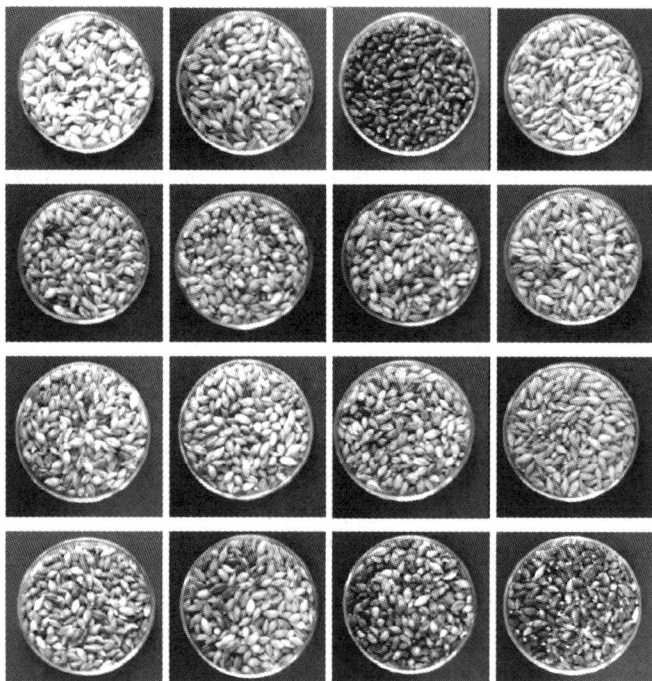

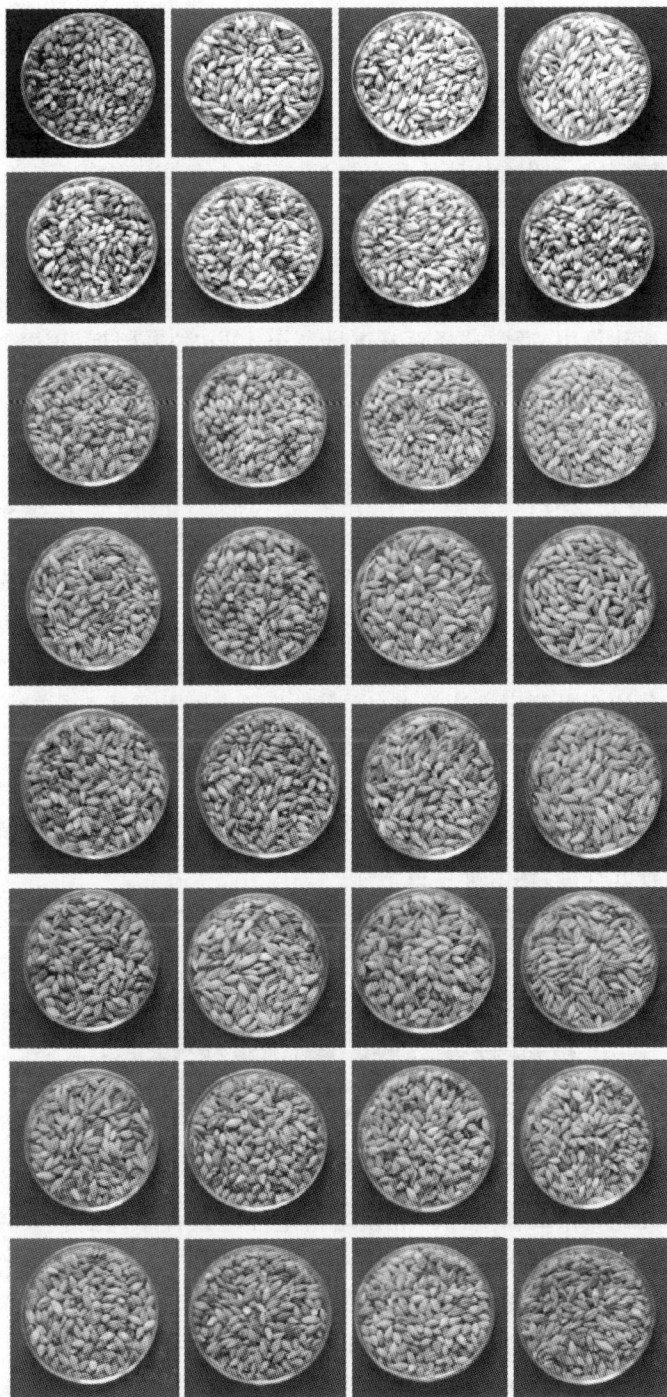

图 4-2　不同类型青稞籽粒的颜色和粒型

4 百升重量

大麦（青稞）百升重量虽然没有小麦和其他谷物百升重量显得重要，但这个性状与大麦（青稞）品质有关。对于皮大麦，由于淀粉比稃壳有更高的重量，因此，百升重量高，即说明该品种外壳含量低、面粉含量高。大麦（青稞）百升重量与籽粒形状、籽粒均一性、籽粒丰满度有关，并且也受水分、肥料、疾病、霜冻、高温等其他气候条件、栽培管理措施以及成熟期影响（Kent，1982）。因此在大麦食品加工性状的遗传改良中，科研人员也关注百升重量这一特性。在大麦食品加工原料基地建设中，通常选择百升重量高于40kg的基因型，再同时考虑环境条件、气候、栽培管理措施等因素。

5 外壳百分比含量

皮大麦作为人类食粮在进行食品加工时，通常要先剥去外壳。首先，那些外壳很厚的品种因此会增加谷物重量的损失；其次，外壳会影响麦粒硬度，所以通常在测量籽粒硬度之前要剥去麦粒外壳；再次，大麦外壳中某些成分可能是具有保健的功效成分，去壳会损失这些成分。因此，在培育食用型专用大麦品种时要平衡皮大麦和裸大麦的利和弊，充分发挥各自的优势。

外壳百分比含量测定方法较多，通常有两种。一是采用酸（或碱）溶液浸泡方法，这种方法去除的主要是稃壳（图4-3）。二是采用机器打磨方法，一般称取适量大麦籽粒样品，去壳20s（视选用机器不同而异），打磨成珍珠麦（大麦米），然后重新称样品重量。重量损失的百分比即为稃壳百分比含量。这种方法在皮大麦包括稃壳和糠，裸大麦只包括糠。

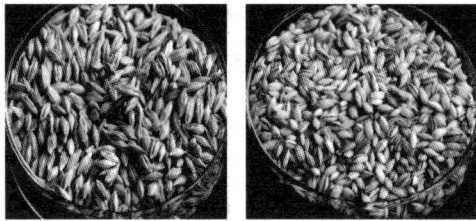

图4-3 采用酸溶液浸泡法去除大麦稃壳前后（左去壳前，右去壳后）

外壳百分比含量高低随品种和栽培措施环境条件不同而差异较大。叙利亚共和国的一项研究结果显示，1998—2000年，正常丰收季节生长的裸大麦外壳百分比含量（糠）的变化范围是6.5%～13.8%，平均9.8%（N＝400）；皮大麦外壳百分含量（稃壳和糠）变化范围是14.6%～21.9%，平均含量15.15%（N＝250）。作者等人（1986）研究了大麦皮壳重的遗传，结果表明，千粒重和皮壳重两个性状的基因型差异显著，外壳百分比含量和千粒重性状均受遗传控制，并且主要以加性效应为主。

6　丰满度

丰满度也称丰度,是籽粒形状性状的指标之一。在加工过程中,通常用孔径宽度为 2.8、2.5 和 2.2mm 的筛子分选大麦籽粒。能被 2.8mm 筛子分选的部分为第一等级;能被 2.5mm 筛子分选的部分为第二等级;能被 2.2mm 筛子分选的部分为第三等级。一般情况下,淀粉含量低的大麦(青稞)籽粒往往比较干瘪,宽度窄,能被 2.2mm 筛子筛选。过去这部分籽粒通常作为饲料加工。但是,近年来的分析表明,这部分原料也可以用于大麦(青稞)某些类型的食品加工。

经过 2.8mm 和 2.5mm 筛子分选的麦粒,适合于麦芽加工。这两部分决定了丰满麦粒的百分比。有些国家在制定的规程中,十分注重麦粒丰满度,丰满麦粒的百分比,限定的最低标准是 75%。

麦粒的丰满度对食品加工也十分重要,对食品特性影响很大,如珍珠化、烘烤和切片等类型的食品加工中,丰满度是主要的考虑指标之一。ICARDA 使用欧洲标准的筛选系统来确定麦粒丰满度。该操作系统由 3 个筛子组成,最大的筛子有 2.8mm 孔洞,中等筛子有 2.5mm 孔洞,最小的有 2.2mm 孔洞。测试时,将适当数量(50 或 100g)大麦籽粒放在最大的筛子中,筛选 3min,逐级筛选,记录每个筛子以及穿过最小孔洞筛子的麦粒的重量,然后计算丰满籽粒百分比,作出评价。一般以 2.8 和 2.5mm 筛子筛选的麦粒占 75% 以上、穿过 2.2mm 筛子的麦粒在 6% 以下的大麦样品为最高等级。

7　麦粒发芽率(力)

在大麦食品加工中,有时要通过发芽才能获得需要的功效成分和加工特性,因此大麦发芽率是最主要的食品加工相关特性之一。大麦的发芽率是指在人工控制条件和温度下,测试种子发芽数占测试种子总数的百分比。发芽势是指在发芽过程中日发芽种子数达到最高峰时,发芽的种子数占供测样品种子数的百分率,发芽势和发芽率是反映种子质量优劣的主要指标之一。在发芽率相同时,种子的发芽势高,说明种子生命力强。种子的完好性、种子胚的活性以及光照、水分、温度、湿度、储存时间等均会影响发芽率。因此,大麦(青稞)发芽食品加工,通常对大麦(青稞)原料有最低发芽率和发芽势的要求。

在大麦食品加工中,加工食品的种类不同,对籽粒发芽率的要求也不一样。如果仅仅利用大麦籽粒储存成分(如淀粉、蛋白质、纤维素等)作为食品加工原料,那么对籽粒发芽率和发芽势要求不严。但是,如果加工食品为大麦发芽食品,要在发芽过程中激活自身的合成和分解代谢系统,产生或激活酶的活性,从而合成或分解特异的物质,那么大麦籽粒的发芽特性是主要的关注指标,要求发芽率高、发芽势强。

8 品种纯度和活力

当大麦(青稞)用来做种子的时候,发芽率、纯度和活力是必不可少的条件。作为人类的食粮来说,在大麦食品加工过程中,大麦的纯度和活力也是十分重要的,它将影响到大麦(青稞)食品加工工艺的建立、产品质量的稳定等。因此,加工生产者通常会根据当地的基础条件、食品安全法规等制定相应的参数。这些参数为大麦食品加工、贸易等规范提供。如一般规定品种纯度大于93%,储藏水分小于13%,玉米烯酮(毒素)低于$50\mu g/kg$,B_1 和 C_1(霉菌的毒素)低于$100\mu g/kg$,无其他谷物或种子混合物,无有害微生物或者寄生虫。

第二节 大麦(青稞)食品加工相关的籽粒营养理化特性

在大麦(青稞)食品加工过程中,其营养成分的种类和含量,除了考虑大麦(青稞)籽粒的形态和生理特性外,还要考虑大麦籽粒的营养理化特性,这是加工的重要特征指标。这些特征指标直接影响大麦(青稞)食品的加工特性。大量的分析研究表明,大麦(青稞)籽粒的一些形态特征与食品品质、加工特性具有较高的相关性。因此,近些年来,一些国家的大麦育种研究机构十分重视这方面的工作,开展了大麦食品质量的评估,研究影响大麦食品加工特性的籽粒理化营养特性,如谷粒硬度、胚乳硬度、烹调时间等。ICARDA 谷物质量实验室专门建立了标准的测定方法(Williams et al,1988),建立了数据库,用以评估大麦食物和加工生产的优质大麦食品。

1 籽粒硬度

在大麦食品生产加工中,大麦籽粒硬度是大麦原料评估的重要性状之一,是重要的品质指标。它是胚乳组成成分和结构的综合反映,受遗传基因控制。大麦籽粒硬度大小与品质成分,特别是蛋白质等紧密相关。另外,麦芽的硬度也影响大麦麦芽食品的加工及其食品的质量。在食用方面,较硬的大麦一般更适合轧制,较软的大麦更适合做汤。

大麦麦粒硬度测定原理与方法有多种,如根据粉碎定量样品所需的时间或功,所粉碎后粉样颗粒的大小或近红外反射值,使单籽粒崩裂所需的力,使用SMS 质感分析来测量切割大麦谷粒时需要的能量等等。目前大麦(青稞)麦粒硬度通常采用谷粒硬度计测定。

2 胚乳硬度

大麦的籽粒由稃壳、果皮、种皮、胚乳和胚组成。胚乳通常分为两种结构,粉质胚乳和角质胚乳。粉质胚乳含淀粉多，蛋白质少，适宜作啤酒原料；角质胚乳含淀粉少而蛋白质多，适宜食用、作为原料进行食品加工或作饲料。

胚乳硬度这个性状既受遗传因子控制，又受施肥、灌溉、气候等栽培管理条件和环境因素的影响。如过度地施加氮肥会导致蛋白含量升高，从而改变胚乳硬度。通常可以根据胚乳硬度将大麦籽粒划分为以下 3 种类型：

粉末状麦粒　小于 1/4 的胚乳是透明的。

半透明麦粒　1/4～3/4 的胚乳是透明的。

透明麦粒　大于 3/4 的胚乳是透明的。

一般来说，胚乳透明部分越大，胚乳越硬。不同类型的大麦胚乳加工成的粉末特性不同，并影响到加工食品的品质。Coca 等（1988）认为，用于商业食品加工的大麦标准粉末应由 85% 粉末状麦粒、10% 半透明麦粒和 5% 透明麦粒混合加工而成。透明麦粒比例增高，制粉的效率降低。通常，粉末状麦粒的胚乳主要由粉质淀粉组成，故胚乳组织较松软，适合磨粉。而透明麦粒在加工过程中能避免过多面粉的产生，故较适合加工生产大麦米。

3　烹煮时间

将烹煮时间作为食品加工性状而进行研究在水稻上较多，随着大麦（青稞）食用和食品加工的发展，现在也被用于大麦品质性状研究，以评估用于食用和食品加工的大麦籽粒的特性。烹煮时间指从开始烹煮到至少 90% 的麦粒煮熟可以吃为止所需的时间。

ICARDA 实验室使用 LABCONCO 天然纤维测试设备进行大麦烹煮时间的测定。该方法操作如下：在烧杯中加 100mL 水，煮沸，加入 6g 珍珠化麦粒，回流，并记录时间。30min 后取出 2～3 粒麦粒，用手指按压检测柔软度。如果麦粒是硬的，继续煮。5min 后再检测一遍，如果还是硬的，再继续煮，直到谷粒软化为止。烹煮时间测试是主观的，但是经过训练，可以获得重复性较好的结果。

另外，还有一些较实用的测定大麦烹煮时间的其他方法，如观察胚乳横截面中心的非凝胶状的白斑，或者观察淡黄色的液体，这些指标均可以暗示烹煮的进度，确定大麦（青稞）烹煮时间。

ICARDA 的研究工作表明，珍珠化麦粒的烹煮时间比非珍珠化麦粒明显缩短。非珍珠化的皮大麦烹煮时间随品种的不同而异，一般从 1h45min 至超过4h 不等。而皮大麦珍珠化后，烹煮时间可以减少到 42～90min。珍珠化作用也能把裸大麦烹煮时间从 70～110min 缩短到 28～68min。另外有实验表明，大麦珍珠化后储存时间的长短对珍珠化样品烹煮时间没有显著变化。

4 面粉混合特性

大麦(青稞)虽然具有较高含量的特殊功效成分 β-葡聚糖、母育酚等,但是,由于其加工特性差,很难直接全部用大麦(青稞)粉来制作面包和面条。因此,大麦(青稞)粉如何与小麦等其他面粉混合使用以及混合比例多少等是大麦(青稞)食品加工中非常重要的问题,它直接影响到加工食品的形、色、香、味等。

Cavallero 等(2002)研究了富含 β-葡聚糖的大麦在加工面包中与小麦混合的特性。实验首先分析比较了大麦全麦粉(BF),BF 经机械筛筛过的筛选大麦面粉(SF),SF 经脱水得到的脱水大麦面粉(WF)以及对照面包小麦粉(BW)的化学组成(表 4-1)。结果表明,大麦粉的 β-葡聚糖含量显著高于小麦粉,另外,SF 中 β-葡聚糖的含量比 BF 显著提高,其原因可能是通过机械筛去除了面粉中的淀粉成分,从而相对提高了 β-葡聚糖的百分含量。而脱水大麦面粉的 β-葡聚糖含量更高。

表 4-1　小麦粉、大麦全麦粉、筛选大麦面粉和脱水大麦面粉的化学组成(单位:g/100g)

产品	蛋白质(N×6.25)	脂肪	灰分	总 β-葡聚糖	可溶 β-葡聚糖
小麦粉(BW)	16.8	2.1	0.6	0.1	0.1
大麦全麦粉(BF)	15.5	2.6	2.6	4.6	3.2
筛选大麦面粉(SF)	17.8	3.2	3.1	8.5	3.7
脱水大麦面粉(WF)	17.9	0.9	11.6	33.2	31.9

资料来源:Cavallero et al,2002。

然后,研究者又分析了大麦粉与小麦面包粉不同混合比例对加工制作面包的品质、口感以及化学组分的影响。将各种大麦粉分别加入不同比例的小麦面包粉,实验设置 BF 和 SF 为 50%,WF 为 20%,以此保证各大麦粉具有较高且稳定的 β-葡聚糖含量,并使加工时具有合格的流体学性质。实验结果(表 4-2)表明,对于面包制作中测定的水分吸收量[%(脱水)]、稳定性、柔软程度、烘焙时间和面包体积等特性,大麦粉及其混合粉与小麦面包粉之间存在显著差异,这说明 β-葡聚糖对面包加工特性存在一定的消极影响。

特别明显的是,在合适的面包烘焙条件下,与 100% 的 BW 的面包体积相比,50%BF 的面包体积小了 46%(图 4-4,B),50%SF 的面包体积小了 51%(图 4-4,C),但是,20%WF 的面包体积只小了 13%(图 4-4,A)。说明在混合面粉中适当减少大麦粉的含量,也能制作出与普通面包体积相当,且具有较高 β-葡聚糖含量的大麦混合粉面包。作者等也通过对不同青稞品种的面粉混合不同比例的小麦粉,进行面包体积以及不同面包类型的制作试验,结果显示,不同的青稞品种由于其成分存在一定的差异,这差异也反映在面包制作上。通过多次的混合比例优化试验,最后获得高 β-葡聚糖含量和合适体积的青稞面包。因此,在研发大麦(青稞)面包时,关键是筛选出合适的青稞品种,建立合适的加工工艺,这样只要混合适量的小麦粉,也可以制作出合适体积并具有较高 β-葡聚糖含量的大麦(青稞)面包。

表 4-2　面包制作中混合面粉的评估

评估因子	100%BW	50%BF	50%SF	20%WF
蛋白质(N×6.25)	16.8	16.2	17.3	17.0
所有 β-葡聚糖/%	0.1	2.4	4.3	6.7
淀粉测定记录 /%(脱水)	58.4	64.9	75.3	67.0
稳定性/min	17.0	2.8	6.6	4.2
制作时间/min	5.7	3.9	6.6	8.2
柔软程度/BU	0	80	81	100
烘焙测试烘焙最大 时间/min	3.00(7.00)	4.45(7.00)	6.30(9.00)	nd(9.00)
面包体积/cm³	768(186)	408(90)	373(102)	385(161)

资料来源:Cavallero et al,2002。

另外,大麦(青稞)制成的产品的口感值得研究。Cavallero 等(2002)对各种大麦粉混合配比制成的面包进行了口感分析,结果显示,20%WF 和 100%BW 的面包口感得分远高于其他的大麦面包。使用 20%WF 面粉制得的面包口感与普通面包相似,且这种面包具有低能量和高 β-葡聚糖含量等优点。这也暗示,既要利用大麦的高 β-葡聚糖含量特性,又要制作口感好的面包,关键是尽量加工获得高 β-葡聚糖含量的大麦粉。

图 4-4　不同配比面粉制作的面包(引自 Cavallero et al,2002)

另外,大麦粉的混合特性还与其他食品制作密切相关。大麦粉也可以通过与其他面粉混合后制作面条等食品。Cavallero 等(2002)研究了用大麦粉和小麦粉的混合物通过传统方法制成的通心粉的混合特性,寻找其最佳配比并对这一食品进行口感评估分析,最终确定大麦在提供 β-葡聚糖方面的作用,研发出

具有高 β-葡聚糖含量又保持面条加工特性和口感的大麦面条。研究结果表明，含15%大麦粉的细通心粉的烹饪分值与普通的细通心粉相同。但当大麦粉含量增加至30%时，烹饪分值降低，且通心粉的坚韧性和黏滞性等感官评价分也下降。并发现在处理和烹饪过程中，β-葡聚糖含量均未受影响（表 4-3），且在大麦粉/小麦粉比值最高的意大利面中，β-葡聚糖含量与预期值相近，达到可被人们接受的功效营养水平。作者等将不同品种青稞面粉与不同含量的小麦粉混合，研究其面条制作并进行品质评价。结果显示，不同青稞品种制作成的面条的特性具有显著差异。要制作具有高营养功效的青稞面条，同样是要筛选或培育出专用的青稞品种，建立和优化加工工艺，并根据不同的消费人群及其饮食习惯，合理配比适量的小麦粉。

表 4-3　大麦粉和小麦粉混合制作的意大利面的 β-葡聚糖含量和食用价值

	β-葡聚糖含量	食用价值/%
15%大麦面粉的意大利面	1.3%	90～92
30%大麦面粉的意大利面	2.5%	75～80
小麦粉的意大利面	0.5%	100

资料来源：Cavallero et al，2002。

5　食用大麦（青稞）及其与食品加工相关的其他特性

大麦（青稞）食品加工是系统工程，涉及环节多，每一个环节对其质量的影响均很大。因此，对食用大麦（青稞）及其加工食品的质量控制应贯穿整个过程。许多国家除了考虑直接的特性以外，还制定了外观等质量指标和规格（表 4-4）。

表 4-4　大麦外观等指标质量规格

特性	指标
外观及气味	外观正常，无异味、恶臭
水分	不超过 14.0%
纯质	不低于 93.0%
杂质	不超过 3.0%

另外，在大麦及其食品的贸易过程中，许多国家都建有相应的规章制度和质量检验办法标准。如我国商检局发的《进口粮谷检验暂行办法》、GB2751-81、GB14935-94、GB4788-94、GB5127-98 等检验方法标准。不同粮食谷物均要遵照执行。在贸易中，原则上未经检验的原料和产品不准销售和使用，以保证粮食和食品的安全。表 4-5 列出了加拿大颁布的几个大麦品种贸易分级有关因子的最高限量，表 4-6 列出了我国进口加拿大、澳大利亚、美国大麦的合同质量指标。

表 4-5　加拿大规定的大麦贸易分级有关因子的最高限量

等级	损伤粒、腐烂粒和严重发霉粒	烧焦粒	石块	麦角	核盘菌	发芽粒	冻伤粒		脱皮粒和破碎粒
							严重	轻微	
加西1号	无	无	1K	0.05%	0.01%	无	实际上没有	5%	4%
加西2号	0.1%	无	2K	0.1%	0.01%	0.5%	2%	5%	5%
饲料1号	0.5%	无	3K	0.25%	0.01%	10%	无限量规定		破碎粒：15%
饲料2号	3%	无	4K	0.25%	0.01%	20%	无限量规定		30%
饲料3号	5%	0.5%	5K	0.25%	0.01%	无限量	无限量规定		50%

注：此表中所用的字母"K"系指每500g样品中与麦粒大小相当的碎石块数。

表 4-6　我国进口加拿大、澳大利亚、美国大麦的合同质量指标

项目 国别	水分(最高)	容重(最低)	蛋白质(最低)	发芽率(最低)	脱皮粒和破碎粒(最高)	类型纯度(最低)	瘦小粒(最高)	饱满粒(最低)	杂质(最高)	千粒重/g
加拿大	13.5%	620g/L	13.5%	95%	6%	90%	4%	75%		40g
澳大利亚	12%	700g/L	12%	95%			(4%, 2.2mm孔径筛下)	85% (2.5mm孔径筛上)	1%	40g
美国	13.5%	600g/L	13.5%	95%			(5%, 2.0mm孔径筛下)	70% (2.4mm孔径筛上)	1%	

第三节　影响大麦(青稞)加工食品安全的因素

在大麦(青稞)食品加工中，除了考虑影响食品加工特性外，食品的安全是必须考虑的因素。在这当中，除了加工过程导致的一些如不合格的添加剂、采取不同工艺带来的食品安全问题外，一些大麦(青稞)品种由于抗病性差导致感染病害，产生毒素，从而危及加工食品也是非常突出的。因此，在大麦(青稞)食品产业中，既要重视品种抗性，特别是抗病品质的培育，又要考虑产后原料在储

存、加工以及运输销售过程中可能的病菌毒素产生。

1 赭曲霉毒素

赭曲霉毒素(ochratoxin)是一种较常见的真菌毒素,是由曲霉菌属和青霉菌属的某些种,如绿青霉、赭曲霉和碳黑曲霉等产毒菌株产生的有毒二级代谢产物,现已发现 7 种结构类似的化合物。赭曲霉毒素是由异香豆素连接到 β-2 苯丙氨酸上的衍生物,其中赫曲霉毒素 A(OTA)分子式为 $C_{20}H_{18}ClNO_6$,它是一种稳定的无色结晶化合物,溶于极性溶剂和碳酸氢钠溶液,微溶于水。赭曲霉毒素对农作物的污染在全球范围内都比较严重。OTA 在自然界分布广,毒性强,对人类和动植物影响大。随着对 OTA 毒性研究的深入,人们越来越重视它对人类健康的影响。至今已经有 11 个国家制订了食品($1\sim50\mu g/kg$)和动物饲料($100\sim1000\mu g/kg$)中 OTA 的限量标准。我国目前尚无粮食中 OTA 的限量标准。

大麦中 OTA 通常采用免疫亲和柱净化结合高效液相色谱定量等方法检测。实验表明,向啤酒大麦中加入 $0.1\sim10.0\mu g/kg$ 范围 OTA 标准品,其回收率为 93.15%~97.07%,相对标准偏差为 0.54%~2.19%,检出限为 $0.05\mu g/kg$。实验研究表明,大麦 OTA 浓度为 $0.1\sim10.0\mu g/kg$ 时,免疫亲和柱可以重复利用,并且回收率≥92%,回收效果较好。

大麦中 OTA 检测也可以用薄层色谱法和直接竞争 ELISA 检测,前者为半定量测定,后者为定量测定,其实验原理是:样品中的 OTA 经提取后,提取液中 OTA 与酶标 OTA 竞争固定于酶标板上的抗 OTA 抗体的结合位点,形成抗原—抗体和酶标抗原—抗体复合物而结合于酶标板微孔内,未结合的抗原(包括 OTA 和酶标 OTA)经洗涤后去除。加入酶底物溶液(通常无色),在酶标抗原—抗体复合物的酶作用下产生有色化合物溶液,测定溶液的吸光度,并与已知 OTA 标准品比较,可以计算出样品中 OTA 的含量。该方法所需的仪器与器材试剂为小型粉碎机、振荡器、酶标仪(带 450nm 滤镜)、96 孔酶标板等;抗 OTA 抗体(小鼠源)、辣根过氧化物酶 OTA 标记物等。实验步骤为:(1)大麦样品粉碎过筛提取;(2)OTA 标准竞争曲线的绘制;(3)样品测定;(4)根据样品提取液的 A480nm 值,从标准曲线计算样品提取液中 OTA 的浓度。

朱德伟等在 2008—2009 年,使用超高效液相色谱(UPLC)结合荧光检测法(FLD),对 237 种啤酒大麦、麦芽、啤酒花、麦汁和啤酒样品进行了 OTA 污染的分析。Truckesess 等(1999)对分别采自美国 25 个州的冬小麦和大麦样品,采用免疫亲和柱、HPLC 方法测定了 OTA,结果表明:103 份大麦样品中,92 份为阴性,11 份为阳性,OTA 的含量范围为 $0.1\sim17.0\mu g/kg$,仅 1 个样品大于 5.0$\mu g/kg$(为 $17.0\mu g/kg$)。唐坤甜等(2011)对中国 4 个大麦主产区的 7 个省(自治区)15份大麦样品中赭曲霉毒素污染进行了初步分析研究,采用免疫亲和柱—液相色谱法测定,检测限达到 $25\mu g/kg$,能满足我国赭曲霉毒素 $10\mu g/kg$ 的限量要求。在今后大麦(青稞)的加工利用中,可根据不同年份的气候、存储条件等,有目的地选取各地区不同品种的大麦(青稞)进行跟踪监测,以期能够找出影响我国大麦 OTA 含量的具体因素、影响方式和解决方法,保证大麦(青稞)原料的质量。

OTA 在动物体内的代谢以及毒害机制目前还不十分清楚。OTA 可能是通过影响蛋白质的合成、造成氧化应激损伤、改变细胞间隙连接通讯等作用机制产生毒性作用。研究表明,OTA 的主要靶器官为肝和肾,其毒性主要表现在以下几方面:

(1)肾毒性

试验表明,OTA 对所有的单胃哺乳类动物均有肾毒性,引起实验动物肾萎缩或肿大、颜色变灰白、皮质表面不平、皮质纤维化;肾小管萎缩、间质纤维化、肾小球透明样变性、肾小管萎缩坏死等。

(2)肝毒性

研究表明,OTA 影响肝内的肝糖元聚集、肝小叶大小,导致小叶间结缔组织增厚、肝细胞的核膜增厚、线粒体肿胀溶解、内质网显著减少。肝细胞内出现实质细胞变性、大量自吞噬泡、次级溶酶体,微绒毛减少,肝细胞之间的间隙亦变小,有的肝细胞溶解、透明变性、灶性坏死等。

(3)致畸、致突变

OTA 对人源性细胞有诱变作用,对人肝组织可能有遗传毒性作用。OTA 会引起 DNA 单链断裂并影响 DNA 修复。OTA 对妊娠大鼠有致畸性,给孕期 $7\sim12$ 天的小鼠腹腔注射 $5mg/kg$ 体重的 OTA,导致胎鼠死亡率增加,胎鼠重量降低、畸形等。

(4)致癌

动物试验表明,OTA 对小鼠肾脏有致癌性。特定剂量的 OTA 处理会导致导致出现肾小管增生性损伤、肾小管细胞腺瘤和肾小管细胞癌。体外研究表明,$400ng/mL$ 剂量的 OTA 会影响人类单核细胞肿瘤坏死因子 $TNF-\alpha$ 的分泌,减少了 50%。

(5)免疫毒性、

OTA 及其代谢物会抑制人和动物单核细胞/巨噬细胞的代谢能力、细胞的增殖能力、细胞膜的完整性、细胞的分化、巨噬细胞的吞噬能力、一氧化氮的合成及细胞表面标志物的形成,抑制体内免疫球蛋白的合成,降低细胞介导的免疫应答,影响淋巴干细胞的有丝分裂。

2 黄曲霉毒素

黄曲霉毒素（aflatoxins）是目前世界上最强的致癌物质之一，是由黄曲霉和寄生曲霉等某些菌株在其生长后期产生的一类结构相似的次级代谢产物，其基本结构包括二氢呋喃环和香豆素。到目前为止，人们已经发现了 18 种黄曲霉毒素，其中以黄曲霉毒素 B_1（Aflatoxin B_1，AFB_1）的毒性和致癌性最强，且在多种粮食和经济作物中广泛存在，并在啤酒主要原料大麦麦芽、辅料大米、小麦麦芽和玉米等中分布较广泛，可带入啤酒。Pietriat 等的研究表明，有 1.5％左右原料中的 AFB，最终将进入啤酒，该比例的高低会受到原料配比和酿造工艺的影响。

王宏华等（2014）通过研究，建立了同时检测啤酒及酿造原料中黄曲霉毒素 B_1、玉米赤霉烯酮和赭曲霉毒素 A 的免疫亲和柱净化—柱后化学衍生—高效液相色谱方法。杜元正等（2012）建立了检测啤酒原辅料及成品啤酒中 AFB_1 的高效液相色谱方法，并检测了国内市场上部分啤酒原辅料及啤酒中 AFB_1 的含量，初步研究了啤酒酿造过程中 AFB_1 的迁移规律及控制方法；建立了固相萃取（SPE）—高效液相色谱检测啤酒主要原辅料（大麦麦芽、大麦、大米、小麦麦芽）和成品啤酒中 AFB_1 的方法，检测了 2009—2011 年部分大麦麦芽、大米及成品啤酒中 AFB_1 的含量。结果表明，大麦麦芽和大米中 AFB_1 检出率分别为 49.2％和 25％，最大含量分别为 $1.5\mu g/kg$ 和 $1.27\mu g/kg$，在 25％的成品啤酒中检测出超过 33ng/L 的 AFB_1。AFB_1 从原料大麦麦芽和大米带入啤酒的迁移率分别为 7.2 ± 0.7％和 10.8 ± 1.3％，其主要限制步骤在糖化醪形成阶段。在麦芽糖化过程中，添加人造沸石可脱除 46.4％的 AFB_1，但对麦汁指标有较大影响。而使用乳酸菌发酵等方法去除 AFB_1，脱毒率达到 35.6％，所制备的麦汁指标与对照无明显差异。

近年来，大麦（青稞）除酿造啤酒外，其他食品加工利用逐渐增加，随着食品安全意识的提升，对大麦（青稞）原料中 AFB 等毒素的检测也越来越重视。夏广廉（1986）研究了 γ-辐射对大麦黄曲霉毒素的影响，结果表明，黄曲霉生长和产生毒素与大麦籽粒的水分含量高低有关，黄曲霉菌接种在 25％水分的大麦上，其产生黄曲霉毒素浓度显著高于接种在 17％水分的大麦上，γ-辐射能减少寄生曲霉接种的大麦中黄曲霉毒素的产生，因此，γ-辐射可能是控制或消除大麦黄曲霉毒素污染的一种有效方法。但是要注意，照射后，储藏时间越长，黄曲霉毒素积累就越多。因此，在大麦食品加工过程中，通常是辐照后就尽快使用，不宜储藏过久。

3 镰刀霉毒素

该毒素最早于 1970 年在日本香川县的一次赤霉病大麦中毒的病毒中发

现。1972年,日本的Morooka等首次从赤霉病大麦中分离。而后,Yoshizawa等阐明了这种新的真菌毒素的结构,并将其命名为脱氧雪腐镰刀菌烯醇(4-deoxynivalenol,DON),是呕吐毒素的主体成分,属于单端孢霉烯族化合物,主要来自镰刀菌属(Fusarium),尤其是禾谷镰刀菌(Fusarium graminearum)和黄色镰刀菌(Fusarium culmorum)。DON的耐藏力很强,化学性能非常稳定,病麦经四年的贮藏,其中的DON仍能保留其原有的毒性。一般不会在加工、储存以及烹调过程中被破坏。热抵抗力较强,121℃高压加热25min仅有少量破坏。耐酸性环境,但是加碱或高压处理可破坏部分毒素。

DON污染广泛存在,在中国、日本、美国、俄罗斯、南非等均有发现。主要污染大麦、小麦、燕麦、玉米等谷类作物,也污染粮食制品,如面包、饼干、麦制点心等,在动物的奶、蛋中均有DON残留发现。在日本,小麦和大麦中DON的限定浓度为40mg/kg。美国FDA规定食物中的安全标准是1000mg/kg,含量超过1000mg/kg就会对人及一些动物的健康产生损害。

目前研究表明,该毒素具有很高的细胞毒性及免疫抑制性质,影响免疫细胞、细胞因子、免疫球蛋白。如选择性地使抑制免疫的基因高度表达,直接或间接抑制NO和IFN-β的产生,明显诱导胸腺细胞凋亡,抑制其增殖,严重影响人类及动物的健康。当人摄入了被DON污染的食物后,会出现厌食、呕吐、腹泻、发烧、站立不稳、反应迟钝等症状,长期摄入被DON污染的病麦或食品,可造成流产、死胎,影响动物的生长、繁殖率和子代的存活率,并对心、肝、肾产生伤害,严重时损害造血系统而导致死亡等。1998年,在国际癌症研究机构公布的评价报告中,将呕吐毒素列为3类致癌物。欧盟要求食物中呕吐毒素含量要小于1.0mg/kg;中国要求饲料低于1mg/kg。猪是对呕吐毒素最敏感的动物,家禽次之,反刍动物由于瘤胃微生物的作用,耐受力最强。

人们十分重视在原料与加工过程中对呕吐毒素的脱毒与防治。目前开展的研究方法较多,一般有物理脱毒法、化学脱毒法、生物酶解法。但是,水洗法、剔除法、脱胚去毒法、溶剂提取法、加热去毒法、辐射法等物理脱毒法以及采用碱或氧化剂处理脱毒的化学脱毒法,因操作困难,较难大批量进行,并且影响营养品质和适口性,在实际应用中均不适用。目前,研究重点是建立实用性强的方法,主要是通过筛选鉴定出某些酶,利用其降解作用,破坏呕吐毒素或降低其毒性,以及寻找高吸附能力、选择性吸附、无副作用的呕吐毒素吸附剂进行脱毒的吸附方法。

呕吐毒素的检测方法有薄层色谱法(TLC)、高效液相色谱法(HPLC)、柱净化结合电子捕获检测器的气相色谱法(GC/ECD)、高效液相色谱串联质谱法(HPLC—MS/MS)、放射性免疫测定法(RIA)等,Casale等提出了酶联免疫(ELISA)检测方法。魏润蕴等提出了采用甲醇—水提取,以XAD-4柱净化,双向展开的薄层色谱检测方法及气相色谱法；郭玉凤等提出了使用 PIB-CI（氯化聚异丁烯）衍生化的液相色谱检测方法；阳传和等提出了酶联免疫吸附的测定方法；张鹏等提出了采用免疫亲和柱（IAC）或多功能净化柱（MFC）净化结合高效液相色谱法。

上述不同方法具有各自的优缺点，在实践过程中，可根据已有条件和试验的要求，选择测定方法。如薄层色谱法（TLC）是 GB/T5009.111—2003 采用的谷物及其制品中呕吐毒素的检测方法，其检测限为 1mg/kg。适用于谷物（小麦、玉米、大麦等）及其制品（蛋糕、饼干、面包等）中呕吐毒素的测定。薄层色谱法虽然操作简便，曾被广泛应用，但是处理样品工作量大、灵敏度差，在检测过程中操作人员必须直接接触标准品，危害到操作人员的身体健康，而且本方法在提取过程中需要使用大量的有机溶剂，对周围环境也会产生不利影响。高效液相色谱法（HPLC）和气相色谱（GC）可以精确地对样品中的呕吐毒素进行定性定量分析，但测定时需进行衍生化，通过三甲硅烷衍生物，利用电子捕获检测器进行定量分析，操作繁琐、重现性较差。而且样品前处理比较复杂，操作需要专门技术人员，不适合大批量样品的检测。酶联免疫吸附法快速、灵敏、准确、可定量、操作简便，且对样品纯度要求不高，特异性强，特别适用于大批量样品的检测。但是由于免疫酶的活性非常不稳定，在应用过程中很容易受到操作条件的影响，从而影响到结果的准确性，而且检测时间较长。

大麦（青稞）食品加工中，其原料大麦（青稞）是毒素的主要来源之一，因此，培育抗病的品种是有效阻止毒素产生的关键，同时在大麦的栽培过程中，如何快速准确地鉴定毒素产生菌镰刀霉菌，对培育抗性品种和确定加工原料尤其重要。李凤云（2003）建立了大麦中镰刀霉和曲霉的检测方法，将大麦籽粒表面消毒，然后培养在无菌的培养基上，使籽粒里面的镰刀霉菌丝长在培养基上，镰刀霉菌落呈红色。因此可以根据菌落特征和颜色确定大麦籽粒是否为镰刀霉菌感染。孙光明等（2009）首先利用阈值分割以及形态学的处理算法去除大麦穗图象背景和麦芒干扰信息，其次从预处理后的多光谱图象中提取图象的颜色统计特征，最后将这些颜色统计特征数据经过预处理后应用偏最小二乘法进行模式特征分析，经过交互验证法判别选取最佳的主成分数，输入到最小二乘支持向量机模型，建立病害识别模型，最终提出了一种根据大麦多光谱图象实时识别大麦赤霉病害的方法，可对大麦赤霉病进行识别，为植物病害监测与防治，以及食品加工原料品质检测提供了一种新方法。

第五章　大麦（青稞）传统食品及其加工

食品是指各种供人食用或者饮用的成品和原料以及按照传统既是食品又是药品的物品，但不包括以治疗为目的的物品。随着人类历史的发展，食品的种类、成分、形式等也在不断地改变。但是有些食品，尽管经过长期的历史演变和洗礼，全今仍旧在特定的地域、国家、地区被保留下来，甚至仍然采用古老的工艺进行加工，蕴含了特定的传统文化内涵，这些食品称为传统食品。如中国的粽子、月饼、元宵、饺子、年糕，英国的炸鱼排、炸薯条，美国的面包、三明治等等。传统食品通常不加防腐剂，比较健康，但需要快速消费。另外，传统食品及其加工具有较强的地域性，带有明显的地方特色。但是，随着社会的发展，科技的进步，人们健康意识的增强，人们对地方传统食品的关注度逐渐提高，传统食品的加工开发也在考虑其普适性，以便能更好地推广到不同地域，因而传统食品的加工也在不断结合一些先进的现代加工方法和工艺，这样既保留了传统特色的根本，又考虑到不同人群的现代消费习惯和未来消费趋势，使传统食品得到延续，逐渐传播，不断创新。

第一节　大麦（青稞）及其传统食品的意义

青稞栽培历史悠久，距今已有 3500 多年，主要分布在我国西藏、青海、四川的甘孜州和阿坝州、云南的迪庆、甘肃的甘南等海拔 4200～4500m 的高寒地区。在大自然赐予的这片高原净土上，伴随着充足阳光和雪水滋润，弥足珍贵的青稞千百年来养育了世世代代青藏高原的人民。因此，无论是物质上还是精神上，均形成了内涵丰富、极富民族特色的青稞文化。美丽的青稞已经成为藏族人民一直珍视的生活信仰。

传统藏药认为，烘烤的青稞粉（Tsangpa，糌粑）是最安全、最营养的，被称作"白色的药物"（Mengarbu）。由于小麦在大部分农业区域均可以种植，香味与青稞也没有大的差异，因此糌粑偶尔也有用小麦或者小麦与青稞混合加工而成，但是，传统上藏民认为由小麦制作的糌粑食品比不上青稞制作的健康，习惯上他们只把用纯青稞籽粒加工而成的糌粑赠送他人。

青稞是西藏四宝之首糌粑的主要原料，有着广泛的营养以及药用价值。青稞食品已经融入到藏族人民以及其他民族，甚至其他国家和地区人民的生活。

研究证明,大麦富含具开发潜力的纤维(包括可溶性的和不可溶性的)和 β-葡聚糖等功效成分,具有医药特性和保健价值。食用大麦(青稞)食品,对小肠吸收胆固醇具有抑制作用,从而抑制和预防如结肠癌和心血管系统疾病的发生(McIntosh et al,1992)。青稞含丰富的 β-葡聚糖等稀有的营养功效成分和微量元素,被视为生命的保健粮食。大麦(青稞)食品加工越来越受到重视,加工不断革新,产品研发取得了长足的进步。至今,已有大量的青稞食品研制成功,并逐渐向医药保健领域发展。但是,人们依然保持着对青稞传统加工工艺的某种情结,喜欢青稞制作的传统食品,保持着对青稞文化的记忆以及对青稞文化的好奇与探索。

在大麦(青稞)的发展历史上,最初阶段由于农业落后、人口庞大,粮食不足,人们过着食不果腹的生活,特别在每年的青黄不接季节,粮食供给成为最主要的问题之一。由于大麦比小麦等作物早熟,因此对于度过季节性饥荒起到了重要的缓解作用。在西藏,由于特殊的气候环境,以及遗传育种等原因,过去其他作物很少,适应性强的青稞是主要的粮食作物,被直接用作人们的食粮。

另外,青藏高原的环境气候、生态条件特殊,具有海拔高、氧气稀薄的特点,生长在那里的藏族同胞,千百年来适应着这样的环境气候,繁衍发展,这是否与他们以青稞为主要饮食具有一定的关系,已成为研究者和人们关心的课题。其次,由于西藏海拔高、气温低,影响了许多蔬菜和水果的生长,因此,在许多地区,蔬菜纤维资源有限。西藏人民日常食品中,消耗最多的是黄油和肉。根据现代社会的理念,这种饮食方式很容易引发血液高胆固醇和心血管系统疾病,但实际上西藏人患心血管疾病和结肠癌概率远比预期值低,这很可能得益于西藏人食用青稞的饮食习惯。据统计,西藏人民年人均消耗约 155kg 青稞,西藏青稞中 β-葡聚糖含量也高于其他大麦品种,显著高于小麦和水稻的含量(Tashi,1993)。

青稞在西藏人民日常生活中的意义也很大,西藏高原由于高海拔,大气压很低,因此食物不易快速煮熟。西藏大部分地方,主要是贫瘠土地和牧场,燃料柴火十分有限。青稞加工成的糌粑是一种现成可吃的食品,并方便储存,食用简便,节省柴火。西藏食品总体上是简单而天然的,但是很有营养。传统上,一顿典型的藏餐通常包含烤牦牛肉和羔羊肉、酥油茶、青稞酒和糌粑,它们提供了人体需要的所有营养。西藏人民选择青稞作为主要粮食作物是一种在山区恶劣条件下生存的适应机制。

随着农业生产和技术的发展,粮食已基本满足人们的需求。在西藏也逐渐引进或培育了一些其他的作物,在我国大麦(青稞)作为主要食粮的局面已经发生了巨大变化。目前,虽然年轻一代对青稞传统食品的食用量逐步减少,但青稞仍是藏民的主粮,藏族人民仍然保持着食用青稞食品的传统。同时,青稞食品在非青稞产区日益受到欢迎。在江浙沪的某些地区，也有部分居民保留了大麦食用传统，如熬大麦粥、煮大麦汤、煮饭时添加部分大麦仁等。

由于长期食用青稞，藏民已经建立了青稞食品独特的制作方法，它在文化和经济上适应了西藏高原的原始山区。青稞用作食物有多种方式，糌粑是主要的产品，由青稞发酵的 Chang（传统意义上的青稞酒）是主要的酒精饮料，此外青稞还可以制作饼、羹、粥、点心等。现在青稞品种改良后产量得到很大的提高。不同的青稞品种特性不同，其用途也可以不同，例如紫青稞适合于 Chang 的制作，而白青稞和黄青稞适合于糌粑制作。一些农家品种资源，如紫青稞农家品种 Chachu、Yangsun、Lhazi，虽然产量不高，但由于其特殊的食用品质而被消费者青睐，依然普遍种植。如 Garsha 被认为是制作糌粑的最好材料，Lhazi 被认为最适合制作 Chang。

第二节　青稞传统食品加工和食品类型

青稞食品历史悠久，其加工技术方法经历了长期的演化，传统的青稞食品以加工工艺简单的糌粑、甜醅等为主。近年来，随着青稞功能营养学和食品加工业的发展，青稞传统食品的加工技术逐步得到改进创新，食品类型多种多样，呈现出多样化和系列化的趋势。本节介绍主要的几种青稞传统食品类型及其加工方法。

1　糌　粑

糌粑是藏族人民最普遍食用的传统食品之一，吃法简单，携带方便，很适合过去的游牧生活。据介绍，牧民们出远门时腰间总要挂一个糌粑口袋，饿了，就从口袋里抓把糌粑吃。有时，他们从怀里掏出个木碗，装些糌粑，倒点酥油茶，加点盐，搅拌几下，抓起来吃。有时，边吃糌粑，边喝酥油茶。有时，把糌粑倒进一个叫"唐古"的皮口袋里，再加入酥油茶，一手抓住袋子的口，一手隔袋抓捏，一会儿，喷香的糌粑便可入口了。

青稞是藏族人民制作糌粑的主要原料，青稞籽粒炒熟后经研磨加工即成糌粑。糌粑加工过程也较为简单：青稞籽粒仔细清理去杂、水洗干净；青稞籽粒用细砂炒制，避免青稞炒焦，在一个大而重的预热至 100～150℃ 的平底锅中加热细砂，然后将青稞籽粒倒入与细砂混合炒 2～3min，然后把细砂筛掉，剩下的烤熟的青稞称作"Yue"，将"Yue"再次清理干净，用水磨磨成糌粑。

糌粑营养价值不低于其他谷类的营养，因此备受大众的关注。糌粑有多种不同的食用方法。可以加茶、脱脂牛奶、青稞酒"Chang"或者凉水，搅拌成饮料食用。许多人甚至喜欢将糌粑与糖混合直接食用。然而在大多数情况下，是在一个碗里将糌粑与少量的茶混合，然后揉捏成面团状的球。还有不同的烹饪和使用糌粑的方法。在许多宗教节日场合，藏族人民还要抛撒糌粑，即将少量的糌粑抛向天空，以示祝福。

2 青稞饼

（1）Chima

Chima 由糌粑与黄油、奶酪粉和糖混合加工而成。Chima 象征幸福，通常只在节日，特别是新年佳节时制作。少量用作节日馈赠，主要供家庭成员和客人品尝，相互给对方最好的祝福。

（2）Magsan

Magsan 通常是西藏中部地区人民夏季为郊游野餐制作的糕点。把糌粑与脱脂奶、奶酪粉和红糖混合，揉匀，制成硬的糕点，顶上用黄油和红糖装饰。

（3）Tsog

Tsog 是宗教场合的青稞糕点，深含崇拜之意，是一种神圣食物。由糌粑、茶、奶酪粉、葡萄干和红糖混合制作而成。

3 青稞粥

（1）Yuetub

Yuetub 由较粗颗粒烤熟的青稞粉与牦牛或羔羊肉和蔬菜混合加工而成。青稞籽粒大致烤熟，破碎成 1/4 大小的颗粒，传统上，荨麻叶被当做蔬菜使用，大多数藏民把鲜奶酪和糖放在 Yuetub 上食用，Yuetub 在西藏中部地区深受喜爱，广泛作为早餐食物。

（2）Sanchak Tukba

Sanchak 意指将青稞籽粒浸泡并捣烂，Tukba 是粥的意思。Sanchak Tukba 的制作方法简单，先将青稞籽粒浸泡过夜，然后手工捣烂，制成 Sanchak。它可以新鲜烹饪食用，也可以压片干燥储存数月。Sanchak 加水与羔羊肉、牦牛肉、奶酪粉、青豌豆、青大豆等煮成粥，藏民通常在二月份藏历新年时熬制 Sanchak Tukba。

4 青稞羹

（1）Changuel

Changuel 由青稞酒"Chang"和糌粑再与米饭、奶酪粉、糖混合，然后煮沸约 10min 而成。Changuel 通常被配着油炸饼当早餐。

（2）Tsangtub

Tsangtub 由 Tsang 加水煮成，通常再加上一些牛肉、牦牛肉、羔羊肉、豌豆、奶酪粉以及各种蔬菜,以增加营养和味道。Tsangtub 通常作为晚餐食物,偶尔也作为中餐食物。

5　青稞点心

（1）Yue

Yue 即烤爆的青稞,它是藏民最大众化的点心,大多用于日常消费。然而,它并没有商业化生产或在商场出售。一些藏民在烘烤青稞籽粒时喜欢加一些糖和黄油,使味道更好。

（2）Drubdrub

Drubdrub 由未成熟青稞麦穗,去除芒和颖壳后的未成熟青稞种子加工制成。但该食品加工不普遍,食用不广泛。

6　青稞饮品

（1）Chang

Chang 是传统意义上的青稞酒,西藏主要的含酒精传统饮料之一。Chang 中的酒精含量依赖于加水的次数,第一次制成的 Chang 的酒精含量通常约7%,第二次约5%。人们一般饮用的 Chang 酒精含量为5%或更低。Chang 的制作工艺较为简单,通常选用具有理想的味道和颜色、籽粒均匀的紫青稞为原料,将麦芽大麦与青稞按一定的比例混合,通过一系列传统的制作过程和工艺加工而成(具体详见第八章)。

（2）Sanchang

Sanchang 是一种由糌粑酿造的低度酒精食品。它是将糌粑与一定比例的温热干净水、酵母粉混合发酵而成。Sanchang 有点甜味,可以直接食用。但藏民通常将其切成小块,干燥保存。Sanchang 可当作点心咀嚼,或用水浸泡当饮料喝(具体详见第八章)。

第三节　青稞传统食品的改良和发展

1　青稞传统食品改良趋势

随着生活水平的提高,人们的健康意识不断加强,青稞作为一种绿色食品、有机食品和功能食品,已经越来越受到大众的认可和青睐。另外,青藏高原独特的地理环境和饮食文化也吸引了一些非青稞产区的城市居民,越来越多的人希望品尝到青稞食品。适应非青稞产区消费者的需求将是青稞传统食品改良的方向之一。

青稞作为一种健康食品,其营养成分的保健功效及作用机理已得到深入阐明。通过改进加工技术,将减少加工过程中青稞营养和功效成分的流失和损耗,使青稞产品在保持传统食品特性的基础上,凸显青稞的营养保健价值。

随着消费群体的迅速扩大,青稞传统食品将通过改良配方,优化加工技术,创新生产设备,提高加工效率,促进青稞传统食品的工业化发展。

2 改良青稞传统食品实例

糌粑是青稞传统食品之一,已形成独特的民族糌粑文化,并且已经逐渐扩大到非青稞产区的大中城市居民。但是由于青稞传统食品的特殊口感和风味,非青稞产区的某些人群会感觉适口性差。因此改良的青稞传统食品需要更好解决产品口感和功效的有机结合,开发出营养价值高、适口性好的改良青稞食品,以扩大产品的适应群体。目前,各种青稞传统食品的开发和改进均已取得了较大的进展。举例如下:

(1)花色糌粑

人们以青稞为主料,加入其他一些具有地方特色的优良作物和水果干原料如豌豆、芝麻、核桃、糯米等,通过独特的加工设备工艺,制作出"花色糌粑"。"花色糌粑"既保留了糌粑的传统文化意义,又提高了食品的营养价值。这种改良的高营养、好口感的花色糌粑不但深受藏族人民的喜欢,而且也迎合了非青稞产区居民的饮食口味。今后,可以根据不同的消费人群口味嗜好和保健需求,通过调节原料成分类型和比例,添加不同辅料,制成多种多样的改良型花色糌粑,以适合于更大消费人群,扩大消费市场,甚至销往国外。

另外,也可以在糌粑食用时添加其他成分,如将青稞粉加入酥油、茶水、酸奶、蜂蜜捏成团,再依个人喜好放些枸杞、葡萄干、人参果之类的东西,就可以制作成枸杞蜂蜜酸奶糌粑等等。

(2)青稞红曲咀嚼片

糌粑用酵母菌发酵 3 天左右,发酵过的糌粑就会有点甜味,藏民称作Sanchang,可以直接食用。藏民通常将其切成方块并干燥,以利保存。许多人喜欢将 Sanchang 当作点心咀嚼。

目前,青稞类食品还被开发成各种休闲食品。如作者等研究开发了青稞红曲咀嚼片,该产品是在 Sanchang 的基础上,利用红曲菌代替一般的酵母菌,从而使发酵物的成分得到改良。除了一般的糖成分外,发酵产物中还增加了红曲菌发酵的特殊功效成分,如具有降血脂、降胆固醇的 Monacolin K 等。再加上采用现代先进的咀嚼片加工技术(详见第九章),青稞红曲咀嚼片成为一种既有保健功效,又具有青稞特色的休闲食品。

第六章　大麦(青稞)营养精细食品及其加工

大麦(青稞)有着广泛的营养价值,含丰富的 β-葡聚糖以及其他稀有的营养成分和微量元素,被视为保健粮食。随着加工技术的不断革新,青稞产品研发取得了长足的进步,逐渐从过去传统青稞食品向着保持营养的青稞精细食品方向发展,呈现多元化发展趋势。

目前,通过改良青稞传统食品及提高其加工效率,青稞传统食品已经开始工业化。此外,青稞营养精细食品的研发也在不断中试和扩大之中。虽然人们对青稞营养和功能效果的认识日益加深,但由于青稞食品的特殊口感和口味,非青稞产区的某些人群会感觉适口性差。因此青稞加工产业的研究趋势之一是更好解决产品口感和功效的有机结合,开发出高营养、好口感的青稞精细食品。为了扩大产品的适应群体,人们将青稞与其他一些优良作物原料如豌豆、芝麻、核桃、糯米等掺和加工制作"花色糌粑"等营养精细食品。并且可以根据非青稞产区的人群口味嗜好,通过调节成分比例、添加辅料的选择,制成适合非藏区群体的青稞营养精细食品。如添加牛奶、酥油茶等可以改善大麦(青稞)食品的柔软性,提高适口性。青稞营养精细食品不但深受藏族人民的喜欢,而且也符合了非青稞产区居民的饮食喜好。

以青稞为原料,利用较先进的设备加工生产大麦(青稞)大众食品,既保持大麦(青稞)的主要营养,又适当改良了食品的适口性。现在已有大量的青稞精细食品研制成功,如青稞精米(麦仁)、青稞精粉、青稞自发粉、青稞挂面、青稞馒头、青稞营养粉、青稞年糕、大麦(青稞)麦片、青稞面包饼干糕点等固体食品,大麦(青稞)茶、大麦咖啡、青稞露、青稞八宝粥、青稞汁、青稞及麦芽饮料等饮品,大麦(青稞)麦苗粉、麦绿素胶囊等大麦(青稞)营养保健产品。

第一节　大麦(青稞)精米面及其加工

1　青稞精制米

制作青稞精制米主要以裸大麦、青稞为原料。极少数用皮大麦。

1.1　制作方法

青稞米制作是一种以青稞籽粒为原料的青稞原粮加工方法,青稞籽粒经清选、去除种皮、胚芽,经清洗抛光而制成籽粒规整、色泽明亮的青稞米。

如果采用皮大麦加工大麦米,其中主要工序之一是脱去大麦皮(颖壳)。可以采用的方法有多种,如砂磨,酸、碱溶液浸泡,冲洗等,先加工成裸大麦,再以与青稞加工相同的方法加工成大麦米。

1.2 食用方法

可用于煮稀饭,与大米一起做成大麦大米饭食用。

2 大麦(青稞)面

青稞面是由青稞磨成的面粉,为藏民的主要食粮,已有悠久的历史。研究表明,青稞面营养丰富,适合青藏高原气候环境下藏民的生活需求。其中一些特殊的功效成分对特殊环境下的生命代谢具有特殊的意义。

在人类历史上,大麦曾经是食粮之一,也有磨成面粉食用的习惯。其方法有二,一为皮大麦磨粉后过筛,去除皮壳;二为先去皮壳,再磨粉。当今在江苏个别地区仍保留该习惯,除了用大麦米外,也有将大麦粉添加大米熬粥。

3 青稞炒面

青稞炒面营养丰富(表6-1)。最著名的青稞炒面是糌粑。青稞糌粑是高原农牧民多年来创造并丰富的一种当地特色精美食物,更是牧区牧民和部分农区少数民族的主要食品,过去藏族人一日三餐都吃糌粑。糌粑,名字听起来新鲜,实际上就是青稞炒面。它是青稞麦炒熟、磨细、不过筛的炒面,与我国北方的炒面有点相似,但北方的炒面是先磨后炒,而西藏的糌粑却是先炒后磨,不除皮。青稞糌粑在各个地区的加工方法虽然丰富多样,但其基本的制作程序还是相一致的,那就是将青稞晒干炒熟,磨成细面,便是待食的糌粑了(见第五章)。

3.1 制作方法

(1)炒青稞　将青稞放入铁锅内,小火下反复翻炒,待青稞籽粒爆裂并散发出麦香味即可出锅。

(2)磨粉　将炒好的青稞磨成粉状物,即成待食糌粑。

3.2 食用方法

食用时,将青稞炒面混合酥油、曲拉、糖,用手捏成块状即可。

表 6-1　青稞炒面的营养成分(每 100g 中含量)

基本营养成分	含量	维生素	含量	矿质元素	含量	氨基酸	含量
水分/g	6.8	硫胺素/μg	0.08	灰分/g	2.2	异亮氨酸/mg	382
热量/kCal	356	核黄素/mg	0.1	钙/mg	430	亮氨酸/mg	393
能量/kJ	1490	尼克酸/μg	2.2	磷/mg	162	赖氨酸/mg	393
蛋白质/g	11.8	胡萝卜素/μg	2.2	钾/mg	162	含硫氨基酸/mg	283
脂肪/g	2.2	视黄醇当量/μg	6.8	钠/mg	7.5	蛋氨酸/mg	40
碳水化合物/g	72.3	维生素 E/mg		镁/mg	134	胱氨酸/mg	243
膳食纤维/g	4.7	T	0.43	铁/mg	7.7	芳香族氨基酸/mg	995
胆固醇/mg	0	α-E	0.31	锌/mg	2.51	苯丙氨酸/mg	543
		(β、γ)-E	0.1	硒/μg	0	酪氨酸/mg	452
		δ-E	0.02	铜/mg	0.33	苏氨酸/mg	376
				锰/mg	0.91	色氨酸/mg	134
				碘/mg	0	缬氨酸/mg	550
						精氨酸/mg	503
						组氨酸/mg	226
						丙氨酸/mg	488
						天门冬氨酸/mg	684
						谷氨酸/mg	2422
						甘氨酸/mg	464
						脯氨酸/mg	1211
						丝氨酸/mg	246

引自网络数据。

4　大麦(青稞)膨化营养食品

　　大麦具有特殊的营养价值,含有脂肪、少量优质蛋白质,以及一定量的膳食纤维和碳水化合物。西方国家多用大麦制作麦片粥、稠汤以及适用于婴儿和老年人的特殊保健营养品。

4.1　大麦膨化营养保健粉

　　利用膨化技术生产的大麦粉,添加了多种天然营养素,无合成色素、合成食品添加剂等物质,是儿童、老年人良好的营养保健粉,亦是家庭早餐的方便辅食,且价廉质高,符合众多家庭消费水平。

4.1.1 营养成分

大麦可食部分每100g所含各营养素如下:脂肪2.2g,碳水化合物78.2g,蛋白质11.0g,灰分2.5g,水分12.8g,钙72mg,磷273mg,铁4.0mg,维生素$B_2$0.1mg,尼克酸4.4mg,而胡萝卜素和维生素C几乎为0,故需对其强化。

食用时,根据需要加适量开水冲泡,充分搅拌后,形成稠度不同的凝胶物。甜爽适口,细腻,蛋香浓郁,营养丰富。

4.1.2 原料与配方

大麦粉:60%;大豆粉:14%;红砂糖:18%;豆油:3%;蛋黄粉:4.5%;维生素C粉及鱼肝油(维生素A、维生素B)少量。

4.1.3 工艺流程

大麦粉、大豆粉→搅拌混合、挤压膨化→膨化颗粒粉碎→膨化粉→干燥→混匀、筛粉→检验、包装→成品

4.1.4 操作要点

(1)原料预处理:取出粉率为74%~78%的大麦粉。大豆去皮粉碎至颗粒度为18~30目。红砂糖烘干、粉碎,过100目筛。豆油熟化、加热至发烟,去除豆油中水分及其杂质。待熬制的豆油冷却至70℃以下,加入鱼肝油胶丸使其溶解。

(2)膨化原料中的水分含量是否合适,是膨化加工能否顺利进行的关键之一。如水分太多,则膨化温度下降,熟化达不到要求,产品质地粗糙;如水分过少,则膨化温度过高,膨化颗粒色泽焦黄有苦味。含水量以12%~17%为宜。膨化物料颗粒度要适宜,一般为16~30目。

(3)膨化操作中,进料应均匀,速度要适中。生产结束,膨化机停止运行后,应立即拆下模头,卸下螺杆,清除残留物,防止干结,以免影响再生产。

(4)膨化后颗粒度为100~150目。搅拌匀质机的转速和运行时间应注意控制,以便使物料充分均匀地混合。产品水分含量应小于5%。

膨化大麦营养保健粉的营养素全面,比例搭配适当,易被人体消化吸收利用。该产品用开水冲泡后,即糊化,形成凝胶体。它含有丰富的膳食纤维,这有利于人体排便,从而排除过多的胆固醇、有毒物质,对于动脉粥样硬化、糖尿病、高血压和消化道癌等均有一定防治作用;而脂肪、糖和蛋白质含量少而质优,适于肥胖病人。产品中无合成色素、抗氧化剂等物质,符合营养学原理,风味独特,口感颇好。

4.1.5 质量指标

(1)感官指标

色泽:呈浅黄或乳黄色。

组织:颗粒均匀细腻,无粉块。

口味：香味纯正，甜度适中，无油脂酸败味、焦香味、豆腥味及其他异味。

包装：500g/袋，塑料袋要求封口严实，以防受潮。

（2）微生物指标

细菌总数≤30000个/g，大肠菌群≤90个/g，致病菌不得检出。

4.2　青稞膨化营养米

非藏族区主要以大米、小麦为粮食，在历史上，江苏某些地域保持着大麦米作为辅粮添加煮饭（粥）。近年来人们对青稞的营养价值和医药功效认识不断提高，大麦（青稞）作为辅粮添加越来越受到关注。由于大麦（青稞）的淀粉等成分与大米区别较大，蒸煮时间有显著差异，因此往往需要将大麦（青稞）提前浸泡，甚至烧煮。为了蒸煮方便，研发了青稞膨化营养米，可作为大麦煮饭的辅粮，直接与大麦一同蒸煮。

4.2.1　原料

原料主要选自西藏、青海、云南、甘肃等地生产的优质青稞，可根据不同需要，自选添加大豆等不同的其他成分。

4.2.2　工艺

青稞→去杂→清洗→晒干→粉碎→青稞粉（或添加适量的其他原料如大豆粉等）→搅拌混合→膨化→粉碎→青稞膨化粉→制粒（按照不同需求，选用合适模子）→干燥→质检→包装→成品

4.2.3　操作要点

（1）青稞品种选择：优质、营养、适宜加工特性。

（2）膨化参数优化：膨化充分、均匀。

（3）制成米粒配方：合理选择材料，制成的米粒在蒸煮过程中要保持颗粒性，不易融化成糊状。

第二节　大麦（青稞）饮料及其加工

1　大麦（青稞）谷物饮料

以谷物原料加工成饮料，符合人们对快捷、方便营养食品的要求，将是继"碳酸饮料—矿泉水—茶饮料—果汁饮料"之后中国饮料市场的一个新亮点。大麦（青稞）中的主要功能成分 β-葡聚糖属于可溶性的膳食纤维，在液态食品的加工中能保证产品中的功效成分最大限度地保留，适合开发膳食纤维类保健饮料。

1.1　配　方

大麦（青稞）、酶制剂、蔗糖、柠檬酸、单甘酯、卵磷脂、海藻酸钠、黄原胶、烤

大麦香精

1.2 工艺流程

精选→烘烤→粉碎→加水糊化→加酶液化→灭酶、冷却→加酶糖化→浆渣分离取清液→调配（蔗糖、柠檬酸、乳化剂和增稠剂）→均质→灌装→杀菌→冷却→成品

1.3 操作要点

(1)原料烘烤：将形态完整的大麦（青稞）在180℃烘烤20min。冷却后粉碎过20目筛。

(2)糊化：将大麦（青稞）粉与水按1∶10的比例加热煮沸糊化5min，并不断搅拌以防止浆液受热不均，至糊化完全。

(3)液化：糊化完全的大麦（青稞）浆放至冷却，调pH为6.0～6.5，加入酶活力为100～120U/g的高温α-淀粉酶，75～80℃酶解反应60～70min，淀粉酶酶解结束后，加热灭酶3min。

(4)糖化：液化后的大麦（青稞）浆调pH为5.0～5.5，加入酶活力为200～250U/g的葡萄糖淀粉酶，55～60℃酶解反应5～6h，使产品的DE值达到95.46%。酶解后，加热煮沸灭酶3min。

(5)浆渣分离：趁热将酶解液过滤，采用两步过滤，先粗滤（100目），再精滤（270～360目）。

(6)混合调配：滤液直接用于调配，将0.5%蔗糖、0.05%～0.08%复合乳化剂（单甘酯∶卵磷脂＝2∶3）、0.05%海藻酸钠和0.01%黄原胶、0.005%的烤大麦香精加入到少量滤液中，混合后于60℃溶解，用高速剪切机乳化分散均匀，再加入到剩余滤液中，搅拌均匀。

(7)均质：为使料液中的颗粒分散均一，以达到较高的稳定性，需要对料液进行均质，操作温度为65℃，采用两次均质，第一次均质压力为40MPa，第二次均质压力为30MPa，均质后颗粒要在10μm以下。

(8)灌装：可采用无菌灌装方式，也可采用热灌装方式，无菌灌装方式和热灌装方式是在温度为70～75℃，保温10min下进行的。

(9)杀菌：杀菌温度115℃，杀菌时间10min。

(10)冷却：杀菌完毕要快速冷却至室温。

1.4 产品特点

(1)形态、质地　大麦（青稞）谷物饮料为金黄色，具有一定的黏性。

(2)滋味、气味　口味纯正，具有浓郁的麦香味。

2 青稞酸奶

传统酸奶是以牛奶为原料，添加乳酸菌发酵制成的乳制品，是一种具有较

高营养和特殊风味的饮品。已有研究指出,在酸奶中加入一些风味物质可以扩大酸奶品种,提高消费者的接受度。青稞符合"三高两低"(高蛋白、高纤维、高维生素和低脂肪、低糖)的饮食结构,并富含微量元素、β-葡聚糖等,具有抗癌、降血脂、降血糖等功效,是谷类作物中的佳品。将青稞与牛奶混合发酵制成风味独特的青稞酸奶,使酸奶综合了青稞谷物和酸奶的营养元素,营养更丰富。

2.1 配　方

青稞、牛奶、黄原胶、羧甲基纤维素钠、蔗糖。

2.2 工艺流程

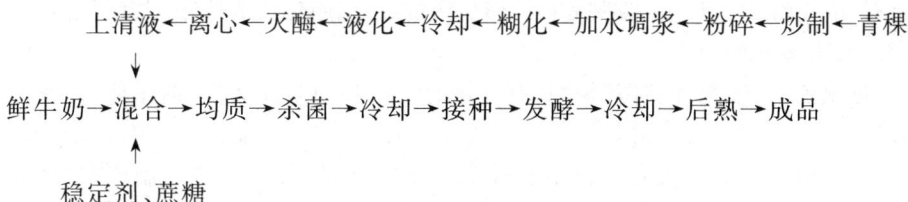

2.3 操作要点

(1)青稞浆　制备方法与青稞谷物饮料中青稞液的制备方法一致。

(2)原料混合　以牛奶为原料,用90℃热水在高速混合器中把稳定剂与蔗糖混合均匀溶解,80℃保持30min,让稳定剂充分溶解并杀死其中的微生物,然后并加入青稞浆,65℃,20MPa下混合均质。

(3)杀菌、冷却、接种、发酵　90℃保温5min,冷却至42℃左右,加入0.5g/L的乳酸菌发酵剂,42℃发酵培养,至奶基本凝固。

(4)后熟、成品　发酵好的产品4℃冰箱后熟24h即为成品。

2.4 产品特点

(1)形态、质地　青稞酸奶为黏稠的液体状态,颜色为奶黄色。

(2)滋味、气味　口味纯正,兼具酸奶的奶香味和青稞的麦香味。

3 大麦苗汁

大麦苗汁也称"大麦若叶青汁",是一种新型的健康食品。它利用大麦播种(发芽)后生长到20～30cm的幼苗,此时的叶片也称大麦若叶。由于大麦苗期生长旺盛,细胞分裂活跃,DNA、蛋白质等合成代谢加快,合成大量植物蛋白、膳食纤维、叶绿素以及多种活性酶,幼苗所含各种营养素最为丰富。研究测定表明,大麦若叶青汁粉中含多种维生素,如维生素A、C、E、B_2、B_6、B_{12}、叶酸、胡萝卜素,以及多种人体所必需的微量元素和较高含量的钙、铁、锌、钾、镁等矿物质和膳食纤维,是单项资源中营养物质含量最全面、最均衡的植物食品之一。

3.1 大麦苗汁的加工

大麦(青稞)苗汁的加工,通常选用优良的大麦(青稞)品种,在生产基地播种,且实行严格无农药栽培,符合 GAP 标准。当幼苗生长到 20～30cm 长时作为原料,每天收割新鲜的无虫害和无霉菌的幼苗,快速运往加工厂,以先进的低温粉碎、低温干燥等技术加工成营养成分及活性物质完全不被破坏的大麦苗汁(也有将苗汁加工成青汁粉,类似于麦绿素和麦苗粉),然后经过灭菌等处理,最后包装。包装通常在制药级的 GMP 车间进行。

另外,大麦苗汁的家庭加工也很流行,因操作方便、苗汁新鲜的优点,受到欢迎。它主要采用发芽培养方式。选取一定数量的大麦(青稞)种子,清洗干净,水浸泡过夜(8h 左右),放在发芽盘(可以用淘米篮筐代替)发芽,适时换水,等大麦(青稞)苗长到 10～15cm,收割麦苗。然后清洗,用家用榨汁机榨汁,饮用。

3.2　大麦苗汁的功效

据报道,大麦苗汁(青汁粉)具有一定的治疗和预防高血压、糖尿病、便秘的功能。

(1)降低胆固醇:大麦苗汁中有较高含量的膳食纤维,它能抑制脂肪、糖分和胆固醇的吸收,从而达到饭后抑制血糖以及血液中胆固醇含量升高的目的。另外,大麦苗汁中的 SOD 酶也能有效降低血脂、胆固醇、血压。

(2)清毒:清除血液内的自由基;降低血液黏度;有效提高血细胞的活性和携氧量,促进循环,增强血液的新陈代谢。分解沉积于血管壁上的血垢,恢复血管的韧性和弹性,增强血液流量;恢复血液正常的酸碱度,净化血液循环和血液细胞生存环境。在我国台湾,医生用它制作排毒水。

(3)增加肠胃蠕动,从而加速废物和有害物质排泄,平衡内分泌,预防结肠癌。

(4)活化细胞:大麦苗汁中含有较高浓度的维生素、矿质元素,有报道认为,大麦苗汁含有人体细胞转换能量所需的 8 大成分、几十种营养元素,以及一些 DNA 合成与修复、蛋白质合成代谢所需的酶,实现营养细胞、修复细胞、激活细胞的能力。

(5)延缓衰老:分析测定表明,大麦苗汁中具有超氧化物歧化酶(SOD 酶),较高含量的 SOD 酶是天然的自由基清除剂,能消除生物体新陈代谢过程中产生的有害物质。清除自由基可促进人体细胞的年轻化,具有抗衰老的特殊效果。

由于产品中的很多活性成分因加热会失去功效,所以建议最好不用热水冲调,可用凉开水或平时喜用的各种饮品如酸奶、果汁、牛奶、豆奶等代替水冲饮,或添加蜂蜜、糖、奶精等制成各种不同口味的健康饮品。

第三节　大麦麦绿素、麦苗粉及其加工

1　大麦麦绿素

大麦麦绿素(Barley Green)是大麦麦苗汁的提取浓缩物,自 20 世纪 70 年代以来,在日本等国就作为一种新兴的营养食品、纯天然的健康食品,越来越受到消费者喜爱。朱崇法等(2000)和武红霞等(2003)较详尽地综述了国内外对大麦麦绿素的研究历程、麦绿素的营养成分和保健价值及其产品开发现状,认为随着研究工作的深入以及人们对麦绿素的认识愈来愈明晰,麦绿素开发将大有可为。

1.1　大麦麦绿素及其营养成分

大麦麦绿素以大麦嫩苗为原料,通过完全性细胞破壁技术及常温真空干燥技术制作而成。该方法很好地保留了大麦嫩苗中多种营养成分(表 6-2)。其中包括钾、钠、钙、镁、铁、锌、铬、锰、磷等多种矿物质,麦绿素中矿物质是菠菜的 18 倍;含有丰富的人体必需氨基酸、小分子蛋白质多肽,如超氧化歧化酶(SOD 酶)、细胞色素氧化酶、脂肪酶、蛋白酶、淀粉酶、过氧化氢酶、过氧化酶、脱氢酶等多种酶,并可能含有抑制癌细胞的酶;还有 β-胡萝卜素、维生素 C、维生素 B_1、维生素 B_2、维生素 B_6、泛酸、叶酸、叶黄素、烟酸、维生素 H(生物素)、维生素 E、胆碱等,麦绿素中维生素 C 的含量是柑橘的 60 倍;另外含有黄酮、二十六烷醇、可溶性膳食纤维、天然叶绿素等。

表 6-2　麦绿素主要营养成分分析

主要营养成分	单位	每 100g 含量
蛋白质	g	36.0
钾	mg	4880
钙	mg	1108
铁	mg	15.8
锌	mg	7.33
镁	mg	224
磷	mg	594
锰	mg	5.6
铬	mg	0.2
β-胡萝卜素	IU	52000
维生素 E	mg	51
维生素 C	mg	329
维生素 B_1	mg	1.29
维生素 B_2	mg	2.75
维生素 B_6	mg	0.03
叶酸	μg	640
叶绿素	mg	1490
SOD 酶	U	15000
二十六烷醇	mg	50
植物黄酮	mg	1500

注:部分数据取自日本食品中心。

1.2　大麦麦绿素的加工

大麦麦绿素的品质与大麦品种、种植环境、栽培方法、收获加工技术密切相关。

1.2.1 品种筛选

1969年,日本学者荻源义秀首次发现大麦幼苗汁液具有保健功能的成分是麦绿素,不同大麦品种的麦绿素含量以及生产加工后的产品保健效果差异也较大。王仁杯等(2003)对沪麦16、沪01-0316、花98-11、秀麦3号、秀96-11、秀966、花30、苏B96-02、苏B98-04、大中88-91、双啤10、二棱裸大麦等我国12个大麦品种(系)的麦绿素加工特性做过比较筛选,其中沪麦16是鉴定材料中较理想的麦绿素加工专用品种。武红霞等(2002)、陶红(2008)也分别对国内外58份和60份大麦资源的苗期生长速度、生物量和叶色等特性进行了筛选,并对初筛获得材料测定其麦绿素品质性状,发现不同材料的茎叶叶绿素含量,蛋白质含量,矿质元素 K、Ca、Mg、Cu、Zn 含量和均衡状况差异较大,该研究结果为企业选用理想麦绿素专用大麦品种提供了参考依据。

我们认为,用于麦绿素加工的大麦(青稞)品种,要经过普通筛选和营养及功效成分分析测定。

(1)普通筛选:要求适应建厂当地环境气候条件;苗期叶片形态、叶片宽厚长,生物量大;抗病虫性强,以减少农药使用;叶色深绿嫩脆以及较好的苗期生长发育习性。

(2)分析测定筛选:对不同品种及配套的不同栽培措施下生长的大麦(青稞)苗原料进行营养分析测定,筛选出优良的品种和配套的技术。营养分析测定指标通常为蛋白质、功能多肽、氨基酸(必需氨基酸)、维生素、黄酮类物质、叶绿素、矿质元素、多酚类物质、多糖、寡糖、可溶性纤维等。

1.2.2 种植管理

用于麦绿素生产的原料,种植栽培条件要求较严格,特别是用作保健药用时,需按照 GAP 要求操作。

(1)选种:对筛选出来的品种,其用作播种的种子,通常要求籽粒饱满、无病虫携带、发芽率高、纯净度高。

(2)栽培基地:所用原料主要为麦苗,因此在选择栽培基地时除了 GAP 要求之外,还要考虑适合大麦(青稞)苗期生长的地理和气候(如气温、光照)环境,以保证大麦(青稞)苗期的旺盛生长代谢,在较短时间里积累较高的生物量和所需的营养成分。

(3)栽培管理:用作麦绿素生产加工的麦苗原料,其种植过程中,栽培管理十分重要。它既影响到原料产量,又影响到生产的食品安全性。在栽培管理中,要注意水、肥、农药等主要因子。如武红霞等(2003)研究了有机肥、海藻肥、菌肥、化肥等不同肥料及其组合处理对大麦嫩叶产量和相关品质性状的影响。结果表明,不同肥料处理对大麦嫩叶产量和麦绿素品质有明显的影响,以有机肥为基肥,其鲜叶产量和品质均明显优于以化肥作基肥。而有机肥基配合追施化肥，三期鲜叶总产和品质性状优于单施有机肥或化肥，嫩叶蛋白质、SOD 酶、叶绿素及氨基酸含量显著高于其他处理。单施化肥的干物质积累虽略高于有机肥基配合追施化肥，但嫩叶维生素 C 含量明显降低。

总之，在符合 GAP 条件下，合理栽培管理措施，麦苗能有足够的时间进行光合作用和代谢反应，充分合成营养和功效成分，并吸收和积累矿质元素等。目前，国内外已有专业企业，采用工厂化水培大麦麦苗原料，这样既保证了无污染，又可常年生产，不受季节限制，但生产成本增加。

（4）收获：适时收割麦苗，严格收割操作程序，保证原料新鲜，避免污染。

（5）前加工：收割麦苗后应及时包装、运送至加工厂，一般要求在 3～5h 内送到工厂生产加工成苗粉。

1.2.3 大麦麦绿素加工生产

日本、美国最先开始大麦麦绿素的加工生产，我国也较早开展相关研究。袁亚等（1999）为了充分利用大麦的资源优势，结合长期以来保健食品研制的经验，较为系统地开展了大麦麦绿素的提取技术和工艺研究。分析了不同麦苗生长时期、不同提取温度、不同提取方法（溶剂）、不同物料溶剂比、不同浓缩干燥方式对麦绿素制备，提取物的蛋白质和叶绿素含量、功效成分得率和固形物得率的影响。

（1）生产工艺流程

不同企业有不同的麦绿素加工生产工艺，并对工艺环节中的影响因子做过研究。但总体工艺流程基本一致。下面列出 3 种生产工艺流程（林宣贤，2005；张辉，2014）供参考。

A. 大麦嫩苗→前处理（清洗、沥干）→破壁打浆→离子低温护绿→浸提→榨汁过滤→提取液→浓缩→常温干燥→麦绿素

B. 采集麦苗→洗净甩干表面水分→破壁提取分离→超滤浓缩→反渗透回收小分子物质→高压均质→喷雾成干粉

C. 大麦鲜苗→挑选、清洗、沥干→真空冷冻干燥→粉碎→浸提→过滤→减压浓缩（或真空干燥）

范燕青等（2011）报道了青稞麦绿素的提取工艺：

青稞叶→剔除黄叶、杂质→水清洗→2%～4%H_2O_2浸泡→水淋洗→沥干→按比例加纯化水→控制温度、转速，胶体磨打浆→搅拌提取→过滤器过滤

另外，他们以 SOD 酶活性以及叶绿素、纤维素、黄酮和蛋白质含量为指标，研究了提取条件对青稞麦绿素制备的影响，确定了料液比 1∶3，提取温度 25℃，提取时间 2h，提取次数 2 次为最佳的提取工艺条件。该条件下提取的叶绿素 SOD 酶活性为 5386U/100g，叶绿素含量为 12.8mg/g，纤维素含量为 0.23%，总黄酮含量为 246.53mg/100mL，蛋白质含量为 34.45%。

（2）加工注意事项

原料适时:通常根据试验,确定不同品种的最佳收获时期(通常苗高 20cm左右,5~6 叶期,不同品种有异),找到麦苗生物量高、营养和功效成分丰富、加工条件适宜三者之间的最佳平衡点。5~6 叶期,苗嫩翠绿,叶绿素和蛋白质含量均较高,田间群体也达到一定生物产量。苗期过早则产量太低,过迟则不利提取加工。

护绿:由于叶绿素极易氧化,保护叶绿素是麦绿素提取加工过程中最需关注及难度最大的技术之一。目前采用的主要方法为离子护绿和低温护绿。

提取温度:在提取过程中,防止叶绿素被破坏极其重要。一般情况下,提取温度较高,提取速度较快,但较高温度(40℃)容易使叶绿素等有效成分遭到破坏。因此高质量的麦绿素需要在较低温度下提取,但提取时间需延长。在没有专门低温提取设备的条件时,多在冬季常温下(0~10℃)提取,麦绿素破坏程度较低,冬季正好也是冬性大麦生长的最佳时期,简便有效,但要适当延长浸提时间。

提取溶剂与物料溶剂比:目前麦绿素生产的提取溶剂为水和乙醇。提取三次,第一、二次用水浸提(物料溶剂比分别为 1∶8 和 1∶5),第三次用乙醇浸提(物料溶剂比为 1∶3),每次浸提时间为 1~2h,将三次提取液混合在一起后再浓缩干燥。该工艺提取充分,效率高。另外,由于水提取液和乙醇提取的产物成分是不同的,它们的保健功能也有很大差异,因此也可以根据不同需求,将水提取液和乙醇提取液分开浓缩干燥,生产加工成不同的麦绿素产品。

干燥:麦绿素提取液为碱性,较黏稠,因此,较难浓缩和干燥。目前,通常根据产品质量要求,利用离心沉淀和低温浓缩,常温干燥和真空冷冻干燥等方法,以最大限度地保护叶绿素和其他功效成分的活性。

2 大麦麦苗粉

大麦(青稞)麦苗粉与麦绿素没有很大的区别,只是有些企业的产品加工方法或程序不同。

2.1 大麦麦苗粉及其营养

大麦嫩苗粉含有较高的蛋白质,18 种氨基酸,多种蛋白分解酶,多种维生素,如维生素 A、维生素 B_{12}、叶酸、维生素 C。还有大量的矿物质,如钙、铁、镁和磷等。若以相同重量比较,大麦嫩苗中的含钙量是等量牛奶的 10 倍。铁是菠菜的 5 倍,维生素 C 是橘子的 7 倍。

然而,大麦麦苗粉的营养成分含量与麦苗的生长状况、收获时期等均有较大相关。杨素珍(2002)通过采收不同生长期的麦苗,剔除黄叶、杂物,用水洗净,沥干水分,测定研究了不同高度的麦苗的营养成分含量(表 6-3)。在 25cm的麦苗中,其叶绿素、胡萝卜素、过氧化氢酶、蛋白质含量较高,而淀粉酶、粗纤维、总糖含量较低,最适合作麦苗粉保健食品。也有报道称,100g 大麦麦苗粉的营养成分包括:热量 199kCal,钙 462mg,钠 472mg,糖 5.9g,脂肪 7.3g,食物纤维 49.1g,蛋白质 27.4g,叶绿素 748mg,维生素 11200IU,SOD9000U。

表 6-3　不同生长期大麦麦苗的部分营养成分含量分析(杨素珍,2002)

麦苗	叶绿素 /(mg/100mg)	胡萝卜素 /(μg/100mg)	过氧化氢酶 /(U/g)	淀粉酶 /(U/100g)	粗蛋白 /%	粗纤维 /%	总糖 /%
高约 25cm	0.43	0.39	550	335	3.42	0.09	2.32
高约 48cm	0.38	0.37	400	350	2.75	0.15	3.13
高约 60cm	0.26	0.34	300	390	2.01	0.13	3.95

2.1　大麦麦苗粉的加工工艺

2.2.1　生产工艺流程

大麦麦苗粉加工工艺主要有以下几类。

(A)鲜麦苗→洗净→切碎→榨汁→过滤→滤液浓缩→喷雾干燥→麦苗粉 1

滤渣烘干→超微粉碎→过筛→麦苗粉 2
(麦苗渣粉)

(B)鲜麦苗→洗净→烘干(在云南某些地区可以利用阳光晒干)→超微粉碎→过筛→麦苗粉

采用(A)工艺加工的麦苗粉 1 和麦苗粉 2 的营养功效成分是不同的。麦苗粉 1 与麦绿素类同,主要是一些可溶性的蛋白质、多肽、多糖、叶绿素、维生素、功效活性物质等,其吸收利用率高。麦苗粉 2 是过滤分离后的不溶和溶解性低的物质,主要是非溶性蛋白、膳食纤维等。采用(B)工艺加工的麦苗粉为全麦麦苗粉,即为真正的麦苗粉,但有些成分较难消化,食用时要注意使用量。现多用于食品添加,制成营养丰富的食品,如适量的麦苗粉加上适量的麦芽糊精、环糊精、螺旋藻粉、海带粉混合食用。另外,麦苗粉也可加工成咀嚼片等产品。

2.2.2　加工注意事项

麦苗粉加工与麦绿素加工类似,注意事项相同。

(1)原料优质　要获得优质的麦苗粉加工原料,一定要选好地理、气候条件,选择最适合大麦苗生长的种植基地,执行栽培管理过程中的系列标准。

(2)原料清洗　主要除去麦苗原料中的杂质以及杀灭微生物。通常采用的技术有流动水机械翻爪清洗、提升冲洗、高压清洗、漂烫清洗、冷却清洗、臭氧灭菌清洗等。

(3)干燥　微波干燥灭菌使原料在很短的时间内得以快速干燥,同时起到灭菌效果;压制法采用喷雾干燥。采用晒干法时要特别注意气候环境,防止原料霉变。

(4)粉碎　目前粉碎技术已经比较先进,可以根据要求选择仪器设备。通常采用先进的气流粉碎,使物料在零度以下的环境下得以超微粉碎。这避免了传统粉碎方法粉碎过程中产生热量造成产品质量下降的情况,完美地保留了产品中的营养成分。

(5)包装　注意产品质量和卫生安全。从包装容器到车间,注意空气净化灭菌。通常采用真空抽氧充氮包装,确保产品质量的稳定性。

(6)检验　成品要进行灭菌、检验等严格管理。

3 大麦麦绿素(麦苗粉)的保健功效

大麦麦绿素(麦苗粉)富含蛋白质(酶)、活性肽、氨基酸、维生素、矿物质、叶绿素等营养和功效成分,有利人体健康,增强身体素质,提高机体免疫力。国内外许多研究表明(如日本东京理科大学药学部部长久保田教授等),大麦麦绿素有多种保健功效。麦苗叶绿素、胡萝卜素、过氧化氢酶、蛋白淀粉酶、粗纤维、总糖最适合作保健食品。

3.1 抗炎症作用

大麦麦绿素(麦苗粉)含有较高含量的抗氧化酶—Pre-SOD 酶,在人体内可被转换成 SOD 酶。SOD 酶能有效抑制引起发炎症状的细胞激素。试验表明,食用大麦嫩苗汁,可有效改善皮肤红肿和粉刺等症状。Cremer 等(1996)据不同相对分子质量分馏出的三类天然 SOD 酶,都能调控肿瘤坏死因子 α(简称 TNF-α),表明能治疗炎症。

3.2 抗溃疡作用

研究人员在临床上发现,麦绿素能抵御酒精性胃炎出血,治疗胰腺炎、胃溃疡等多种疾病。众多病例证明,服用大麦嫩苗汁后可以减轻溃疡症状,甚至痊愈。

3.3 降低胆固醇

大麦嫩苗汁中可溶解的成分能降低血液中的胆固醇,且效果好。试验显示,麦绿素在减肥降脂方面效果显著。另外,麦绿素(麦苗粉)中的 SOD 酶具有消除自由基功能。因此,对许多与过氧化相关的慢性疾病,例如血管疾病、肝肾病、糖尿病、癌症等的防治,均有一定的作用。瘳惠珍等(1995)进行动物急性毒性实验发现,麦苗安全可靠、无毒副作用,是值得进一步研究和开发的药食同源植物。

3.4 降血糖

麦绿素富含矿物质,能有效保持平衡体液的酸碱性,降低血糖,改善并预防糖尿病。服用大麦嫩苗汁后,可以促进细胞对血液中葡萄糖的吸收,使血糖趋于正常,并且对糖尿病引起的血管病变也有较好的防治作用。

3.5 抗皮肤过敏

从大麦叶片中可提取的麦绿素含有多种活性物质,如,6'-sinapoylsaponarin,4'-glucosyl-6'-sinapoylsaponarin,6'-feruloylsaponarin,这些活性物质都具有与维生素 E 相同的功能,如抗氧化、抗炎症、抗诱变、抗过敏等特性(Badamchian,1994;Kazumi,1992;Osawa,1992)。29 例皮炎病人服用大麦嫩苗汁后发现,有 80% 病人的症状得到了改善。

3.6 增强免疫力和体力

大麦嫩苗汁对心脏病、风湿病等疾病也有较好的改善症状的作用,在提高抗诱变、抗应变性、增强耐力等方面均有显著食疗效果。人体缺钾会表现出无力、嗜睡、胃肠活动力低下等症状,麦绿素含钾丰富,含量远高于水果和蔬菜,能补充人体对钾的需求,具有抗疲劳作用。预防医学试验证明,麦绿素对神经衰弱的疗效非常显著。

3.7 增强抗氧化作用

麦绿素(麦苗粉)中除了 SOD 酶具有抗氧化作用外,还分离出了另一个抗氧化成分 2'-o-GIV(2'-o-Glycosylisovitexin),属于类黄酮族。它可减少动脉中脂质过氧化,减少动脉硬化发生,而且对硫酸亚铁—半胱氨酸诱发的体外脂质过氧化也具有较好的抑制作用,是天然抗氧化剂,可用作食品添加剂。此外,麦绿素可用于抗衰老和疾病的预防(邵承斌等,2001)。2'-o-GIV 对紫外线的抗氧化效果较好,其抑制皮肤脂质紫外线氧化的效果是维生素 E 的 500 倍。对活性氧自由基具有一定清除作用,能抵抗日晒或预防晒斑。

3.8 通便排毒治便秘

麦绿素中含有丰富的膳食纤维、维生素酶等,可通便排毒,对改善便秘具有较大的帮助,是国际流行的通便排毒保健食品。有报道认为,膳食纤维是传统六大营养素之后的"第七大营养素"。根据营养学研究实验结果,膳食纤维具有多种生理功效,主要是润肠通便。其原因,一方面是膳食纤维体积大,刺激了肠道蠕动,减少食物在肠道中的停留时间,使水分不易被吸收,另一方面是膳食纤维在大肠内可以经细菌发酵,吸收水分,使大便变软,利于通便。

3.9 有助于血红素功能

大麦苗粉富含叶绿素,它和人体血液中的血红素结构极相似,唯一差别之处在于,结构中心的携氧离子,血红素是铁离子而叶绿素是镁离子。有报道认为,大麦苗粉有助于血红素作用,促进体内新陈代谢以及细胞废物的排除,改善贫血。

第四节 青稞面条及其加工

面条是我国的传统食品,制作简单,食用方便,深受我国人民的喜爱。特别是在我国北方地区,面条在主食品中占有较大的比重。青稞面条的出现不仅丰富了我国面条的花色品种，也可以增加人们膳食中青稞的消费量，弥补小麦粉面条营养成分的不足。青稞中的 β 葡聚糖含量远高于大麦、小麦和燕麦等，而水溶性 β 葡聚糖能显著降低胆固醇含量，在防止心血管疾病、预防肿瘤和显著提高机体免疫力方面具有功效。因此，青稞面条的开发具有重大的意义和市场前景。

1 青稞挂面

青稞由于其特殊的成分结构，对其加工需要特殊的配料和工艺。如青稞中不含面筋，因此给青稞面条的加工带来影响。为了克服这种影响，在加工中要添加小麦粉或其他的代用糊料。但由于青稞黏性强、没有面筋的自身特点，青稞制作的面条有不耐煮、容易浑汤、没有韧性、黏牙等缺点。因此，制作品质优良的青稞面条，必须添加面条改良剂对其进行改良。

1.1 青稞挂面的加工

1.1.1 原料配方

青稞面粉：70%～90%；马铃薯淀粉 10%～30%，谷朊粉 10%；谷氨酰胺转氨酶 0.01%～0.10%；大豆磷脂、单脂肪酸甘油酯：0.05%～0.3%；瓜尔豆胶、黄原胶：0.05%～0.3%。

1.1.2 工艺流程

原辅料混合→和面→熟化→压片→切条→干燥→切断→计量→包装→检验→成品挂面

1.1.3 操作要点

（1）原辅料混合：按照配方比例称取原辅料混合均匀。

（2）和面熟化：将 0.5%～2% 的食盐加到水里化匀；将混合好的原辅料加盐水 30%～45%，鸡蛋 2%～5%，在和面机里混合调制，和面时间 10～15min，冬季宜长，夏季稍短。和好的面静置熟化 15～20min。

（3）压片：一般采用复合压延和异径辊轧的方式进行，初压面片厚度通常不小于 4～5mm，复合前相加厚度为 8～10mm，末道面片厚度在 1mm 以下，面片要紧实、光洁。

（4）切条：压好的面带进入切面辊筒压切成面条，根据产品的要求可以将挂面轧成圆形、方形、宽带等形状，挂杆上架，送入烘房。

（5）干燥：预干燥温度控制在 20～30℃，相对湿度保持在 85%～90%，面条水分降低至 27% 左右；干燥前期温度控制在 35～45℃，相对湿度保持在 85%～90%，面条水分降低至 25% 左右；主干燥阶段温度控制在 45～50℃，相对湿度保持在 55%～60%，面条水分降低至 16% 左右；干燥后期以 2～3min 降低 1℃ 的速度降低温度，使面条最终水分含量降至 13%～14%。

（6）切断：用往复式切刀将青稞挂面切成长度 200～250mm 的断条，计量包装。

(9)包装:采用塑料袋密封定量包装。

1.2　产品特点

(1)感官指标　具有青稞面粉本身的色泽,具有青稞特有的香味;煮后不浑汤,不黏牙,柔软爽口,断条率低。

(2)理化指标　水分为 10%～12.5%,盐分为 2%～3%,β-葡聚糖含量为1.25%。

(3)微生物指标　细菌总数小于 750CFU/g,大肠菌群小于 30CFU/g,致病菌不得检出。

2　青稞方便面

方便面作为一种速食面深受人们的喜爱,青稞方便面因为补充了青稞的营养与保健成分,可能更受欢迎。方便面主要分为油炸方便面和非油炸方便面,两种类型的产品各有优缺点。一般认为非油炸方便面在储存性方面要优于油炸方便面,非油炸方便面不会发生脂肪的氧化变质。但是非油炸方便面在适口性、复水性、方便性等方面还存在不少问题。因此,目前企业通常从现实考虑,多生产油炸方便面。随着科技的发展以及人们生活水平的提高,今后将开发出多样化的产品。

2.1　青稞油炸方便面

2.1.1　青稞油炸方便面的加工

2.1.1.1　配方

青稞面粉 70%,棕榈油 11%～3.5%,复配面粉改良剂 10%～12.5%,谷朊粉 2%、卵磷脂 1%、盐 2%、碱 1%、瓜尔多胶 0.5% 及适量的酶。

2.1.1.2　工艺流程

原辅材料选择→计量配比(配方)→预糊化→和面→熟化→复合压延→轧片→切条折花→蒸煮→定量切割→折叠→入模→油炸→脱模→冷却→加入汤料包→包装

2.1.1.3　操作要点

(1)方便面的生产,前半部分的工艺与生产挂面的工艺基本相同。

(2)蒸制。利用蒸汽的作用,使淀粉受热糊化,蛋白质受热变性,面条由生变熟。一般采用蒸煮箱常压蒸煮,蒸煮时间为 90～110s,箱内蒸汽压力为 0.0588～0.0686MPa,蒸汽耗量控制在 0.35～0.40t/h,蒸至面条内部白芯不超过 1/4。

(3)油炸。榨油选用棕榈油,在 135～155℃高温下,大约经过 90s 的油炸处理,使面块水分降低至 3%～5%。

(4)冷却、包装。将入味后的面块进行油热干燥,然后进行冷却、包装。

2.1.2　产品特点

2.1.2.1　感官指标

(1)色泽:具有青稞面特有的颜色,无焦、生现象,正反两面可略有差别。

(2)气味:气味正常,无霉味、哈喇味及其他异味。

(3)形状:外形整齐,花纹均匀。不得有异物、焦渣。

(4)烹调性:面条复水后,应无明显折断、并条,口感不夹生、不黏牙。

2.1.2.2 理化指标

水分≤8.0%;酸价(以脂肪计,mg KOH/g)≤1.8;过氧化值(以脂肪计,mmol/kg)≤10;羧基值(以脂肪计,mmol/kg)≤10;砷(mg/kg)≤0.5;铅(mg/kg)≤0.5。

2.1.2.3 微生物指标

菌落总数(CFU/g):面块≤1000,面块和调料≤50000;大肠菌群(MPN/100g):面块≤30,面块和调料≤150。

2.2 青稞非油炸方便面

2.2.1 青稞非油炸方便面的加工

非油炸方便面的生产工艺与油炸方便面的基本相同。主要区别在于:(1)非油炸方便面生产采用微膨化工艺和热风干燥工艺,因此,非油炸方便面面条组织细密,具有油炸方便面不同的风味和口感。但是,热风干燥工艺干燥成本较高,生产时间较长,工艺控制要求高。(2)非油炸方便面的水分(14.5%)比油炸方便面的水分含量(10%)高,而脂质含量(4%~5%)却显著低于油炸方便面(20%)。(3)非油炸方便面产品干燥时间较长,面条组织细密,油脂含量较少,口感清淡,有利于健康。

2.2.1.1 配　方

青稞面粉70%,棕榈油11%~3.5%,复配面粉改良剂10%~12.5%,谷朊粉2%,卵磷脂1%,盐2%,碱1%,瓜尔多胶0.5%及适量的酶。

2.2.1.2 工艺流程

非油炸方便面生产的工艺流程,除了用热风干燥代替油炸之外,其他的工艺和设备与油炸方便面大体相同。工艺流程如下:

面粉→加水及辅料→一次搅拌→二次搅拌→糊化→预干→制条→定量切断→入模盒干燥→包装→成品。

2.2.1.3 操作要点

(1)含水量控制　有些非油炸方便面生产工艺采用低含水量(36%以下)湿粉团,用压片方法制成面条,再蒸面和干燥。生产的面条微小,空穴少或无,复水性差,开水冲泡后食口性差。因此需要研发新工艺,在熟化过程中,能使面条的含水量提高。在糊化过程中,形成许多微小的空穴。

(2)蒸制温度控制　控制好蒸制温度,提高糊化度,充分糊化,改善面条的熟度,从而改善浸泡韧性和口感。

(3)复水性　控制不同条件,缩短复水时间,适当控制面条细度,采用高温蒸汽快速干燥技术,提高产品的复水性能。

2.2.2 产品特点

最明显的是不用油炸,减少了油量,更具健康性。

(1)感官指标:色泽光亮,透明度较好,有弹性、韧性、口感好、口味鲜美,无杂质,不黏牙,无异味。烹调性好,煮、泡3~5min,不夹生,无明显断条现象。

(2)理化指标:水分2.35%,酸值(以脂肪含量计)1.6%,α度92.11%,复水时间2.5min,盐分0.94%,含油量21%,过氧化值(以脂肪含量计)0.21%。

(3)卫生指标:细菌总数≤3000CFU/g,大肠菌群≤70MPN/100g,致病菌(肠道致病菌和致病性球菌)不得检出。

2.3 青稞油炸方便面和非油炸方便面的主要区别

2.3.1 生产加工工艺

非油炸方便面的生产工艺基本上与油炸方便面相同,主要区别是面饼制作上采用微膨化工艺和热风干燥工艺制造。

2.3.2 干燥工艺

非油炸方便面的干燥采用热风干燥工艺,油炸方便面则采用油热干燥。因此,非油炸方便面与油炸方便面相比,干燥时间较长,面条具有组织细密的特性,并具有油炸方便面所没有的风味和口感。不过,热风干燥工艺与油热干燥工艺相比,干燥成本相对较高,生产花费时间较长,工艺管控相对较难。

2.3.3 主要成分和水分

非油炸方便面和油炸方便面的主要成分含量几乎没有什么差异,但它们在水分和脂质上存在着很大的不同。油炸方便面的水分在10%以下,非油炸方便面的水分在14.5%以下,水分含量比较多。在脂质上,油炸方便面为20%左右,非油炸方便面为4%~5%。

3 薏米大麦(青稞)面

在加工大麦(青稞)面条过程中,已有报道通过添加薏米加工成薏米大麦(青稞)面。这种面条有效地利用了薏米中的功效药效成分和富含膳食纤维的大麦(青稞)中的有效成分,使面条的营养价值提高,能增进人体健康。并且通过薏米中所含的淀粉完全α化,使淀粉的黏性活化,作为天然糊料,代替小麦等活性面筋的作用,提高面条的加工特性。

3.1 薏米大麦(青稞)面的加工

3.1.1 加工工艺

薏米大麦(青稞)面条的生产工艺流程大致如下:

原料→水洗→蒸煮→冷却干燥→混合→膨化→粉碎→面团调制→压制→切条→干燥→切断→成品

首先,采用精白薏米或带胚芽薏米,水洗干净,通常放在水中浸泡约 6min,使其含水量达到 20%～25%,再用蒸汽干燥或烘箱、干燥器或微波炉等设备加热干燥,如利用 95℃的蒸汽加热约 20min,使水分含量降至 10%～15%,淀粉的 α 化度达到 15%～20%。将干燥后的薏米放在贮留罐中调质(通常 20min),进一步 α 化。然后取出薏米与大麦(青稞)混合,比例可按不同要求改变,通常薏米与大麦(青稞)的配合比例为 1:1。将混合物料投到膨化机中,经过混合、高温、高压、释放、膨化过程,使薏米和大麦(青稞)中所含的淀粉完全 α 化,膨化率高达 98%～100%,得到多孔质膨化物料。再将膨化过的物料用粉碎机磨细制粉,通常加工成 120 目的膨化粉,作为糊料 A。另取大麦(青稞),磨粉,加工成 120 目的大麦(青稞)粉,作为原料 B。最后将糊料 A 和原料 B 按比例混合(通常为 1:1),用普通制面方法即可加工成薏米大麦(青稞)面条。另外,在加工过程中,也可根据消费对象口味或面的种类不同,决定是否要添加小麦粉。如原料配比为:20% 薏米大麦(青稞)糊料、45% 大麦(青稞)粉、35% 小麦粉,能够加工出较好的面条产品。

3.1.2　操作要点

首先,薏米淀粉颗粒约比其他谷物大 2 倍,会影响食品的加工性。而且薏米淀粉的开始 α 化温度和最高 α 化温度均高于其他谷物,薏米淀粉完全 α 化后的最高黏度比小麦和糯米的黏度高。因此,在与其他谷物相同的加工条件下进行加工,不能发挥薏米的特性。

其次,薏米的脂肪含量较高,糙薏米约含 14% 脂肪,精白薏米含 5%～6% 脂肪,而精白大麦的脂肪含量只有 1.9%～2.1%。因此,将薏米单独用膨化机进行膨化处理时,薏米中的脂肪会影响其膨化效果。研究表明,在薏米与大麦混合之前,先将薏米水洗,使之含水量达到约 13%,淀粉的 α 化度达到约 15%,这样可以使薏米和大麦(青稞)具有相近的加工性。

再次,要注意薏米与精白大麦的适当比例,使膨化薏米淀粉与大麦淀粉 α 化相近。将薏米的脂肪成分与大麦的脂肪成分均匀混合,则可得到优质的膨化物。

第五节　青稞面包饼干类食品及其加工

1　青稞面包

面包是西方人的主食,是西方饮食文化的重要组成部分。随着社会的发展和饮食结构的改变,面包在我国的消费量也逐年增大。生产面包要求具有较高的面筋含量,所以青稞粉添加量不宜过高。研究表明,青稞粉添加量为 10%～

15％时,面包的品质变化不大。在我国,面包主要以小麦粉为原料,杂粮面包的消费量很小。而在国外,面包、饼干等烘烤食品是青稞(大麦)的主要应用产品。面包根据食用方式分为主食面包和点心面包,根据加工工艺又分为一次发酵法面包、二次发酵法面包以及三次发酵法面包。

1.1　加工工艺

下面介绍一种二次发酵法生产青稞主食面包的生产工艺。

1.1.1　配　方

青稞面粉60％～80％,小麦粉10％～30％,谷朊粉8％,沙蒿籽粉2.5％,干酵母、黄油、砂糖、食盐、奶粉、香甜泡打粉等适量。

1.1.2　工艺流程

原辅料预处理→一次和面→发酵→二次和面→静置醒发→分块搓圆→中间醒发→整形与装盘→醒发→烘烤→冷却→包装

1.1.3　操作要点

(1)原辅料处理　面包改良剂、青稞粉与辅料混合均匀。按配方称取定量的干酵母,加适量的30℃温水,在28℃条件下静止6～7min,当酵母体积膨胀,出现大量气泡时即可调制面团。

(2)一次和面　将部分面粉、部分水、糖、盐等加入和面盆,慢速搅拌,使糖、盐充分溶化混匀,直到原辅料调制成疏松的面团为止。

(3)发酵　将上述面团置于28℃下,发酵3～5h。

(4)二次和面　加入剩下的原料,调制成成熟的面团。

(5)醒发　将面团静止醒发约40min,至面团充分发起。

(6)分块搓圆　将和好的大块面团分割成150g小块面团,再将不规则的面团搓揉成圆球形状,使之表面光滑、结构均匀、不漏气。

(7)整形　中间醒发15min后整形,将成型的面包胚置于烤盘内。

(8)醒发　将搓圆整形后的面包胚置于醒发箱内,醒发温度33℃,相对湿度75％～85％。醒发一定时间,待面包胚膨大到一定体积,便可进行烘烤。

(9)烘烤　将醒发好的面包胚送入烤炉中,200℃下烘烤20min,以面包皮色发黄为宜。

1.2　产品特点

1.2.1　色　泽

表面呈深黄褐色,均匀无斑,略有光泽。

1.2.2　状　态

表面清洁光滑、完整、无裂纹、无变形等。

1.2.3　质　地

断面气孔细密均匀,呈海绵状,手压富有弹性。

1.2.4 口　感

松软适口,具有青稞的清香味。

2　青稞饼干

根据原料组成及加工工艺,饼干一般分为韧性饼干、酥性饼干和甜酥性饼干。像酥性饼干和甜酥性饼干的制作并不需要面粉的筋力,因此是青稞粉、青稞麸皮原料的很好的产品载体。青稞饼干因为所用的青稞粉不同,又分为青稞粉饼干、青稞全粉饼干、青稞高纤维饼干、青稞籽粒饼干等,下面介绍一种青稞全粉酥性饼干的制作方法。

2.1　青稞全粉酥性饼干

2.1.1　配　方

青稞粉 50g,小麦粉 10g,小苏打 1%,白糖 26%,起酥油 30%,食盐 4%,牛奶、鸡蛋、色拉油适量。

2.1.2　工艺流程

原辅料预处理→面团调制→辊轧→成形→烘烤→冷却→包装→成品

2.1.3　操作要点

2.1.3.1　原辅料处理

将青稞粉、小麦粉、膨松剂分别过筛,按配方比例称出备用。将奶油、糖、盐放入浆式搅拌机内,低速搅拌 15～20min,然后加入鸡蛋、牛奶,再低速搅拌至物料完全混匀为止,备用。

2.1.3.2　面团调制

将前面称好的粉状物料混合均匀,最后加入前面搅好的浆液和面,揉至成软面团。加水不能过多,控制在 3%～5%。最终面团的含水量以 16%～20%为宜。

2.1.3.3　辊轧成形

将和好的面团放入饼干成形机内,进行辊轧成形。若面团较软,成形时,在面片表面撒少许植物油,以防面片黏在轧辊上。

2.1.3.4　烘烤

将成形好的饼干放入 190℃的烘烤箱内,烘烤 10～12min,即可烘烤熟。

2.1.3.5　冷却、检验、包装

烘烤后的饼干,挑出残次品,自然冷却后包装、储藏,储存库温度控制在 20℃左右,相对湿度 70%～75%。

2.1.4　产品特点

2.1.4.1　形　态

整齐规则、厚薄均匀,外形花纹清晰,无洞眼、起泡及严重凹底现象。

2.1.4.2　质　地

均匀酥松,内部为细密的多孔性组织,空隙大小均匀。

2.1.4.3　滋味和气味

香酥可口,具有青稞特有风味。

2.2　青稞曲奇饼干

曲奇,人们认为最早是由伊朗人发明的。曲奇饼在美国与加拿大解释为细小而扁平的蛋糕式的饼干。近年来曲奇是较受人们欢迎的一个饼干品种类型。

2.2.1　原料配方

原料配方可以根据要求,适当调整。通常主料为:青稞粉、小麦粉(低筋面粉)、黄油、糖分、鸡蛋;辅料为:可可粉、牛奶(奶粉)、抹茶粉、大杏仁、蔓越莓、葡萄干、植物油、盐等。其用量根据特性需求,适当调整。

2.2.2　制作工艺

黄油→室温软化→加入糖粉(细砂糖)→搅拌均匀→打发黄油→松发膨大、颜色变浅→分2～3次加入鸡蛋液→搅打均匀,黄油必须与鸡蛋完全混合→筛入青稞粉、低筋面粉、奶粉、抹茶粉→拌匀成曲奇面糊,捏成面团→装入曲奇饼干机→选择模型,制作成形曲奇饼干→预热烤箱烘烤(根据不同类型,确定烘焙温度和时间)→150～190℃,烤10～20min(中途注意观察颜色,调节时间和温度)→出炉(表面金黄色)→冷却→包装

2.2.3　注意事项

(1)配料里的加水量可以酌情决定,甚至不加,根据揉成面团的软硬度适当调整。

(2)黄油是否打发酌情决定。打发黄油做的曲奇饼干比较松,颜色较浅;不打发黄油做的饼干较紧实,形状保持好。

(3)烘烤中如果上色过快可以加盖锡纸。

(4)如果发现饼干烤好后刚冷却就变软,很可能是未烤熟,需要150℃再烤5～10min。

3　大麦(青稞)麦片、麦芽麦片

麦片的生产方法包括蒸煮、干燥、去皮、研磨。通常是在获得半成品麦仁后,用平滑辊式压碎机碾压,干燥。

3.1　加工工艺

3.1.1　传统的生产工艺流程

大麦(青稞)籽粒(皮大麦先去壳)→清理→洗净→去水→水热处理→干燥→去酶→切粒→蒸汽干燥→压片→干燥→冷却→包装→成品

3.1.2　新型的生产工艺流程

大麦(青稞)籽粒(皮大麦先去壳)→清理→洗净→去水→蒸煮→熟化→干

燥→压片→干燥→冷却→包装→成品

大麦(青稞)在发芽过程中,代谢旺盛,合成多种蛋白质、酶、维生素等功效成分,并分解一些碳水化合物,形成多糖、寡糖;降解一些蛋白质产生多肽、功能肽、氨基酸。因此,在麦片加工中,可以利用发芽特性,生产麦芽麦片。麦芽麦片的加工技术与常规麦片技术工艺差异不大,主要在于控制好麦芽的制作(详见第九章)。

3.2 注意事项

3.2.1 原料前处理

(1)去杂:通常经过初清机、振动筛、去皮机、除铁器、回转筛、比重筛等多道程序设备清理,以得到干净的大麦(青稞)籽粒原料。

(2)如果是制作大麦(青稞)麦芽麦片,要注意选择发芽率高,发芽整齐、发芽势强的籽粒。同时严格控制水分和温度,以得到一致的麦芽,使麦芽麦片质量保证稳定。

3.2.2 碾磨去皮

碾磨去皮的目的主要是为了去除籽粒表面的灰尘,减少皮层的颜色部分,使产品增白。但由于大麦(青稞)的皮层含有大量的可溶性纤维和脂肪,因此研磨去皮要注意比例,通常只需要轻轻摩擦去除麦毛和表皮即可,不要除皮过多而影响营养。

3.2.3 灭酶热处理

热处理灭酶是注意的重点之一。因为大麦(青稞)均含有多种酶类,如脂肪氧化酶在加工中,会促使脂肪氧化,影响产品质量和保质期。热处理灭酶一般可用红外线或远红外加热设备。另外,热处理后必须及时强制冷却或者马上进入下道工序加工,以防止原料中的油脂过热氧化。

3.2.4 切 粒

麦片分非切粒的整粒压片和切粒压片,可根据产品类型和需求决定。一般切粒压片的片型较整齐均匀,粉末较少。切粒一般用转筒切粒机调整切成 1/2 ~1/3 大小的颗粒。

3.2.5 蒸 煮

蒸煮要注意控制水热处理过程中的蒸汽压力、时间,以调节大麦粒水分。目前通常采用能翻转的蒸煮机。通过蒸煮可以灭酶和灭菌,并使淀粉糊化,汽蒸 20min,其水分达到 30%,使大麦(青稞)调润变软,易于压片。蒸煮条件影响到麦片的总出率和粗麦片出率以及商品外观。

3.2.6 压 片

通常采用双辊压片机。麦片厚度控制非常重要,太厚,煮食时间要延长且较难调味,太薄则易碎。一般压成厚 0.5mm 左右的薄片。

3.2.7 干燥、冷却

通过干燥,将麦片中水分降至10%以下,以利保存。干燥设备通常选用流化床干燥机。

3.2.8 包装

一般选用镀铝薄膜袋、聚丙烯袋、聚酯袋,气密性较好。

第六节 其他大麦(青稞)食品及其加工

1 青稞年糕

年糕是东亚人民过年的一种传统食品,早期用于人年夜祭神及供奉祖先,其后渐渐成为一种春节食品。一般用黏性大的糯米或粳米(米粉)制成。年糕与"年高"谐音,有年年升高的意思,寓意人们的工作、生活一年比一年提高,象征收入、职位或小孩子的知识和身高一年比一年高。随着青稞的营养和功效越来越被人们认可,青稞食品越来越受到人们喜欢,在原有青稞饼等基础上研发出了青稞年糕。

1.1 加工工艺

1.1.1 传统加工工艺

青稞籽粒→去皮→粉碎→添加适量粳米/糯米粉→混合均匀→蒸熟→面团调制→挤压成形→切条→冷却→包装→成品

1.1.2 膨化加工工艺

青稞籽粒→水洗→蒸煮→冷却干燥→膨化→粉碎→添加适量粳米/糯米粉→混合均匀→蒸熟→面团调制→压制→切条→干燥→冷却→包装→成品

1.2 注意事项

1.2.1 原料

用于青稞年糕加工的原料品种,一般要筛选具有特殊营养成分和加工特性的优良的青稞。如蛋白质含量较高、支链淀粉比例较高。

1.2.2 去皮磨粉

青稞籽粒先进行适量去皮,减少色素和一些影响口味的物质(如酚酸类物质)。

制作年糕的青稞粉要细,通常可用糌粑加工的水磨方法,这种面粉颗粒细,产品口感细腻润滑。

1.2.3 配料

青稞年糕中通常加一些粳米或糯米配料,调整年糕的口感润滑度。

1.2.4 汽蒸

控制汽蒸的温度、材料中水的比例是关键。水太多或太少均影响年糕的成形和口感。

1.2.5 加 工

成形、切条（片）、冷却、真空包装等要注意无菌操作。

如果是制作干年糕，干燥过程要控制好温度和干燥方式。

2 青稞八宝粥

八宝粥是我国的传统食品之一，是利用谷物、豆类及营养价值较高的薏仁、桂圆，加汤料，经蒸煮制成的味道独特的方便食品。八宝粥具有较高的营养功效，能健脾养胃，消滞减肥，益气安神，也可作为日常养生健体的食品。八宝粥的食材与制作很简单，成品色泽鲜艳、质软香甜、清香诱人、滑而不腻，补铁、补血、养气、安神。食用时可根据口味加糖、加牛奶。青稞八宝粥具有青稞的独特香味和青稞富集的 β-葡聚糖、母育酚等营养成分，对心血管疾病预防具有一定的功效。

2.1 加工工艺

八宝粥的生产加工工艺复杂，技术独特，质量要求高，贮藏时间长。目前，我国一些食品加工企业如娃哈哈集团都已经研发出具有知识产权的加工设备和方法工艺，近年来已经研发出了青稞八宝粥，并已有较大规模的产业化。

八宝粥工艺流程主要分为四部分，第一部分为原料预处理，包括清洗、浸泡、杀青；第二部分为溶糖充填；第三部分为杀菌冷却；第四部分为真空包装。生产工艺如下：

原料（青稞）、配料（红豆、绿豆、糯米、麦仁、薏仁、去皮花生）→清理（人工挑选剔除虫蛀、破损、发霉等不良籽粒及夹杂物）→洗净（按配方配制洗涤液放入清洗机内浸洗，以清水喷淋去除表面杂物、灰土及残留农药）→沥干→混合备用→用热水浸泡桂圆两次→滤液（加入到调配桶糖液内），桂圆肉备用→花豆用沸水杀青→冷却→沥干备用→按要求配制糖液（为了增加口味，可加入桂圆滤液及添加剂蔗糖脂）→充分溶解→过滤杀菌→汤料→罐装→定量充填桂圆和花豆→自动充填机充填红豆、绿豆、糯米、麦仁、薏仁、花生等小粒物料→加汤料→灭菌→包装。

除了商业化的易拉罐装青稞八宝粥外，家庭青稞八宝粥的制作简单方便，也深受人们喜欢。具体方法步骤如下。

（1）食材选取：青稞八宝粥主要食材为青稞（最好选糯性品种，也可选紫青稞、黑青稞等有色青稞）100g，桂圆 5 颗，红枣 7 颗，核桃 10g，红豆 20g，花生红衣 10g，薏仁 10g，莲子 10g，芡实或茯苓 10g，冰糖或红糖适量。

（2）将除红枣、桂圆、核桃外的食材全部分类泡水，3h 以上。

（3）在大砂锅中放入一半的水，加入红豆、芡实煮开。

（4）0.5h 后倒入青稞，连同泡的水一齐倒入。

(5)大火煮开,转小火焖煮1h后,倒入莲子、花生、薏仁继续同煮。

(6)煮到粥黏稠后,加入红枣、桂圆、核桃,再继续小火熬至软烂,最后加冰糖或红糖调味即可。

2.2 加工注意事项

2.2.1 浸 泡

要熬出又软又滑的粥,浸泡是第一步,至少浸泡5h,让青稞吸足水分。如果加入豆类等食材一定要单独泡水1h以上,吸入水分后再煮更容易软烂,也易于消化吸收。

2.2.2 加冷水

水要加得适量才能熬出浓稠适宜的粥,一般稀粥时青稞和水的比例为1:13。稠粥时青稞和水的比例为1:10。

2.2.3 火 候

一般青稞入锅用大火煮沸后,就立马转中小火,不断搅拌,如果容易溢出就转为最小火慢慢地熬至浓稠。一般用大砂锅熬粥,一来粥不易糊底,二来青稞汤汁不易溢出而损失营养,煮出的粥会更加绵密。

2.2.4 搅 拌

俗话说"煮粥没有巧,三十六下搅",先是旺火时搅拌防止青稞黏锅,后是小火慢熬时搅拌青稞粥,将青稞搅散,青稞粥变得更加浓稠。

2.2.5 八宝粥放入食材的顺序

一般最难煮的材料最先放入,如豆类等;最容易熟的桂圆、红枣、核桃等最后放入。每放入一次食材,就应该搅拌均匀一次。

3 大麦(青稞)米线和粉干

3.1 大麦(青稞)米线

米线是云南等地的传统和特色食品。吕宏斌等(2012)开展了利用功能大麦和功能稻制作保健米线的研究,将稻米和大麦、大麦苗粉按一定的比例配方加工成米线,以解决功能大麦、功能大麦苗粉口感问题,又能充分利用大麦中的功效成分,提高米线中总黄酮、γ-氨基丁酸、生物碱和抗性淀粉等功能成分含量。期望研发出显著提升保健功能的大麦米线,在预防慢性病、身体保健等方面达到功效,为实施饮食预防疾病新战略、解决人类亚健康问题开辟新的尝试途径。

吕宏斌等测定分析了3个稻米和6个大麦品种的总黄酮、生物碱、γ-氨基丁酸、抗性淀粉等四种功效成分,然后,选用稻米与大麦米(去皮)、大麦米籽粒(不去皮)、大麦苗粉,按照不同配比比例加工成米线,并将制作的米线保存一年。通过对不同功能大麦(大麦苗粉)与不同功能稻米制作成的米线进行四种功效成分检测和米线感官指标(硬度、爽滑性、弹性)评定,以确定大麦米线原料组合。

3.1.1　大麦米线原料

通过比较测定分析,得到了功能成分高的米线配比方案:(1)30%大麦迪青1号与70%水稻功米1号,制作的米线总黄酮含量较高。(2)40%大麦2008品22与60%水稻功米1号,制作的米线GABA含量较高。(3)30%大麦迪青1号与70%水稻功米1号,制作的米线生物碱含量较高。(4)大麦苗粉米线的配比方案:12%大麦云啤2号的苗粉与88%水稻功米3号,制作的米线抗性淀粉较高。

3.1.2　大麦米线加工

大麦米线加工方法简单,与常规的米线加工工艺基本相同。吕宏斌等(2012)提出了大麦苗粉米线的两种加工工艺,主要区别是大麦苗粉的添加时间不同。

(1)工艺一

稻米→淘洗→晒干→粉碎——————→

大麦苗→晒干→超粉碎→按适量比例混合均匀→加适量水混匀→蒸熟→米线机制成米线→晾干→包装→成品

(2)工艺二

稻米→淘洗→晒干→粉碎→加适量水混匀→蒸熟————→

大麦苗→晒干→超粉碎→按适量比例混合均匀→米线机制成米线→晾干→包装→成品

3.2　大麦(青稞)粉干

粉干即米制粉干,在我国南方具有悠久的生产历史。粉干可炒煮、干拌,松软爽口、营养丰富、食用方便。粉干是选用优质大米为原料,经过粉碎、压制做成的精美食品。粉干与米线没有本质的区别。为了更好地结合青稞的营养和功效成分,作者等研发了青稞粉干的加工工艺。

3.2.1　青稞粉干原料

青稞粉干原料简单,主要根据消费者的需求和口感习性,并根据原料水稻和青稞品种的品质加工特性,选择合适的大米和青稞的用量比例。

3.2.2　青稞粉干加工

青稞籽粒→去皮→粉碎——————→

大米(粳米)→粉碎→混合均匀→蒸熟→面团调制→粉干机制成粉干→晾干或晒干→包装→成品

第七节　大麦茶、大麦咖啡及其加工

1　大麦茶

大麦茶又称麦茶饮料,是中国、日本、韩国等国民间广泛流传的一种传统清凉饮料。大麦茶是将大麦炒制后再经过沸煮而得,把大麦炒至焦黄,碾成麦渣就制成了大麦茶,茶汤呈现黑褐色,闻之有一股浓浓的麦香,是类似咖啡的清香。大麦茶成品有袋装、瓶装等种类,袋泡大麦茶食用前,只需要用热水冲泡2～3min就可浸出浓郁的茶香。

大麦茶主要以大麦为主,再添加一些调味剂,经过精心炒制而成,味道香浓,许多人都很爱喝。喝大麦茶不但能开胃,还可以助消化,达到开胃、去油腻、减肥的作用。茶味甘美清香,营养丰富,风味独特,清热解毒。大麦茶不含茶碱、咖啡因、单宁等,不刺激神经,不影响睡眠,不污染茶具,不污染牙齿。随着生活水平不断提高,人们对健康、健美的追求,含糖饮料的消费一直在下降,人们饮茶从原来单一的茶到多样复合性的饮品,从原来的止渴到保健养颜,从只要好味好饮到色美观赏性相结合,人们对茶的要求是步步升级。大麦茶也逐渐成为了健康人士的常选饮品。

1.1　制作方法工艺

1.1.1　大麦(青稞)普通茶工艺

大麦(青稞)→清洗去杂→配料→焙炒→包装→成品

此方法加工的大麦(青稞)籽粒完整,焙炒后的大麦(青稞),保持了大麦(青稞)的营养价值,再经过沸煮而得大麦茶,闻之有一股浓浓的麦香,冷饮具有防暑降温之功,热饮可以助消化、解油腻、养胃、暖胃、健胃、减肥。

1.1.2　大麦(青稞)袋泡茶工艺

大麦(青稞)→清洗去杂→焙炒→粉碎→过筛→混合→配料→再过筛→包装→成品

1.1.3　青稞玄米绿茶工艺

为了更好地发挥青稞的暖胃功能,解决绿茶的寒性,作者等试制了青稞玄米龙井绿茶。其工艺为:

青稞→清洗去杂→浸泡→冷冻→焙炒→过筛→按合适比例与龙井绿茶混合→包装→成品

1.2　注意事项

1.2.1　清洗去杂

通常采用清洗机、去石机、除铁器等,除去其中杂物、石子砂粒等,再晾干或晒干。

1.2.2 焙 炒

通常采用焙炒机焙炒,家庭采用在锅中翻炒,焙炒至籽粒表皮焦黄、有浓郁麦香。焙炒时要注意温度等控制,使大麦(青稞)籽粒中的水分均匀蒸发。炒时火不能太大,锅热即转小火。火大了会导致外面的皮焦了而里面还没好。

1.2.3 粉 碎

采用压磨机等(家庭可用石磨、石臼)粉碎大麦(青稞)籽粒和配料(如茶叶等),逐渐压磨成粉状。

1.2.4 配 料

根据不同的配方选用不同的配料,如韩国的大麦茶(大麦粉 7kg、茶叶粉 3kg、天然香料 100g、牛骨粉 50g),通常在麦和茶的混合粉中加入天然香料和牛骨粉。

1.2.5 过 筛

过筛要注意细度,它影响到袋泡茶的溶解时间和溶解度,影响到口感和营养。

1.2.6 包 装

注意包装材料和密封性。

1.3 大麦茶的保存

大麦茶要是存放不当,就容易变质。大麦茶放在家里容易受潮,所以在选择容器的时候最好是可封闭的,这样还能起到防病虫入侵的作用。大麦茶的保存通常要注意以下几点:

(1)大麦茶保存最好使用密封的陶瓷罐,防潮、防虫、防散味、避光。

(2)不同种类的大麦茶不要混合储存,否则容易串味,特别是香气较重的品种,如熏衣草,切忌与大麦茶一起存放。

(3)同种类、不同时间购买的大麦茶也不要一起存放,否则会加快香气的散失。

(4)大麦茶的保存期一般为 1～2 年,存放时间越久,色泽和香气就越差。

2 大麦咖啡

当今,咖啡已是一种广为人们接受并喜爱的饮品。咖啡中含有咖啡因、单宁酸、蛋白质、脂肪等成分。其中咖啡因具有兴奋神经、解除疲劳等作用。但据报道,如果长期饮用咖啡,会产生一些副作用,如对心脏、血管、胃等带来不良的影响。因此,国内外有研究者试图寻找咖啡代用品,研发出具有咖啡风味但无(低)咖啡因的产品。大麦(青稞)籽粒中含有较高的酚酸类物质,可以作为咖啡代用品,因此开展了大麦咖啡的研制。余华(2000)以大麦、大豆、薏米等为原料,开展了仿咖啡风味产品的研究,试图得到营养丰富、易消化、成本低、口感与真咖啡相近的产品,适合于不能饮用咖啡的成年人与儿童饮用。

2.1 加工工艺

大麦咖啡的加工工艺根据类型不同有异,通常有水煮型和浓缩型。

2.1.1 水煮型

原料→清洗去杂前处理→烘焙→粉碎→混合→添加食用香精→包装→成品

该类大麦(青稞)咖啡加工工艺简单。加工得当,其色、香、味与天然咖啡相近,且大麦(青稞)咖啡的价格比天然咖啡便宜,因此是一种有开发价值的新型饮料。如有报道其配方如下:烘焙大麦 46%～49%,菊苣 23%～24%,无花果 14%～16.5%,大豆 11.5%～12.5%,咖啡型香剂 0.085%～1.15%。作者在试验过程中发现,为了更好地体现大麦(青稞)的原味和营养,可以提高大麦(青稞)的比例,并添加具有咖啡风味的植物中药原料。

制作时,将大麦烘焙 1～1.5h,把破碎的大豆烘焙约 1h,再把两者混合研成细粉,将此细粉与菊苣和无花果细粉混合,之后加入咖啡型香剂,使大麦咖啡饮料有天然咖啡饮料的香味。大麦咖啡的饮用方法与普通咖啡的饮用方法一样,先用少量的水将大麦咖啡粉调糊,再加入大量的水煮沸即可。

2.1.2 浓缩型

原料→去杂清洗预处理→烘焙→粉碎→混匀→浸提→过滤→

→[滤液 / 滤渣→二次浸提→滤液]→合并→精滤→浓缩→干燥→成品

2.2 浓缩型大麦咖啡加工制作要点

2.2.1 原料预处理

将大豆去杂、洗净,然后在清水中浸泡 12h,在 20～30℃下发芽,至芽长 2mm 止,将大麦用清水浸泡 1～2 天后,在 20～30℃下发芽,至芽长 3mm 止。将薏米用清水浸泡 2 天后,在 30℃下发芽,至芽长 1cm 止。

2.2.2 烘焙

烘焙对产品的最终风味影响最大。原料在烘焙时应尽量焙至有焦香味,才能使产品具有咖啡的焦味和苦涩味。

将发芽的大豆在 250～300℃烘焙至大豆内部呈茶褐色,将发芽的薏米和大麦在 170～180℃烘焙至焦褐色,将配料药物在 200～250℃烘焙至有焦苦味即可。

2.2.3 粉碎

将原料分别用粉碎机粉碎,过 80 目筛。

2.2.4 混匀、浸提、过滤、精滤

四种原料在仿咖啡风味中都有其独特的作用。其中配料药物烘焙后有较

浓郁的咖啡味。薏米主要呈现苦涩味,大麦和大豆呈现焦苦味,四者合理配伍,才能产生出风味逼真的仿咖啡产品(报道的最佳配方为薏米粉:大麦粉:大豆粉:配料药物粉为 30:40:80:2)。另外,浸提的温度也很关键,温度越高,产品色泽、风味越佳。但温度过高,则产品色泽过深,且有明显的水煮味。

将薏米粉、大麦粉、大豆粉、配料药物粉按 30:40:80:2 的比例混合,加 40 倍的水于 60℃下浸提 24h,用尼龙布过滤。滤渣再加 20 倍水于 60℃浸提 24h,用尼龙布过滤。合并两次滤液,用板框式过滤机精滤。

2.2.5 浓缩、干燥

将过滤液在 45～60℃浓缩至原液的 5%,将浓缩液用真空干燥机进行干燥,得成品。

2.2.6 食品安全

在食品制作中,有时为了使产品的风味更丰满浓郁,往往添加咖啡香精等。但要注意食品安全,执行国家标准。经试验发现,在浓缩液中加入 0.03%已稀释至 1%的咖啡香精,可以达到较好风味。另外,可以通过添加一些国家批准使用的具有逼真的咖啡风味的药食同源的原料,调节大麦(青稞)咖啡的风味。但是,为了食品安全健康,尽量少用和不添加合成香精等,保持大麦(青稞)的原有风味。

第七章　大麦(青稞)功效食品及其加工

　　大麦系禾本科一年生草本植物,又名饭麦、赤膊麦。我国是世界上栽培大麦最早的国家之一,也有人认为青藏高原是大麦的发祥地之一。《诗经·周颂》里有"贻我来牟"之句,来,是小麦;牟,是大麦。《吕氏春秋》也有"孟夏之昔,杀三叶而获大麦"的记载。随着大麦(青稞)保健功能的不断深入开发,加工技术的提高以及生产设备的创新,大麦(青稞)消费群体迅速扩大,大麦(青稞)加工产品将呈现多元化发展趋势。测定分析表明,大麦(青稞)具有丰富的营养价值和突出的医药保健作用。因此,除了改良大麦(青稞)传统食品,扩大大麦(青稞)营养精细食品以外,人们对大麦(青稞)的医药保健功能认识日益加深,大麦(青稞)的医药保健用途正在不断扩大。

　　大麦味甘,性微寒,有消渴祛热、益气宽中的功效。大麦发芽后富含淀粉、转化糖、蛋白酶、脂肪酶等物质,有和胃健脾、疏肝利气、回乳、助消化和调整胃肠功能等作用,故中医多以大麦芽入药。此外,大麦芽还含有"消化酵素",可用于治疗小儿和老年人病后胃弱引起的食欲不振,而且大麦芽富含维生素 B,则对治疗脚气病有一定疗效。

　　大麦(青稞)的功效及其食品加工由来就受到关注。大麦具有"三高二低"的特点,即高蛋白、高膳食纤维、高维生素、低脂肪、低糖,是一种理想的保健食品。在人类的发展历史上,大麦作为强身健体的主要粮食,曾经发挥过巨大的作用。大麦既可磨粉食用,又是畜禽的好饲料,古人有"作饭滑,饲马良"之说。在国外,人们历来认为,古罗马角斗士之所以有非凡的力量,就在于他们吃的食物中有丰富的大麦,这说明大约 6000 年前,大麦已被视作强壮性食物了。直到今天,青稞仍然是我国西南地区(特别是青藏高原)藏民的主要粮食作物,生活在青藏高原的藏民能很好地适应高原气候环境,可能与他们长期以来以青稞作为主食有一定的关系。在我国沿海地区的江苏省部分地区的居民至今仍保留有食用元麦的习惯。

　　现代科学实验分析表明,大麦(青稞)中存在一些具有营养价值和特殊功效的成分因子。如 β-葡聚糖、母育酚、GABA、黄酮、酚酸、活性肽等,分别在降血脂和降胆固醇、预防心血管疾病、控制血糖防治糖尿病、提高机体防御能力、清肠通便、间接抑制癌症及抑制过多胃酸等方面具有一定的功效。因此,开发保健食品和医药原料产品也将是大麦(青稞)加工产业的发展方向之一。

第一节 对大麦（青稞）保健功效与医药功能的认识

大麦（青稞）的医药与保健功能作用在古代就受到十分重视。《本草纲目》记载，"（大麦）宽胸下气，凉血，消积进食"。据《本草拾遗》记载：青稞，下气宽中、壮精益力、除湿发汗、止泻。藏医典籍《晶珠本草》更是把青稞作为一种重要药物，用于治疗多种疾病。

中医上，很早就认识到大麦的药用价值并在民间使用，称其味甘、咸，性微寒，有益气补中、利水通淋等作用。如《本草拾遗》说它能"调止中泄，令人肥健"；《调燮类编》认为"大麦性平凉，助胃气，为面胜小麦，而无燥热。今人喜小麦，而讳言大麦，岂知卫生哉"。实际上，中医常将大麦芽作为药用，其营养特点是富含淀粉。现代研究表明，大麦芽中含有丰富的淀粉酶、蛋白酶等多种消化酶，易被人体消化吸收。一般以煮粥食用。若辅以各种佐料可煮出不同风味的麦片粥，因此国内外都把麦片看作是营养丰富的方便食品。医药上用大麦生产酵素、酵母等消化类药物。大麦含有较高粗纤维比例，能促进肠的规则蠕动，有改善消化和减轻便秘的功能，尤其适合中老年人食用。

大麦（青稞）含有淀粉、蛋白质、脂肪、糖类、维生素 B_1、维生素 B_2、尼克酸、粗纤维、钙、磷、铁等营养成分，每 100g 所含磷及尼克酸分别为 400mg 和 4.8mg，是谷类中含量之冠。此外，大麦含有一些较高含量的特殊成分，如葡聚糖、母育酚、功能蛋白肽、多酚类物质，具有较好的保健功效与医药功能。因此，大麦常用于病后体虚、慢性胃炎、消化不良、肾炎水肿、泌尿系统感染等病症的辅助治疗。

在长期的生活中，部分地区的人们具有四季饮用大麦煮成的大麦茶习惯。夏季适合喝冰镇的大麦茶，可以消暑解热；冬季则适合饮用热的大麦茶，可以暖胃去寒。此外，大麦芽还是女性哺乳期间的好帮手。如大麦芽炒熟泡茶饮用有益于治疗产后无乳、乳房胀痛，以及断乳后仍溢乳不止的现象。

在国外，大麦的医药保健作用也备受关注。在巴基斯坦，大麦作为治疗心血管病的食药来使用。中东地区之所以心脏病发生率较低，可能与他们常食大麦制品有关。

现代营养学家认为，大麦是一种美味的低钠、低脂的健康食物，它既可以提供充足的能量，又可以帮助减肥。美国研究者试验表明，每天吃 3 次大麦制品（如大麦粥、大麦饼、大麦面包等），连续 6 周，血胆固醇可以下降 15％。有中医药方也认为，血脂过高者，可取大麦芽的根须适量，煎水当茶饮；或取麦芽、山楂各 25g，水煎服，每日 1 剂。粗加工的大麦对健康更有益，日常生活中，可以适当增加大麦面粉的比例，可以全部或部分地代替小麦面粉来食用。

大麦有改善消化并减轻便秘的功能。美国医学家发现,病人在食用大麦后,肠蠕动规则,胀气消失,腹痛减轻。若每天吃 3 块大麦粉做的松饼,便秘便可以减轻和消除。并且发现,大麦中含有抗癌成分,该成分可抑制肠中致癌毒素的形成,进而有预防肿瘤的作用。研究认为,抗突变活性可能存在于特殊的类脂结构中,并已从大麦中分离出酰基葡基固醇。用大麦 75～100g,加水煮粥,熟时加入适量白糖或红糖调匀,作早餐或点心食用,可用于辅治膀胱癌。

日本对大麦的保健医药功效也十分关注且研究深入,并生产出了大量的保健产品。日本科学家的研究认为,大麦嫩叶也可供药用。从大麦叶中提取出了麦绿素及大麦嫩叶粉两大类保健食品。麦绿素富含 SOD 酶,且钾、镁、钙分别为菠菜的 11、8、4 倍,不仅对疲劳、癌症、脑出血、心脏病、肝病有疗效,且其中的维生素、无机盐能使体内脂肪燃烧,活化脂肪代谢酶,有防治肥胖等功效。大麦嫩叶粉(加入糊精、胡萝卜、酵母、高丽参等)含有丰富的蛋白质、脂肪、糖、钾、钠、镁、铜、磷、锌、胡萝卜素以及维生素 B_1、B_2、B_6、C、E 等,有修复 DNA、消炎止痛、消灭致癌物毒性、降血压等作用。

美国威斯康星州麦迪逊农业研究院的科学家们发现,在燕麦的皮和大麦籽粒果皮糊粉层中含有一种天然物质——生育三烯醇,它能大大降低人体内的胆固醇,而无副作用。科学研究发现,大麦中的生育三烯醇可以控制与胆固醇合成有关的酶的活性,并把胆固醇降解为胆汁酸排出体外。甚至认为,每天吃一定量的大麦(青稞)麸,可降低人体血浆中胆固醇和糖的浓度,这样,对病人可以减少注射胰岛素的数量,又可以避免因其他降低胆固醇药物易引起的像恶心、头痛之类的不良反应。由于大麦食品存在一些口感问题,目前消费者还没有广泛接受其用作常规食物。我们相信,一旦将富含生育三烯酚的大麦组分或其提取物添加到食品中,将为高胆固醇、糖尿病患者等提供有益的保健食品。

随着分析测定技术的发展,大麦(青稞)的功效成分越来越清楚,大麦(青稞)β-葡聚糖、GABA(γ-氨基丁酸)、黄酮类物质等已经逐步得到开发利用。研究表明,青稞籽粒中的功能活性物质 β-葡聚糖、母育酚(主要由生育酚、生育三烯酚等组成)能显著降低动物和人的总胆固醇和低密度脂蛋白水平,并且在抗氧化方面具有独特的生理功能,可以防止皮肤氧化损伤,保持皮肤细胞中维生素 E 的正常水平,抗血管硬化,预防体内病毒感染和紫外线照射损伤。生育三烯酚可抑制癌细胞增殖,将生育酚与它莫西芬合用,对抑制癌细胞增殖具有协同作用,可用于治疗乳腺癌。

近年来,美国食品与药品管理局(FDA)经研究审定(2006 年),允许整粒大麦和含有大麦成分的产品在包装上标明该类食物能减少患冠心病的风险。美国 FDA 认为,胆固醇偏高会大大增加冠心病的发病几率,而在食物中加入适量的大麦以及大麦制品,如大麦粉或大麦片等,将能有效降低人体的胆固醇含量,从而有利于心脏的健康。另有研究指出,大麦低钠、低脂,经常食用大麦及其制品,对以精米面为主要食物的现代人(特别是现代城市居民)的健康十分有益。

第二节　大麦(青稞)主要功效成分的医药保健作用

随着研究的不断深入,分析测定技术、提取分离技术、纯化技术,以及营养功效的细胞生物学和医药学分析技术等不断提高,大麦(青稞)中的功效成分越来越清楚(见第二、三章),其保健医药功效也越来越明确。本节介绍大麦(青稞)几种主要成分的医药保健作用。

1　大麦(青稞)活性肽的功效

1.1　Lunasin

1.1.1　癌症预防

Lunasin 较早是从大豆中研究发现的,在大麦(青稞)中研究稍晚。伊利诺斯大学的两份研究报告指出,Lunasin 开始是从大豆加工厂弃置的废物流中分离的大豆肽,这种大豆肽可能有很重要的保健作用,如抗白血病,阻止糖尿病、心脏病及中风等慢性病并发炎症。从事食品科学和人类营养学研究的 Elvirade Mejia 教授也研究证实了 Lunasin 在人体中的生物利用,研究表明,富含 Lunasin 的大豆食品对人类健康起着重要作用。实验还证实,Lunasin 对癌症发展的标志酶——拓扑异构酶具有一定的抑制作用,并可激活蛋白 caspase-3 而触发白血病癌细胞的凋亡,起到预防癌症的作用。

Jeong 等(2010)检测到不同大麦品种种子中 Lunasin 的含量为 $12.7\sim 99\mu g/g$,具有极显著差异。发现 nmol 级浓度的 Lunasin 就有可能抑制肿瘤细胞的恶性转化。动物模型试验结果表明,Lunasin 对哺乳类细胞和模式动物小鼠皮肤癌具有化学预防作用。Western blot 检测表明,用富含Lunasin的大麦饲养的小鼠,其肝脏和肾脏中存在 Lunasin。从肾脏和肝脏提取的 Lunasin $(100\ nmol \cdot L^{-1})$ 能有效抑制组蛋白乙酰转移酶 HATs(histone acetyl transferases)的活性,抑制效率达 20%,证明其具有完整的生物学活性。在化学致癌物质3-甲基胆蒽(MCA)存在条件下,进行大麦 Lunasin 处理小鼠的试验,发现大麦 Lunasin 可以激活肿瘤抑制因子 p21 和 p15 的表达,表达量分别比对照组提高 45% 和 47%,并使 cyclinD1 表达降低 98%,肿瘤抑制因子 Rb 蛋白过磷酸化抑制 45%。研究结果说明,在食用大麦的小鼠群体中,大麦 Lunasin 对癌症预防具有重要的作用。小鼠模型和人肿瘤细胞系分析研究表明,Lunasin 不仅具有抗有丝分裂的效果,也能抑制由 *EIA* 基因诱导的细胞变异,还有预防细胞受化学致癌物 7,12-二甲氨基苯甲醛(DMAB)和病毒致癌物 EIA(一种癌蛋白)引起的变异。测定表明,Lunasin 在 10nmol・L^{-1}～10μmol・L^{-1}浓度范围内,在 DMAB 或甲基胆蒽(MCA)单独存在时,能使 62%～90%的细胞不发生变异。

进一步的人体试验也表明,大麦 Lunasin 对转移性结肠癌(Dia and Mejia,2010,2011)和乳腺癌的发生具有一定的预防作用(Hsieh and Hernandez-Ledesma,2010)。

Lunasin 的预防癌症作用机理仍不完全清楚,一般认为 Lunasin 的有效作用对象是处在分裂或转化时的细胞,Lunasin 能选择性杀死处于转化中的细胞。Lunasin 能在很短时间内进入哺乳动物细胞,并穿过核膜聚集在细胞核中,然后特定地结合到去乙酰基的核心组蛋白 II3 和 II4,抑制组蛋白乙酰化作用,通过破坏组蛋白乙酰化—去乙酰化的动力学过程,从而终止转录,导致细胞凋亡。

1.1.2　降胆固醇

Lunasin 对胆固醇过高的人具有降低胆固醇活性的功能;对胆固醇正常的人,可以在食用高胆固醇含量的食物时产生降低血清胆固醇的作用。更有意义的是,Lunasin 使胆固醇中的低密度脂蛋白(LDL)含量降低,但不会使高密度脂蛋白(HDL)含量降低。其基本原理可能是 Lunasin 通过阻断组蛋白 H3-lysine14乙酰化,抑制 HMG-CoA 还原酶基因表达,从而降低胆固醇的生物合成。另外,Lunasin 能增加 SP1 的产生,更有效地激活 LDL 受体基因表达,产生更多的 LDL 受体,使细胞膜上的 LDL 受体数量增多。这样,血液中就有更多的 LDL 胆固醇与 LDL 受体结合而被去除,从而使血液中 LDL 水平降低。但细胞膜上的 LDL 受体不能与HDL 胆固醇结合,因此血液中 HDL 胆固醇水平不会降低。

1.1.3　抗类风湿关节炎症

炎症不仅与心脏病、糖尿病、类风湿性关节炎等慢性病有关,而且在癌症发展中也有作用。慢性炎症使患恶性肿瘤的危险增加,是肿瘤生长过程中的关键因素之一。Lunasin 可能有助于减少慢性炎症。有研究发现,Lunasin 能够阻止或减少导致炎症的核转录因子 kappa-B 的活性,表明 Lunasin 具有潜在抗炎活性。因此,Lunasin 保健食品的研制是非常有意义的。

1.2　DNA 结合肽

吕小文等(2004)从青稞胚芽中分离出了 DNA 结合肽。通过用细胞绝对计数法和亚甲基蓝比色法,分析了 DNA 结合肽对宫颈癌细胞(HeLa)生长的抑制作用,发现青稞胚芽 DNA 结合肽能够抑制 HeLa 细胞的生长。并且,试验分离得到了抑制活性最强的组分 DBP2。另外通过用磷酸钙介导 DNA 结合肽培养HeLa 细胞,能够增强 DNA 结合肽的抑制活性,表明 DNA 结合肽能够进入到HeLa 细胞内部,参与 HeLa 细胞生命周期的调控。他们采用 RT-PCR、免疫化学染色和蛋白质印迹法、激光共聚焦法等研究了 DNA 结合肽抑制培养 HeLa

细胞的细胞分子机制。

2 大麦（青稞）β-葡聚糖的功效

研究表明，在大麦中存在混合的连接(1,3),(1,4)-β-D-葡聚糖，在人类中可以调节血糖和降低血清胆固醇水平。因此，通常把β-葡聚糖成分高低作为保健食用大麦的一个重要指标(Bhatty, 1993, 1999; Bjork et al, 2000)。高β-葡聚糖含量的大麦被认为对健康有好处，低β-葡聚糖含量的大麦一般用于制造麦芽啤酒以及动物饲料。

美国蒙大拿州立大学研究者 Newman 等人早在 1989 年，就发现大麦中有一种物质(β-葡聚糖)，能降低实验动物血液中血清胆固醇的含量。实验表明，大麦富含水溶性纤维，在小鸡的试验中有降血脂效果。实验选出 2 个大麦品种进行动物营养试验，结果显示，采用大麦饲料，使动物总胆固醇分别降低 16% 和 26%，低密度脂蛋白分别降低 30% 和 52%。而后大量的研究实验表明不同大麦品种的降血脂功能不同，可能是由于不同品种间 β-葡聚糖含量有差异或 β-葡聚糖的化学结构和理化性质不同。作者等(2000)以小鼠为实验材料的研究结果也表明，大麦饲料有利于控制小鼠血液胆固醇水平。

澳大利亚英联邦科学和工业研究组织科学家所做的试验结果表明，人连续 4 周吃大麦食品，血液胆固醇含量可降低 6%，与心脏病密切相关的低密度脂蛋白降低了 7%。美国科学家也做了比较试验，在 14 个志愿受试者中，随机分配给一定量的大麦食物或者是一定比例的小麦麦麸食物，来替代他们正常的食物，大麦和小麦食品每天能提供 42g 总食物纤维。连续 28 天后，受试者与预先处理过的水平相比，消费小麦有明显增加血清胆固醇量和低密度脂蛋白的含量。消费大麦受试者的平均值对预先处理水平没有明显的影响，而且对那些有高胆固醇水平者，其总胆固醇和低密度脂蛋白水平均有所下降。研究结果提示，可能是小麦和大麦两者具有的不同纤维类型决定了其不同的功能。大麦对原先高血脂水平的试验者产生了明显的降血脂作用。

另一试验表明，受试者食用大麦食品 3 周后，血液平均胆固醇比初始水平下降了 11mg/100mL，食用 6 周后，下降了 12.7mg/100mL，进一步证明了大麦的降血脂功能。

而后，国内外许多研究者进一步开展了大麦成分 β-葡聚糖的功效研究，如 β-葡聚糖对血葡萄糖水平、激素反应、结肠癌预防以及对维生素和无机物生物利用率的影响等，均已有论述报道。β-葡聚糖的医药保健功能已受到国内外研究者关注。

2.1 免疫调节

β-葡聚糖调节免疫的能力受其多聚物的长度、分支程度和三级结构特性的影响，这些特性主要影响碳水化合物与它们受体之间相互作用的方式。Bohn

等(1995)研究表明,β-葡聚糖的免疫刺激作用可能与细胞毒性巨噬细胞、T助细胞和自然杀伤细胞的活化有关,并且能促进T淋巴细胞的分化和激活,所以它是体液免疫和细胞免疫的调节器。动物学实验表明,当β-葡聚糖作为营养物质供应的时候,能刺激生长,改善营养物质的吸收,并能通过刺激细胞改善免疫系统的功能。大分子的β-葡聚糖能直接激活白细胞,触发细胞吞噬作用,促进抗菌活性和产生细胞因子、趋化因子以及其他抗炎症性因子。

2.2　抗感染

β-葡聚糖具有抗感染作用,表现在对细菌、病毒、真菌和原生动物病原体等的生长抑制。试验表明,β-葡聚糖可以减少微生物的数量,提高被感染生物的存活率。β-葡聚糖作为免疫的促进剂,已在饲养动物的食物中添加使用,并且在一些临床试验中也开始应用,如对HIV患者的保护作用,保护手术后病人不被感染等。但是目前对其抗感染活性机制还不清楚。

2.3　降低血脂和胆固醇

大麦β-葡聚糖有利于把血液中胆固醇水平维持在一个健康水平,这个功能在动物和人类实验(Jadhav et al,1998)以及血糖生成反应中已经被证实(Liljeberg et al,1996;Yokoyama et al,1997;Wursh and Pi-Sunyer, 1997;Hecker et al,1998;Bourdon et al,1999;Kalra and Jood,2000)。大麦β-葡聚糖具有良好的保健功效。

通常,人类本身不能合成β-葡聚糖酶,因此β-葡聚糖不能被人类自身的酶降解,只能以营养纤维的形式吸收。这些纤维被证实具有保护性的降低胆固醇的作用。Muller等人(2000)研究表明,β-葡聚糖能降低血液中的胆固醇水平,因为β-葡聚糖的吸收增加了肠黏度,减少了胆固醇的吸收,同时促进了胆固醇的排泄。进一步的分析表明,带正电荷的β-葡聚糖比天然β-葡聚糖在体内具有更强的降低胆固醇的效应。

作者等通过小鼠模型实验研究表明,大麦β-葡聚糖能显著降低血液中总胆固醇和低密度脂蛋白的含量,对高密度脂蛋白和甘油三酯的影响不显著。大麦β-葡聚糖这种降血脂的机理可能是:①β-葡聚糖通过增加黏度状况,或通过黏合截留胆汁酸和脂肪,从而一方面阻碍了小肠的吸收,降低外源胆固醇和脂质的吸收,另一方面通过抑制碳水化合物的吸收,降低血液胰岛素的浓度,最终降低了胆固醇以及脂蛋白的合成。②β-葡聚糖与小肠内的胆汁酸结合,增加胆汁酸的排泄,减少胆酸的吸收;还能增强初级胆汁酸的合成,从而加速了胆固醇转化成胆汁酸,抑制胆固醇的合成。③β-葡聚糖在结肠内通过微生物发酵,产生短链脂肪酸,抑制胆固醇的合成。β-葡聚糖能明显抑制高脂食物引起的肝脏重量增加。β-葡聚糖在大肠中促进易挥发脂肪酸的重吸收,作为肝脏中β-羟基-β-甲基戊二酸单酰辅酶A还原酶的抑制剂(McIntosh and Oakenfull,1990)。

2.4 抗癌防癌活性

多糖的抗癌作用已有大量的研究报道,β-葡聚糖的抗癌活性是值得探究的功能特性之一。抗癌活性依赖于多糖的化学组成和物理性质。研究表明,β-葡聚糖能抑制某些类型肿瘤的生长,延长患者的存活时间。当 β-葡聚糖和抗体免疫疗法配合运用时能促进白细胞的细胞毒效应,效果较好。如 β-葡聚糖能通过需要补体和补体受体的一个过程来促进抗体依赖性细胞的细胞毒效应。也可通过一种与 TLR5 拮抗剂相似的方式来促进造血机能的恢复。β-葡聚糖的抗癌活性已经在日本一些医院的临床试验中进行测试。此外,初步的实验结果显示,β-葡聚糖在癌症患者化疗中作为辅助治疗药物具有较好的前景,它能通过改善免疫系统的状况,降低对正常组织细胞的副作用。

目前,β-葡聚糖的抗癌活性研究较多集中在一些微生物来源的 β-葡聚糖,由于它们的结构具有一定的差异性,大麦 β-葡聚糖的抗癌效应仍在研究中。在大麦中,现已将控制 β-葡聚糖产物的基因定位在 2 号染色体上,这为今后通过生物技术等手段,克隆相关基因和转基因改良多糖的结构、化学特性和生物学功能,产生特殊类型的 β-葡聚糖,或通过改变大麦 β-葡聚糖代谢的相关基因来改善它们的吸收特性,进而改善它们的功效奠定了基础。

大麦(1,3)(1,4)-β-葡聚糖对致癌物 B(a)P 诱导的基因毒性损伤有保护作用,它可以降低 DNA 损害率,保护人类细胞,减少周围环境中化合物的损害,因此可以作为有效的化学防癌剂。Patchen 等(1987)在小鼠中使用 β-葡聚糖作为造血刺激剂/辐射保护剂,发现宿主抵抗感染的能力得到提升。在放射后很短的时间内,葡聚糖可以通过造血恢复以外的机制来调节放射保护作用。另外,β-葡聚糖还可以起到清除自由基的作用,β-葡聚糖已被证明为有效的抗氧化剂,阻止 H_2O_2 和其他种类活性氧的损害。

2.5 改善胰岛素敏感性

Bays 等(2011)的研究证明,每日摄取适合浓度的大麦 β-葡聚糖,能改善高血糖个体的胰岛素敏感度,降低餐后血糖和胰岛素血症,其机制可能是黏性可溶纤维改善了葡萄糖的代谢和胰岛素敏感度,包括减缓葡萄糖在小肠的吸收和结肠的发酵。可溶纤维在结肠发酵会增加血清短链脂肪酸浓度,这可能对肝脏脂质代谢有利。研究表明大麦 β-葡聚糖可以减缓高糖尿病风险的个体对胰岛素敏感度的退化,进而减缓Ⅱ型糖尿病的发生。大麦 β-葡聚糖可改善血糖参数,但并不改变体重,说明大麦 β-葡聚糖对人类血糖稳定有利,其作用机制与其他可溶纤维不同。

2.6 创伤修复

β-葡聚糖可通过诱发成纤维细胞中胶原蛋白的产生,增强创伤修复的能力;也可影响血压,帮助恢复由于局部缺血引起的损伤。Angeli 等(2006)的研究表明,在 CHO-K1 细胞中,大麦 β-葡聚糖对甲磺酸甲酯诱导的损伤具有保护效应;

进一步观察到,在 DNA 聚合酶抑制剂存在的情况下,β-葡聚糖仍然表现出减少 DNA 损伤的效力,说明 β-葡聚糖的作用机制不是通过刺激 DNA 聚合酶来修复 DNA 损伤,而是通过其他类型的蛋白质来完成修复。

2.7　抗凝剂活性

研究表明,硫酸盐化的 β-葡聚糖有很强的抗凝剂活性。葡聚糖硫酸化主要是 C2 或者 C4 硫酸化。已证明硫酸化程度大于 1.0,相对分子质量在 1800~50000 之间的葡聚糖最适合用作肝素替代物。β-葡聚糖具有抗血栓的效应,能降低出血的风险,有望成为抗凝剂。

β-葡聚糖具有多种医药保健功效,通常 β-葡聚糖是安全的。但近年来研究表明它也有一些副作用。比如,静脉注射 β-葡聚糖微粒可能引起肉芽肿的形成,其主要原因可能是 β-葡聚糖可溶性差。目前这个问题已经通过发展具有生物学功能的可溶性葡聚糖解决了。但是,如果可溶性 β-葡聚糖和非类固醇的抗炎症物质结合使用,又可能诱导如胃肠损伤和腹膜炎等严重的后果。另外,β-葡聚糖的提高免疫功能作用虽然得到了越来越多的实验证实,但是在特定的遗传背景下,β-葡聚糖也是自身免疫病(如关节炎,过敏和哮喘呼吸紊乱等)发生的一种诱发因素。因此,在使用 β-葡聚糖时,一定要了解清楚不同个体的遗传背景,减少其副作用的发生。

3　β-葡聚糖以外的大麦(青稞)膳食纤维的功效

目前,膳食纤维被定义为植物可食用的部分。β-葡聚糖是饮食纤维成分之一。除此之外,膳食纤维包括多聚糖、低聚糖、木质素等相关物质(AACC,2001)。它们在人类小肠中能抵抗消化和吸收,在大肠中能被完全或部分发酵。富含纤维的饮食对健康有益,它能降低能量密集,使人有长时间的饱足感,并和大便增多通畅等有关(Spiller,1994)。可溶性饮食纤维的食物还可以降低血清胆固醇水平、餐后血糖水平和胰岛素反应(Jenkins et al,2000),因此有益于糖尿病患者。

对糖尿病患者来说,控制食物中碳水化合物转变生成葡萄糖的能力是关键的。葡萄糖生成指数(GI)是测定碳水化合物营养特性的一种有用方法,可以指导糖尿病病人合理安排日常饮食。研究数据显示,低 GI 的饮食习惯能降低胰岛素的抵抗力,改善某些胰岛素抑制的代谢(Jenkins et al,1987)。谷物纤维食物摄入量较高的人群比摄入量较低的人群,得非胰岛素依赖糖尿病的风险要低 30%(Salmeron et al,1997a,1997b)。因此,研究者十分关注高纤维含量的谷物及其食品,比如大麦(青稞)和燕麦,并将它们用作大多数谷物食品降低 GI 的成分。目前,已经研发和生产了大麦、青稞、燕麦(麦片粥、麦片、面包、面条等)传统谷物加工产品,并开展深入的正常谷物、高纤维大麦和燕麦,及其提取的 β-葡聚糖功能分析,评估 β-葡聚糖对血糖和胰岛素水平的影响(Knuckles et al,

1997；Yokoyama et al,1997）。

为了进一步利用大麦（青稞）的功效成分，又不影响其食品的加工特性和口感，人们已经发明了一些技术工艺来富集大麦面粉的 β-葡聚糖含量（Sundberg and Åman,1994；Klamczynski and Czuchajowska，1999）。这样，可以极大地提高大麦面粉混合物制成的食物中 β-葡聚糖的含量。如：添加大麦作为次要成分，不影响传统小麦产品的感官特性（Knuckles et al,1997；Newman et al,1998；Marconi et al,2000）。另外，大麦面粉富含 β-葡聚糖，根据大麦不同品种特性，将它和小麦粉按合理比例混合使用，生产烘焙产品和面包，其口感性等均可以达到消费者的要求。同时，这种添加大麦的产品与其他谷物包含同样多的碳水化合物，但要比单独硬质小麦等谷物有较低的 GI（Marconi et al,2000）。

4　大麦（青稞）母育酚的功效

已有研究表明，大麦（青稞）母育酚在抗氧化、降低胆固醇、抑制癌症等方面具有独特的生理功能，其加工增值潜力很大。在所有谷物中，大麦（青稞）的总母育酚含量最高。Cavallero 等认为，基因型和环境对总母育酚含量都有显著影响。Ehrenbergerová 等研究表明，裸大麦（青稞）和糯大麦的总母育酚含量更高。它能显著降低动物和人的总胆固醇和低密度脂蛋白水平。并且在抗氧化方面具有独特的生理功能，可以防止皮肤氧化损伤，保持皮肤细胞中维生素 E 的正常水平，抗血管硬化，预防体内病毒感染和紫外线照射损伤。研究表明，生育三烯酚可抑制癌细胞增殖，将生育酚与它莫西芬合用，对抑制癌细胞增殖具有协同作用，可用于治疗乳腺癌。有鉴于此，大麦（青稞）的根、茎、叶、花、果中的医药功能成分将不断得到深入研究和利用（见第三章）。

5　大麦（青稞）γ-氨基丁酸的功效

γ-氨基丁酸（GABA）是蛋白质的一种组分，是由麸酸脱羧而成的一种天然非蛋白质氨基酸。在哺乳动物的脑、骨髓中存在，是脊椎动物交感神经细胞结合点的抑制性神经传递物质。研究表明，红曲菌的代谢产物 GABA 对脊椎动物的心血管功能有重要调节作用，同时还具有健脑、降血压、改善脂质代谢、抗疲劳等功能。

虽然蔬菜、水果中都存在 GABA，但含量稀少，人们依靠从天然食物中摄取不足以满足身体要求。GABA 作为医药品已有应用，可用于降血压，改善大脑血流，增加供氧，治疗脑中风、脑动脉硬化后遗症，改善肝肾功能，安定精神，预防老年痴呆，促进乙醇代谢，降血脂，预防肥胖，消除体臭等。

青稞籽粒及其发酵食品中含有较高的 GABA 含量，它能使脑部血液流畅，氧供应量增加，脑细胞代谢亢进，临床上作为脑血栓后遗症、脑动脉硬化症等造成的耳痛、耳鸣、记忆障碍等的改善药。它作用于延髓的血管运动中枢，使血压降低。同时抑制抗利尿激素后叶加压素的分泌,扩张血管,降低血压。使肾功能活性化,盐分摄取量增多,激活利尿,过剩盐分从尿中排除,使血压降低。

6 大麦(青稞)多酚类物质的功效

大麦(青稞)是多酚含量较高的作物(见第三章)。多酚的保健医药功能至今已有较多的研究。

6.1 抗氧化

Kamiyama 等对发芽 2 周的大麦苗,分别采用乙醇、丙酮、己烷等不同的溶剂提取和分级分离,获得不同的提取物,对各组分进行功能分析,结果表明,除己烷提取物组分之外,均有较高的抗氧化作用,最高的乙醇提取组分Ⅳ的抗氧化活性甚至与 α-生育酚(对照)的抗氧化活性相当,达到 80%,丙酮提取物的抗氧化活性较低,为 20% 左右(图 7-1)。

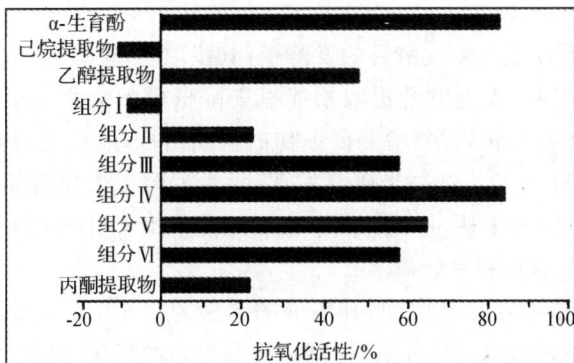

图 7-1 大麦苗提取、分级组分的抗氧化功能(引自 France,2012)

大麦(青稞)和麦芽的酚类物质含量与抗氧化能力密切相关(France,2012)。研究结果表明,大麦(青稞)的不同生长发育时期,以及不同的加工过程都影响大麦酚类物质含量,如大麦苗、大麦籽粒、大麦芽、啤酒加工过程中不同阶段的麦芽、添加啤酒花酿造后麦芽等材料,其酚类物质的含量有较大差异,由此造成的抗氧化能力也显著不同。通常麦芽提取物的多酚含量以及对应的抗氧化能力最高。进一步采用 HPLC 对大麦与麦芽提取的多酚组分及其对应的抗氧化能力进行分析比较。结果表明,一共可检测到的 15 种多酚成分,但含量及其对应的抗氧化能力在大麦和麦芽之间存在显著差异。

另外,不同加工方式如烹煮、烘焙均会明显影响对大麦(青稞)的抗氧化能力,未加工的大麦和烹煮的大麦,其抑制低密度脂蛋白(LDL)和抗氧化的能力通常最高(Gallegos-Infante 等)。

对多酚物质的抗氧化机理研究认为,酚类靠清除自由基和螯合金属离子发挥作用。酚类抗氧化剂通过给自由基提供一个氢原子来干预脂质和其他分子被氧化。生成的苯氧自由基中间体相对稳定,不易引发新的反应链。同时苯氧自由基中间体也可以和其他自由基反应来终止反应链。多酚的抗氧化效率很大程度上取决于它们的化学结构,如黄酮类是较有效的植物抗氧化剂,它可以抑制低密度脂蛋白(LDL)的氧化,降低心血管疾病的发生率。其作用机理可能包括:(1)减少自由基的形成;(2)保护 LDL 中 α-生育酚免于被氧化;(3)再生已被氧化的 α-生育酚;(4)螯合金属离子。

目前,大麦多酚的抗氧化特性已在人类健康方面得到应用。如一些黄酮类酚类化合物具有抗菌、止泻、抗溃疡和抗炎症的功效,还可以应用于如高血压、血管脆弱、过敏、血胆固醇过多等某些疾病的治疗。某些酚类物质,如黄酮类在某些动物中可以调节 PKC 和 PKA 信号传导途径,防止冠心病和癌症,减缓衰老。近年来研究发现,酚类摄入水平与心血管疾病以及癌症的发病率有负相关性。多酚对人类健康具有潜在的作用,因此富含多酚的大麦(青稞)制品将有利于人类健康。

6.2 护 肝

Giriwono 等发现大麦发酵后的发酵糟,其提取物(主要为多酚)对长期酒精摄入者有护肝作用。大麦发酵提取物能显著降低模型动物大鼠血液中丙氨酸转氨酶及天门冬氨酸转氨酶(检测肝损伤的初期指标)的活性,其活性分别为对照组的 52.9% 和 35%。进一步研究发现,大麦发酵提取物诱导了肝脏某些关键抗氧化相关基因的表达,从而抑制了由长期酒精摄入引起的体内氧化压力。

6.3 抑制 DNA 损伤和抗肿瘤活性

Yang 等制备了麦芽提取物,其酚酸的含量为 3.19mg/g,抗氧化实验证实麦芽提取物能较强地清除活性氧,抑制脂质和蛋白的氧化,具有抑制 DNA 损伤的能力。麦芽提取物能够阻止衰老小鼠体内抗氧化酶活性的下降,降低肝和脑组织中丙二醛的含量。

Ohgidani 等(2012)利用大麦酿酒蒸馏后的残余液(PSDR)制得的干粉(主要成分为大麦多酚),进行了一系列抗肿瘤活性研究,发现 PSDR 能够抑制脂肪肝,预防肿瘤发生,诱导肿瘤细胞凋亡,并具有免疫调节的功能,能够延长荷瘤小鼠的存活时间(图 7-2)。

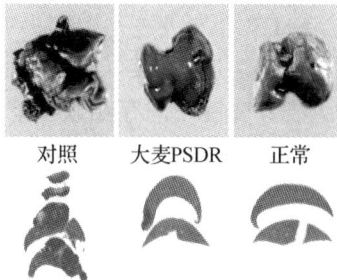

对照　　　　大麦PSDR　　　　正常

图 7-2　肝组织切片的 HE 染色(引自 Ohgidani,2012)

7　大麦(青稞)原花青素和花青素的功效

花青素是研究较多、用途较广的天然色素之一,花青素是多羟基-2-苯基苯并吡喃的糖苷类,或花色苷元的盐类化合物,它们广泛分布于水果和蔬菜中。许多水果、花、蔬菜的颜色均与花青素的含量和种类有关。研究表明,花青素和原花青素具有高效的抗氧化功能以及对人类健康的保护作用(Santos-Buelga,2000),其抗氧化活性甚至强于维生素 C 或 E(Rivas-Gonzalo,2003)。

大麦(青稞)也是一种含花青素的有色谷类,由于花青素和黑色素的存在,因此有黑色、蓝色、红色、紫色等有色大麦(青稞)品种(见第四章)。大麦(青稞)及其制品,是优良的抗氧化剂来源,这除了含有已被证明具有高抗氧化活性的黄酮类、酚类化合物以外,花青素酚类物质也具有抗氧化活性。Kim(2007)的研究表明,有色大麦的 DPPH 自由基清除活性为 46.4%～86.3%。裸大麦的平均自由基清除活性(66.5%)高于皮大麦(63.5%)。各有色大麦的自由基清除活性没有显著差异。然而在裸大麦中,紫色裸大麦自由基清除活性(67.4%)高于黑色裸大麦(63.5%)。可能原因是紫色裸大麦比黑色裸大麦具有更高的花青素含量,自由基清除活性与原花青素的含量有较高的正相关性。作者等(2010—2012)测定筛选了近百份不同颜色青稞资源的原花青素和花青素含量,得到与 Kim(2007)类似的结果。虽然对于大麦而言,花青素的存在对于某些食品加工有着不利影响,如色素的存在对于啤酒加工可能是不利的因素,但青稞以食用为主,在青稞食品的加工中,应该关注有色青稞资源,有色大麦(青稞)可能与有色的玉米、甘薯、大米等一样,可以用于各种功能和健康型食品或食品天然着色剂的开发。

也有报道表明,聚合原花青素抑制过氧化氢自由基的效率是简单酚类的 15～30 倍,这些化合物不易被吸收,它们在消化道里发挥作用,从而来保护脂质、蛋白质和碳水化合物在消化过程中免于被氧化,并可节约可溶性的抗氧化物质。

履新(2004)对家兔红细胞抗氧化作用、对大鼠肝脏微粒体脂质氧化抑制能力、对低密度脂蛋白(LDL)氧化抑制能力的试验分析表明,大麦麸皮原花青素对生物膜脂质有抗氧化作用,对 DPPH 自由基具有消除能力;大麦麸皮各种原花青素对由 Trp-p-1 诱发鼠伤寒沙门氏菌 TA98 突变性和对由 MNNG 诱发鼠伤寒沙门氏菌 TA10 突变性具有抑制作用,表明大麦麸皮原花青素对 Ames 具有降低致突变性的能力。

第三节 大麦(青稞)保健食品及其加工

1 大麦(青稞)β-葡聚糖保健食品

20世纪80年代末,美国科学家发现大麦特别是裸大麦(青稞)中的β-葡聚糖具有降血脂和胆固醇、预防心血管疾病和提升免疫力的作用。β-葡聚糖活性结构是由葡萄糖单位组成的多聚糖,它们大多数通过β-1,3-糖苷键结合,这是葡萄糖链连接的方式。实验表明,β-葡聚糖具有清肠、降低胆固醇、调节血糖、提高体液免疫能力等作用。毒理试验表明,可溶性β-葡聚糖未见明显的毒性作用,不溶性β-葡聚糖的安全范围大于可溶性β-葡聚糖。美国FDA已认定其是安全的,可在药品、食品、化妆品等中添加使用。

当今提取β-葡聚糖的资源主要有酵母、食用菌、大麦(青稞)、燕麦等。2010年,中华人民共和国原卫生部2010第9号公告中,已正式将酵母葡聚糖列入新资源食品目录中,说明该产品可以被更多的食品及相关行业所采用。大麦(青稞)富含β-葡聚糖,其结构与酵母的β-葡聚糖有所区别,但其保健医药功能已经得到了证实。

目前大麦β-葡聚糖的保健食品主要为胶囊、片剂、粉剂和咀嚼片等,如"青稞降脂胶囊"等。西藏喜卡青稞科技发展有限公司生产的"喜卡胶囊"已通过国家药品与食品监督管理局的审批(国食健G20051286),有明显的降血脂作用。大麦β-葡聚糖也可作为食品、药品等生产的添加剂,或用于配制生产饮料等。

2 大麦(青稞)母育酚保健食品

母育酚是具有维生素E活性的主要物质,包括α、β、γ和δ异构体。大麦(青稞)籽粒富含母育酚成分(见第三章),在保健食品开发与利用上具有很大的潜力。

目前国内外报道的有关大麦(青稞)母育酚提取物及其产品主要为液体状态,也有粉末状,大麦(青稞)母育酚的保健食品主要加工成软胶囊等(图7-3)。

图7-3 大麦(青稞)母育酚(引自网络资料)和母育酚软胶囊(作者,2011)

3 青稞油保健食品

青稞油(也称青稞胚芽油)是从青稞中提取的物质,主要成分有母育酚以及其他饱和、非饱和脂肪酸以及胚芽油中的有效活性物质。目前青稞油可以从青稞全粒提取,或从种皮部分提取,以及从胚乳部分提取,提取技术有冷压榨制等方法。

该方法工艺为:青稞籽粒→精选→溶涨→机械挤出胚芽→分离胚芽→低温干燥→冷压榨制胚芽油

目前青稞油的保健食品主要为精装青稞油、软胶囊等。

3 大麦(青稞)功能肽 Lunasin 保健食品

Lunasin 是一种全新的具有保健作用的多肽。过去,Lunasin 多从大豆中获得,高成本限制了它的应用。研究较多的产品主要是大豆 Lunasin(季国和冯志彪,2010)。大麦(青稞)Lunasin 研究稍晚,但近些年新成果也不断出现,已分析比较了 Lunasin 的序列结构,并开展提取技术工艺研发、纯化方法、保健特性及其作用机理的研究。

目前大麦(青稞)Lunasin 的保健食品还极少,正处在研发阶段,试制品主要为软胶囊。需要解决的主要问题是 Lunasin 的口服效果。

4 大麦(青稞)麦绿素产品

大麦(青稞)麦绿素制备通常采用种植环境生态优良、受人为因素污染或干扰小的自然生态地理环境的大麦(青稞)苗,许多企业都建有生产原料基地,以保证产品品质。

大麦(青稞)麦绿素主要功效成分为:蛋白质($\geqslant 32\%$)、人体所需的多种氨基酸,超氧化歧化酶(SOD)($\geqslant 12000$ U/100g)、β-胡萝卜素($\geqslant 10$mg/100g)、叶绿素(1400mg/100g)、20 多种维生素,如维生素 C 含量是苹果的 60 倍,维生素 B_1、B_2 的含量是牛奶的 30 倍、菠菜的 10 倍,维生素百分比含量是西红柿的 128 倍,叶酸的含量是菠菜的 8 倍;多种活性酶等植物活性物质,以及矿质元素,如钾(4880mg/100g)、钙(1108mg/100)、铁(15.8mg/100g)、锌(7.33mg/100g)等。

大麦(青稞)麦绿素产品已经获得国家"保健食品"和国际"有机食品"认证。目前市场上麦绿素产品较多,保健食品有麦绿素粉剂、片剂等。

第四节 大麦(青稞)在中医民间药方中的使用

大麦(青稞)非常有潜力的用途是医药功能因子的开发利用。大麦在古代就被用于医药,在中医和藏医历史上,大麦(麦芽)、青稞不同部位材料都广泛被用作消化系统、排泄系统等治病和防病的药方组成原料之一。历代本草对大麦的保健功效是充分肯定的。如《唐本草》记载:"大麦面:平胃,止渴,消食,疗胀。"《食性本草》:"大麦补虚劳,壮血脉,益颜色,实五脏,化谷食。久食令人肥白,滑肌肤。为面时,胜小麦,无燥热。"《本草纲目》:"(大麦)宽胸下气,凉血,消积进食。"《中国药典》记载:"生麦芽:健脾和胃通乳,用于脾虚食少,乳汁郁积;炒麦芽:行气清食回乳,用于食积不清,妇女断乳;焦麦芽:消食化滞,用于食积不调,脘腹胀痛。"大麦中富含的维生素 E 可以防止老化、保护皮肤,并对促进血液循环也卓有疗效。大麦可以治疗十二指肠溃疡及胃炎等疾病,并有消食、回乳、消水肿等功效。食用大麦可消除食饱肚胀的症状,有温中下气,暖脾胃,破冷气,去腹胀等功效,适用于脾胃虚寒引起的腹胀、腹痛等症。本节归纳列举从网络、民间等收集的大麦(青稞)在医药药方中的应用,但作者未对药方的使用功效进行严格的科学试验证实。

1 古代药方

1.1 大麦籽粒(或麦芽)

大麦用于医药早在《本草经集注》,《本草衍义》就有记录:"有人患缠喉风,食不能下,将此大麦面作稀糊,令咽之,既滑腻,容易下咽,以助胃气"。据《本草纲目》记载,大麦味甘、性平、有去食疗胀、消积进食、平胃止渴、消暑除热、益气调中、宽胸下气、补虚劣、壮血脉、益颜色、实五脏、化谷食之功,蜜为之使。其功效为和胃,宽肠,利水。主治食滞泄泻,小便淋痛,水肿,烫火伤。用法用量有内服:煎汤,50~100g,或研末;外用:炒研调敷或煎水洗。

1.2 大麦苗

在《本草纲目》就有利用大麦苗的记录。其功效为清热利湿、润肤止痒。主治黄疸、小便不利、皮肤皲裂、冻疮。用法用量有内服:磨汁;外用:煮汁洗。

1.3 大麦秸

大麦秸用于医药的记载最早也出自《本草纲目》,利用大麦成熟后枯黄的茎秆。认为味甘苦,性温,无毒。入脾、肺二经。其功效为消肿,利湿,理气。主治水肿、小便不利、胃痛、腹痛。用法用量为内服:煎汤,30~120g。

1.4 大麦醋糟

《食疗本草》就记载了大麦制醋后剩余之糟粕的利用。在《本草纲目》中认为其"酸,微寒,无毒,",入肝、肾二经。主要功效为祛风行气,主治气滞风壅、手臂酸痛。用法用量为外用:炒后裹患处。

1.5　青稞籽粒

青稞籽粒又称青稞麦(《齐民要术》),油麦(《山西志》),莜麦(《植物名实图考》)。《本草纲目拾遗》记载其"味咸,性平凉",主要功效为"下气宽中,壮筋益力,除湿发汗,止泄",补中益气。主治脾胃气虚,四肢无力,大便稀溏。使用方法有内服:取 30～60g,煎汤;或制成食品、酒等服用。

2　民间药方

2.1　改善老年人食欲不振、消化不良

炒麦芽 15g,炒六曲、山楂各 9g,水煎服。婴幼儿腹泻、单纯性消化不良,可用炒麦芽 9g,带壳高粱(炒成炭状)、鸡内金各 6g,加少许红糖,水煎服。

食饱烦胀,用大麦面熬香,每服一匙,开水送下。

2.2　急、慢性肝炎

用麦芽的幼根,干燥后磨粉制成糖浆内服,每次 10mL,每日 3 次,可增强食欲,改善肝区不适、低热等症状,降低升高的转氨酶。

2.3　改善女性产后乳房疾病

如果产后无乳、乳房胀痛,可以用大麦芽 9～15g,炒熟,研细末泡茶饮。如果断乳后乳房仍溢乳不止,可用麦芽 100～200g,煎汤,每日 4 次口服(如乳房胀痛,可加用芒硝 60g,调蜂蜜外敷乳房)。乳腺增生症,可用麦芽 50g,山楂、五味子各 15g,水煎服。(注:麦芽制作方法为,取大麦种子,加水浸泡 3～4h,捞出置可滤水的容器内,上面加盖湿物,每日淋水 2～3 次,待胚芽长至0.3cm左右时,取出晒干即可)

2.4　治小儿消化不良

用大麦芽、鸡内金各 30g,炒后共研细末。1 岁左右儿童,每次服 2～3g,日服 3 次,年龄大者可酌增。

2.5　治小儿乳积不化或吐乳

将大麦芽微炒后,水煎服有效。大麦芽 30g,茶叶 8g。将大麦芽、茶叶分别用文火炒焦,混合后用开水冲饮。可作为小儿伤食泄泻的食疗饮料。

2.6　对肝炎引起的胸闷和食欲不振

用大麦芽、茵陈各 30g,橘皮 15g,水煎服。

2.7　治回乳

大麦芽 125g,水煎服,1 日 2 次。或大麦芽、炒麦芽各 60g,水煎服,连服 3 日。亦可炒大麦芽 125g,煎浓汁 1 碗,1 日分 3 次服完。

用此方法回乳应注意,大麦芽用量过小或萌芽过短(大麦发芽视芽长相当

于干麦粒 2 倍以上,芽苞由白转绿时为宜)时,均会影响效果。因未发芽的大麦,不仅不能回乳,反而会增加乳液的分泌。同样,妇女在哺乳期间,不要服用大麦芽治病,以免发生回乳或减少乳汁的现象。

2.8 清热消渴

大麦可以消暑,在炎热的夏季,将大麦适度炒焦,泡水或煮成大麦茶,当茶饮,有很好的清热消渴作用。孕妇尽量不要喝大麦茶。

2.9 蝘蜋尿疮

用大麦嚼敷,一天三次。

2.10 烫 伤

用大麦炒黑,研为末,用香油调和,每日涂于患处,可治烫伤。

2.11 治疗皮肤皲裂

用大麦苗煮汁洗面、手、脚,可预防和治疗皮肤皲裂。

3 大麦(青稞)营养食谱

大麦仁属传统食品,可以煮粥、熬汤、磨面制饼或煮稀糊,亦可加工成麦片、发芽制成麦芽酿酒、制饴糖等食品。

3.1 大麦粥

原料:大麦米仁。

制作方法:将大麦米洗净,用温水浸泡 3～4h,可以加少量红枣、红豆、绿豆、干果等,加适量水,煮粥。大麦仁可作八宝粥加工的原料。

功效:大麦仁粥冷饮具有防暑降温功能,热饮可助消化、解油腻、养胃、暖胃、健胃。

3.2 大麦羊肉粥

原料:大麦粒 100g,羊肉 100g,草果 6g,生姜 3g。

制法:羊肉切丝,生姜切片,与草果同入锅煎汤。大麦粒浸泡发胀,洗净后用煎取的汤汁煮粥,加食盐调味即成。

功效:可作为脘腹冷痛、腹泻、大便溏软等病症的食疗粥品。

3.3 大麦叶枇杷枸杞汤

原料:大麦叶 20g,枇杷 20g,枸杞子 15g。

制作方法:将大麦叶洗净,枇杷去皮,加入枸杞子煮 30min,食果饮汤。

功效:和胃生津、养肝明目。适于头晕目暗、视物模糊、呕逆少食。消炎、止痛、抗癌。大麦叶的主要抗癌成分为麦涤素和异牡荆素。

3.4 大麦(青稞)片

大麦(青稞)富含淀粉,其营养特点是大麦发芽后含有多种消化酶,易被人体消化吸收。若辅以各种佐料可煮出不同风味的麦片粥,因此在国内外都把麦片看作是营养丰富的方便食品。特别是大麦发芽后,有较高活性的淀粉酶、蛋白酶、脂肪酶等物质,有和胃、助消化等作用,大麦芽富含维生素 B,对治疗维生素 B 缺乏的脚气病有一定疗效。

3.5　大麦饭

原料:大麦米。

制作方法:将大麦米洗净,用温水浸泡 3～4h,与少量小豆、绿豆或适量大米混合,即可做干饭。

功效:特别适合糖尿病患者食用。

3.6　大麦炒面

原料:大麦。

制作方法:大麦清洁,磨粉,将大麦面粉在铁锅内用文火炒熟(切勿炒焦)。每天两汤匙,适当加些白糖和香油,用开水冲成一小碗糊状大麦炒面服下,每日一次,空腹服下即可。

功效:能调和脾胃,促进消化,对治疗大便燥结及老年性便秘有一定帮助。

3.7　大麦茶

原料:大麦。

制作方法:大麦茶有轻炒和重炒两种,清炒口感淡爽,重炒口感醇厚,中国人的口感偏重,市场多重炒,是市场的主流。将炒制的大麦茶加水煮沸 3～6min 左右即可饮用;或者用开水直接泡 15min 就可饮用。在夏天,可把煮(泡)好的大麦茶放进冰箱冷却,是很好的解暑饮料,但冰大麦茶不宜多喝。

功效:消热解毒,止渴利尿,健脾瘦身,去腥膻,去油腻,助消化,润肤乌发,消胀止泻,益气健胃。

第八章 大麦(青稞)酒类产品及其加工

随着青稞保健功能的不断深入开发,以及消费群体的迅速扩大,加工技术的提高,生产设备的创新,青稞加工产品将呈现多元化发展趋势。青稞除了作为藏民的主要食粮、制作青稞传统食品、青稞营养精细食品、青稞保健食品、医药原料产品以外,青稞酒类产品历来受到关注。据藏文古籍记载,我国藏族同胞饮用青稞酒已有几千年历史。以青稞等为原料,通过微生物发酵等,生产高酒精度的蒸馏酒,在国内已有先例。

酒精类饮料分为发酵酒(如黄酒、啤酒、葡萄酒等)、蒸馏酒(如中国白酒、威士忌、伏特加等)和配制酒(如鸡尾酒、中国药酒等)三大类。大麦(青稞)一直以来就是酿造酒和饮料的主要原料之一。除了产量最大的啤酒外,大麦(青稞)还可酿制青稞酒、白酒、伏特加、威士忌等。近年来,随着酿造技术的发展和完善,通过研究与开发,大麦(青稞)也被用于青稞黄酒、青稞红曲酒等的酿造加工和生产。此外还可以利用发酵过程,开发大麦(青稞)的饮料和发酵食品。

第一节 青稞含酒精饮品及其加工

通过发酵生产的含酒精饮品是青稞传统食品中主要的种类,其中 Chang 和 Sanchang 是含酒精饮料(见第五章)。

1 Chang

Chang 的制作方法简单,选取合适的青稞品种均匀的籽粒做原料。一般认为紫青稞加工的 Chang 具有理想的味道和颜色,而均匀的籽粒可以保证稳定一致的制作过程和工艺。加工 Chang,首先是清洗原材料青稞籽粒。近年来,酿造者在制造过程中通常是将麦芽大麦与青稞按 1∶2 的比例混合使用。这种特殊配方制作的大麦(青稞)籽粒称为 Changdru。然后将 Changdru 用水煮 2~5h。煮过的大麦(青稞)籽粒叫 Poub(它与糖和黄油混合时味道鲜美,可经常少量食用)。煮好的 Poub 冷却后,再加入 Changdzi(酵母粉)发酵 3~5 天,这时没有液体残留。这些发酵过的青稞籽粒称为 Lenmar(也可以少量直接食用,或者加点油和糖油炸成美味佳肴)。通常将 Lenmar 放入泥罐子砂锅,加水浸泡 6~10h,然后过滤制成 Chang。一般加水 3~4 次,并将过滤液合并。Chang 的酒精含量依赖于加水的次数,第一次制成的 Chang 的酒精含量通常约 7%,第二次约 5%。人们一般饮用的 Chang,其酒精含量为 5%或更低。

2　Sanchang

Sanchang 的加工制作是将糌粑与一定比例的温热干净水和酵母粉混合均匀,发酵 3 天。半发酵的糌粑有点甜味,称作 Sanchang。通常将其切成方块并干燥后食用。许多人喜欢将 Sanchang 当作点心咀嚼,而一些人将其用水浸泡当饮料喝。历史上 Sanchang 在西藏西部地区受到广泛青睐,因为那里燃料有限。而制作 Chang 需要煮青稞籽粒,水的烧开温度仅约 80℃。

第二节　青稞酒及其加工

青稞是一种很好的酿酒原料,以青稞为主要原料酿造的青稞酒是青藏高原的特色饮品。现代的青稞酒大致可以分为非蒸馏型青稞哑酒、蒸馏型高度青稞白酒等几类。日常生活中青稞酒指的是非蒸馏型青稞哑酒。青稞哑酒以整粒的青稞等原料配以酒曲预糖化后密封发酵而成,酒精度一般为十几度。这种低度青稞酒风味独特,酒精度适当,产品营养丰富,且在不同地区各具特色。据藏文古籍记载,我国藏族同胞饮用青稞酒已有几千年历史。但以青稞为原料生产酿造的低度青稞酒的工业化生产直到近十年才得到较快的发展。

1　青稞酒生产方法及其工艺

目前青稞酒生产的方法及其工艺主要有以下 4 种。

(1)糖化液法

青稞→筛选→清洗→蒸煮→降温→加入糖化酶(或对应的微生物菌种曲)→置于恒温条件下(注意温度控制)→糖化→液化→过滤→糖化液→温度降至 20℃时→接种加入酵母菌→发酵→过滤→消毒→包装→产品

糖化液法酿造出的青稞酒酒味淡、香气差,而且酒体不协调。原因可能是由于青稞经一次性糖化后,有用物质溶出不足,原料利用不充分,致使酒中糖、酒、酸含量不足,致使口味淡薄,香气不足。

(2)半固态法

青稞→筛选→清洗→蒸煮→温度降至 20℃左右→加入糖化发酵剂(或接种对应的曲霉菌种和酵母菌)和适量水→混匀→发酵→压榨→过滤→消毒→包装→产品

半固态法与黄酒的传统工艺相似,但原料、糖化剂和发酵剂不同,且生产周期大为缩短。半固态法与固态法及先固态后半固态法相比,有用物质溶出多,原料利用率高,因而酒度上升最高,出酒率也高,但口味略淡,酒精度稍次于先固态后半固态法。

(3)固态法

青稞→筛选→清洗→蒸煮→加入糖化发酵剂(或接种对应的曲霉菌种和酵母菌,不加水)→拌匀→发酵→再加水浸泡→压榨→过滤→消毒→包装→产品

固态发酵法酿酒是在固态发酵完成后,用浸泡而不是蒸酒的方法出酒,因此保持了发酵酒的风味,但由于整个发酵采用固态法,虽然出酒香气好,但容易产生冲鼻、刺喉的味道。原因可能是该方法工艺中存在气相间隙,杂菌较易进入产生挥发酸。此外,固态法原料利用率和出酒率均相对较低。

(4)先固态后半固态法

青稞→筛选→清洗→蒸煮→加入糖化发酵剂(或接种对应的曲霉菌种和酵母菌,不加水)→拌匀→固态发酵→一段时间后→再加入适量水→半固态发酵→压榨→过滤→消毒→包装→产品

先固态后半固态法虽然出酒率低,但酿造的低度青稞酒具有较理想的浊度、香味、酒色、口感等感官指标,表现为酒醇、香浓、后味长,口味柔和,酒体协调,香气愉悦。一般认为,其原因是固态发酵时存有固、液、气多相性,存在液固界面和气固界面。有实验证实,界面上微生物的分布、酶活力、代谢等与在均一相中的差别很大。因此,增加界面,可能加快了微生物的繁殖速度,影响微生物的生长、繁殖、代谢及发酵,但真正机理目前仍不清楚。

研究和实践表明,在实验室规模酿制低度青稞酒取得初步成果的基础上,采用中试规模,对糖化液法、固态法、半固态法和先固态后半固态法四种不同的酿造方法的发酵效果(包括化验分析糖度、酒度和酸度以及感官检验清浊度、香味、酒色,口感)加以比较,可建立一种适用于大规模生产酿造低度青稞酒的较好的工业发酵方法。

2 青稞酒生产需要控制的主要参数

要酿制出好品质的青稞酒,除了根据酿造青稞酒的类型,选择合适的菌种、辅料、酿造方法工艺外,在生产过程中需要控制以下几个主要参数。

2.1 温 度

在酿造青稞酒的过程中,温度的控制是十分重要的。它影响到微生物的生长繁殖,从而影响到分解代谢和合成代谢,最后影响到青稞酒出酒率和酒的品质。

有研究表明,发酵过程中温度随时间的变化而变化。这与微生物的繁殖与代谢密切相关。因此通常在发酵初期要保持一定的起始温度,中后期要注意温度是否过高,以及注意通气,避免发酸。

2.2 糖 度

青稞酒酿造过程中,糖化是关键步骤之一,可先将淀粉水解成可发酵的糖

发酵过程中糖度随时间进程而变化,不同的发酵工艺,糖度的变化是有差异的。

糖化液法发酵,利用的是糖化液,初始糖度最高,一般通过控制加水量调节成不同初始总糖度(一般控制在 200Bx 左右)。随着发酵的进行,糖度快速下降(一般下降到 40Bx 左右),而后下降速度变慢,发酵到最后,糖度不再下降,即发酵结束。

固态法、半固态法、先固态后半固态法发酵由于是一定程度上边糖化边发酵的过程,初始糖度很低,原料主要是淀粉,开始只有淀粉在糖化剂(对应菌种曲)的作用下转变为可发酵性糖。但是由于酵母同时亦进行生长繁殖以及进行分解合成代谢,在这种生产工艺中,糖度取决于糖化和发酵的速度。开始时,由于酵母数量少,而糖化速度快,因此在开始的时候,糖度上升快,酿造物出现甜味。当糖化产生的糖和发酵消耗的糖处于速度相等时,糖度达到最高值。而后,随着淀粉消耗,酵母繁殖生长,发酵速度加快,发酵速度大于糖化速度,糖度就逐渐下降,直到发酵结束。

因此,不管采用哪种方法工艺,调节发酵控制糖度,是调节青稞酒口感和品质的主要手段。

2.3 酸 度

影响青稞酒品质的另一主要因子是酸度。酸度受发酵过程中的温度影响较大。温度越高,酸度上升越快,升得越高。糖化液法与半固态法特别明显。因此,温度控制特别重要。研究表明,在发酵过程中,温度较高,杂菌较易进入,酒醅产生较多的挥发酸。

2.4 酒精度

酒精度随时间而发生变化。发酵过程中,随时间,酒度基本呈线性上升,过了发酵旺盛期,酒度上升平缓,有时甚至下降,呈现小范围内的波动变化。

在青稞酒的酿造发酵过程中,糖度、酒精度、酸度之间存在一定的变化规律,通常发酵旺盛期的糖度、酒精度、酸度与时间基本呈线性变化。总体趋势是糖度下降,酒精度和酸度上升。而当糖度基本不变时,酒度和酸度亦基本不变。

2.5 苦 味

在青稞酒酿造过程中,发现不同发酵方法所得的酒液中均有不同程度的苦味。进一步分析表明,苦味是由于存在苦味物质组分,这种苦味物质很难通过蒸馏除去,也很难通过活性炭等吸附排除。根据初步分析结果认为,苦味物质是在主发酵基本结束后,由微生物异常代谢或菌体自溶产生的一些易被吸附的难挥发性物。目前解决苦味问题,通常采用的方法有:①发酵过程中添加一定的糖化剂;②出酒后尽早杀菌,以免因异常代谢或菌体自溶而使酒质变坏;③进一步贮藏成熟,通过乙醇与酸反应增香,酒精与水分子缔合使酒味柔和醇厚。

第三节 大麦(青稞)白酒及其加工

白酒通常指各种透明无色的蒸馏酒,一般又称烧酒,各地还有白干、老白干、烧刀酒、烧锅酒、蒸酒、露酒、酒露、露滴酒等别称。烧酒起源于唐朝,至宋元以后逐渐普及。明代药物学家李时珍对烧酒的制作方法做了这样的描述:"其法,用浓酒和糟入甑蒸,令气上,用器取酒滴。凡酸败之酒皆可蒸烧……其清如水,味极浓烈,盖酒露也。"少数民族地区的烧酒,特别是青稞烧酒(白酒)始于何时,未见确切的记载。一般认为最迟在明代中后期,偏僻山区的少数民族也已经熟练地掌握蒸馏酒的技术了。清代以后,烧酒酿制技术在各少数民族中迅速普及。

青稞白酒是以青稞为原料,微生物种曲(通常为青稞和豌豆所制取的大曲)为糖化发酵剂酿造蒸馏而成。青稞白酒酿造在工艺上采用清蒸 4 次,固态分离发酵,固态蒸馏取酒等方法。青稞白酒原料和制作工艺特殊,因此酒的风味独特。酒中各种微量呈香物质丰富,酒味芳香纯正,酒体醇厚丰满。同时,由于青稞白酒中香味成分含量及量比关系比较恰当,饮后不头痛,不口渴。对酿酒用青稞品质要求较严,青稞籽粒淀粉含量要高,并且淀粉中的直链淀粉比例高,支链淀粉比例低,这样可提高发酵效率和出酒率。

1 大麦(青稞)白酒生产方法及其工艺

青稞白酒的品质主要取决于青稞原料品质、发酵菌种类型、水质、生产方法等。青稞白酒生产方法多样,主要分为固态发酵和液态发酵。

1.1 固态发酵

青稞→筛选→粉碎→配料→蒸煮→降温→拌醅(加入糖化酶或对应的微生物菌种曲)→发酵→蒸酒→包装→产品

1.2 液态发酵

青稞、水→配料→糊化→冷却→曲化液→降温→加入合适的曲子、酵母→发酵→加入合适酵母菌种、己酸菌→发酵醪→共发酵→复合塔蒸馏→成品酒→包装→产品

2 青稞白酒生产需要控制的主要参数

2.1 选料

青稞白酒原料要选择合适的青稞品种,不同的品种会影响到白酒的口感和品质。

2.2 粉碎

青稞原料利用粉碎机粉碎,主要目的在于便于蒸煮,使淀粉充分被利用。

如果是将青稞脱皮,其粉碎程度可以低一些,通过10～20目筛即可。

2.3　配　料

将青稞新料、青稞(或糯米)红曲酒的酒糟、辅料以及水通过润料槽、拌料槽进行配合。每次配料要根据发酵场所(窖子)的大小、青稞原料的淀粉量(不同品种有差异)、气温、生产工艺及发酵时间等情况而定,一般以淀粉浓度14%～16%、酸度0.6～0.8、润料水分48%～50%为宜。

2.4　蒸　煮

通过蒸煮机、甑桶蒸煮使淀粉糊化,有利于淀粉酶的作用,同时还可以杀死杂菌。蒸煮的温度和时间视原料种类、破碎程度等而定。青稞原料的蒸煮时间一般比糯米要长。

2.5　冷　却

蒸熟的原料,用晾渣机、通风晾渣设备迅速冷却,达到微生物适宜生长的温度,如果气温在5～10℃时,品温应降至30～32℃,若气温在10～15℃时,品温应降至25～28℃,夏季要降至品温不再下降为止。

2.6　拌　醅

固态发酵青稞、麸曲白酒,是采用边糖化边发酵的工艺,即同时加入曲子(根据不同工艺,其采用的大曲、小曲、麸曲等有别)和酵母。酒曲的用量视其糖化力的高低而定,一般为酿酒主料的8%～10%,酒母用量一般为总投料量的4%～6%(即取4%～6%的主料作培养酒母用)。在拌醅时应加水,水分含量为58%～62%。

2.7　发　酵

发酵醅料品温应在20℃左右(夏季不超过26℃),醅料不能压得太紧,也不能太松。通常每立方米容积内装醅料630～640kg。发酵过程主要是掌握控制品温,并要随时分析醅料水分、酸度、酒量、淀粉残留量的变化。一般当窖内品温上升至36～37℃时,即可结束发酵。

2.8　蒸　酒

发酵成熟的醅料称为香醅,其成分复杂。通过蒸酒把醅中的酒精、水、高级醇、酸类等有效物质成分蒸发,再经冷却可得白酒。蒸馏要尽量把酒精、芳香物质、醇甜物质等提取出来,同时要注意尽量除去杂质。

根据工艺的不同,将原料和发酵后的香醅混合,蒸酒和蒸料同时进行,称为"混蒸混烧",前期以蒸酒为主,甑内温度要求85～90℃,蒸酒后,应保持一段糊化时间。若蒸酒与蒸料分开进行,称为"清蒸清烧"。

第四节　青稞啤酒及其加工

将青稞制成青稞啤酒,可以明显改善青稞的适口性,最大限度保留青稞特有的功效成分,具有饮料、酒用、保健三重功效,是普通啤酒和青稞啤酒典型特征的完美结合。

1 青稞啤酒原料配方和工艺流程

1.1 配方

目前青稞啤酒酿造的原料为青稞麦芽、麦芽、辅料。辅料为大米、大麦、玉米、小麦、糖浆、青稞、白砂糖。

1.2 工艺流程

酒花
↓

青稞→制麦→青稞麦芽→湿粉碎→糖化→麦汁过滤→煮沸→沉淀→冷却→发酵→过滤→包装→成品

2 操作和注意要点

2.1 原料选择与配比

原料选自青稞麦芽、酒花,青稞麦芽的含量为 100%,酒花每吨啤酒添加 0.5kg,采用全麦芽糖化工艺。

2.2 湿粉碎

青稞麦芽用 0.05MPa 的蒸汽处理 30~200s,增湿后粉碎。

2.3 糖化

将粉碎后的青稞麦芽送入糖化锅进行糖化。糖化温度 40~45℃,糖化时间 35~45min。

2.4 过滤、煮沸

用大麦芽皮壳作为过滤介质,麦汁采用加压煮沸,在 0.04~0.1MPa 的压力下加压煮沸 120~140min,酒花按照原料总质量的 0.5%~0.8%分三次添加。

2.5 沉淀、发酵

在沉淀槽中进行沉淀,待麦汁冷却至 8~10℃时,加原料总质量 4%~6%的酵母,主发酵温度 9~12℃,整个发酵周期 40~50 天,贮酒时间 30 天以上,过滤。

2.6 包装

60~62℃杀菌 30min,包装即为成品。

3 产品特点

3.1 形态、质地

青稞啤酒颜色浅黄色带绿,有醒目光泽,清澈透亮,无明显悬浮物,泡沫洁白细腻,持久挂杯。

3.2 滋味、气味

口味纯正,既有啤酒花的香味,柔和协调的口感,又有青稞的芳香。

第五节　青稞红曲酒、青稞黄酒及其加工

青稞为原料的红曲酒和黄酒是近些年研发成功的产品,它集聚了我国西域的特色资源青稞和东部的千年特色资源红曲的优点,使酒的营养更丰富、功效更齐全。青稞黄酒和青稞红曲酒基本属于同类型,主要的差异在于菌种的不同。

1　青稞红曲酒生产工艺

作者等通过几年的研究试验,研发成功青稞红曲酒,其生产工艺如下:

青稞→筛选去杂→磨皮→浸泡、淘洗、沥干→蒸煮→冷却→接种加入特殊菌种红曲→前发酵→后发酵→压榨→过滤→检测→灌装→灭菌→包装→产品

2　青稞红曲酒生产需要控制的主要因素

2.1　菌种及其发酵工艺

由于大麦(青稞)籽粒的成分与大米、糯米有差异,以往适合于糯米和大米酿制红曲酒的菌株,通过试验发现不适合用于大麦(青稞)的红曲酒发酵。因此,选育适合大麦(青稞)酿酒发酵的红曲霉菌种及其建立和优化发酵工艺显得十分重要,菌种直接影响青稞红曲酒的质量。作者近年通过对收集于国内外的30个菌株进行鉴定筛选,从中得到较适合于青稞红曲酒发酵的菌株。

红曲发酵工艺主要有两类,即液态发酵和固态发酵。我国传统的红曲发酵工艺是用糯米或早籼米接入红曲菌种进行固态发酵。也有用液态发酵工艺。Lin等(1991)对碳源进行了研究,结果发现葡萄糖、淀粉、麦芽糖、蔗糖、半乳糖和麦芽醇等都可以作为基质,而乳糖、果糖、木糖和甘油等则较差,但葡萄糖浓度太高反而会导致菌体生长缓慢,色素减少和产生酒精。不同氮源对不同菌株的色素产量有不同的影响。由于青稞(大麦)籽粒组成成分与大米有一定差异,通过试验比较,适合青稞酿造的菌种在制曲时,也可以制成米曲使用于青稞红曲酒的制作。

2.2　青稞磨皮

相对于大米、糯米,青稞籽粒表面具有较坚硬的种皮,含一些蜡质成分,因此红曲霉菌相对较难生长,因此一般要进行青稞籽粒磨碎或者采用机械去皮,使霉菌容易生长,正常发酵。

2.3　青稞蒸煮

青稞红曲酒制作过程中,青稞蒸煮是一个重要的因子。由于青稞表皮较硬,有蜡质等成分,因此青稞原料的蒸煮时间一般比糯米要长。蒸煮的温度和时间视原料种类、破碎程度等而定。去皮的青稞蒸煮时间可以短一些,但是去

皮后会是使青稞皮中的一些特殊功效物质散失,影响到青稞红曲酒的风味。

2.4 料水比例

料水比例影响到青稞红曲酒的品质。我们通过大量的试验,基本确定料水比为 1∶1.2,可以使青稞红曲酒浑厚清香,保证优良的品质。

2.5 发酵条件

青稞红曲酒发酵一般分前发酵和后发酵。控制好发酵条件,可以有效地保证青稞红曲酒的品质和产量,以及保证食品安全。前发酵以有氧发酵为主,要注意发酵温度及氧气供应,该阶段是淀粉酶、糖化酶作用于淀粉,使之转变成糖。后发酵以厌氧酒精发酵为主,该阶段是将糖发酵成酒精。

2.6 食品安全

青稞红曲酒(青稞黄酒)发酵过程中,最重要的是要注意检测橘霉素的含量和氨基甲酸乙酯的含量。Blanc 等人(1995)证实,Monascidin 实质是橘霉素,经研究发现橘霉素的产生与菌种、发酵工艺和培养基有关。但动物实验证明,红曲及其制品对实验动物没有产生毒性。红曲中成分很多,可能存在对橘霉素的毒性有拮抗作用的物质。也有人认为红曲在食品中使用剂量一般较小,在一定剂量范围内,人体食用是安全的。

在黄酒发酵过程中,在发酵前期,尿素是酵母生长繁殖的氮源,有利于黄酒发酵,到后期的黄酒中,尿素与黄酒中的乙醇发生缓慢反应生成有毒物质氨基甲酸乙酯,目前控制方法主要是在黄酒发酵中添加允许的食品添加剂酸性脲酶将尿素分解成氨和二氧化碳。也有通过选育低产尿素菌种用于发酵。

2.7 功效成分

青稞红曲酒发酵生产中,可以充分利用红曲霉菌的代谢功效成分,从而生产既有青稞功效成分又有红曲菌功效成分的青稞红曲酒。这是青稞红曲酒的研究方向之一。发酵条件对红曲菌功效成分 Monacolin K 产量的影响较大。研究表明,碳源、氮源对 Monacolin K 产量的影响较大。高嘉安等(1996)通过试验证明,碳源以甘油最好,葡萄糖次之。有机氮源能促进菌体的次级代谢,并分泌到发酵液中,Monacolin K 含量相对较高。其中牛肉膏、蛋白胨作用优于酵母膏。无机氮源中 $NaNO_3$ 效果好于 $(NH_4)_2SO_4$。另外,接种发酵起始 pH、发酵温度、培养时间等对青稞红曲酒的功效成分 Monacolin K 形成均有显著的影响。

第六节　伏特加及其加工

伏特加是俄罗斯的国酒,据说出自于沙皇彼得大帝时代。12 世纪,俄国酿制出一种以稞麦酿制的啤酒和蜂蜜酒混合蒸馏而成的“生命之水”,可以认为它是现今的伏特加酒的原型。它的历史悠久,约 14 世纪开始成为俄罗斯传统饮用的蒸馏酒,是北欧寒冷国家十分流行的烈性饮料。现今世界上有许多国家

(如美国、波兰、丹麦、日本、中国等)都能生产伏特加酒。但以俄罗斯生产的伏特加酒质量最好。

伏特加酒最初用大麦为原料,以后逐渐也改用含淀粉的马铃薯、玉米、小麦、甜菜等原料。现今全世界都主要用谷物(大麦、燕麦、小麦等)为原料。伏特加是以大麦、小麦、裸大麦(青稞)或马铃薯为原料,再加上麦芽酿造,蒸馏后做成的酒。通过重复蒸馏、精心过滤的方法,除去酒精中所含的毒素和其他异物,从而制成一种纯净的高酒精浓度的饮料。

1　伏特加酒生产方法及其工艺

麦芽→放入大麦、青稞等谷类或马铃薯→加入热水→加压煮烂→加入微生物糖化发酵→蒸馏→重复蒸馏(通常三重蒸馏)→酒精度数为 70～90°→桦木炭过滤→加水稀释→过滤→酒度 40～50°→装瓶→产品

2　伏特加酒生产需要控制的主要参数

(1)蒸馏出的原酒流入收集器时,要经由桦木炭层的过滤,每加仑酒至少要用一磅半的木炭,而且连续过滤的时间不得少于 8h,而且桦木炭在使用 40h 后,至少 10% 的木炭要换新的。

(2)将酿制好的伏特加酒再不断地与桦木炭接触,以达到精炼过滤的效果。这样,就使伏特加酒具有了无色、无杂味的特点,成为世界上含杂质极少、口感最为纯净的酒。

3　伏特加酒特性特点

伏特加酒是俄罗斯具有代表性的烈性酒,大体相当于中国的白酒,因为它并不是特指一个牌子的酒而是泛指一类酒。伏特加酒分两大类,一类是无色、无杂味的上等伏特加;另一类是加入各种香料的伏特加。

伏特加酒具有无色无杂味的特点,伏特加是所有酒类中最无杂味的。因为在酿制过程中,让蒸馏酒缓慢地通过桦木炭层,这样不仅可以清除不纯的成分,还可以使酒液吸收木炭的甜味。因此制出来的伏特加的成品是无色的,酒液透明,晶莹而清亮,除酒香外,几乎没有其他香味,口味凶烈,劲大冲鼻,火一般地刺激。

第七节　威士忌及其加工

威士忌是一种由大麦等谷物酿制,在橡木桶中陈酿多年后,调配成 43°左右的烈性蒸馏酒。威士忌的酿制是将上等的大麦浸于水中,使其发芽,再用木炭烟将其烘干,经发酵、蒸馏、陈酿而成。贮存过程最少 3 年,也有多至 15 年以上的。

在早期,传统的威士忌大多是用大麦麦芽为主要原料酿造的。后来才使用

玉米、燕麦等其他谷类,以及用掺杂法来酿制威士忌。目前,威士忌因原料不同和酿制方法的不同可分为麦芽威士忌、谷物威士忌、五谷威士忌、稞麦威士忌和混合威士忌五大类。最著名最具代表性的威士忌分别是苏格兰威士忌、爱尔兰威士忌、美国威士忌和加拿大威士忌四大类。

1 威士忌酒生产方法及其工艺

优良大麦→筛选→浸泡→发芽→干燥→磨碎→加入微生物酵母→发酵→蒸馏→橡木桶/雪莉桶/波本桶→漫长陈酿→混调→装瓶→产品

2 威士忌酒酿造操作和注意要点

2.1 挑选大麦

大麦、水和酵母是制造麦芽威士忌不可或缺的三大原料。不同的大麦品种品质有异,在经过不同的水和酵母菌种的发酵,酿造的威士忌酒品质差异很大。因此一般酒厂在某个时期将固定选用特定的品种和菌种以及水,建立稳定的生产工艺,酿造品质稳定的威士忌酒。如苏格兰的许多酒厂都有自己的麦田或固定合作的麦农,"皇家礼炮"威士忌就主要选用 Optic、Prisma、Chalice 三个大麦品种。但是,大麦品种并非是决定酒质好坏的唯一因素,其他如微生物菌种、水质及其生产工艺均影响威士忌的酒质。

威士忌酒是苏格兰的主要产业之一。啤酒麦芽大麦是苏格兰主要的作物,是威士忌酒生产的重要原料,近年来,为了获得优质的威士忌产品,育种专家十分重视优质大麦品种的选育,改良产量和品质,提高产品竞争力。旨在改良威士忌原料大麦的品质,这有助于苏格兰的威士忌酒业在出口中保持前列。苏格兰作物研究所(SCRI)的科学家们近年开发出了一种用于鉴别不同大麦品种的DNA 指纹技术,该分子标记方法简便,能以这种技术鉴定特殊的 DNA 标记,在生产加工过程中进行大麦品种鉴定,其中一个标记对促进威士忌纯度很有价值,可提高改良蒸馏酒的产量和品质。

2.2 发芽、干燥

有了优质大麦,接着进行"发芽"的程序,大麦经过浸泡、发芽过程,淀粉逐渐转换成糖分,也就是把"大麦"变成"麦酒"的过程。大麦发芽过程要考虑大麦中可发酵物质(麦精)的多少、淀粉酶的活性、麦芽的流失率等。大麦发芽需四至五天时间,接着通过烘烤、干燥,抑制大麦继续发芽,并使其颜色变深、硬度加强。在干燥的过程中,一般可以通过是否使用泥煤炭,改变威士忌的风味。

2.3 粉碎、发酵

将麦芽磨成粉,使其更易溶解,倒入特制的木桶,加入沸水搅拌。水质在这整个过程中起着非常重要的作用,也决定最后生产出的酒质。麦粉溶解在沸水里,加速糖分释出,称为麦芽汁。然后,加入微生物酿酒酵母菌种,进入发酵阶段,加入酵母后两天,麦汁会发酵到 8°,而这第一次发酵的麦汁已具啤酒的雏形。

2.4 蒸 馏

发酵过后,接着进入"蒸馏"步骤。啤酒汁导入蒸馏器后,可以让酒质更纯郁、净化。蒸馏是在几对带有鹅颈弯头的铜壶里进行的。通常铜壶一个比另一个大,但是在不同的酒厂,它们的形状、高度和尺寸都是不同的。苏格兰威士忌酒厂蒸馏器多半以红铜制造,两两成对。蒸馏是将液体转化蒸汽,再将蒸汽转化成液体,即蒸发和冷凝。通常,长颈蒸馏器会蒸馏出比较清淡、口感多层次的酒液,短颈蒸馏器蒸馏出的酒液口感较单纯、厚重。经过二次蒸馏出的原酒已经具备威士忌的雏形,酒精度提升到 68°。

2.5 陈 酿

蒸馏出的原酒,要经过漫长的陈酿过程。这是威士忌酒生产的主要环节之一。在苏格兰,这种原酒要在橡木桶里陈酿三年以上,才能被合法地称作是苏格兰威士忌。如果大麦麦芽酒要作为单一麦芽威士忌,那么它至少要经过 8~12 年的陈酿醇化过程。在陈酿过程中,器具的材质也是十分关键的。通常认为橡木桶是决定威士忌口感的关键之一。原酒在陈酿过程中,也有些被放入带有浓郁水果香气的雪莉桶,有些被放进散发甜甜香草味的波本桶,最后,再由调酒师决定取自波本桶与雪莉桶的威士忌的最佳百分比,进行混调,成为威士忌产品。

3 威士忌酒特性特点

虽然威士忌与伏特加均属蒸馏酒,原料均以大麦为主,但蒸馏、陈酿等工艺不同。所有威士忌都具有相同的特征,略带微妙的烟草味。主要是威士忌加工中经二次蒸馏过滤的原酒,经鉴定合格后放入酒槽,注入炭黑橡木桶里贮藏陈酿。由于橡木本身的成分及透过橡木桶进入桶内的空气,会与威士忌发生作用,使酒中不洁之物得以澄清,口味更加醇化,产生独一无二的酒香味,并且会使酒染上焦糖般的颜色,烟熏味浓厚。

第八节 青稞红酒及其加工

近年来,由于青稞的营养价值被越来越受到关注,因此在一些酒类加工中,开始添加青稞原料。如青稞红曲葡萄酒、青稞果酒等。

1 青稞红曲葡萄酒

青稞红曲葡萄酒实际上是一种葡萄酒,据西藏月王生物技术有限公司申请的专利报告,它是以葡萄和青稞红曲为原料酿造制得的青稞红曲葡萄酒。其制作工艺方法包括:制备青稞红曲液、葡萄破碎加工、主发酵、皮渣分离、自流酒、后发酵、贮藏与陈酿、澄清与过滤。该产品其实是在葡萄酒的生产工艺过程中,添加了青稞红曲发酵后的红曲液,综合发酵而成。既保持了葡萄酒的优点,又具有红曲的保健因子。

另外,类似的在果酒的加工生产中,也可以添加青稞原料,与水果一起发酵酿制青稞果酒。其加工生产工艺与单纯的果酒加工生产工艺类同。

2 青稞红酒

作者等最近的研究表明,通过选育特殊的有色青稞品种,利用青稞麸皮花青素发酵,结合红曲发酵,可以制作青稞红酒。其制作方法工艺如图 8-1。

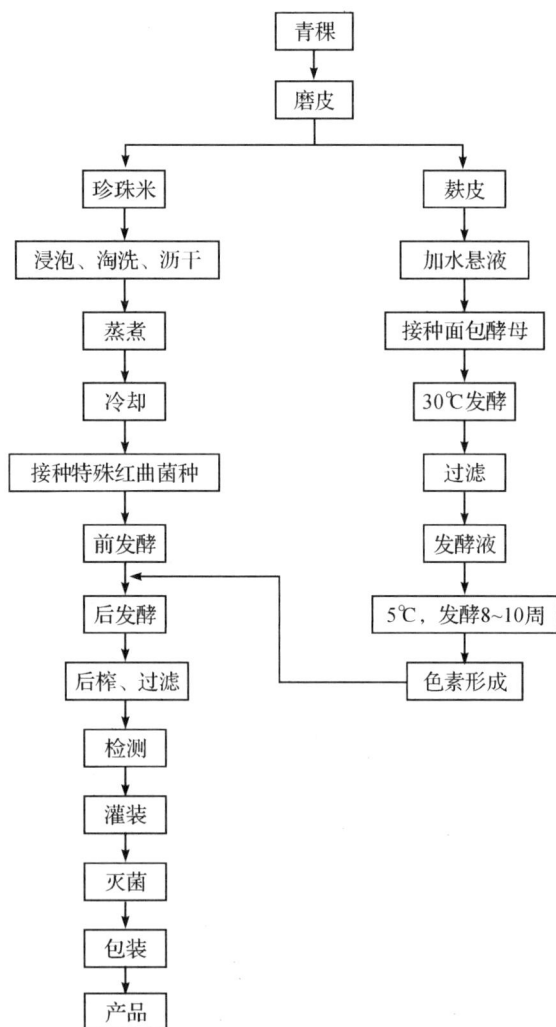

图 8-1 青稞红酒工艺示意图

第九章　大麦(青稞)发酵和发芽食品及其加工

在历史上较早时期,人们就利用大麦(青稞)通过发酵生产酒类和饮品。啤酒就是以大麦为主要原料,经发芽、糖化、啤酒酵母发酵制成的。据藏文古籍记载,我国藏族同胞饮用青稞酒已有数千年历史。以大麦(青稞)等为原料,通过发酵生产高酒度的蒸馏酒,在国内外均有大量报道,如威士忌、伏特加等已较为常见(见第八章)。现今,除了酒类发酵产品外,也有研究大麦(青稞)发酵技术,用于生产大麦(青稞)发酵食品,并取得了较大的进展。

第一节　大麦(青稞)发酵及其类型

1　大麦(青稞)发酵目的

发酵是利用微生物的代谢活动,通过生物催化剂(微生物细胞或酶)将有机物质转化成产品的过程。狭义地说在有氧/无氧条件下,糖类或近似糖类物质的分解。例如,乳酸链球菌是在缺氧的条件下将乳糖转化成乳酸,醋酸杆菌则在有氧条件下将酒精转化成醋酸。发酵技术是利用发酵来获得产品的技术。

大麦(青稞)发酵的目的,根据其产品的性质和需求会有所不同,但通常有:(1)希望利用大麦(青稞)来代替其他价值更高的培养基,节省发酵成本;(2)希望通过发酵对大麦(青稞)中的某些功能活性成分起到富集作用;(3)希望通过发酵,利用发酵微生物和大麦(青稞)之间的互作关系,使微生物和大麦(青稞)的某些功能活性成分能够发挥协同作用;(4)希望通过发酵,能有新的活性代谢化合物的产生,最后在食品、药品加工中利用。

2　大麦(青稞)发酵类型

大麦(青稞)发酵分固体发酵和液体发酵。至今已有多种发酵技术和微生物菌种用于大麦(青稞)发酵,最常用的微生物类型有酵母菌、曲霉菌、乳酸菌、醋酸杆菌、黄短杆菌、棒状杆菌等。

2.1　乳酸菌发酵

乳酸菌通常是自然发生在肠道等的良好细菌。已发现它的酸性对消化不良、酵母菌感染和免疫系统疾病有一定的作用。乳酸菌最常见于酸奶。在日本,就有利用其发酵大麦、大豆等制成豆面酱食品。

Arora 等以大麦或麦芽为基质,采用乳酸菌发酵,发现发酵处理能提高大麦食品中还原性糖、维生素 B_1、烟酸、赖氨酸、可溶性膳食纤维的含量,提高其营养价值。

Hole 等以乳酸菌发酵大麦,发现游离酚酸的含量增加了将近 30 倍(从 2.55μg/g 提高到 69.91μg/g),提高了膳食酚酸的生物利用度(结合形式的酚酸也提高了 23%)。以该发酵产物为材料,能有效控制由大肠杆菌诱导的小鼠腹泻。

Jeon 等以来源于发芽大麦的膳食纤维为基质,进行乳酸菌发酵,在大鼠的实验中证明能改善肠胃功能,缓解便秘。

2.2　醋酸杆菌发酵

醋酸杆菌则在有氧条件下将酒精转化成醋酸。以大麦或麦芽为基质,采用醋酸杆菌发酵,生产大麦醋饮料。

2.3　双歧杆菌发酵

以大麦 β 葡聚糖为基质,进行双歧杆菌(*Bifidobacterium infantis*,*Bifidobacterium longum* 和 *Bifidobacterium adolescentis*)发酵,可产生大量短链脂肪酸。

Zhao 等以大麦 β 葡聚糖为基质进行双歧杆菌(*Bifidobacterium infantis*,*Bifidobacterium longum* 和 *Bifidobacterium adolescentis*)发酵,可产生大量短链脂肪酸。

2.4　酵母菌发酵

大麦酵母菌发酵除了在酒类生产应用外,还可以生产其他多种食品。Choi 等以酿酒酵母发酵大麦,发酵液冷冻干燥后,其 β-葡聚糖含量高达 26%,而原本大麦中的含量仅为 6%。该发酵产物在小鼠的实验中具有降血脂和减肥的作用。

2.5　红曲霉菌发酵

Jun 等以大麦为基质,进行红曲霉菌发酵,发酵产物较传统的红曲具有更强的降血糖、降血脂胆固醇、促肿瘤细胞凋亡等功能。

作者等开展红曲霉菌发酵大麦(青稞),研究大麦(青稞)发酵产品的功能成分,主要通过发酵代谢工程控制,分析大麦(青稞)的母育酚和红曲洛伐它丁等功能因子,评价分析大麦(青稞)发酵后的营养品质特点与功能因子构成。结果表明,不同的红曲霉菌株系,其大麦(青稞)的发酵能力、发酵产物特征和功效成分均有显著差异(图 9-1,表 9-1),因此在发酵产品开发中,筛选和优化适合大麦(青稞)发酵以及高效功能因子合成积累的菌株十分关键。

图9-1 不同红曲霉菌株系的青稞发酵物比较

表9-1 不同红曲霉菌株系的青稞发酵物生育酚含量及其组成比较(单位:mg/kg)

	α-T	α-T3	β-T	γ-T	β-T3	γ-T3	δ-T	δ-T3	合计
1-FH	5.0	40.0	0.7	1.8	4.4	6.4	1.1	0.6	59.9
2-FH	5.2	47.7	0.9	1.8	4.8	8.4	2.1	0.7	71.7
3-FH	10.7	52.1	1.3	3.7	4.9	10.9	2.0	0.7	86.3
4-FH	3.2	35.3	1.2	2.6	3.8	6.2	0.9	0.4	53.6
1-KH	4.5	44.4	0.7	2.1	4.5	9.3	3.1	1.8	70.3
2-KH	6.4	58.8	0.3	2.8	4.6	14.8	4.6	2.8	95.1
3-KH	11.3	50.3	0.6	2.0	4.9	6.5	0.9	1.0	77.5
1-FY	5.9	46.9	0.6	1.6	4.6	5.7	0.9	0.4	66.6
2-FY	6.5	51.4	0.5	1.2	5.0	6.3	0.9	0.4	72.1
3-FY	11.3	52.3	0.8	1.6	4.3	5.7	0.6	0.4	76.9
4-FY	2.9	59.0	0.3	1.7	4.1	5.8	1.4	0.4	75.7
1-KY	6.5	43.3	0.5	1.2	5.0	6.3	0.5	0.6	64.0
2-KY	6.2	50.6	0.5	1.1	5.1	6.3	0.8	0.8	71.4
3-KY	10.5	37.5	0.7	1.2	5.1	6.6	0.5	0.9	63.0
4-FFY	11.6	72.9	0.8	2.1	4.8	6.5	0.7	0.5	99.9
4-FFH	8.7	42.1	0.9	3.0	4.7	7.8	0.8	0.6	68.6

2.6 黑曲霉菌发酵

以大麦为基质,利用黑曲霉菌发酵,发酵产物可降血糖、降血压。

第二节 大麦(青稞)发酵食品及其加工

大麦发酵食品是指人们将大麦通过有益微生物发酵而加工制造的一类食品。这类食品具有独特的风味,如啤酒、大麦酒酿、大麦食醋、青稞酒、大麦烧、黄酒、大麦红曲酒等(见第八章)。

发酵食品具有显著的特色和作用,如抑制腐败菌和一般病原菌的生长,能提高原有未发酵食品的营养价值。食品在发酵后，其原来的色泽、形状、风味都会有所改变，为人们所喜爱。

随着发酵技术工艺的不断创新，发酵微生物的不断挖掘，大麦（青稞）发酵食品也日益增多。近年来，通过研究与开发，大麦（青稞）也可以通过发酵过程，开发大麦（青稞）的饮料和发酵食品。大麦（青稞）加工业将不断研究大麦（青稞）的营养保健、医药功效因子的特性及其作用机理，采用先进技术和加工工艺，综合开发产品向多元化发展是必然趋势，发展完善大麦（青稞）发酵产品。

日本（2006 年 6 月 16 日）的研究资料显示，20 多年的研究表明，大麦通过发酵技术制得的发酵大麦是非常有价值的食品配料，可以使大麦的营养和功能显著提高。日本三和蕊有限公司长期开展白酒发酵技术研究和白酒生产，他们的发现证明了烧酒蒸馏残渣（烧酒酒糟）是独特的食品好原料，含有多种蛋白质多肽和氨基酸，其多酚含量也与葡萄酒相似。大麦通过发酵技术加工产品具有很大的潜力，特别是发酵大麦可以生产保健食品。

1 大麦（青稞）γ-氨基丁酸发酵

大麦（青稞）的发酵提取物具有较高的 γ-氨基丁酸。另外，大麦（青稞）发酵提取物是天然的食品，富含氨基酸/肽、低聚糖、膳食纤维、核酸、多酚、γ-氨基丁酸、柠檬酸等。天然发酵大麦（青稞）提取物包含各种氨基酸和有机酸，可以增加食品鲜味和提高食品风味，可以作为食品添加剂。大麦（青稞）发酵可以生产一种高浓缩的 γ-氨基丁酸营养液。γ-氨基丁酸是在自然界中发现的氨基酸，是新资源食品之一，具有降低高血压、提高记忆、促进大脑活动和缓解压力的作用，已引起食品生产商的关注。

如浙江益圣菌物发展有限公司与日本八重墙发酵技研株式会社合作（2011年），启动了中日合作生产乳酸菌大麦 γ-氨基丁酸（GABA）以及"植物乳酸菌大麦 GABA 发酵新技术引进与降血压保健食品开发"国际科技合作项目，将在现有生产线上直接投产，年产量达到 60 吨，生产的 γ-氨基丁酸将被广泛应用到食品、保健品、药品等领域。

2 大麦乳酸发酵

大麦芽经糖化后的麦芽汁多用于啤酒生产，也可用于生产食品和饮料，但是麦芽汁配制的饮料因其口感较差和异味问题，不受消费者欢迎。通过麦芽汁发酵后，可以改善气味和口感，生产出营养价值较高、口感和色味较佳的大麦芽饮料。大麦汁糖浆的乳酸发酵就是较好的实例。

取大麦加 10% 的麦芽，加各种酶制剂（如淀粉酶、蛋白酶）进行糖化，将大麦中的淀粉分解成以麦芽糖为主的糖类，将蛋白质分解成多肽和氨基酸，制得大麦汁糖浆。可用于生产配制型或发酵大麦饮料。

大麦乳酸发酵工艺,不同企业有所不同,这主要决定于原料和发酵条件等。

(1)大麦汁糖浆生产饮料的乳酸发酵工艺(参照钟晓凌等,2000)如下:

大麦汁糖浆→按照需要的固形物含量,稀释→90～95℃杀菌→冷却至36℃→接入一定量经过活化的乳酸菌菌种(目前常用的有保加利亚乳酸杆菌)→在35～36℃温度下发酵3～4天→发酵后加入一定量的鱼胶,离心机分离澄清→再用硅藻土过滤机过滤→调配成合适的甜度、酸度和香味→灌装→杀菌→成品。

(2)大麦生产乳酸发酵饮料的工艺(参照新农网资料)如下:

大麦→浸渍→发芽→干燥→粉碎→加水1:6(W/W),60℃,糖化→加热至72～78℃,10min→原麦汁→煮沸,除去蛋白→过滤→麦汁→根据需求加适量水、鲜牛奶(或奶粉)、乳糖、白砂糖、琼脂等辅料调配,搅拌均匀→采用高压均质机(或采用胶体磨)均质→95～100℃,灭菌2min→接入经活化的保加利亚乳酸杆菌(也可同时加入嗜热乳酸链球菌)→搅拌均质→无菌灌装→40℃左右发酵,4～6h→0～4℃低温后熟,10～12h→检验成品的感官指标、理化指标和微生物指标→成品。

3 大麦(青稞)红曲霉菌发酵

作者等通过研究,筛选出优质品种材料和合适的菌株进行大麦(青稞)的微生物发酵;建立了完善的菌种筛选、发酵、提取等代谢工程控制相关因子的筛选和优化工艺体系;综合大麦(青稞)母育酚和红曲洛伐它丁功能因子的功效食品加工技术研究和产品研发,开发出了大麦(青稞)母育酚和"藏稞红"胶囊新产品,最终形成较大规模的产业。为大麦(青稞)母育酚和红曲洛伐它丁功能因子研究,综合大麦(青稞)母育酚和洛伐它丁功能食品研制及其产业化打下了基础。"藏稞红"胶囊食品、咀嚼片,已经生产,并开始试销国外,具有较好的市场前景(图9-2)。另外,西藏月王也有生产青稞红曲茶、青稞红曲啤酒的报道。

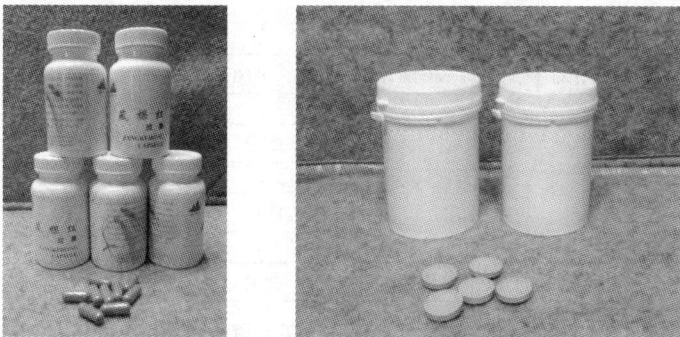

图9-2 青稞红曲胶囊和咀嚼片

青稞红曲发酵工艺如下:

青稞→浸泡吸水 25%～30%→清洗→沥干→蒸煮→冷却至 38℃→接入选育的菌种→拌和→发酵池→40～50℃发酵→喷水→37℃保湿发酵 10h→喷水→30℃保湿发酵 8h→喷水→36℃减湿发酵 12h→30℃控湿发酵 10h→34℃断水发酵 24h→烘干→取样检验→包装→产品

4 大麦（青稞）红曲醋发酵

醋是人们在生活饮食中常用的酸味调味剂。酿醋原料主要为大米、高粱等。酿醋的过程就是使碳水化合物（糖、淀粉）转化成酒精和二氧化碳，酒精进一步有氧发酵的过程。我国是一个食醋生产和消费的大国，酿醋历史悠久，许多人都有食醋的习惯和爱好。随着人们生活水平的提高以及保健意识的增强，对食醋的功能用途研究也越来越深入，对食醋及其衍生产品的需求越来越大。

为了拓展大麦（青稞）的用途，作者等开展青稞红曲醋的研制，建立和优化了生产工艺，充分综合利用青稞以及红曲发酵过程中产生的功效成分。

青稞红曲醋发酵生产工艺如下：

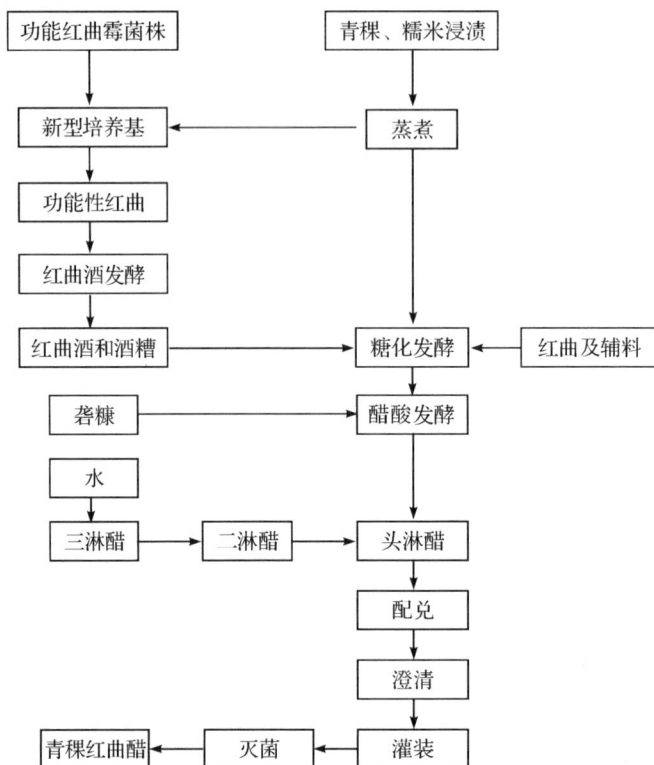

图 9-3　青稞红曲醋生产工艺流程示意图

5 大麦(青稞)麸皮发酵

5.1 大麦麸皮酵母发酵

在食品生产过程中,天然色素是一个重要的成分,是影响食品色、香、味的重要因素之一。它既可以通过改变食品的颜色增加消费者的食欲,又可以保证食品的安全性,同时天然色素还具有多种保健的功效。

大麦麸皮可以通过酵母发酵,生产大麦素(Hordeumin),大麦素具有特殊的着色和生理功能。早在1987年,日本学者上田诚之助等发现大麦粉发酵过滤液,在低温黑暗条件下放置一段时间后,滤液由金黄色逐渐变成紫蓝色。通过比较不同谷物、不同部位,发现大麦麸皮的色素产生最多,因此称其为大麦素。2004年,履新报道了大麦麸皮发酵液大麦素产生及其着色和生理功能。

5.1.1 大麦素性质

试验表明,大麦素相对分子质量在10000以上,是一种以花青素为母体核心,接有多酚类、糖类和肽类等基团的高分子物质。履新等(2004)分析表明,大麦素主要组成成分是花青素,因此性质与花青素类同,其在溶液中的颜色会随着介质pH变化而发生变色。通常大麦素在pH3以下时为紫蓝色,3~6为紫、紫红色,6~9为淡蓝色,9~11为蓝绿色,11以上为绿色。同样,大麦素也与花青素类同,呈色变化是可逆的,主要取决于pH。大麦素易溶于盐酸—甲醇溶液,较难溶于水。大麦素呈色比其他花青素稳定,通过比较试验,表明大麦素在pH 3.1的碳酸饮料中效果不如其他天然色素,但在pH4.3和pH7.2的酒类中,其稳定性优于其他天然色素。大麦素的生理功效也与花青素类同,主要表现为清除自由基、抗突变和护肝等功能。

5.1.2 大麦素生产制备

履新(2004)报道了大麦素的制备方法及其工艺优化。简介如下:

30g大麦麸皮→加300mL去离子水→均匀悬浊液→加30g面包用干酵母→用1mol·L^{-1} HCl调pH至3.5(或先加0.2g葡萄糖氧化酶后再调pH)→置于三角烧瓶,盖橡皮塞→30℃,发酵6天→发酵完成(不产生CO_2)→滤纸过滤→0.65μm孔径砂芯漏斗过滤→金黄色透明滤液→置于300mL三角烧瓶→再调pH至3.5,塞上防菌棉栓→置于5℃暗室中→第一周有色素沉淀形成,滤液逐渐呈紫蓝色→第八周大麦素产量最大。

在大麦素发酵生产过程中,需要控制好合适的氧气、光照、温度等因素。试验表明,获得最大色素产量的条件为:30℃为30h,20℃为6天,10℃为1~2周。但保持温度不得超过60℃。

第三节 大麦(青稞)发芽处理及其功效与营养成分

1 大麦(青稞)发芽处理

在植物发芽过程中,能激活自身的合成和分解代谢系统,产生或激活一些酶的活性,从而分解一些有害物质,形成或合成新的物质。发芽处理能提高谷物种子的营养价值,提高蛋白质和淀粉的可消化吸收率,提高必需氨基酸和维生素的含量,也可以降低有毒、有害和某些抗营养成分。大麦(青稞)发芽食品加工过程中,发芽的目的就是:①产生需要的物质或增加已有的物质(可以由合成反应产生,或者通过分解反应产生);②分解不需要的物质。

2 大麦(青稞)发芽过程中功效成分的变化

2.1 γ-氨基丁酸

Kihara 研究了大麦发芽过程中 γ-氨基丁酸的含量变化,发现 γ-氨基丁酸从大麦种子吸水开始就迅速增加,在整个发芽过程中保持较高水平,为发芽前的 6~10倍。通过对 43 个大麦品种进行研究分析,发芽大麦 γ-氨基丁酸含量为 25.7~89.4mg/100g,而未发芽的大麦 γ-氨基丁酸含量只有 2.5~8.9mg/100g。曾亚文等(2012)报道,大麦籽粒中的 GABA,发芽 0 天高于发芽 1~2 天,而明显低于发芽3~9 天的相应含量,发芽前后 GABA 累积最大均值是最小均值的2.1倍。

2.2 抗氧化活性物质多酚

Pauli 等检测了不同品种籽粒发芽后的成分变化,发现发芽大麦以及大麦苗在不同阶段的一系列成分的含量变化很大。发芽大麦苗维生素 C 含量最高,可达 6.357g/kg(dw),多酚含量最高为 35.559g/kg,超氧化物过氧化酶比活可达 800U/g,均显著高于未发芽大麦的含量。

France 等(2012)研究了大麦和麦芽的酚类物质含量。结果表明,酚类物质含量在大麦不同生长时期,以及不同加工过程中均有较大不同。如大麦苗、大麦籽粒、大麦芽、啤酒加工过程中的麦芽材料等,其酚类物质的含量有显著差异。麦芽提取物的多酚含量及其对应的抗氧化活力最高(图9-3)。

他们进一步分析比较了大麦与麦芽多酚的组成,共检测到 15 种成分(其中3 种还未能鉴别成分)的含量在大麦和麦芽之间存在显著差异(图9-4)。

曾亚文等(2012)报道,大麦籽粒发芽前总黄酮含量明显高于发芽 1~9 天含量及其平均含量;大麦发芽前后(0~9 天)籽粒总黄酮含量变幅较大,不同品种差异显著。

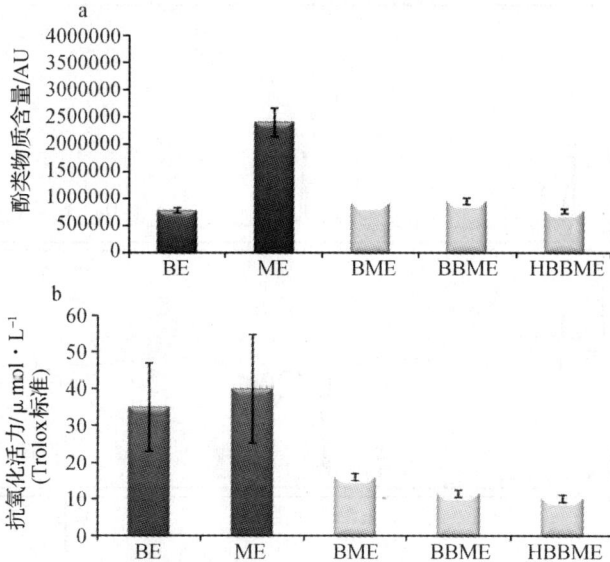

图 9-4　大麦、麦芽等提取物的酚类含量(a)及其对应抗氧化活力(b)测定

(引自 France,2012)

BE—大麦提取物;ME—麦芽提取物;BME—发酵麦芽提取物;

BBME—煮后的发酵麦芽提取物;HBBME—加啤酒花、煮后的发酵麦芽提取物

2.3　母育酚含量及其组成

大麦(青稞)发酵或发芽后,其母育酚含量及其组成均有显著的变化(表9-2)。作者等的试验结果表明,大麦(青稞)的母育酚是在大麦授粉后籽粒发育过程中合成的。而在大麦的发芽过程中,籽粒母育酚及其组成的含量显著降低。但是在某些特殊筛选到的红曲霉菌株发酵过程中,母育酚及其组成含量的变化不显著,甚至还有增加,这可能是红曲霉菌株在生长发育代谢过程中,合成了母育酚。

表 9-2　大麦、麦芽等的生育酚含量及其组成比较　　(单位:mg/kg)

	α-T	α-T3	β-T	γ-T	β-T3	γ-T3	δ-T	δ-T3	合计
大麦	5.0	40.0	0.7	1.8	4.4	6.4	1.1	0.6	59.9
麦芽	5.2	47.7	0.9	1.8	4.8	8.4	2.1	0.7	71.7
发酵麦芽	10.7	52.1	1.3	3.7	4.9	10.9	2.0	0.7	86.3
煮后发酵麦芽	3.2	35.3	1.2	2.6	3.8	6.2	0.9	0.4	53.6

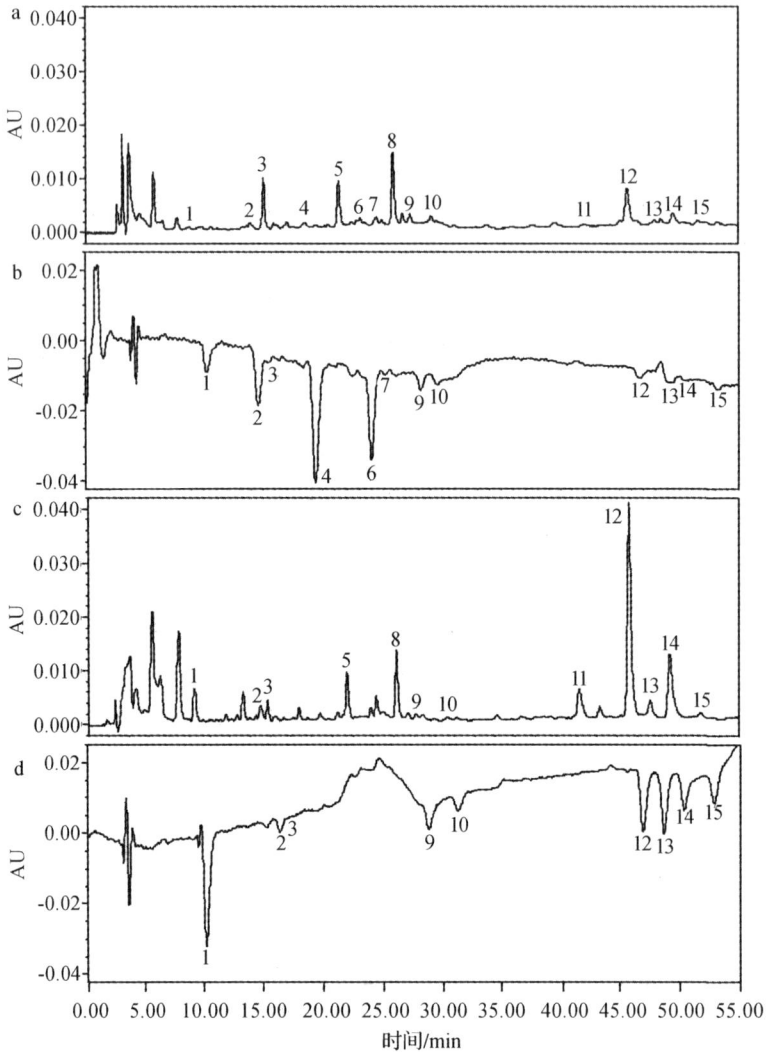

图 9-5 大麦(a)和麦芽(c)酚类成分分析及其对应抗氧化活力(b 和 d)测定

(引自 France,2012)

1.未能鉴别成分;2.原原翠雀定 B3;3.原儿茶酸;4.原花青素 B3;5.对羟基苯酸;6.儿茶酸;
7.绿原酸;8.香草酸;9.咖啡酸;10.表儿茶酸;11.对香豆酸;12.阿魏酸;13.芥子酸;
14.未能鉴别成分;15.未能鉴别成分

2.4 β-葡聚糖

大麦(青稞)籽粒在发芽过程中,大量淀粉被降解,因此发芽后的 β-葡聚糖相对浓度有所提高。这可能是在发芽过程中,胚乳淀粉的降解利用速度显著高于组成细胞壁的 β-葡聚糖的降解。但是,大麦发芽时,糊粉层细胞受到赤霉素的刺激作用,会逐步合成 β-葡聚糖酶,逐渐渗透进入胚乳内,水解 β-葡聚糖。研究结果表明,从绝对值上看,β-葡聚糖随发芽进程不断降解,大麦在发芽第1、2天下降最快,分别下降了16.5%和29%(张端莉等,2013,网络发表)。

3　大麦(青稞)发芽过程中营养成分的变化

许多研究(李秀琳,2009)均表明,大麦储存种子水分含量低,生理活动很弱,其成分稳定。但大麦通过浸泡,水分含量迅速上升,细胞开始活动,产生植物激素,如赤霉素等,激活一些水解酶、蛋白酶、α-淀粉酶、纤维素酶、植酸酶、β-葡聚糖酶等,使种子新陈代谢活动逐渐旺盛起来,导致功效成分变化外,籽粒基本营养成分的含量也发生显著的变化。

3.1　蛋白质、氨基酸

作者等分析测试表明,发芽种子的蛋白质含量和成分组成与发芽前差异显著。刘宝祥等(2013)采用双向电泳技术分析了澳大利亚大麦品种 schooner 在发芽过程中水溶蛋白质组分的变化,结果表明,大麦种子中大约有804种蛋白质,其中424种蛋白质在发芽过程中没有发生变化,379种蛋白质降解,含量降低甚至消失,同时有77种新的蛋白质产生。张端莉等(2013)报道,与未发芽大麦相比,发芽第2天蛋白质含量显著下降,降幅15.4%,随后第3~6天变化不明显。而发芽大麦的总氨基酸比未发芽大麦显著增加,其中缬氨酸、苯丙氨酸、色氨酸、蛋氨酸、亮氨酸、异亮氨酸和赖氨酸7种必需氨基酸分别增长了20%、16%、11%、32%、12%、12.3%、17.9%。

董海洲(2002)研究报道了大麦发芽后的氨基酸含量变化。结果显示,大麦在发芽96h后与发芽前比较,在测定的18种氨基酸中,含量上升的有11种,分别为天门冬氨酸、甘氨酸、丙氨酸、胱氨酸、缬氨酸、异亮氨酸、亮氨酸、酪氨酸、赖氨酸、色氨酸和组氨酸;含量下降的有5种,分别为苏氨酸、丝氨酸、蛋氨酸、精氨酸和脯氨酸;含量变化不显著的有2种,分别为谷氨酸和苯丙氨酸。

3.2　脂　肪

大麦在发芽过程中脂肪含量显著下降,与未发芽大麦相比,发芽第3、4、5天下降幅度较大,降幅分别为13.6%、25.8%和32.3%。

3.3　碳水化合物

淀粉含量在发芽第1~3天下降趋势较大,随后的3天降幅比较平缓,至第6天含量下降了18.9%;同时,在发芽第1、2、3天其还原性糖含量增加极显著,平均增长了55.76%、142.8%、364%,从第4天开始增长趋于稳定,到第6天增加了516%。大麦发芽过程中可溶性膳食纤维(SDF)明显增加,在第2~3和4~5天增加显著;总膳食纤维(TDF)的含量在第1~4天显著性降低,第5、6天有增加趋势;不可溶性膳食纤维(IDF)含量在第4、5和6天显著性降低。

3.4　维生素

发芽对维生素 B_2 也有较大影响,从发芽第1天起维生素 B_2 迅速增加,第

1、2 天增长最快,到第 6 天 B_2 的含量相当于未发芽大麦的 17.8 倍;但维生素 B_1 的含量变化较小。彭大惠等(1994)研究过大麦及青稞在发芽过程中胡萝卜素及核黄素含量的变化。结果表明,大麦及青稞籽粒发芽后,其芽中胡萝卜素和核黄素含量均有显著的增长。通过比较,未经发芽的大麦和青稞籽粒胡萝卜素极低,但发芽后在大麦芽长度 8.4±1.2mm 时,1kg 大麦籽粒可产生 93mg 胡萝卜素。青稞芽长度在 8.8±1.0mm 时,1kg 青稞籽粒可产生 73mg 胡萝卜素。未经发芽时,1kg 大麦和青稞籽粒,分别含核黄素 1.10mg 和 1.25mg;发芽后,1kg 大麦和青稞籽粒的芽中含有 8.74mg 和 6.84mg 核黄素,为原有含量的 7.95 倍和 6.27 倍。因此,充分、精确地比较分析、鉴定发芽大麦中的基本营养和功效成分与组成,可以更好地以发芽大麦为原料,研制和生产相关的食品。

第四节　大麦(青稞)发芽食品及其加工

1　发芽大麦食品

发芽大麦食品(GBF)广义的是指由发芽大麦(麦芽)加工而成的食品,狭义的是指来源于麦芽糊粉层和盾片,主要成分为膳食纤维和富含谷氨酰胺的蛋白。

有研究表明,发芽大麦食品对结肠炎有较好的预防和治疗作用,对溃疡性结肠炎有益。研究者研究了发芽大麦食品对溃疡性结肠炎病人的长期疗效。通过对 21 个中度溃疡性结肠炎病人进行了比较临床试验,结果表明,每天食用 20~30g 大麦发芽食品,24 周后,与对照组相比较,发芽大麦食品组能减轻溃疡性结肠炎症状,显著降低了其临床活动指数($P<0.05$),特别是粪便中的可见血和夜间腹泻次数显著降低,并且发芽大麦食品组没有发现副作用。这表明发芽大麦食品对溃疡性结肠炎具有短期和长期效果,能够改善严重性带血腹泻;缓解结肠黏膜的损伤,对中度溃疡性结肠炎病人能有效缓解肠炎的症状。组织化学观察清晰表明,对照组中结肠黏膜有严重损伤,表现为隐窝的缺失和炎性细胞的浸润,而发芽大麦食品组却基本正常(图 9-6)。此外,发芽大麦食品还能预防结肠癌。但是,发芽大麦食品的功效成分及其作用机理仍不清楚。

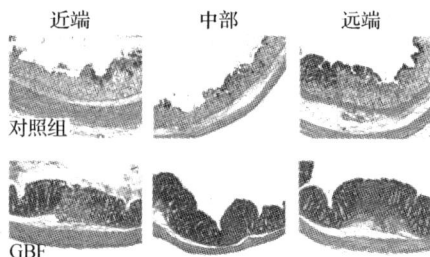

图 9-6　发芽大麦食品(GBF)对结肠炎的预防和治疗作用(组织学检查)(引自 Kanauchi)

2　麦芽食品及其加工

麦芽食品加工历史悠久,产品类型较多,具有助消化等食疗功效,已被民间广泛应用。但要注意,其作用的机理尚不清楚。为了更深入的研究,我们对已有的信息资料作总结分析。

2.1　麦芽饮料

大麦中多酚含量高,麦芽是研制饮料的重要原料之一,除啤酒以外,还被广泛用于开发其他的麦芽汁发酵饮料。如钟晓凌(2000)、耿立萍(1997)就进行了大麦麦芽汁、大麦汁糖浆等发酵饮料的开发。近年来,大麦发酵技术又有了更快的发展。

2.1.1　麦芽汁乳酸菌发酵饮料

这是利用乳酸菌对麦芽汁进行发酵而成。饮料中含有大量的乳酸菌,有一定的保健作用。其工艺流程较简单:

大麦(青稞)→发芽→麦芽长度为籽粒长度的1~2倍→干燥→去掉带苦味的根→粉碎→温水→抽提→过滤→麦芽汁→真空浓缩(30%~40%固形物)→加乳清酶降解物(经蛋白酶降解的乳清液)→调节pH6.8→灭菌→冷却至37℃→接种乳酸菌→37℃乳酸菌发酵12~24h→发酵液→离心→混匀→装瓶→杀菌→产品

2.1.2　麦芽汁酵母菌发酵饮料

通常选用啤酒酵母以外的酵母菌种,如乳酸酵母、乳酸克鲁酵母、脆壁克鲁维酵母对麦芽汁进行发酵,获得比啤酒酒精度低的风味饮料。其工艺流程为:

大麦(青稞)→发芽→麦芽长度为籽粒长度的1~2倍→干燥→去掉带苦味的根→粉碎→温水→抽提→过滤→麦芽汁→麦芽汁浓度15%,可根据需要添加一定的果蔬汁→灭菌→冷却至30℃→接种酵母菌→发酵24~30h→发酵液→离心→根据需要加糖和食品添加剂→混匀→装瓶→杀菌→产品

2.1.3　麦芽汁酵母菌乳酸菌共发酵饮料

该饮料是利用酵母菌和乳酸菌共发酵麦芽汁制成,比单菌发酵饮料营养丰富,含有游离氨基酸、糖、有机酸、维生素、微量元素等。其工艺流程为:

大麦(青稞)→发芽→麦芽长度为籽粒长度的1~2倍→干燥→去掉带苦味的根→粉碎→温水→抽提→过滤→麦芽汁→浓缩→可根据需要添加淀粉辅料→40~50℃糖化→煮沸→降温至65℃→15~20min→煮沸→降温至75℃→15~20min→过滤→麦芽汁→浓缩→加入适量糖→灭菌→冷却至28℃→接种酵母菌和乳酸菌→发酵18h,每2h搅拌3min→麦芽汁浓度1%、$CO_2$0.1~0.22MPa→冷却至4℃→12h→离心去沉淀→根据需要可添加麦芽汁和添加剂→过滤→装瓶→杀菌→产品

2.2 麦芽糖

麦芽糖是大麦(青稞)萌发时,其淀粉酶将贮藏的淀粉分解所得的双糖,是甜食品中的主要糖质原料。麦芽糖纯品为白色针状结晶,易溶于水。日常食用的商品麦芽糖非单纯的麦芽糖,是一种混合物,包括麦芽糖、葡萄糖和糊精。通常是米、小麦、大麦、玉米等经过发酵制成的糖类食品。有软硬两种,软者为黄褐色浓稠液体,黏性很大,称胶饴;硬者系软糖经搅拌,混入空气后凝固而成,为多孔之黄白色糖饼,称白饴糖。虽然麦芽糖制作多用小麦、糯米等多种谷物原料,但大麦是生产麦芽糖的最好原料之一。

麦芽糖的制作比较简单,基本步骤如下:

(1)大麦(青稞)→去杂→清洗→浸泡发芽→芽长3~4cm→芽切碎→待用

(2)糯米或其他含淀粉谷物→洗净→蒸煮→晾凉(40~50℃)→加切碎的麦芽→搅拌均匀→发酵3~5h→过滤→汁液(麦芽糖汁)→浓缩→冷却→保存→用时加热→拉搅→银白色麦芽糖

麦芽糖具有食用价值,亦有一定的食疗功效。据一些中医古籍记载,它性微温,味甘。通常麦芽糖可作为补脾、健胃、润肺、生津、通便秘等的食疗辅助。食疗或中医药用以胶饴为佳。麦芽糖属双糖类,溶于水后会继续降解成单糖葡萄糖,可作为医学上的营养料,但糖尿病患者忌食。麦芽糖的功效尚未有严密的试验证据。

2.3 大麦麦芽营养原麦片

陈海华等(2002)研究了面粉添加大麦麦芽粉,生产大麦营养原麦片,并对加工工艺做了研究,得到较好的优化工艺,面粉与大麦麦芽粉的比例以8∶2最好。

2.3.1 工艺流程

原、辅料→混合→搅拌→胶体磨细磨→滚筒式压片机→制片→冷却→粉碎造粒→原麦片

2.3.2 操作要点

(1)控制好面粉与麦芽粉比例,添加量过大,麦片成形差。但是可以通过添加其他的高黏多糖和高蛋白的材料如白沙蒿,或适当改变工艺等,以增加添加比例。

(2)掌握好加水量、搅拌速度和时间以及胶体磨的参数。

(3)确定压片的挤压温度、成片的厚度。

(4)控制好造粒粒度大小,成形好,粉尘少。

2.4 大麦麦芽活力钙营养麦片

在大麦麦芽营养麦片的研制中,人们还关注添加其他的一些营养物质、矿质元素等,期望研发出更好的产品。董海洲等(1997)以大麦麦芽粉为主要生产原

料,增加活性钙尝试研制活性钙大麦营养麦片。该产品营养丰富,利用大麦麦芽中的氨基酸和其他功效成分以及独特的大麦色、香、味,并且产品增钙效果明显,具有补钙的食疗功效。对弥补人体钙素不足和维持人体血钙平衡有一定的作用。

不同产品配料组合,对产品的质量、营养成分和风味有一定的影响。以小米粉为主要辅料的产品,营养成分齐全,口味最佳;其次是玉米粉为主要辅料的产品,但口感略差;以大米粉为主要辅料的产品,营养成分略差,但风味较好。

2.4.1　原料

主要原料为大麦麦芽和活性钙,辅料为小麦粉、玉米粉、大米粉、小米粉、增香剂、调味剂。

2.4.2　工艺流程

大麦(青稞)→初清→精选→浸麦(水温 20~25℃,时间 30~35h)→发芽(温度 20~25℃)→麦芽(芽长为粒长的 2/5~3/5)→干燥、除根(水分为 2%~5%)→干麦芽→磨粉→麦芽粉(加辅料、温水、活性钙)→混合(增香剂、调味剂)→搅拌→细磨→入辊式挤压和高温、高压→压片→麦片

2.4.3　操作要点

(1)含钙添加剂的选定。选择天然的、易被吸收的原料钙。

(2)大麦品种的确定。采用发芽率高、适口性好、营养价值高、加工性能好的品种。

(3)优化加工工艺。如控制好各种成分的比例,磨粉细度、压片温度和压力、麦片的厚度等。

第十章　大麦(青稞)食品甜点家庭手工制作

有关大麦食品的制作,特别是一些点心食物的手工制作,日益受到家庭主妇们的青睐。Newman 夫妇(2008)编著的"Barley for Food and Health:Science,Technology and Products"介绍了一些食用大麦地区的传统大麦食物的制作方法。他们介绍的大麦食品有:口袋面包、大麦酸奶酪汤;大麦香菇汤、鹅肉大麦汤、大麦砂锅肉、黑巴库、大麦炖猪肉豆角;英吉拉、大麦粥、丹麦薄烤饼、大麦水果汤、大麦香肠、瑞典面包干、Talkuna、菜叶烤大麦、芬兰大麦布丁、奥克尼大麦薄饼、苏格兰肉汤、大麦茶、糯米麦粥、糌粑等。关于这些食品详细的配方和制作方法,感兴趣的读者可以参阅原著或张国平等的译著。

近年来,随着人们保健意识的增强,国家的重视,通过大麦(青稞)研究人员以及食品加工人员的不懈努力,我国大麦(青稞)食品点心得到极大的发展,并受到人们的青睐。除了加工企业规模化生产食品外,在本章中,为了更适合中国的一些饮食习惯和饮食文化,特别是考虑非大麦(青稞)主食地区的饮食方式,作者等特地通过研发及从国外公开的资料中收集,介绍一些适合家庭手工制作的大麦(青稞)食品点心及其加工方法,以利共享和推广。

第一节　大麦(青稞)蛋糕类食品制作

1　青稞红曲酒酿蛋糕

材料:

青稞粉 120g

鸡蛋 250g

砂糖 120g

青稞红曲酒酿糟 100g

制作方法:

(1)预热烤箱至 180℃。给一只 20cm(8英寸)的方形模具涂油,底面铺衬油纸,再给纸刷油。

(2)面粉混合过筛 2 次,备用。

(3)取一调理碗,将红曲酒酿放入,用手提电动搅拌机慢速打成泥状。

(4)取一调理碗,将鸡蛋液、砂糖一起放入,用手提电动搅拌机快速打发,待混合物膨胀 4 倍左右,呈带状落下时,停止搅拌。

(5)将(3)轻轻倒入(4)中。

(6)将(2)过筛,分次慢速加入(5)中,用橡胶刮片轻轻搅拌至青稞干粉消失。

(7)把调制好的蛋糕糊倒入铺好油纸的模具中抹平,放置 170℃的烤箱中烤焙约 30min。

(8)烤熟后出炉,冷却晾凉。

2 青稞巧克力蛋糕

材料:

　　鸡蛋 500g

　　砂糖 200g

　　青稞粉 150g

　　可可粉 50g

　　盐 1/4 小量匙

　　植物油 25g

制作方法:

(1)预热烤箱至 180℃。给一只 20cm(8 英寸)的圆形活动模具涂油,底面铺衬油纸,再给纸刷油。

(2)面粉、可可粉混合过筛 2 次,备用。

(3)取一调理碗,将鸡蛋液、砂糖和盐一起放入,用手提电动搅拌机快速打发,待混合物膨胀 4 倍左右,呈带状落下时,停止搅拌。

(4)将(2)过筛,分次慢速加入(3)中,用橡胶刮片轻轻搅拌至青稞干粉消失。

(5)加入植物油调匀。

(6)把调制好的蛋糕糊倒入铺好油纸的模具中抹平,放置 180℃的烤箱中烤焙约 30min。

(7)烤熟后出炉,冷却晾凉。

3 青稞纸杯蛋糕

材料：

    鸡蛋 500g

    砂糖 200g

    青稞粉 170g

    盐 1/4 小量匙

    柠檬汁(鲜柠檬用蜂蜜泡制)1 大量匙

制作方法：

    (1)预热烤箱至 180℃。给一只 20cm
(8 英寸)的圆形活动模具涂油,底面铺衬油纸,再给纸刷油。

    (2)面粉过筛 2 次,备用。

    (3)取一调理碗,将鸡蛋液、砂糖和盐一起放入,用手提电动搅拌机快速打发,待混合物膨胀 4 倍左右,呈带状落下时,停止搅拌。

    (4)将柠檬汁放入(3),轻轻拌匀。

    (5)将(2)过筛,分次慢速加入(4)中,用橡胶刮片轻轻搅拌至青稞干粉消失。

    (6)把调制好的蛋糕糊装入模具中,放置 180℃的烤箱中烤焙 20min。

    (7)烤熟后出炉,冷却晾凉。

4 青稞抹茶蛋糕

材料：

    鸡蛋 400g

    砂糖 160g

    青稞粉 140g

    抹茶粉 10g

制作方法：

    (1)预热烤箱至 170℃。给一只 20cm
(8 英寸)的圆形活动模具涂油,底面铺衬油纸,再给纸刷油。

    (2)面粉、抹茶粉混合过筛,备用。

    (3)鸡蛋蛋清、蛋黄分开,分别放入两个调理碗中。

    (4)将蛋清快速搅打成硬雪状。

    (5)蛋黄中加入砂糖,快速搅打成乳黄色泡沫体。

    (6)将面粉和抹茶粉混合物过筛放入乳黄色泡沫体中,拌均匀后加入硬雪状蛋清调匀。

(7)把调制好的蛋糕糊倒入铺好油纸的模具中抹平,放置170℃的烤箱中烤焙约30min。

(7)烤熟后出炉,冷却晾凉。

第二节 大麦(青稞)饼干类食品制作

1 青稞造形饼干

材料:

　　奶油 110g

　　糖粉 100g

　　鸡蛋 1 个

　　青稞粉 200g

　　高筋粉 50g

　　黑芝麻 25g

　　盐 1/4 匙

制作方法:

(1)用糖油拌和法将奶油打软,再加入糖粉。

(2)慢慢加入蛋液打发。

(3)拌入青稞粉和高筋粉,拌匀,制成面团,压平后,用保鲜膜包裹,置入冰箱冷藏 30min。

(4)取出面团并擀成 0.3cm 厚面饼,用模具压出心形等喜爱的形状,送入预热至 170℃的烤箱烘烤 15～20min。

2 青稞巧克力小西饼

材料:

　　奶油 100g

　　细砂糖 50g(第二次做时 60g)

　　鸡蛋 20g

　　青稞粉 105g

　　高筋粉 45g

　　可可粉 40g

　　奶粉 20g

　　碎花生粒 30g

盐 1/4 匙

制作方法：

（1）将青稞粉、高筋粉和奶粉过筛备用。

（2）用奶油、细砂糖和盐打发至呈乳白色，分次加入蛋液搅拌，再加入可可粉拌匀。

（2）将（1）和（2）混合拌匀，制成面团，用保鲜膜包裹，置入冰箱冷藏 30min。

（4）取出面团并擀成 0.4cm 厚面饼，用圆形或长方形模具压出圆形和长方形状，送入预热至 150℃的烤箱烘烤 20min。

3　青稞花生酥

材料：

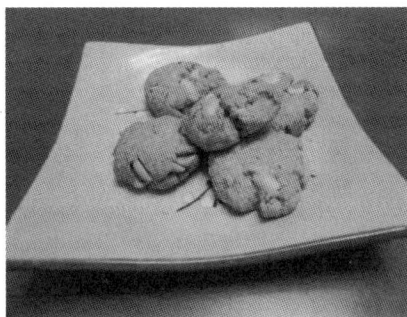

　　黄油 115g

　　花生油 70g

　　砂糖 140g

　　酵母 1/2 茶匙

　　鸡蛋 2 只

　　青稞粉 210g

　　高筋粉 140g

　　咸花生仁 150g

　　盐 1/4 匙

　　香草粉 1g

制作方法：

（1）预热烤箱至 180℃。给烤板轻微涂油或铺垫油纸。

（2）把青稞粉、高筋粉和酵母过筛混合备用。

（3）用电动搅拌机搅打黄油、花生油和糖，至蓬松发亮。每次打入一个鸡蛋，打匀后再加下一个，再放入香草粉。用金属匙轻柔地拌入面粉混合物。

（4）加入咸花生仁，均匀地混入（3）混合物。

（5）按照一汤匙的量，把混合物舀取放到备好的烤板上，间隔 5cm。用杯子底把点心稍压令平。

（6）烤约 10min，直到轻微上色。用金属抹刀小心地移到网架上放凉即成。

4　青稞芝麻脆饼

材料：

　　奶油 60g

　　食用调和油 20g

　　砂糖 90g

　　麦芽糖 20g

　　鸡蛋 1 个

　　青稞粉 70g

　　高筋粉 130g

　　黑芝麻粉 100g

　　盐少许

制作方法：

　　(1)将青稞粉、高筋粉过筛备用。

　　(2)将奶油、食用调和油、砂糖和盐打软至呈乳白色,分次加入蛋液搅拌,再加入麦芽糖、黑芝麻粉拌匀。

　　(3)将(1)和(2)混合拌匀,制成面团。

　　(4)将面团擀成 0.2cm 厚面饼,用模具压出造形,送入预热至 170℃ 的烤箱烘烤 20min。

5　青稞核桃茶饼

材料：

　　黄油 70g

　　调和油 40g

　　白糖 100g

　　鸡蛋 2 个

　　龙井茶粉 9g

　　核桃粉 100g

　　核桃仁碎颗粒 25g

　　青稞粉 50g

　　高筋粉 50g

　　低筋粉 60g

　　盐 1/2 量匙(浅平匙,约 2.5g)

　　干酵母 1/2 量匙(浅平匙)

制作方法：

(1)烘烤核桃碎颗粒至微黄,烘烤温度 150℃,烘烤时间约 6min。

(2)将核桃粉、抹茶粉混合,分别将青稞粉、高筋粉、低筋粉过筛,与核桃粉和抹茶粉混合,备用。

(3)将奶油打软,加入糖粉和盐,用电动打蛋器低速搅打至呈乳白色,加入食用调和油,继续低速搅打至呈乳白色,分次加入蛋液搅拌。加入干酵母拌匀。

(4)将(1)和(2)混合拌匀,将烤制过的核桃碎颗粒拌入,制成面团。

(5)将面团分成每个 8g 的小面团,将面团置于叶形巧克力硅胶模具中,置于冰箱冷藏 40min,取出脱模,送入预热至 150℃ 的烤箱,150℃ 烘烤 19～20min,取出。待烤箱温度下降至 80℃ 以下时,再送入烤箱续烤 4～5min。

(6)取出放置于避光处冷却。

6 黑糖青稞饼

材料:

    青稞粉 140g

    低筋粉 140g

    黄油 100g

    黑糖 100g

    鸡蛋 1 个

    酵母粉适量

    盐适量

制作方法:

(1)将青稞粉、低筋粉过筛备用。

(2)黄油打软,加入黑糖和盐打至蓬松,分次加入蛋液搅拌。

(3)将混合备用面粉放入(2)中,混合拌匀。

(4)用模具压出造形。

(5)送入预热至 170℃ 的烤箱,烘烤 20min。

7 青稞红曲果仁饼

材料:

    A. 青稞粉 80g

    低筋粉 130g

    青稞红曲粉 20g

    酵母 1 小匙

    B. 黄油 100g

    糖粉 100g

C.蛋液适量

咸花生仁 150g

盐 1/4 匙

香草粉 1g

制作方法:

(1)预热烤箱至 180℃。给烤板轻微涂油或铺垫油纸。

(2)把青稞粉、高筋粉和酵母过筛混合备用。

(3)用电动搅拌机搅打黄油、花生油和糖,至蓬松发亮。每次打入一只鸡蛋,打匀后再加下一只,再放入香草粉。用金属匙轻柔地拌入面粉混合物。

(4)加入咸花生仁,均匀地混入(3)混合物。

(5)按照一汤匙的量,把混合物舀取放到备好的烤板上,间隔 5cm。用杯子底把点心稍压令平。

(6)烤约 10min,直到轻微上色。用金属抹刀小心地移到网架上放凉即成。

8　青稞酒酿酥饼

材料:

青稞粉 250g

酵母 1 小匙

黄油 150g

糖粉 150g

鸡蛋 2 个

青稞酒酿 1 碗

制作方法:

(1)把青稞粉、高筋粉和酵母过筛混合备用。

(2)用电动搅拌机搅打黄油、糖粉至蓬松发亮。蛋液分次加入,每次搅打至蓬松发亮。

(3)将青稞粉、酵母混合物筛入(3)。

(4)加入青稞酒酿,均匀地混入。

(5)按照一汤匙的量,把混合物舀取放到备好的烤板上(烤板铺垫油纸)。间隔 5cm。用叉子稍压成形。

(6)放入已预热至 180℃烤箱。烤至上色,约 20min。

(7)在较低温度下继续烘焙干燥。放凉即成。

9 青稞提子饼

材料：

青稞粉 80g

低筋粉 130g

酵母 1 小匙

黄油 100g

糖粉 100g

鸡蛋 1 个

葡萄干 30g

盐 1/4 匙

香草粉 1g

制作方法：

(1)预热烤箱至 180℃。给烤板轻微涂油或铺垫油纸。

(2)把青稞粉、高筋粉和酵母过筛混合备用。

(3)用电动搅拌机搅打黄油、糖粉至蓬松发亮。蛋液分两次加入,再加入香草粉。用金属匙轻柔地拌入面粉混合物。

(4)加入葡萄干,均匀地混入。

(5)按照一汤匙的量,把混合物舀取放到备好的烤板上,间隔 5cm。用杯子底把点心稍压令平。

(6)烤约 10min,直到轻微上色。用金属抹刀小心地移到网架上放凉即成。

10 青稞芝麻小餐包

材料(12 只份量)：

高筋面粉 280g

青稞粉 70g,水 200g

干酵母 1 小勺(3g)

细砂糖 60g

奶粉 15g

全蛋 1 只(全蛋液 38g,留出少许涂刷用)

盐 3g

黄油 38g

黑芝麻 15g

制作方法：

(1)根据手工面包制作流程,把制作面包面团配料中的高筋面粉、青稞粉、干酵母、细砂糖、奶粉等混合。

(2)加入水(35℃)、鸡蛋液,揉面至成面团。

(3)加入盐、黄油,继续揉(掼)至能拉出薄膜。

(4)在室温下发酵到2.5倍大(28℃的温度下需要1h左右)。

(5)把发酵好的面团排出空气,分成12份,揉成小圆面团。

(6)进行15min中间发酵。

(7)依次将中间发酵好的面团,进行整形,揉搓成扁圆形。

(8)放在温度为38℃、湿度80%以上的环境下进行最后发酵,直到面团变成原来的2倍大(约40min)。

(9)在发酵好的面包面团表面轻轻刷上一层全蛋液,撒上黑芝麻。

(10)送入预热到180℃的烤箱,烤12~15min,至面包表面变为金黄色即可出炉。

第三节　国外大麦主食、面包、薄饼、甜点制作选

1　蘑菇酱鸡肉大麦薄饼

食材:

(a)4个鸡蛋

$1\frac{1}{2}$杯牛奶

2/3杯大麦粉

1/2茶匙(或小量匙)盐

(b)$\frac{1}{2}$杯切碎的蘑菇

$\frac{1}{2}$杯黄油

$\frac{1}{2}$杯大麦粉

3杯牛奶

(c)3杯切碎的烤熟鸡肉

$1\frac{1}{2}$勺盐

$\frac{1}{2}$勺黑胡椒

制作方法:

第一步:薄饼制作

取 5 英寸的平底锅,在锅面涂少许黄油,加入少量调好的糊状物。把锅面倾斜使面糊铺满锅底。当底部变为棕褐色时,翻过来直到另一面也变成棕褐色。做完一个薄饼后再在锅面均匀涂上黄油润滑,做第二个薄饼。

第二步:鸡肉馅制作

在大平锅里,加黄油,将切碎的蘑菇炒制,再加大麦粉和牛奶,不断搅拌直到变稠。取出 $\frac{3}{4}$ 杯酱,备用。

在剩下的酱里,加入 3 杯切碎的烤熟鸡肉、$1\frac{1}{2}$ 勺盐、$\frac{1}{2}$ 勺黑胡椒,搅拌混匀。

第三步:烘烤

薄饼放置于盘子中,加一大汤匙鸡肉馅于薄饼表面,从薄饼两边边缘同时滚动,把薄饼接缝处向下置于油润滑过的 4 英寸×10 英寸的烘烤盘里。薄饼上面备用的 $\frac{3}{4}$ 杯酱涂抹。在预热至 200℃ 的烤箱中烘烤 10min,或者烘烤变热为止。

2　日式烧饼/好味烧

食材:

大约 5 片卷心菜叶子

2 个嫩洋葱

1 片姜片

少量紫菜

根据喜好任意挑选几小片牛肉、猪肉、罐装鱼或者蟹肉

一小袋日本目鱼(鱼片)

$\frac{3}{4}$ 杯大麦粉

1/4 到 1/3 杯狐鲣鱼汤(日本汤或者水)

一个鸡蛋

制作方法:

把除肉之外的前五种食材切碎、混合。

留着肉以待表层使用。

黄油涂抹煎锅并加热。把混合物倒入锅中,做成两个大薄烤饼。中火煎,直到底面变为棕色,翻过来。把肉放在薄烤饼上面并且翻转,用小铲子压平。煎烤直到变为浅棕色。端上餐桌时可以把有肉的一面放在上面。可以加大豆酱、番茄酱、蛋黄酱或者荠菜等一块儿上餐桌。

3 天麸罗(日本菜肴)

食材:

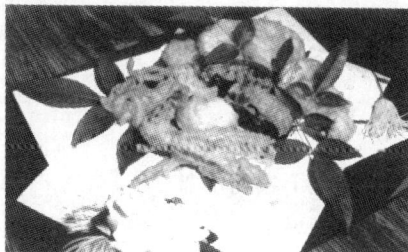

 (a)10 只虾(去壳,除去血脉)

  半个胡萝卜(切成条状)

  1 个土豆(切成片状)

  1 条鱿鱼(切成长方形,中间横切,那样不会卷起来)

  10 颗绿豆

  3 个小茄子

  4~5 小片紫菜

  可根据需要添加其他时令蔬菜或者蘑菇

 (b)1 杯大麦粉

  1 个鸡蛋

  1 杯水

  1/2 杯盐

 (c)1 杯水

  1 到 4 汤匙干燥过的狐鲣

  1/4 杯豆酱

  1/4 杯味酥或者 1 汤匙糖

第一步:干燥(a)原料中的水分,撒些盐和胡椒,留待面糊做好后使用。

第二步:糊状物煎炸。即把鸡蛋打好,加水,撒上麦粉和盐,快速轻轻地混合,面糊可能结成块状但没关系。用一个平锅加热 $2\frac{1}{2}$ 杯油或者用一种特殊的称作瓷器的锅深煎。油温须加热到 $150\sim176$℃,油至少到锅底两英寸深。吃之前把原料蘸一下黄油,然后在油锅里煎炸。可以和拌酱一块儿上餐桌。

第三步:把水和狐鲣一块儿煮 3min,过滤。加入豆酱和味酥,并加入 1/4 茶匙味精重新煮。一个人享用的话,可磨碎 1~2 汤匙萝卜(小白萝卜)和 1/2 茶匙姜,用一个小碟子盛放。肉汤盛在一个小碟子里,放在萝卜/姜片碟子旁边。

4 大麦玉米面包

食材：

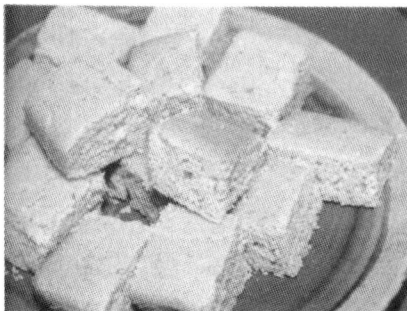

　　1/8 磅黄油(1/2 黄油棒)

　　4 汤匙糖

　　1 杯牛奶

　　1 茶匙蒜粉

　　1 茶匙盐

　　1 杯大麦粉

　　1 杯玉米粉

　　1 包干燥的酵母

　　2 个鸡蛋

　　1/2 汤匙洋茴香

制作方法：

　　1/2 黄油棒融化。加入糖,牛奶和蒜粉。一边加热,一边搅拌几近沸腾。冷却至手指可以伸进去的程度。加入 1 包酵母,搅拌。把上述液体加到干燥的原料上(盐、大麦粉、谷物餐、酵母),用电动搅拌机搅打 1min。加入 2 个鸡蛋,再搅打 1min。加入茴香搅拌。面糊在干燥温暖处放 1h。然后倒入润滑过的 8 英寸的方形烘烤锅里。在预热到 200℃烤箱中烘烤 1.5h。

5 大麦英式烤饼

食材：

　　2 杯大麦粉

　　1/3 杯人工奶油

　　1 个鸡蛋

　　1/3 杯糖

　　1 茶匙盐

　　$1\frac{1}{2}$茶匙苏打粉

　　酸奶酪或者牛奶适量

制作方法：

　　把奶油倒进麦粉里搅和,直到形成胶状饼干样。加入盐、苏打粉和糖混合。再打 1 个鸡蛋混匀。然后和适量的奶酪或牛奶混合揉成一个面粉糕饼样的坚硬的面团。

　　将面团铺开至半英寸厚度,用饼干刀具切成 2 英寸的圆形。隔 1 英寸放在烘烤纸上面。用鸡蛋或者牛奶涂抹,在预热到 200℃的炉子里 200℃烘烤 15

~20min。

薄饼可以和黄油、果酱一块儿吃。

更新的做法——

奶酪薄饼:不加糖,加入 1/2 杯磨碎的切达干酪或其他干奶酪。加入少量辣椒或红椒。仅仅和黄油一块儿上餐桌。

6　PURI(印度油煎面包)

食材:

　　4 杯小麦粉

　　1 杯大麦粉

　　1 汤匙苏打粉

　　1/4 茶匙盐

　　1 杯黄油

　　2 杯牛奶

　　油,以待深煎

制作方法:

　　把面粉、苏打粉和盐放在一个碗里面混合。加入黄油混合,直到混合物像粗糙的面包屑。在牛奶里搅拌直到湿润,不要过分搅拌,到光滑为止。将生面团做成小柠檬样大小的球状,在它表面撒上面粉,铺在 4 英寸深锅上,加热油深煎,中温油煎使 PURI 至黄棕色(注意当油煎时,它们会膨胀)。翻转到另一面油煎 1min 即可。

　　可以趁热单独吃,也可以配上印度炒素菜(土豆和大豆以印度式样混合)、肉或者印度式样土豆鸡丁一块儿吃。

7　葡萄干面包

食材:

　　干酵母

　　红糖或白糖

　　牛奶

　　盐

　　油或者人工奶油

　　1 杯大麦粉

　　1 杯小麦粉

　　1/2 杯葡萄干

制作方法:

在一个小碗里面放 1/4 杯热水。加入 1 包干酵母。加入 1 茶匙红糖或白糖。所有原料混合搅拌,留待后用。

在一个酱锅里温热 1/4 杯牛奶。加入 1 汤匙红糖或者白糖,1/2 茶匙盐,1 汤匙油或者人工奶油,温热并搅拌直到混匀,但不要煮沸。

把牛奶混合物从小锅转移到大碗里面。加入 1/4 杯冷水。加入小碗里的酵母混合物,混合。

把 1 杯大麦粉、1 杯小麦粉、1/2 杯葡萄干原料也加入到大碗里。揉面团直到感觉有弹性、光滑为止。把面团搓成圆球状,放在润滑的碗里面,用毛巾盖上。放在温暖处 1h 直到体积增大 1 倍。

揉搓面团,然后把面团放在润滑过的 6 英寸×10 英寸烤面包锅里面,放一条毛巾盖在上面,大约 0.5h 后,体积增大 1 倍。炉子预热至 190℃,烤 30min。

8 肉桂卷

食材:

1 包有活性的干酵母

1/2 杯热水(40~46℃)

1/2 杯温牛奶(先是比较烫,然后冷却)

1/3 杯糖

1/3 杯酥油、人工奶油或者黄油

1 茶匙盐

1 个鸡蛋

$1\frac{1}{2}$ 杯大麦粉

2~3 杯小麦粉

1/2 杯糖

4 茶匙肉

2 杯粉末状的糖

2 汤匙牛奶

1 茶匙香草

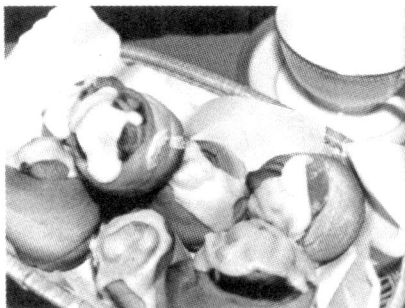

制作方法:

在大碗中用热水溶开酵母。混入牛奶、糖、酥油、盐、鸡蛋、大麦粉和 1/2 杯小麦粉。拍打直到顺滑。加入足量余下的麦粉做成面团。

把面团放在稍撒面粉的桌面上,揉搓到光滑有弹性,大约 5min,把光滑的一面朝上,放置在光滑的碗里,盖上盖子;放在暖处直到体积扩大为原来的 2 倍,大概需要 0.5h。(当触碰一下面团会留下痕迹,那么面团就做好了)

把面团分成两半,在撒有面粉的桌面上把两块面团揉成长方形(15英寸×9英寸大小);在每一块上面涂抹2汤匙人工奶油或黄油,面团变得柔软。1/2杯糖和4茶匙肉桂混合,撒在长方形的面团上。从长的一端开始卷面团,做成面团卷。每一个卷切成6个厚1.5英寸的薄片。微微分开,放在13英寸×9英寸的润滑过的平锅里面或者在润滑过的松饼杯里。使体积增大为原来的2倍,大约需40min。

炉子加热到190℃。190℃烘烤至黄棕色,约25～30min。趁热用酱(2杯粉末状的糖,2汤匙牛奶和1茶匙香草混合直到酱变光滑,浓稠适宜,以便分开面团)分开面卷。

9　蜂蜜卷

食材:

1包有活性的干酵母

1/2杯热水40～46℃

1/2杯温牛奶(先是比较烫,然后冷却)

1/3杯糖

1/3杯酥油、人工奶油或者黄油

1茶匙盐

1个鸡蛋

$1\frac{1}{2}$杯大麦粉

2杯白小麦粉

1/2杯糖

2茶匙肉桂

1/3杯糖

1/4杯切碎的坚果

1/4杯蜂蜜

3汤匙黄油或者人工奶油

1/8茶匙肉桂

制作方法:

在大碗中用热水溶开酵母。混入牛奶,糖,酥油,盐,鸡蛋,大麦粉和1/2杯小麦粉。拍打直到顺滑。加入足量余下的麦粉做成面团。

把面团放在稍撒面粉的桌面上,揉搓到光滑有弹性,大约5min,把光滑的一面朝上,放置在光滑的碗里,盖上盖子;放在暖处直到体积扩大为原来的2倍,大概需要0.5h。(当触碰一下面团会留下痕迹,那么面团就做好了)

准备填充馅,将 1/3 杯糖、1/4 杯切碎的坚果仁、1/4 杯蜂蜜、3 汤匙黄油或者人工奶油、1/8 茶匙肉桂等原料加热到沸腾,频繁搅拌,待用。

把面团分为两半,在撒有面粉的桌面上把两块面团揉成长方形(15 英寸×9 英寸大小)。在长方形面团上浇上 1/4 杯人工奶油或者黄油。把填充馅也铺在面团上。混合 1/2 杯糖、2 茶匙肉桂,撒到填充馅上。从长的一端开始卷面团。每一个卷切成 6 个厚度为 1.5 英寸的薄片。微微分开,放在 13 英寸×9 英寸润滑过的平锅里面或者在松饼杯里。使体积增大为原来的 2 倍,大约需 40min。放到预热 190℃的炉子里。烘烤直到变为黄棕色,约需要 25～30min。立即从炉子中拿出。

10 苹果奶酪薄饼

食材:

> 1 杯松软干酪
> 1 杯磨碎的苹果(没有汁)
> 3/4 杯大麦粉
> 1 汤匙蜂蜜
> 1 茶匙新鲜的柠檬汁
> 1 汤匙切碎的胡桃仁或者杏仁
> 1 汤匙切碎的葡萄干
> 1 茶匙肉桂,可以加一点儿甜胡椒或者肉豆蔻
> 1/2 茶匙盐
> 4 个鸡蛋,蛋黄、蛋清分开

制作方法:

除蛋清之外的所有的东西混合。把蛋清吹打充分加入面糊里面。在涂有黄油的浅煎锅里用中火煎薄饼直到棕色。

可以和淡棕色果汁,或者和加入果汁或蜂蜜的奶酪一块儿享用。

11 蓝莓薄饼

食材:

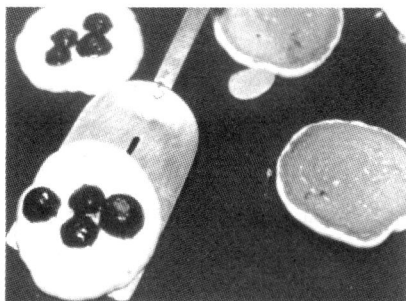

> 1/4 杯大麦粉
> 3 茶匙苏打粉
> 1 汤匙糖
> 1/2 茶匙盐
> 1 个鸡蛋(打过)
> 1 杯牛奶

2 汤匙色拉油

制作方法：

把所有干的原料筛出来。把鸡蛋、牛奶和色拉油混合；加入干原料，搅拌直到湿润。在热的浅煎锅上烘烤。当薄饼底部变为棕色时，在每个薄饼上撒些蓝莓。把棕色一面翻转到另一面。有配方大约可做成 12 个小薄饼。

12　巧克力蛋糕

食材：

1/4 杯加 2 汤匙黄油或者人工奶油

6 汤匙可可粉

1 杯蜂蜜

2 个鸡蛋，没有打开的

1/8 茶匙盐

1/2 杯大麦粉

1/2 杯切碎的核桃仁

1 茶匙香草

制作方法：

取一个足够大(可以充当混合碗)的深平底锅，加入 1/4 杯加 2 汤匙黄油或者人工奶油、6 汤匙可可粉，低温加热搅拌直到溶解，顺滑。停止加温，取出。加入 1 杯蜂蜜、2 个鸡蛋、1/8 茶匙盐、1/2 杯大麦粉、1/2 杯切碎的核桃仁、1 茶匙香草，混合成面糊。

在烘烤锅内涂抹黄油。在底部垫一张剪切好的烘烤纸。在纸上也涂抹上黄油。把面糊倒入烘烤锅里。在炉子中间烘烤直到插在中心的牙签完全被挤出来(大约 30～35min)。置于架子上冷却。冷却后，把上面翻到下面，剥离烘烤纸，把巧克力蛋糕切成方形。

(也可不加核桃仁，用杏仁代替作为香草的调味品)

13　蜂蜜核桃面包

食材：

1 杯牛奶

1 杯蜂蜜

1/4 杯软化牛油

2 个鸡蛋(打过的)

$2\frac{1}{2}$ 杯烘烤过的大麦粉

1 茶匙盐

1 汤匙苏打粉

1/2 杯核桃仁

制作方法:

在饭锅里混合 1 杯牛奶、1 杯蜂蜜,在低温下加热搅拌直到混合充分。

加入 1/4 杯软化牛油、2 个鸡蛋(打过的)、$2\frac{1}{2}$ 杯烘烤过的大麦粉、1 茶匙盐、1 汤匙苏打粉,一直搅打直到充分混合。

再加入 1/2 杯核桃仁,做成面糊。

把面糊倒入润滑过的面包锅里(6 英寸×10 英寸的面包烤模)。炉子预热到 160℃,烘烤 70min,或者直到插在中心的牙签完全被挤出来。在锅里冷却 15min。拿出面包,冷却过后切成薄片。

(注释:大麦粉烘烤过后加入面团中会特别美味。那样面包就会又湿又甜,做出来像蛋糕。两杯大麦粉需要 1 汤匙色拉油。大麦粉放入煎锅里,烘烤直到变黑)

14 香蕉松饼(或香蕉面包)

食材:

2 汤匙冷却到室温的人工奶油

1 杯糖

3~4 个香蕉(捣成泥)

2 汤匙牛奶

2 杯大麦粉

1/2 茶匙苏打粉

1/2 茶匙盐

制作方法:

将 2 汤匙冷却到室温的人工奶油和 1 杯糖混合。再加入 3~4 个香蕉捣成的香蕉泥、2 汤匙牛奶,用手混合。

加入 2 杯大麦粉、1/2 茶匙苏打粉、1/2 茶匙盐,搅拌成面糊。

如做松饼,倒入润滑的松饼托时,每一个达到 2/3 满的程度就好(做成 12 个松饼)。炉子预热到 200℃,200℃烘烤 20min。

如做面包,倒入润滑的面包烤模里。炉子预热到 176℃,176℃烘烤 50~60min。(通常在大约 40min 后把铂放在上面,那样面包不会烤得太黑)

15 香蕉面包

食材：

　　1/2 杯黄油或者人工黄油

　　1/2 杯酸奶

　　3/4 杯糖

　　2/3 杯大麦粉

　　1 杯小麦粉

　　1 茶匙发酵粉

　　1/2 茶匙盐

　　2 个鸡蛋

　　1 汤匙香草

　　1 杯香蕉泥

　　1/4 杯坚果仁(可选)

制作方法：

　　把黄油、糖和酸奶混合。往奶油混合物里面加入鸡蛋和香草,混合。再加入其他干性成分,并加入香蕉和坚果仁,混匀。倒入润滑过的 9 英寸×5 英寸×3 英寸的土司盒。炉子预热到 160℃,160℃烘烤直到做好,大约 1h。在炉中冷却 15min,再拿出冷却。

16 胡萝卜面包

食材：

　　4 个鸡蛋

　　2 杯糖(依照口味酌情添加)

　　$1\frac{1}{4}$ 杯油

　　3 杯大麦粉

　　2 茶匙发酵粉

　　$1\frac{1}{2}$ 茶匙苏打粉

　　1/4 茶匙盐

　　2 茶匙肉桂

　　2 杯切碎的胡萝卜

　　1/2～1 杯坚果仁(选择添加)

　　1 茶匙香草

制作方法：

打匀鸡蛋，慢慢加入糖，再打至浓稠。慢慢加入油，再打至彻底混匀。

单独准备一只碗，加入面粉、发酵粉、苏打粉、盐和肉桂，搅拌直到充分混匀。再与上述的混合物混合。然后加入胡萝卜、坚果仁、香草，揉匀。放入两个充分润滑过的 5 英寸×9 英寸土司盒里面，炉子预热到 176℃，176℃ 烘烤 45min ～1h。出炉之前先冷却 10min。

17 杯形胡萝卜蛋糕

食材：

　　2 个鸡蛋

　　1 杯蜂蜜

　　1/2 杯蔬菜油

　　1/2 杯豆腐（脱水的）

　　2 茶匙发酵粉

　　2 茶匙肉桂

　　2 茶匙香草

　　2 茶匙柠檬汁

　　2 杯大麦粉

　　1 杯充分切碎的胡萝卜

　　1 杯切碎的核桃仁

　　1/2 杯葡萄干

　　8 盎司奶油干酪（酥软的）

　　2 茶匙香草

　　1 茶匙碎柠檬壳

　　2 汤匙蜂蜜

制作方法：

将 2 个鸡蛋、1 杯蜂蜜、1/2 杯蔬菜油、1/2 杯豆腐（脱水的）、2 茶匙发酵粉、2 茶匙肉桂、2 茶匙香草、2 茶匙柠檬汁，用搅拌机或食品加工机或者手工混合。再加入面粉，混合。然后加入胡萝卜，处理几秒钟，继续再加入核桃仁和葡萄干，混合均匀即可（也可只选其中 1～2 种）。把面糊倒入润滑过的松饼托里（做成 18 个杯形蛋糕），每一个托里面倒 2/3 程度满就可。炉子预热到 160℃，160℃ 烘烤大约 20min。冷却。

也可将 8 盎司奶油干酪（酥软的）、2 茶匙香草、1 茶匙碎柠檬壳、2 汤匙蜂蜜，混合均匀，用于冷却后的杯形蛋糕表面做奶油干酪结霜。盖上盖后在冰箱里储存。

18　番茄沙司蛋糕

食材：

1 杯人工奶油或者黄油

$1\frac{3}{4}$ 杯糖

4 个鸡蛋

18 盎司罐装的番茄酱和 3/4 杯水混合

$1\frac{1}{2}$ 杯人麦粉

$1\frac{1}{2}$ 杯小麦粉

1 茶匙发酵粉

1 汤匙苏打粉

3/4 茶匙肉桂

1/2 茶匙丁香粉

$2\frac{1}{2}$ 汤匙大麦粉

1/2 杯牛奶

1/2 杯黄油或者人工奶油

1/2 杯糖

1/2 茶匙香草

制作方法：

将人工奶油和糖、鸡蛋混打充分。将干性食材成分($1\frac{1}{2}$ 杯大麦粉、$1\frac{1}{2}$ 杯小麦粉、1 茶匙发酵粉、1 汤匙苏打粉、3/4 茶匙肉桂、1/2 茶匙丁香粉)过筛。依次加入干性食材成分、番茄酱和水。倒在润滑的涂过面粉的 9 英寸×13 英寸的蛋糕烤盘里，炉子预热到 176℃，176℃烘烤大约 30min。冷却。

另将 $2\frac{1}{2}$ 汤匙大麦粉、1/2 杯牛奶，低温煮，混合均匀直到变稠，制成面粉、奶油混合物，冷却。

另用奶油(1/2 杯黄油或者人工奶油)拌入 1/2 杯糖和 1/2 茶匙香草，直到明亮松软。加入冷却后的面粉、奶油混合物。混打直到明亮呈乳脂状。将其涂抹在冷却后的蛋糕上。这些量只够涂抹在蛋糕上表面。如果想涂抹整块蛋糕需要用 2 倍的量。

19 姜饼男孩

食材：

　　1/2 杯蔬菜酥油

　　1/2 杯糖

　　1/2 杯糖浆

　　1/4 杯水

　　$2\frac{1}{2}$ 杯大麦粉

　　3/4 茶匙盐

　　3/4 茶匙姜

　　1/4 茶匙肉豆蔻

　　1/8 茶匙甜胡椒粉

　　葡萄干(用来做眼睛、鼻子、嘴巴)

　　巧克力豆(用来做纽扣,可选择)

制作方法：

　　先混合酥油和糖。再混入蜜浆、水、面粉、盐、姜、肉豆蔻和甜胡椒粉。盖上冷却 2～3h。

　　在撒面粉的桌板上揉搓面团到 1/4 英寸的厚度。用姜饼男孩切机或者用手工切出造形。把葡萄干按进去充作眼睛、鼻子和嘴巴。用巧克力豆充作纽扣。

　　炉子预热到 190℃,烘烤 10～12min。从烘烤纸上迅速取走,冷却。

20 南瓜大麦饼干

食材：

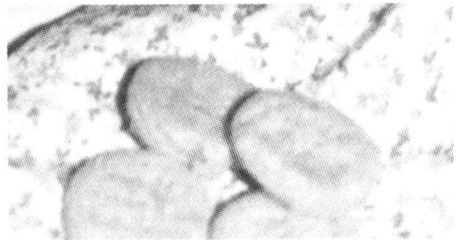

　　2 杯大麦粉

　　2 杯黑麦粉

　　2 杯燕麦片

　　2 茶匙肉桂

　　2 茶匙发酵粉

　　1 茶匙盐

　　$1\frac{1}{2}$ 杯人工奶油

　　2 杯红糖(如果不想太甜可以少放一些)

　　1 杯蔗糖

　　1 茶匙香草

1个鸡蛋

16盎司罐头南瓜

1杯葡萄干

制作方法：

取一个调理碗,加入2杯大麦粉、2杯黑麦粉、2杯燕麦片、2茶匙肉桂、2茶匙发酵粉、1茶匙盐,混合均匀,制成面粉混合物。

取另一个调理碗,加入1$\frac{1}{2}$杯人工奶油、2杯红糖(如果不想太甜可以少放一些)、1杯蔗糖,混合均匀。然后加入1茶匙香草、1个鸡蛋、16盎司罐头南瓜,混合均匀。然后再加进最早的面粉混合物,用勺子充分混匀。加入1杯葡萄干,混匀(如果需要也可以加坚果仁)。制作饼干,放在润滑过的烘烤纸上。炉子预热到176℃,176℃烘烤15~20min。

21　大麦奶油饼干

食材：

1/3杯黄油

1/3杯牛奶

1/3磅奶油

1杯红糖

1个鸡蛋

1茶匙香草

3杯大麦粉

制作方法：

黄油内加入奶油直到显白色。加入红糖混匀。加入鸡蛋混匀。加入香草,面粉混匀。切成直径2英寸的圆形。把它们放在润滑过的烘烤饼干纸上。炉子预热到176℃,176℃烘烤10min。

注意:把所有原料混合后,如果面团结合得不够好,在揉搓面团时候可以加入一点牛奶,从而把面团压紧。

22　大麦芝士饼干

食材：

1/3杯黄油

1/4杯红糖

1个鸡蛋

1/3杯牛奶

2汤匙蜂蜜

2 汤匙帕尔玛干酪

2 汤匙芝麻

$2\frac{1}{3}$ 杯大麦粉

制作方法：

把面粉和所有原料混合充分，做成面团，放置在冰箱里 30min。然后做成直径 3/4 英寸的小面球，放置在烘烤饼干纸上。用叉子压平。炉子预热到 190℃，190℃烘烤 10~12min。

23 美味饼干

食材：

1 杯白糖

1 杯红糖

1 杯酥油（人工奶油）

2 个鸡蛋

2 杯大麦粉

2 杯燕麦片

1/2 茶匙盐

1/2 杯葡萄干（可选）

制作方法：

先把糖和酥油混合，打进鸡蛋，把面粉和盐混合加入，再加入燕麦片和葡萄干，混匀，制成面糊，然后一茶匙一茶匙地将面糊放在润滑过的烘烤纸上。炉子先预热到 190℃，190℃烘烤 8~10min。

（不加燕麦片和葡萄干可以做成简易饼干。加入巧克力豆或者任何其他的干谷物都可以使味道别样鲜美）

24 大麦燕麦条

食材：

3/4 杯酥油

3/4 杯糖

1/3 杯蜂蜜

3/4 茶匙盐

$1\frac{1}{2}$ 杯大麦粉

2 杯新鲜制作的燕麦片

制作方法：

向酥油里面加糖,搅打直到松软。加入蜂蜜和其他干性成分,混合均匀。取一半混合物铺在润滑过的 9 英寸×13 英寸锅中,压实。

另将 1 杯葡萄干(无花果或者枣也可以)、1/8 茶匙盐、1 汤匙柠檬汁、1/8 茶匙肉桂、1/2 杯热水,充分混合,煮 5min。在搅拌机或者食品加工机里煮成浓汤,制成葡萄干填充物。

把葡萄干填充物铺在上面。用剩下的混合物均匀的覆盖,压实。炉子预热到 176℃,176℃烘烤 40min。冷却,切成条状。

(评价:可以冷冻,但是不要保留很长时间)

25　奶油卷

食材:

　　1/2 杯水

　　盐适量

　　1/4 杯大麦粉

　　1/4 杯白面

　　2 个大鸡蛋

制作方法:

取一个深平底锅,加水、黄油和盐,混匀。中温加热至沸腾,停止加热,立即撒下面粉,低温加热,搅打直到混合物脱离锅底,形成球状面团,这个过程需要 1～2min,停止加热,加入一个鸡蛋,搅打直到充分混合。再加一个鸡蛋,搅打直到面团光滑,大约要 1min。用圆汤匙或者茶匙把面团挖到润滑过的烤饼干纸上,每个相隔两英寸远。可以做成 8 个大面卷或 25 个小面卷。炉子预热到 200℃。大卷烘烤 35～40min,小卷烘烤 15min。用指尖轻敲面卷,发出空洞的声音即表示已做好。

另取 1 盒加糖的生奶油、1 包冷却的布丁混合物,充分混合,制成填充物。

两者配成巧克力填充的奶油卷享用。

(如想尝试其他口味的填充物,可以加入水果丁和坚果仁,加鱼肉和鸡肉沙拉也可以)

26　大麦苹果派

食材:

　　5 个苹果(去皮,切成薄片)

　　1 杯蔗糖

　　1/2 杯大麦粉

　　1/2 杯小麦粉

1/2 汤匙发酵粉

1/4 茶匙盐

1 个打好的鸡蛋

1/4 杯水

肉桂、坚果、肉豆蔻适量，混合

黄油适量

制作方法：

把苹果放在一个 8 英寸的方形烘焙锅里。

将糖、面粉、发酵粉和盐混合。加入打好的鸡蛋，混合（面糊会相当干）。把面糊放在苹果上面，撒上约 1/4 杯水。再在上面撒上肉桂、坚果、肉豆蔻混合，用黄油往上面撒成小圆点状。炉子预热到 176℃，176℃烘烤 50min。冷热均可食用。

27 经典牛肉大麦炖汤

食材：

1/2 杯大麦粉

1 茶匙盐

1/4 茶匙胡椒粉

2 磅炖牛肉片，切成 1 英寸的小片

2 汤匙酥油

6 杯热水

3 个削皮土豆（大小适中），切成 1 英寸的小片

4 个洋葱，切成 1 英寸的小片

1 个青椒，切成条

1 杯芹菜片，约 1 英寸长

1 个中等大小的洋葱，切成小方块

1 汤匙盐

制作方法：

把麦粉、盐和胡椒粉混合。把牛肉裹上麦粉混合物。在一个大平底锅内融化酥油，煎炒牛肉彻底。

加水，煮沸。小火炖 2h。加入剩下的原料，再炖 30min 或者炖到蔬菜变软为止。

28 大麦蔬菜瓦罐汤

食材：

1/2 杯洗过并沥干的整粒大麦

3 杯水

1/3 杯小片牛肉或者牛骨头

1 个中等大小的洋葱,切碎

1 个胡萝卜,切成薄片

1 根上等的芹菜茎,切成薄片

1 个土豆,切成薄片

4 个剥皮的西红柿

2 茶匙盐

1/4 茶匙胡椒粉

制作方法:

把所有的原料都放入瓦罐,混合。小火煮 8～10h。如果没有瓦罐,把原料放入一个大罐子里,缓慢煮沸 2h。如果需要可以额外添加水。

主要参考文献

[1] 曹斌等.青藏高原和国外裸大麦 γ-氨基丁酸的含量与分布.麦类作物学报,2010,30(3):555—559.

[2] 曹连莆等.大麦生理生化生态及遗传育种栽培研究与应用.北京:经济管理出版社,2012.

[3] 陈海华等.大麦的营养价值及在食品业中的利用.西部粮油科技,2002,27:34—36.

[4] 陈建澍等.大麦 β-葡聚糖对小鼠血脂水平的影响.大麦科学,2002,3:23—25.

[5] 陈锦新等.大麦籽粒发育期 β-葡聚糖含量动态及与气象因子的关系.应用生态学报,2002,13,(4):417—420.

[6] 陈伟等.植物酚类物质研究进展.福建农业大学学报,1997,26(4):502—508.

[7] 杜元正.啤酒酿造过程中黄曲霉毒素 B_1 的初步研究.无锡:江南大学,硕士学位论文,2012.

[8] 段中华等.青稞类黄酮提取工艺研究.安徽农业科学,2012,40(2):1033—1035.

[9] 董海洲等.活力钙大麦芽营养麦片的研制.中国粮油学报,1997,(2):37—42.

[10] 董海洲.大麦理化特性及其挤压膨化加工机理与应用研究.北京:中国农业大学.博士学位论文,2002.

[11] 范燕青等.青稞麦绿素提取工艺研究.食品工业科技,2011,8:252—254.

[12] 顾尧臣.小宗粮食加工——大麦加工.粮食与饲料工业,1999,9:1—62.

[13] 管敦仪.啤酒工业手册(中册).北京:中国轻工业出版社,1985.

[14] 郭延奎等.赭曲霉毒素 A 中毒鸡肝脏超微结构的观察.华南农业大学学报,1992,S1:8210.

[15] 贺丹霞等.大麦籽粒、生麦芽、炒麦芽和焦麦芽中黄酮类化合物的含量分析.中药材,2012,25(11):1747—1751.

[16] 胡桂林等.大麦中赭曲霉毒素 A 的检测及免疫亲和柱重复使用的研究.中国食品工业,2009,(4).

[17] 惠更平.大麦芽红提姜果醋生产工艺研究.安徽农业科学,2009,12—31.

[18] 蒋博文等.青稞 γ-氨基丁酸发酵的初步研究.浙江农业科学,2011,(1):93—95.

[19] 巨苗苗等.不同种源大麦籽粒功能成分及蛋白质含量变异分析.安徽农学通报,2014,20(17):39—41.

[20] 孔维宝等.大麦酚类化合物及相关酶类的研究进展.啤酒技术,2008,(6):39—43.

[21] 粟婉媛等.麦芽提取物在发酵饮料中的应用.饮料工业,2011,(7):15—17.

[22] 粟婉媛等.麦芽提取物在饮料工业中的应用.第十五届中国国际食品添加剂和配料展览会学术论文集.2011:3—23.

[33] 李先德等.中国大麦产业经济问题研究.北京:中国农业出版社,2012.

[24] 李凤云.大麦中镰刀霉和曲霉的检出.啤酒科技,2003,(8):42.

[25] 李杰.大麦籽粒蛋白质含量和直链淀粉含量的遗传研究.扬州:扬州大学,硕士学位论文,2009.

[26] 李秀琳等.高蛋白含量大麦发芽过程中蛋白质组分及其含量变化分析.中国粮油学报,2009,24(10):98—102.

[27] 李雁勤.大麦的利用价值及开发前景.中国食物与营养,1997,(4):17—20.

[28] 刘燕强等.大麦的营养特性及其抗营养因子 β-葡聚糖的研究进展.动物营养学报,1998,10(2):1—8.

[29] 吕宏斌.利用功能大麦和功能稻制作保健米线的配方研究.北京:中国农业科学院,硕士学位论文,2012.

[30] 吕小文.青稞肽的功能与胚芽油胶囊制备的研究.北京:中国农业大学,博士学位论文,2004.

[31] 履新.大麦麸皮多酚类提取物抗氧化活性和抗突变性.粮食与油脂,2004,(6):9—12.

[32] 履新.大麦麸皮发酵液大麦素及其着色和生理功能.粮食与油脂,2004,(7):11—14.

[33] 那成龙等.大麦 β-葡聚糖的提取及功能研究进展.麦类作物学报,2012,32(3):579—584.

[34] 内蒙古轻工科学研究所.乳品工艺学.北京:中国轻工出版社,1993:580—680.

[35] 牛广财等.大麦深加工现状及其发展趋势.农业科技与装备,2011,(3):11—14.

[36] 普晓英等.大麦农艺性状分析及籽粒黄酮含量的测定.西南农业学报,2013,(6):2204—2207.

[37] 乔海龙等.生态条件对大麦产量及 β-葡聚糖含量的影响.核农学报,2012,26(1):107—112.

[38] 任嘉嘉等.大麦食品加工及其功能特性研究进展.粮油加工,2009,(4):99—101.

[39] 申晓蓉等.黑大麦与白大麦营养成分对比分析.西北民族大学学报(自然科学版),2012,33(1):30—34.

[40] 施永泰等.大麦 β-葡聚糖酶的研究和展望.大麦科学,2001,(1):5—8.

[41] 孙光明等.基于多光谱成像技术的大麦赤霉病识别.农业工程学报,2009,S2.

[42] 唐俊杰等.云南大麦地方品种子粒的功能成分含量差异分析.植物遗传资源学报,2013,(4).

[43] 唐坤甜,赵彩云,谷方红.中国大麦中赭曲霉毒素污染现状初探.浙江农业科学,2011,(1):148—150.

[44] 王宏华等.啤酒酿造原料中黄曲霉毒素 B_1、玉米赤霉烯酮和赭曲霉毒素 A 同时检测分析方法研究.酿酒科技,2014,(2).

[45] 王建清等.大麦籽粒中原花色素的气相色谱分析.大麦科学,1993,35(2):38—39.

[46] 汪军妹等.大麦 β-葡聚糖含量的基因型差异及其与若干性状的相关性.浙江大学学报(农学版),1998,(3).

[47] 王林济等.双缩脲法和染料结合力法测定大麦籽粒蛋白质的比较分析.浙江农业科

学,1985,(4):191—195.

[48] 王仙等.大麦籽粒总黄酮超声辅助提取工艺的优化.石河子大学学报,2010,28(2):152—157.

[49] 王仙等.大麦籽粒生育酚含量的基因型和环境变异研究.麦类作物学报,2010,(5).

[50] 王玉凤.黑大麦的营养价值及开发利用.辽宁农业科技,1998,(3):35—36.

[51] 维亮.大麦芽饮料保健功能.中国食品报,1997,(7).

[52] 曾亚文等.大麦籽粒中 γ-氨基丁酸、总黄酮和生物碱含量在发芽过程中的变化.麦类作物学报,2012,3(1):135—130.

[53] 夏广廉. γ-辐射对大麦黄曲霉毒素的影响.粮食储藏,1986,(1).摘译自 J. The Science of Food and Agriculture,1986,33(6):559—564.

[54] 徐阿炳等.四个麦芽品质性状的杂种优势和相关分析.杭州大学学报,1991,18(3):336—341.

[55] 薛效贤等.麦类食品加工技术.北京:化学工业出版社,2014.

[56] 杨涛等.大麦杂交后代籽粒主要黄酮类化合物含量与植株性状的相关分析.西南农业学报,2013,(5).

[57] 杨涛等.药用大麦及其活性物质研究进展.麦类作物学报,2007,27(6):1154—1158.

[58] 杨涛等.大麦籽粒中 4 种主要黄酮类化合物的 HPLC 测定方法研究.麦类作物学报,2009,29(4):618—622.

[59] 杨晓梦等,大麦籽粒功能成分含量的遗传效应分析.麦类作物学报,2013,(4).

[60] 杨欣.美国 1997 年小麦、大麦和咖啡中棕曲霉毒素的调查报告.国外医学·卫生学分册,2000,(1).

[61] 杨延超.大麦芽活性多糖的分离及结构解析.无锡:江南大学,硕士学位论文,2012.

[62] 杨煜峰等.大麦籽粒原花色素的定位分析.浙江农业学报,1993,5(1):57—58.

[63] 余春磊等.回归正交试验优化超声波提取大麦中 4 种主要黄酮物质工艺.食品科学,2014,35(2):51—55.

[64] 俞志隆等.大麦遗传与改良.上海:上海科学技术出版社,1992.

[65] 俞志隆等.大麦粒重与皮壳重的遗传分析.遗传,1988,10(3):4—7.

[66] 俞志隆.大麦诱发突变体蛋白质特性研究.原子能农业应用,1986,(2):23—28.

[67] 臧慧等.大麦籽粒 β-聚糖含量的积累规律研究.中国农学通报,2014,(24).

[68] 曾洁等.五谷杂粮食品加工.北京:化学工业出版社,2013.

[69] 张端莉等.大麦在发芽过程中营养物质的变化及其营养评价.食品科学,2014,(1).

[70] 张国平等.食用与保健大麦:科学、技术和产品.杭州:浙江大学出版社,2010.

[71] 张国平等.大麦生产、改良与利用.杭州:浙江大学出版社,2012

[72] 张国平等.大麦 β-葡聚糖含量的环境和基因型变异及其遗传改良.大麦科学,1998,(3).

[73] 张晖等.富含 γ-氨基丁酸保健食品的研究与开发.食品与发酵工业,2003,29(10):50—52.

[74] 张辉等.响应面法优化大麦苗叶绿素提取工艺.食品科学,2014,35,(2):75—80.

[75] 张玉红等.不同基因型大麦品种大麦油及其母育酚含量的变异规律.麦类作物学报,

2007,27(4):721—724.

[76] 赵春艳等.不同大麦品种(系)营养功能成分差异比较.西南农业学报,2010,23(3):613—618.

[77] 赵春艳等.大麦麦芽总黄酮类化合物含量的测定分析.植物遗传资源学报,2010,11(4):498—502.

[78] 赵大伟等.大麦籽粒γ-氨基丁酸含量的测定分析.麦类作物学报,2009,(1).

[79] 赵慧芬.西藏裸大麦β-葡聚糖及食用纤维含量的遗传与环境效应研究.拉萨:西藏大学,硕士学位论文,2009.

[80] 周秀琴.日本开发大麦麸皮健康食品.粮食与油脂,2002,(02):47.

[81] 周宇等.食品中丙烯酰胺污染的研究进展.中华预防医学杂志,2004,5(1):348—340.

[82] 邹奕星.青藏高原青稞淀粉资源的评价.北京:中国科学院研究生院,硕士学位论文,2008.

[83] 朱彩梅等.中国大麦种质资源直链淀粉含量分析.麦类作物学报,2010,(2).

[84] 朱德伟等.应用超高效液相色谱结合荧光检测法测定酿造原料和啤酒中的赭曲霉毒素A.啤酒科技,2011,(9).

[85] 朱睦元等.大麦育种与生物工程.上海:上海科学技术出版社,1999.

[86] 朱睦元等.大麦麦芽品质性状的遗传育种研究.中国农业科学,1990,23(2):15—19.

[87] 朱睦元等.三个麦芽品质性状的配合力分析.上海农业学报,1989,5(1):9—14.

[88] 朱睦元等.啤酒大麦若干农艺性状的遗传分析.浙江农业科学,1989,(5):211—213.

[89] 朱睦元等.大麦抗BaYMV和籽粒品质的遗传研究.科技通报,1988,4(4):55—57.

[90] Abdel RMAM, Ahmed AAH. Compar Bio-chem Physiol, 2001, 130: 305—313.

[91] Abouzied MM, et al. Ochratoxin A concentrations in food and feed from a region with Balkan Endemic Nephropathy. Food Addit Contam, 2002, 19(8): 755—764.

[92] Ames NP, Rhymer CR. Issues surrounding health claims for barley. J Nutr, 2008, 138(6): 1237—1243.

[93] Andersson A, et al. Milling performance of north European hull-less barleys and characterization of resultant millstreams. Cereal Chem, 2003, 80(6): 667—673.

[94] Anelia H, et al. Toxicon, 2002, 40: 273—282.

[95] Baik BK, Ullrich SE. Barley for food: characteristics, improvement, and renewed interest. J Cereal Sci, 2008, 48(2): 233—242.

[96] Baik BK, Powers J, Nguyen LT. Extrusion of regular and waxy barley flours for production of expanded cereals. Cereal Chem, 2004, 81: 94—99.

[97] Bang-Olsen K, Stilling B, Munck L. Breeding for yield in high lysine barley. In: Yasuda S, Konishi T (eds). Barley genetics V. In: Proceedings of the 5th international barley genetic symposium. Okayama: Sanyo Press Co. Ltd, 1987: 865—870.

[98] Barbro Jende-Strid. Genetic control of flavonoid biosynthesis in barley. Hereditas, 1993, 119(2): 187—204.

[99] Barisic K, et al. Arch Toxicol, 2002, 76(4):218—226.

[100] Barley Grass. Available online at: http://www.naturaltechniques.com/barley_

green_grass. htm. Accessed March 7, 2005.

[101] Bhatty RS. The potential of hull-less barley. Cereal Chemistry, 1999, 76 (5): 589—599.

[102] Bhatty RS. β-glucan and flour yield of hull-less barley. Cereal Chemistry, 2011, 76 (2): 314—315.

[103] Bhatty RS, Rossnagel BG. Comparison of pearled and unpearled Canadian and Japanese barleys. Cereal Chem, 1998, 75(1): 15—21.

[104] Bhatty RS. Physicochemical properties of roller-milled barley bran and flour. Cereal Chem, 1993, 70: 397—402.

[105] Bhatty RS, Rossnagel BG. Zero amylose lines of hull-less barley. Cereal Chem, 1997, 74: 190—191.

[106] Biro K, et al. Avian Pathol, 2002,31(2):141—148.

[107] Bonoli M, Verardo V, Marconi E, Caboni MF. Antioxidant phenols in barley (*Hordeum vulgare* L.) flour: comparative spectrophotometer study among extraction methods of free and bound phenolic compounds. J Agric Food Chem, 2004, 52: 5195—5200.

[108] Boorman GA, et al. Toxicol Pathol, 1992, 20(2): 236—245.

[109] Boren M, et al. The barley starch granule proteome—internalized granule polypeptides of the mature endosperm. Plant Sci, 2004, 166: 617—626.

[110] Bourdon I, et al. Postprandial lipid, glucose, insulin, and cholecystokinin responses in men fed barley pasta enriched with β-glucan. Am J Clin Nutr, 1999, 69: 55—63.

[111] Bowles RK, et al. C-13 CP/MAS NMR study of the interaction of bile acids with barley beta-D-glucan. Carbohydr Polymers, 1996, 29: 7—10.

[112] Bruinink A, et al. Toxicol, 1997, 118: 205—210.

[113] Bruinink A, Sidler C. Toxicol Appl Pharmacol, 1997, 146: 173—179.

[114] Baik BK, Ullrich SE. Barley for food: Characteristics, improvement, and renewed interest. Journal of Cereal Science, 2008, 48: 233—242.

[115] Cremer L, et al. A purified green barley extract with modulatory properties upon TNF alpha and ROS released by human specialized cells isolated from RA patients. Roum Arch Microbiol Immunol, 1998, 57: 231—242.

[116] Czuchajowska Z, et al. Structure and functionality of barley starches. Cereal Chem, 1998, 75: 747—754.

[117] Delaney B, et al. Evaluation of the toxicity of concentrated barley beta-glucan in a 28-day feeding study in Wistar rats. Food Chem Toxicol, 2003, 41: 477—487.

[118] Delibas N, et al. Hum Exp Toxicol, 2003, 22(6): 335—339.

[119] Dirheimer G, Creppy EE. IARC Sci, 1991, 115: 171—186.

[120] Ehrenbergerová JN, et al. Changes caused by genotype and environmental conditions in beta-glucan content of spring barley for dietetically beneficial human nutrition. 2008, 63: 111—117.

[121] Ehrlich V, et al. Food Chem Toxicol, 2002, 40(8):1085—1090.

[122] Endo A, Monacolin K. A new hypocholesterolemic agent produced by a Monascus species. J Antibiot, 1979, 32(8): 852.

[123] Evans HM, Emerson OH, Emerson GA. The isolation from wheat germ oil of an alcohol, α-tocopherol, having the properties of vitamin E. Journal of Biological Chemistry, 1936, 113 (1): 319—332.

[124] Fastnaught CE, et al. Genetic and environmental variation in β-glucan content and quality parameters of barley for food. Crop Sci, 1996, 36: 941—946.

[125] Faulks AJ, Shewry PR, Miflin BJ. The polymorphism and structural homology of storage polypeptides (hordein) coded by the Hot 2 locus in barley (*Hordeuni vulgare* L.). Biochem Genet, 1981, 19: 841—858.

[126] FDA. Food labeling: health claims; soluble fiber from certain foods and risk of coronary heart disease. Interim final rule. Federal Regist, 2008, 73(37): 9938—9947.

[127] Feldheim W, Wisker E. Studies on the improvement of dietary fibre intake. Dtsch Lebensm-Rundsch, 2000, 96: 327—330.

[128] Flores RA, et al. High-starch and high β-glucan fractions milled with experimental mills. Cereal Chem, 2005, 82(6): 727—733.

[129] Fox GP, et al. Molecular basis of barley quality. Aust J Agric Res, 2003, 54: 1081—1101.

[130] Franks J. Barley Greats: Delicious Barley Recipes. Emereo Publishing, 2012.

[131] Froquet R, et al. Hum Exp Toxicol, 2003, 22(7): 393—400.

[132] Fujita S, Fujiyama G. The study of melting temperature and enthalpy of starch from rice, barley, wheat. Foxtail- and Proso-millets, 1993, 45(12): 436—441.

[133] Fukuda M, et al. Prebiotic treatment of experimental colitis with germinated barley foodstuff: A comparison with probiotic or antibiotic treatment. Int J Mol Med, 2002, 9: 65—70.

[134] Gerald S, et al. Toxicol, 1999, 135: 1210.

[135] Geraldine FK, et al. Randomized controlled crossover study of the effect of a highly β-glucan-enriched barley on cardiovascular disease risk factors in mildly hyperchole. Am J Clin Nutr, 2003, 78(4): 221—227

[136] Gremmels JF, et al. Nat Toxins, 1995, 3: 214—220.

[137] Grotewold E. The science of flavonoids. New York: Springer Verlag, 2007, 213—239.

[138] Heller M, et al. Dtsch Tierarztl Wochens-chr, 2002, 109(4): 200—205.

[139] Heussner AH, et al. Exp Toxicol Pathol, 2002, 54 (2): 151—159.

[140] Hohler DZ. Ernahrungswiss, 1998, 37(1): 2—12.

[141] Hong JT, et al. J Toxicol Environ Health A, 2002, 65: 407—418.

[142] Hussein SH, Jeffrey MB. Toxicol, 2001, 167: 101—134.

[143] Ikegami S, et al. Effect of boiled barley-rice feeding in hypercholesterolemic and

normolipemic subjects. Plant Foods Hum Nutr, 1996, 49: 317—328.

[144] Izydorczyk MS, Dexter JE. Barley β-glucans and arabinoxylans: molecular structure, physicochemical properties, and uses in food products—a review. Food Res Int, 2008, 41: 850—868.

[145] Izydorczyk MS, Jacobs M, Dexter JE. Distribution and structural variation of non-starch polysaccharides in milling fractions of hull-less barley with variable amylose content. Cereal Chem, 2003, 80: 645—653.

[146] Izydorczyk MS, et al. The enrichment of Asian noodles with a fiber-rich fraction derived from roller milling of hull-less barley. J Sci Food Agric, 2005, 85(12): 2094—2104.

[147] Jadhav AS, et al. Hormonal regulation of oil accumulation in Brassica seeds: metabolism and biological activity of ABA, 7'-, 8'-, and 9'-hydroxy ABA in microspore derived embryos of B. napus. Phytochemistry, 2008, 69: 2678—2688.

[148] Jingwen Tiong, et al. Australian Centre for Plant Functional Genomics (ACPFG), Project supervisors: Dr Chunyuan Huang (ACPFG) and Dr Glenn McDonald (University of Adelaide), 2012.

[149] Jeong HJ, Lam Y, de Lumen BO. Barley lunasin suppresses ras-induced colony formation and inhibits core histone acetylation in mammalian cells. J Agric Food Chem. 2002, 50(21): 5903—5908.

[150] Kalra S, Jood S. Effect of dietary barley β-glucan on cholesterol and lipoprotein fractions in rat. J Cereal Sci, 2000, 31: 141—145.

[151] Kamal-Eldin A, Appelqvist LA. The chemistry and antioxidant properties of tocopherols and tocotrienols. Lipids, 1996, 31: 671—701.

[152] Kim MJ, et al. Relationship between phenolic compounds, anthocavanins content and antioxidant activity in colored barley germplasm, 2007, 55(12): 4802—4809.

[153] Kamiyama M, Shibamoto T. Flavonoids with potent antioxidant activity found in young green barley leaves. J Agric Food Chem, 2012, 60(25): 6260—6267.

[154] Khalon TS, Chow FI. Hypocholesterolemic effects of oat, rice and barley dietary fiber and fractions. Cereal Foods World, 1987, 42: 86—92.

[155] Klamczynski A, Baik BK, Czuchajowska Z. Composition, microstructure, water imbibition, and thermal properties of abraded barley. Cereal Chem, 1998, 75: 677—685.

[156] Knuckles BE, Chiu MM. β-Glucan-enrichment of barley fractions by air classification and sieving. J Food Sci, 1995, 60: 1070—1074.

[157] Knuckles BE, Chiu MM, Betschart AA. β-Glucan-enriched fractions from laboratory-scale dry milling and sieving of barley and oats. Cereal Chem, 1992, 69: 198—202.

[158] Lebrun S, Follmann W. Arch Toxicol, 2002, 75 (11—12): 734—741.

[159] Li S, et al. Toxicol Appl Pharmacol, 1997, 145:82—90.

[160] Li S, et al. Food Chem Toxicol, 2000, 38: 141—152.

[161] Lia A, et al. Oat β-glucan increases bile acid excretion and a fiber-rich barley fraction increases cholesterol excretion in ileostomy subjects. Am J Clin Nutr, 1995, 62: 1245—1251.

[162] Liljeberg HGM, Granfeldt YE, Björck IME. Products based on a high fiber barley genotype, but not on common barley or oats, lower postprandial glucose and insulin responses in healthy humans. J Nutr, 1996, 126: 458—466.

[163] Lupton JR, Robinson MC, Morin JL. Cholesterol-lowering effect of barley bran flour and oil. J Am Diet Assoc, 1994, 94: 65—70.

[164] Marconi E, Graziano M, Cubadda R. Composition and utilization of barley pearling by-products for making functional pasta rich in dietary fibre and β glucans. Cereal Chem, 2000, 77: 133—139.

[165] MacGregor AW, et al. Limit dextrinase from malted barley extraction, purification and characterization. Cereal Chem, 1994, 71: 610—617.

[166] Macgregor AW, Fincher GB. Carbohydrates of the barley grain. In: Macgregor AW, Bhatty RS (eds). Barley: chemistry and technology. American Association of Cereal Chemistry, St Paul MN, 1993, 73—130

[167] Mahesh Gupta, et al. Barley for brewing: characteristic changes during malting, brewing and applications of its by-products. Comprehensive reviews in Food science and Food Safety, 2010, 9: 318—328.

[168] Manach C, et al. Polyphenols food sources and bioavailability. Am J Clin Nutr, 2004, 79: 727—747.

[169] Mantovani MS, et al. β-glucan in promoting health: prevention against mutation and cancer. Mutat Res-Rev Mutat, 2008, 658: 154—161.

[170] Marlett J. Dietary fibre content and effect of processing on two barley varieties. Cereal Foods World, 1991, 36: 576—578.

[171] Masahiro Ohgidani, et al. Anticancer effects of residual powder from Barley-Shochu distillation remnants against the orthotopic xenograft mouse models of hepatocellular carcinoma in vivo. Biological & Pharmaceutical Bulletin, 2012, 35(6): 984-987.

[172] Matteo Bonoli, Emanuele Marconi, Maria Fiorenza Caboni. Free and bound phenolic compounds in barley (*Hordeum vulgare* L.) flours: evaluation of the extraction capability of different solvent mixtures and pressurized liquid methods by micellar electrokinetic chromatography and spectrophotometry. Journal of Chromatography A, 2004, 1057(1—2): 1—12.

[173] Mayer, et al. A physical, genetic and functional sequence assembly of the barley genome. Nature, 2012, 491: 711—716.

[174] McIntosh GH, Newman RK, Newman CW. Barley foods and their influence on cholesterol metabolism. World Rev Nutr Diet, 1995, 77: 89—108.

[175] McIntosh GH, et al. Barley and wheat foods: influence on plasma cholesterol con-

centrations in hypercholesterolemic men. Am J Clin Nutr, 1991, 53: 1205—1209.

[176] McMurrough, et al. Content of (+)-catechin and proanthocyanidins in barley and malt grain, J Sci Food Agric, 1983, 34: 262—272.

[177] Muller G, et al. Toxicol, 2003, 184(1): 69—82.

[178] Narain JP, et al. Metabolic responses to a four week barley supplement. Int J Food Sci Nutr, 1992, 43: 41—46.

[179] Nesaretnam K, et al. Tocotrienols inhibit the growth of human breast cancer cells irrespective of estrogen receptor status. Lipids, 1998, 33: 461—469.

[180] Newman RK, et al. Hypocholesterolemic effect of barley foods on healthy men. Nutr Rep Int, 1989, 39: 749—760.

[181] Newman RK, Newman CW, Graham H. The hypocholesterolemic function of barley β-glucans. Cereal Foods World, 1989, 34: 883—886.

[182] Newman CW, et al. A brief history of barley food. Cereal Food World, 2006, 51(1): 4—7.

[183] Newman RK, et al. Barley for food and health: Science, technology, and products. John Wiley & Sons, Inc, Publication, 2008.

[184] Ohkawa M, et al. Three new anti-oxidative saponarin analogs from young green barley leaves. Chem Pharm Biol, 1998, 46: 1887—1890.

[185] Ohtake H, et al. Studies on the constituents of green juice from young barley leaves. Effect on dietarily induced hypercholesterolemia in rats [in Japanese]. Yakugaku Zasshi, 1985, 105: 1052—1057.

[186] Osamu Kanauchi, et al. Treatment of ulcerative colitis patients by long-term administration of germinated barley foodstuff: multi-center open trial. International Journal of Molecular Medicine, 2003, 12(5): 701—704.

[187] Panfili G, et al. Tocol and β-glucan levels in barley varieties and in pearling by-products. Food Chem, 2008, 107: 84—91.

[188] Papageorgiou M, et al. Water extractable (1—3, 1—4)-β-D-glucans from barley and oats: an intervarietal study on their structural features and rheological behaviour. J Cereal Sci, 2005, 42: 213—224.

[189] Paul Sullivan, et al. Chemical composition and microstructure of milled barley fractions. European Food Research and Technology, 2010, 230(4): 579—595.

[190] Peng M, et al. Separation and characterization of A and B type starch granules in wheat endosperm. Cereal Chem, 1999, 76: 375—379.

[191] Pfohl LA, et al. Food Addit Contam, 2002, 19(3): 282—302.

[192] Ploysangam A, Falciglia GA, Brehm BJ. Effect of marginal zinc deficiency on human growth and development. Journal of Tropical Pediatrics, 1997, 43: 192—198.

[193] Qi JC, Zhang GP, Zhou MX. Protein and hordein content in barley seeds as affected by nitrogen level and their relationship to beta-amylase activity. J Cereal Sci, 2006, 43: 102—107.

[194] Quinde Z, Ullrich SE, Baik BK. Genotypic variation in color and discoloration potential of barley-based food products. Cereal Chem, 2004, 81: 752—758.

[195] Ragaee S, et al. Pasting properties of starch and protein in selected cereals and quality of their food products. Food Chem, 2006, 95: 9—18.

[196] Schaaf GJ, et al. Biochim Biophys Acta, 2002, 1588: 149—158.

[197] Schmitt MR, Marinac L. Beta-amylase degradation by serine endoproteinases from green barley malt. J Cereal Sci, 2008, 47: 480—488.

[198] Shewry PR, et al. Identification of γ-type hordeins in barley. Fed Eur Biochem Sci Lett, 1985, 190(1): 61—64.

[199] Shewry PR. Barley: Genetics, Biochemistry, Molecular Biology and Biotechnology. C. A. B International, 1992.

[200] Shewry PR, et al. Heredity, 1983, 50(2): 179—189.

[201] Shoji ODANI, et al. Structural relationship between barley *Hordeum vulgare* trypsin inhibitor and castor-bean *Ricinus communis* storage protein. Biochem J, 1983, 213: 543—545.

[202] Hughes SA, et al. In vitro fermentation of oat and barley derived β-glucans by human faecal microbiota. FEMS Microbiology Ecology, 2008, 64(3): 482—493.

[203] Son IS, Kim JH. Antioxidative and hypolipidemic effects of diosgenin, a steroidal of yam (*Dioscorea* spp.), on high-cholesterol fed rats. Bioscience, Biotechnology, and Biochemistry, 2007, 71: 3063—3071.

[204] Staudte R, et al. Water-soluble 1—3, 1—4-β-glucans from barley (*Hordeum vulgare*) endosperm. Ⅲ. Distribution of cellotriosyl and cellotetraosyl residues. Carbohyd Polym, 1983, 3: 299—312.

[205] Stanton HC, Woodhouse FH. The effect of gamma amino butyric acid and some related compounds on the cardiovascular system of anesthetized dogs. J Pharmacol Exp Ther, 1960, 128: 233—242.

[206] Sundberg B. Nutritional properties of fibre-rich barley products fed to broiler chickens. J Sci Food Agric, 1995, 67: 469—476.

[207] Sundberg B, et al. Fractionation of different types of barley by roller milling and sieving. J Cereal Sci, 1994, 19(2): 179—184.

[208] Susanne Siebenhandl-Ehn1, et al. Hulless Barley - A Rediscovered Source for Functional Foods Phytochemical. Profile and Soluble Dietary Fibre Content in Naked Barley Varieties and Their Antioxidant Properties. Phytochemicals- Bioactivities and Impact on Health, 269—293.

[209] Svihus B, et al. Changes in extract viscosity, amino acid content, and soluble and insoluble β-glucan and dietary fibre content of barley during different high moisture storage conditions. Anim Feed Sci Technol, 1997, 64: 257—272.

[210] Swope MR, Darbro D. Green Leaves of Barley: Nature's Miracle Rejuvenator. National Preventive Health Service Inc, 1987.

[211] Tihana ZG, et al. Toxicol Appl Pharmacol, 2000, 167: 132—139.

[212] Tohno-Oka T, Nawada N, Yoshioka T. Relationship between grain hardness and endosperm cell wall polysaccharides in barley. In: Proceedings of the Ninth Intl. Barley Genetic Symposium, Brno, Czech Republic, 2004, 595—600.

[213] Ullrich SE, Eslick RF. Inheritance of the associated kernel characters-high lysine and shrunken endosperm of the barley mutant Bomi, Riso 1508. Crop Sci, 1978, 18: 828—831.

[214] Ullrich SE, Eslick RF. Lysine and protein characterization of induced shrunken endosperm mutants of barley. Crop Sci, 1978, 18: 963—966

[215] Vasanthan T, Temelli F. Grain fractionation technologies for cereal beta-glucan concentration. Food Res Int, 2008, 41: 876—881.

[216] Vasanthan T, Bhatty RS. Physicochemical properties of small- and large-granule starches of waxy, regular and high amylose barleys. Cereal Chem, 1996, 73: 199—207 .

[217] Virkki L, Johansson L, Ylinen M, Manau S, Ekholm P. Structural characterization of water-insoluble nonstarchy polysaccharides of oats and barley. Carbohydr Polym, 2004, 59: 357—366.

[218] Vito Verardo, Matteo Bonoli, Emanuele Marconi, Maria Fiorenza Caboni. Determination of free flavan-3—ol content in barley (*Hordeum vulgare* L.) air-classified flours: comparative study of HPLC-DAD/MS and spectrophotometric determinations. Journal of Agricultural and Food Chemistry, 2008, 56(16): 6944—6948.

[219] Vito Verardo, Matteo Bonoli, Emanuele Marconi, Maria Fiorenza Caboni. Distribution of bound hydroxycinnamic acids and their glycosyl esters in barley (*Hordeum vulgare* L.) air-classified flour: comparative study between reversed phase-high performance chromatography-mass spectrometry (RP-HPLC/MS) and spectrophotometric analysis. Journal of Agricultural and Food Chemistry, 2009, 56 (24): 11900—11905.

[220] Wenyu Yang, et al. Vitamin E biosynthesis: functional characterization of the monocot homogentisate geranylgeranyl transferase, The Plant Journal, 2011, 65 (2): 206—217.

[221] Wolfgang Friedrich and Rudolf Galensa. Identification of a new flavanol glucoside from barley (*Hordeum vulgare* L.) and malt. European Food Research and Technology, 2002, 214 (5): 388—393.

[222] Yokoyama WH, Hudson CA, Knuckles BE, et al. Effect of barley beta-glucan in durham wheat pasta on human glycemic response. Cereal Chem, 1997, 74: 293—296.

[223] Yu YM, Wu CH, Tseng CE, Tsai CE, Chang WC. Antioxidative and hypolipidemic effects of barley leaf essence in a rabbit model of atherosclerosis. Jpn J Pharmacol, 2002, 89: 142—148.

[224] Yu YM，Chang WC，Chang CT，Hsieh CL，Tsai CE. Effects of young barley leaf extract and antioxidative vitamins on LDL oxidation and free radical scavenging activities in type 2 diabetes. Diabetes Metab，2002，28：1262.

[225] Yu YM，Chang WC，Liu CS，Tsai CM. Effect of young barley leaf extract and adlay on plasma lipids and LDL oxidation in hyperlipidemic smokers. Biol Pharm Bull，2004，27：802—805.

附　录

附录1　裸大麦(Hulless barley)

中华人民共和国国家标准 GB/T 11760－2008

前言

　　本标准由国家粮食局提出。

　　本标准由全国粮食标准化技术委员会归口。

　　本标准起草单位:陕西国家粮食质量检测中心、青海国家粮食质量检测中心、西藏国家粮食质量检测中心。

　　本标准主要起草人:张雪梅、尉蕊仙、党献民、任正东、徐建宁、张鹏飞、樊晓燕。

1　范围

　　本标准规定了裸大麦的相关术语和定义、质量要求和卫生要求、检验方法、检验规则、标签标识、以及包装、储存和运输要求。

　　本标准适用于收购、储存、运输、加工和销售的商品裸大麦(青稞、元麦、裸麦、米大麦)。

2　规范性引用文件

　　下列文件中的条款通过本标准的引用而成为本标准的条款。凡是注日期的应用文件,其随后所有的修改单(不包括勘误的内容)或修订版均不适用于本标准,然而,鼓励根据本标准达成协议的各方研究是否可使用这些文件的最新版本。凡是不注日期的引用文件,其最新版本适用于本标准。

　　GB 2715　粮食卫生标准

　　GB/T 5490　粮食、油料及植物油脂检验　一般规则

　　GB/T 5491　粮食、油料检验　仟样、分样法

　　GB/T 5492　粮油检验　粮食、油料的色泽、气味、口味鉴定

　　GB/T 5494　粮油检验　粮食、油料的杂质、不完善粒检验

GB/T 5497　粮食、油料检验　水分测定法

GB 13078　饲料卫生标准

3　术语和定义

下列术语和定义适用于本标准。

3.1　裸大麦 hullless barley

禾本科草本植物栽培大麦一个变种的果实,成熟后果实与颖壳易于脱落分离。

3.2　容重 test weight

裸大麦籽粒在单位容积内的质量,以克每升(g/L)表示。

3.3　不完善粒 unsound kernel

受到损伤但尚有使用价值的裸大麦颗粒,包括虫蚀粒、病斑粒、破损粒、生芽粒、生霉粒几种。

3.3.1　虫蚀粒 injured kernel

被虫蛀蚀,伤及胚或胚乳的颗粒。

3.3.2　病斑粒 spotted kernel

粒面带有病斑,伤及胚或胚乳的颗粒。

3.3.2.1　黑胚粒 black germ kernel

籽粒胚部呈深褐色或黑色,伤及胚或胚乳的颗粒。

3.3.2.2　赤霉病粒 gibberella damaged kernel

籽粒皱缩、呆白,有的粒面呈紫色,或有明显的粉红色霉状物。间有黑色子囊壳的颗粒。

3.3.3　破损粒 broken kernel

压扁、破损、伤及胚或胚乳的颗粒。

3.3.4　生芽粒 sprouted keernel

芽或幼根突破种皮不超过本颗粒长度的颗粒,或芽或幼根虽未突破种皮但胚部种皮已破裂或明显隆起且胚分离的颗粒。

3.3.5　生霉粒 moldy kernel

粒面生霉的颗粒。

3.4　杂质 foreign material

除裸大麦粒以外的其他物质,包括筛下物、无机杂质和有机杂质。

3.4.1　筛下物 throughs

通过直径 1.5mm 圆孔筛的物质。

3.4.2　无机杂质 inorganic impurity

砂石、煤渣、砖瓦块、泥土等矿物质及其他无机类物质。

3.4.3 有机杂质 organic impurity

无使用价值的裸大麦、异种粮粒及其他有机类物质。

注:常见无使用价值的裸大麦有霉变裸大麦、生芽粒中芽超过本颗粒长度的裸大麦、线虫病裸大麦、腥黑穗病裸大麦等。

3.5 色泽、气味 colour and odour

一批裸大麦固有的综合颜色、光泽和气味。

4 质量要求和卫生要求

4.1 质量要求

裸大麦质量要求见表1,其中容重为定等指标,3 等为中等。

表 1 裸大麦质量要求

等级	容量/(g/L)	不完善粒/%	杂质/%		水分/%	色泽、气味
			总量	其中:矿物质		
1	≥790					
2	≥770	≤6.0				
3	≥750		≤1.0	≤0.5	≤13.0	正常
4	≥730	≤8.0				
5	≥710	≤10.0				
等外	<710	—				
注:"—"为不要求。						

4.2 卫生要求

4.2.1 食用裸大麦 按 GB 2715 及国家有关规定规定。

4.2.2 饲料用裸大麦 按 GB 2715 及国家有关规定规定。

4.2.3 食用裸大麦 按 GB 13078 及国家有关标准和规定规定。

4.2.4 植物检疫 按国家有关标志和规定规定。

5 检验方法

5.1 仟样、分样:按 GB 5491 执行。

5.2 色泽、气味检验:按 GB/T 5492 执行。

5.3 杂质、不完善粒检验:按 GB/T 5494 执行。

5.4 水分检验:按 GB/T 5497 执行。

5.5 容重检验:按 GB/T 5498 执行。

6 检验规则

6.1 检验一般规则按 GB/T 5490 执行。

6.2　检验批为同产地、同收获年度、同运输单元、同储存单元的裸大麦。

6.3　判断规则:容重应符合表1中相应等级的要求,其他指标按国家有关规定执行。容重低于第5等、其他指标符合本标准规定的,判定为等外级裸大麦。

7　标签标识

应在包装物上随行文件中注明产品的名称、类别、产地、收获年度和月份。

8　包装、储存和运输

8.1　包装

包装应清洁、牢固、无破损、缝口严实、结实、不得撒漏,不应给产品带来污染和异常气味。

8.2　储存

应储存在清洁、干燥、防雨、防潮、防虫、防鼠、无异味的仓库内,不应与有毒有害物质或含水量较高的物质混存。

8.3　运输

应使用符合卫生要求的运输工具,运输过程中应注意防止雨淋和污染。

附录2　大麦种子质量标准

粮食作物种子质量标准——禾谷类(GB4404.1-2008)(摘选)

附表1　小麦和大麦种子质量要求　　　　　　　　　　　　单位:%

作物名称	种子类别		纯度不低于	净度不低于	发芽率不低于	水分不高于
小麦	常规种	原种	99.9	99.0	85.0	13.0
		大田用种	99.0			
大麦	常规种	原种	99.9	99.0	85.0	13.0
		大田用种	99.0			

附录3 绿色食品 大麦及大麦粉

中华人民共和国农业行业标准 NY/T 891－2014

前言

本标准按照 GB/T 1.1－2009 给出的规则起草。

本标准代替 NY/T 891－2004《绿色食品 大麦》。与 NY/T 891－2004 相比，除编辑性修改外，主要技术变化如下：

——修改了适用范围，增加了大麦粉；

——理化指标中啤酒大麦删除了水敏感性，选粒实验改为饱满粒和瘦小粒；食用大麦将夹杂物改为杂质，增加了不完善粒和容重；

——农药残留限量的项目删除了对硫磷、久效磷、氰化物，增加了野燕枯、苯磺隆、溴氰菊酯、毒死蜱；

——污染物限量中删除了汞和氟；

——真菌毒素限量增加了脱氧雪腐镰刀菌烯醇；

——修改了部分理化指标和安全指标限量值；

——增加了附录 A。

本标准由农业部农产品质量安全监督局提出。

本标准由中国绿色食品发展中心归口。

本标准起草单位：农业部食品质量监督检验测试中心（石河子）；

本标准主要起草人：刘长勇、罗小玲、鲁立良、罗瑞峰、魏向利、王东健、王静；

本标准的历次版本发布情况为：NY/T 891－2004。绿色食品 大麦及大麦粉

1 范围

本标准规定了绿色食品大麦及大麦粉的术语和定义、要求、检验规则、标志和标签、包装、运输和贮存。

本标准适用于绿色食品啤酒大麦、食用大麦和大麦粉。

2 规范性引用文件

下列文件对于本文件的应用是必不可少的。凡是注日期的应用文件，仅注日期的版本适用于本文件，凡是不注日期的引用文件，其最新版本（包括所有的

修改单)适用于本文件。

GB/T 191　包装储运图示标志

GB 5009.3　食品安全国家标准　食品中水分的测定

GB/T 5009.11　食品中总砷及无机砷的测定

GB/T 5009.12　食品安全国家标准　食品中铅的测定

GB/T 5009.15　食品中镉的测定

GB/T 5009.20　食品中有机磷农药残留量的测定

GB/T 5009.36　粮食卫生标准的分析方法

GB/T 5009.102　植物性食品中辛硫磷农药残留量的测定

GB/T 5009.110　植物性食品中氯氰菊酯、氰戊菊酯和溴氰菊酯残留量的测定

GB/T 5009.126　植物性食品中三唑酮残留量的测定

GB/T 5009.145　植物性食品中有机磷和氨基甲酸酯类农药多种残留的测定

GB/T 5009.165　粮食中 2,4-滴丁酯残留量的测定

GB/T 5009.200　小麦中野燕枯残留量的测定

GB/T 5492　粮油检验　粮食、油料的色泽、气味、口味鉴定

GB/T 5491　粮油检验　粮食、油料的杂质、不完善粒检验

GB/T 5498　粮油检验　容重测定

GB/T 5509　粮油检验　粉类磁性金属物测定

GB 5749　生活饮用水卫生标准

GB/T 7416　啤酒大麦

GB 7718　食品安全国家标准　预包装食品标签通则

GB/T 11760　裸大麦

GB 14881　食品安全国家标准　食品企业通用卫生规范

GB/T 18979　食品中黄曲霉素的测定　免疫亲和层析净化高效液相色谱法和荧光光度法

GB/T 19649　粮谷中 475 种农药及相关化学品残留量的测定　气相色谱－质谱法

GB/T 20770　粮谷中 486 种农药及相关化学品残留量的测定　液相色谱－串联质谱法

GB/T 23503　食品中脱氧雪腐镰刀菌烯醇的测定　免疫亲和层析净化高效液相色谱法

JJF 1070　定量包装商品净含量计量检验规则

NY/T 391　绿色食品　产地环境质量

NY/T 392　绿色食品　食品添加剂使用准则

NY/T 658　绿色食品　包装通用准则

NY/T 1055　绿色食品　产品检验规则

NY/T 1056　绿色食品　贮藏运输准则

SY/T 2320　进出口食品中百菌清、苯氟磺酸、甲抑菌灵、克菌灵、灭菌丹、敌菌丹和四溴菊酯残留量检测方法　气相色谱—质谱法

SY/T 2325　进出口食品中四唑嘧磺隆、甲基苯苏呋安、醚磺隆等45种农药残留量的检测方法　高效液相色谱　质谱　质谱法

国家质量监督检验检疫总局令2003年第75号　定量包装商品计量监督管理办法

中国绿色食品商标标志设计使用规范手册

3　术语和定义

GB/T 7116,GB/T 11760界定的以及下列术语和定义适用于本文件。

3.1　食用大麦 Edible barley
用于食用的皮大麦和裸大麦。

3.2　皮大麦 Lemma barley
带壳大麦,即有稃大麦。

3.3　大麦粉 Barley flour
大麦加工成的食用的粉状产品。

4　要求

4.1　产地环境
应符合NY/T 391规定。

4.2　原料
大麦粉原料应符合绿色食品标准要求。

4.3　食品添加剂
应符合NY/T 392的规定。

4.4　加工用水
应符合GB 5749的规定。

4.5　加工环境
应符合GB 14881的规定。

4.6　感官
应符合表1的规定。

表 1 啤酒大麦、食用大麦和大麦粉的感官要求

项目	要求			检测
	啤酒大麦	食用大麦	大麦粉	
外观	具有该产品固有的色泽,无病斑粒		形态均匀、具有该产品应有的色泽	GB/T 5492
气味	具有该产品固有气味,无霉味和其他异味		具有该产品固有的气味,无异味	

4.7 理化指标

4.7.1 啤酒大麦和食用大麦

应符合表 2 的规定。

表 2 啤酒大麦和食用大麦的理化指标

项目	指标				检测方法
	啤酒大麦		食用大麦		
	二棱	多棱	皮大麦	裸大麦	
夹杂物/%	≤1.5		—		GB/T 7416
杂质/%	—		—	≤1.0(其中矿物质≤0.5)	GB/T 5494
破损率/%	≤1.0		—		GB/T 7416
不完善率/%	—		—	≤6.0	GB/T 5494
饱满粒(腹径≥2.5mm)/%	≥80	≥75	—		GB/T 7416
瘦小粒(腹径<2.2mm)/%	≤5		—		GB/T 7416
容重/g·L^{-1}	—		—	≥750	GB/T 5498
千粒重/g	≥35	≥33	—		GB/T 7416
水分/%	≤12		≤13		GB/T 7416
3 天发芽率/%	≥92		—		GB/T 7416
5 天发芽率/%	≥95		—		GB/T 7416
蛋白质/%	10~12.3		≥9.0		GB/T 7416

4.7.2 大麦粉

应符合表 3 的规定。

表 3 大麦粉的理化指标

项目	指标	检测方法
水分/%	≤14.0	GB/T 5009.3
磁性金属物/g·kg^{-1}	≤0.003	GB/T 5509

4.8 污染物和农药残留限量

大麦及大麦粉污染物和农药残留限量应符合食品安全国家标准及相关规定,同时应符合表4规定。

表4 大麦及大麦粉污染物和农药残留限量

项目	指标	检测方法
总砷(以 As 计)/mg・kg^{-1}	≤0.4	≤0.4
2,4-滴丁酯/mg・kg^{-1}	≤0.2	≤0.2
野燕枯/mg・kg^{-1}	≤0.01	≤0.01
苯磺隆/mg・kg^{-1}	≤0.05	≤0.05
甲拌磷/mg・kg^{-1}	≤0.02	≤0.02
敌敌畏/mg・kg^{-1}	≤0.1	≤0.1
乐果/mg・kg^{-1}	≤0.05	≤0.05
敌百虫/mg・kg^{-1}	≤0.1	≤0.1
克百威/mg・kg^{-1}	≤0.2	≤0.2
氧乐果/mg・kg^{-1}	≤0.01	≤0.01
溴氰菊酯/mg・kg^{-1}	不得检出	不得检出
百菌清/mg・kg^{-1}	≤0.1	≤0.1
磷化物/mg・kg^{-1}	不得检出	不得检出
如食品安全国家标准及相关国家规定中上述项目和指标有调整,且严于本标准规定,按最新国家标准及规定执行		

4.9 净含量

应符合国家质量监督检验检疫总局令第75号的规定,检验方法按照 JJF 1070 的规定执行。

5 检验规则

申报绿色食品的产品应按照本标准中 4.6～4.9 以及附录 A 所规定的项目进行检验,其他要求应符合 NY/T 1055 的规定。本标准规定的农药残留限量的检测方法,如有其他国家标准、行业标准以及部文公告的检测方法,且其最低检出限能满足限量要求时,在检测时刻采用。

6 标志和标签

6.1 标志

绿色食品标志使用应符合《中国绿色食品商标标志设计使用规范手册》的规定。

6.2 标签

按照 GB 7718 的规定执行。

7 包装、运输和贮存

7.1 包装

按照 NY/T 658 的规定执行,包装储运图示标志按照 GB/T 191 的规定执行。

7.2 运输和贮存

按照 NY/T 658 的规定执行。

附录 A(规范性附录)

绿色食品大麦及大麦粉产品申报检验项目

表 A.1 规定了除 4.6~4.9 外,依据食品安全国家标准和绿色食品生产实际情况,绿色食品大麦及大麦粉产品申报检验还应检验的项目。

表 A.1 依据食品安全国家标准绿色食品大麦及大麦粉产品申报检验必检项目

序号	检验项目	指标	检验方法
1	铅(以 Pb 计)/mg・kg^{-1}	≤0.2	GB/T 5009.12
2	镉(以 Cd 计)/mg・kg^{-1}	≤0.1	GB/T 5009.15
3	毒死蜱/mg・kg^{-1}	≤0.1	GB/T 5009.145
4	辛硫磷/mg・kg^{-1}	≤0.05	GB/T 5009.102
5	抗蚜威/mg・kg^{-1}	≤0.05	GB/T 19649
6	三唑酮/mg・kg^{-1}	≤0.5	GB/T 5009.126
7	多菌灵/mg・kg^{-1}	≤0.1	GB/T 20770
8	黄曲霉毒素 B$_1$/μg・kg^{-1}	≤5.0	GB/T 18979
9	脱氧雪腐镰刀菌烯醇/μg・kg^{-1}	≤1000	GB/T 23503

如食品安全国家标准及相关国家规定中上述项目和指标有调整,且严于本标准规定,按最新国家标准及规定执行。

附录 4 粮食卫生标准

中华人民共和国国家标准 GB2715-2005(摘录有关大麦的部分内容)
主要指标标准

表 1 粮食的感官要求

项目	指标
热损伤率/%	
大小麦	≤0.5
霉变粒/%	≤2.0

表 2 有毒有害菌类、植物种子指标

项目	指标
麦角/%	
大米、玉米、豆类	不得检出
大小麦	≤0.01
毒麦/%	
大小麦	≤1
曼陀罗籽及其他有害的种子/粒·kg^{-1}	
豆类、大小麦	≤1

表 3 真菌毒素限量指标

项目	限量/μg·kg^{-1}
黄曲霉毒素 B$_1$	
玉米	≤20
大米	≤10
其他	≤5
脱氧赤腐镰刀菌烯醇(DON)	
小麦、大麦、玉米及其成品粮	≤1000
玉米赤霉烯酮	
大小麦、玉米	≤60
赭曲霉毒素 A	
谷类、豆类	≤5

表 4　污染物限量指标

项目	限量/mg · kg^{-1}
铅(Pb)	≤0.2
镉(Cd)	
稻谷(包括大米)、豆类	≤0.2
麦类(包括小麦粉)、玉米及其他	≤0.1
汞(Hg)	≤0.02
无机砷(As)	
大米	≤0.15
小麦粉	≤0.1
其他	≤0.2

表 5　农药最大残留限量

项目	最大残留限量/mg · kg^{-1}
磷化物	≤0.05
溴甲烷	≤5
马拉硫磷	≤5
甲基毒死蜱	≤5
甲基嘧啶磷	≤5
溴氰菊酯	≤0.5
六六六	≤0.05
林丹	≤0.05
滴滴涕	≤0.05
氯化苦	≤2
七氯	≤0.02
艾氏剂	≤0.02
狄氏剂	≤0.02
其他农药	按 GB2763 的规定执行

附录 5　绿色食品　麦类制品

中华人民共和国农业行业标准 NY/T1510－2007

前言

本标准由中国绿色食品发展中心提出并归口

本标准起草单位:中国农业大学

本标准起草人:李再贵、张秀金、胡新中、毕莹、李鹏

1 范围

本标准规定了绿色食品麦类制品的术语和定义、要求、试验方法、检验规则、标志、标签、包装、运输及贮存。

本标准适用于以绿色食品大麦(含青稞)、荞麦和燕麦(含莜麦)为主要原料的麦类制品。

2 规范性引用文件

下列文件中的条款通过本标准的引用而成为本标准的条款。凡是注日期的应用文件,其随后所有的修改单(不包括勘误的内容)或修订版均不适用于本标准,然而,鼓励根据本标准达成协议的各方研究是否可使用这些文件的最新版本。凡是不注日期的引用文件,其最新版本适用于本标准。

GB/T 4789.2 食品卫生微生物学检验 菌落总数测定

GB/T 4789.3 食品卫生微生物学检验 大肠菌群测定

GB/T 4789.4 食品卫生微生物学检验 沙门氏菌检验

GB/T 4789.5 食品卫生微生物学检验 志贺氏菌检验

GB/T 4789.10 食品卫生微生物学检验 金黄色葡萄球菌检验

GB/T 4789.15 食品卫生微生物学检验 霉菌和酵母计数

GB/T 5009.3 食品中水分的测定

GB/T 5009.4 食品中灰分的测定

GB/T 5009.11 食品中总砷及无机砷的测定

GB/T 5009.12 食品中铅的测定

GB/T 5009.15 食品中镉的测定

GB/T 5009.17 食品中总汞及有机汞的测定

GB/T 5009.18 食品中氟的测定

GB/T 5009.22 食品中黄曲霉毒素 B_1 的测定

GB/T 5009.28 食品中糖精钠的测定

GB/T 5009.29 食品中苯甲酸、山梨酸的测定

GB/T 5009.56 糕点卫生标准的分析方法

GB/T 5009.97 食品中环己基氨基磺酸钠的测定

GB/T 5009.123 食品中铬的测定

GB 7099 糕点面包卫生标准

GB/T 5010－1985 粮食、油料检验 脂肪酸值测定法

GB 7100 饼干卫生标准

GB 7718 预包装食品标签通则

GB 14881 食品企业通用卫生规范

JJF 1070 定量包装商品净含量检验规范

NY/T 392 绿色食品 食品添加剂使用准则

NY/T 658 绿色食品 包装通用准则

NY/T 1055 绿色食品 产品检验规则

NY/T 1056 绿色食品 贮藏运输准则

NY/T 110-2007 国家质量监督检验检疫总局 2005 第 75 号令《定量包装商品计量监督管理办法》

3 术语和定义

GB 7099、GB 7100 确定的以及下列术语和定义适用于本标准。

3.1 麦类制品 products of barley, buchwheat or oat

以麦类为主要原料,经过加工制成的制品。

3.2 焙烤麦类食品 baked food of barley, buchwheat or oat

以麦类为主要原料,添加适量辅料,并经调制、成型、焙烤制成的食品。

3.3 即食麦类食品 instant food of barley, buchwheat or oat

以麦类为主要原料,经过加工制成的经冲泡等简单处理即可食用的食品。

3.4 发芽麦类制品 geminated products of barley, buckwheat or oat

经发芽处理的大麦(含青稞)、荞麦(含苦荞麦)或燕麦(含莜麦)或以其为主要原料生产的制品,包括大麦麦芽、发芽麦粒和发芽糊精等。

3.5 破损粒 broken kernel

颗粒表面不完整达 1/3 以上的颗粒。

3.6 破损率 rate of broken kernel

破损粒占样品总质量的比率。

4 要求

4.1 原料

4.1.1 主料

所用大麦、燕麦、荞麦等麦类原料及配料都应符合绿色食品的相关标准与规定。

4.1.2 食品添加剂

食品添加剂的使用应符合 NY/T 392 的规定。

4.2 加工过程

应符合 GB 14881 的规定。

4.3 感官指标

应符合表 1 的规定。

表 1 感官指标

项目	指标
形状	具有该产品固有形状
色泽	具有该产品应有的色泽,且均匀一致
滋味与气味	具有该产品应有的滋味与气味,无异味
杂质	无肉眼可见外来杂质

4.4 理化指标

应符合表 2 的规定。

表 2 理化指标

项目	焙烤麦类食品			即食麦类食品		发芽麦类制品	
	饼干	糕点	面包	麦片(糊)	麦茶	麦芽和麦粒	麦芽糊精
破损率/%	—			—		≤2.0	—
水分/%	≤6.5	—	≤35.0	≤10.0(8.0)		≤12.0	≤10.0
灰分/%	—			—	≤1.0	≤3.0	
酸价/mg KOH·g^{-1}	≤5.0			—			
过氧化值/g·(100g)$^{-1}$	≤0.25			—			
脂肪酸值/mgKOH·(100g)$^{-1}$	—			—(≤80)		—	≤80
注:括号内为麦糊的指标值。							

4.5 卫生指标

应符合表 3 的规定。

表 3 卫生指标

项目	焙烤和即食麦类制品	发芽麦类制品
无机砷(以 As 计)/mg·kg^{-1}	≤0.2	
总汞(以 Hg 计)/mg·kg^{-1}	≤0.02	
铅(以 Pb 计)/mg·kg^{-1}	≤0.2	
镉(以 Cd 计)/mg·kg^{-1}	≤0.1	
铬(以 Cr 计)/mg·kg^{-1}	≤1.0	
氟(以 F 计)/mg·kg^{-1}	≤1.0	
糖精钠/mg·kg^{-1}	不得检出(≤0.15)	—
苯甲酸/mg·kg^{-1}	不得检出(≤1)	—
山梨酸/g·kg^{-1}	≤1.0	—
环己基氨基磺酸钠/mg·kg^{-1}	不得检出(<2)	—
黄曲霉素 B$_1$/μg·kg^{-1}	≤5	

4.6　微生物学指标

应符合表 4 的规定。

表 4　微生物学指标

项目	焙烤麦类制品					即食麦类食品	发芽麦类制品
	饼干		面包、糕点		其他		
	非夹心	夹心	热加工	冷加工			
菌落总数/(CFU/g)	≤750	2000	≤1500	≤10000	≤750	10000	15000
大肠菌群/(MPN/100g)	≤30						
霉菌和酵母/(CFU/g)	≤50						
致病菌(沙门氏菌、志贺氏菌、金黄色葡萄球菌)	不得检出						

4.7　净含量

应符合国家质量监督检验检疫总局 2005 年第 75 号令的要求。

5　试验方法

5.1　感官检验

取 20～50g 样品置于洁净白磁盘中,目测观察形状、色泽和杂质,品尝其滋味。

5.2　理化指标检测

5.2.1　理化指标

称取试样 200g,精确至 0.1g,拣出破损颗粒,称其质量,计算所占百分率。

5.2.2　水分

按 GB/T 5009.3 的规定执行。

5.2.3　灰分

按 GB/T 5009.4 的规定执行。

5.2.4　酸价、过氧化值

按 GB/T 5009.56 的规定执行。

5.3　卫生指标检测

5.3.1　无机砷

按 GB/T 5009.11 的规定执行。

5.3.2　总汞

按 GB/T 5009.17 的规定执行。

5.3.3　铅

按 GB/T 5009.12 的规定执行。

5.3.4　镉

按 GB/T 5009.15 的规定执行。

5.3.5 铬

按 GB/T 5009.123 的规定执行。

5.3.6 氟

按 GB/T 5009.18 的规定执行。

5.3.7 糖精钠

按 GB/T 5009.28 的规定执行。

5.3.8 苯甲酸、山梨酸

按 GB/T 5009.29 的规定执行。

5.3.9 环己基氨基磺酸钠

按 GB/T 5009.97 的规定执行。

5.3.10 黄曲霉毒素 B_1

按 GB/T 5009.22 的规定执行。

5.4 微生物学指标检验无机砷

5.4.1 菌落总数

按 GB/T 4789.2 的规定执行。

5.4.2 大肠菌群

按 GB/T 4789.3 的规定执行。

5.4.3 霉菌和酵母

按 GB/T 4789.15 的规定执行。

5.4.4 致病菌(沙门氏菌、志贺氏菌、金黄色葡萄球菌)

按 GB/T 4789.4、GB/T 4789.5 和 GB/T 4789.10 的规定执行。

5.5 净含量

按 JJF 1070 的规定执行。

6 检验规则

按 NY/T 1055 的规定执行。

7 标志、标签

7.1 标志

产品包装上应标注绿色食品标志,其标注办法应符合中国绿色食品发展中心的有关规定。

7.2 标签

产品标签应符合 GB 7718 的规定。

8　包装、运输和贮存

8.1　包装

8.1.1　包装材料应符合 NY/T658 的规定。

8.1.2　对于麦糊、麦片和麦芽糊精,不应采用纸类包装,以防止吸湿。

8.2　运输和贮存

8.2.1　运输和贮存应符合 NY/T1056 的规定。

8.2.2　贮存库房应干燥通风。

8.2.3　对于烤焙类商品,装卸和运输时应小心轻放,防止挤压。